Der Warschauer Pakt

Von der Gründung bis zum Zusammenbruch
1955 bis 1991

Im Auftrag des Militärgeschichtlichen Forschungsamtes
herausgegeben von
Torsten Diedrich, Winfried Heinemann, Christian F. Ostermann

bpb:
Bundeszentrale für politische Bildung

Die Herausgeber:

Dr. Torsten Diedrich, Wissenschaftlicher Oberrat am Militärgeschichtlichen Forschungsamt, Potsdam

Dr. Winfried Heinemann, Oberst und kommissarischer Leiter Abteilung Forschung am Militärgeschichtlichen Forschungsamt, Potsdam

Christian Friedrich Ostermann, Direktor des Cold War International History Project am Woodrow Wilson Center, Washington, DC

Bonn 2009
Lizenzausgabe für die Bundeszentrale für politische Bildung
Adenauerallee 86, 53113 Bonn

© Christoph Links Verlag – LinksDruck GmbH, Berlin 2009

Umschlaggestaltung: Michael Rechl, Kassel
Umschlagfoto: © Jan Peter Kasper / picture alliance / dpa

Redaktion, Korrektur und Satz: Militärgeschichtliches Forschungsamt, Potsdam
Druck und Bindung: Druckerei F. Pustet, Regensburg

ISBN 978-3-89331-961-9

www.bpb.de

Torsten Diedrich / Winfried Heinemann / Christian F. Ostermann (Hrsg.)

Der Warschauer Pakt

Schriftenreihe Band 782

Inhalt

Vorwort

Die im Jahre 2008 vom Stellvertreter des Generalinspekteurs der Bundeswehr neu erlassene Forschungsweisung für das Militärgeschichtliche Forschungsamt (MGFA) legt fest: »Das MGFA verortet die deutsche Militärgeschichte in der Geschichte der internationalen Sicherheitsbeziehungen und verstärkt damit seine internationale Kooperationsfähigkeit.« Das ist sowohl Vorgabe als auch Feststellung. Das MGFA hat eine solche Einbettung in die Geschichte der internationalen Sicherheitsbeziehungen schon immer gepflegt, und es wird dies in Zukunft intensivieren. Für beides steht der vorliegende Band.

Er dokumentiert eine Tagung, die das MGFA zusammen mit dem Cold War International History Project (CWIHP) am Woodrow Wilson International Center for Scholars in Washington, DC, durchgeführt hat. Eingeladen waren Fachkolleginnen und -kollegen aus dem gesamten Raum des ehemaligen Warschauer Paktes. Die Teilnehmer an der Tagung, darunter auch Wissenschaftler des MGFA und des CWIHP, waren aufgefordert, den jeweils länderspezifischen Stand der Forschung zum Pakt zu referieren. Zugleich sollte die international besetzte Konferenz die Historikerinnen und Historiker in diesen Ländern ermutigen, den Fragen ihrer internationalen Verflechtung während des Kalten Krieges noch mehr Aufmerksamkeit zu schenken. Solcherart könnte ein staatenübergreifendes Netzwerk entstehen, das durch die Öffnung relevanter Quellen und den Austausch von Forschungsergebnissen auf internationaler Ebene den Erkenntnisgewinn vorantreibt.

Die neue Forschungsweisung sieht des Weiteren »Forschungsprojekte über die Durchsetzung der Hegemonie der Führungsmächte, die Vereinbarkeit von gemeinsamen Bündniszwecken und nationalen Partikularinteressen sowie die militärischen und sicherheitspolitischen Integrationswirkung der Bündnisse« vor – und das in einer vergleichenden Betrachtung der beiden für den Kalten Krieg in Europa charakteristischen Allianzen NATO und Warschauer Pakt.

Das MGFA hat mit seiner Reihe »Entstehung und Probleme des Atlantischen Bündnisses« das Wissen um die frühe Geschichte der NATO bereits weit vorangetrieben. Mit der Veröffentlichung der Monographie »Das rote Bündnis. Entwicklung und Zerfall des Warschauer Paktes 1955 bis 1991« von Frank Umbach, 2005 als Band 10 der Reihe »Militärgeschichte der DDR« erschienen, hat es bereits seine Offenheit für eine Geschichte des östlichen Militärbündnisses bekundet. Umbachs Studie widmet sich der Geschichte des Paktes vornehmlich aus Sicht Moskaus und des sowjetischen Generalstabs. Der jetzt vorliegende Sammelband baut darauf auf und erweitert Umbachs Erkenntnisse durch die Perspektive der anderen Bündnispartner, aber auch durch die Nutzung von Originalquellen aus deren Archiven.

Wenn hier eher Forschungsdesiderata aufgezeigt und manche Fragen aufgeworfen werden, so soll dies Buch zugleich Ansporn sein, in der Erforschung der Sicherheitspolitik der sozialistischen Staaten nicht nachzulassen und diese durch einen Vergleich mit dem Westen methodisch zu bereichern. Eine Tagung des MGFA zusammen mit der Bundesbeauftragten für Unterlagen des Staatssicherheitsdienstes der DDR (BStU) im Dezember 2007 in Potsdam hat bereits Einsichten erbracht, wie das Verhältnis von innerer und äußerer Sicherheit in den verschiedenen Staaten im sowjetischen Hegemonialbereich verstanden wurde. Weitere Arbeiten, die andere Facetten des Themas beleuchten, sind im MGFA in Vorbereitung.

Dieses Buch wäre nicht zustande gekommen ohne die gute institutionelle Kooperation mit dem Woodrow Wilson Center, Washington, DC, und insbesondere mit dem Direktor des dort beheimateten Cold War International History Projects, Dr. Christian Ostermann. Ihm und seinem Mitarbeiter Mircea Munteanu gebührt unser herzlicher Dank. Im MGFA ist dem Leiter des Forschungsbereichs »Militärgeschichte der DDR im Bündnis«, Oberst Dr. Winfried Heinemann, und Dr. Torsten Diedrich zu danken, die das Projekt einer deutschsprachigen Ausgabe vorangetrieben haben. Dank muss aber auch gehen an Herrn Mag. phil. Michael Thomae von der Schriftleitung des MGFA, der den Band in engagierter Weise bis zur Drucklegung betreut hat – eine Aufgabe, die angesichts der vielen Übersetzungen aus den Sprachen des ehemaligen Ostblocks nicht leicht war. Beim Lektorat wurde er unterstützt von Daniela Morgenstern, Berlin, und Carmen Winkel M.A., Potsdam. Die Textgestaltung übernahmen Antje Lorenz und Christine Mauersberger (MGFA).

Von der Reihe »Militärgeschichte der DDR«, die 2001 begründet worden ist, liegen nunmehr bereits 16 Bände vor. Dass diese Reihe in der Wissenschaft wie beim breiten Publikum so erfolgreich angekommen ist, liegt nicht zuletzt an der vertrauensvollen Kooperation mit dem Ch. Links Verlag, Berlin. Auch dafür soll an dieser Stelle ein Wort des Dankes gesagt werden.

Dr. Hans Ehlert
Oberst und Amtschef
des Militärgeschichtlichen Forschungsamtes

Winfried Heinemann

Der Warschauer Pakt von der Gründung bis zum Zusammenbruch. Einleitung

Relevanz einer Geschichte des Warschauer Paktes

Mit dem Begriff »Warschauer Pakt« verbindet sich einerseits die Erinnerung an den 1955 in der polnischen Hauptstadt geschlossenen multilateralen »Vertrag über Freundschaft, Zusammenarbeit und gegenseitigen Beistand zwischen der Volksrepublik Albanien, der Volksrepublik Bulgarien, der Ungarischen Volksrepublik, der Deutschen Demokratischen Republik, der Volksrepublik Polen, der Rumänischen Volksrepublik, der Union der Sozialistischen Sowjetrepubliken und der Tschechoslowakischen Republik vom 14. Mai 1955«. Die Signatarstaaten übernahmen die Verpflichtung, sich entsprechend der Satzung der Vereinten Nationen in ihren internationalen Beziehungen der Drohung mit Gewalt oder ihrer Anwendung zu enthalten und ihre internationalen Streitfragen mit friedlichen Mitteln zu lösen (Art. 1 des Warschauer Vertrages)[1]. Wie ernst diese Verpflichtung durch die Vertragspartner genommen wurde, zeigte sich schon wenig später in den Krisensituationen des Ostblocks. Die Partner vereinbarten des Weiteren die Abstimmung der Politik in internationalen und Verteidigungsfragen (Art. 3) sowie die Weiterentwicklung der wirtschaftlichen und kulturellen Zusammenarbeit im Geiste der Freundschaft, unter Achtung der Souveränität und Nichteinmischung (Art. 8). Die Signatare verpflichteten sich im Falle eines Überfalls auf einen oder mehrere Teilnehmerstaaten, dass sie »sofortigen Beistand individuell und in Vereinbarung mit den anderen Teilnehmerstaaten des Vertrages mit allen Mitteln, die ihnen erforderlich erscheinen, einschließlich der Anwendung von militärischer Gewalt erweisen« (Art. 4)[2]. Zur Koordination der Politik sollte ein Politischer Beratender Ausschuss (Art. 6), zur Koordination der militärischen Aktivitäten ein Vereintes Kommando (Art. 5) gebildet werden. Zudem sollten sich die Länder an keinen Bündnissen oder Abkommen beteiligen, die den Zielen des Warschauer Paktes – oder, in der osteuropäischen Diktion, der Warschauer Vertragsorganisation (WVO) – widersprächen (Art. 7).

Andererseits fasst der Begriff »Warschauer Pakt« in der öffentlichen Diskussion oft zu leichtfertig das gesamte vielschichtige, aber zugleich jeweils bilateral angelegte Machtgeflecht zwischen der Sowjetunion und ihren Verbündeten. In der historischen Forschung eher stiefmütterlich behandelt, ist auch heute noch zu wenig über das innere Beziehungsgefüge, die Verflechtung von Politik und Militär sowie über Fremdbestimmung und Eigenintentionen der Teilnehmerstaaten bekannt. Hier bieten die Beiträge dieses Bandes, ohne der Schlussbetrachtung vorgreifen zu wollen, Neues und Wichtiges. Sie zeigen, dass die Allianz bei Weitem nicht der monolithische Block war, als der er sich gern in der Öffentlichkeit präsentierte.

Anfangs hatte das Bündnis eher politisches Gewicht: Es war als Gegendrohung zur NATO-Mitgliedschaft der Bundesrepublik, als Tauschpfand zur Auflösung beider Koalitionen von sowjetischer Seite gedacht. Aber auch ohne den formellen Pakt hatte die Sowjetunion in den fünfziger Jahren ihre »Vasallen« fest im politischen, wirtschaftlichen und militärischen Griff. Trotzdem diente die WVO Moskau als wirksames Instrument der Einflussnahme und Kontrolle. Zudem beinhaltete das Vertragswerk die Koordination der politischen Ziele und Handlungen der Teilnehmerstaaten, was vorrangig in sowjetischem Interesse lag und durchaus politisches Konfliktpotenzial barg. Letztlich entstanden, wenn auch erst Jahre nach der Gründung der Allianz, militärische Kommandostrukturen unter eindeutig sowjetischer Dominanz, mit der die UdSSR die Teilnehmerstaaten mit ihrem Militär, ihrer Wirtschaft und Gesellschaft umfassend in das Wettrüsten und die Vorbereitung der Auseinandersetzung mit der NATO bereits im Frieden einband.

Eine kritische Geschichte des westlichen Gegenstücks, der NATO, ergibt, dass diese als politisches Bündnis entstanden ist und sich erst später – teilweise sogar im Gegensatz zu den Vorstellungen ihrer Begründer – einen Militärapparat geschaffen hat[3]. Trotzdem stößt es auch heute kaum auf Widerspruch, wenn die Nordatlantische Allianz als Militärbündnis tituliert wird.

Ganz offensichtlich lässt sich ähnliches über die Warschauer Vertragsorganisation sagen. Und dennoch ist die Frage zulässig, ob der im Westen während des Kalten Krieges gebräuchliche Begriff des »Warschauer Pakts« nicht doch zutreffender ist? Anders gefragt: Wie verhalten sich die politischen und die militärischen Elemente zueinander? Hier stehen weiterführende Analysen der Wirkmechanismen innerhalb der Allianz noch aus, allerdings verdeutlichen die hier vorgestellten Beiträge bereits wesentliche neue Erkenntnisse. Ganz offensichtlich wird, dass sich die Stellung der Bündnispartner zueinander in den Jahrzehnten veränderte, die »Marionetten« durchaus ein Eigenleben entwickelten, das Moskau zunehmend vor Probleme im Interesse des Erhalts des Ganzen stellte. So hatte Albanien 1962 seine Teilnahme an der Arbeit der WVO eingestellt und 1968 den Austritt aus dem Pakt beschlossen, weil es befürchtete, durch die sowjetische Außenpolitik in eine militärische Auseinandersetzung hineingezogen zu werden. Rumänien spielte aus ähnlichen Gründen im Pakt eine Rolle, die vergleichbar mit der Frankreichs in der NATO ist, ohne jedoch seine Mitgliedschaft in der WVO infrage zu stellen. Auch im Verhältnis zu Polen dokumentierte sich in den achtziger Jahren eine deutliche Wandlung des Paktes.

Artikel 2 des Nordatlantikvertrages sah vor, dass die Parteien ebenso auf wirtschaftlicher Ebene zusammenarbeiteten: Ihr Ziel sei es,»Gegensätze in ihrer internationalen Wirtschaftspolitik zu beseitigen und die wirtschaftliche Zusammenarbeit zwischen einzelnen oder allen Parteien zu fördern«. Mit Leben gefüllt wurde dieser Artikel allerdings nie recht; zu sehr setzten die Hauptgeldgeber USA auf die von ihnen dominierte Marshallplan-Organisation OEEC (Organisation for European Economic Cooperation).

Die wirtschaftliche Zusammenarbeit im sowjetischen Hegemonialbereich dagegen war zuallererst Aufgabe des Rates für gegenseitige Wirtschaftshilfe (RGW, oder mit dem westlichen Begriff: COMECON). Rüstungswirtschaftlich entwickelte die WVO allerdings alsbald ein relatives Eigenleben. Dieses unterlag strengster Geheimhaltung, so dass die wirtschaftlichen Folgen der östlichen Rüstungsanstrengungen im Rahmen der sicherheitspolitischen Zusammenarbeit kaum in den Blick der Öffentlichkeit gerieten. Gerade auf diesem wichtigen Gebiet gibt es reichlich Forschungsbedarf, steckt die Analyse noch in den Kinderschuhen. Hier bleibt die Frage, inwieweit Hochrüstung und Militarisierung ein »Sargnagel« der sozialistischen Planwirtschaft im Ostblock waren, vorerst noch unbeantwortet. Gleichwohl ist offensichtlich, dass die mittel- und osteuropäischen Volkswirtschaften sehr unter den ihnen abverlangten Rüstungsforderungen litten – viel mehr als die westeuropäischen, zumal die Durchsetzungsmöglichkeiten der Sowjetunion ihren »Partnern« gegenüber offensichtlich sehr viel größer waren als die der Amerikaner gegenüber den westeuropäischen Demokratien.

Die Einbindung in das sozialistische Bündnissystem ist die wesentliche Bezugsgröße für die nationalen Geschichten aller Mitgliedsstaaten während des Kalten Krieges. Dies gilt in besonderer Weise für die DDR. Allerdings ist für die DDR wie für die anderen Staaten auch zu fragen, was für sie stärker konstitutiv war: die unmittelbare, bilaterale Allianz mit der Sowjetunion oder die multilaterale Einbindung in den Pakt? Das sozialistische Bündnissystem diente in seiner Gesamtheit der Durchsetzung sowjetischer Hegemonialinteressen. Dessen ungeachtet ist die Frage erlaubt, ja sie drängt sich auf, inwieweit die kleineren Bündnispartner ihrerseits nationale Interessen einbringen konnten. Für die Berlin-Krise etwa oder für die Intervention des Paktes in der Tschechoslowakei 1968 sind solche Überlegungen bereits angestellt worden[4]; für andere prägende Ereignisse in der Geschichte des Kalten Krieges stehen sie noch aus, so etwa für die Polenkrise 1980/81[5] oder den sowjetischen Angriff auf Afghanistan. Verschiedene Beiträge in diesem Band zeigen, wie die Teilnehmerstaaten doch recht unterschiedlich solche Krisensituationen perzipierten und ihr Verhalten im Bündnis danach ausrichteten.

Die achtziger Jahre brachten eine Veränderung des sicherheitspolitischen Diskurses in Europa mit sich. Das ließ auch den Warschauer Pakt nicht unberührt. Schon vor seinem Scheitern war er zunehmenden Veränderungen unterworfen, zu denen vor allem die neue sowjetische Militärdoktrin gehörte, die aber beispielsweise auch das veränderte sicherheitspolitische Gewicht des unruhig gewordenen Polens oder die zunehmende Eigenständigkeit Rumäniens umfassten. Die deutlich gesunkene wirtschaftliche Leistungsfähigkeit der sozialistischen Volkswirtschaften, besonders die der Sowjetunion, verschärfte die systemimmanente Konkurrenz zwischen Rüstung und Konsum um die knapper werdenden Ressourcen.

Von daher ergibt sich die Frage nach der Relevanz des Scheiterns und der Auflösung des Warschauer Pakts. Dieser Frage stellt sich, vor allem aus sowjetischer Sicht, die Publikation »Das rote Bündnis« von Frank Umbach, die 2005 in dieser Reihe erscheinen ist[6]. Der jetzt vorliegende Band soll Umbachs Darstellung um Aspekte aus der Sicht der anderen beteiligten Nationen und auf der Basis inzwischen veröffentlichter Quellen ergänzen. Auch lässt sich am Beispiel des Untergangs einer Institution viel über ihr Wesen erkennen – aber eben doch nicht alles. Das Erkenntnisinteresse der Forschung muss dahin gehen, die Mechanismen herauszufiltern, die das Funktionieren dieser Einrichtung über die fast 40 Jahre ihrer Existenz ermöglicht haben. Das jedoch lässt sich nicht nur aus ihrem Ende heraus erklären.

Quellenlage und nationale Interessen

Die Quellenlage zur Geschichte des Warschauer Paktes und damit der sowjetischen Hegemonie über Ost-, Südost- und Mitteleuropa ist bedauerlich schlecht[7]. Zum einen lagerte der größte Teil der Akten der gemeinsamen politischen und militärischen Einrichtungen bis 1991 überwiegend in Moskau und ist daher jetzt in russischer Hand. Für die ehemalige DDR, aber auch für andere Teilnehmerstaaten kommt noch hinzu, dass diese die wichtigsten operativen Akten im Sommer 1990, also vor dem Beitritt der DDR zum Geltungsbereich des Grundgesetzes, nach Moskau abgegeben haben. Auch dieser Vorgang wirft ein bezeichnendes Licht auf die Frage nach Eigenständigkeit, ja Souveränität der Mitgliedsstaaten des Warschauer Pakts. In einigen ehemaligen Ostblockstaaten sind zudem aus Geheimhaltungsgründen nationale militärische Akten nur schwer oder bedingt zugänglich, was natürlich die wissenschaftliche Aufarbeitung der nationalen Komponente des Bündnisses behindert. Deutsche Forscher hingegen befinden sich in einer ambivalenten Lage: Die Akten der DDR-Staatsführung, des Militärs und auch der Staatssicherheit sind, soweit erhalten, frei benutzbar. Dagegen unterliegen die Akten des DDR-Außenministeriums auch weiterhin einer Sperrfrist von 30 Jahren, und die vormals in deutschem Besitz befindlichen Akten aus sowjetischer oder Vertragsprovenienz sind in

Moskau unerreichbar[8]. Das verführt zu einer deutschlandzentrierten Betrachtungsweise und zu der Fehlperzeption, die Geschichte der DDR-Sicherheits- und Militärpolitik lasse sich in einer nationalen Perspektive hinreichend beschreiben, während doch kein Staat so sehr wie die DDR durch die Einbindung in die hegemonialen Strukturen geprägt worden ist. Und wo sollte dies noch mehr gelten als in der Militär- und Sicherheitspolitik? Gerade deshalb erlangt die komparatistische Sicht auf den Warschauer Pakt eine große Bedeutung. Sie bedingt somit nicht nur aus der Quellenlage heraus eine enge Kooperation der nationalen Geschichtsaufarbeitung auf internationaler Ebene. Wie fruchtbringend eine solche Zusammenarbeit ist, zeigt nicht nur dieser Band, sondern dokumentieren auch andere internationale Projekte.

Während es über die Öffnung der NATO-Akten eine langjährige Auseinandersetzung zwischen den NATO-Partnern gegeben hat, bei der gerade kleinere Staaten eine großzügigere Linie verhindern konnten, verschwendet offenbar niemand auch nur einen Gedanken an eine etwaige Mitbestimmung der ehemaligen Verbündeten bei einer möglichen Öffnung der in russischen Archiven lagernden Dokumente.

Für viele der am Warschauer Pakt beteiligten Staaten ist das Ende dieser multilateralen Verstrickung nach 1990 ebenso wie das Ende der bilateralen Anbindung an Moskau ein Beweis der nationalen Wiedergeburt. Das Bestreben der Menschen in diesen Ländern geht dahin, sich selbst als Nation neu begreifen zu lernen. Das erklärt vielleicht auch ein Stück weit, warum diese wiedergeborenen Nationen einerseits eine schnelle Mitgliedschaft in NATO und EU anstreben: Nicht nur suchen sie politischen, militärischen und wirtschaftlichen Schutz vor erneutem russischem Expansionismus; sie wollen auch durch ihre Aufnahme verdeutlichen, dass sie souveräne Staaten sind – in dieser Hinsicht ja gar nicht unähnlich den Motiven Adenauers für die deutsche Wiederbewaffnung und den westdeutschen NATO-Beitritt 1955. Andererseits tun sich die postkommunistischen Staaten häufig schwer mit der schnellen Rückgabe nationaler Souveränität, wie sie die Vollmitgliedschaft in der EU mit sich bringt. Dazu passt, dass in vielen dieser Staaten die geschichtswissenschaftliche Forschung sich vor allem auf die Bearbeitung der Nationalgeschichte konzentriert, also häufig der Geschichte des 19. Jahrhunderts oder zumindest der ersten Hälfte des 20. Jahrhunderts. Forscher, die ihren Blick auf die Phase des Kalten Krieges richten wollen, werden oftmals, wenn schon nicht gebremst, so doch nicht unbedingt vorrangig gefördert; zu sehr ist dies eine Phase der nationalen Abhängigkeit und rückblickend der »Schmach«.

Dem setzt dieser Band den Versuch entgegen, neuere Forschungsergebnisse und jüngere Forscherinnen und Forscher zur Epoche des Kalten Krieges zu Wort kommen zu lassen. Das Anliegen seiner Herausgeber (und der Veranstalter der dem Band zugrunde liegenden Tagung) war es, durch die Möglichkeit internationaler Kooperation Forschungen zur Nachkriegszeit in den betroffenen Ländern anzuregen und den in diesem Feld tätigen Wissenschaftlerinnen und Wissenschaftlern zugleich ein Forum des Austausches zu bieten sowie ihnen in ihrem Kampf um national kontrollierte Ressourcen für Forschungsarbeiten Rückendeckung zu geben.

Fragestellungen einer internationalen Kooperation: Vergleich und Interaktion

Internationale Kooperation soll auf zwei Ebenen wissenschaftlichen Gewinn erbringen: Sie soll einerseits durch den Vergleich analoger Phänomene in den verschiedenen mittel- und osteuropäischen Staaten diese Phänomene besser erklären helfen, als es eine rein nationale Sichtweise könnte, und zum anderen eine Analyse der Interaktion zwischen den beteiligten Staaten ermöglichen. Aus deutscher Sicht tritt, wie geschildert, die Absicht hinzu, Forschungsprojekte zur Militärgeschichte des Kalten Krieges anzustoßen und damit langfristig wesentliche Aktenbestände der internationalen Forschung zugänglich zu machen.

Der Vergleich als historische Methode ist viel besungen, aber wissenschaftlich begründete Vergleichsmethoden sind gleichwohl schwer zu definieren; allzu häufig stehen miteinander unverbundene Einzeldarstellungen nebeneinander, ohne sich aufeinander zu beziehen oder gar Allgemeines und Besonderes im nationalen Vergleich zu analysieren und damit einen Erkenntnisfortschritt im Ganzen zu begründen, der über die Summe der Teile hinausginge[9].

Dabei wäre gerade bei dem angeblich »monolithischen« Ostblock eine vergleichende Betrachtung sinnvoll und erkenntnisversprechend. Welche Rolle, so wäre zu fragen, spielte das Militär in den einzelnen realsozialistischen Gesellschaften? Eine Antwort darauf ist zum Beispiel für eine sachgerechte Einordnung der festgestellten Militarisierung[10] der DDR-Gesellschaft unabdingbar.

Zugleich soll eine internationale und multiperspektivische Betrachtungsweise aber auch nach der Interaktion der beteiligten Partner fragen. Der Warschauer Pakt war sowohl durch multinationale Stränge, durch bilaterale Beziehungen zur Hegemonialmacht wie auch durch laterale Beziehungen zwischen den kleineren Partnern gekennzeichnet. Ihre Gewichtung allerdings ist weitgehend unerforscht. Inwieweit waren die Beziehungen zwischen den »Bruderländern« von den Interessen des Paktes geprägt, wie wurden diese wiederum von der Hegemonialmacht wahrgenommen? Waren etwa aus ihrer Sicht gute direkte polnisch-ungarische Kontakte geeignet, die sowjetische Vormacht zu relativieren? Erst die Beantwortung solcher Forschungsfragen ermöglicht eine tiefere Einsicht in die Wirkmechanismen der Allianz und in das Selbstverständnis ihrer Teilnehmer. Allein die Aspekte, die die Beiträge in diesem Band bereits vermitteln können, lassen den Wert eines solchen komparatistischen Ansatzes erahnen.

Es wäre auch danach zu fragen, ob die multilaterale Organisationsform echte Zugewinne im Sinne einer erhöhten Sicherheit erbrachte, die über das hinausgingen, was die Partner in bilateralen Konstruktionen hätten erreichen können. Anders formuliert: Was war der politische Mehrwert des Paktsystems angesichts der Tatsache, dass es potenziell geeignet war, auch die Sowjetunion in gewissem Maße zu binden? Ging der außen- und sicherheitspolitische Gewinn für Moskau über die Option hinaus, eine Auflösung der NATO zu forcieren? Immerhin wäre, wollte man dies verneinen, die Gründung des Warschauer Pakts ein gigantischer Fehler gewesen, denn das gesamte Projekt hätte dann in den knapp 40 Jahren seiner Existenz seinen eigentlichen Daseinszweck verfehlt.

Auch ein Sammelband, der den Verlauf einer international besetzten Tagung wiedergeben soll, kann die genannten Fragen nur in Teilaspekten und ansatzweise beantworten. Gleichwohl soll dieses Buch unter anderem aufzeigen, welchen Gewinn weiterführende Studien zu diesem faszinierenden Feld versprechen. Und wenn mehr Fragen offen bleiben als beantwortet werden, so mag dies als ein Anreiz zu neuen Forschungen verstanden werden.

Anmerkungen

[1] Vertrag publiziert in: Die Organisation des Warschauer Vertrages. Dokumente und Materialien 1955–1985, Berlin (Ost) 1985, S. 19–23.

[2] Ebd., S. 20.

[3] Siehe hierzu die vom Militärgeschichtlichen Forschungsamt herausgegebene Reihe »Entstehung und Probleme des Atlantischen Bündnisses bis 1956«, vor allem den ersten Band: Winfried Heinemann, Vom Zusammenwachsen des Bündnisses. Die Funktionsweise der NATO in ausgewählten Krisenfällen 1951 bis 1956, München 1998.

[4] Hope M. Harrison, Driving the Soviets up the Wall. A Super-Ally, a Superpower, and the Building of the Berlin Wall, 1958–1961, in: Cold War History, 1 (2000), 1, S. 51–74; Lutz Prieß, Václav Kural und Manfred Wilke: Die SED und der »Prager Frühling« 1968. Politik gegen einen »Sozialismus mit menschlichem Antlitz«, Berlin 1996 (= Studien des Forschungsverbundes SED-Staat an der Freien Universität Berlin), v.a. Kapitel 3; Manfred Wilke, Die SED und der Prager Frühling: Die Konfrontationen begann in Dresden, in: <www.sed-staat.de/texte/20080313_Die_SED_und_der_Prager_Fruehling.pdf>.

[5] Zur DDR-Haltung in der Polenkrise gibt es bereits einige Analysen, so beispielsweise: »Hart und kompromißlos durchgreifen«. Die SED contra Polen 1980/81. Geheimakten der SED-Führung über die Unterdrückung der polnischen Demokratiebewegung, hrsg. von Michael Kubina und Manfred Wilke, Berlin 1995; Reinhardt Gutsche, Nur ein Erfüllungsgehilfe? Die SED-Führung und die militärische Option zur Niederschlagung der Opposition in Polen in den Jahren 1980/81, abgedr. in: Geschichte und Transformation des SED-Staates. Beiträge und Analysen, hrsg. von Klaus Schroeder, Berlin 1994, S. 166–179. Zur Binnenstruktur des Pakts in dieser Epoche siehe inzwischen Burkhard Olschowsky, Einvernehmen und Konflikt. Das Verhältnis zwischen der DDR und der Volksrepublik Polen 1980–1989, Osnabrück 2005 (= Veröffentlichungen der Deutsch-Polnischen Gesellschaft, 7).

6   Frank Umbach, Das rote Bündnis. Entwicklung und Zerfall des Warschauer Paktes 1955 bis 1991, Berlin 2005 (= Militärgeschichte der DDR, 10).

7   Näheres bei Heiner Bröckermann, Torsten Diedrich, Winfried Heinemann, Matthias Rogg und Rüdiger Wenzke, Die Zukunft der DDR-Militärgeschichte. Gedanken zu Stand und Perspektiven der Forschung, in: Militärgeschichtliche Zeitschrift, 66 (2007), 1, S. 71‑99, hier v.a. S. 81‑83.

8   Siehe u.a. Die Überlieferung der Diktaturen. Beiträge zum Umgang mit Archiven der Geheimpolizeien in Polen und Deutschland nach 1989, hrsg. von Agnès Bensussan, Dorota Dakowska und Nicolas Beaupré, Essen 2004; Hatte »Janus« eine Chance? Das Ende der DDR und die Sicherung einer Zukunft der Vergangenheit. Referate der Tagung der BStU in Zusammenarbeit mit der Museumsstiftung Post und Telekommunikation sowie dem Bundesarchiv vom 27. bis 29.11.2002 in Berlin, hrsg. von Dagmar Unverhau, Münster 2003 (= Archiv zur DDR-Staatssicherheit, 6).

9   Geschichte und Vergleich, hrsg. von Heinz-Gerhard Haupt und Jürgen Kocka, Frankfurt a.M. 1996.

10 Siehe hierzu Matthias Rogg, Armee des Volkes? Militär und Gesellschaft in der DDR, Berlin 2008 (= Militärgeschichte der DDR, 15).

Christian Nünlist

Die westliche Allianz und Chruščevs Außenpolitik im Jahre 1955

Zur Zeit des Kalten Krieges hielt der Westen den Warschauer Pakt in erster Linie für ein Instrument der Sowjetunion und des sowjetischen Generalstabs zur Durchsetzung von Sicherheitsinteressen. Er galt als eine mächtige und fähige Militärmaschinerie, die jederzeit zur Eroberung des Westens bereit war. Neue Erkenntnisse, die auf Forschungen in mittel- und osteuropäischen Archiven beruhen, haben diese Sichtweise ins rechte Licht gerückt[1].

Am 14. Mai 1955 gründete der Generalsekretär der Kommunistischen Parteien der Sowjetunion (KPdSU), Nikita S. Chruščev, den Warschauer Pakt als Gegenstück zur NATO. Er wollte seine »Schattenallianz« für ein diplomatisches Spiel benutzen, indem er versuchte, den Westen zu einer wechselseitigen Auflösung der NATO und des neu gegründeten Warschauer Pakts zu überreden und eine neue Sicherheitsarchitektur in Mitteleuropa zur Demilitarisierung des Kalten Krieges in Europa einzuführen[2].

Als im Herbst 1955 klar wurde, dass der Westen am Fortbestehen der NATO und der Mitgliedschaft Westdeutschlands in der NATO festhalten würde, verfolgte Chruščev von nun an eine Politik zweier deutscher Staaten. Er stärkte »sein Deutschland«, die Deutsche Demokratische Republik (DDR), und förderte die Wiederbewaffnung und die Integration der militärischen Kräfte der DDR in den Warschauer Pakt. Moskau strebte eine De-facto-Anerkennung zweier deutscher Staaten durch den Westen und die internationale Anerkennung der DDR an[3].

Wie der Warschauer Pakt wurde auch die NATO zur Zeit des Kalten Krieges sowohl im Osten als auch im Westen als eine fast ausschließlich militärische Organisation angesehen. Doch in den Jahren 1955/56 schrieb die NATO auch ihre politischen Funktionen fest, die zum dominierenden militärischen Pfeiler der frühen Jahre hinzukamen. Politische Konsultationen zwischen den fünfzehn NATO-Mitgliedsstaaten gewannen zunehmend an Bedeutung. Chruščevs Politik der friedlichen Koexistenz beförderte diese Tendenz, da 1955 die militärische Bedrohung durch die Sowjetunion – die außenpolitische Ursache für die Gründung der NATO im Jahr 1949 – offenkundig geringer wurde[4].

Wie reagierte die NATO auf die Bildung des Warschauer Pakts und auf die neue Linie der sowjetischen Außenpolitik 1955, und inwiefern änderten sich die Aufgaben der NATO vor diesem Hintergrund? Diskussionen über die Zukunft der NATO gingen einher mit Debatten im Westen über eine angemessene Reaktion auf die neue Linie der sowjetischen Politik. War die NATO in einer Zeit der »Détente«[5] zwischen Ost und West überhaupt noch erforderlich? Die NATO habe sich 1955 und darüber hinaus von einem rein militärischen Pakt zu einem wichtigen politischen Instrument des Westens im Kalten Krieg und zu einer Anlaufstelle für politische Ost-West-Initiativen von NATO-Mitgliedsstaaten gewandelt, so eines der Argumente. Im Folgenden wird das Tagesgeschäft der NATO in eine Analyse der Ost-West-Beziehungen in den ersten 200 Tagen des Bestehens des Warschauer Pakts eingebettet. Der Beitrag konzentriert sich auf die politischen Debatten der NATO über Ausmaß und Natur der sowjetischen Bedrohung im Jahr 1955 auf der Ebene der fünfzehn NATO-Botschafter in Paris, die sowohl im Rahmen der halbjährlichen Ministertreffen der NATO als auch während der wöchentlichen Treffen des Nordatlantikrats (NAC) stattfanden.

Mit der Aufnahme der Bundesrepublik Deutschland in die NATO und der Bildung des Warschauer Pakts im Mai 1955 wurde der Prozess der Blockbildung zwischen Ost und West abgeschlossen. Es begann eine Phase der Konsolidierung innerhalb der Bündnisse, begleitet von Entspannung zwischen den Blöcken. Im Frühjahr 1955 kam Chruščev der zwei Jahre zuvor vom amerikanischen Präsidenten Dwight D. Eisenhower gegenüber der Sowjetunion geäußerten Forderung »deeds, not words«[6] nach. Er präsentierte eine ganze Reihe diplomatischer Initiativen, die in innovativen Abrüstungsvorschlägen, in der Unterzeichnung des österreichischen Staatsvertrages und in Moskaus Versöhnung mit Jugoslawiens Präsident Josip Broz Tito gipfelten[7]. Chruščevs Politik wurde allgemein als »weiche« Linie der sowjetischen Außenpolitik bekannt und führte zum Genfer Gipfel im Juli 1955. William Taubman bezeichnete die Kampagne, die später als »Détente« in die Geschichte eingehen sollte, als »centerpiece of Khrushchev's new diplomacy«[8].

Mit seinen Initiativen zur Entmilitarisierung und Stabilisierung während des Kalten Krieges in Mitteleuropa forderte Chruščev den Westen heraus. Die NATO wurde vom Paradigmenwechsel in der sowjetischen Außenpolitik zu Beginn des Jahres 1955 vollkommen überrascht, da sie zu diesem Zeitpunkt nicht mit sowjetischen Entspannungsinitiativen gerechnet hatte. Ende März 1955 prophezeiten Sowjetexperten der NATO, dass nicht mit einem radikalen Wandel in der sowjetischen Außenpolitik zu rechnen sei. Substanzielle Ost-West-Verhandlungen oder sowjetische Zugeständnisse bei wichtigen anhängenden Problemen lagen für sie nicht in greifbarer Nähe. Des Weiteren bezeichneten sie die Möglichkeit der Bildung eines großen kommunistischen Bündnisses als eine leere Drohung ohne praktische Bedeutung für die Zukunft[9]. Den westlichen Nachrichtendiensten gelang es offenbar nicht, die Vorbereitungen der

Sowjetunion im März 1955 für die Bildung eines multilateralen militärischen Pakts mit den osteuropäischen Staaten richtig zu erfassen und zu deuten. Dies ist umso erstaunlicher, als die Sowjetunion Ende 1954 angekündigt hatte, dass sie auf die Ratifizierung der Pariser Verträge mit der Errichtung einer Koalition der östlichen Staaten reagieren werde[10].

Auch die Vereinigten Staaten erwarteten keine bedeutenden Änderungen in der sowjetischen Außenpolitik[11]. Dagegen beurteilten Frankreich und Großbritannien die Lage in Moskau optimistischer. Bei der Erörterung des Berichts der Sowjetexperten im NATO-Rat am 30. März 1955 konnten sich der französische und der britische NATO-Botschafter dem im Bericht vorgebrachten Argument, die Sowjetunion sei zu keinen substanziellen Verhandlungen bereit, nicht anschließen. Der Generalsekretär für politische Angelegenheiten Guiseppe Cosmelli musste – als Vorsteher der Sowjetexperten – einräumen, dass heftige Moskauer Reaktionen auf die Ratifizierung der Pariser Verträge durch den französischen Senat am 27. März ausgeblieben waren. Jedoch betonte er erneut, dass es keine Anhaltspunkte für die Gründung eines offiziellen Bündnisses zwischen der Sowjetunion und den osteuropäischen Staaten gebe[12].

Die Prognosen der NATO-Experten erwiesen sich als vollkommen falsch: Einen Monat später startete Chruščev eine Initiative für ein neutrales Österreich, um zu verhindern, dass sich das westliche Sicherheitssystem auch auf Österreich ausdehnte[13]. Cosmellis Arbeitsgruppe legte Ende April einen überarbeiteten Bericht über Tendenzen in der sowjetischen Politik vor. Sie betrachtete die jüngsten Ereignisse in Moskau immer noch mit Skepsis. Zumindest hatten die Experten ihre Meinung bezüglich eines möglichen östlichen Militärbündnisses geändert: Sie erklärten nun, dass die Sowjetunion auf die Pariser Verträge »almost certainly« mit der Errichtung einer gemeinsamen militärischen Führung in Osteuropa reagieren werde. Da die Experten der NATO keinen Durchbruch in der Abrüstungsfrage erwarteten, blieb ihre Schlussfolgerung nüchtern: »The threat to the Free World has in no way diminished[14].«

NATO-Détente-Debatten im Mai 1955

Die Außenminister der NATO erörterten am 9. und 10. Mai 1955 in Paris die jüngsten Entwicklungen in der sowjetischen Politik. Das Frühjahrstreffen war die erste Gelegenheit, auf höchster Ebene über die sowjetische Entspannungspolitik in einem multilateralen Rahmen zu diskutieren. Der amerikanische Außenminister John Foster Dulles betrachtete die internationale Situation pessimistisch und betonte, die sowjetische Politik sei »virtually unchanged«. Er bezeichnete die sowjetische Haltung zur Abrüstung als negativ und gab nicht viel auf die Gespräche Moskaus mit seinen osteuropäischen Satellitenstaaten in Warschau, die fast zur gleichen Zeit wie das NATO-Ministertreffen in Paris stattfanden. Dulles war der Ansicht, dass ein östliches Militärbündnis dem in

Osteuropa bereits bestehenden Militärblock nur »einen neuen Anstrich« geben würde. Er fuhr fort, dass die NATO-Staaten deshalb nicht in ihren Bemühungen nachlassen dürften: »It would be folly to abandon a policy which had been successful so far. NATO had not been deterred by threats, and should not now be deflected from its course by promises and false hopes.« Die NATO-Minister waren sich darin einig, dass die jüngste Entspannungspolitik der Sowjetunion der erfolgreichen Politik der NATO seit 1949 zuzuschreiben sei. Nur die Fortsetzung der von der NATO verfolgten Politik der Stärke und nicht eine westliche Entspannungspolitik würde Möglichkeiten zu Verhandlungen zwischen Ost und West eröffnen[15].

Nachdem sich der Zusammenhalt der NATO erstaunlicherweise gut bewährt hatte, störte eine gemeinsame Erklärung der USA, Grossbritanniens und Frankreichs in der Nachmittagssitzung vom 9. Mai die scheinbare Harmonie im westlichen Lager. Die drei Westmächte gaben ihre Absicht bekannt, auf die sowjetische Politik mit einem positiven Signal ihrerseits zu reagieren und die Sowjetunion zu einer Gipfelkonferenz der Siegermächte des Zweiten Weltkriegs einzuladen. Der französische Außenminister Antoine Pinay rechtfertigte die Einladung Moskaus zum Gipfel der Westmächte mit folgenden Argumenten: *Erstens* sei die Verhandlungsposition des Westens nach der Ratifizierung der Pariser Verträge so stark wie nie zuvor. *Zweitens* sei die Haltung Moskaus bei den Verhandlungen zum österreichischen Staatsvertrag flexibler und gemäßigter gewesen als in den letzten Jahren und Monaten. Die drei Minister versicherten der NATO, dass sowjetische Pläne für eine Auflösung des westlichen Bündnisses oder einen Rückzug der US-Truppen aus Westeuropa nach wie vor inakzeptabel seien[16].

Die anderen zwölf NATO-Außenminister zeigten sich erstaunt über den plötzlichen Sinneswandel der drei Westmächte, die nun von einer »flexiblen und gemäßigten« sowjetischen Politik sprachen, während sie nur ein paar Stunden zuvor die sowjetische Außenpolitik als »unverändert« bezeichnet hatten. Mehrere Vertreter mittlerer und kleiner Mächte forderten politische Konsultationen innerhalb der NATO zu den Problemen im Zusammenhang mit Deutschland und Österreich sowie zu europäischen Sicherheitsfragen im Allgemeinen. Sie hofften, die NATO würde zunehmend zu einem Ort politischer Debatten werden, die zuvor den drei Westmächten vorbehalten gewesen waren[17]. Italien, Kanada, Dänemark, Norwegen und die Niederlande wünschten allgemein eine Entspannung in den Ost-West-Beziehungen bei gleichzeitiger Aufrechterhaltung der Einheit und Stärke der NATO. Der kanadische Außenminister Lester Pearson formulierte dies auf sehr eindringliche Art und Weise:

> »NATO must follow the dual policy of maintaining the unity and strength« whilst exploiting every opening for negotiations [...] NATO had now the necessary strength to meet the USSR on the ground of NATO's choice, i.e. diplomacy.«

Auch Dulles nahm seine skeptische Stellungnahme in der morgendlichen Sitzung zurück und glaubte nun, dass die NATO die Initiative ergreifen und der

Sowjetunion Verhandlungen anbieten sollte. Nur Paul-Henri Spaak aus Belgien und Fatü R. Zorlu aus der Türkei warnten vor einem Viermächtegipfel mit der Sowjetunion[18].

Was hatte die USA zu diesem dramatischen Meinungsumschwung bewogen? Offenbar fühlten sich Eisenhower und Dulles nach der sowjetischen Konzession in der Österreichfrage gezwungen, den alliierten und öffentlichen Forderungen nach einem Gipfeltreffen der westlichen Drei mit der Sowjetunion nachzugeben[19].

Auf Vorschlag Kanadas berieten die Außenminister der NATO im Mai 1955 zum ersten Mal über das Problem der Abrüstung. Kanada informierte das Bündnis über den frustrierenden Zustand des Ende 1953 gegründeten UNO-Unterausschusses für Abrüstung, dessen letzte Sitzung am 25. Februar 1955 in London begonnen hatte. Diesem Unterausschuss gehörten die USA, Großbritannien, Frankreich, Kanada und die Sowjetunion an[20]. Großbritannien und Frankreich waren jedoch dagegen, die »geheimen« UNO-Verhandlungen im Rahmen der NATO zu erörtern, das heisst außerhalb der fünf Mitglieder des Unterausschusses. Die in der NATO geführte Abrüstungsdebatte erwies sich zwar letztendlich nicht als besonders substanziell, doch Kanada hatte einen wichtigen Präzedenzfall für die Multilateralisierung der Ost-West-Abrüstungsgespräche geschaffen, indem es die Londoner Gespräche auf die Tagesordnung der NATO setzte, das Augenmerk der NATO auf die Problematik der Verhandlungen lenkte und ein Vorwärtskommen in der Haltung des Westens forderte[21]. Die USA glaubten, dass die Sowjetunion die Londoner Gespräche vor allem für Propagandazwecke nutzte; in Washington war man der Auffassung, dass Moskau nicht ernsthaft daran interessiert sei, im Unterausschuss Abrüstungsvereinbarungen zu verhandeln[22].

Ironischerweise legte die Sowjetunion noch am selben Tage, dem 10. Mai, der Londoner Abrüstungskonferenz einen neuen spektakulären Abrüstungsplan vor und signalisierte ihre Bereitschaft zu ernsthaften Verhandlungen, in denen sie den meisten Forderungen des Westens mit Ausnahme der Inspektionen entsprach[23].

Détente in Europa?

Einige Tage nach der NATO-Tagung konnte Chruščev zwei zusätzliche Propagandaerfolge erzielen. Zunächst gründete die Sowjetunion am 14. Mai den Warschauer Pakt, der ein Abbild der NATO war. CIA-Direktor Allen Dulles beschrieb den Warschauer Pakt als einen sowjetischen Plan zur Schaffung eines NATO-Gegenstücks: »The whole thing was very nearly a direct copy of the NATO and SHAPE set-up. In fact, some of the clauses in the treaty were direct quotations from the NATO and SHAPE constitutions[24].« Vertreter der NATO betrachteten den Warschauer Pakt als »cardboard castle [...] carefully erected over what most observers considered an already perfectly adequate blockhouse

[...] no doubt intended to be advertised as being capable of being dismantled, piece by piece, in return for corresponding segments of NATO«[25]. Die westliche Presse sah in der Gründung des Warschauer Pakts ebenfalls einen taktischen Schritt, der es Moskau ermöglichte, beim bevorstehenden Vier-Mächte-Gipfel die gegenseitige Auflösung beider Militärbündnisse vorzuschlagen[26]. NATO-Vertreter und die westliche Presse lagen mit ihrer Vermutung richtig, dass der Kreml den Warschauer Pakt eher aus politischen als aus militärischen Gründen geschaffen hatte. Artikel 11 des Warschauer Vertrags beinhaltete ein dauerhaftes Angebot zur Auflösung des Warschauer Pakts im Falle einer gleichzeitigen Auflösung der NATO. Bei den Genfer Konferenzen zog Chruščev immer noch ernsthaft eine Auflösung der beiden Bündnisse des Kalten Krieges und die Schaffung einer neuen europäischen Sicherheitsordnung in Betracht, in der die Sowjetunion nach dem Rückzug der amerikanischen Truppen vom Kontinent die dominierende Macht sein würde[27].

Ein zweiter Propagandaerfolg war die Unterzeichnung des österreichischen Staatsvertrags am 15. Mai 1955 in Wien, in dessen Folge die sowjetischen Truppen aus Österreich abzogen. Die Öffentlichkeit in Europa reagierte begeistert, denn sie glaubte, dass damit der Kalte Krieg zu Ende gehen würde. Die französische Tageszeitung »Le Monde« und die »New York Times« berichteten Mitte Mai, dass der Begriff »Détente« in die diplomatischen Salons zurückgekehrt sei[28]. Chruščev kostete den Moment aus und beteuerte gegenüber der Weltöffentlichkeit die defensiven und friedlichen Absichten der Sowjetunion: »Is there any stronger proof necessary to show that the Soviet Union does not want to seize Europe to carry on any sort of war? Who would evacuate troops if he wanted to attack[29]?«

Mit seiner Entspannungsinitiative setzte Chruščev das westliche Lager im Mai 1955 unter Druck und versuchte, die NATO zu spalten. Das westliche Bündnis musste auf Moskaus Friedensangebot reagieren und politisch wieder in die Offensive gehen, wenn es nicht als altmodisches und überflüssiges Militärbündnis enden wollte.

Der Sowjetunion gelang es, einen Keil in die NATO zu treiben. Auf der einen Seite fürchtete vor allem die Bundesrepublik eine vorschnelle Entspannung. Solange sie nicht über eine Bundeswehr verfügte, blieb ihr Territorium im Rahmen von Abrüstungsvereinbarungen zwischen den USA und der Sowjetunion attraktiv. 1955 befürchtete die Regierung in Bonn, dass eine Abmachung zwischen den Supermächten die Teilung Deutschlands verhärten würde. Um in der NATO ein gleichberechtigtes Mitglied zu sein, forderte die Bundesrepublik die Wiederbewaffnung als wichtige Vorbedingung für Ost-West-Verhandlungen. Deshalb wollte Adenauer 1955 Zeit gewinnen, damit sich das politische Gewicht Westdeutschlands vor den Verhandlungen des Westens mit Moskau voll entfalten konnte. Die sowjetische Einladung Anfang Juni zu einem Besuch in Moskau im September 1955 bedeutete für Adenauer einen wichtigen politischen Triumph. Das »Rapallo-Syndrom«, das heißt die Angst vor einer separaten Abmachung zwischen Deutschland und Russland, vergrößerte die politische Bedeutung der Bundesrepublik im Westen[30]. Auch die USA kamen mit mäßigen Erwartungen nach Genf. Eisenhower und Dulles reisten nur widerwillig und wegen des öffentlichen Drucks zum Gipfel; sie glaubten nicht, dass die komplexen Probleme, die Ost und West voneinander trennten, in ein paar Tagen gelöst werden könnten[31]. Dagegen setzten andere NATO-Staaten wie Großbritannien, Frankreich und die kleineren NATO-Mitglieder große Hoffnungen in den Genfer Gipfel. So war beispielsweise Kanada der Auffassung, der Westen sei jetzt, nach der Ratifizierung der Pariser Verträge, »morally committed«, diese Gelegenheit zu ergreifen und zu einer Vereinbarung mit der Sowjetunion zu kommen:

»A serious effort should be made this year to make the shift from cold war to cold peace. Looking ahead, it seems to me unlikely that the West will be in a relatively better position to negotiate with the Russians in the foreseeable future[32].«

Auf Drängen Italiens, Belgiens und Kanadas wurde am 16. Juli 1955, ein paar Tage vor dem Genfer Gipfel, ein außerordentliches Ministertreffen der NATO einberufen. Die kleineren Verbündeten hofften zu erfahren, ob die NATO in Genf die verhaltene Linie der USA und der Bundesrepublik oder die gewagtere, aber auch riskantere Position Großbritanniens und Frankreichs vertreten würde. Das Juli-Treffen der NATO verfolgte verschiedene Ziele: *Erstens* versicherten die USA, Großbritannien und Frankreich der NATO und vor allem der Bundesrepublik, die Interessen des Bündnisses in Genf zu berücksichtigen. *Zweitens* zeigten sie, dass sie es mit dem Ausbau der politischen Konsultation in der NATO ernst meinten. Das Treffen bot den zwölf kleineren Mitgliedsstaaten die Möglichkeit, ihre Ansichten über die in Genf zu erörternden Themen darzulegen. *Drittens* stärkte die Tatsache, dass die NATO grünes Licht für die Verhandlungsposition und die Taktik des Westens gab, die Position der drei Westmächte gegenüber Moskau.

Dulles, Pinay und der britische Außenminister Harold Macmillan betonten, dass in Genf weder die Pariser Verträge noch die NATO zur Disposition stünden und die drei Westmächte ein neutrales Deutschland nicht akzeptieren würden. Sie versprachen, auf der Anbindung der Bundesrepublik an den Westen zu bestehen. Die USA wollten beim Genfer Gipfel in erster Linie eine atmosphärische Verbesserung in den Ost-West-Beziehungen erreichen. Washington erwartete keine konkreten Vereinbarungen mit der Sowjetunion. Unter den drei Westmächten bestand Uneinigkeit darüber, inwieweit sich die NATO zu den Punkten der Tagesordnung äußern sollte. So vertrat Dulles die Meinung, dass die NATO nur beim Thema »Europäische Sicherheit« ein Mitspracherecht haben sollte, nicht aber bei der Deutschlandfrage oder bei der Abrüstung. Dagegen glaubte Macmillan, die Vorschläge des Westens seien »naturally aimed at the heart of the North Atlantic Alliance«, folglich enge Konsultationen zwischen den drei Westmächten und der NATO unentbehrlich. Länder wie Italien, Norwegen, die Niederlande, Kanada oder Belgien stellten sich auf die Seite

Macmillans und forderten eine stärkere Beteiligung der kleineren Verbündeten an der Politik der Großmächte.

Während für einige europäische Staaten, insbesondere für Belgien, Vereinbarungen zwischen NATO und Warschauer Pakt im Bereich des Möglichen lagen, lehnten die USA zusätzliche Schutzmaßnahmen für die Sowjetunion gegen einen deutschen Angriff vehement ab, da diese auf eine ungewollte Anerkennung des Warschauer Pakts hinauslaufen würden. Nach Dulles Einschätzung musste um jeden Preis verhindert werden, dass der Ostblock Autorität und politisches Gewicht bekommt. Er betonte, dass die NATO auf dem freien Willen der Partner basiere, während der Warschauer Pakt nur Instrument einer einseitigen sowjetischen Dominanz über ihre Satellitenstaaten sei[33].

Die NATO-Außenminister einigten sich schließlich auf die deutsche Wiedervereinigung als den wichtigsten Tagesordnungspunkt in Genf; außerdem bekräftigten sie, dass die NATO nicht zur Disposition stünde und die Bundesrepublik in jedem Fall Mitglied der NATO bleiben müsse[34]. Mit dem Schwerpunkt auf der Deutschlandfrage und dank der Solidaritätsbekundung mit Westdeutschland machte sich das außerordentliche NATO-Treffen vom 16. Juli vor allem für Adenauer bezahlt. Die Einheit der NATO war in den Monaten und Wochen vor dem Genfer Gipfel trotz der sowjetischen Entspannungsmanöver und der Bemühungen, die NATO zu spalten, gewahrt worden.

Legitimationsprobleme der NATO nach dem Genfer Gipfel

Die Genfer Konferenz vom 18. bis 23. Juli 1955 konnte die Kluft zwischen Ost und West nicht überwinden. Der Westen vermochte seine Position abzusichern: *Erstens* anerkannte die Sowjetunion die gemeinsame Verantwortung für die Wiedervereinigung Deutschlands und ganz allgemein die Forderung des Westens nach freien Wahlen. *Zweitens* bejahte Moskau auch den Zusammenhang zwischen der Deutschen Frage und Fragen der europäischen Sicherheit. *Drittens* erzielte Eisenhower mit seinem »Open Skies«-Vorschlag, einem leicht verständlichen Rüstungskontrollprogramm für eine reziproke Luftüberwachung, einen wichtigen Propagandaerfolg für den Westen[35].

Trotz dieses Erfolgs gelang es den westlichen Staatenlenkern nicht bei allen Themen, eine gemeinsame Front zu bilden. So spielte der französische Premierminister Edgar Faure in seiner Eröffnungsrede auf die mögliche Auflösung der beiden Paktsysteme an und ignorierte damit die Zusicherungen seines Außenministers gegenüber der NATO vom 16. Juli. Dagegen betonte Eisenhower die friedlichen Absichten der NATO und machte deutlich, dass die NATO nicht zur Disposition stünde. Der sowjetische Premierminister Nikolaj A. Bulganin wollte Eisenhowers Logik, ein vereintes Deutschland in der NATO wäre die beste Lösung für Europa, jedoch nicht folgen. Wie würde der Westen reagieren, wenn die Sowjetunion die deutsche Wiedervereinigung von einer Mitgliedschaft im Warschauer Pakt abhängig machte? Aus sowjetischer Sicht war die NATO für die Teilung Europas verantwortlich – und eine Vereinigung Deutschlands war nicht möglich, solange die NATO bestand.

Außerdem wollte Bulganin wissen, weshalb die Sowjetunion nicht Mitglied der NATO werden dürfe, wenn die Absichten der westlichen Allianz ausschließlich friedlicher Natur seien. Der sichtlich überraschte Eisenhower fragte daraufhin, ob die Sowjetunion einen Beitrittsantrag stellen würde. Die Antwort von Chruščev folgte prompt: Die Sowjetunion habe dies bereits getan[36]. In der Tat hatte Vjačeslav M. Molotov bei der Außenministerkonferenz in Berlin 1954 den Beitritt der Sowjetunion zur NATO vorgeschlagen, doch ohne Erfolg[37]. Moskau forderte in Genf einen Nichtangriffsvertrag zwischen der NATO und dem Warschauer Pakt und war zunehmend bereit, das Fortbestehen eines geteilten Deutschlands zu akzeptieren.

In der Öffentlichkeit herrschte trotz der begrenzten Resultate Euphorie über den »Geist von Genf«. Man hoffte erneut auf ein frühes Ende des Kalten Krieges. Im Herbst 1955 richteten die Medien ihr Augenmerk vor allem auf den Einfluss des Geistes von Genf auf die NATO. Für Walter Lippmann von der »New York Times« gab es bereits viele Anzeichen dafür, dass die Zukunft der NATO infrage stehe[38]. Eine Überschrift von Clive Baxter in der kanadischen »Financial Post« lautete: »Will NATO Fade Under Russia's Soft Look?« Seine Antwort war beunruhigend: »The uncomfortable truth is that NATO is today in greater risk of collapse than ever before in its five stupendous years of growth[39].«

Meinungsumfragen in Westeuropa ergaben, dass die öffentliche Unterstützung für die NATO nach dem Genfer Gipfel drastisch zurückging. Auf die Frage, ob sie jemals von der NATO gehört hätten, antworteten nur 45 Prozent der Franzosen mit Ja, während weniger als die Hälfte der Franzosen und Westdeutschen wusste, ob ihre Länder Mitglied in der NATO seien. Insgesamt hatten 37 Prozent der Italiener, Briten, Franzosen und Westdeutschen noch nie etwas von der NATO gehört, was angesichts ihres sechsjährigen Bestehens doch erstaunlich war. In Frankreich sprachen sich 43 Prozent für die Errichtung eines neuen europäischen Sicherheitssystems aus; nur 12 Prozent befürworteten ein Weiterbestehen der NATO. Außerdem gab es in allen Ländern eine klare Mehrheit für den Rückzug der amerikanischen und britischen Truppen vom Kontinent als Gegenleistung für den Abzug der Sowjets aus Osteuropa; nur 22 Prozent der Westdeutschen, 16 Prozent der Franzosen und Italiener und 25 Prozent der Briten lehnten eine solche Vereinbarung ab[40]. Eisenhower war über das Ergebnis der Meinungsumfragen, »that there was a feeling growing abroad that NATO was unnecessary«, sichtlich entsetzt[41].

Der einflussreiche Gaullist und französische Senator Michel Debré erklärte: »at the present moment in the opinion of most Frenchmen, NATO was the wrong kind of alliance in the wrong place.« Er führte weiterhin aus, dass Frankreich nicht an einem Bündnis interessiert sei, dessen Zweck in erster Linie ein europäischer Sicherheitspakt gegen einen bewaffneten Angriff der Sowjetunion sei, zumal die französische Öffentlichkeit einen solchen Angriff für »äußerst unwahrscheinlich« halte[42].

Auch in der westdeutschen Öffentlichkeit gewann ein ähnlicher Trend an Boden, der die spätere Ostpolitik erahnen ließ: der Versuch, die nationalen Ziele Deutschlands eher durch den direkten Kontakt zum Osten als durch eine starr auf den Westen ausgerichtete Politik umzusetzen. Eine friedliche Koexistenz erschien vielen Westdeutschen möglich; sie hofften auf ein Arrangement mit der Sowjetunion. Die NATO und die Mitgliedschaft der Bundesrepublik in der NATO wurden zunehmend als Hindernis auf dem Weg zur Wiedervereinigung dargestellt[43].

Der Journalist Cyrus Sulzberger schrieb in der »New York Times«, die NATO erlebe paradoxerweise kurz nach ihrem größten Triumph, der Integration Westdeutschlands in das Bündnis, ihre schlimmste Krise. Er machte die NATO dafür verantwortlich, dass es ihr nicht gelungen sei, sich an die veränderte internationale Lage anzupassen; ihm zufolge müsste die NATO mit einer verstärkten diplomatischen Zusammenarbeit auf die neue sowjetische Taktik reagieren[44].

Nicht nur die Öffentlichkeit war entweder ignorant gegenüber der NATO oder besorgt über ihre Zukunft – auch hohe Regierungsbeamte in den NATO-Mitgliedsstaaten setzten sich nach dem Genfer Gipfel vermehrt mit der Legitimationskrise der westlichen Allianz in Zeiten einer Ost-West-Détente auseinander. Der kanadische Außenminister Pearson machte in einem Artikel in der amerikanischen Zeitschrift »Foreign Affairs« den Vorschlag, die nichtmilitärische Dimension des westlichen Bündnisses zu stärken: »NATO cannot live on fear allone«. Eine stärkere Betonung der politischen Zusammenarbeit war laut Pearson die beste Antwort des Westens auf den Vorwurf der Sowjetunion, die NATO sei eine angriffsorientierte, rein militärische Organisation, die sich gegen Moskau richte[45].

NATO-Generalsekretär Lord Ismay war ebenfalls »serious worried« über den Zustand des Bündnisses. Ihm zufolge hielt die Einheit so lange, wie die sowjetische Gefahr eine unmittelbare Bedrohung darstellte. Moskaus weichere Linie führte indes dazu, dass die NATO-Staaten ihre Verteidigungsanstrengungen weniger ernst nahmen als zuvor[46]. Auch die NATO-Verteidigungsminister warnten bei ihrem Treffen vom 10. bis 12. Oktober 1955 in Paris vor einer mangelnden Verteidigungsbereitschaft des westlichen Bündnisses. Das Militär beschrieb die internationale Lage trotz der sowjetischen Entspannungsinitiativen und des Geistes von Genf als trostlos. Der Vorsitzende der Ständigen Gruppe der NATO, John Whiteley, betonte, dass man trotz der neuen Ära der »smiling Russian faces« aus militärischer Sicht den nackten Tatsachen ins Auge sehen müsse: »The military threat to NATO was today greater than ever before.« Diese Einschätzung beruhte auf sowjetischen Fähigkeiten und nicht auf einer neuen Sichtweise der sowjetischen Absichten. Außerdem machten sich etliche Verteidigungsminister Sorgen, wie man die notwendigen finanziellen

Mittel für Militärausgaben der NATO in einer Zeit geringerer Spannungen zwischen Ost und West beschaffen sollte[47].

Die Entspannungsperiode unmittelbar nach dem Genfer Gipfel führte somit zu Unsicherheit im westlichen Lager. Die zweite Genfer Konferenz im Oktober/November 1955, diesmal auf Außenministerebene, sollte dem Westen weitere Erkenntnisse über die neue sowjetische Politik liefern.

NATO-Konsultationen über einen europäischen Sicherheitsvertrag

Die NATO-Außenminister kamen am 25. Oktober 1955 erneut zu einem außerordentlichen Ministertreffen zusammen, um die Haltung des Westens beim Treffen der Außenminister in Genf zu erörtern. Dulles erklärte, dass der sowjetische Vorschlag zur Schaffung eines neuen europäischen Sicherheitssystems anstelle der NATO und des Warschauer Pakts nach wie vor unvereinbar mit der Position des Westens sei, der vor einem solchen Schritt die deutsche Wiedervereinigung forderte. Um den sowjetischen Ängsten vor einem wiedervereinten Deutschland in der NATO Rechnung zu tragen, war der Westen bereit, die deutsche Wiedervereinigung mit einem europäischen Sicherheitssystem zu koppeln, wie es in dem im Juli in Genf vorgelegten Eden-Plan des Westens angeboten worden war[48]. Ende Oktober äußerste sich Dulles jedoch skeptisch über die Erfolgsaussichten des Eden-Plans in Genf. Ihm zufolge war die Sowjetunion zum jetzigen Zeitpunkt mehr an der Anerkennung der DDR durch den Westen als an einem gesamteuropäischen Sicherheitssystem interessiert. Die deutsche Wiedervereinigung würde das Ende der DDR bedeuten und Auswirkungen auf andere osteuropäische Staaten haben. Pearson, der gerade von einem Besuch in Moskau zurückgekehrt war, teilte Dulles Eindruck: Chruščevs Deutschlandpolitik ziele nun auf die Existenz zweier deutscher Staaten ab[49].

Im Anschluss an Dulles Äußerungen entwickelte sich eine spontane und offene Diskussion, eine Neuheit gegenüber den normalerweise vorbereiteten offiziellen und förmlichen Erklärungen der NATO-Ministertreffen. Belgiens Außenminister Spaak trat bei der Erörterung einzelner Aspekte des geplanten europäischen Sicherheitsvertrags vor allem als Sprecher für Kontinentaleuropa auf. Seine Frage, ob die drei Westmächte bereit seien, einen Sicherheitsvertrag mit der UdSSR zu schließen, auch wenn das vereinte Deutschland dazu aus der NATO austreten müsste, beantwortete Macmillan mit einem entschiedenen Nein[50].

Interessanterweise war genau dieser Punkt im Westen umstritten, wie eine vertrauliche Stellungnahme von Dulles ein paar Tage zuvor belegt. Auf die Frage von Vizepräsident Richard Nixon, wie geschlossen und zuverlässig die Unterstützung der amerikanischen NATO-Partner für die amerikanischen Pläne zu einem europäischen Sicherheitspakt und zur deutschen Wiedervereinigung sei, räumte Dulles ein, dass die Westeuropäer im Allgemeinen größeren Wert auf die deutsche Wiedervereinigung legten, während die USA stärker auf der Mitgliedschaft eines vereinten Deutschlands in der NATO bestanden. Dulles unterstrich die Tatsache, dass die USA den momentanen Wechsel in den amerikanisch-europäischen Beziehungen anerkennen müssten. Die Impulse, die 1948/49 zur Schaffung der NATO geführt hätten, seien in den letzten Jahren zum Großteil verschwunden. Die Angst vor einem sowjetischen Angriff Westeuropas habe sich ebenfalls verringert. Die europäischen Verbündeten Washingtons würden sich zunehmend auf die Abschreckungsfähigkeiten der USA verlassen und wollten nicht mehr unbedingt umfangreiche konventionelle Streitkräfte in Europa aufstellen.

Dulles empfahl, die westeuropäischen Ansichten zu Deutschland und zur europäischen Sicherheit stärker als bisher zu berücksichtigen:

>»We simply cannot stand pat and browbeat our NATO allies into accepting our entire position. [...] A neutral Germany oriented to the West was less desirable than a Germany which was a member of NATO, but it was ›a hell of a lot better‹ than a neutral Germany oriented to the East[51].«

Diese Äußerung von Dulles mag als Beweis dafür gedeutet werden, dass die Rolle von Washingtons NATO-Partnern im Laufe des Jahres 1955 an Bedeutung gewonnen hatte und die USA allmählich begannen, ihren europäischen Verbündeten mehr Aufmerksamkeit zu schenken.

Auf dem NATO-Treffen am 25. Oktober äußerte der griechische Außenminister Evangelos Averoff, nicht nur die »Großen Vier«, sondern alle west- und osteuropäischen Staaten sollten Mitglieder des geplanten Sicherheitspakts werden. Als Dulles daraufhin einwandte, dass die USA nicht bereit seien, die Sicherheit der osteuropäischen Staaten zu garantieren, ergriff Spaak das Wort und warnte vor einer Spaltung der NATO, die einen gefährlichen Zerfall des Bündnisses zur Folge haben könnte. Dulles machte daraufhin einen Rückzieher und stimmte zu, dass alle NATO-Staaten dem Sicherheitsvertrag beitreten und somit an den Garantien für Russland gegen Deutschland teilhaben könnten. Im weiteren Verlauf der Debatte deutete Dulles sogar die Möglichkeit einer Mitgliedschaft der Tschechoslowakei und Polens im europäischen Sicherheitsvertrag als Zugeständnis des Westens für ein Fortbewegen in der Deutschen Frage an[52].

Bezüglich der Abrüstungsfrage hatte der dänische NATO-Botschafter bereits auf der Sitzung des NATO-Rats vom 19. Oktober die Frage gestellt, ob die Debatte in Genf auf die Abrüstungsfrage gelenkt werden könnte, sollten die Verhandlungen über Deutschland und die europäische Sicherheit ergebnislos verlaufen. Dieser Vorschlag wurde von den USA, Großbritannien und Frankreich kategorisch abgelehnt, da sie der Sowjetunion eine solche Option auf keinen Fall anbieten wollten[53]. Ende Oktober hatte der Westen immer noch nicht auf den sowjetischen Vorschlag vom 10. Mai reagiert. Die Regierung Ei-

senhower interessierte sich nur für den »Open Skies«-Vorschlag; sie sah keine
Notwendigkeit, die Abrüstungsdebatte überstürzt fortzusetzen[54].

Insgesamt hielt Dulles die Konsultationen im Nordatlantikrat für hilfreich,
insbesondere die »very useful and constructive disenssion« über einen Sicherheitspakt[55]. Die kleineren NATO-Staaten beurteilten das Treffen ebenfalls als
erfolgreich; die »New York Times« berichtete:

> »Thus the smaller allies, who in the past have complained that they had little or no
> influence in determining great power attitudes that involved their future, appear for
> once to have wielded real influence over the diplomacy of the United States, Britain
> and France[56].«

In der Tat kam es bei den beiden außerordentlichen Ministertreffen am 16. Juli
und 25. Oktober 1955 vermehrt zu politischen Debatten in der NATO. Das
Jahr 1955 stellte somit einen Wendepunkt in den Beziehungen zwischen den
USA, Großbritannien und Frankreich sowie den zwölf kleineren NATO-
Staaten dar. Während die »Großen Drei« als Sieger des Zweiten Weltkriegs bis
1955 eine dominierende Rolle bei militärischen und politischen Fragen im west-
lichen Lager gespielt hatten, wuchs nach 1955 der Einfluss der »anderen zwölf«
NATO-Mitglieder.

Das Ende der Détente – das Ende der NATO-Krise?

Kurz vor der Genfer Außenministerkonferenz warnten viele skeptische Stimmen vor einer zunehmenden Entspannung. Der stellvertretende amerikanische
NATO-Botschafter Edwin M. Martin glaubte, dass sich die Natur der sowjetischen Absichten trotz des »current smiles« nicht geändert habe und die NATO
die Entspannung sehr vorsichtig angehen müsse, »with great care«, so der Botschafter[57]. Auch der NATO-Oberbefehlshaber Alfred M. Gruenther traute der
Entspannung von 1955 nicht. Ende Oktober schrieb er an Eisenhower, ein
Großteil Europas sei gegenwärtig »mesmerized by the Soviet campaign of
smiles«. Gruenther war jedoch überzeugt, dass die Genfer Konferenz diese
Hypnose beenden würde, da »Molotov doesn't smile too well«[58].

In der Tat wurden bei der Genfer Außenministerkonferenz vom
27. Oktober bis 16. November 1955 keine bedeutenden Fortschritte erzielt. Die
Sowjetunion hoffte, dass der Westen entweder die NATO auflösen und die
amerikanischen Truppen vom Kontinent abziehen oder aber alternativ die
DDR anerkennen würde; der Westen glaubte irrtümlicherweise, seine Sicherheitsgarantien genügten der Sowjetunion, um ein wiedervereintes Deutschland
in der NATO zu akzeptieren. Am 16. November 1955 endete die Konferenz
mit einem totalen Stillstand[59].

Das ernüchternde Ende der Genfer Konferenz wurde Mitte Dezember 1955
erstmalig in einem multilateralen Rahmen auf dem NATO-Ministerrat in Paris
besprochen. In seinem Rückblick auf die Genfer Konferenzen, welche maßgeb-

lich unter dem Eindruck der Détente von 1955 gestanden hatten, betonte Generalsekretär Ismay, dass 1955 für ihn das arbeitsreichste Jahr seit 1952 gewesen sei. Als Grund dafür nannte er die beiden außerordentlichen Ministertreffen und die Forderung nach mehr politischen Konsultationen[60].

In seiner Stellungnahme zur gegenwärtigen internationalen Lage bezeichnete Dulles das Jahr 1955 als ein »Kaleidoskop«, das viele Rätsel aufgeworfen habe. Die sowjetische Politik im Jahr 1955 charakterisierte er als eine typische sowjetische »Zickzack-Taktik«: »First threats then smiles, then rigitily then pressure«. Die Tatsache, dass Moskau den Vorschlag des Westens für freie Wahlen in Deutschland im November 1955 abgelehnt hatte, nach der grundsätzlichen Zustimmung im Juli wohlgemerkt, zeige laut Dulles, dass Moskau die Wiedervereinigung Deutschlands nicht aus Sicherheitsgründen abgelehnt habe, wie oftmals behauptet. In Genf hatte der Westen der Sowjetunion umfangreiche Sicherheitsgarantien angeboten. Dulles glaubte vielmehr, die Sowjetunion sei aus Angst vor einer möglichen Instabilität in den osteuropäischen Satellitenstaaten gegen die deutsche Wiedervereinigung[61]. Der jüngste NATO-Bericht über Tendenzen und Auswirkungen der sowjetischen Politik war genau zu der gleichen Schlussfolgerung gekommen:

> »There is no doubt that Soviet leaders are well aware that a policy of détente also has a relaxing influence on public opinion in Russia as well as the Satellites, and that contacts with the West [...] might constitute a real threat to the stability of the system[62].«

Dulles zufolge konnte der Westen im Jahr 1955 die wichtige Erfahrung machen, dass die Politik der NATO beständig war, selbst gegenüber einer veränderten sowjetischen Außenpolitik: »NATO has successfully met all threats in the past and can do so now[63].« Deshalb zeigte sich Dulles optimistisch, dass die NATO nach den Erfahrungen von 1955 zukünftig »not going to be deluded by any further smiles«[64]. Der Vorsitzende des NATO-Militärausschusses, General Styllianos Pallis, betonte, die militärische Bedrohung der NATO sei »greater than ever before«, und erinnerte daran, dass die Militärs in der NATO in Chruščevs Entspannungsinitiativen nie etwas anderes als reine Propaganda gesehen hätten[65].

Zu diesem Zeitpunkt gab es keinen Dissens mehr über die harte Linie in der NATO. Die Sowjetunion hatte mit ihrer starren Haltung auf der Genfer Außenministerkonferenz in hohem Maße selbst zur Überwindung der NATO-Krise beigetragen.

Resümee

Der NATO war im Gipfel- und Détentejahr 1955 gelungen, den Zusammenhalt des Bündnisses trotz unterschiedlicher Ansichten der Mitgliedsstaaten zur Entspannung zu bewahren. Auf pragmatische Weise wurden die politischen Konsultationen in der Phase der Reaktion auf die neue sowjetische Politik verbessert. Die NATO hatte begonnen, sich dem neuen internationalen Umfeld anzupassen. Das westliche Bündnis wandelte sich von einer rein militärischen Organisation zu einem modernen, auch nicht-militärischen Instrument des Kalten Krieges.

Chruščevs Strategie des Jahres 1955 war es, auf die Erweiterung der NATO mit einer Charmeoffensive zu reagieren, mit der die westlichen Staaten in Rechtfertigungsnöte bezüglich ihrer hohen Verteidigungsausgaben gebracht werden sollten. Sein Angebot einer gleichzeitigen Auflösung der sechs Jahre alten und gut integrierten NATO und des Warschauer Pakts, einer in aller Eile errichteten »leeren Hülle«, war nur für Frankreich attraktiv. Nachdem der Westen Chruščevs Vorschlag abgelehnt hatte, wurde deutlich, dass die sowjetische Strategie gescheitert war. Die Absicht, den Kalten Krieg von einem militärischen in einen politischen und wirtschaftlichen Wettstreit zwischen Ost und West umzuwandeln, führte im Westen nur vorübergehend zu Diskussionen über Zweck und Zukunft der NATO. Westlichen Staaten wie Kanada, Belgien, Italien und Westdeutschland gelang es, neben der militärischen Funktion des Bündnisses einen zweiten, nicht-militärischen Pfeiler in der NATO zu errichten.

Der Wandel der NATO von einer rein militärischen Organisation zu einem militärischen *und* politischen Bündnis setzte sich 1956 fort. Der Dreierausschuss der NATO, auch unter dem Namen »die Drei Weisen« bekannt, entwarf einen elementaren Bericht über die Grundlagen der politischen Konsultation, den die NATO-Außenminister im Dezember 1956 nach den einschneidenden Erfahrungen der Suez-Krise einstimmig billigten. Der politische Aspekt der NATO wurde mit der Ernennung des angesehenen belgischen Staatsmanns Spaak zum Nachfolger von Generalsekretär Ismay erneut bewusst gestärkt.

Im Unterschied zur NATO, welche die Legitimitätskrise von 1955 und die Suche nach einem neuen Zweck recht gut überstanden hatte, blieb der Warschauer Pakt bis 1961 eine oberflächliche, multilaterale Hülle für Chruščevs unorthodoxe diplomatische Initiativen. Erst im Schatten der zweiten Berlin-Krise kam die Militarisierung des Warschauer Paktes in Gang. Als das östliche Militärbündnis schließlich zu einer mächtigen Organisation und als solche von der NATO anerkannt wurde, nahmen die internationalen Spannungen in den goldenen Jahren der Détente, den Siebzigern, ironischerweise ab. Anfang dieses Jahrzehnts kam es während der Vorbereitungen zu einer Konferenz für Sicherheit und Zusammenarbeit in Europa (KSZE) vermehrt zu politischen Konsultationen im Warschauer Pakt. Erst 1976 wurde ein Außenministerkomitee gegründet. Der Historiker Vojtech Mastny drückte es so aus: Der Warschauer Pakt blieb während der gesamten Zeit des Kalten Krieges »on the search for a purpose«[66]. Angesichts der Tatsache, dass der Warschauer Pakt nicht in der Lage war, die Leistungen der NATO sowohl im militärisch-technologischen als auch im politischen Bereich zu kopieren, verwundert es nicht, dass er 1991 »without a whimper« verschwand[67].

Anmerkungen

1 A Cardboard Castle? An Inside History of the Warsaw Pact, 1955–1991, ed. by Vojtech Mastny and Malcolm Byrne, Budapest 2005. Siehe auch Christian Nünlist, The Warsaw Pact, 1955–1991, in: Encyclopedia of the Cold War: A Political, Social and Military History, ed. by Spencer C. Tucker, Santa Barbara 2007.

2 Caroline Kennedy-Pipe, Stalin's Cold War: Soviet Strategies in Europe, 1943–1956, Manchester 1995, S. 185; Vojtech Mastny, Learning from the Enemy: NATO as a Model for the Warsaw Pact, Zürich 2001, S. 9 f.

3 David Childs, The GDR: Moscow's German Ally, London 1988, S. 44 f.

4 Siehe Christian Nünlist, Eisenhower, Kennedy and Political Cooperation within NATO: The Western Alliance and Khrushchev's Foreign Policy, 1955–1963, London 2008.

5 »Détente« bezeichnet einen systematischen Prozess, der auf die Verringerung von Spannungen zwischen zwei Staaten zielt, deren Interessen so grundlegend unterschiedlich sind, dass eine Versöhnung ihrer Natur aus nur begrenzt möglich ist (»reducing tensions between two states whose interests are so radically different that reconciliation is inherently limited«). Richard W. Stevenson, The Rise and Fall of Détente: Reflections of Tension in US-Soviet Relations, Urbana 1985, S. 11.

6 Public Papers of the Presidents of the United States, Dwight D. Eisenhower, 1953: Containing the Public Messages, Speeches and Statements of the President, January 20 to December 31, 1953, Washington, DC 1960, S. 179–188.

7 Aleksander Fursenko and Timothy Naftali, Khrushchev's Cold War: The Story of an American Adversary, New York 2006, S. 27.

8 William Taubman, Khrushchev: The Man and His Era, New York 2003, S. 348.

9 Recent Developments in the USSR, 26.3.1955, NATO-Archiv, Brüssel (NA), C-M(55)36.

10 Vojtech Mastny, The Soviet Union and the Origins of the Warsaw Pact in 1955, in: Parallel History Project on Cooperative Security (Mai 2001), URL: <www.php.isn.ethz. ch/collections/Coll_pcc/into_VM.cfm>. CIA-Direktor Allen Dulles interpretierte die Einberufung sowjetischer Militärattachés aus den osteuropäischen Hauptstädten nach Moskau jedoch richtig: als Maßnahme, die auf die Bildung eines Militärbündnisses hindeute. Foreign Relations of the United States. Diplomatic Papers (FRUS), 1955–1957, vol. 24, Washington, DC 1989, S. 29.

11 Amerikanisches Außenministerium (Department of State, DoS) an die amerikanische NATO-Vertretung (Paris), 18.3.1955, United States National Archives, College Park, MD (USNA), Record Group (RG) 59, Central Decimal Files (CDF), 740.5.

12 Sitzung des NATO-Rats, 30.3.1955, NA, C-R(55)11.

13 Günter Bischof, The Making of the Austrian Treaty and the Road to Geneva, in: Cold War Respite, ed. by Günter Bischof and Saki Dockrill, S. 117–160.

14 Trends and Implications of Soviet Policy, 29.4.1955, NA, C-M(55)46.

15 NATO-Ministertreffen, 9.5.1955, NA, C-R(55)18.

16 Ebd., C-R(55)19.

17 NATO-Ministertreffen, 10.5.1955, NA, C-R(55)21; Documents on Canadian External Relations (DCER), vol. 21 (1955), Ottawa 1999, Dok. 187.

18 Steel (Paris) an das britische Außenministerium, 9.5.1955, The National Archives of the United Kingdom, Kew/London (NAUK), FO 371/118211; FRUS 1955–1957, vol. 5, S. 174 f.

19 Siehe dazu Deborah Larson Welch, Crisis Prevention and the Austrian State Treaty, in: International Organization, 41 (1987), 1, S. 27–60, v.a. S. 49–51. Larson Welch bezweifelt, ob die USA ohne die sowjetische Österreich-Initiative dem aus innenpolitischen

Gründen motivierten Wunsch von Anthony Eden nach einem Gipfeltreffen nachgegeben hätten.

[20] Siehe Albert Legault and Michael Fortmann, A Diplomacy of Hope: Canada and Disarmament, 1945-1988, Montreal 1992, S. 105-114.

[21] NATO-Ministertreffen, 10.5.1955, NA, C-R(55)20.

[22] Grundsatzpapier des DoS, 2.5.1955, Disarmament Negotiations, USNA, RG 59, Conference Files (CF), Box 69.

[23] Matthew A. Evangelista, Unarmed Forces: The Transnational Movement to End the Cold War, Ithaca, NT 1999, S. 48-53.

[24] Sitzung des National Security Council (NSC), 9.6.1955, Dwight D. Eisenhower Library, Abilene, KS (DDEL), Ann Whitman File (AWF), NSC Series, Box 7.

[25] Robert Spencer, Alliance Perceptions of the Soviet Threet, 1950-1988, in: The Changing Western, S. 19. Auf dem Genfer Gipfel brachte auch der stellvertretende Verteidigungsminister Robert Anderson Einwände gegen den sowjetischen Plan zur gegenseitigen Auflösung vor: »Essentially what they are willing to concede is the superficial fruits of their own efforts such as the Warsaw Treaty to counter such organizations as the North Atlantic Treaty and the Paris accords.« FRUS, 1955-1957, vol. 5, S. 385.

[26] Siehe New York Times (NYT), 14.5.1955; Evening News, 11.5.1955.

[27] Kennedy-Pipe, Stalin's Cold War (wie Anm. 2), S. 185; Mastny, The Soviet Union and the Origins of the Warsaw Pact (wie Anm. 10).

[28] Le Monde, 11.5.1955; NYT, 15.5.1955.

[29] NYT, 19.5.1955.

[30] Zur heiklen Situation Deutschlands im Westen 1955 siehe Eckhart Conze, No Way Back to Potsdam: The Adenauer Government and the Geneva Summit, in: Cold War Respite (wie Anm. 13), S. 190-214, hier S. 201 ff.

[31] FRUS 1955-1957, vol. 5, S. 537; Notes on Bi-Partisan Conference, 12.7.1955, Geneva Meeting, DDEL, AWF, International Meetings, Box 1.

[32] DCER, vol. 21 (wie Anm. 17), Dok. 196.

[33] Steel (Paris) an das britische Außenministerium, 17.7.1955, NAUK, FO 371/118232; NATO-Ministertreffen, 16.7.1955, NA, C-R(55)32; DCER, vol. 21 (wie Anm. 17), Dok. 199.

[34] NATO-Kommuniqué, 16.7.1955, <www.nato.int/docu/comm/49-95/c550716a.htm>. Siehe auch Tagebucheintrag von Herbert Blankenhorn, 16.7.1955, Bundesarchiv (BArch), Nachlass (NL) Blankenhorn, Bd 47.

[35] John Prados, Open Skies and Closed Minds: American Disarmament Policy at the Geneva Summit, in: Cold War Respite (wie Anm. 13), S. 190-214; Kenneth Osgood, Total Cold War: Eisenhower's Secret Propaganda Battle at Home and Abroad, Lawrence, KS 2006, S. 184. Peinlicherweise musste Eisenhower gegenüber der sowjetischen Delegation bekennen, dass die USA bisher noch keine Zeit gehabt hatten, den sowjetischen Abrüstungsvorschlag vom 10.5.1955 mit den anderen westlichen Staaten zu erörtern. FRUS, 1955-1957, vol. 5, S. 408-418, hier S. 413.

[36] FRUS 1955-1957, vol. 5, S. 364 ff., 388-397, hier S. 390. Siehe auch Colette Barbier, French Policy Aims at Geneva, in: Cold War Respite (wie Anm. 13), S. 97-116.

[37] Documents on International Affairs, 1954, London 1957, S. 42 f.

[38] New York Herald Tribune, 22.8.1955.

[39] Financial Post, 15.10.1955.

[40] Opinion Trends in the Aftermath of Geneva, 23.9.1955, DDEL, White House Office, Staff Secretary, International Trips and Meetings (WHO, SS, ITM), Box 3.

41 Treffen Eisenhower–Dulles, Denver, 19.10.1955, DDEL, Dulles Papers, White House Memoranda, Box 3.

42 Douglas Dillon (Paris) an das DoS, 22.10.1955, DDEL, Norstad Papers, Policy Files, Box 90.

43 Schirmer an das Auswärtige Amt (AA), 18.10.1955, Politisches Archiv des Auswärtigen Amts, Berlin (PA), Referat 301, Bd 32, Nato-Ratstagungen.

44 NYT, 24.10.1955.

45 Lester B. Pearson, After Geneva: A Greater Task for NATO, in: Foreign Affairs, 34 (1955), S. 14–23.

46 Treffen Ismay–Blankenhorn, 6.10.1955, BArch, NL Blankenhorn, Bd 53.

47 Treffen der NATO-Verteidigungsminister, 10.10.1955, NA, C-R(55)41; Blankenhorn an das AA, 12.10.1955, BArch, NL Blankenhorn, Bd 54.

48 Siehe Saki Dockrill, The Eden Plan and European Security, in: Cold War Respite (wie Anm. 13), S. 161–189.

49 NATO-Ministertreffen, 25.10.1955, NA, C-R(55)47; DCER, vol. 21 (wie Anm. 17), Dok. 211.

50 Ebd.

51 Sitzung des NSC, 20.10.1955, DDEL, AWF, NSC Series, Box 7.

52 NATO-Ministertreffen, 25.10.1955, NA, C-R(55)47. Bei einem Besuch Pearsons in Moskau wiederholte Chruščev, dass er eine Mitgliedschaft der Sowjetunion in der NATO (und damit die Umwandlung des westlichen Bündnisses in eine gesamteuropäische Sicherheitsorganisation) einer Abhängigkeit von Schutzmaßnahmen des Westens vorziehe: »you should let us into NATO – we have been knocking at the door for two years.« Lester B. Pearson, Memoirs 1948–1957: The International Years, London 1974, S. 206 f.

53 Krapf (Paris) an das AA, 19.10.1955.

54 Sitzung des NSC, 21.11.1955, DDEL, AWF, NSC Series, Box 7.

55 Dulles (Paris) an Eisenhower, 26.10.1955, DDEL, AWF, Dulles-Herter, Box 6.

56 NYT, 26.10.1955, S. 1 f.

57 Martin (Paris) an das DoS, 4.11.1955, Problems Facing NATO in the Next Two or Three Months, USNA, RG 59, CDF, 740.5.

58 Gruenther (Paris) an Eisenhower, 23.10.1955, DDEL, WHO, SS, ITM, Box 3.

59 Genfer Außenministerkonferenz, BArch, NL Blankenhorn, Band 49; John W. Young, The Geneva Conference of Foreign Ministers, October–November 1955: The Acid Test of Détente, in: Cold War Respite (wie Anm. 13), S. 271–291, hier S. 282 f.

60 NATO-Ministertreffen, 15.12.1955, NA, C-VR(55)58. Siehe auch Tätigkeitsbericht des NATO-Generalsekretärs vom 6.12.1955, NA, C-M(55)122.

61 NATO-Ministertreffen, Paris, 15.12.1955, NA, C-VR(55)58.

62 Trends and Implications of Soviet Policy, 3.12.1955, NA, C-M(55)121.

63 FRUS 1955–1957, vol. 4, S. 30.

64 Perkins (Paris) an das DoS, 17.12.1955, USNA, RG 59, CDF, 740.5.

65 NATO-Ministertreffen, Paris, 15.12.1955, NA, C-VR(55)58.

66 Vojtech Mastny, On the Search for a Purpose: The Warsaw Pact, 1955–1991, in: Intrabloc Conflicts during the Cold War, ed. by Victor Papacosma and Ann-Mary Heiss, Kent 2007.

67 Malcolm Byrne and Vojtech Mastny, The Warsaw Pact: Gone Without a Whimper, in: International Herald Tribune, 14.5.2005.

Ana Lalaj

Albanien und der Warschauer Pakt

Albanien war eines der acht Gründungsmitglieder, die im Mai 1955 den Warschauer Pakt unterzeichneten. Obgleich die Sowjetunion bereits vor 1955 Versuche unternommen hatte, den Warschauer Pakt zu schaffen, erreichte Albanien die erste Mitteilung des Zentralkomitees (ZK) der KPdSU erst am 4. Februar 1955, worin Nikita S. Chruščev auf die baldige Unterzeichnung des »Vertrages über Freundschaft, Zusammenarbeit und gegenseitigen Beistand zwischen der Sowjetunion und den Ländern der Volksdemokratien«[1] hinwies.

Enver Hoxha antwortete umgehend im Namen des ZK der Partei der Arbeit Albaniens (PPSh) und bestätigte, dass der Pakt eine »außerordentliche Unterstützung für die Partei und das albanische Volk gegen die Bedrohungen durch äußere Feinde« sei[2]. Hoxha hatte seit Jahren auf diese Gelegenheit gewartet. Schon 1953 äußerte er im Namen Albaniens gegenüber dem Verteidigungsminister der Sowjetunion Nikolaj A. Bulganin, Außenminister Vjačeslav M. Molotov, Innenminister Lavrentij P. Berija und Handelsminister Anastas I. Mikojan in einem Treffen in Moskau den Wunsch, dass Albanien in eine osteuropäische Verteidigungskoalition aufgenommen werde. Er bat, »die Möglichkeit zu prüfen, dass Albanien einen Vertrag über Freundschaft, Zusammenarbeit und gegenseitigen Beistand mit der Sowjetunion und den anderen Ländern der Volksdemokratien unterzeichnet«[3]. Das Ersuchen wurde begrüßt, aber die Antwort war nicht eindeutig. Mehr noch, Berija hatte hinzugefügt, dass Vorsicht angebracht sei: Es galt zu vermeiden, dass ein solcher Schritt von »Nachbarländern als Provokation ausgelegt« werde[4].

Im März 1955, einen Monat nach dem Eintreffen von Chruščevs Brief, reiste Hoxha nach Moskau zu einer Tagung der ersten Sekretäre der kommunistischen und Arbeiterparteien der acht Länder, die später Mitglieder des Warschauer Pakts werden sollten. Die Sowjetunion, Albanien, Bulgarien, Polen, Rumänien, die Tschechoslowakei, Ungarn und die DDR kamen überein, in naher Zukunft einen Vertrag über Freundschaft, Zusammenarbeit und gegenseitigen Beistand zu unterzeichnen und ein Vereintes Kommando der Streitkräfte einzurichten. Hoxha übermittelte diese Nachricht am 2. April 1955 dem

Plenum des ZK der PPSh, wies aber dessen Mitglieder an: »Dies muss streng geheim bleiben, bis es offiziell angekündigt wird[5].«

Die albanische Delegation auf der Warschauer Konferenz, die vom 11. bis 14. Mai 1955 stattfand, wurde von Ministerpräsident Mehmet Shehu geleitet. In seiner Rede am 11. Mai auf der Konferenz betonte Shehu unter anderem, dass die Sowjetunion »das albanische Volk von der Sklaverei befreite und ihm Freiheit und Leben gab. Das albanische Volk fühlt sich heute sehr stark dank seiner loyalen und mächtigen Freunde[6].«

Noch am 28. März 1955 hielt Hoxha auf einer Tagung der Volksversammlung Albaniens eine feierliche Rede, worin er die Abgeordneten ermutigte, den Warschauer Vertrag zu ratifizieren. Der Abstimmungsprozess wurde eröffnet, das Ergebnis – 100 Prozent Zustimmung – wurde mit großem Beifall begrüßt[7]. Das Protokoll des Warschauer Pakts wurde indessen den Mitgliedern des Parlaments aus »Gründen der Geheimhaltung« nicht vorgelegt[8].

Albaniens Sonderstellung im Warschauer Pakt

Vom wirtschaftlichen Standpunkt aus betrachtet war Albanien eines der kleinsten und ärmsten Länder Europas. Die politische Bedeutung des Landes hingegen erhielt nun durch die Mitgliedschaft im Warschauer Pakt eine neue, gewichtige Dimension. Sie ermöglichte es dem kommunistischen Regime Albaniens, seine Position innerhalb und außerhalb des Landes zu stärken. Albanien war geografisch vom kommunistischen Block abgeschnitten, weil von Griechenland, Jugoslawien und Italien umgeben. Die Beziehungen zum Westen entwickelten sich eher angespannt, zumal Albanien zum Westen eine ungerechtfertigte Ablehnungshaltung einnahm. Allein die westlichen Ländern Frankreich (1946) und Italien (1949) unterhielten Vertreter in Albanien. Die diplomatischen Beziehungen zu den Vereinigten Staaten und Großbritannien waren noch immer unterbrochen. Dasselbe galt für die griechischen Nachbarn. Nach 1953 hingegen konnten die diplomatischen Beziehungen zu Jugoslawien wiederbelebt werden, obgleich sie nach wie vor von Argwohn begleitet blieben.

Im Gegensatz zu den vielen anderen Mitgliedsstaaten des Warschauer Pakts war die Bevölkerung Albaniens nichtslawisch, 70 Prozent der Albaner hingen dem moslimischen Glauben an. Darüber hinaus hatte sich Albanien aus eigener Kraft, mit Hilfe der Nationalen Befreiungsfront (FNÇ), vom Faschismus befreit, also ohne sowjetische militärische Hilfe. Außerdem war nach dem Zweiten Weltkrieg nie eine sowjetische Division in Albanien stationiert. In diesem Zusammenhang unterschied sich die Beziehung zwischen Albanien und der Sowjetunion im Warschauer Pakt von denen der anderen Mitgliedsstaaten, die in dreifacher Hinsicht traditionelle Verbindungen zur Sowjetunion hatten: panslawische, religiöse und politische. Hoxha setzte sich über all diese Unterschiede hinweg: sowohl hinsichtlich der von ihm gewählten politischen Orientierung als

auch um seiner persönlichen Herrschaft willen. Dieser Schritt war so außerge-
wöhnlich, dass selbst Molotov den albanischen Botschafter in Moskau, Mihal
Prifti, erstaunt fragte:»Wie ist es möglich, dass ein Volk wie das albanische, das
nicht slawisch ist, eine so große Zuneigung zur Sowjetunion haben kann[9]?!«

Unter Enver Hoxhas politischem Regime trat Albanien zum ersten Mal in
seiner Geschichte einem internationalen politischen Bündnis bei; im Rat für
gegenseitige Wirtschaftshilfe (RGW) war Albanien seit Februar 1949 Mitglied.
Die Arbeiterpartei Albaniens gehörte nicht dem Kominform an. Zudem war
Albanien das einzige kommunistische Land in Europa, das keinen Vertrag über
Freundschaft, Zusammenarbeit und gegenseitigen Beistand mit der Sowjetunion
und den anderen kommunistischen Ländern unterzeichnet hatte, ausgenommen
mit der Volksrepublik Bulgarien, was jedoch erst im Dezember 1947 erfolgt
war. Der diesbezügliche Vertrag zwischen Albanien und Jugoslawien, gültig ab
Juli 1946, wurde im November 1949 außer Kraft gesetzt[10].

Die Beziehungen zwischen Albanien und dem Warschauer Pakt lassen sich
im Grunde auf die Beziehungen zwischen Albanien und der Sowjetunion reduzieren. Unmittelbar nach dem Zweiten Weltkrieg war Albanien, vom sowjetischen Standpunkt aus, nur von sekundärer Bedeutung. Daher stand Albanien
bis 1948 unter dem Einfluss Jugoslawiens[11]. Nach dem Bruch mit dem Nachbarn und während des Bürgerkriegs, der von griechischen Guerillakämpfern
unter Leitung der Kommunistischen Partei Griechenlands (KKE) geführt wurde, wuchs die strategische Bedeutung Albaniens für die Sowjetunion[12]. Man
begann Albanien als Stützpunkt zu nutzen, um auf Jugoslawien und Griechenland psychologischen und politischen Druck auszuüben. Der Erhalt des kommunistischen Regimes in Albanien war auch eine Frage des Prestiges für die
Sowjetunion, nicht nur auf dem Balkan, sondern auch im größeren Zusammenhang. Chruščev selbst äußerte während einer Konferenz im Jahre 1956 gegenüber Hoxha:»Wir beschäftigen uns mit der Albanien-Frage [...] denn durch Ihr
Land wollen wir die Aufmerksamkeit der Türkei, Griechenlands und Italiens auf
uns lenken. Das heißt, wir wollen, dass sie Ihrem Beispiel folgen[13].«

Bei Inkrafttreten des Warschauer Pakts sah die Realität trotz der propagandistischen Schwüre unverbrüchlicher und ewiger Freundschaft zwischen Albanien und der Sowjetunion differenzierter aus. Innerhalb der albanischen Führung herrschte durchaus Unzufriedenheit, und es zeigten sich erste Anzeichen
von Zaudern gegenüber der sowjetischen Führung. An oberster Stelle des Un-
behagens stand die »tolerante« und liberale Politik Chruščevs gegenüber Josip
Broz Tito und dem Bund der Kommunisten Jugoslawiens (SKJ). Bald folgten
die Krisen in Polen und Ungarn 1956 und später das Zerwürfnis zwischen der
Sowjetunion und China. Am Ende stand die Auseinandersetzung um den Militärstützpunkt Vlorë.

Probleme mit Jugoslawien

Bis zum Beginn des Jahres 1948 stimmte Enver Hoxha in Bezug auf die Aufnahme Albaniens in die Föderative Volksrepublik Jugoslawien (ab 1963 Sozialistische Föderative Republik Jugoslawien) und später in die Balkan-Föderation völlig mit Tito und anderen jugoslawischen Führern überein. Aber infolge des Konflikts zwischen der Sowjetunion und Jugoslawien[14] wandte Hoxha sich Stalin zu, um jegliche Verantwortung für die kompromittierenden Übereinkommen und Folgen der engen Freundschaft zwischen Albanien und Jugoslawien auf Partei- und Staatsebene von sich zu weisen. Er entledigte sich seiner engsten Verbündeten und öffnete damit den Weg für eine neue, stärkere Bindung an die Sowjetunion. Der stellvertretende Ministerpräsident und der Innenminister der albanischen Regierung wurden hingerichtet, einige andere Mitglieder des Politbüros inhaftiert. Zahlreiche Funktionäre entließ man aufgrund »ihrer antinationalen und jugoslawienfreundlichen Aktivitäten«. »Gesäubert« wurde auch noch, als Albanien mit der Sowjetunion freundschaftlich verbunden war. Der Eifer, mit dem Albanien Jugoslawien an den Pranger stellte und die Sowjets unterstützte, garantierte Hoxha und seinem Regime den Erhalt ihrer Macht.

Trotz der andauernden Isolation vom Westen festigten sich Ansehen und Status von Hoxha als Nummer 1 in Partei und Staat. Albanien nahm direkte Beziehungen zur Sowjetunion auf, also nicht über Jugoslawien, und wurde für die Sowjetunion zu einem nützlichen Stützpunkt – auch strategisch – an der Adriaküste sowie auf dem Balkan. Albanien behielt diesen Status von 1948 bis 1954, bis die Wiederbelebung der sowjetisch-jugoslawischen Beziehungen begann.

Enver Hoxha wusste, dass die Annäherung zwischen der Sowjetunion und Jugoslawien ab dem Jahr 1954 mit Sicherheit den Verlust gewisser Einsatzmöglichkeiten und Funktionen Albaniens für die Sowjetunion mit sich bringen und dadurch auch sein Ansehen innerhalb und außerhalb des Landes Schaden nehmen würde.

Die sowjetische Politik gegenüber Jugoslawien markierte den ersten Riss in den Beziehungen zwischen den Zentralkomitees der PPSh und der KPdSU. Als Vorwand für den Bruch diente Albanien Chruščevs Brief vom 23. Mai 1955, der über die Außerkraftsetzung der Resolution des Kominform von 1949, die zum Sturz Titos und zum Kampf gegen den Titoismus aufgerufen hatte, und das bevorstehende Treffen zwischen Chruščev und Tito informierte. Am 25. Mai 1955 richtete Hoxha im Namen des Politbüros einen Antwortbrief an das ZK der KPdSU, den er dem sowjetischen Botschafter in Tirana übergab und worin er sich gegen Chruščevs neuen Kurs in Bezug auf Jugoslawien aussprach.

Nur einen Tag später, am 26. Mai, herrschte auf der Tagung des Politbüros große Unruhe. Die Mitglieder des Politbüros trieb vor allem eine Frage um: »Was wird aus unserer Partei?« Darüber hinaus erklärte ein Mitglied: »Es wäre besser, wir würden uns im Meer ertränken, als uns noch einmal in Opposition zum ZK der Sowjetunion zu stellen[15].« Nach der Tagung schrieb Hoxha zwei weitere Briefe (27. Mai und 26. Juni) an Moskau. Es sei ein Fehler der albanischen Führung gewesen, erklärte er, dass »wir das Problem nicht vom allgemeinen Standpunkt aus, sondern mit Blick auf unsere eigenen engen Interessen betrachteten«[16].

Die vor kurzem offengelegten albanischen Dokumente zeigen, dass das albanische Politbüro nicht daran glaubte, die Maßnahmen Chruščevs würden zu positiven Ergebnissen führen. Die sowjetische Politik schwankte hin und her, und die sowjetischen politischen Funktionäre stellten den Status der mit Jugoslawien stark zerstrittenen politischen Führung Albaniens infrage. Indessen erachtete es Hoxha eher für möglich, einige kosmetische Verbesserungen in den albanisch-jugoslawischen Beziehungen vorzunehmen. Er befahl dem Außenminister, »jegliche Friktionen mit den Funktionären der jugoslawischen Gesandtschaft in Tirana zu vermeiden«, dem Innenminister, »jegliche Grenzzwischenfälle zu verhindern«, dem Propagandadirektor, »alle Pravda-Artikel zu verfolgen und später zu entscheiden, was zu tun ist«. Schließlich stellte Hoxha fest: »Wir trauen den Jugoslawen nicht, aber wir werden auch nicht offen sagen, dass sie der Feind und mit dem Imperialismus verbunden sind[17].«

In Erwartung neuer Befehle aus Moskau zeigte Enver Hoxha weiterhin, dass er die stalinistische Taktik in der Innenpolitik beherrschte; nur einen Monat nach der Gründung des Warschauer Paktes verurteilte er zwei der mächtigsten und erfahrensten Mitglieder der PPSh, Tuk Jakova und Bedri Spahiuaus, aus dem einfachen Grund, dass sie mit gedämpfter Stimme darum gebeten hatten, die Politik Albaniens gegenüber Jugoslawien zu überprüfen[18].

Wenig später erschütterten die Enthüllungen des XX. Parteitags des ZK der KPdSU und der Parteitag der albanischen Kommunisten im April 1956 in Tirana die politische Führung Albaniens. In einer Plenarsitzung schätzte Enver Hoxha die Ergebnisse des XX. Parteitags als sehr bedeutend ein. In Bezug auf Chruščevs Geheimreferat erklärte Hoxha, dass ihm dieses nicht vorliege; den Mitgliedern des Plenums in Moskau sei es nur gestattet gewesen zuzuhören, nicht jedoch Notizen zu machen[19]. Trotz der Bemühungen der albanischen Führung, die Entwicklungen im sozialistischen Lager geheimzuhalten, erfuhren viele Albaner, insbesondere Intellektuelle, vom Inhalt des Geheimreferats und von dessen Echo. Auf dem Parteitag der PPSh in Tirana ersuchten mehrere Delegierte um Rehabilitation verschiedener politisch Verurteilter, sie kritisierten den Personenkult in der albanischen Führung und beantragten die Veröffentlichung des Geheimberichts sowie eine Verbesserung des wirtschaftlichen Lebens. Hoxha gelang es, die Kritiker in Fraktionen aufzuspalten. Nach dem Parteitag wurden einige Delegierte aus der Partei ausgeschlossen, manche kamen ins Gefängnis, andere verloren ihre Arbeit. Hoxha brachte seine Sicht auf den Parteitag wie folgt zum Ausdruck: »Der Parteitag zielte darauf, die Linie der Partei zu revidieren, die Führung durch parteifeindliche Elemente zu ersetzen sowie das Land und die Partei auf andere Wege zu führen[20].« Die albanische kommunistische Führung erklärte im Plenum und gegenüber Chruščev selbst, dass sich die jugoslawischen Diplomaten in den Parteitag von Tirana eingemischt hätten; Chruščev nahm dies jedoch nicht uneingeschränkt hin.

Albanien und die polnische und ungarische Frage

Enver Hoxha und das ZK der PPSh verurteilten die demokratischen Aufstände 1956 in Polen und Ungarn als konterrevolutionäre Bewegungen. Für Hoxha waren »die polnische kommunistische Partei und die ungarische kommunistische Partei von opportunistischen rechten Elementen ursupiert worden, die sich hinter sozialistischen und kommunistischen Losungen versteckt hatten«[21].

Bis zum 2. November 1956 waren aus der Sowjetunion und dem Politischen Beratenden Ausschuss (PBA) des Warschauer Pakts »keine Informationen hinsichtlich der politischen Lage in diesen beiden Ländern eingetroffen«. Die albanische Führung hatte von den Ereignissen in Ungarn aus einer Rundfunkübertragung erfahren, die von der landeseigenen Radiostation, von Radio Moskau, der Nachrichtenagentur TASS und anderen Stationen im kommunistischen Block gesendet worden war. Hoxha äußerte sich folgendermaßen: »Die Konterrevolution in Ungarn wurde von den jugoslawischen Tito-Anhängern herbeigeführt.« Die Tageszeitung der Partei »Zëri i Popullit« veröffentlichte mehrere Artikel, die den Einmarsch und die aktive Teilnahme von Truppen des Warschauer Pakts begrüßten.

Um zu vermeiden, dass es in Albanien zu einer ähnlichen Situation wie in Polen und Ungarn komme, berief Hoxha umgehend das Politbüro ein und ergriff Maßnahmen zur Stärkung der Staatssicherheit, der Armee und der Gerichte in Albanien. Für ihn »hatte die sowjetische Führung in Polen und Ungarn Zugeständnisse gemacht; sie waren das Ergebnis einer Abmachung mit Tito[22].« Hoxha wies das Politbüro im November 1956 an, mit der Sowjetunion alle Friktionen beizulegen.

»Lasst uns sehr vorsichtig sein, dass wir unsere Ideen nicht preisgeben [...] da das sehr gefährlich ist. Wie immer werden wir eng an der Seite der Sowjetunion stehen. Ohne die Sowjetunion ist unser Land nicht in der Lage, den Sozialismus aufzubauen, wir können alleine auch nicht die Freiheit unseres Landes verteidigen, und wir vertrauen darauf, dass eine Lösung in dieser Angelegenheit gefunden wird[23].«

Die Differenzen waren äußerst komplex, und den Sowjets gelang es nie, die tiefen Risse, die zwischen den beiden Parteien entstanden waren, zu verstehen. Auch der Westen bemerkte diese Veränderung in den Beziehungen der beiden Länder nicht.

Auseinandersetzungen um den Stützpunkt Vlorë

Die Führung der PPSh verfolgte aufmerksam die Entwicklungen in den Ländern des sozialistischen Lagers und insbesondere die Haltung des ZK der KPdSU gegenüber Albanien. Während des Besuches von Enver Hoxha in Moskau im April 1957 verzichtete die sowjetische Regierung auf alle ausstehenden Rückzahlungen für Kredite, die Albanien bis 1955 gewährt worden waren. Zudem unterzeichneten beide Länder ein neues Abkommen für die dringend benötigte Wirtschaftshilfe. Die albanische Führung wertete die Ergebnisse als »großen moralischen Sieg der PPSh«[24].

Um das sowjetische Wohlwollen zu erhalten, unternahm Hoxha drastische Schritte: Er stellte sich selbst als den loyalsten Führer gegenüber der Sowjetunion und dem kommunistischen Block dar. Zudem bot er der Sowjetunion im Oktober 1957 während des Besuchs von Marschall der Sowjetunion Georgij K. Žukov in Albanien die Insel Sazan zur Nutzung als Militärstützpunkt an, ein Eiland mit einer Größe von 5,5 qkm. Sazan besaß eine strategisch günstige Lage in der Straße von Otranto, welche die Adria und das Ionische Meer verbindet und nur 5 km vor der albanischen Küste, am Eingang zur Bucht von Vlorë, und 65 km vor der italienischen Küste liegt. In einer Sitzung des Politbüros am 24. Oktober 1957 erklärte Hoxha, dass

»wir die Lage vorausahnen, die Initiative ergreifen und Žukov mitteilen [müssen], dass wir nicht um so und so viel [Schiffe, U-Boote, Raketen usw.] bitten, sondern dass wir möchten, dass die Verteidigung unseres Landes als die Verteidigung der Sowjetunion selbst angesehen wird. Wenn Sevastopol' ein wichtiges militärisches Zentrum für die Sowjetunion ist, dann beabsichtigen wir, Vlorë zur Festung auszubauen, mit Vorrang gegenüber Sevastopol', um die feindlichen Anschläge zu zerschlagen und die Flotten des Feindes zu vernichten, so dass er unter keinen Umständen das Schwarze Meer erreicht [...] Die Kosten werden keine Last für uns sein, und andererseits wird die Sowjetunion wohlwollend auf eine Bitte wie diese reagieren[25].«

Mit diesem Angebot machte Hoxha seine eigenen Grundsätze von der Unabhängigkeit Albaniens und ebenso die der albanischen Führung zunichte. Tatsächlich fanden er und seine Kader mit diesem Vorschlag einen »Ausweg«, um ihre Angst und Unsicherheit zu verschleiern, die die sowjetischen Veränderungen sowie die Ereignisse in den kommunistischen Blockstaaten Polen, Ungarn, Jugoslawien und Ostdeutschland hervorriefen. Außerdem teilte Hoxha dem Politbüro mit: »Die Lieferung von Raketen, U-Booten, Kreuzern usw. nach Vlorë und entlang unserer Küste wird der Welt zeigen, dass die Sowjetunion Albanien verteidigen wird[26].« Damit verfolgte Hoxha vielfältige Ziele. Das Streben der Sowjetunion nach Nutzung des Militärstützpunktes Sazan zerstörte das empfindliche militärische und politische Gleichgewicht zwischen den Kräften auf dem Balkan noch mehr.

Tatsächlich hatte die Errichtung des Militärstützpunktes Sazan bereits Jahre zuvor, nach dem Bruch mit Jugoslawien, begonnen. Die Sowjets beteiligten sich intensiv daran, und die westliche Presse zeigte sich darüber besorgt. Dabei wurde betont, dass »die Sowjets über Jahre hinweg so geheim und intensiv gearbeitet hatten, dass sie eine unbekannte Insel in einen befestigten Marinestützpunkt verwandelt hätten, der ihnen direkten Kontakt zum Mittelmeer bot und es ihnen ermöglichte, alle militärischen Bewegungen der westlichen Seestreitkräfte aus nächster Nähe zu beobachten.«

Zu Lebzeiten Stalins hatte Hoxha den sowjetischen Diktator höchstpersönlich um den Bau eines internationalen Militärstützpunkts in Sazan für das kommunistische Lager ersucht, Stalin jedoch lehnte das Ansinnen ab[27]. Hoxha hielt an seiner Forderung fest, und es gelang ihm Chruščev zu überzeugen, der im Gegensatz zu Molotov seine Zustimmung gab. Letzterer hatte darauf bestanden, »dass Albanien nicht dem Warschauer Pakt beitritt. Warum, so fragte er, sollen wir Krieg führen, wenn Albanien bedroht wird[28]?« Am 12. September 1957 unterzeichneten Albanien und die Sowjetunion ein Militärprotokoll, das die Entsendung mehrerer U-Boote zum Stützpunkt Vlorë vorsah, vier davon bereits 1958, darüber hinaus eine Reihe von Bauprojekten, um den Bedürfnissen im Zusammenhang mit der Stationierung der U-Boote gerecht zu werden. Am 31. Oktober 1958 trafen besagte vier U-Boote in Albanien ein.

Žukov ließ Albanien wissen, dass acht weitere U-Boote in die Adria verbracht würden. Aber es fehlte Albanien an qualifiziertem Personal sowie logistischen und finanziellen Mitteln, um diese U-Boote auch zu nutzen. Genau aus dieser Situation zog Hoxha einen Vorteil: Er schlug vor, den Stützpunkt Vlorë in einen hochrangigen Militärstützpunkt des Warschauer Paktes umzuwandeln. Anderthalb Jahre später, am 3. Mai 1959, wurde ein weiteres Protokoll unterzeichnet, in dem Vlorë als Militärstützpunkt des Paktes firmierte. Gemäß dieser Vereinbarung sollten die acht zusätzlichen U-Boote von den Sowjets betrieben werden, die U-Boot-Offiziere und -Mannschaften jedoch albanische Uniformen und die U-Boote selbst die albanische Flagge tragen. Für die Zukunft war geplant, albanische Offiziere nach dem Studium in der Sowjetunion und weiteres, von sowjetischen Flottenoffizieren in Albanien ausgebildetes militärisches Personal die U-Boote führen zu lassen, welche zudem Eigentum des albanischen Staates werden sollten[29].

Weder innerhalb noch außerhalb des Warschauer Pakts

Während des Besuches in Albanien im Juni 1959 wurden Chruščevs Bemühungen deutlich, Albanien als ein ergebenes Mitglied in den Warschauer Pakt zu integrieren und dem Westen und den USA zu zeigen: »An der Seite Albaniens stehen alle Staaten des sozialistischen Lagers. Jeder Versuch des Imperialismus, die Freiheit und Unabhängigkeit Albaniens zu verletzen, wird mit Sicherheit komplett scheitern[30].« Chruščev brachte die Hoffnung der Sowjetregierung offen zum Ausdruck, es möge bald zur »Bildung einer kernwaffen- und raketenfreien Zone auf dem Balkan [kommen], gestützt auf gegenseitige Kontrolle«[31]. Würde dieser Vorschlag keine Unterstützung finden und die aggressive westliche Politik auf dem Balkan fortgesetzt werden, käme die Sowjetunion zusammen mit Albanien, Bulgarien und allen anderen Staaten des Warschauer Pakts nicht mehr umhin, ihre Raketen auf die nächstgelegenen Stützpunkte der Aggressoren zu richten.»Mit der Nutzung der albanischen und bulgarischen Stützpunkte für kleine Raketen können wir die feindlichen Stützpunkte sehr schnell vernichten[32].« Den Westen vor einer Aufrüstung und der Nutzung der Raketenstützpunkte in Italien und Griechenland zu warnen, darin bestand das Hauptziel von Chruščevs Albanienbesuch. Nachdruck sollte diesem Ziel die Unterzeichnung des Abkommens über den Stützpunkt Vlorë durch den albanischen Verteidigungsminister Beqir Balluku und seinen sowjetischen Amtskollegen Rodion I. Malinovskij verleihen[33].

Das Jahr 1960 begann mit der Belastung der Beziehungen zwischen China und der Sowjetunion. Mikojan, Leonid I. Brežnev, Frol R. Kuzlov und andere Politspitzen der Sowjetunion trafen in Moskau mehrere Mitglieder des albanischen Politbüros, darunter Enver Hoxha, Mehmet Shehu, Liri Belishova und Gogo Nushi, und legten ihnen ihre Position zu China dar. Die chinesische Führung wandte sich ebenfalls an Albanien und verteidigte ihre Positionen. Auf der Bukarester Tagung im Juni 1960 lehnte Hysni Kapo, der albanische Delegierte, die Änderung der Tagesordnung ab, und er weigerte sich in einer Reihe von Punkten zur internationalen Entwicklung, in Opposition zu China zu gehen. Chruščev gelang es schließlich nicht, China wie beabsichtigt aus dem kommunistischen Lager auszuschließen.

Nach der Bukarester Tagung bis zur Moskauer Konferenz im November 1961 tauschten die albanische und die sowjetische Regierung mehrere Noten aus. Gleichzeitig wurden Schritte unternommen, um die albanische Führung dem Moskauer Diktat unterzuordnen. Am 6. August 1960 richtete Hoxha einen Brief an die Sowjetunion, worin er sich darüber beschwerte, dass sich nach der Bukarester Tagung die sowjetischen Diplomaten in Tirana, Botschafter V.I. Ivanov, Sekretär K.I. Novikov und der Berater Bespalov, albanischen Funktionären gegenüber offen gegen die von der PPSh verfolgte Politik ausgesprochen hätten. So habe der sowjetische Botschafter albanischen Offizieren auf dem Flughafen Tirana eine verdächtige und seltsame Frage gestellt:»Wer genießt die Loyalität der albanischen Armee[34]?« Sie hätten auch Koco Tashko beeinflusst, den Präsidenten der Revisionskommission der PPSh. Der Botschafter selbst habe versucht, von den Parteifunktionären in verschiedenen Städten Albaniens Informationen darüber einzuholen, was in den Versammlungen der PPSh diskutiert worden war. Später, als die sowjetischen Diplomaten ihre Tätigkeit verstärkten, setzte Hoxha einen weiteren Brief auf, der zur Abberufung des sowjetischen Botschafters Ivanov nach Moskau führte. In einem Schreiben des ZK der KPdSU an das ZK der albanischen Schwesterpartei vom 13. August 1960 wurde unter anderem betont:»Wir erachten es als sehr wichtig, dass wir an der kommenden Tagung im November mit derselben Meinung teilnehmen. Die Funken des zwischen uns entstandenen Missverständnisses mögen gelöscht werden, damit wir nicht weiter Schaden nehmen.« Zu diesem Zwecke wurde ein Treffen zwischen Vertretern beider Parteien vorgeschlagen. Das ZK der PPSh hielt nichts von solch einem Treffen und argumentierte, dass dabei Probleme zwischen der Sowjetunion und China erörtert würden, die nicht ohne die Anwesenheit der Chinesen besprochen werden sollten. Es hieß weiter, dass die PPSh »ihre Meinung auf dem kommenden Treffen der kommunistischen und Arbeiterparteien zum Ausdruck bringen wird«[35].

Zwischen der albanischen Führung und den Führern anderer Staaten des sozialistischen Lagers kam es nach Bukarest zu mehreren Zwischenfällen: In Bulgarien erschien eine Balkankarte, die Albanien innerhalb der Grenzen Jugoslawiens zeigte. In Warschau gab es einen Versuch, die albanische Botschaft zu plündern und in Brand zu stecken. Der sowjetische und der bulgarische Botschafter in Belgrad, die an einem Treffen in Sremska Mitrovica am 3. Juli 1960 zu Ehren der im Zweiten Weltkrieg getöteten sowjetischen, bulgarischen und serbischen Soldaten teilnahmen, hörten die gegen Albanien gerichtete Rede von Aleksandar »Leka« Ranković, dem jugoslawischen Innenminister, zugleich Chef des Geheimdienstes (OZNA) und Oberster Befehlshaber der Politischen Polizei (UBDA), ohne ein Wort darüber zu verlieren. Die Vertreter Albaniens in anderen sozialistischen Ländern fühlten sich isoliert und auch als »manisch krank gegenüber den Jugoslawen« karikiert[36].

Unmittelbar nach der Bukarester Tagung begann Hoxha mit einer Säuberungskampagne gegen Personen, die von sowjetischen Führern Unterstützung erhielten, wie etwa Liri Belishova und Kock Tashko. Hoxha befürchtete, diese könnten die politische Situation nutzen und ihn ablösen, ähnlich wie es anderen stalinistischen Führern nach Stalins Tod ergangen war. Er beschuldigte sie, die Einheit und Disziplin der Partei zu zerstören, und ließ sie aus hochrangigen Positionen in Staat und Partei entfernen. So säuberte er den Weg zur Moskauer Konferenz, die fünf Monate später, im November 1960, stattfand. Dort aber warf er Chruščev vor, eine antikommunistische und antialbanische Haltung einzunehmen. Während seines Aufenthaltes in Moskau trafen beinahe jeden Tag verschiedene KPdSU-Funktionäre mit der von Hoxha geleiteten albanischen Delegation zusammen und bedrängten sie, ihre Haltung gegenüber der KPdSU zu ändern. Die Gespräche waren verkrampft, die albanischen Parteiführer verharrten wie ihre »Kontrahenten« in ihren Positionen. Während und nach der Moskauer Konferenz wuchs der sowjetische Druck auf die kommunistische Partei Albaniens. In einem Schreiben Chruščevs an die politischen Vasallen, das auf der Moskauer Konferenz übergeben wurde, stand Albanien nicht auf der Liste der sozialistischen Länder. Inzwischen hatte der Oberbefehlshaber der Vereinten Streitkräfte des Warschauer Pakts, Marschall Andrej A. Grečko, dem albanischen Verteidigungsminister mitgeteilt, dass »Albanien nur zeitweilig im Warschauer Pakt ist«[37]. Die sowjetische Wirtschaftshilfe wurde auch ausgesetzt.

Der neue Kurs im sozialistischen Lager nach dem XX. Parteitag der KPdSU hatte zu einer Überprüfung der Politik zahlreicher kommunistischer Führer geführt und sie gezwungen, eine beachtliche Anzahl von Kommunisten zu rehabilitieren, die während der stalinistischen Säuberungen nach dem Krieg verurteilt worden waren. Von diesem wesentlichen Umschwung waren zahlreiche kommunistische Parteien in ganz Europa betroffen. Die Veränderungen stellten Hoxha vor zwei Möglichkeiten: Entweder zog er sich von der politischen Bühne zurück und ließ die Veränderungen hinter sich, oder er blieb an der Macht, indem er seine stalinistische Politik fortsetzte und sich neue Freunde suchte, die ihn unterstützten und kommunistisch sowie jugoslawienfeindlich und gegen den Westen eingestellt waren.

Hoxha entschied sich für das Letztere. Er wagte sich vorsichtig unter dem Dach des mächtigen Freundes KPdSU hervor, die zum Zentrum des Entstalinisierungsprozesses geworden war, und riskierte so die Machtposition der albanischen kommunistischen Führung. Doch er begann auch von Neuem, sich an China anzunähern, das zwar einerseits einer doktrinären kommunistischen Haltung verhaftet war, doch andererseits eine beachtliche Wirtschaftshilfe anbot. In der Zwischenzeit trugen auf dem Stützpunkt Vlorë albanische und sowjetische Militärs Konflikte aus, die, obwohl sie auf den ersten Blick marginal schienen, gefährliche Entwicklungen in der Zukunft voraussahnen ließen.

Am 28. und 29. März 1961 trat der Politische Beratende Ausschuss des Warschauer Pakts in Moskau zusammen. Das Programm der Tagung stellte Chruščev selbst vor. Hoxha hatte zunächst dem vorgeschlagenen Zeitpunkt und dem Ort des Treffens zugestimmt, drückte jedoch dann sein Bedauern darüber aus, dass weder er noch Mehmet Shehu »aus gesundheitlichen Gründen« in der Lage seien, an dem Treffen teilzunehmen[38]. Wie Hoxha Jahre später in seinen Memoiren zum Ausdruck brachte, habe er sich seinerzeit nicht auf »Sicherheitsgründe« berufen[39]. Vermutlich wollte er sich nicht der Kritik seiner Amtskollegen im Warschauer Pakt aussetzen. Verteidigungsminister Beqir Balluku leitete schließlich die albanische Delegation. Wie vorhergesagt, herrschte auf der Konferenz eine hitzige Atmosphäre.

Nach angespannten Diskussionen wurde am Ende der Tagung eine Resolution verabschiedet, die festlegte, dass die »Flottenkriegsschiffe, die sich in der Bucht von Vlorë befinden, nur von sowjetischen Besatzungen zu bedienen sind. Die Befehlsgewalt darf nur von Sowjets ausgeübt werden, die dem Oberkommandieren der Vereinten Streitkräfte der Teilnehmerstaaten des Warschauer Pakts verantwortlich sind«. Sollte die albanische Regierung diese Maßnahme nicht akzeptieren, dann »wird es für die Mitglieder des Warschauer Pakts notwendig sein, dem Vorschlag zum Abzug der oben genannten Seestreitkräfte aus Albanien zuzustimmen«[40]. Somit wurde der Warschauer Pakt als ein Instrument eingesetzt, um die territoriale Souveränität Albaniens anzugreifen.

In mehreren aufeinanderfolgenden Schreiben an die Regierungen der Mitgliedsstaaten des Warschauer Pakts erklärte die albanische Regierung, dass sie unter keinen Umständen die Übergabe des Marinestützpunktes Vlorë an sowjetische Besatzungen zulassen werde. Der sowjetischen Regierung aber würden keine Hindernisse in den Weg gelegt, falls sie ihre Streitkräfte von diesem Stützpunkt abzuziehen gedenke. Enver Hoxha zufolge war der Stützpunkt unter den zu dieser Zeit herrschenden Bedingungen nicht länger von Bedeutung. Man befürchtete aber, Chruščev könne den Stützpunkt als Vorwand nutzen, um Truppen nach Albanien zu entsenden[41]. Am 26. Mai 1961 verließen ein Navigationsschiff und acht U-Boote – alle mit sowjetischer Besatzung – den Stützpunkt Vlorë, nachdem alles bewegliche Gut demontiert worden war.

Ramiz Alia, ein Sekretär des ZK der Arbeiterpartei Albaniens, war ausersehen, Enver Hoxha auf der Tagung des Politischen Beratenden Ausschusses am 3. und 4. August 1961 in Moskau zu vertreten. Er durfte an der Tagung jedoch nicht teilnehmen, da sie auf höchster Ebene stattfand und Hoxha selbst hätte kommen müssen. Fortan blieben albanische Vertreter den Tagungen des Warschauer Pakts auf Ebene des PBA und des Vereinten Oberkommandos fern. Die sowjetische Führung bezichtigte Albanien, dass es sich selbst aus dem Warschauer Pakt hinausmanövriert hätte. Aber weder sie noch die albanische Seite bestritten die Beteiligung Albaniens am Warschauer Pakt. Trotzdem rief Chruščev auf dem XXII. Parteitag der KPdSU vom 17. bis 31. Oktober 1961 das albanische Volk auf, Hoxha und Shehu zu stürzen. Außerdem brach die sowjetische Regierung am 3. Dezember 1961 die diplomatischen Beziehungen zu Albanien ab. Dies war ein einmaliges Ereignis in der Geschichte der Beziehungen zwischen kommunistischen Staaten. Zwei Tage später, am 5. Dezember 1961, erklärte Hoxha auf einer Sitzung des Politbüros:

»Jetzt kann Chruščev nichts mehr tun, es bleiben nur noch der Ausschluss Albaniens aus dem Warschauer Pakt und ein Befehl an die sowjetischen Truppen, die Volksrepublik Albanien anzugreifen. Aber das ist nicht so einfach, denn dann ist er vor der ganzen Welt bloßgestellt[42].«

Danach zogen alle Regierungen der Warschauer-Pakt-Staaten ihre Botschafter aus Tirana ab. Die Parteitage der jeweiligen Staatsparteien wurden zu Tribünen, von denen aus die Arbeiterpartei Albaniens kritisiert wurde. Als Reaktion verteidigte Albanien die marxistisch-leninistische Theorie und Stalins Politik mehr denn je. Man übte scharfe Kritik an Chruščevs Revisionismus. So unterstützte Albanien die Regierung von Fidel Castro mit Erklärungen, öffentlichen Protesten und Propaganda und bezeichnete gleichzeitig Chruščev als »Verräter« wegen der Demontage der Atomraketen und deren Abzug aus Kuba[43]. So kam es, dass einerseits die albanische Regierung nicht zu den Tagungen des Politischen Beratenden Ausschusses des Warschauer Pakts eingeladen wurde, zum anderen, wenn eine Einladung erfolgte, die Albaner ihre Teilnahme ablehnten. Albanien war de facto aus dem Warschauer Pakt ausgeschlossen.

Hoxha wurde nun aktiv, um andere militärische Verbindungen aufzubauen, die dem Warschauer Pakt entgegengesetzt werden könnten. So arbeitete das ZK der Albanischen Arbeiterpartei eng mit ihrer Schwesterorganisation in China zusammen. Von den Thesen, die er für den Besuch des albanischen Verteidigungsministers in China im August 1963 vorbereitet hatte, waren zwei besonders attraktiv:

»Wird der Nichtangriffspakt zwischen der NATO und dem Warschauer Pakt abgeschlossen, dann ist

1. ein Vertrag über Freundschaft, Zusammenarbeit und gegenseitigen Beistand zwischen China und Albanien abzuschließen, sowie
2. die Einrichtung eines Vertrages und Bündnisses zwischen China, Albanien, Korea und möglicherweise Kuba zu erwägen, der selbstständig bleibt, um sich NATO und Warschauer Pakt, SEATO sowie ANZUS entgegenzustellen[44].«

Die rechtmäßige Mitgliedschaft Albaniens im Warschauer Pakt und der De-facto-Ausschluss des Landes blieben bis Juli 1968 bestehen, als die albanische Regierung den Pakt öffentlich wegen des Einmarsches der WVO-Truppen in die Tschechoslowakei verurteilte. Die albanische Regierung erklärte, dass der Warschauer Pakt zu einem Instrument der Unterdrückung und Sklaverei geworden sei und selbst für Albanien eine Gefahr darstellen würde, wenn das Land noch Mitglied dieses Bündnisses wäre. Zum ersten Mal verdeutlichte Hoxha am 5. September 1968, dass der Warschauer Pakt in Bezug auf Albanien »nur in einem Stück Papier« bestehe, dass die Abkommen und militärischen Beziehungen hinsichtlich der Verteidigung Albaniens im Rahmen dieses Vertrags nur zwischen der Sowjetunion und Albanien geschlossen worden seien, die Mitgliedsstaaten unterschiedslos behandelt wurden, gemeinsame Treffen rein formal waren und »der Pakt keineswegs als ein kollektives Gebilde der Mitgliedsstaaten funktionierte«[45].

Am 13. September 1968 billigte das albanische Parlament das Gesetz über die Kündigung der Mitgliedschaft im Warschauer Pakt. Die Kündigung genau zum Zeitpunkt des Einmarsches in die Tschechoslowakei war günstig für Albanien, da vom weiteren Verbleib im Bündnis keine positive Wirkung zu erwarten war und – schlimmer noch – dies sogar eine große Gefahr darstellte. Zusätzlich betonte Hoxha:

»Dieser Akt erfolgt 100 Prozent zu unseren Gunsten. Wenn die amerikanischen Imperialisten und ihre Freunde bis gestern erklären konnten, dass sie Albanien nicht angreifen, weil der Warschauer Pakt diesem entgegenwirken kann [...] können die NATO-Länder heute nicht das Argument vorbringen, dass sie Albanien als ein Mitglied des Warschauer Pakts angreifen. Aber«, fuhr er fort, »mit der Kündigung unserer Mitgliedschaft im Warschauer Pakt nehmen wir ihnen dieses Argument.«

Die Entscheidung der albanischen Regierung fand zu jener Zeit im gesamten Land große Zustimmung.

Resümee

Der Warschauer Pakt spielte *erstens* als eine politische und militärische Allianz eine wichtige Rolle als Gegenspieler der NATO. Eine weitere Bedeutung hatte er in seiner Verpflichtung, jeden Teilnehmerstaat zu verteidigen. Vom heutigen Standpunkt aus gesehen war dies allgemein eine regressive Rolle, und in den vielen Fällen, in denen die Regierungen nicht im Einklang mit der sowjetischen Führung standen, wurde das Bündnis als ein Instrument der Intervention genutzt.

Zweitens war aus albanischer Sicht die Teilnahme des Landes am Warschauer Pakt aus den Gründen, die hier erläutert wurden, nicht nur vom militärischen Standpunkt aus wichtig, sondern vor allem wegen der politischen und wirtschaftlichen Unterstützung der kommunistischen Führung des Landes. Enver Hoxha gebrauchte die Mitgliedschaft Albaniens im Warschauer Pakt in der internen Propaganda meisterhaft zu seinem Vorteil. Aber mindestens ebenso gekonnt, wenn nicht gar besser nutzte er die Verurteilung des Pakts durch Albanien sowie den legalen Austritt aus dem Bündnis dreizehn Jahre später zu seinen Gunsten. In beiden Fällen genoss er nicht nur die Unterstützung der Partei, sondern auch die des albanischen Volkes. Es ist interessant festzustellen, dass Hoxha jedes Problem, mit dem er konfrontiert wurde, so manipulierte, dass es immer zu seinem Vorteil gereichte. Seine Reden beruhten kontinuierlich auf »patriotischen« Losungen. In seiner kompromisslosen Politik gegenüber dem Westen und vor allem gegenüber den Vereinigten Staaten verurteilte er jeden einzelnen antikommunistischen Schritt des Westens als Bedrohung der albanischen Unabhängigkeit. Damit konnte er die Unterdrückung der innerparteilichen Opposition und antikommunistischer Elemente, ja des gesamten Staatsvolkes rechtfertigen.

Aus Sicht des Warschauer Pakts als eines Staatenbündnisses unter Vorherrschaft der Sowjetunion war *drittens* die Rolle Albaniens nicht wesentlich und schon gar nicht strategisch entscheidend – trotz der geografisch günstigen Lage des Landes. Im Grunde waren die Beziehungen Albaniens im Bündnis eher Beziehungen zur Sowjetunion, die das undemokratische Beziehungsgeflecht und die Hegemonie, die innerhalb der Organisation bestanden, widerspiegelten.

Schließlich zeigte *viertens* die albanische Führung trotzigen Protest gegen den Kreml, der gelegentlich öffentlich und außerordentlich kritisch vorgebracht wurde. Bei Streitigkeiten mit anderen Ländern griffen die Sowjets mit Gewalt ein, nicht jedoch im Falle Albaniens. Warum? Dafür gab es mehrere Gründe:
- Eine Ursache ist sicherlich die strategische Lage Albaniens in einer problembeladenen Region, die jederzeit eine Konfrontation mit dem Westen hätte hervorrufen können.
- Eine andere Ursache mag die neue Verbindung Albaniens zu China gewesen sein, aus der eine bedeutende Unterstützung für den kleinen Balkanstaat entsprang, über die weder Polen noch Ungarn verfügten. Chinas Beziehungen

zur Sowjetunion waren auf Partei- wie auf Staatsebene problembeladen. Dennoch haben die beiden Länder China und Sowjetunion die militärische Zusammenarbeit nie unterbrochen. Behält man die enge Zusammenarbeit zwischen China und Albanien auch im militärischen Bereich im Auge, scheint es, dass dieser Faktor in Betracht zu ziehen ist.

– Vielleicht wären die Mitgliedsstaaten des Warschauer Pakts bezüglich des sowjetischen Ziels, Albanien anzugreifen, aber auch nicht einer Meinung gewesen.

– Und schließlich besteht eine andere Möglichkeit darin, dass eine organisierte, prosowjetische Opposition zu Enver Hoxha, bei der Chruščev Unterstützung gefunden hätte, in Albanien nie bestand. Selbst wenn es Versuche gab, gegen Hoxha eine Opposition aufzubauen, wurde diese schnell beseitigt. Sogar die Haltung der Studenten und des albanischen Militärs, das in der Sowjetunion stationiert war, war so einheitlich national geprägt, dass eine prosowjetische Unterstützung illusorisch blieb.

Aufs Ganze gesehen bleibt es jedoch weiterhin notwendig, die Forschung in diesem Bereich auszudehnen, um tiefergehende Schlussfolgerungen ziehen zu können, die vollständiger dokumentiert und belegt sind.

Anmerkungen

[1] Zentralarchive der Arbeiterpartei Albaniens (CA PPSh), Bestand 14, Jahr 1955, Akte 8.
[2] Ebd.
[3] CA PPSh, Bestand 14, Jahr 1953, Akte 23.
[4] Ebd.
[5] Ebd., Bestand 14, Jahr 1955, Akte 1.
[6] Archive des Außenministeriums (AMFA), Jahr 1955, Akte 291/2.
[7] Zentrale Staatsarchive, Bestand 489, Kasten 6, Akte 12.
[8] CA PPSh, Bestand 14, Jahr 1955, Akte 16.
[9] Ebd., Akte 10.
[10] Der deutsche Text des Vertrages mit Jugoslawien z.B. in: Boris Meissner, Das Ostpakt-System. Dokumentensammlung, Köln 1955, S. 28 f.
[11] Zu den Beziehungen zwischen Albanien und Jugoslawien bis 1948 vgl. das Kapitel »Die jugoslawische Patronage (1944–48)« in: Südosteuropa-Handbuch, Bd 7: Albanien, hrsg. von Klaus-Detlev Grothusen, Göttingen 1993, S. 103–113.
[12] Zur sowjetischen Patronage vgl. ebd., S. 113–117 (bis zum Tod Stalins), S. 117–124 (1953–1961).
[13] CA PPSh, Bestand 14, Jahr 1956, Akte 45.
[14] Zum sowjetisch-jugoslawischen Konflikt von 1948 mit neuen Erkenntnissen zuletzt: Jeronim Perovic, Die Albanien-Frage als Auslöser des Bruchs zwischen Stalin und Tito, in: Neue Zürcher Zeitung, 24.6.2008, S. 9.
[15] CA PPSh, Bestand 14, Jahr 1955, Akte 17.
[16] Ebd., Akte 10.
[17] Ebd., Akte 17.
[18] Ebd., Akte 2.

19 Ebd., Bestand 14, Gliederung: Parteiorganisationen, Jahr 1956, Akte 24.
20 Ebd., Bestand 14, Jahr 1956, Akte 39.
21 Ebd., Akte 15.
22 Ebd., Akte 59.
23 Ebd.
24 Ebd., Bestand 14, Jahr 1957, Akte 2.
25 Ebd., Akte 20.
26 Ebd.
27 Ebd., Bestand 14/1, Jahr 1957, Akte 24.
28 Ebd., siehe auch: Khrushchev Remembers: The Last Testament, ed. by Strobe Talbot, London 1974, S. 194 f.
29 Ebd., Bestand 10, Jahr 1959, Akte 38.
30 Ebd., Bestand 14, Gliederung: Beziehungen zur KPdSU, Jahr 1959, Akte 35, 55, 61, 63.
31 Ebd., Akte 33, 55, 60.
32 Ebd., Akte 33, 35.
33 Obgleich das sowjetisch-albanische Abkommen über den Militärstützpunkt Vlorë vom 3.5.1959 datiert, kam Malinovskij in Wahrheit zusammen mit Chruščev am 25.5.1959 nach Albanien. Das Protokoll wurde an diesem Tag unterzeichnet. Außerdem ermächtigte der Ministerrat der UdSSR Malinovskij am 19.5.1959, im Namen der Sowjetregierung das Militärabkommen mit der albanischen Regierung zu unterzeichnen. Das Dokument, das in den albanischen Archiven gefunden wurde, ist von Chruščev als dem Vorsitzenden des Ministerrates und Vasilij V. Kuznecov als dem Innenminister der Sowjetunion unterzeichnet.
34 CA PPSh, Bestand 14, Jahr 1960, Akte 10.
35 Ebd., Gliederung: Beziehungen zur KPdSU, Jahr 1960, Akte 2.
36 Ebd., Akte 18.
37 Ebd., Bestand 14, Jahr 1963, Akte 12.
38 Ebd., Bestand 14, Jahr 1961, Akte 4.
39 Enver Hoxha, Ditar për çështje ndërkombëtare (1961-1963), Tiranë 1982, S. 54. Englischsprachige Ausgabe u.d.T.: The Artful Albanian. Memoirs of Enver Hoxha, ed. by Jon Halliday, London 1986.
40 Siehe in Parallel History Project on Cooperative Security die Rubrik Collections/Warsaw Pact Records/Party Leaders, URL: <www.php.isn.ethz.ch/collections>, hier das Treffen des PBA in Moskau, 28./29.3.1961.
41 Enver Hoxha, Vepra, Bd 20, Tiranë 1976, S. 377-385.
42 Ebd.
43 Zeri i Popullit, 26.10.1962.
44 CA PPSh, Bestand 14, Jahr 1963, Akte 12.
45 Ebd., Bestand 14, Jahr 1968, Akte 1.

Jordan Baev

Bulgarisch-sowjetische militärische Zusammenarbeit 1955 bis 1964

Der vorliegende Beitrag basiert auf kürzlich herabgestuften Dokumenten aus bulgarischen Staats- und Militärarchiven. Er nimmt die wichtigsten Veränderungen in den bulgarisch-sowjetischen Beziehungen unmittelbar nach Bildung der Warschauer Vertragsorganisation (WVO) bis Mitte der sechziger Jahre in den Blick. Der zeitliche Rahmen umfasst somit das erste Jahrzehnt des Bestehens der Allianz unter Nikita S. Chruščev. Im Mittelpunkt der Untersuchung stehen die Transformation der Institution »sowjetische Militärberater«, der Übergang von der bi- zur multilateralen Koordinierung und Zusammenarbeit sowie die Ausrüstung der bulgarischen Streitkräfte mit modernen Waffen Ende der fünfziger Jahre.

Bei Betrachtung der sowjetisch-bulgarischen militärischen Beziehungen in der Nachkriegsära muss vorab zumindest auf zwei Spezifika hingewiesen werden, welche in den späten vierziger und frühen fünfziger Jahren die weitere Geschichte dieses kleinen Balkanstaates maßgeblich bestimmten: Bulgarien war *erstens* das einzige einst mit den nationalsozialistischem Deutschland verbündete (süd-)osteuropäische Land, in dem nach 1947 keine sowjetischen Truppen standen. Selbst auf den ersten Höhepunkten des Kalten Krieges war die Zahl sowjetischer Militärberater in Bulgarien relativ klein (1947: 37, 1953: 108, 1955: 61)[1]. Gleichzeitig waren die meisten Schlüsselpositionen in den Streitkräften und im Verteidigungsministerium von bulgarischen Offizieren besetzt, die in der Zwischenkriegszeit sowjetische Militärschulen und -akademien absolviert hatten. Nach der Errichtung der kommunistischen Vorherrschaft im Land durchliefen bis 1954 insgesamt 157 bulgarische Offiziere ihre Ausbildung in sowjetischen Militärakademien[2].

Die veritable Bitte der bulgarischen Führung an Iosif V. Stalin im September 1949, einen sowjetischen General als Chef des Stabes für die bulgarischen Streitkräfte zu entsenden, klingt nach einer symbolischen Anekdote. Die Anfrage wurde von Stalin mit folgendem überraschendem Argument beschieden: »Wir halten es für angeraten, unsere Meinung über die Unzweckmäßigkeit einer solchen Idee auszudrücken, da der Chef des Generalstabes gut mit den bulgarischen Verhältnissen und der Sprache vertraut und eng mit der bulgarischen Armee verbunden sein muss[3].« Die sowjetische Kontrolle über Rumänien war in diesem frühen Stadium der Konsolidierung des sowjetischen Imperiums in Osteuropa direkter[4]. Einer der strategischen Gründe dafür war, über das rumänische Territorium eine ständige Verbindungslinie zu Bulgarien und Albanien zu sichern.

Zweitens wurden in der Phase der Errichtung des kommunistischen Systems bis 1956 die wichtigsten Initiativen und Unternehmungen des sowjetischen Blocks auf dem Balkan über Bukarest und nicht über Sofia verkündet, wie es die Praxis in den vorausgegangenen Jahren zu Lebzeiten von Georgi Dimitrov, dem früheren Generalsekretär des Kominform, gewesen war. Zu erwähnen sind hier beispielsweise der Sitz des Kominform ab Herbst 1948 in Rumänien, aber ebenso auch andere kommunistische Begegnungen in diesem Land, die geheime Initiative »Unterstützung für Moskau« von 1950, der Vorschlag des Ministerpräsidenten der Rumänischen Volksrepublik Chivu Stoika über einen »atomfreien Balkan« im Jahre 1957 usw. Die außenpolitischen Aktivitäten Rumäniens als Sprecher des Sowjetblockes können bis in die späten fünfziger Jahre verfolgt werden, als der neue, flexible bulgarische Parteiführer Todor Živkov rasch das volle Vertrauen Chruščevs und im Weiteren Leonid I. Brežnevs gewann.

Wiederbewaffnung
in sowjetisch-bulgarischem Interesse

Nach dem Aufbau eines osteuropäischen bilateralen Vertragssystems zwischen 1947 und 1949 verstärkten sich auch die multilateralen politischen, wirtschaftlichen und militärischen Beziehungen. 1949 begann eine forcierte Aufrüstung und strukturelle Reorganisation der bulgarischen, rumänischen und ungarischen Streitkräfte nach sowjetischem Muster. Die sowjetischen Waffenlieferungen für die drei ehemaligen Verbündeten Hitlerdeutschlands gingen bald über die im Pariser Friedensvertrag vereinbarten Beschränkungen hinaus, obgleich britische und französische militärische Vertreter in Sofia und Bukarest sowie manche Militärexperten für den Balkanpakt die Anzahl der Truppen und die Qualität der Rüstungsgüter überschätzten[5]. Der sowjetische Chefmilitärberater in Sofia, Generalleutnant V. Emel'janov, berichtete nach Moskau, dass sich Anfang 1953 die Zahl der bulgarischen Streitkräfte auf 146 000 Mann erhöht habe; sie betrug damit um 20 000 mehr als zu Beginn des Jahres 1949[6].

In der Tat folgte die erste Anfrage nach Wiederbewaffnung der bulgarischen Streitkräfte bald nach Unterzeichnung des Pariser Friedensvertrages im Februar 1947, primär ausgelöst durch die Verkündigung der Truman-Doktrin am 12. März 1947, die Eskalation des griechischen Bürgerkrieges mit ernsten bewaffneten Zwischenfällen an der bulgarisch-griechischen Grenze und den bevorstehenden sowjetischen Truppenabzug aus dem Land. Im Mai 1947 schrieb Bulgariens Ministerpräsident Dimitrov an Stalin: »Mit Blick auf die defensive Schlüsselposition Bulgariens auf dem Balkan gegen unsere äußeren Feinde brauchen wir so viel wie möglich an effektiver Unterstützung von der Sowjetunion, insbesondere [...] bei der Ausstattung unserer Armee mit Ausrüstung[7].«

In einem von Dimitrovs Stellvertreter Traicho Kostov an Stalin übermittelten anderen Schreiben präzisierte der Ministerpräsident Bulgariens Wunsch nach Erhalt von Waffen für zwei Panzerbrigaden sowie eine Mech. und vier Infanteriedivisionen innerhalb der nächsten zwei Jahre[8]. Im September 1947 wurde in Moskau ein sowjetisch-bulgarisches Militärabkommen unterzeichnet, das Waffenlieferungen der Sowjetunion an Bulgarien bis Ende 1948 im Wert von rund 614 000 US-Dollar festlegte. Am 31. Dezember 1948 folgte ein weiteres Abkommen für die Lieferung von 386 neuen T-34-Panzern, zwölf TD-12-Torpedobooten, drei U-Booten und 32 Tu-2-Jagdflugzeugen. Am 6. Oktober 1949 sandte der neue bulgarische Ministerpräsident Vasil Kolarov an den sowjetischen Verteidigungsminister Marschall Aleksandr M. Vasilevskij ein Schreiben mit der Bitte, ein Luftwaffenregiment mit neuen Düsenjägern auszurüsten[9].

Bei einem geheimen Besuch des bulgarischen Kommunistenführers Vulko Červenkov in Moskau im Juli 1950, bei dem die Verschlechterung der internationalen Lage nach Ausbruch des Koreakrieges die Agenda anführte, diskutierte Červenkov mit Stalin die Frage einer Verstärkung der Befestigungen an der Grenze zu Jugoslawien, Griechenland und der Türkei. Wenige Tage später traf eine von Generaloberst I. Galickij angeführte Gruppe sowjetischer Generale und Stabsoffiziere in Bulgarien ein, die in den folgenden drei Monaten einen Plan für die Errichtung von befestigten Linien in 20 km Entfernung zu den Grenzen der drei benachbarten Länder ausarbeitete. Die sowjetische Militärgruppe empfahl auch eine Rückverlegung einiger Mech. und Panzerdivisionen in die westlichen und östlichen Landesteile (Sofia, Vratza, Kazanluk, Haskovo)[10]. Im Dezember 1950 erhielt Bulgarien von der Sowjetunion 28 neue Jak 9 und Jak 11 sowie 20 Jak-23-Jagdflugzeuge für die Aufstellung von zwei neuen Luftwaffendivisionen[11].

Das Überstülpen des sowjetischen politischen Modells und die nach sowjetischem Muster gestalteten bewaffneten und Sicherheitskräfte ließen zusammen mit der massiven Unterordnung unter Moskau einen mehr oder weniger klaren Schluss zu: Die Errichtung des Warschauer Paktes im Mai 1955 markiere eigentlich nicht den Beginn, sondern das Ende des anfänglichen politischen, wirtschaftlichen und militärischen Integrationsprozesses des sowjetischen Blocks. In der konstituierenden Sitzung des Rates für gegenseitige Wirtschaftshilfe (RGW) im Januar 1949 äußerte Stalin, dass in den nächsten sieben bis acht Jahren kaum mit einem größeren Krieg in Europa zu rechnen sei[12]. Nach dem Ausbruch des Koreakrieges jedoch änderte er seine Meinung und drängte auf einen effektiveren militärischen Aufbau der sowjetischen Satellitenstaaten.

Aus Archivquellen geht hervor, dass nach dieser Zusammenkunft im Laufe von zwei bis drei Jahren ein intensiver Aufbau von Mech., Panzer-, Luftwaffen- und Marinedivisionen sowie von Küstenbatterien nach sowjetischem Muster erfolgte. Einige neue Heeresdienstvorschriften und andere richtungweisende Dokumente wurden ebenfalls erlassen. Ab 1951 fanden regelmäßig militärische Übungen unter »beratender« Mitwirkung sowjetischer Experten und in Anwesenheit von Militärdelegationen aus anderen osteuropäischen Ländern statt.

Bulgarien als treuer Verbündeter im Pakt

Als die militärischen Strukturen des Warschauer Paktes sich noch mehr oder weniger in einem Entwicklungsstadium befanden, gab es noch keine speziellen Vertreter des Stabes der Vereinten Streitkräfte des Warschauer Paktes bei jedem einzelnen Generalstab der Mitgliedsländer; diese Rolle übernahmen die »militärischen Chefberater« bei den entsprechenden Verteidigungsministern. Wie in den Jahren zuvor wurden die Chefs der »Beratergruppen« mit den wichtigen Aufgaben betraut, wohingegen die Verteidigungsattachés bei den sowjetischen Botschaften eingeschränktere, sprich: repräsentative Funktionen innehatten. Anfang 1955 belief sich die Zahl der sowjetischen Militärberater in Bulgarien auf 65. Unmittelbar nach Unterzeichnung des Warschauer Vertrages im Mai 1955 wurde ihre Zahl mehr als halbiert. Von 1954 bis 1956 war der wichtigste sowjetische Militärberater beim bulgarischen Verteidigungsminister Generalleutnant Michail N. Zavadovskij, den 1956 Generaloberst Ivan I. Ljudnikov ablöste. Dessen Stellvertreter beim bulgarischen Generalstab war Generalleutnant Aleksej I. Sviridov.

Die offizielle Korrespondenz des bulgarischen Verteidigungsministers Armeegeneral Petar Pančevski, seines Ersten Stellvertreters Generaloberst Ivan Kinov und des Chefs des Generalstabes Generaloberst Ivan Bacharov in den Jahren 1955 und 1956 zeigt deutlich, dass die Kontakte mit Moskau über die Vermittlung des sowjetischen Chefmilitärberaters und nicht über den Militärattaché liefen. In einigen besonders wichtigen Fällen ging die Korrespondenz direkt an den sowjetischen Verteidigungsminister Marschall Georgij K. Žukov bzw. den Oberkommandierenden des Warschauer Paktes Marschall Ivan G. Konev. Dem sowjetischen Verteidigungsattaché Oberst Petr R. Kurašov war offensichtlich eine nur technische und informative Rolle zugedacht. Aus den Berichten des bulgarischen Verteidigungsattachés in Moskau geht ebenfalls hervor, dass sich dessen eigene Beziehungen zum Vereinten Oberkommando in Moskau (dessen Rolle bis Ende der sechziger Jahre vom 10. Direktorat des sowjetischen Generalstabes übernommen wurde) auf formelle protokollarische und technische Aufgaben beschränkten. Die Institution der sowjetischen Militärberater in Osteuropa existierte bis Mai 1958, danach wurden sie durch eine kleinere Gruppe von Vertretern des Oberkommandierenden der Vereinten Streitkräfte des Warschauer Paktes ersetzt.

Mit der Sonderresolution vom 29. März 1961 billigte der Politische Beratende Ausschuss (PBA) des Warschauer Paktes die Institution der Ständigen Vertreter des Oberkommandos der Vereinten Streitkräfte bei den osteuropäischen Armeen. Die Vertretergruppe wurde vom Chefvertreter angeführt, der die Aktivitäten der Streitkräfte koordinierte und dem Verteidigungsministerium beigeordnet war. Dem Chefvertreter standen in geringerem Umfang höhere Offiziere und technisches Personal zur Verfügung. Die Vertretergruppe schloss auch höhere Vertreter beim Generalstab, bei Armee-, Luftwaffen- und Marinestäben ein. So befanden sich zum Beispiel von 1959 bis 1962 bei der Vertretergruppe in Sofia sieben sowjetische Generale, darunter Generalleutnant Petr I. Kaliničenko (bulgarischer Generalstab), Generalleutnant Aleksandr S. Senatorov (Stab LSK/ LV) und Admiral Sergej G. Golovko (Marine)[13].

Die sowjetisch-bulgarische militärische Zusammenarbeit erfuhr nach der Gründung des Warschauer Paktes eine gravierende Veränderung, als eine gemeinsame Planung und Koordinierung der Verteidigungswirtschaft begann und Folgemaßnahmen zur Lieferung moderner Waffen und militärischer Ausrüstung einsetzten. Im Sommer 1955 wurde ein Zweijahresabkommen für unentgeltliche Rüstungslieferungen aus der Sowjetunion nach Bulgarien abgeschlossen. Die Tagung des Warschauer Paktes in Prag im Januar 1956 sah für das Frühjahr und den Sommer jenes Jahres neue Verhandlungen für Lieferungen von Waffen und militärischer Ausrüstung für die osteuropäischen Armeen vor. Sie mündeten am 30. Juli 1956 in Moskau in die Unterzeichnung eines langfristigen Abkommens über die Produktion und gegenseitige Lieferung von Ausrüstung an WVO-Streitkräfte bis 1965. Das Abkommen regelte auch die bilateralen militärisch-technischen Beziehungen zwischen den Teilnehmerstaaten des Warschauer Paktes. So trafen beispielsweise die bulgarische und polnische Regierungsdelegation in Moskau ein Abkommen für gegenseitige Rüstungslieferungen bis 1960[14].

Bei der Tagung osteuropäischer Führer in Moskau vom 1. bis 4. Januar 1957 gab es einen Meinungsaustausch über militärische Koordination und Kooperation. Im Ergebnis der auf hoher Ebene durchgeführten Konsultationen sandte Konev am 3. Januar ein Telegramm an den bulgarischen Verteidigungsminister Pančevski mit der dringenden Einladung einer bulgarischen Delegation nach Moskau, um ein neues Abkommen für Rüstungslieferungen für die bulgarischen Streitkräfte aufzusetzen. Ende Januar stattete schließlich eine von General Pančevski angeführte bulgarische Militärabordnung Moskau einen Besuch ab[15].

Am 24. Mai 1958 wurde die nächste Tagung des PBA nach Moskau einberufen. In den Tagen zuvor war auf einer geheimen RGW-Tagung die Frage der »Koordinierung der Regierungspläne für die Produktion und gegenseitige Lieferung von Waffen und militärischer Ausrüstung« diskutiert worden. Die verabschiedeten Beschlüsse bestimmten die künftige Entwicklung der Rüstungsindustrien und die Spezialisierung jedes Landes. Bei dem Treffen wies der bulgarische Ministerpräsident Anton Yugov darauf hin, dass »bei der Präzisierung des Umfangs der Rüstungslieferungen auch die wirtschaftlichen Möglichkeiten und Ressourcen [der WVO-Staaten] berücksichtigt werden sollten.« Yugov schlug vor, die Bezahlung der militärischen Ausrüstung zwischen den osteuropäischen Ländern in Form von Kompensationsgeschäften aus der Industrie- und Agrarproduktion abzuwickeln und die Abrechnung mit der Sowjetunion bei der vorherigen Praxis langfristiger Kredite zu belassen[16]. Laut Beschluss der RGW-Tagung sollte die Kommission für Rüstungsindustrie bis Ende des Monats Juli alle bilateralen Abkommen für Waffenlieferungen überdenken. Gemäß den Empfehlungen der Vertreter der Vereinten Streitkräfte des Warschauer Paktes in Sofia begann der bulgarische Generalstab im Juni 1958 mit der Überprüfung seiner Mob. und Gefechtsbereitschaftspläne und der Vorbereitung eines langfristigen Perspektivplans für Rüstungslieferungen von 1959 bis 1965[17].

Zwischen 1957 und 1961 wurden die bulgarischen Streitkräfte mit einer großen Anzahl moderner Waffen ausgerüstet: Panzern des Typs T-54 und T-55, den Jägern MiG-19 und MiG-21, mit Flugabwehrkanonen und ab 1960 mit den ersten Luftabwehrraketensystemen. In einem Schreiben an Chruščev vom 8. Juni 1961 gab Živkov seinem »heißen Dank« für die unentgeltlich gelieferte sowjetische militärische Hilfe Ausdruck[18]. 1957/58 wurden auch die Prinzipien und Mechanismen gemeinsamer Ausbildung und militärischen Informationsaustausches innerhalb der WVO-Armeen entwickelt.

Im Jahre 1957 begann der regelmäßige Austausch eines Sonderinformationsblattes, das Konevs Stab an jede osteuropäische Hauptstadt sandte. Ab Ende der fünfziger Jahre wurden alljährlich militärische Übungen auf bulgarischem und rumänischem Territorium durchgeführt, wenn auch in begrenztem Ausmaß (mit weniger als 100 000 Soldaten). Bulgarische militärische Vertreter erhielten regelmäßig Einladungen zu sowjetischen militärischen Übungen unter Beteiligung von Truppen aus den Militärbezirken Odessa, Kiev und Nordkarpaten. Auf diesen Übungen wurden erstmals neue Waffen und moderne Angriffs- und Verteidigungsschlachten vorgeführt. So berichteten etwa die bulgarischen Vertreter bei einer bilateralen taktischen Übung im Odessaer Militärbezirk im Oktober 1960 nach Sofia: »Die Übung war sehr gut organisiert. Aufgrund des geschickten Einsatzes einer großen Zahl von moderner militärischer Technik wurden außerordentlich dynamische Operationen vorgeführt[19].«

Das Vereinte Kommando des Warschauer Paktes in Moskau unterrichtete den Generalstab der bulgarischen Streitkräfte in einer Note vom 26. April 1957 über den Beginn amerikanisch-griechischer Unterredungen über die Errichtung eines Atomwaffenstützpunktes auf Kreta. Das Dokument enthält auch den Hinweis darauf, dass Raketen an die türkischen Streitkräfte geliefert worden seien[20]. Über diplomatische Kanäle gingen ähnliche Berichte ein. Die bulgarische Botschaft in Athen kommentierte: Bei einem Besuch von zwei amerikanischen Admiralen im Juni bzw. November 1957 sei über die Errichtung von

Atomwaffenstützpunkten in Griechenland und die Lieferung von Mittelstreckenraketen für die griechischen Streitkräfte diskutiert worden[21]. Die Botschaft in Ankara informierte ihrerseits darüber, dass NIKE-Mittelstreckenraketen in die Türkei geliefert worden wären, angeblich für die Verteidigung des Marinestützpunktes Gyuldjuj. Bulgarischen Experten zufolge handelte es sich dabei eher um »eine gefährliche Offensiv-, denn eine Defensivwaffe«[22]. Diese Informationen veranlassten die bulgarische Regierung, den Kreml um unentgeltliche Lieferung von Patrouillen- und Torpedobooten sowie von U-Booten für die Verteidigung der bulgarischen Schwarzmeerküste zu ersuchen. Bei den Konsultationen in Moskau mit Konteradmiral Branimir Ormanov, dem bulgarischen Flottenbefehlshaber, wurde vorgeschlagen, neue organisatorische Formen für die Verbindung zwischen den bulgarischen, rumänischen und sowjetischen Schwarzmeerflotten zu schaffen, da es in Anbetracht »des Charakters der Anfangsphase eines modernen Krieges« nach dessen Ausbruch zu spät sein würde, eine solche Zusammenarbeit zu organisieren[23].

Gemäß den strategischen Konzepten des Vereinten Kommandos des Warschauer Paktes für einen Raketen- und Atomwaffenkrieg war die Aufmerksamkeit der bulgarischen militärischen und politischen Nachrichtendienste Ende der fünfziger Jahre vorwiegend auf die Aufklärung von Raketen- und Atomwaffenstützpunkten der NATO wie der USA in der Türkei und Griechenland gerichtet. Diese Tendenz trat besonders deutlich während der akuten globalen und regionalen Krisen zutage, 1958 im Libanon, 1961 um Berlin und 1962 wegen der Errichtung von sowjetischen Raketenbasen auf Kuba.

Als Reaktion auf die US-Aktionen im Libanon wurden in Bulgarien, Rumänien und im sowjetischen Militärbezirk Odessa großangelegte militärische Übungen durchgeführt[24]. In Bulgarien fand die Übung nahe der bulgarisch-türkischen Grenze unter Beteiligung nahezu der gesamten Armee, auch der Luftstreitkräfte und der Marine, in voller Gefechtsbereitschaft statt. Einige sowjetische Luftlandedivisionen dislozierten während der Übung in Bulgarien. In seinem Bericht auf der Vollversammlung des Zentralkomitees (ZK) der Bulgarischen Kommunistischen Partei (BKP) im Juli 1958 unterstrich Živkov: »Diese Übung ist eine Demonstration, doch könnte sie je nach Entwicklung der Lage real werden[25].« Die anschließende Diskussion enthüllte interessante, für das damalige politisch-psychologische Klima typische Details. Auf dem Höhepunkt der Libanon-Krise war eine zu einer Übung in Rumänien entsandte bulgarische gepanzerte Division eilig zu ihrer früheren Stellung nahe der türkischen Grenze zurückbeordert worden. Aufgrund eines technischen Fehlers hatten die Koordinaten auf der Karte die Vorverlagerung einer Panzerbrigade nahe Edirne angezeigt, der größten Stadt auf dem europäischen Territorium der Türkei. Der einzige Kommentar des Brigadekommandeurs lautete: »Endlich ist der Moment gekommen, um eine richtige Aktion zu starten[26].«

Die auf der Tagung des NATO-Rats im Dezember 1957 vorgeschlagene Stationierung einer Staffel mit Jupiter-Mittelstreckenraketen auf dem Incirlik-

Militärstützpunkt (İncirlik Hava Üssü) nahe Adana (Türkei) fand 1959 Eingang in einem speziellen amerikanisch-türkischen Abkommen, trat aber erst im Herbst 1961 in Kraft. Die beiden anderen Stützpunkte der NATO und der USA in dem Raum – die Bucht von Suda auf Kreta und Nea Makri nahe Athen – waren nur mit Kurzstreckenraketen der Typen NIKE und »Honest John« ausgerüstet worden. Gleichwohl leiteten die sowjetischen Blockstaaten gleich nach Erhalt der ersten Informationen über eine mögliche Stationierung von Raketen und Atomwaffen auf dem Balkan massive diplomatische Schritte und Propagandakampagnen ein. So wie beim bekannten Rapacki-Plan für eine atomwaffenfreie Zone in Mitteleuropa sprach sich der rumänische Ministerpräsident Stoika im September 1957 für eine dringende Zusammenkunft aller Balkanländer aus. Nach Konsultation mit der Sowjetunion protestierte die bulgarische Regierung im Dezember 1957 mittels einer diplomatischen Note gegen die Stationierung von Raketen und atomaren Waffen in Griechenland und der Türkei[27]. Weitere Maßnahmen in dieser Richtung wurden aufgrund des erheblichen diplomatischen Drucks von Seiten des polnischen Außenministers Adam Rapacki, der seine eigenen diplomatischen Anstrengungen durch die bulgarische Parallelinitiative geschwächt sah, im Februar 1958 ausgesetzt[28]. Was aber sowohl die bulgarische wie die polnische Seite völlig übersahen, war der offensichtliche Unwille des Kreml, unabhängige Initiativen seiner osteuropäischen Satelliten zu tolerieren; etwaige diplomatische oder propagandistische Schritte sollten nur im Rahmen einer von Moskau gelenkten koordinierten gemeinsamen Politik zulässig sein.

Als Reaktion auf die Pläne der NATO für eine Stationierung von Raketen in Griechenland und der Türkei taten die Sowjets ihre Absicht, eigene Raketenbasen in Albanien zu schaffen, öffentlich kund. Chruščevs Albanienbesuch im Juni 1959 kommentierte das State Department schließlich wie folgt:

»Faced by the prospect of NATO missile bases and atomic stock-piles in neighboring areas, the Soviets are trying to avoid this development through promoting a nuclear – and missile – free Balkan area. Should such efforts fail they will probably install missile bases in Albania and perhaps Bulgaria[29].«

Die Frage einer möglichen Stationierung von sowjetischen Atomwaffen wurde in vielen amerikanischen militärischen und nachrichtendienstlichen Einschätzungen in den frühen sechziger Jahren sorgfältig untersucht. So hieß es in einer National Intelligence Estimate (NIE) der CIA (Control Intelligence Agency) vom 2. Februar 1960: »The Soviets would almost certainly be unwilling to provide them [die osteuropäischen Staaten] with nuclear weapons.« In den jährlichen USAREUR (United States Army Europe) Intelligence Estimates für 1960, 1961 und 1962 waren Daten über die Errichtung von einigen Flugabwehrraketenstellungen SA-2 in Albanien und Bulgarien enthalten sowie die Zunahme sowjetischer U-Boote im albanischen Adria-Stützpunkt Vlorë[30]. Indes kamen alle Berichte zu dem Schluss, dass mit größter Wahrscheinlichkeit keine Atomwaffen nach Albanien, Bulgarien und Rumänien geliefert worden seien. In der USAREUR Intelligence Estimate von 1965 lautete die generelle Schlussfolgerung. »There was no firm evidence that the Soviets have moved nuclear warheads into the satellites, with a sole exception – East Germany[31].« Die Diskussion über die Wahrscheinlichkeit einer Stationierung von atomaren Sprengköpfen in Bulgarien endete mit einer expliziten Verneinung. Als Reaktion auf eine Behauptung in der Moskauer Zeitung »Komsomol'skaja Pravda« vom August 1996 bestritt der bulgarische Generalstab kategorisch, dass sowjetische Atomwaffen oder einzelne atomare Sprengköpfe während des Kalten Krieges je auf bulgarischem Territorium stationiert gewesen seien[32]. Das Gleiche traf mit Sicherheit auch für Rumänien zu.

Der Pakt im Zeichen der neuen Militärdoktrin

1959/60 war in der Sowjetunion eine neue Militärdoktrin ausgearbeitet worden. Auch wenn frühere Vorschriften und normative Dokumente seit den frühen Fünfzigern die Bereitschaft der Streitkräfte zur Führung eines atomaren Angriffs zumindest festhielten, ging die neue Militärdoktrin von der Unvermeidbarkeit eines allgemeinen Raketen- bzw. Atomwaffenkrieges aus. Zu diesem Punkt äußerten sich die sowjetischen Führer während einer streng geheimen Zusammenkunft des Vereinten Oberkommandos des Warschauer Paktes im Oktober 1960 in Moskau sehr deutlich. Der Chef des Stabes, General Aleksej I. Antonov, unterstrich in seinem Bericht die Perspektiven für Operationen unter dem Einsatz von Atom- und Raketenwaffen. Der Oberkommandierende der WVO-Streitkräfte, Marschall der Sowjetunion Andrej A. Grečko, merkte an, dass künftige Kriege unter Einsatz solcher Waffen auf dem *gesamten* feindlichen Territorium beginnen würden, und nicht nur gegen ausgewählte taktische Ziele. Das sowjetische Verständnis unterstrich auch die Aussage des sowjetischen Verteidigungsministers Marschall Rodion I. Malinovskij:

»Wenn wir sagen, dass wir nicht als Erste angreifen können, heißt dies nicht, dass wir darauf warten, als Erste angegriffen zu werden. Wir müssen unsere Arbeit so machen, dass wir unverzüglich über ihre Absichten, gegen uns vorzugehen, informiert werden, ihnen in diesem Augenblick zuvorkommen und unsere Raketen- und Atomschläge unverzüglich die feindlichen Ziele treffen.« Im Weiteren versicherte Malinovskij seinen osteuropäischen Partnern: »Im Notfall werden Sie die erforderlichen Raketen- und Atomwaffen erhalten und sie so, wie Sie es wünschen, einsetzen. Folglich müssen Sie darin ausgebildet werden, solche Raketen- und Atomwaffen zu benutzen[33].«

Gemäß diesen Instruktionen planten die lokalen militärischen Führer entsprechende Maßnahmen. In einer Direktive des bulgarischen Verteidigungsministers war als Hauptaufgabe definiert, feindliche Raketenstellungen zu entdecken und auf einen nuklearen Überraschungsangriff von NATO-Ländern vorbereitet zu sein[34].

Die grundlegenden Prinzipien der neuen sowjetischen Militärdoktrin waren in einer Reihe von Artikeln und Reden hoher sowjetischer Kommandeure veröffentlicht und ihre Grundlagen im ersten Nachkriegshandbuch »Sowjetische Militärstrategie« unter der Gesamtredaktion von Marschall Vasilij D. Sokolovskij 1962 definiert worden. Das Buch erlebte bis 1968 drei veränderte Auflagen und wurde in den folgenden Jahren in den WVO-Staaten in der jeweiligen Landessprache veröffentlicht, so auch 1964 in Bulgarien[35]. Auf der Jahresversammlung der bulgarischen Kommandeure 1963 wurden die Grundlagen der neuen Militärdoktrin erstmals diskutiert. Hauptredner war General Dobri Džurov, der bulgarische Verteidigungsminister.

Auf dem Höhepunkt der Berlin-Krise im Sommer und Herbst 1961 erarbeitete der bulgarische militärische Nachrichtendienst eine Anzahl von Analysen und Informationsberichten über den Zusammenhang zwischen der Zunahme der globalen militärischen und politischen Spannungen und den gesteigerten Aktivitäten von NATO-Schiffen in den umliegenden Gewässern des Schwarzen Meeres. Nach einem Bericht vom 5. August 1961 hatte die US-Regierung die Türkei gebeten, die Schwarzmeerenge zu schließen, wenn die Sowjetunion einem Kompromiss über die Berlin-Krise nicht zustimmen sollte. Einer nachrichtendienstlichen Information des bulgarischen Verteidigungsministeriums vom 1. September 1961 zufolge wurde das Kommando des türkischen Marinestützpunktes Ereğli in verstärkte Alarmbereitschaft versetzt und aufgefordert, dem türkischen Marinestab in Ankara Tagesberichte über die Lage im Schwarzen Meer vorzulegen[36].

Die Kuba-Raketenkrise beeinflusste die Situation auf dem Balkan und im Mittelmeerraum ebenfalls indirekt. Kurz vor Ausbruch der Krise fand vom 15. bis 19. Oktober 1962 eine operative und taktische Übung des Warschauer Paktes in Rumänien und Bulgarien sowie den angrenzenden Küstengewässern des Schwarzen Meeres statt. Bei der Auswertung der Übung richtete Marschall Grečko seine besondere Aufmerksamkeit auf die NATO-Truppen auf dem Balkan und im Mittelmeerraum. Die 6. US-Flotte und die britische Flotte im Mittelmeer seien das Rückgrat der NATO-Seemacht in der Region. Der 6. US-Flotte ständen angeblich etwa 50 Kriegsschiffe und ihren zwei Flugzeugträgern rund 250 Flugzeuge – beiden zusammen 1030 atomare Gefechtsköpfe – zur Verfügung. Marschall Grečko wies im besonderen auf die Einfahrt von US-Kriegsschiffen in das Schwarzmeerbassin in den letzten Jahren hin und bezeichnete dies als eine bewusste »militärische Demonstration« nahe der bulgarischen, rumänischen und sowjetischen Küste. Dies würde seiner Meinung nach die Bedeutung der Schwarzmeerenge in den geostrategischen NATO-Plänen als Schnittpunkt dreier Kontinente und als Zugang zu den wichtigsten Mittelmeerverbindungen unterstreichen[37].

Typisch für die damalige Zeit war ein Bericht des bulgarischen Abwehrdienstes, worin beschrieben wurde, wie der amerikanische Verteidigungsattaché während der Kuba-Raketenkrise vertrauliche Zusammenkünfte mit den Militärattachés aus Frankreich, Italien, Griechenland und der Türkei mit dem Ziel angestoßen hatte, die Sammlung von Informationen bezüglich der bulgarischen Streitkräfte und eines möglichen Einmarsches sowjetischer Truppen auf dem Balkan zu koordinieren[38]. Bekannt ist ebenfalls, dass die WVO-Streitkräfte während der Krise in volle Gefechtsbereitschaft versetzt worden waren. Einem unlängst im Diplomatischen Archiv in Sofia entdeckten Dokument ist des Weiteren zu entnehmen, dass Ende Oktober 1962 eine Order ergangen war, die diplomatischen Akten bei den bulgarischen Missionen in Washington und Havanna zu vernichten[39].

Vom 8. bis 9. September 1961 fand in Warschau zum ersten Mal eine unabhängige Zusammenkunft der Verteidigungsminister des Warschauer Paktes mit dem Fokus auf einer »Verstärkung der Gefechtsbereitschaft« der Truppen statt. Gleich nach seiner Rückkehr nach Sofia legte der bulgarische Verteidigungsminister, Armeegeneral Ivan Mihajlov, der Staatsführung am 15. September einen Bericht mit einigen Vorschlägen zur »Verstärkung der Kampfkraft« der bulgarischen Streitkräfte vor. Fünf Tage später verabschiedete das höchste politische Gremium der BKP, das Politbüro, die Sonderresolution Nr. 230 »Über die Verstärkung der Verteidigungskraft des Landes«[40]. Ein solcher Entscheidungsfindungsprozess war für den Mechanismus der Koordinierung der wichtigsten Fragen auf dem Gebiet der Verteidigungspolitik und dem Aufbau der Streitkräfte in Bulgarien kennzeichnend. In dieser Art und Weise verliefen auch die Prozesse bei der Modernisierung und Transformation der bulgarischen Luftstreit- und Luftverteidigungskräfte von 1955 bis 1959, deren Rolle und Bedeutung mit der Zustimmung zur Militärdoktrin eines atomaren Raketenkrieges drastisch zunahm.

Schon bald nach der Unterzeichnung des Warschauer Paktes sprach der sowjetische Chefmilitärberater in Bulgarien, Generalleutnant Zavadovskij, einige kritische Punkte und Empfehlungen bezüglich des Zustands der bulgarischen Luftverteidigung an. Nur knapp einen Monat später berichtete Bulgariens Verteidigungsminister Pančevski am 5. August 1955 vor dem BKP-Politbüro über die ergriffenen Maßnahmen zur »Verbesserung der organisatorischen Struktur der Luftverteidigungskräfte«. Ein gesonderter Dank erging hierin an Marschall Sergej Birjuzov, den sowjetischen Oberkommandierenden der Luftverteidigungskräfte[41]. Am 2. September informierte Generalleutnant Zahari Zahariev, der bulgarische Luftwaffenchef, den sowjetischen Militärberater Generalmajor Šinkarenko über den Zustand der bulgarischen Luftfahrttechnik. Nach einem weiteren Meinungsaustausch auf Expertenebene billigte das Politbüro der BKP am 15. Dezember eine geheime Resolution zur Bildung eines vereinten Stabes der Luftstreit- und Luftverteidigungskräfte. Ein paar Monate später wurde mit einer weiteren Resolution auch die Struktur dieses neuen Vereinten Kommandos angenommen.

Der neue sowjetische Chefmilitärberater in Bulgarien, General Ivan I. Ljudnikov, sprach in zwei Memoranden vom 23. November 1956 bzw. vom

11. Februar 1957 weitere kritische Empfehlungen an und schlug einige zusätzliche Maßnahmen zur »Vervollkommnung« der »Kampfkraft« der Luftstreit- und Luftverteidigungskräfte an. Im März und April 1957 informierte er über den Beschluss des sowjetischen Generalstabes, Luftwaffeninstrukteure nach Sofia zu entsenden und Bulgarien mit neuer Luftwaffentechnik auszurüsten. Im November besuchte eine bulgarische Delegation der Luftstreit- und Luftverteidigungskräfte Moskau zwecks Konsultationen über den Zustand und die Modernisierung dieser Streitkräfte. Nach Erhalt eines detaillierten Berichts aus Moskau diskutierte das Politbüro der BKP im Februar 1958 von Neuem die Angelegenheit und verabschiedete weitere Maßnahmen zur »Ausräumung von Fehlern und Schwachstellen« bei der »Gefechtsbereitschaft« der Luftstreit- und Luftverteidigungskräfte, eine davon die Entlassung des Stellvertretenden Kommandierenden und Chefs des Stabes.

Im Mai 1957 erhielt Sofia vom Oberkommando der Vereinten Streitkräfte im Entwurf die »Grundprinzipien für die Organisation eines integrierten Warschauer-Pakt-Luftverteidigungssystems«. Dieses Dokument beinhaltete einige Leitprinzipien für die Koordinierung, Unterstellung und Kontrolle innerhalb der militärischen Strukturen des Warschauer Paktes:

1. »Der Einschluss der Luftverteidigungskräfte und Ressourcen jedes Mitgliedslandes innerhalb des integrierten Luftverteidigungssystems beeinträchtigt nicht das Prinzip ihrer nationalen Zuständigkeit [...]

2. Die Koordinierung der Luftverteidigung innerhalb des Oberkommandos der Vereinten Streitkräfte erfolgt durch den Oberkommandierenden der Luftverteidigungskräfte.

3. Die erforderlichen Maßnahmen für die Bildung eines integrierten Luftverteidigungssystems werden durch das sowjetische Oberkommando für Luftverteidigungskräfte unmittelbar über die Kommandeure der Luftverteidigungskräfte jedes Landes durchgeführt. Alle wichtigen Fragen zur Interaktion zwischen den Luftverteidigungskräften und den Ressourcen jedes Landes müssen mit Zustimmung der Verteidigungsminister und mit Wissen des Oberkommandos der Vereinigten Streitkräfte geregelt werden [...][42].«

Somit wurde zwischen 1957 und 1959 ein gemeinsames integriertes WVO-Luftverteidigungssystem realisiert, das veranschaulichen mag, wie sich die bilaterale und multilaterale militärische Zusammenarbeit im sowjetischen Block durch die Bildung der WVO veränderte.

1964 fand in Sofia die erste multilaterale Zusammenkunft der WVO-Nachrichtendienste statt. Sie folgte einem Vorschlag von General Petar Stoyanov, Chef des bulgarischen militärischen Nachrichtendienstes, den dieser bei seinem Moskaubesuch und bei Gesprächen mit der Führung des Militärischen Aufklärungsdienstes (GRU) der Sowjetunion unterbreitet hatte. In den nächsten Jahren traf man sich in Ungarn (1965), der DDR (1966) und in Polen (1967). Dem Chef des bulgarischen militärischen Nachrichtendienstes von 1967 bis 1990, Generaloberst Vasil Zikulov, zufolge trafen sich in den zwei Jahrzehnten danach nahezu jährlich die führenden Köpfe der militärischen Nachrichtendienste des Warschauer Paktes, um Prioritäten und Richtungen des nachrichtendienstlichen Austausches zu diskutieren[43].

Die Chefs der militärischen Abwehrdienste begannen ab den frühen Sechzigern ebenfalls, sich jedes Jahr zu treffen, so im Juli 1961 in Moskau, im Februar 1962 in Warschau und im Februar 1963 in Budapest. Bei der Warschauer Begegnung wurden zwei Themen fokussiert: die Koordinierung der militärischen Abwehr gegen die »imperialistischen Nachrichtendienste« und die Bildung eines gemeinsamen militärischen Nachrichtendirektorats in Kriegszeiten, das dem Oberkommandierenden der Vereinten Streitkräfte des Warschauer Paktes direkt unterstellt sein sollte. Der bulgarische militärische Abwehrdienst – als Drittes Direktorat dem Staatssicherheitskomitee unterstellt – entsandte sein Personal regelmäßig in die Sowjetunion zur Ausbildung und zum Erfahrungsaustausch und empfing im Gegenzug sowjetische militärische Abwehrdelegationen bei sich.

Resümee

In den Jahren bis 1960/61 wurde die Struktur des Warschauer Paktes wenig genutzt, was hauptsächlich auf die absolute Unterstellung unter das sowjetische militärische Kommando in Moskau bereits seit Stalins Zeiten zurückging. Bis in die frühen sechziger Jahre gingen die wichtigsten Direktiven, Beschlüsse und Empfehlungen militärischer Natur vom sowjetischen Streitkräfteministerium und vom sowjetischen Oberkommando aus. Sie gelangten nach »unten«, zu den kleineren Partnern, meist über die sowjetischen militärischen Vertreter in den osteuropäischen Hauptstädten. Qualitative Veränderungen in der Militärwissenschaft und Kriegskunst machten eine Überprüfung dieser Praxis notwendig und förderten das Interesse an einer Verbesserung der Koalitionskommandoorgane der Vereinten Streitkräfte. Das Hauptanliegen war es, eine legale Basis und hinlänglich zuverlässige militärische Befehlsstrukturen für eine effektive Interaktion und Koordination zwischen den Paktarmeen in Friedens- wie in Kriegszeiten zu schaffen. Dieses Ziel wurde bis zur Auflösung des Paktes im Jahr 1991 nicht erreicht.

Während des Aufbauprozesses der politischen und militärischen Strukturen des Warschauer Paktes hat sich die bulgarische Führung offensichtlich als loyalster und zuverlässigster Verbündeter des Kreml erwiesen, der konstantes Vertrauen und Moskaus besondere Gunst genoss. Ende der fünfziger Jahre wurde die erste umfassende Modernisierung und Aufrüstung der bulgarischen Streitkräfte mit beträchtlicher sowjetischer Militärhilfe durchgeführt. Die Beteiligung Bulgariens am Warschauer Pakt und die intensive sowjetisch-bulgarische militärische Zusammenarbeit waren Garanten dafür, dass der bulgarische Staat seine Landesverteidigung und die nationale Sicherheit auf hohem Niveau halten konnten – trotz des ungünstigen Verhältnisses von Größe und Bewaffnung seiner Streitkräfte im Vergleich zur Türkei und zu Griechenland. Erstmals seit der Restauration Bulgariens 1878 ergab sich eine mehr oder weniger stabile Situation in den Beziehungen zu den südlichen Nachbarn und Systemgegnern Bulgariens. Indes lastete die enorme Aufrüstung und die überdimensionierte Friedensstärke der bulgarischen Streitkräfte schwer auf der schwachen und kleinen Wirtschaft des Landes, was sich unmittelbar auf den Lebensstandard auswirkte. Auf der anderen Seite verlagerte sich in Europa das Hauptgebiet bipolarer Konfrontation zwischen den beiden Militärblöcken in den fünfziger und sechziger Jahren eindeutig vom Balkan auf Zentral- und Westeuropa. Dieser Faktor trug dazu bei, dass die Balkanverbündeten für die Moskauer Militärstrategen nur mehr eine relativ geringe Bedeutung aufwiesen, hingegen stieg die Aufmerksamkeit, die der Kreml auf die zentrale und die westliche Flanke des Warschauer Paktes richtete.

Anmerkungen

1   Zentrales Militärarchiv (TsVA), Veliko Tarnovo, Fonds 1, Opis 2, Files 14, 15. Zum Vergleich: In Griechenland befanden sich nach dem Ende des griechischen Bürgerkrieges 1950 nahezu 1000 amerikanische Militärberater. In der Türkei waren es 1951 450 US-Militärberater, deren Zahl in den späten Fünfzigern auf 3000 anstieg. National Archives Record Administration (NARA), Washington, DC, RG 218 [Joint Chiefs of Staff], Geographic File, 1948–1950, Box 27; USAF Operations in Turkey 1947–1959, Part 1, National Security Archive, George Washington University, Washington, DC, Record 232, Box 6.

2   TsVA, Fond 1, Opis 3, File 7, S. 46–51.

3   Zentrales Staatsarchiv (TsDA), Sofia, Fond 1-B, Opis 7, File 1435, S. 3. Im Februar fand ein Gerücht im »Manchester Guardian« seinen Niederschlag, wonach der sowjetische Marschall Konev zum Oberkommandierenden der bulgarischen Armee ernannt worden sei; The National Archives of the United Kingdom (NAUK), Kew, Foreign Office, Political 371/87583, S. 3.

4   Siehe Sergiu Verona, Military Occupation and Diplomacy. Soviet Troops in Romania. 1944–1958, Durham, NC 1992.

5   NAUK, Foreign Office, Political 371/87586, 95074; Ministère des Affaires Etrangères, Paris, Archives Diplomatiques, Serie Z, 1949–1955, Carton 68, Dossier 1, v. 23; TsDA, Fond 214-B, Opis 1, File 711, S. 14, 22, 33, 59, 67, 71, 77, 124.

6   Zit. aus russischen Militärarchiven nach Nina Vasil'eva und Viktor Gavrilov, Balkanskij tupik? Istoričeskaja sud'ba Jugoslavii v XX veke, Moskva 2000, S. 261.

7   TsDA, Fond 146-B, Opis 2, File 1765.

8   CVA, Fond 22, opis 1, File 322, S. 53–55.

9   Ebd., S. 9–10, 49.

10   TsDA, Fond 1-B, Opis 7, File 1607, S. 1–8; File 1610, S. 1–2.

11   Ebd., File 1611, S. 1–3.

12   Ebd., Fond 147-B, Opis 2, File 67, S. 1–8.

13   Ebd., Fond 1-B, Opis 6, File 4895, S. 1–2.

14   TsVA, Fond 1, Opis 3, File 44, S. 52; Fond 22, Opis 1, File 359, S. 143–146.

[15] Ebd., Fond 1, Opis 3, File 42, S. 89.

[16] TsDA, Fond 1-B, Opis 5, File 339, S. 86-96.

[17] TsVA, Fond 22, Opis 1, File 362, S. 40, 51-55.

[18] TsDA, Fond 1-B, Opis 33, File 617, S. 1-2.

[19] TsVA, Fond 1, Opis 2, File 75, S. 75-82.

[20] Ebd., S. 126-128.

[21] Diplomatic Archive (DA), Sofia, Opis 3s, File 129, S. 91, 153, 194, 313, 328.

[22] DA, Opis 3s, File 212, S. 75-76.

[23] TsVA, Fond 1, Opis 3, File 44, S. 26; Fond 22, Opis 2, File 15, S. 35-41.

[24] Zu den gemeinsamen Paktübungen, v.a. mit dem Nachbarn Rumänien, vgl. hier und im Folgenden den Beitrag von Petre Opriş im vorliegenden Band.

[25] TsDA, Fond 1-B, Opis 5, File 344, S. 1-21.

[26] Ebd., S. 161.

[27] Vănšna politika na Narodna Republika Bălgaria. Sbornik ot dokument i materiali, Bd 1, Sofia 1970, S. 329-334.

[28] Jordan Baev, Bulgarskie kierownictwo a polski pazdziernik 1956 roku, in: Polski Pazdziernik 1956 w Politice Swiatowej, hrsg. von Jana Rowińskiego, Warszawa 2006, S. 187 f.

[29] Foreign Relations of the United States. Diplomatic Papers, ed. by the Department of State, 1958-1960, vol. 10, part 1, Washington, DC 1993, S. 86-95.

[30] Siehe hierzu den Beitrag von Ana Lalaj im vorliegenden Band.

[31] NARA, RG 218, Geographic File, 1958, Box 12; RG 263, NIE 11-4-59; RG 319, Boxes 1155-1156, File 950871.

[32] Trud, Sofia, 13.9.1996, S. 10. Zwar trifft zu, dass die bulgarische Regierung in den Achtzigern einige Raketen SS-20 und SS-23 gekauft hat, doch hat Bulgarien auf seinem Territorium nie über atomare Sprengköpfe verfügt.

[33] TsVA, Fond 1, Opis 2, File 75, S. 155, 171, 176-177.

[34] Ebd., File 74, S. 213.

[35] Ausführlich zur sowjetischen Militärdoktrin bis 1964 siehe Frank Umbach, Das rote Bündnis. Entwicklung und Zerfall des Warschauer Paktes 1955 bis 1991, Berlin 2005 (= Militärgeschichte der DDR, 10), S. 93-115, z.T. auch S. 159-180.

[36] Ebd., File 73, S. 29, 77-78.

[37] Vojensky Historicky Archiv, Prag, MNO-1963, 65/65, sf. 17/1.

[38] Archiv des Innenministeriums (AMVR), Sofia, Fond 1, Opis 10, File 83, S. 97.

[39] DA, Opis 18, File 128, 230.

[40] TsDA, Fond 1-B, Opis 6, File 4581, S. 1-31.

[41] Einige Jahre später hat Marschall Birjuzov die Aufstellung der ersten bulgarischen Lenkflugkörper-Abteilungen nachhaltig unterstützt. Von 1944 bis 1947 war er Vorsitzender der Alliierten Kontrollkommission für Bulgarien in Sofia.

[42] TsVA, Fond 1, Opis 3, File 42, S. 224-226.

[43] Interviews des Autors mit Generaloberst Vasil Zikulov am 15. und 21.3.2005.

Torsten Diedrich

Die DDR zwischen den Blöcken.
Der Einfluss des Warschauer Paktes auf Staat,
Militär und Gesellschaft der DDR

Die Geschichte des Kalten Krieges hat Europa ein Gepräge gegeben, das bis in die Gegenwart hinein im Europäisierungs- und Globalisierungsprozess spürbar ist. Das Verständnis der kausalen Mechanismen dieser Systemauseinandersetzung und die dazu erforderlichen tiefgehenden Analysen der internen Blockbeziehungen bergen in der Zeit des europäischen Zusammenwachsens wichtige Erkenntnisschätze, die zur Bewältigung von Gegenwartsproblemen und zur multinationalen Verständigung beitragen. Basis dieser analytisch-komparativen Perspektive ist die grundlegende Kenntnis der Prozesse und Wechselwirkungen in den einzelnen Staaten, ihres Selbstverständnisses zwischen Erstrebtem und Kompromiss, oder anders: zwischen eigener Absicht und Fremdbestimmung in den einzelnen Blocksystemen sowie der Rückwirkungen des Kalten Krieges auf die staatliche Verfasstheit und die Gesamtgesellschaft.

Das trifft im besonderen auf die Teilnehmerstaaten des Warschauer Paktes unter der Ägide der UdSSR zu, die diktaturtypisch weit weniger Selbstständigkeit entwickeln und sich in sehr unterschiedlichem Maße Handlungsspielräume innerhalb der politischen und militärischen Koalition erschließen konnten. Von einer ganz eigenen Spezifik ist dabei die Geschichte Deutschlands als die einer geteilten Nation an der Nahtstelle der Blöcke. Beide Staaten, und in besonderem Maße wohl die Deutsche Demokratische Republik, waren Produkte dieser Systemauseinandersetzung.

Die DDR entwickelte sich von der Sowjetischen Besatzungszone (SBZ) als einem vorrangig fremdbestimmten, besetzten deutschen Teilstaat hin zum »Primusvasallen« im sozialistischen Paktsystem. Neben den sowjetisch intendierten Gleichschaltungsprozessen, die in der DDR ähnlich wie im gesamten Ostblock, zum Teil jedoch verzögert verliefen, seien vor allem drei Faktoren genannt, die hier ihre Wirkmächtigkeit entfalteten. Wohl am prägendsten wirkte die geteilte Nation: Aus gemeinsamen historischen Wurzeln entstanden zwei Teilstaaten – politisch, wirtschaftlich und militärisch divergent –, die dennoch stets und stark aufeinander bezogen blieben. Nicht weniger folgenreich war die geografische Lage der beiden deutschen Staaten, deren Grenzen zugleich die unmittelbare Konfrontationslinie der Blöcke bildeten, politisch und militärisch gleichermaßen. Letztlich standen sich zwei Gesellschaftsmodelle gegenüber: hüben die westliche Demokratie und drüben die sozialistische Diktatur; und beide Staaten rangen um die interne wie internationale Bewältigung der Folgen der im Weltkrieg untergegangenen »braunen Diktatur«. Umso schwerwiegender musste die mangelnde völkerrechtliche Legitimation des SED-Staates durch fehlende, wirklich freie Wahlen im Innern wie auch außenpolitisch rückwirken – dies umso mehr, als hoffnungsvolle antifaschistisch-demokratische Ansätze immer weiter einem zentralistischen Staatssozialismus mit »durchherrschter« Gesellschaft geopfert wurden. Letztlich begriff die Staatspartei, die Sozialistische Einheitspartei Deutschlands (SED), dass das Überleben der Staatsform und der deutschen sozialistischen Diktatur nur unter sowjetischer Oberhoheit zu realisieren war, welche politisch, wirtschaftlich wie auch militärisch wesensbestimmend wurde.

Seitens der Sowjetunion existierte ein äußerst großes Interesse an der DDR. Umso mehr der Einfluss Moskaus auf Deutschland als Ganzes schwand, umso mehr ist eine Hinwendung zu einem von Moskau kontrollierten ostdeutschen Staat nachweisbar[1]. Die DDR gehörte, bezogen auf ihre Bevölkerungszahl, »zu den militarisiertesten Gesellschaften der Welt«[2]. In den achtziger Jahren waren etwa 750 000 Menschen, also fast jeder zwanzigste Bürger, in irgend einer Form – haupt- oder nebenberuflich, freiwillig oder dienstverpflichtet – in ein militärisches oder paramilitärisches Schutz- oder Sicherheitsorgan der DDR involviert. Nahezu jede staatliche oder gesellschaftliche Organisation hatte außerdem Aufgaben der Wehrmobilisierung, Wehrerziehung oder Vorbereitung auf die Landesverteidigung wahrzunehmen[3]. Dies war nicht nur eine umfassende Vorbereitung der DDR auf den Kriegsfall entsprechend der gültigen Militärdoktrin. Dahinter verbarg sich zugleich der Versuch der Staatspartei, möglichst breite gesellschaftliche Bevölkerungsschichten für Staatsziele zu instrumentalisieren, sie gleichzuschalten[4]. Die SED versuchte eine von ihr »durchherrschte Gesellschaft« zu schaffen.

Im Verteidigungskonzept der Sowjetunion und auch des Warschauer Paktes nahm die DDR einen bedeutenden Platz ein. Der hier abgedruckte Beitrag soll eingangs das Hauptkalkül militärstrategischer Intentionen des Ostblocks am ostdeutschen Staat beleuchten und dann die daraus resultierenden Anforderungen, Konsequenzen und Rückwirkungen mit Blick auf die Entwicklung der NVA und der DDR-Landesverteidigung umreißen.

Die Rolle der DDR im militärstrategischen Denken der UdSSR

Nach 1945 zur Weltmacht aufgestiegen, hatte die UdSSR ihr politisch-ökonomisches System den osteuropäischen Staaten ihres Einflussbereiches übergestülpt. Die Förderung der »sozialistischen Revolution« entsprang dem Bedürfnis der UdSSR, mit einem »Cordon sanitaire« abhängiger Staaten um ihr Imperium einen direkten Zugriff auf das eigene Territorium zu verhindern. Die Erhaltung der installierten Gesellschaftsordnungen im Cordon blieb bis zur Ära Gorbačev ein wesentliches Ziel sowjetischer Sicherheitspolitik. Nicht nur militärische Notwendigkeiten und ökonomische Möglichkeiten determinierten den Umfang der Rüstung im Ostblock, sondern ebenso eine überspannte Bedrohungsperzeption und vor allem die Sicherung der sowjetischen Macht- und Einflusssphäre.

Auf die sowjetische Militärdoktrin der Nachkriegszeit wirkten neben der marxistisch-leninistischen Theorie von der permanenten »Aggressivität des Imperialismus« in einer Phase des »gesetzmäßigen Überganges von der kapitalistischen zur kommunistischen Gesellschaftsformation« drei tief verwurzelte Traumata:

– die Angriffe auf die bolschewistische Gesellschaftsformation, insbesondere die Intervention nach dem Ersten Weltkrieg und der überraschende Überfall Hitlerdeutschlands im Jahr 1941;
– die langanhaltende strategische Niederlage gegen die Wehrmacht 1941/42;
– die entsetzlichen Verluste und die Zerstörungen auf dem eigenen Territorium während des Zweiten Weltkrieges.

Den militärhistorischen Erfahrungen aus der ersten Hälfte des 20. Jahrhunderts entsprangen die folgenden Grundprämissen sowjetischer Kriegsvorstellungen. Man müsse

– den Krieg bereits im Frieden umfassend vorbereiten;
– dem Gegner von Anbeginn überlegen sein: zur Abschreckung vor einem Kriegsabenteuer und um noch in der Anfangsphase des Krieges von der Verteidigung zur strategischen Offensive übergehen zu können;
– umgehend den Krieg auf des Gegners Territorium tragen und ihn hier vernichtend schlagen, um das eigene Land und die Bevölkerung zu schützen sowie die wirtschaftlichen Kapazitäten für die Kriegführung zu erhalten.

Aus den Erfahrungen des Zweiten Weltkriegs resultierten vor allem auch die herausgehobene Bedeutung der Panzerwaffe, der Schwerindustrie als Rückgrat der Waffenproduktion sowie die aus dem Partisanenkrieg abgeleitete Rolle paramilitärischer Verbände im Hinterland. Den Angriff erachtete man schließlich als zentrales Moment militärischer Operationen; nur er allein könne zum Sieg führen. Er sollte mit tiefen Operationen, dem umfassenden Einsatz motorisierter und mechanisierter Verbände und durch eine erzwungene Luftherrschaft der Fliegerkräfte geführt werden, immer mit dem Ziel vor Augen, die Verteidigung des Gegners in der Tiefe zu durchbrechen[5].

Entsprechend ihren Prinzipien der Kriegskunst wollten die sowjetischen Strategen durch ständig hohe Gefechtsbereitschaft eine Überraschung seitens des Gegners weitgehend verhindern und im Kriegsfall durch entschlossene und aktive Kampfhandlungen sowie die umfassende Anwendung aller Kampfmittel und Methoden, die Konzentration der Kräfte auf Hauptanstrengungen und das Zusammenwirken aller Teilstreitkräfte und Verbände sofort die Initiative erringen. Das führte zu einer Überbewertung der Aufmarschphase als verlaufs- und resultatsbestimmend für die gesamte militärische Auseinandersetzung[6]. Dieses Angriffskonzept setzte zudem die numerische Überlegenheit voraus, derer sich die Sowjetunion auf dem Kontinent durchaus bewusst war und die sie im Zuge des Wettrüstens auch allezeit zu erhalten trachtete – auch wenn Chruščev entgegen seinem Generalstab ab 1956 verstärkt auf die strategische Kriegführung mit Nuklearwaffen setzte. Gleichzeitig erlangten die neu entstehenden sowjetischen Raketentruppen eine entscheidende strategische und operative Bedeutung, fügten sich aber in das Konzept der Zerschlagung und Vernichtung des Gegners mit allen Mitteln ein, also auch mit einem eigenen Erstschlag.

Bis 1987 sah die sowjetische Militärstrategie auf der gesamten Frontbreite eine massive strategische als auch taktisch-operative Antwort auf einen Angriff vor, um den Gegner entscheidend zu schwächen, einen folgenden Angriff des Warschauer Paktes zu erleichtern und den Gegner seiner nuklearen Schlagkraft zu berauben[7]. Mit der konventionellen Abrüstung der UdSSR in der zweiten Hälfte der fünfziger Jahre jedoch wurden die konventionellen Truppen der anderen Paktstaaten und die Warschauer Vertragsorganisation (WVO) als Instrument schrittweise aufgewertet[8]. Nicht grundlos mussten diese Kriegsauffassungen durch den Westen als aggressiv wahrgenommen werden, zumal das sowjetische Denken keine alternativen Konzepte vorsah.

Die militärischen Grundsätze zielten auf die Führ- und Gewinnbarkeit einer militärischen Systemauseinandersetzung mit dem »Imperialismus« und die militärische Überlegenheit des Sozialismus ab[9]. Dem ideologisierten Schwarz-Weiß-Bild vom »kriegstreiberischen Imperialismus« und dem »friedliebenden Sozialismus« entsprechend, begannen alle Planspiele[10] grundsätzlich mit einem »Überfall« der NATO auf den Ostblock[11]. Dieses Konstrukt gründete sowohl in der Theorie vom »aggressiven, friedensunfähigen Imperialismus«, prägte aber auch – bei durchaus gegenläufigen militärischen Aufklärungsergebnissen gegenüber der NATO – ein konkretes, »erhaltenswertes« Feindbild. So sollten Aufrüstung und extensive Vorbereitung der Landesverteidigung im Frieden gegenüber Militär und Gesellschaft im Ostblock legitimiert werden. Besagtes Gedankengebäude transportierte die Notwendigkeit, dass der Friede durch Abschreckung gesichert werden müsse, eine militärische Überlegenheit des »Sozialismus« dafür zwingend erforderlich sei. Gleichzeitig sollte das Feindbild innerhalb des Blockes Bedrohungsängste und damit Kohäsionskräfte erzeugen. Sollte das Abschreckungskonzept auf den »Klassenfeind« jedoch nicht wirken, sei die Überlegenheit notwendig, um den »Aggressor« in kürzester Zeit zum Stehen zu bringen und ihn auf seinem Territorium vernichtend zu schlagen.

Die Bedeutung der angrenzenden sozialistischen Länder und letztlich der DDR im operativen Denken sowjetischer Militärs spiegelte sich in den militärdoktrinären Vorstellungen wider, welche das Kriegsbild und die operativen und strategischen Vorstellungen des Warschauer Paktes bestimmten[12]. Die sowjetische Doktrin fand schließlich in das militärische Denken aller Staaten des Warschauer Vertrages[13] Eingang und wurde vom DDR-Militär, nicht zuletzt durch die Tätigkeit sowjetischer Militärberater und später die Ausbildung der DDR-Militäreliten an sowjetischen Militärakademien, im Wesentlichen rezipiert. Allerdings gab es Ende der Sechziger Versuche, eine DDR-eigene Militärdoktrin zu entwickeln, und insbesondere in den Achtzigern übte gerade die DDR als »Frontstaat« Kritik an der rigorosen sowjetischen Doktrin, welche die nicht unberechtigten Befürchtungen weckte, die Streitkräfte und das Territorium der DDR könnten den sowjetischen Kriegszielen geopfert werden. Immer wieder wurden daher Wünsche laut zur stärkeren seeseitigen Absicherung der Volksmarine wie zu gemeinsamen Anstrengungen zum verbesserten Schutz des DDR-Territoriums gegen gegnerische Luftangriffsmittel[14].

Das Antlitz der DDR trug Zeit ihrer Existenz deutliche Züge der Systemauseinandersetzung im 20. Jahrhundert. Ihr Gesellschaftssystem und mithin ihr Militär- und Sicherheitsapparat wurden in hohem Maße von sowjetischen Interessen bestimmt. Der ostdeutsche Staat war in zweifacher Hinsicht von großer strategischer Bedeutung für das Verteidigungssystem der UdSSR. Zum Ersten stellten die Uranvorkommen im Erzgebirge eine wesentliche materielle Voraussetzung für die UdSSR zur Brechung des amerikanischen Kernwaffenmonopols dar. Nach den US-amerikanischen Bombenabwürfen auf Hiroshima und Nagasaki hatte die UdSSR ihre Anstrengungen zur Lösung des Geheimnisses der Kernspaltung in höchstem Maße intensiviert. Doch der wichtigste Rohstoff, das Uran, war für Moskau kaum zu bekommen. 97 Prozent der Weltproduktion des Rohstoffs befanden sich unter Kontrolle der Westmächte. Damit erlangten die ostdeutschen Uranvorkommen weit vor denen in der Tschechoslowakei und der UdSSR auch angesichts der Atomkriegskonzepte der USA[15] eine immense strategische Wertigkeit im Rüstungskonzept der UdSSR. Einige Eckdaten der Uranproduktion in der SBZ/DDR mögen das belegen. Seit 1946 wurden auf Beschluss des Ministerrats der UdSSR die Vorkommen im Erzgebirge durch die 1947 gegründete Sowjetische Aktiengesellschaft (SAG) Wismut ausgebeutet. Die SAG Wismut entwickelte sich zum drittgrößten Uranproduzenten Europas und strategisch wichtigsten Reparationsunternehmen der DDR[16], zu einem »Staat im Staate«[17] unter Kontrolle des sowjetischen Staatssicherheitsministeriums, abgeschirmt als militärisches Sperrgebiet[18]. Allein hieran mag sich die Bedeutung der DDR-Uranvorkommen für die UdSSR ermessen[19].

Vor allem aber war, zum Zweiten, das DDR-Territorium der am weitesten vorgeschobene Posten des Ostblocks vor dem westlichen Europa und damit die

Ausgangsbasis und das Operationsgebiet für die kalkulierte militärische System-auseinandersetzung mit der NATO. Der westliche Kriegsschauplatz war im sowjetischen Verständnis der Hauptaustragungsort dieser möglichen Auseinan-dersetzung zwischen den Blöcken. Die DDR-Land- und Luftstreitkräfte bilde-ten gemeinsam mit den 1954 in Gruppe der Sowjetischen Streitkräfte in Deutschland (GSSD) umbenannten Besatzungstruppen im Lande die 1. strate-gische Staffel der Streitkräfte des Ostblocks, welche den erwarteten Angriff aufhalten und die Ausgangslage für die Offensive der 2. strategischen Staffel aus der Tiefe des polnischen und sowjetischen Raums schaffen sollte.

Die sowjetischen Kriegstruppen auf deutschem Boden waren nach Kriegs-ende im Zuge der Demobilisierung von rund 1,5 Millionen auf 350 000 Mann reduziert worden. Mit dem beginnenden Kalten Krieg wurden sie wieder auf 500 000 Mann aufgestockt. In den fünfziger Jahren standen in der SBZ/DDR fünf Elitearmeen mit insgesamt acht Panzer-, zehn Mech.- und vier Schützen-divisionen sowie eine Luftarmee bereit. Im Jahr 1952 waren die 3. Armee in Sachsen-Anhalt, die 8. Gardearmee in Thüringen, die 1. Gardearmee in Sachsen, die 3. Garde-Mech. Armee in Mecklenburg, die 4. Garde-Mech. Armee in Bran-denburg und die 16. Luftarmee mit Stabssitz in Wünsdorf stationiert. Trotz verschiedener struktureller Veränderungen unterhielt die UdSSR das größte Truppenkontingent außerhalb ihres Territoriums in der DDR. Zu Beginn der achtziger Jahre hielt der Warschauer Pakt für seine Angriffsstrategie somit allein in der 1. strategischen Staffel auf DDR-Gebiet sechs Armeen und ein Armee-korps[20] mit mindestens 27 aktiven und fünf Mob. Divisionen (der NVA) in Bereitschaft[21].

Im Kriegsfalle wären im Norden, an der Küstenfront, die 5. DDR-Armee mit vier Divisionen, drei polnische Armeen aus dem polnischen Raum sowie die Vereinten Ostseeflotten aktiv geworden. An der Zentralfront (1. Westfront) sollten die sowjetische 2. Garde-Panzerarmee mit vier Divisionen, die 3. Armee mit fünf Divisionen, die 8. Gardearmee mit vier und die 1. Garde-Panzerarmee mit drei Divisionen antreten. In deren 2. Staffel lagen die sowjetische 20. Armee mit vier Divisionen und die 3. Armee der NVA mit fünf Divisionen. Alle Trup-pen wurden durch die 16. Frontluftarmee der GSSD auf DDR-Gebiet ge-deckt[22].

Vorposten des Ostblocks an der Nahtstelle zum »Imperialismus«

Die Operations- und Durchmarschfunktion prägte die gesamten Anforderun-gen der Sowjetunion und später des Warschauer Paktes an die Streitkräfte und die Rüstungswirtschaft sowie an die Verteidigungsvorbereitungen der DDR. Sie bestimmte den Stellenwert des militärischen Faktors in der SED-Politik wäh-rend der gesamten Existenz der DDR entscheidend mit, und sie hinterließ nachweisliche Spuren im Militärwesen, in der Wirtschaft wie in der gesamten Gesellschaft.

Das sowjetische Interesse am »Bollwerk Ostdeutschland« kam mit der Unterzeichnung der westlichen Verträge zur Bildung der Europäischen Verteidigungsgemeinschaft (EVG) im Frühjahr 1952 erstmalig deutlich zum Tragen. In Moskau fürchtete man ein wirtschaftlich und militärisch wiedererstarktes Westdeutschland in einem westlichen, gegen die UdSSR gerichteten Bündnis. Bereits im Gefolge des Koreakrieges hatte die UdSSR 1951 für die Ostblockländer eine veränderte Wirtschaftspolitik hin zu einer staatlich kontrollierten Planwirtschaft und zum verstärkten Aufbau der Schwerindustrie angewiesen. Diese Gangart folgte nicht nur ökonomischen Zwängen und Erwägungen der »Störfreimachung« der Wirtschaft der RGW-Staaten gegenüber dem Westen, sondern hatte militärökonomische Hintergründe, die aus dem erwähnten militärdoktrinären Denken resultierten. Die ökonomischen Auflagen waren zugleich mit der Aufforderung verbunden, die Streitkräfte erheblich auszubauen und den Motorisierungsgrad der Truppen zu erhöhen.

Noch aber trafen diese Weisungen die DDR nur bedingt, hätten sie doch die diplomatischen Versuche Moskaus, unter anderem mit der Stalinnote vom März 1952, den sowjetischen Einfluss auf ganz Deutschland zu erhöhen, konterkariert. Doch auch der Ministerrat der DDR orientierte im Dezember auf den Ausbau der Stahlindustrie und des Hüttenwesens, nachdem im Juli 1951 die Sowjetische Kontrollkommission offen das Problem der Rüstungsindustrie in der DDR angesprochen und eine deutliche Ausweitung des militärischen Schiffbauprogramms und den Bau von Flugplätzen gefordert hatte.

Nach dem Scheitern seiner Note an die Westmächte zum Abschluss eines Friedensvertrages mit Deutschland vom 10. März 1952 »empfahl« Stalin im April der nach Moskau zitierten DDR-Führung den Aufbau einer nationalen Armee in einer Größenordnung von 300 000 Mann, bestehend aus allen drei Teilstreitkräften. Stalin wünschte sich neun bis zehn ostdeutsche Armeekorps mit 30 Divisionen[23]. 1952/53 wurde, getarnt unter der Bezeichnung »Kasernierte Volkspolizei«, mit dem Aufbau von vier Armeekorps begonnen, die über je zwei Infanterie- und eine Panzerdivision sowie über Korpstruppen verfügen sollten. Verwendung fanden nun die seit 1948 aufgebauten und militärisch ausgerichteten kasernierten Polizeieinheiten in Stärke von 55 000 Mann. Die seit 1950 bestehende Seepolizei wurde in eine Randmeermarine umgewandelt. Zugleich startete man den Aufbau einer Luftwaffe; die Grundlagen hierzu waren bereits gelegt worden.

Weiterhin hatte Stalin die Schaffung einer autarken DDR-Rüstungsindustrie gefordert. Es sollten der Flugzeug- und Bomberbau, die Produktion von Kriegsschiffen und U-Booten, die Munitions- und Handfeuerwaffenherstellung, die Kfz- und Nachrichtengeräteerzeugung aufgenommen und weiterentwickelt werden. Zudem war der Aufbau einer für die Bedürfnisse der DDR überdimensionierten, für die Versorgung der Koalitionsarmeen gedachte Reparatur- und Instandsetzungsindustrie gefordert.

Gleichzeitig wies Moskau an, die Grenze zur Bundesrepublik abzuschotten. In den nun eingeleiteten Maßnahmen lagen die Ursprünge einer immer komplexer ausgebauten militärischen Grenzsicherung in der DDR nach sowjetischem Vorbild. Die Grenzpolizei entwickelte ein immer stärker ausgeprägtes militärisches Profil, aus dem später das bewegliche Sperrsystem der Grenzverteidigung der fast 40 000 Mann zählenden Grenztruppen entstand, so die Bezeichnung der Grenzpolizei nach ihrer Umbenennung 1961[24]. Die UdSSR förderte in den Folgejahrzehnten den Ausbau dieses Verteidigungssystems, in das auch grenznahe Regimenter der NVA und der GSSD involviert waren. Die DDR-Grenztruppen waren nicht Bestandteil der 1. strategischen Staffel des Warschauer Paktes. Sie hatten, eingefügt in das Angriffskonzept des Paktes, als bewaffnetes Organ der Vorneverteidigung in der Anfangsphase des Krieges die Grundlage für den Übergang zum strategischen Angriff der Vereinten Streitkräfte (VSK) des Paktes zu schaffen. Diese Intentionen trafen sich mit denen der DDR-Führung, keinen Boden des Staatsterritoriums preiszugeben. Es wäre zudem der Bevölkerung eine übliche operativ-taktische Zone unter Aufgabe von 20 Prozent des Staatsgebietes nicht zu vermitteln gewesen[25]. Hier hatten beide deutsche Staaten an der Schnittstelle der Blöcke ähnlich gelagerte Probleme, die einer tieferen historischen Analyse immer noch dringend bedürfen[26].

Die komplexe Verteidigungsvorbereitung der DDR nach sowjetischem Muster beendete eine erste Militarisierungsphase der Gesellschaft. Es entstand in Anlehnung an den Reichsarbeitsdienst des »Dritten Reiches«, allerdings nur für kurze Zeit, der »Dienst für Deutschland« als Arbeitsorganisation mit wehrerzieherischem Hintergrund. 1952 wurden die Gesellschaft für Sport und Technik (GST) zur vormilitärischen Ausbildung der Bevölkerung und das Deutsche Rote Kreuz (DRK) als Basis medizinischer Versorgung im Kriegsfall geschaffen[27]. Zudem erhielten bereits jetzt die Parteien und Massenorganisationen und eine nicht geringe Zahl staatlicher Institutionen Aufgaben der Wehrvorbereitung zugewiesen, und alle waren sie in Werbemaßnahmen für die getarnte Armee und andere bewaffnete Organisationen eingeschlossen[28]. Die Kosten dieser Militarisierung, die sich 1952/53 auf fast 20 Prozent des Staatshaushaltes beliefen, waren eine entscheidende Ursache für die politische und wirtschaftliche Krise, die 1953 zum Volksaufstand führte.

Während die DDR-Sicherheitskräfte dem spontanen Ausbruch der Unzufriedenheit in der gesamten DDR machtlos gegenüberstanden, musste die Sowjetunion entscheiden, ob sie gewillt war, das von ihr in der DDR errichtete Herrschaftssystem fallenzulassen und eine Wiedervereinigung Deutschlands mit möglicher Westorientierung zuzulassen, oder mit ihren Besatzungstruppen die Erhebung niederzuschlagen. Bekanntlich offenbarten die UdSSR wie die SED-Führung in der DDR ihren diktatorischen Charakter und unterdrückten die Massenbewegung für Freiheit, Selbstbestimmung und Demokratie mit Waffengewalt[29]. Die DDR war der Sowjetunion in dieser Phase des Kalten Krieges ein zu wichtiges Unterpfand.

Die für die SED-Führung traumatische Erfahrung einer Rebellion der eigenen Bevölkerung gegen ihre Politik führte zu einer »inneren Mobilmachung« des Staates gegen das eigene Volk[30]. Der gesamte innere Sicherheitsbereich wurde ausgebaut und perfektioniert. Es entstand eine Bereitschaftspolizei, deren Einheiten, ausgestattet mit Schützenpanzern und Artillerie, leichten Infanterieregimentern entsprachen[31]. Die SED schuf mit den »Kampfgruppen der Arbeiterklasse« eine unmittelbar von ihr geführte und ab 1955 bewaffnete Parteimiliz in den Betrieben. Zudem wurden der Polizei- und Staatssicherheitsapparat ausgebaut, und die inneren Sicherheitsorgane unterstanden im Krisenfall einer zentralen sowie regionalen Bezirks- und Kreiseinsatzleitung.

Die DDR verfügte damit nicht nur über das wohl ausgefeilteste System innerer Absicherung sämtlicher WVO-Staaten. Es wurde alsbald als bewaffnete und personelle Komponente auch in das militärische Kalkül des »großen Bruders« zur Sicherung des Operationsgebietes und Hinterlandes DDR im Kriegsfall mit einbezogen und in den sechziger Jahren fester Bestandteil des in den Paktstaaten auf sowjetische Initiative vereinheitlichten Systems der Landesverteidigung[32]. Auch hier wäre eine vergleichende Analyse des inneren Sicherheitssystems der Teilnehmerstaaten mit seinen von Außen intendierten Ähnlichkeiten sowie den nationalen Besonderheiten für die Erforschung der kommunistischen Diktatur ebenso wünschenswert wie für die Militärgeschichtsforschung zum Warschauer Pakt.

Der Ausbau der Streitkräfte allerdings musste 1953 vorerst abgebremst, die Ambitionen für eine autarke Rüstungsindustrie mussten zurückgeschraubt, Großvorhaben der Rüstungsindustrie wie der Bau von Bombern, von U-Booten oder die Errichtung von U-Boot-Häfen gestrichen werden. Der Aufbau der KVP wurde jedoch in reduzierter Stärke in allen drei Teilstreitkräften fortgeführt. Ende 1955 standen etwa 100 000 ausgebildete Soldaten als Grundlage für die Schaffung einer offiziellen Armee zur Verfügung. Die Landstreitkräfte waren in zwei Armeekorps, den Militärbezirken III (Leipzig) und V (Neubrandenburg), aufgestellt. Bis 1955 war es aber nicht gelungen, sie in Ausbildung und Ausrüstung den Besatzungseinheiten der GSSD anzugleichen. Die DDR-Marine hatte 1955 die Fähigkeiten leichter Küstensicherungskräfte erreicht, während die Luftformationen noch reinen Ausbildungscharakter trugen und keine Kampfflugzeuge besaßen. Im Vergleich zur Bundesrepublik war die DDR zu diesem Zeitpunkt allerdings bereits hoch gerüstet[33].

Von Anbeginn bestand, das sei bei aller Fremdbestimmung der DDR deutlich herausgestellt, ein ureigenstes Interesse der SED an einem ausgeprägten Militär- und Sicherheitssystem: weil die DDR-Gesellschaft nicht durch freie Wahlen legitimiert war und eben über keine Massenbasis in der Bevölkerung für eine selbsttragende Herrschaft verfügte. Ebenso wesensbestimmend war, dass der DDR im Gegensatz zu den anderen Staaten des Ostblocks eine eigene nationale Identität fehlte. Ganz im Gegenteil, ihre Existenz wurde faktisch durch die politisch-ökonomische Entwicklung des anderen deutschen Staates permanent infrage gestellt.

Aus eben diesen Gründen verstand die SED den Ausbau ihres Militär- und Sicherheitsapparates als eine Stärkung der Machtposition im eigenen Lande und nach außen als Voraussetzung und Garant für eine neue europäische Akzeptanz. Das Streben nach umfassender Sicherheit durchzog die Geschichte der DDR wie ein roter Faden. Es prägte das Antlitz des Staates und aller gesellschaftlichen Sphären, ja es mutierte letztlich zum Staatszweck. So nimmt es nicht wunder, dass die DDR aus ähnlichen Gründen, welche die Bundesrepublik bewogen sich westlich zu integrieren, Anbindung an den Ostblock suchte.

Die Rolle der DDR als Paktstaat

Im Mai 1955 nutzte die DDR-Führung ihre Chance, als Gründungsmitglied dem Warschauer Pakt beizutreten, obwohl der Staat weder über die volle Souveränität noch über eine offizielle und einsatzfähige Armee verfügte. Für die äußere Sicherheit der DDR waren mit der Mitgliedschaft neue Rahmenbedingungen entstanden. Die Erhaltung der territorialen Integrität der DDR und ihrer Gesellschaftsordnung wurde nun durch das militärische und politische Bündnis des Ostblocks garantiert. Dafür übernahm der SED-Staat die Verpflichtung, mit dem Schutz des eigenen Landes gleichzeitig – ob der Leistungskraft der DDR angemessen, mag man hinterfragen – zum Schutz des Paktes beizutragen.

Die militärdoktrinären Auffassungen der UdSSR, die nun über den sowjetisch dominierten Stab der Vereinten Streitkräfte für die Bündnispartner verbindlich wurden, stellten das kleine Land vor erhebliche Probleme. In der Vorbereitung auf einen möglichen Krieg hatte es fortan mit seinen Streitkräften, seinem gesamten Wirtschaftspotenzial und seiner zivilen Gesellschaft der militärgeografischen Lage als Aufmarschbasis und Operationsgebiet der Paktarmeen auf dem westlichen Kriegsschauplatz Rechnung zu tragen.

Auch wenn zum Zeitpunkt des Beitritts zur WVO die DDR über keine regulären Streitkräfte verfügte, existierte doch mit der KVP eine Armee in den Grundstrukturen, wenn auch eine geheime. Obgleich sie als noch nicht kriegstauglich einzuschätzen war[34], stellte sie nicht nur für die Bundesrepublik ein beachtliches Bedrohungspotenzial dar, da sie jederzeit die schnelle Aufstellung regulärer Streitkräfte ermöglichte. Mit dem Staatsvertrag zwischen der Sowjetunion und der DDR vom 20. September 1955 erklärte Moskau anstelle des Friedensvertrages mit den Siegermächten die Souveränität des ostdeutschen Staates, welcher der DDR-Regierung nunmehr eine Wehrgesetzgebung und die Schaffung einer regulären Armee ermöglichte. Dadurch veränderten sich auch formal die Bedingungen der militärischen Einflussnahme und Kooperation.

Musste man bis 1955 den Weisungen der UdSSR als Besatzungsmacht folgen, so waren es seit 1956 »Empfehlungen« der Vereinten Streitkräfte, die bindenden Charakter trugen. Sie wurden anfangs in kurzfristigeren und ab 1970 in Fünfjahresabkommen fixiert und enthielten Auflagen des Militärbündnisses an die Streitkräfteentwicklung, die Rüstungswirtschaft und die Vorbereitung des Territoriums und der Gesellschaft auf den Kriegsfall.

Den Verbleib seiner strategisch bedeutsamen Militärkontingente auf dem Boden der DDR sicherte sich Moskau mit dem Truppenstationierungsabkommen vom 12. März 1957. Es erhielt nicht nur die bestehende Truppenkonzentration der GSSD aufrecht und garantierte der UdSSR alle bisher gewährleisteten Rahmenbedingungen. Artikel 10 räumte der UdSSR auch das Recht ein, »im Falle der Bedrohung der Sicherheit [...] erforderliche Maßnahmen« zu deren Beseitigung zu ergreifen. Somit hatte sich Moskau die Möglichkeit der Gewaltanwendung im Innern der DDR nach »entsprechender Konsultation« mit der SED-Regierung geschaffen. In den ersten zwei Jahren mussten aus dem DDR-Staatshaushalt entsprechend der Kostenteilungsvereinbarung im Abkommen Zuschüsse zur Stationierung gezahlt werden (1957 in Höhe von fast einer Milliarde DDR-Mark)[35], ehe die UdSSR 1959 auf diese Zahlungen verzichtete. Für die DDR bestanden jedoch weiterhin kostspielige Verpflichtungen hinsichtlich der Gewährleistung von Nutzungsrechten und der Instandhaltung sowie Durchführung von Sonderbauvorhaben. Damit blieb die konventionelle Überlegenheit des Warschauer Paktes auf dem westlichen Kriegsschauplatz in der Anfangsphase des Krieges erhalten.

Die Gründung der Nationalen Volksarmee allerdings gestattete Moskau erst im Januar 1956 – als Antwort auf die »Remilitarisierung der Bundesrepublik«, nachdem die ersten Soldaten der Bundeswehr in die Kasernen eingezogen worden waren. Die NVA entstand anfangs durch die Umbenennung von KVP-Einheiten. Dem folgte jedoch ein Entwicklungsprozess der Armee als der Kern der DDR-Landesverteidigung und zugleich als Koalitionsarmee, der bis Ende der fünfziger Jahre reichte. Mit Blick auf die ideologische Auseinandersetzung mit der Bundesrepublik, vor allem aber ob der offenen Grenzen zu »Westberlin« blieb die NVA vorerst noch eine Freiwilligenarmee. Mitte 1956 wurde die Schlagkraft und Mobilität der Landstreitkräfte durch die Umformierung der Infanterie- zu Mot. Schützenregimentern und -divisionen gemäß dem sowjetischen Vorbild erhöht[36]. Die NVA-Einheiten trugen damit in Struktur, Ausbildung und Bewaffnung immer mehr dem beabsichtigten Zusammenwirken als operativ-taktische Mischung bzw. als Ergänzung der Hauptmacht der 1. strategischen Staffel der Vereinten Streitkräfte auf DDR-Territorium – der GSSD – Rechnung. Im Jahr 1957 begann die gemeinsame Übungstätigkeit von Einheiten und Stäben der GSSD und der NVA, so auch der DDR-Seestreitkräfte mit der Baltischen Flotte und der Polnischen Seekriegsflotte, in deren Bestand sie Handlungen im Nord- und Ostseeraum durchführen sollte. Im Juni 1957 etwa fand eine taktische Übung der Ostseeflotten zur Entfaltung aus den Häfen statt, im August übten Stäbe und Truppen der NVA und der GSSD Nachtmärsche und Entfaltung sowie Verteidigungs- und Angriffshandlungen. Im Mai 1958 erging der Beschluss, nach abgeschlossener Aufstellung und Ausrüstung der NVA-Kampfeinheiten diese vollständig in die Vereinten Streitkräfte des Paktes einzubeziehen. Zeitgleich erteilte das Vereinte Oberkommando Auflagen zur strukturellen und organisatorischen Angleichung der Teilstreitkräfte und deren Führungsmechanismen an die der sowjetischen Streitkräfte. Anfang der sechziger Jahre war die Aufbauphase der NVA als »sozialistische Koalitionsarmee« weitgehend abgeschlossen.

Das ab Mitte der Fünfziger aufgebaute Luftverteidigungssystem der DDR bildete seit den sechziger Jahren mit dem der GSSD sowie der Tschechoslowakischen Volksarmee und der Polnischen Volksarmee den ersten Riegel gegen konventionelle und nukleare Trägermittel der NATO. Dazu waren bis 1961 zwei Luftverteidigungsdivisionen der NVA gebildet worden, die Jagdfliegerkräfte und die Fliegerabwehr erhielten schrittweise Raketentechnik, und die Funktechnischen Truppen hatten ein geschlossenes Funkmessfeld entfaltet. Im Frühjahr 1962 wurden die ersten Einheiten der Luftverteidigung der DDR vollständig in das Diensthabende System (DHS) des Warschauer Paktes aufgenommen. Zu einer eigenständigen Verteidigung des Territoriums der DDR gegen Angriffe aus der Luft jedoch war die Luftverteidigung des Landes nicht in der Lage. Sie blieb bis zum Ende des ostdeutschen Staates weitestgehend vom Luftverteidigungssystem der GSSD abhängig.

Dies war ein ebenso wichtiger Schritt zur vollständigen Integration der NVA in die Vereinten Streitkräfte des Warschauer Paktes wie die schrittweise Einbeziehung der DDR-Seestreitkräfte in die Verbündeten Ostseeflotten, der noch die Baltische Flotte und die Polnische Seekriegsflotte angehörten. Sie sicherten den Ostseeraum als einzig noch freien Zugang zum sowjetischen Territorium auf dem westlichen Kriegsschauplatz. Die 1960 mit dem Ehrennamen »Volksmarine« bedachten Seestreitkräfte der DDR übernahmen in der südwestlichen Ostsee die Vorpostenfunktion und hatten mit ihren Fähigkeiten und Strukturen zugleich die Grundlage für die Operationen der Vereinten Ostseeflotten, wie die Verbündeten Ostseeflotten im Kriegsfall heißen sollten, zu schaffen.

Doch auch die anderen Elemente der Landesverteidigung wie die Rüstungsindustrie galt es nach sowjetischem Beispiel auf- oder auszubauen. Im Rüstungsbereich hatte die DDR durch die Entwicklung einer leistungsstarken Fahrzeug-, Handfeuerwaffen- und Munitionsproduktion, der Schaffung einer umfassenden Instandsetzungsindustrie, um nur wenige Beispiele zu nennen, ihrer Bedeutung als Kampf- und Durchmarschgebiet im Rahmen der Operationen des Warschauer Paktes Rechnung zu tragen. Es kristallisierte sich jedoch schnell heraus, dass die DDR-Wirtschaft nicht in der Lage war, alle Auflagen und Wünsche der UdSSR zu erfüllen: Das Projekt zum Aufbau einer militärischen und zivilen Luftfahrtindustrie scheiterte 1961[37], Pläne für einen U-Boot-

Bau wurden nach dem Volksaufstand nicht wieder aufgenommen, und der seit 1948 entwickelte Schiffbau für die Seestreitkräfte konnte mit den Anforderungen nicht Schritt halten. So wurden ab den Sechzigern mehr und mehr Kampfschiffe sowjetischer Bauart importiert[38].

Die DDR konnte aufgrund ihrer begrenzten Wirtschaftskraft letztlich den von der Sowjetunion geforderten autarken Sektor Rüstungsindustrie nicht realisieren. Man gliederte die sogenannte spezielle Produktion in den sechziger Jahren wieder in die Zivilwirtschaft ein und spezialisierte sich auf Lizenzproduktionen im waffentechnischen Bereich sowie auf Neuentwicklungen insbesondere in der optischen, feinmechanischen, nachrichten- und fahrzeugtechnischen Produktion. So hatte die DDR die Probleme, die eine eigenständige Rüstungsindustrie im Wirtschaftsgefüge erzeugt, zwar umgangen, sie vermochte allerdings deren innovative Wirkungen nicht zu nutzen und blieb vom Rüstungsliefermonopol der UdSSR abhängig. Das machte sich durch permanente Lieferschwierigkeiten der sowjetischen Ersatzteilproduktion insbesondere in den siebziger und achtziger Jahren negativ bemerkbar[39].

Konsolidierung und Ausbau der Landesverteidigung der DDR nach dem Mauerbau 1961

Die innere Abschottung der DDR durch den Mauerbau im Jahr 1961 war eine Zäsur nicht nur in der DDR-Geschichte[40]. International wie national waren qualitativ neue Ausgangspunkte entstanden. Die zweite Berlin-Krise hatte gezeigt, dass Versuche zur Veränderung der bestehenden Verhältnisse in Europa unmittelbar in eine Konfrontation der Blöcke und damit höchstwahrscheinlich in eine militärische und vermutlich nuklear geführte Auseinandersetzung der Gesellschaftssysteme münden würden. Das für beide Seiten versöhnliche Ende führte in Ost und West letztendlich zur Akzeptanz des Status quo mit seinen klar umrissenen Einflusssphären der Blöcke in Europa.

Allerdings hatte der Streit um die Berlin-Frage wiederum eine Eskalation des Kalten Krieges und des Wettrüstens nach sich gezogen. Dies spiegelte sich unter anderem in der 1960 von der Sowjetunion verkündeten neuen Militärdoktrin[41] wider, die nunmehr bindend für den Warschauer Pakt wurde. Sie sollte die wesentliche Handlungsmaxime der Paktstaaten bis Mitte der achtziger Jahre bilden. Die militärischen Auffassungen entsprachen im Wesentlichen dem bereits nach dem Zweiten Weltkrieg bestimmenden strategischen Denken der sowjetischen Militärführung. Das Streben nach militärischer Überlegenheit, nach dem Angriff als kriegsentscheidender Operation blieb erhalten. Allerdings hatte die Verabsolutierung der Nuklearstrategie durch Chruščev in der zweiten Hälfte der fünfziger Jahre Spuren hinterlassen. Ab der Mitte des Jahrzehnts nahmen Raketen und Nuklearwaffen »die Rolle des allgemeinen Äquivalentes militärischer Macht in der sowjetischen Militärpolitik«[42] ein.

Nach den erfolgreichen Atomwaffenbluffs in der Suez-Krise 1956 und während der syrischen Krise 1957[43] hatte Chruščev nicht nur den politischen Wert der Nuklearwaffe erkannt, er glaubte auch, sie werde künftig das kriegsentscheidende Mittel einer Systemauseinandersetzung sein[44]. Nunmehr erfolgte der Aufbau strategischer Raketentruppen zuungunsten der konventionellen Rüstung, insbesondere der Panzerwaffe, alsbald auch die Einführung der Nuklearwaffe in die anderen Teilstreitkräfte. Allerdings setzte der sowjetische Generalstab, der zwar die revolutionierende, aber nicht ausschließliche Bedeutung von Atomsprengköpfen anerkannte, schrittweise durch, dass die Entwicklung der neuen strategischen Systeme mit den konventionellen Waffen koordiniert wurde[45]. Dem militärischen Beitrag der Paktstaaten maß man nun einen größeren Stellenwert zu, und man intensivierte die Zusammenarbeit im Bündnis. Die Erfahrungen der Kuba-Krise 1962/63 und der Übergang der NATO von der Strategie der »massive retaliation« hin zur »flexible response« führten alsbald zu einem sowjetischen Umdenken und erneuter Aufwertung der konventionellen Kriegführung[46].

Im Zuge der kritischen Neubewertung der sowjetischen Militärdoktrin in Moskau erfuhren nach 1960 der Pakt und die Armeen seiner Teilnehmerstaaten eine signifikante Aufwertung. Das traf auch auf die DDR zu, die mit dem Mauerbau zugleich einer Neugestaltung ihrer Militärpolitik entgegensah. Die Grenzschließung ermöglichte der Staatspartei und dem Militär einen wesentlich intensiveren Zugriff auf die DDR-Gesellschaft. Der Verabschiedung des Verteidigungsgesetzes im Jahr 1961 folgte am 24. Januar 1962 das Gesetz zur Einführung der allgemeinen Wehrpflicht. Wehrpflichtig wurden alle Männer zwischen dem 18. und vollendeten 50., im Kriegsfall bis zum 60. Lebensjahr. Der Grundwehrdienst dauerte 18 Monate, er konnte freiwillig verlängert werden. Auch der Reservistendienst war nunmehr Pflicht und bildete eine wichtige Basis für eine Auffüllung der Streitkräfte im Verteidigungsfalle. Das grundlegende Prinzip der Auffüllung der Streitkräfte, der aus der Grenzpolizei formierten und dem Ministerium für Nationale Verteidigung (MfNV) unterstellten Grenztruppen und der Bereitschaftspolizei gestattete den Ausbau des Reservistensystems. Auf Wunsch von Verteidigungsminister Heinz Hoffmann sollte die NVA für die Wehrpflichtigen zu einer »Schule der Gesellschaft«[47] werden.

Die NVA konnte nun umfassend ausgebaut werden, und sie konsolidierte sich in dieser Etappe als sozialistische Koalitionsarmee. Gleichwohl wurde die NVA von der rasanten Entwicklung der Militärtechnik, oft als »Revolution im Militärwesen« klassifiziert, erfasst und trug diesem Umstand durch Umrüstung und Modernisierung Rechnung. Die NVA erhielt in diesem Jahrzehnt in allen drei Teilstreitkräften Raketenwaffen, die neue Waffengattung »Raketentruppen und Artillerie« entstand. Im Bereich Luftverteidigung schließlich strebte die WVO nach einem gemeinsamen, einheitlichen System, das mithin auch für die DDR Gültigkeit besaß. Die Volksmarine erhielt ab 1963 eine neue Struktur, in der die seit Ende der fünfziger Jahre neu aufgebauten Stoßkräfte als »Kernstück« der DDR-Marine zu offensiven Kampfhandlungen befähigt wurden. Insgesamt schritt die Professionalisierung der Armee voran, die NVA entwickelte sich zu einem vollwertigen und anerkannten militärischen Partner[48] und alsbald neben der GSSD zu der am besten gerüsteten und ausgebildeten Armee des Warschauer Paktes[49].

In diesem Prozess spielten die Auflagen des Kommandos der Vereinten Streitkräfte eine nicht unwesentliche Rolle. Sie betrafen in der Folgezeit nicht nur das Militär, sondern wirkten weit in die Wirtschaft und den zivilgesellschaftlichen Bereich der DDR hinein. Im März 1961 beschloss der Stab der Vereinten Streitkräfte, auch die Mobilisierungsvorbereitungen der Mitgliedsländer zu vereinheitlichen. Nunmehr galt für die DDR, der militärgeografischen Lage als Operationsgebiet und unmittelbares Vorsorgungshinterland der Paktarmeen an der Nahtstelle zwischen den Blöcken gemäß den strategischen Vorstellungen der UdSSR noch umfassender zu entsprechen. Das in den Sechzigern entstehende System der DDR-Landesverteidigung teilte sich in zwei Grundbereiche, den mobilen und den territorialen, die eng miteinander verflochten waren. Der mobile Bereich umfasste die militärischen Kräfte mit der Armee und den Grenztruppen und war als Kern der Landesverteidigung für die operative Verteidigung verantwortlich. Die Territorialverteidigung mit den territorialen Einheiten und Einrichtungen der Armee und den Kräften des inneren Sicherheitssystems übernahm vor allem die Sicherung des Hinterlandes, der DDR als Operationsgebiet und die Aufrechterhaltung der wirtschaftlichen und gesellschaftlichen Funktionen unter Kriegseinwirkungen. Die Polizeiformationen, die aus SED-treuen Arbeitern geformten Kampfgruppen, der Staatssicherheitsdienst, die Luftschutzorganisation und die Wehrsportorganisation GST, aber auch der Brandschutz und das Deutsche Rote Kreuz sollten aktiv im Landesverteidigungskonzept mitwirken.

Im Krieg hatten die beiden Militärbezirke neben ihren militärischen Führungsaufgaben territoriale »Verteidigungsbezirke« zu bilden, in denen über die Wehrbezirks- und Wehrkreiskommandos die Fäden der Mobilmachung, des Personalersatzes sowie der Versorgungssicherstellung zusammenliefen. Ihren jeweils eigenen Strang bildeten die Polizei, die Staatssicherheit und die zentralen Staatsorgane. Letztere wurden durch den Ministerrat geführt und waren vor allem für die Umstellung von Wirtschaft und Gesellschaft auf den Kriegszustand verantwortlich. Eine eigene, seit dem Volksaufstand 1953 neu geschaffene Struktur bildeten die SED-gesteuerten Bezirks- und Kreiseinsatzleitungen, die im Falle innerer Krisen sowie im Verteidigungsfall für die Aufrechterhaltung von Ruhe und Ordnung in den DDR-Bezirken und -Kreisen zu sorgen hatten. Zur Lösung dieser Aufgaben setzten sie sich aus weisungsberechtigten Vertretern der SED-Führung, der NVA, der Volkspolizei und des Ministeriums für Staatssicherheit der DDR (MfS) der Bezirks- und Kreisebene zusammen. Alle diese Elemente des Landesverteidigungssystems standen unter der Führung des 1960 aus der Sicherheitskommission gebildeten Nationalen Verteidigungsrates.

Er hatte alle Aktivitäten und Handlungen der gesellschaftlichen Bereiche der DDR im Kriegs- und Krisenfall zu koordinieren und die Funktionsfähigkeit des DDR-Regimes auch unter Kriegseinwirkungen zu garantieren[50].

Seit Anfang des Jahrzehnts wurden ganz konkret auch die Maßnahmen zur Ausgestaltung der Landesverteidigung in den verbindlichen Protokollen zwischen der Armeeführung der Länder und dem Vereinten Oberkommando abgestimmt[51], etwa der Ausbau des Straßen-, Wasserstraßen- und Nachrichtennetzes, die Dublierung von wichtigen Brücken[52], Auflagen für die Bereitstellung immenser Transportkapazitäten, zur militärtechnischen und anderen materiellen Versorgung und Reservenbildung oder die Sicherstellung medizinischer Betreuung großer Streitkräftekontingente bis hin zu Auflagen für die Umstellung auf eine Kriegswirtschaft und deren Instandhaltung unter gegnerischer Waffeneinwirkung.

Zwei konkrete Beispiele seien hier angeführt: Das »Protokoll der Beratungen [...] über Fragen der weiteren Entwicklung der Streitkräfte der Deutschen Demokratischen Republik, die sich aus dem Warschauer Vertrag ergeben« vom 31. März 1961 legte die Friedensstärke der NVA auf 90 000 Mann fest, die im Kriegsfall auf 200 000 Mann aufzustocken war. Den Vereinten Streitkräften waren im Frieden alle Kampfkräfte der drei Teilstreitkräfte sowie alle im Krieg neu aufzustellenden Verbände zu unterstellen. Für die Versorgung der VSK hatte die DDR 40 000 bis 50 000 t Benzin und zwischen 60 000 und 70 000 t Dieselkraftstoff bereitzustellen sowie der GSSD 40 Kfz-Kolonnen mit insgesamt 10 000 Lkw und sechs Sanitätskolonnen mit Fahrern und Fahrzeugen zuzuweisen. Gleichzeitig wurde die Neuausstattung der NVA mit modernen Waffen vereinbart. Das Protokoll fixierte für die NVA, bis 1965 die hundertprozentige Ausstattung mit operativ-taktischen Raketen R-11 M, Raketenkomplexen »Luna«, Panzerabwehrlenkraketenkomplexen »Schmjel«, Panzern T-54 und T-55, Schwimmpanzern Pt-76, Schützenpanzerwagen (SPW), Nachrichtenmitteln und Zugmitteln entsprechend der Struktur der GSSD-Einheiten zu gewährleisten. Für die Luftstreitkräfte/Luftverteidigung (LSK/LV) mussten die Fla-Raketensysteme SA-75M, Frontjäger MiG-21 F, Hubschrauber Mi-4, für die Volksmarine[53] der Raketenkomplex »Sopka« und diverse vorgeschriebene Kampfschiffe angeschafft werden. Die Einzelheiten des Kaufs der Waffen aus der sowjetischen Rüstungsproduktion und die Zahlungsmodalitäten wurden in speziellen bilateralen Handelsabkommen geregelt[54].

Bereits 1959 hatten Konsultationen mit dem Kommando der Vereinten Streitkräfte strukturelle Veränderungen des Ministeriums für Nationale Verteidigung, Aufgaben für die operative Vorbereitung des Landes und die zivile Mobilisierungsplanung festgeschrieben[55]. Im Jahr 1960 waren gemeinsame Maßnahmen der operativen Gefechtsausbildung verabschiedet worden[56]. Noch zu Jahresende gab es eine Festlegung der Bereitschaftsstärken für die NVA-Divisionen, um im Kriegsfall schnellstmöglich Kampffähigkeit herstellen zu können. Gleichzeitig wurde empfohlen, die Strukturen der Divisionen, die Lieferpläne von Waffen und die Neuorganisierung der Ausbildung zu überarbeiten[57].

In den siebziger Jahren nahmen die nunmehr für einen Fünfjahreszeitraum abgeschlossenen Protokolle im Umfang stark zu. Das »Protokoll über die Bereitstellung von Truppen und Flottenkräften der Deutschen Demokratischen Republik für die Vereinten Streitkräfte und ihre Entwicklung in den Jahren 1971 bis 1975«, wie es nunmehr hieß, fixierte 1970 neben dem Gesamtpersonalbestand der Streitkräfte im Frieden bis 150 000 Mann und dessen Erhöhung im Kriegsfall auf bis zu 360 000 Mann für jede Teilstreitkraft Stärke, Struktur und Ausrüstung. So wurde etwa für die LSK/LV die Aufstellung eines Geschwaders der Frontfliegerkräfte zur Sicherstellung von Gefechtshandlungen der Landstreitkräfte vereinbart. Das Kommando der VSK bestimmte weiterhin die Gliederung der Einheiten und die zu verwendenden Waffensysteme. Das hatte sicher den Vorteil der Homogenität der Paktarmeen und der Austauschbarkeit ihrer Waffensysteme, war aber gleichzeitig mit enormen Kosten und einer permanenten Abhängigkeit vom größten Waffenlieferanten des Pakts, der UdSSR, verbunden.

Ein Anhang zum Protokoll erfasste die neu anzuschaffenden Waffensysteme, deren Ankauf wie gehabt bilaterale Verträge regelten. Für die operativtaktischen Raketenbrigaden wurde ein Bestand von je sechs Startrampen R-17 festgelegt. Eine Mot. Schützendivision der NVA sollte im Bereitschaftsfall 11 500 Mann zählen sowie vier Startrampen »Luna-M«, 214 Panzer T-54 bzw. T-55, 144 Geschütze und Granatwerfer, 45 Rampen Panzerabwehrlenkraketen, 16 Fla-Selbstfahrlafetten »Schilka«, 54 Fla-Raketenkomplexe »Strela-2«, 24 Fla-Geschütze sowie 100 Prozent SPW und die notwendige Zahl an Übersetzmitteln besitzen. Die Panzerdivision in Gefechtsbereitschaft hatte 9500 Mann zu umfassen und sollte über vier Startrampen »Luna M«, 323 Panzern der Typen T-54 bzw. T-55, 96 Geschütze und Granatwerfer, 15 Rampen Panzerabwehrlenkraketen, 16 Fla-Selbstfahrlafetten »Schilka«, 24 Fla-Raketenkomplexe »Strela-2«, 24 Fla-Geschütze und hundertprozentige Mobilität verfügen.

Im Detail war auch die Vorbereitung des DDR-Territoriums auf die Verteidigung geregelt. Bis 1975 sollten neun frontale, also in Richtung Westen führende Eisenbahnrichtungen, ausgebaut werden, so beispielsweise die Strecken von Stettin in Richtung Lübeck oder von Guben in Richtung Goslar, für Züge mit mindestens 1200 t und einer Durchlassfähigkeit von 30 bis 70 Zugpaaren in 24 Stunden. Zudem mussten Umgehungen von Eisenbahnknotenpunkten gesichert werden, und es war die Schaffung parallellaufender Linien vorzubereiten. 14 Eisenbahnbrücken waren zu doublieren, der Volksrepublik Polen 12 000 zwei- und 2400 vierachsige Sechsachsplattenwagen für Militärtransporte zu übergeben. Um- und Entladeräume mussten geschaffen werden, deren technische Sicherstellung vorbereitet sein.

Gleiches galt für elf frontale Militär- und fünf Rochadestraßen. Sie mussten auf sechs Meter Breite ausgebaut und ihre Tragfähigkeit für Panzer erhöht werden. Auch Straßenbrücken waren zu doublieren. Dies galt schlussendlich auch für die Binnenschifffahrtswege, die in Ost-West-Richtung als Transport- und Marschwege ausgebaut wurden, zumal man den militärischen Wert von Schiffen für großräumige Transportvolumen und von Ausweichrouten erkannt hatte. So entstand die skurrile Situation, dass sich der reisende DDR-Bürger mangels entsprechender Ressourcen für einen Gesamtausbau des Verkehrsnetzes mit wesentlich besseren Verkehrswegen von Ost nach West denn von Süd nach Nord konfrontiert sah.

An der Küste waren analog Kriegs- und Ersatzhäfen, Umschlagplätze und ähnliches mehr vorzubereiten. Das gesamte Fernkommunikations- und Funknetz musste immer umfassender auf die Bedürfnisse der Vereinten Streitkräfte abgestimmt werden. Im Nachrichtenwesen wurde insbesondere die Modernisierung und Verstärkung des Kabelnetzes von Ost nach West gefordert. Die Rückwärtigen Dienste (Logistik) hatten Basen und Lager für die Einlagerung von Vorräten zu bauen, den Umbau ziviler in militärische Nutzfahrzeuge vorzubereiten, ein Netz von Bluttransfusionsstellen zu errichten und in der Mob. Reserve Blutkonserven und Blutaustauschstoffe für den vollständigen Bedarf der NVA im Krieg einzulagern. Zur Behandlung von Verwundeten der VSK hatte die DDR in Krankenhäusern 20 000 Betten vorzubereiten[58].

Die Beispiele verdeutlichen zum einen, welche immensen Anforderungen und Kosten der DDR aus ihrer operativen Lage auf dem westlichen Kriegsschauplatz entstanden. Über die Jahre gelang es der Wirtschaft immer weniger, die Gratwanderung zwischen den priorisierten Anforderungen an die Landesverteidigung mit den zivilwirtschaftlichen Erfordernissen in der DDR in Einklang zu bringen. Es nimmt so nicht wunder, dass in der DDR der Normalbürger entweder gar keine Chance auf einen Telefonanschluss hatte oder darauf jahrelang warten musste. In Ausweichführungsstellen wie beispielsweise der Bunkeranlage Kossa in der Dübener Heide hingegen liefen Tausende Drahtverbindungen zusammen, lagerten ebenso viele Telefonapparate für den Ernstfall ein. Blutkonserven bildeten im DDR-Gesundheitswesen eine Mangelware, zumal man mit diesen im Westen zudem Devisen einnehmen konnte. Zum anderen wird offensichtlich, dass sich zwar der Charakter der Einflussnahme auf das Verteidigungssystem der DDR von den strikten Weisungen der vierziger und fünfziger Jahre zu bilateralen »Vereinbarungen« gewandelt hatte, die Macht der UdSSR über die Hebel des Kommandos der VSK aber nicht weniger maßgebend und prägend war.

Das Bemühen der SED-Führung zur umfassenden Absicherung ihres Herrschaftsgebietes im Frieden wie im Verteidigungsfall wirkte nicht nur hier, sondern erfasste alle gesellschaftlichen Bereiche und nahezu jeden Bürger der DDR. Nach der Einführung der allgemeinen Wehrpflicht wurden die Werbekommissionen für Freiwillige auf Bezirks- und Kreisebene überflüssig. Um einen möglichst breiten Resonanzboden für die Militärpolitik in der Gesellschaft zu finden, entstanden 1962 Kommissionen für sozialistische Wehrerziehung bei den Bezirks- und Kreisräten[59]. Hier arbeiteten die Chefs der Wehrbezirks- oder Wehrkreiskommandos (WBK/WKK), der Bezirksbehörde der Deutschen Volkspolizei (BdVP) oder Volkspolizeikreisämter (VPKA), der Bezirks- oder Kreisdienststellen des MfS sowie Funktionäre der Freien Deutschen Jugend (FDJ), der GST, des Freien Deutschen Gewerkschaftsbundes (FDGB), des Deutschen Turn- und Sportbundes (DTSB), des DRK, der Nationalen Front (NF) und anderer DDR-Organisationen zusammen an Aufgaben der wehrideologischen Motivierung der Bevölkerung, der Wehrvorbereitung und der personellen Sicherstellung der zahlreichen Organisationen im System der Landesverteidigung.

Immer stärker gehörten Werbeveranstaltungen für den »Schutz des Friedens und der Errungenschaften der DDR«, militärisches Zeremoniell und wehrsportliche Übungen in Kinderferienlagern, bei den »Jungen Pionieren« und der FDJ, vormilitärische Ausbildung an den Schulen, bei der Berufsausbildung und an den Universitäten sowie die Werbung für die freiwillige Verpflichtung für einen längeren Wehrdienst oder die Mitgliedschaft in den Kampfgruppen, der GST, der Zivilverteidigung usw. zum Alltagsleben des DDR-Bürgers[60].

Auf der Grundlage der Forderung zur Teilnahme an der aktiven »Sicherung des Friedens« erteilte die SED allen staatlichen Organen, der Wirtschaft und der Wissenschaft Auflagen zur Vorbereitung der Landesverteidigung. Dem gesamten Bildungssystem wie auch den Parteien und Massenorganisationen kamen so Pflichten der Wehrerziehung und der militärpolitischen Massenarbeit zu. Die Schulen, Berufs- und Hochschulen gleichwohl wie die Pionierorganisation, die FDJ und die GST waren Träger der sozialistischen Wehrerziehung und der vormilitärischen Ausbildung der Jugend.

Insgesamt wurden mehr und mehr Menschen der DDR in das System der inneren und äußeren Sicherheitsvorbereitungen einbezogen, die Gesellschaft schrittweise immer umfassender militarisiert. Dies gelang umso wirkungsvoller, als sich die Bevölkerung einem derart vorgeprägten Alltag weit weniger entziehen konnte als vor der Mauerschließung im Jahr 1961. Es gab wenig Möglichkeiten, sich gegen die Militarisierung zu stellen, zumal jeder dieser Schritte als politische Haltung gegen »Frieden und Sozialismus« gesellschaftlich geahndet wurde.

Ein Schritt, den dennoch viele wagten, war die Verweigerung des Wehrdienstes aus religiösen oder moralischen Beweggründen, der oft auch kirchliche Unterstützung fand. Auf Grund des Engagements der Kirchen in beiden deutschen Staaten, jedoch auch hinsichtlich der steigenden Zahlen der Wehrdienstverweigerung sah sich die DDR 1964 gezwungen, als Kompromiss einen waffenlosen Dienst in der NVA als Bausoldat anzubieten. Die mit Blick auf den Pakt einzigartige Entscheidung der Herrschenden zollte sowohl der internationalen Öffentlichkeit als auch dem Aspekt der geteilten Nation Tribut[61]. Die Friedensbewegung der DDR wurzelte letztlich in den Verweigerern und deren kirchlicher Unterstützung.

Hochmilitarisierung, Stagnation und Verfall

Die letzte Phase der DDR wie auch der Entwicklung ihres Militär- und Sicherheitssystems reichte vom Beginn der siebziger Jahre bis zum Zusammenbruch des ostdeutschen Staates im Jahr 1989. Dieser Entwicklungsabschnitt war in zunehmenden Maße von Stagnation und wirtschaftlichem Niedergang gekennzeichnet.

Die Teilnehmerstaaten des Warschauer Paktes hatten zu Beginn der siebziger Jahre die Angleichung der Vereinten Streitkräfte und der Landesverteidigungssysteme abgeschlossen. Die NVA selbst trat in eine Phase der Modernisierung und Professionalisierung. Das Kernstück der Landesverteidigung stand auf dem Zenit des militärischen Könnens. Trotz der internationalen Entspannungsphase war man um eine ständige Modernisierung und die Erhöhung von Schlag- und Feuerkraft insbesondere durch Panzer und Raketenwaffen bemüht. Kampf- und Gefechtsbereitschaft erreichten Anfang der Achtziger einen neuen Höchststand, die ständige Alarmbereitschaft von 85 Prozent in allen Einheiten wurde beibehalten. In immer größerem Maße hatte man die NVA dem sowjetischen Vorbild angeglichen.

Die Streitkräfteplanung beruhte wie in den Jahrzehnten zuvor auf den vertraglich geregelten Anforderungen des Warschauer Paktes an die NVA und an die DDR-Mobilmachungsvorbereitung. Diese stiegen permanent, allein die notwendigen Waffenimporte erreichten zu Beginn des letzten Jahrzehnts der WVO ein Volumen von über vier Milliarden DDR-Mark[62]. Immer stärker jedoch geriet die DDR in eine wirtschaftliche Misere; es klaffte eine immer größer werdende Lücke zwischen dem, was der Pakt wünschte, und dem, was die DDR ökonomisch tatsächlich realisieren konnte. Bereits 1972 bat die Wirtschaftsführung der DDR darum, die Perspektivplanauflagen für Waffenlieferungen für die Zeit von 1973 bis 1975 um ein Viertel zu reduzieren – sprich: um eine Milliarde Mark. Sowjetische Wünsche für die Einführung von Waffensystemen in die NVA konnten so nicht oder erst Jahre später realisiert werden[63]. 1985 gelang es der DDR nur noch, den Gesamtforderungen zu 60 Prozent nachzukommen[64]. In diesem Dilemma befanden sich allerdings auch die meisten anderen Paktstaaten. Sie verstanden es in sehr unterschiedlichem Maße, sich mit den Auflagen zu arrangieren oder sich ihnen zu entziehen.

Die DDR allerdings versuchte beständig den Spagat zwischen ihren Intentionen als »Superalliierter«[65] oder »Juniorpartner«[66] der UdSSR im Ostblock und ihren schlechter werdenden wirtschaftlichen Möglichkeiten zu meistern. Auch hierin lag eine, wenn auch nicht die entscheidende Ursache für den Niedergang der DDR.

Das System der Landesverteidigung der DDR wurde in den siebziger Jahren verfeinert und immer enger mit der Gesellschaft verflochten. Dies war zugleich auch die intensivste Phase der Militarisierung der Gesellschaft. Um 1980 wurde die gesamte Wehrgesetzgebung erweitert. Das Verteidigungsgesetz, welches die

Volkskammer 1978 beschloss, enthielt erstmalig ausgefeilte Bestimmungen über die Mobilmachung der DDR. 1982 trat zudem das Wehrdienstgesetz in Kraft, das alle Fragen des Wehrdienstes in der DDR regelte. Nun erhielt auch die weibliche Bevölkerung die Möglichkeit, aktiven Wehrdienst zu leisten. Insgesamt zielten die Maßnahmen auf die Erfassung aller Bevölkerungspotenziale für die Verteidigungsbereitschaft. Die SED baute auf eine möglichst umfassende Instrumentalisierung aller gesellschaftlichen Kreise im Sinne des Herrschaftssystems, um im Kriegsfall das Konfliktpotenzial aus der eigenen Bevölkerung zu minimieren. Allerdings erzeugte die Militarisierung einen Gegendruck, der sich immer stärker an die internationale Friedensbewegung anlehnte[67].

»Friedenskampf« lautete die Losung der SED-Führung, und das hieß nicht weniger als die umfassende Landesverteidigung. 1967 war aus dem Luftschutz die Zivilverteidigung gebildet worden, die 1976 in den Verantwortungsbereich des Verteidigungsministers überging. In den letzten beiden Jahrzehnten vor der politischen Wende band man die Bürger der DDR noch umfassender in den Katastrophenschutz ein. Die GST erhielt 1982/83 neue Ausbildungsprogramme, welche die Kampfkraft und Gefechtsbereitschaft der Jugend schon vor dem Wehrdienst entwickeln sollten[68].

Als die DDR ab Mitte der Siebziger zusehends in Stagnation verfiel, der Staatssozialismus immer deutlicher seine Reformunfähigkeit zeigte und zugleich der vollzogene Elitenwechsel die Aufstiegschancen der jungen Kohorten, deren Wertesystem bereits merklichen Wandlungen unterlag, wesentlich verschlechterte, zerbröckelten zugleich Loyalität und Konformität mit dem herrschenden System in der DDR. Die Erosion des Glaubens an den DDR-Sozialismus, befördert durch Glasnost und Perestroika in der UdSSR unter Gorbačev, ergriff nicht nur die Bevölkerung, sondern fasste auch innerhalb der SED und in den Sicherheitsorganen Fuß. Das Umdenken im Militär- und Sicherheitsbereich – symbolisiert durch die sowjetische Militärdoktrin von 1987 – zerstörte das mühsam konstruierte Feindbild und führte letztendlich zu einer Delegitimierung des »militarisierten Sozialismus«[69]. Fragen nach dem Sinn der Hochrüstung, der permanenten Einsatzbereitschaft sowie den Folgen eines weltweiten Nuklearkrieges desillusionierten eine Vielzahl der Soldaten bis ins höchste Offizierkorps.

Der wirtschaftliche Niedergang der DDR, den auch Zehntausende Soldaten im ständigen Wirtschaftseinsatz nicht aufhalten konnten, stiftete zudem in der NVA und den anderen bewaffneten Organen wie auch gesamtgesellschaftlich eine Sinnkrise und ließ allenthalben den Ruf nach Reformen laut werden. Zu Reformen jedoch war das verkrustete DDR-Herrschaftssystem nicht fähig. Die Oppositions- und Friedensbewegung des Landes brachte letztlich das starr an alten Denkmustern festhaltende und nun des Schutzes der UdSSR entkleidete SED-Regime zum Einsturz; der gewaltige Sicherheitsapparat sah dem, selbst kaum mehr an das Phantasma der besseren Gesellschaft in der DDR glaubend, fassungslos und handlungsunfähig zu.

Anmerkungen

1   Siehe Gerhard Wettig, Bereitschaft zu Einheit in Freiheit? Die sowjetische Deutschland-
    Politik 1945–1955, München 1999.

2   Hans-Joachim Gießmann, Das unliebsame Erbe. Die Auflösung der Militärstrukturen der
    DDR, Baden-Baden 1992, S. 75.

3   Torsten Diedrich, Hans Ehlert und Rüdiger Wenzke, Die bewaffneten Organe der DDR
    im System von Partei, Staat und Landesverteidigung. Ein Überblick, in: Im Dienste der
    Partei. Handbuch der bewaffneten Organe der DDR. Im Auftrag des MGFA hrsg. von
    Torsten Diedrich, Hans Ehlert und Rüdiger Wenzke, 2., durchges. Aufl., Berlin 1998,
    S. 1–67.

4   Heribert Seubert, Zum Legitimitätsverfall des militarisierten Sozialismus in der DDR,
    Münster, Hamburg 1995 (= Studien zu Konflikt und Kooperation im Osten, 3),
    S. 101–137.

5   Sowjetische Militärenzyklopädie, H. 18, Berlin (Ost) 1982, S. 102 f.

6   Siehe: Informationen des Ministeriums für Nationale Verteidigung über »Maßnahmen
    der weiteren Erhöhung der Verteidigungsbereitschaft der Mitgliedsstaaten des Warschau-
    er Vertrages«. Anlage zum Protokoll des Nationalen Verteidigungsrates (NVR) vom
    27.6.1968, Bundesarchiv-Militärarchiv (BArch-MA), DVW 1/39 489, Bl. 10–25.

7   Harald Nielsen, Die DDR und die Kernwaffen – Die nukleare Rolle der Nationalen
    Volksarmee im Warschauer Pakt, Baden-Baden 1998 (= Internationale Politik und Si-
    cherheit, 30/6), S. 50.

8   Frank Umbach, Das rote Bündnis. Entwicklung und Zerfall des Warschauer Paktes 1955
    bis 1991, Berlin 2005 (= Militärgeschichte der DDR, 10), S. 575–580.

9   Heinz Hoffmann, Grundfragen der Militärpolitik der Sozialistischen Einheitspartei
    Deutschlands. Vorlesung an der Parteihochschule »Karl Marx« beim Zentralkomitee der
    SED, 4.3.1964, in: Heinz Hoffmann, Sozialistische Landesverteidigung. Aus Reden und
    Aufsätzen 1963 bis Februar 1970, T. 1, Berlin (Ost) 1971, S. 116–144, hier S. 133–138.

10 Horst-Henning Basler, Das operative Denken der NVA, in: NVA. Anspruch und Wirk-
    lichkeit nach ausgewählten Dokumenten, hrsg. von Klaus Naumann, Berlin, Bonn, Her-
    ford 1993, S. 180.

11 Torsten Diedrich und Rüdiger Wenzke, Die getarnte Armee, Geschichte der Kasernier-
    ten Volkspolizei der DDR 1952 bis 1956, Berlin 2001 (= Militärgeschichte der DDR, 1),
    S. 99–103.

12 Unter Militärdoktrin verstand man im Ostblock »die in einem Staat (einer Militärkoaliti-
    on) herrschenden offiziellen und verbindlichen prinzipiellen Ansichten über den Cha-
    rakter, die Vorbereitung und Führung möglicher Kriege [...] Die Militärdoktrin legt die
    Hauptrichtungen für die Vorbereitung der Streitkräfte, der Bevölkerung und des gesam-
    ten Landes (der Militärkoalition) auf den möglichen Krieg [...] fest [...] Eine Militärdoktrin
    wird von der politischen Führung des Staates (der Militärkoalition) unter Teilnahme der
    höchsten militärischen Organe erarbeitet und für eine längere Geltungsdauer festgelegt.
    Sie hat ausgeprägten Klassencharakter.« Zit. nach Militärlexikon, 2. Aufl., Berlin (Ost)
    1973, S. 232. Im Zuge des internationalen Entspannungsprozesses und der ab Mitte der
    achtziger Jahre von der Sowjetunion ausgehenden politischen Öffnung erfuhr die Mili-
    tärdoktrin des Warschauer Paktes auf der Tagung des Politischen Beratenden Ausschus-
    ses (PBA) der WVO-Teilnehmerstaaten vom 28./29. Mai 1987 eine auf die Verteidigung
    zielende Neuformulierung.

13 Armin Wagner, Walter Ulbricht und die geheime Sicherheitspolitik der SED. Der Nationale Verteidigungsrat der DDR und seine Vorgeschichte (1953 bis 1971), Berlin 2002 (= Militärgeschichte der DDR, 4), S. 323–329.

14 Wolfgang Wünsche, Sowjetische Militärdoktrin – DDR-Militärdoktrin – Landesverteidigung der DDR, in: Rührt Euch! Zur Geschichte der NVA, hrsg. von Wolfgang Wünsche, Berlin 1998, S. 113–121; Joachim Schunke, Militärpolitische und strategische Vorstellungen der Führung der NVA in der Zeit der Blockkonfrontation, in: Was war die NVA? Studien – Analysen – Berichte. Zur Geschichte der Nationalen Volksarmee, Berlin 2001, S. 27; Günther Pöschel, Die Volksmarine als Teil der Vereinten Ostseeflotte, in: Marineforum, 67 (1992), 11, S. 388–390.

15 Jürgen Bruhn, Der Kalte Krieg oder: Die Totrüstung der Sowjetunion. Der US-militärindustrielle Komplex und seine Bedrohung durch Frieden, Gießen 1995, S. 30–48.

16 Rainer Karlsch, Allein bezahlt? Die Reparationsleistungen der SBZ/DDR 1945–1953, Berlin 1993, S. 146 f.

17 »Strahlende Vergangenheit«. Studien zur Geschichte des Uranbergbaus der Wismut, hrsg. von Rainer Karlsch und Harm Schröter, St. Katharinen 1996, S. 2.

18 Siehe hierzu Diedrich/Wenzke, Die getarnte Armee (wie Anm. 11), S. 300–304.

19 Zur Uranproduktion für die UdSSR siehe als neueste Publikation: Rainer Karlsch, »Uran für Moskau«. Die Wismut – eine populäre Geschichte, Berlin 2007.

20 Die NVA bildete im Kriegsfall aus ihrem Militärbezirk (MB) III (Leipzig) die 3. Armee und aus ihrem Militärbezirk V (Neubrandenburg) das 5. Armeekorps. Mit dem möglichen Ausfall der polnischen Streitkräfte während der Polenkrise 1980/81 wurde auch der MB V mit der Bildung einer Armee, d.h. der 5. Armee, beauftragt.

21 Nielsen, Die DDR und die Kernwaffen (wie Anm. 7), S. 50. Der »Defense Plan 1969« der Northern Army Group (NORTHAG) geht von einer ähnlichen Kräftekonzentration aus. Aufzeichnungen des Generalinspekteurs der Bundeswehr bei der NORTHAG vom 28.1.1969, BArch-MA, BL 1/4050, o.Bl.

22 Nielsen, Die DDR und die Kernwaffen (wie Anm. 7), S. 48–52.

23 Siehe hierzu die Mitschriften Wilhelm Piecks aus der Besprechung mit Stalin vom 1. bis 7.4.1952 in Moskau: Wilhelm Pieck, Aufzeichnungen zur Deutschlandpolitik 1945–1953, hrsg. von Rolf Badstübner und Wilfried Loth, Berlin 1994, S. 382–385.

24 Torsten Diedrich, Die Grenzpolizei der SBZ/DDR (1946–1961), sowie Peter Joachim Lapp, Die Grenztruppen der DDR (1961–1989), in: Im Dienste der Partei (wie Anm. 3), S. 201–223 bzw. 225–252.

25 Hans-Werner Deim, Die NVA in der Ersten Strategischen Staffel der Streitkräfte des Warschauer Vertrages, in: NVA. Ein Rückblick für die Zukunft. Zeitzeugen berichten über ein Stück deutscher Militärgeschichte, hrsg. von Manfred Backerra, Köln [1992], S. 327 f.

26 Zu Problemfeldern der zukünftigen DDR-Militärgeschichtsforschung siehe: Heiner Bröckermann, (u.a.), Die Zukunft der DDR-Militärgeschichtsforschung. Gedanken zu Stand und Perspektiven der Forschung, in: Militärgeschichtliche Zeitschrift (MGZ), 66 (2007), 1, S. 71–99.

27 Deim, Die NVA in der Ersten Strategischen Staffel (wie Anm. 25), S. 301 f.

28 Siehe Diedrich/Ehlert/Wenzke, Die bewaffneten Organe (wie Anm. 3), S. 1–67.

29 Siehe hierzu Torsten Diedrich, Waffen gegen das Volk. Der 17. Juni 1953 in der DDR, München 2003.

30 Torsten Diedrich, Der 17. Juni 1953 in der DDR. Zu militärhistorischen Aspekten bei Ursachen und Verlauf der Unruhen, in: Militärgeschichtliche Mitteilungen (MGM), 51 (1992), 2, S. 381–384.

[31] Siehe hierzu Jörn Steike, Von der »Inneren Truppe« zur Bereitschaftspolizei 1953–1990, in: Im Dienste der Partei (wie Anm. 3), S. 69–95.

[32] Siehe hierzu Armin Wagner, Die Kampfgruppen der Arbeiterklasse 1953–1990, in: Im Dienste der Partei (wie Anm. 3), S. 281–337.

[33] Während in der DDR Ende 1955 die KVP über 93 391 Soldaten (davon je ca. 5000 in den See- und Luftstreitkräften) und 10 892 Zivilangestellte zählte, zogen am 12. November 1955 die ersten 101 Freiwilligen in die Bundeswehr übernommen. Bis zum September 1956 sollte das Heer der Bundeswehr eine Stärke von 27 720 Mann, die Bundesmarine bis Ende 1956 eine Stärke von 7625 und die Luftwaffe von 10 696 Mann erreichen. Siehe Diedrich/Wenzke, Die getarnte Armee (wie Anm. 11), S. 621; Helmut R. Hammerich, Dieter H. Kollmer, Martin Rink und Rudolf Schlaffer, Das Heer 1950 bis 1970. Konzeption, Organisation und Aufstellung. Unter Mitarb. von Michael Poppe, München 2006 (= Sicherheitspolitik und Streitkräfte der Bundesrepublik Deutschland, 3), S. 751; Johannes Berthold Sander-Nagashima, Die Bundesmarine 1955 bis 1972. Konzeption und Aufbau. Mit Beitr. von Rudolf Arendt, Sigurd Hess, Hans Joachim Mann und Klaus-Jürgen Steindorff, München 2006 (= Sicherheitspolitik und Streitkräfte der Bundesrepublik Deutschland, 4), S. 551; Bernd Lemke, Dieter Krüger, Heinz Rebhan und Wolfgang Schmidt, Die Luftwaffe 1950 bis 1970. Konzeption, Aufbau und Integration einer Teilstreitkraft der Bundeswehr, München 2006 (= Sicherheitspolitik und Streitkräfte der Bundesrepublik Deutschland, 2), S. 795.

[34] The Joint Chiefs of Staff, Memorandum vom 30.9.1957, in: National Archives, RG 218, Box 12, o.Bl.

[35] Siehe hierzu Protokoll über die Bedingungen der Stationierung sowjetischer Truppen auf dem Gebiet der Deutschen Demokratischen Republik, BArch-MA, DVW 1/44217, o.Bl., sowie Analyse des Abkommens vom 12.3.1957, BArch-MA, DVW 1/40492, o.Bl.

[36] Befehl 77/56 des Ministers für Nationale Verteidigung vom 17.10.1956 über die Aufstellung der 11. MSD, BA-MA, DVW 1/2107, Bl. 14–21. Die MSD unterschied sich von einer Infanteriedivision vor allem durch die Vollmotorisierung und eine erhöhte Feuerkraft. Mehr als 1600 Panzer, SPW, Zugmaschinen, Kfz und Spezialfahrzeuge standen ihr zur Verfügung.

[37] Gerhard Barkleit, Heinz Hartlepp, Zur Geschichte der Luftfahrtindustrie in der DDR 1952–1961, Dresden 1995 (= Berichte und Studien der Technischen Universität Dresden, 1/95), S. 24–29.

[38] Die DDR sah sich Mitte der sechziger Jahre aus technischen und ökonomischen Gründen nicht mehr in der Lage Kampfschiffe zu produzieren. Brief des Ministers für Nationale Verteidigung, Armeegeneral Heinz Hoffmann, an Walter Ulbricht über die Änderung des Marinebauprogramms, 28.8.1965, BArch-MA, AZN 32621, Bl. 33–40. In den Siebzigern und Achtzigern wurden nur noch kleinere Torpedoschnellboote, U-Boot-Abwehr-Schiffe (UAW-Schiffe), Landungsboote und Hilfsschiffe auf ostdeutschen Werften produziert.

[39] Insbesondere in den achtziger Jahren wurden die Lieferschwierigkeiten von Ersatzteilen aus der UdSSR, aber auch aus den anderen Paktstaaten zu einem solchen Problem, dass Flugzeuge und Hubschrauber als nicht einsatzfähig gemeldet werden mussten oder die Bevorratung von Ersatzteilen für eine militärische Operation nicht zu gewährleisten war. Schreiben des Ministerratsvorsitzenden Willi Stoph an den Vorsitzenden des Ministerrates der UdSSR, Nikolaij I. Ryškov vom 27.8.1987, BArch-MA, AZN 32650, o.Bl.

[40] Siehe hierzu Staatsgründung auf Raten? Auswirkungen des Volksaufstandes 1953 und des Mauerbaus 1961 auf Staat, Militär und Gesellschaft in der DDR. Im Auftrag des MGFA und der Bundesbeauftragten für die Unterlagen des Staatssicherheitsdienstes der ehema-

ligen DDR hrsg. von Torsten Diedrich und Ilko-Sascha Kowalczuk, Berlin 2005 (= Militärgeschichte der DDR, 11).

[41] Nikita S. Chruščev, On Peaceful Coexistence, Moskau 1961, S. 148–151 und 160–163.

[42] Vitalij V. Slykov, Bronja krepka, in: Meždunavodnaja žizn', 11 (1988), S. 39–52, hier S. 42.

[43] Matthias Uhl, Stalins V-2. Der Technologietransfer der deutschen Fernlenkwaffentechnik in die UdSSR und der Aufbau der sowjetischen Raketenindustrie 1945 bis 1959, Bonn 2001, S. 229–232.

[44] Ebd., S. 232.

[45] Umbach, Das rote Bündnis (wie Anm. 8), S. 106–110.

[46] Ebd., S. 108.

[47] Heinz Hoffmann, Waffendienst – höchste Ehre und patriotische Pflicht jedes Staatsbürgers der DDR, in: Neues Deutschland Berlin, 25.1.1962.

[48] Deim, Die NVA in der Ersten Strategischen Staffel (wie Anm. 25), S. 327.

[49] Siehe hierzu Rüdiger Wenzke, Die Nationale Volksarmee (1956–1990), in: Im Dienste der Partei (wie Anm. 3), S. 442–463.

[50] Konzept zur Vervollkommnung des Systems der Verteidigung 1968, BArch-MA, DVW 1/43711, Bl. 20–28. Siehe auch Wagner, Walter Ulbricht (wie Anm. 13), S. 232–285, sowie Dieter Heinze, Honeckers geheime Armee. Die Territorialverteidigung der DDR am Beispiel des Bezirkes Dresden, unveröffentlichtes Manuskript, Dresden 2002 (Kopie im Archiv des Verfassers).

[51] Das erste über Waffenlieferungen hinausgehende Protokoll zwischen dem Kommando der Vereinten Streitkräfte und der NVA stammt aus dem Januar 1957. Danach folgten diese Protokolle jährlich, ab 1960 für einen Zwei-, ab Mitte der sechziger Jahre eines Dreijahreszeitraum und ab 1970 für jeweils die nächsten fünf Jahre. Auf diesen Grundsatzverpflichtungen fußten des Weiteren Abkommen über Waffenlieferungen, technische Zusammenarbeit usw.

[52] Die DDR hatte an Verkehrsknotenpunkten Ersatzbrücken für den Fall der Zerstörung der vorhandenen Brücken durch den Gegner vorzubereiten. Zudem waren Umfahrungen von Gleis- und Straßenknoten zu schaffen.

[53] Die Seestreitkräfte der DDR wurden 1960 zur Erinnerung an den Kieler Matrosenaufstand mit dem Ehrennamen »Volksmarine« versehen. Zeittafel zur Militärgeschichte der Deutschen Demokratischen Republik 1949–1988, 2. erw. Aufl., Berlin (Ost) 1989, S. 60 f.

[54] Protokoll vom 31.3.1961, BArch-MA, DVW 1/53109, o.Bl.

[55] Niederschrift über Konsultationen vom 16. bis 20.6.1959, BArch-MA, AZN 32594, Bl. 29–39.

[56] Plan grundlegender Maßnahmen des Kommandos der Vereinten Streitkräfte auf dem Gebiet der operativen Gefechtsausbildung der NVA im Ausbildungsjahr 1961 vom 18.11.1960, ebd., Bl. 40–48.

[57] Niederschrift über die Beratung beim Vereinten Kommando vom 1./2.12.1960, ebd., Bl. 49–69.

[58] Protokoll vom 28.8.1970, BArch-MA, AZN 32439, Bl. 1–40.

[59] Politbürobeschluss vom 16.10.1962, Stiftung Archiv der Parteien und Massenorganisationen der DDR im Bundesarchiv (SAPMO-DDR), DY 30/J IV 2/2 A/928, o.Bl. sowie Vorlage der ZK-Abteilung für Sicherheitsfragen vom 9.7.1962, SAPMO-DDR, DY 30/IV 2/12/57, Bl. 88–91.

[60] Siehe hierzu Clemens Heitmann, Schützen und Helfen? Luftschutz und Zivilverteidigung in der DDR 1955 bis 1989/90, Berlin 2005 (= Militärgeschichte der DDR, 12).

[61] Zu Wehrdienstverweigerung und Bausoldaten siehe: Torsten Diedrich, Gegen Aufrüstung, Volksunterdrückung und politische Gängelei. Widerstandsverhalten und politische Verfolgung in der Aufbau- und Konsolidierungsphase der DDR-Streitkräfte 1948 bis 1968, in: Staatsfeinde in Uniform? Widerständiges Verhalten und politische Verfolgung in der NVA. Im Auftrag des MGFA hrsg. von Rüdiger Wenzke, Berlin 2005 (= Militärgeschichte der DDR, 9), S. 162–172.

[62] Wenzke, Die Nationale Volksarmee (wie Anm. 49), S. 476.

[63] Notiz über die Reduzierung spezieller Importe des MfNV zwischen 1973 und 1975, BArch-MA, VA-01/26478, Bl. 1–14.

[64] Protokoll der Sitzung des NVR vom 2.2.1984, BArch-MA, DVW 1/39529, Bl. 46–48.

[65] Hope M. Harrison, Ein Superalliierter und eine Supermacht? Sowjetisch-ostdeutsche Beziehungen 1953 bis 1961, in: Militär, Staat und Gesellschaft in der DDR. Forschungsfelder, Ergebnisse, Perspektiven. Im Auftrag des MGFA hrsg. von Hans Ehlert und Matthias Rogg, Berlin 2004 (= Militärgeschichte der DDR, 8), S. 83–95.

[66] Diedrich/Ehlert/Wenzke, Die bewaffneten Organe der DDR (wie Anm. 3), S. 30.

[67] Siehe hierzu Rüdiger Wenzke, Zwischen »Prager Frühling 1968 und Herbst 1989. Protestverhalten, Verweigerungsmuster und politische Verfolgung in der NVA der siebziger und achtziger Jahre, in: Staatsfeinde in Uniform? (wie Anm. 61), S. 393–403.

[68] Die Militär- und Sicherheitspolitik der SED 1945–1988. Dokumente und Materialien, Berlin (Ost) 1989, S. 575.

[69] Seubert, Zum Legitimitätsverfall des militarisierten Sozialismus (wie Anm. 4).

Rüdiger Wenzke

»Sozialistische Waffenbrüder«? Über die Beziehungen der Nationalen Volksarmee der DDR zu anderen Warschauer-Pakt-Armeen

Die DDR war neben der Volksrepublik Polen[1] das einzige Land im Warschauer Pakt, das die Waffenbrüderschaft seiner Armee explizit in der Verfassung verankert hatte. Im Artikel 7 der 1968 in Kraft getretenen »sozialistischen« Verfassung der DDR hieß es dazu unter anderem: »Die Nationale Volksarmee pflegt im Interesse der Wahrnehmung des Friedens und der Sicherung des sozialistischen Staates enge Waffenbrüderschaft mit den Armeen der Sowjetunion und anderer sozialistischer Staaten[2].« Normative Grundlagen für die »brüderlichen Beziehungen der Freundschaft und Waffenbrüderschaft« sowie für die Zusammenarbeit der NVA mit den Streitkräften des östlichen Bündnisses finden sich zudem in den 1961 und 1978 verabschiedeten Verteidigungsgesetzen der DDR[3] sowie im Wehrdienstgesetz aus dem Jahr 1982[4]. Und nicht zuletzt verpflichtete der von 1962 bis Anfang 1990 gültige Fahneneid der NVA alle Soldaten der DDR-Streitkräfte, »an der Seite der Sowjetarmee und der Armeen der [...] verbündeten sozialistischen Länder [...] jederzeit bereit zu sein, den Sozialismus gegen alle Feinde zu verteidigen«[5].

Was man in der DDR unter dem Begriff »Waffenbrüderschaft« verstand, darüber gab erstmals das 1961 in der DDR herausgegebene »Deutsche Militärlexikon« Auskunft. Es beschrieb sie als »feste Kampfgemeinschaft der Soldatenmassen verschiedener Armeen«, die nur im Kampf für gerechte Ziele möglich sei und die ihre höchste Stufe zwischen den sozialistischen Armeen erreiche, die »durch das gemeinsame Ziel der Verteidigung des sozialistischen Lagers und der Sicherung des Friedens verbunden sind«[6]. Die Waffenbrüderschaft der sozialistischen Armeen basiere dabei auf der gleichen Klassenzugehörigkeit der Soldaten und Offiziere, auf einer einheitlichen Militärpolitik der kommunistischen Parteien sowie auf der einheitlichen Führung durch ein gemeinsames Oberkommando. Sie sei, so hieß es weiter, »ein ausschlaggebender Faktor der militärischen Überlegenheit des sozialistischen Lagers über das imperialistische Lager«[7]. In den achtziger Jahren konnte man darüber hinaus nachlesen, dass die Beziehungen der Waffenbrüderschaft für die einzelne Armee und

die Militärkoalition insgesamt »eine Quelle der Kampfkraft und Gefechtsbereitschaft« wären und dem Schutz jedes Bündnispartners dienten[8].

So verwundert es nicht, wenn die »sozialistische Waffenbrüderschaft« für die
gemeinsame militärische Verteidigung des Sozialismus sowie als »untrennbarer
Bestandteil der brüderlichen Beziehungen zwischen den Völkern und Staaten
der sozialistischen Gemeinschaft«[9] immer wieder hoch bewertet wurde. Es
gehörte quasi zum festen Ritual führender Politiker und Militärs der DDR, in
fast all ihren Reden und Schriften mindestens einmal die »unverbrüchliche Waffenbrüderschaft« und Freundschaft zur Sowjetarmee und den anderen »Bruderarmeen« zu glorifizieren[10]. Damit nahm die Waffenbrüderschaft neben der
führenden Rolle der Partei in den Streitkräften einen zentralen Platz in der
Selbstdarstellung sowie in der Erziehung der Armeeangehörigen der ersten
deutschen »Arbeiter- und Bauernarmee« ein[11].

Obwohl »Waffenbrüderschaft« in erster Linie ein Propagandabegriff war,
der den Zusammenhalt zwischen den Armeen des Warschauer Bündnisses
idealtypisch darstellen und emotional bei den Soldaten quasi in Verkörperung
des »proletarischen Internationalismus« im militärischem Bereich als politisch-
moralische Grundhaltung verankern sollte, galt er auch als Synonym für die
scheinbar gleichberechtigte, eben »brüderliche« Zusammenarbeit sowie für die
gegenseitigen Beziehungen im Pakt. Die Waffenbrüderschaft wurde in den
achtziger Jahren aufgrund angeblich neuer sozialpolitischer Beziehungen zwischen den Völkern sowie im Ergebnis der Entwicklung der sozialistischen
Staatengemeinschaft sogar als ein »neuer Typ der Zusammenarbeit zwischen
den Bruderarmeen« charakterisiert[12]. Sie sei durch eine »breite, allseitige Zusammenarbeit sowie enge Beziehungen gekennzeichnet, die alle Bereiche des
Lebens und der Tätigkeit der Bruderarmeen erfassen[13].«

Koordinierung im Warschauer Pakt

Geht man von den offiziellen Erklärungen des Warschauer Paktes und auch der
NVA aus, so verlief die Entwicklung der bi- und multilateralen Beziehungen der
Streitkräfte in der Koalition von Anfang an stets im Sinne dieser viel beschworenen »unverbrüchlichen Freundschaft und Zusammenarbeit«. Und in der Tat
bestanden dafür – zumindest theoretisch – nahezu ideale Bedingungen: im
Grundsatz gemeinsame politische und militärische Vorstellungen und Ziele der
Partei-, Staats- und Armeeführungen, generelle ideologische Übereinstimmung,
ein gemeinsames Feindbild, gemeinsame »revolutionäre« Traditionen (die freilich eher erfunden waren), Zugehörigkeit zu *einem* Bündnis, eine klar dominierende Führungsmacht in der Koalition, abgestimmte Einsatzgrundsätze und
militärische Aufgabenstellungen, ähnliche Strukturen, Organisationsformen und
Vorschriften in den Streitkräften, fast identische Bewaffnung, Kampftechnik

und Ausrüstung, eine teilweise Dislozierung in der unmittelbaren Nachbarschaft sowie eine gemeinsame Kommandosprache.

Die Koordinierung der militärpolitischen und militärischen Anstrengungen der Bündnisstaaten und ihrer Armeen gestaltete sich dementsprechend relativ umfassend. Sie betraf nahezu alle Fragen des Militärs. Die Abstimmung erfolgte auf der Ebene mehrseitiger und bilateraler Kontakte, wobei vor allem den Verteidigungsministerien der einzelnen Paktstaaten und den zentralen Koalitionsorganen der 1955 gegründeten Warschauer Vertragsorganisation (WVO) eine besondere Bedeutung zukam[14].

In den ausgehenden fünfziger Jahren spielten letztere jedoch kaum eine Rolle. Der Aufbau der Allianzstreitkräfte im Pakt lief eher zögerlich an, obwohl bereits im Mai 1955 die Schaffung eines Vereinten Oberkommandos und die Bereitstellung von bestimmten Kontingenten der nationalen Streitkräfte der Teilnehmerstaaten festgelegt sowie weitere institutionelle Voraussetzungen für die künftige Bündnisfähigkeit der verbündeten Armeen geschaffen wurden. Das offiziell höchste Organ des Paktes, der Politische Beratende Ausschuss (PBA), tagte bis zum Frühjahr 1961 insgesamt nur vier Mal. Es fanden weder gemeinsame Manöver der Vertragsarmeen statt, noch kam es zu einer zielgerichteten übergreifenden Koordinierung ihrer militärischen Anstrengungen. Ein Grund dafür ist wohl auch in der damals noch unbestimmten weiteren Ausrichtung der sowjetischen Militärstrategie zu suchen[15].

Erst nach 1960 erfolgte eine signifikante Aufwertung der WVO, was sich unter anderen in einer verstärkten sowjetischen Hinwendung zu einer Propagierung der Bündniskriegführung sowie in der nunmehr wachsenden Bedeutung der östlichen Militärallianz für die Zusammenarbeit der »Bruderarmeen« zeigte[16]. Die funktionale Ausdifferenzierung und die Neubildung von Führungsorganen des Paktes Ende der sechziger Jahre erhöhte zweifellos den Stellenwert der Paktgremien, auch wenn weiterhin die eindeutige sowjetische Dominanz und Kontrolle in allen Führungsstrukturen nicht zu übersehen war[17].

In der Folge entstand jedoch in der WVO ein strafferes System der militärischen Zusammenarbeit, freilich mit weiterhin klarer Kompetenzverteilung. Vorrangig sollten die Entwicklungspläne der Armeen, der Ausbau der Territorien der verbündeten Länder sowie die gemeinsamen Maßnahmen zur Erhöhung der Gefechtsbereitschaft und die operative Ausbildung der Truppen und Flotten abgestimmt werden. Zu diesem Zweck fanden regelmäßig Beratungen der Führungen der Streitkräfte, zwei- und mehrseitige Konsultationen sowie Treffen von Spezialisten statt. Gemeinsame operative sowie Kommandostabsübungen der verbündeten Truppen und Flotten und dienten dazu, das Zusammenwirken von Waffengattungen, Verbänden und Stäben zu verbessern, und sie hatten darüber hinaus militärpolitische Relevanz. Bedeutsam war vor allem die Zusammenarbeit auf dem Gebiet der Militärtechnik und die Koordinierung von Forschungs- und Entwicklungsaufgaben. Auch in der Militärwissenschaft und der Truppenführung kooperierten die WVO-Armeen. Nach wie vor große

Aufmerksamkeit galt der Ausbildung des militärischen Führungspersonals. Die sowjetischen militärischen Lehreinrichtungen hatten hier den Hauptteil zu leisten. Ausgebaut wurden zudem der Erfahrungsaustausch der Politorgane sowie die kulturellen Kontakte und die Sportbeziehungen zwischen den verbündeten Streitkräften[18]. Es entstanden Pläne für gemeinsame Maßnahmen der Vereinten Streitkräfte (VSK) des Warschauer Vertrages, Vereinbarungen zwischen den Verteidigungsministern mehrerer Bündnisstaaten, Pläne der Zusammenarbeit zwischen den General(Haupt-)stäben sowie zwischen den Politischen Hauptverwaltungen und den Dienstbereichen der Verteidigungsministerien.

Unter diesem großen »Dach« des Warschauer Paktes, dessen militärisches Zentrum freilich letztlich nichts anderes als der sowjetische Generalstab war, vollzog sich im Wesentlichen auch die Zusammenarbeit der NVA als Koalitionsarmee auf mehreren Ebenen mit den anderen Paktstreitkräften. Bei der Unterzeichnung des Warschauer Vertrages im Mai 1955 nahm die DDR hinsichtlich ihrer bewaffneten Kräfte noch eine Sonderposition ein. Im »Protokoll über die Schaffung eines Vereinten Kommandos« hieß es dazu: »Die Frage des Umfangs der von der DDR als Beitrag zu leistenden Truppenkontingente wird durch ein zusätzliches Abkommen entschieden«[19]. Der Vertrag zwischen der UdSSR und der DDR vom 20. September 1955 erlaubte dann die Schaffung regulärer ostdeutscher Streitkräfte.

Im Januar 1956 erfolgte die offizielle Gründung der Nationalen Volksarmee auf der Basis der Kasernierten Volkspolizei (KVP)[20]. Erst nach diesem Schritt, auf der ersten Sitzung des Politischen Beratenden Ausschusses der WVO Ende Januar 1956, stellte die DDR den Antrag, die NVA in das Warschauer Vertragswerk einzubeziehen. Mit diesem Tag wurde die DDR in die Militärorganisation des Paktes aufgenommen und die NVA formal den anderen Armeen gleichgestellt, und der DDR-Verteidigungsminister avancierte zu einem der Stellvertreter des Oberkommandierenden der Paktstreitkräfte. Das Bündnis bestätigte am 24. Mai 1958 die Einbeziehung der NVA, doch die konkrete Einbindung in die nukleare und strategisch-operative Planung der Vereinten Streitkräfte ließ noch auf sich warten. Dessen ungeachtet gab es für die weitere Entwicklung der NVA klare Vorgaben aus Moskau[21].

Als einziges Mitglied des Bündnisses war die DDR zudem bis zur Mitte der sechziger Jahre noch nicht in das System der bilateralen Freundschafts- und Beistandsverträge einbezogen[22], ein Umstand, der das besondere Interesse der Ostdeutschen an einer raschen Funktionsfähigkeit des Paktes förderte und ihre Position als »Musterknaben Moskaus« mit begründete. Erst 1964 änderte sich rein formal dieser schlechtere Status[23]. Von nun ab war das Ministerium für Nationale Verteidigung auch an der Planung des Einsatzes der NVA im Rahmen der Vereinten Streitkräfte des Warschauer Paktes beteiligt[24].

Entsprechend der bis Mitte der achtziger Jahre gültigen sowjetischen Planung wären im Kriegsfall auf dem Territorium der DDR zwei Fronten als Teil der 1. strategischen Staffel der Vereinten Streitkräfte des Warschauer Paktes

Verbände und Truppenteile der NVA im Bestand der Vereinten Streitkräfte der WVO (Friedenszeiten) 1961 bis 1970

Bezeichnung	1961	1963	1967
Führungen von allgemeinen Armeen	1	1	1
Führungen von Armeekorps	1	1	1
Raketenbrigaden	1*	1	1
Mot. Schützendivisionen	4	4	4
Panzerdivisionen	2	2	2
Selbstständige Pontonregimenter	-	-	1
Führungen der LSK/LV	1	1	1
Führungen von Luftverteidigungsdivisionen	2	2	2
Jagdfliegergeschwader	6	6	-
Fla-Raketenabteilungen	20*	-	-
Fla-Raketenregimenter (mit je 4 Abteilungen)	-	5	5
Funktechnische Regimenter	2	2	-
Funktechnische Brigaden	-	-	2
Nachrichtenregimenter der LSK/LV	1	-	1
Hubschraubergeschwader	1	1	1
Transportfliegerstaffeln	-	2	2
Fliegertechnische Bataillone	-	-	9
Kommando der Volksmarine	1	1	1
Führungen von Flottillen	2	3	3
Raketen(schnell)boot-Brigaden	1*	1	1
Batterie/Abteilungen Komplex »Sopka«	1*	1	1
Sicherungsbrigaden	2	-	2
Abteilungen kleiner U-Boot-Jäger	2	2	-
(Minen-)Räumboot-Abteilungen	4	4	-
Küstenschutzschiff-Abteilungen	1	1	1
Torpedoschnellboot-Brigaden	2*	2	2
Landungsschiff-Abteilung/-Brigade	1*	1	1
Nachrichtenbataillone	-	-	1

* nach der Aufstellung.

Quelle: Protokoll der Beratung des DDR-Verteidigungsministers mit dem Kommando der Vereinten Streitkräfte des Warschauer Vertrages und dem Ministerium für Verteidigung der UdSSR vom 31.3.1961 (Anlage 2), Bundesarchiv-Militärarchiv (BArch-MA), DVW 1/53109, Bl. 8 f.; Protokoll der Beratung des DDR-Verteidigungsministers mit dem Kommando der Vereinten Streitkräfte des Warschauer Vertrages und dem Ministerium für Verteidigung der UdSSR vom 27.2.1963 (Anlage 2), BArch-MA, DVW 1/53110, Bl. 18 f.; Protokoll zu Fragen der weiteren Entwicklung der NVA 1967–1970 vom 17.5.1967, BArch-MA, DVW 1/53112, Bl. 13 f.

gebildet worden: die 1. Westfront, bestehend aus der Gruppe der Sowjetischen Streitkräfte in Deutschland (GSSD) und den NVA-Landstreitkräften, und die Küstenfront, bestehend aus der Polnischen Armee und Teilen der NVA-Landstreitkräfte. Die NVA wäre in diese beiden Fronten integriert worden, ohne jedoch eine eigenständige Rolle zu übernehmen. Luftstreitkräfte und Luftverteidigung (LSK/LV) der NVA hätten im Wesentlichen im Bestand des einheitlichen Luftverteidigungssystems zu handeln gehabt und wären bei Kriegsbeginn dem Befehlshaber der 1. Westfront unterstellt worden. Die Volksmarine wäre in den Bestand der Vereinten Ostseeflotte übergegangen und hätte damit dem Befehl des Chefs der Baltischen Flotte der UdSSR unterstanden[25]. In allen operativen Fragen ließ sich die sowjetische Seite generell ungern in die Karten schauen. Die operative Einsatzplanung für die NVA durften in vollem Umfang nur drei ihrer Angehörigen kennen: der Verteidigungsminister, der Chef des Hauptstabes und der Chef Operativ des Hauptstabes der NVA[26].

Weniger einseitig entwickelte sich dagegen die militärtechnische Zusammenarbeit im Pakt, die sich relativ frühzeitig auch als ein wichtiges Feld der multi- und bilateralen »Waffenbrüderschaftsbeziehungen« der NVA herauskristallisierte. Jährlich fanden zwischen den verantwortlichen Bereichen Treffen auf der Grundlage von Regierungsabkommen über das Zusammenwirken der Verteidigungsindustrien statt, um unter anderem die Forschungspläne oder Maßnahmen zur Instandsetzung von Kampftechnik abzustimmen und auch damit zur Festigung der ideell beschworenen Waffenbrüderschaft beizutragen. Ende der sechziger Jahre begann sich die militärtechnische Zusammenarbeit zu intensivieren. Auch hier bildete die Sowjetunion zwar die dominierende Macht im Warschauer Pakt, die »alle Rüstungsgüter von der Handwaffe bis zur nuklear bestückten Interkontinentalrakete entwickeln und produzieren konnte«[27]. Die DDR war jedoch vor dem Hintergrund ihrer wirtschaftlichen Stärke und der wissenschaftlichen Forschungs- und Entwicklungsleistungen anerkannter Partner im Pakt[28]. Auch die DDR-Streitkräfte fühlten sich als zunehmend gleichberechtigt und artikulierten selbstbewusst ihre Vorstellungen und Fragen. Von 1969 bis 1989 wurden beispielsweise 470 sogenannte Ausrüstungsempfehlungen durch den Militärwissenschaftlich-Technischen Beirat beim Chef des Technischen Komitees der Vereinten Streitkräfte an die Bündnisarmeen gegeben. 66 davon, also 14 Prozent, brachte alleine die NVA ein[29].

Komplizierter gestaltete sich die Situation hinsichtlich der industriellen Instandsetzung. Hier sei es außer bei der Flugzeug- und Fla-Raketentechnik zu keiner echten Zusammenarbeit gekommen[30]. Die für die Instandsetzung benötigten Dokumentationen kamen oft erst vier bis sechs Jahre nach Einführung der Technik, auch die zeitgerechte Versorgung mit Ersatzteilen funktionierte nicht[31].

Im Gegensatz zu Polen, der ČSSR oder Rumänien verfügte der SED-Staat über keine ausgeprägte Rüstungsindustrie, dennoch entwickelte sich die DDR offenbar schrittweise von einem reinen Rüstungsimporteur zu einem Rüstungspartner im Pakt. So entstand eine Zulieferindustrie für Kriegsgerät, und es wurden einige größere Systeme wie Brückenlegepanzer hergestellt. Die Hauptbewaffnung kam freilich aus der UdSSR, aus Polen und der ČSSR. Dem Drängen der Sowjets nach der Produktion von Kanonen, Schützenpanzerwagen oder Panzern in der DDR wich die DDR-Seite immer wieder mit dem Hinweis auf die hohen Kosten für die Gruppe der Sowjetischen Streitkräfte in Deutschland und die Grenzsicherung aus.

Einen guten Ruf im Warschauer Pakt besaß dessen ungeachtet der DDR-Kriegsschiffbau. Er war der einzige Rüstungsbereich, »auf dem die DDR im WVO-/VSK-Maßstab konkurrenz- und leistungsfähig war«[32]. Insbesondere nach 1980 intensivierte sich auf diesem Gebiet die Zusammenarbeit zwischen der UdSSR und der DDR. Allein von den in der DDR projektierten und gebauten Schiffen für die U-Boot-Abwehr (UAW) mit der Bezeichnung »Projekt 133.1« lieferte die DDR zwölf Stück in die Sowjetunion. Allerdings kam es auch hier vor, dass die sowjetische Seite es ablehnte, bei bestimmten Problemen über vorhandene Erkenntnisse und Erfahrungen zu informieren bzw. bestimmte Unterlagen zu übergeben, was bei den Verantwortlichen in der DDR auf völliges Unverständnis stieß.

»Von der Sowjetarmee lernen, heißt siegen lernen!«

Die Beurteilung des Verhältnisses eines Bündnisteilnehmers zu »seiner« Führungsmacht stellt allgemein ein komplexes und damit zugleich auch kompliziertes Unterfangen dar. All zu einfache Antworten verbieten sich, da Bündnispflichten und Abhängigkeit oft mit dem Versuch der Bewahrung von Souveränität und Eigenständigkeit in ein ambivalentes Spannungsverhältnis geraten konnten. In diesem Sinne gilt es auch, das Verhältnis von DDR und NVA zur Sowjetunion und ihren Streitkräften möglichst differenziert zu untersuchen.

Die Beziehungen der jüngsten Paktarmee zu den Sowjetstreitkräften wurden nicht nur in der Propaganda gebetsmühlenartig als »Kernstück« und »Hauptkriterium« oder, wie es der langjährige DDR-Verteidigungsminister Armeegeneral Heinz Hoffmann einmal formulierte, als »Hohe Schule der Waffenbrüderschaft«[33] im Bündnis herausgehoben, in der Praxis waren sie das für die DDR und die NVA auch tatsächlich. Das hatte historische, politische, wirtschaftliche, geostrategische und nicht zuletzt militärische Gründe[34]. Bereits Ende der siebziger Jahre hatten die amerikanischen Autoren A. Ross Johnson, Robert W. Dean und Alexander Alexiev in ihrer noch heute bemerkenswerten Studie über die Streitkräfte des Warschauer Paktes in Mitteleuropa völlig zu Recht auf diese Besonderheit im Verhältnis des DDR-Militärs zum »großen Bruder« Sowjetunion hingewiesen: »Die Unterordnung der NVA unter die UdSSR ist direkter und umfassender als die ihrer Verbündeten im Warschauer Pakt[35].«

In der DDR gehörte die Freundschaft zur Sowjetunion von Beginn an zum A und O der Politik der Sozialistischen Einheitspartei Deutschlands (SED) und des Staates. Die Befreiung Deutschlands vom Faschismus und die Möglichkeit, dass die DDR nunmehr den Weg zum Sozialismus beschreite, so hieß es, sei das Verdienst der sowjetischen Soldaten, denen man dafür stets mit Verständnis und Dankbarkeit gegenüberzutreten habe. Zudem sei die Sowjetunion angesichts der »aggressiven« Bestrebungen der NATO und der Bundesrepublik der Garant für die Existenz der DDR. Eine massive, gelenkte Freundschaftspropaganda, in deren Zentrum bis Mitte der fünfziger Jahre noch der Kult um Stalin stand, zielte auf die vorbehaltlose Anerkennung der sowjetischen Führungsrolle. Sie konnte aber letztlich nicht darüber hinwegtäuschen, wie wenig die Freundschaft zur Sowjetunion in der Bevölkerung der DDR verankert war[36].

Die UdSSR initiierte, formte und überwachte den militärischen Aufbau in der SBZ/DDR von Anfang an. Sie bestimmte für die ostdeutsche Armee Auftrag, Ausrüstung und Dislokation der Truppen, traf Personalentscheidungen und schrieb sogar das Aussehen der Uniformen vor[37]. Prinzipiell alle grundlegenden Entscheidungen zum Aufbau der Streitkräfte und zur Entwicklung der DDR-Landesverteidigung wurden von den führenden Politikern und Militärs der Sowjetunion vorgegeben oder durften nur mit deren Zustimmung getroffen werden. Am unmittelbarsten wirkten in den ersten Aufbaujahren die sogenannten Berater oder »Sowjetniks« in den Einheiten der kasernierten Polizeitruppe der DDR, des Vorläufers der 1956 offiziell gegründeten NVA. Dabei kam es mitunter zu Konflikten. So fühlten sich einige ältere KVP-Kommandeure bevormundet, als sie ihre früheren, in der Wehrmacht erworbenen Erfahrungen und Kenntnisse zugunsten der sowjetischen Vorgaben aufgeben sollten. Wenn auch mitunter durchaus freundschaftliche Beziehungen zwischen »Sowjetniks« und KVP-Offizieren entstanden, blieben private Bindungen zwischen sowjetischen und deutschen Militärangehörigen eher Ausnahmen[38].

Für Ost-Berlin und sein Militär bildete die sowjetische Unterstützung trotz der offensichtlich fehlenden eigenen Souveränität eine unschätzbare Hilfe, ja geradezu eine Notwendigkeit. Nur die Sowjetunion konnte das Überleben der DDR und der SED-Herrschaft sichern, wie nicht zuletzt die Niederschlagung des Volksaufstandes vom 17. Juni 1953 bewies. Vor diesem Hintergrund und der als permanente Bedrohung perzipierten Entwicklung im Westen war man in der DDR für die sowjetische Hilfe beim Aufbau eigener nationaler Streitkräfte sehr dankbar. Die Dominanz der UdSSR wurde von der SED generell anerkannt und auch als unabdingbar angesehen[39].

Nachdem die SED mit der Durchsetzung ihrer »führenden Rolle« auch auf militärpolitischem Gebiet die entscheidende Voraussetzung geschaffen hatte, das sowjetische Modell auf die Entwicklung militärischer Formationen in der DDR zu übertragen, war es nur konsequent, die von ihr zur »Herzenssache aller Deutschen« hochstilisierte deutsch-sowjetische Freundschaft sowie das stark idealisierte Bild des sowjetischen Soldaten als »Held« und »neuer Mensch« unter den Waffenträgern der DDR zu verbreiten[40]. Die Sowjetarmee galt als großes Vorbild und die Freundschaft zur Sowjetunion als Richtschnur des Handelns, was von Beginn an den Angehörigen der KVP propagandistisch vermittelt wurde.

»Die grundlegenden Interessen der Werktätigen der Deutschen Demokratischen Republik gebieten uns, die Sowjetunion und deren friedliche Politik zu unterstützen. Ein wahrer Patriot sein bedeutet, ein treuer Freund der Sowjetunion zu sein. Wer aber mit den Imperialisten gegen die Sowjetunion zusammengeht, ist ein Verräter an den eigenen nationalen Interessen[41].«

Als »Verräter« galten auch diejenigen KVP-Angehörigen, die als ehemalige Wehrmachtangehörige oder Vertriebene persönliche Erfahrungen mit der Roten Armee öffentlich machten, die im Widerspruch zum offiziellen Propagandabild standen. Sie wurden unter dem Verdikt der »Antisowjethetze« verfolgt[42].

Vor diesem Hintergrund von einer Zusammenarbeit oder gar von »Waffenbrüderschaft« zwischen den sowjetischen Streitkräften und den frühen militärischen Formationen der DDR zu sprechen, wäre daher verfehlt. Es war und blieb ein sehr dirigistisches Verhältnis: Die Sowjets bestimmten alle Bereiche des militärischen Lebens der KVP. Daran konnten auch die zahlreichen verbalen Äußerungen in der politischen Erziehungsarbeit der Truppe nichts ändern, die besonders die Waffenbrüderschaft mit der Sowjetarmee herauszuheben und die Freundschaft mit den anderen Armeen der sogenannten Volksdemokratien sowie mit der Volksrepublik China und Nordkorea zu beschwören versuchten.

Erst nach der offiziellen Gründung der NVA im Jahr 1956 kam es zu planmäßigen, zunehmend auf Gleichberechtigung zielenden Beziehungen der ostdeutschen Streitkräfte zu den im Pakt vereinten »Bruderarmeen«, wobei die rasche Einbeziehung in die Bündnisstrukturen und aus naheliegenden Gründen die Zusammenarbeit mit den in der DDR stationierten sowjetischen Truppen der GSSD[43] im Mittelpunkt standen.

Das »Regiment nebenan« – NVA und GSSD

Seit 1945 waren die sowjetischen Besatzungstruppen einer der einflussreichsten Faktoren, die die politische Situation im Osten Deutschlands bestimmten. Anfangs eine reine Besatzungsarmee, wurden die sowjetischen Truppen in der DDR »zu einer Art Mentor des implantierten SED-Regimes, dessen Machterhalt neben der Sicherung des westlichen strategischen Vorfeldes bis in die zweite Hälfte« der achtziger Jahre eine ihrer wesentlichen Aufgaben bildete«[44]. Erst danach relativierte sich diese Aufgabe.

Die GSSD, 1989 in Westgruppe der Truppen (WGT) umbenannt, nahm zugleich einen besonderen Platz in den sowjetischen Streitkräften ein. Sie bildete die größte militärische Gruppierung außerhalb der UdSSR, die die wich-

Materieller Gesamtaufwand der DDR für die GSSD 1982/83
(in Millionen DDR-Mark)

Bezeichnung	1982	1983
Materialien und Ausrüstungen	366,0	351,4
Erzeugnisse der Land- und Nahrungsgüter- wirtschaft	103,7	102,0
Konsumgüter für den individuellen Verbrauch	937,4	913,3
Bauinvestitionen (davon Wohnungsbau)	239,4 (122,8)	228,8 (166,3)
Baureparaturen	83,0	90,0
Dienstleistungen	28,6	28,6
Gesamt	**1758,1***	**1714,1**

* Im Original wird eine Gesamtsumme von 1746,1 Millionen DDR-Mark ausgewiesen – offenbar ein Rechenfehler.

Quelle: Gesprächsanhalt für eine Unterredung des Ministers für Nationale Verteidigung der DDR, Armeegeneral Heinz Hoffmann, mit dem Minister für Verteidigung der UdSSR, Marschall der Sowjetunion Dimitrij F. Ustinov, vom 11.1.1983 in Prag, BArch-MA, DVW 1/71040, Bl. 222–224.

tigste strategische Position direkt vor den Hauptkräften der NATO besetzte. Ihre Verbände – die in fünf Armeen zusammengefassten 20 Panzer- und Mot. Schützendivisionen, die Luftstreitkräfte und Truppenteile zentraler Unterstellung – waren mit modernsten Waffen ausgerüstet. Die GSSD war sozusagen fern des Heimatlandes ein Staat und eine Armee für sich. Zwar gab es seit 1957 mit dem Stationierungsabkommen eine formaljuristische Grundlage über das Verhältnis zwischen der DDR und der GSSD, aber praktisch hatte die DDR-Führung kaum Einfluss auf das sowjetische Militär. Auch nach dem Abkommen behielten die sowjetischen Streitkräfte in der DDR ihre weitgehende Handlungsfreiheit bei und stellten gewissermaßen eine Parallelmacht im Osten dar[45].

Die DDR war im Übrigen verpflichtet, alle Anstrengungen zu unternehmen, um die Tätigkeit der GSSD und die Versorgung ihrer Angehörigen sicherzustellen. Sie erbrachte dabei beispielsweise allein in den Achtzigern Lieferungen und Leistungen mit einem jährlichen Gesamtumfang von über 1,7 Milliarden DDR-Mark. Darüber hinaus wurde die GSSD von der DDR mit Treibstoffen in einer Größenordnung von jährlich über 365 000 t versorgt.

Die NVA wurde entsprechend ihrem Auftrag als Bündnisarmee in Gliederung, Struktur und Ausrüstung der GSSD angepasst. Generalmajor a.D. der NVA Hans Werner Deim, zeitweise Chef der operativen Verwaltung des Hauptstabes der NVA, stellte dazu fest: »Die NVA war zwar eine Koalitionsarmee, wurde aber zweifelsfrei grundsätzlich auf die Ergänzung sowie die operative und operativ-taktische Mischung mit den Truppen der GSSD ausgerichtet[46].«

Wenngleich noch 1958, in der Aufbauphase der NVA, die sowjetischen Berater offiziell aus den NVA-Einheiten abgezogen wurden, ließen die Sowjets die DDR-Armee nicht ohne jegliche Kontrolle. Dutzende sowjetische Offiziere und Generale kamen jetzt als Vertreter des Vereinten Oberkommandos der WVO bis auf die Ebene der Divisionen und in die Fla-Raketentruppen, nicht aber in die Flottillen. Diese Offiziere sollten als Militärspezialisten auch die Zusammenarbeit mit der GSSD fördern. Sie hatten zwar keine Weisungsbefugnisse, nahmen jedoch an allen militärischen Maßnahmen der NVA teil und informierten die sowjetische Führung. Die militärischen Beziehungen zwischen der GSSD und der Baltischen Flotte der UdSSR einerseits und der ostdeutschen Seite andererseits entwickelten sich schrittweise und erreichten bis in die achtziger Jahre ein beachtliches Niveau[47].

Im August 1957 fand die erste gemeinsame Übung von Verbänden und Stäben der Landstreitkräfte statt. Erstmalig nach dem Krieg stand einer sowjetischen Division wieder eine deutsche, eine NVA-Division unmittelbar »auf dem Feld« gegenüber – wenn auch nur als »Übungsgegner«. Dem damals erst 32-jährigen NVA-Divisionskommandeur Oberstleutnant Horst Stechbarth gelang es dabei, sich mit eigenen Ideen der Truppenführung bei den Sowjets Respekt zu verschaffen[48]. Stechbarth brachte es später bis zum Generaloberst und stellvertretenden Verteidigungsminister der DDR[49].

Seit den sechziger Jahren entstanden und entwickelten sich dann zahlreiche Kontakte, vor allem gegenseitige Besuche, Freundschaftstreffen, Kulturauftritte. Die organisierten Begegnungen, etwa zu politischen Feiertagen, liefen im Prinzip immer nach dem gleichen Schema ab: Die Delegation einer NVA-Einheit, bestehend aus einigen Offizieren mit ihren Ehefrauen sowie oft auch einer Gruppe Soldaten und Unteroffizieren, fuhr in eine sowjetische Kaserne. Dort nahmen sie an einer Festveranstaltung mit Kulturprogramm teil. Es gab Gruß-adressen, Gastgeschenke und Blumen. Danach luden die Sowjets zu einem Essen – Offiziere und Soldaten getrennt. Es schlossen sich Sportwettkämpfe an. Die Offiziere nahmen schließlich an einem Bankett teil, das nicht selten in einem ausgiebigen gemeinsamen Trinkgelage ausartete[50].

Zu einer festen Institution in der gesamten NVA wurden seit 1968 propagandistische Großveranstaltungen, die jedes Jahr zwischen dem Tag der Sowjetarmee, dem 23. Februar, und dem Tag der NVA, dem 1. März, als sogenannte Woche der Waffenbrüderschaft stattfanden. Sie sollten im breiten Maße, unter Einbeziehung der SED, der Staatsorgane sowie der gesellschaftlichen Organisationen, bei den NVA-Soldaten und großen Teilen der Bevölkerung »internationalistische Denk- und Verhaltensweisen« fördern sowie die Überzeugung von der »Friedensverantwortung der verbündeten Streitkräfte« stärken[51]. Zumeist erlebten die dafür verpflichteten Teilnehmer jedoch steife Rituale und Jubelfeiern mit schwülstigen Reden und gestellten Fotos.

Die »Woche der Waffenbrüderschaft« 1983 bis 1987

Jahr	Anzahl der Maßnahmen	Teilnehmer			
		NVA/ Grenztruppen	GSSD	andere Paktarmeen	DDR- Bevölkerung
1983	11 449	371 000	166 350	700	940 000
1984	11 660	350 000	200 000	1250	1 300 000
1985	11 700	290 000	150 000	970	1 300 000
1986	26 915	431 700	197 000	3650	1 065 000
1987	22 663	383 400	149 900	1360	1 005 000

Quelle: Kollegiumsvorlage Nr. 40/87 zur Entwicklung der Waffenbrüderschaftsbeziehungen der NVA vom 17.10.1987 (Anlage 2), BArch-MA, DVW 1/55649, Bl. 185. Eine Überprüfung dieser Angaben ist nicht möglich. Es ist davon auszugehen, dass die Zahlenangaben auf Schätzungen beruhen, die aus propagandistischen Gründen oft überhöht wurden. Ob der enorme Anstieg der Maßnahmen und der Teilnehmerzahlen in der NVA im Jahre 1986 mit der ein Jahr zuvor von Michail Gorbačev eingeleiteten sowjetischen Politik und dem gewachsenen Interesse der DDR-Bürger daran in Verbindung steht, lässt sich nur vermuten.

Die besonders von der NVA angestrebte militärische Zusammenarbeit mit der GSSD wurde im Zuge der fortschreitenden Integration der DDR-Armee in das Bündnis und der Modernisierung der Streitkräfte dennoch durchaus intensiver und vielschichtiger. Hatte aber die NVA bereits Ende 1964 – nach dem Abschluss des bilateralen Vertrages über Freundschaft, gegenseitigen Beistand und Zusammenarbeit zwischen der UdSSR und der DDR vom Juni des Jahres – einen Perspektivplan zur »weiteren Festigung der Waffenbrüderschaft zwischen der NVA und der GSSD« sowie ein Jahr später eine allgemeine Waffenbrüderschaftsordnung erlassen, sanktionierte die GSSD erst 1970 mit einer »Direktive zur Vertiefung der Waffenbrüderschaft« ihrerseits die Kontakte zwischen Verbänden und Truppenteilen[52]. In der Folge gelang es, mit jährlichen Plänen der Zusammenarbeit, vertraglichen Vereinbarungen zwischen Truppenteilen – in der Regel bekam jeder NVA-Truppenteil durch die Politorgane eine sowjetische Einheit als Paten zugeteilt –, gemeinsamen Übungen und wiederholtem Treffen sowie Erfahrungsaustausch eine relativ beständige Zusammenarbeit zu entwickeln. Eine Aufstellung über die Beziehungen von Truppen und Stäben des Militärbezirkes (MB) Neubrandenburg zur GSSD listete beispielsweise für das 1. Ausbildungshalbjahr 1973/74 exakt 561 Maßnahmen auf, davon waren jedoch noch fast zwei Drittel reine Propaganda-, Kultur- und Sportveranstaltungen[53]. Mitte der achtziger Jahre bestimmten dagegen in den NVA-Landstreitkräften gemeinsame Ausbildungsvorhaben, Leistungsvergleiche, die sogenannte Neuerertätigkeit, politischer und militärischer Erfahrungsaustausch, etwa bei der Einführung neuer Technik, die gemeinsame Durchführung von Elementen der Gefechtsausbildung und gemeinsame Lehrvorführungen mehr als die Hälfte aller »Waffenbrüderschaftsmaßnahmen«. Bei den Luftstreitkräften/Luftverteidigung nahmen diese Elemente mehr als zwei Drittel der Zusammenarbeit ein. Und auch bei der Volksmarine war die Mehrzahl der »Waffenbrüderschaftsmaßnahmen« auf die unmittelbare Vorbereitung von Ausbildungsschwerpunkten der verbündeten Ostseeflotten gerichtet[54]. Solcherart erhöhte sich nicht nur die Fähigkeit der Kommandeure zum gemeinsamen Handeln unter einheitlichem Kommando, sondern der NVA gelang es schrittweise, eigene Vorstellungen und Leistungen einzubringen. Dazu trugen nicht zuletzt die Ausbildung in der UdSSR und die dort erworbenen Sprachkenntnisse der höheren NVA-Offiziere bei[55].

Vor allem in gemeinsamen Feldlagern, bei Übungen und Manövern sowie im Gefechtsdienst der Flotten und im Diensthabenden System der Luftverteidigung ging es zumeist um Fragen des konkreten militärischen Zusammenwirkens. So schrieb ein ehemaliger NVA-Offizier in seinen Erinnerungen über die Tätigkeit in der gemeinsamen Luftverteidigung:

»Eine gute Zusammenarbeit pflegte ich mit der sowjetischen Nachbareinheit. Sie war knapp zwanzig Kilometer von meinem Standort entfernt stationiert. Die gleiche Technik, die gleichen Aufgaben, aber die größere Erfahrung beim ›Waffenbruder‹, so hieß das bei uns. Sie halfen immer kameradschaftlich, wenn es bei uns technische Probleme gab, ein Anruf genügte. Bei großen Übungen, die im Rahmen des Warschauer Vertrages stattfanden, arbeiteten Soldaten von mir im Gefechtsstand der sowjetischen Einheit und umgekehrt. Die Ergebnisse der gemeinsamen Luftaufklärung wurden zum beiderseitigen Vorteil ausgetauscht[56].«

In vielen Fällen brachte so das »Regiment nebenan« von der GSSD den NVA-Einheiten tatsächlich einen Nutzen, vor allem für die gefechtsnahe Ausbildung. Eine besondere Seite der praktischen Waffenbrüderschaft bestand zudem in der gegenseitigen inoffiziellen Hilfe bei Havarien, fehlenden Ersatzteilen und anderen Problemen. Hier wurde auf der Ebene von Regimentern und Bataillonen pragmatisch gehandelt, um sich bei Reparaturen usw. zu helfen[57].

Die zahlreichen positiven Beispiele der Zusammenarbeit zwischen der NVA und der GSSD, die es auf den verschiedensten Ebenen zweifellos gab, konnten jedoch nicht die vielfältigen Probleme und Besonderheiten verbergen, die sich hinter der offiziellen Fassade der »unverbrüchlichen Freundschaft« und der »brüderlichen Beziehungen« verbargen.

Mitunter standen Offiziere der GSSD etwas frustriert ihrem an der sowjetischen Generalstabsakademie ausgebildeten Partner aus der DDR gegenüber, da sie selbst auf eine solche Ausbildung nicht verweisen zu konnten. Auch der Wunsch, dass NVA-Offiziere zeitweilig in benachbarten Stäben der GSSD oder sowjetische Offiziere in einem NVA-Divisionsstab der Landstreitkräfte zur zeitweiligen Dienstausübung abkommandiert wurden, erfüllte sich nie[58]. Probleme traten ebenfalls aufgrund der oftmals großen räumlichen Entfernung der Partnertruppenteile sowie der begrenzten Möglichkeiten zur gemeinsamen Nutzung von Truppenübungs- und Schießplätzen auf. Die Führung der Luftvertei-

Waffenbrüderschaftsmaßnahmen in der NVA im Ausbildungsjahr 1985/86

	Landstreitkräfte	LSK/LV	Volksmarine
Teilnehmer NVA	234 000	24 500	21 600
Teilnehmer GSSD/Baltische Flotte	169 000	13 700	2 500
Anzahl der Maßnahmen	8 779	1 256	570

Quelle: Zusammengestellt nach: Kollegiumsvorlage Nr. 40/87 zur Entwicklung der Waffenbrüderschaftsbeziehungen der NVA vom 17.10.1987, BArch-MA, DVW 1/55649, Bl. 190–192.

digung, die in allen anderen Mitgliedsstaaten des Paktes in nationaler Verantwortung lag, wurde für das Territorium der DDR vom Oberkommandierenden der GSSD wahrgenommen. Alle Versuche der NVA, diesen Zustand zu ändern, scheiterten[59]. Zum Scheitern verurteilt waren auch die – sehr vorsichtigen – Bemühungen verschiedener NVA-Generale, die sowjetische Seite zum Abgehen von den der NVA aufoktroyierten völlig überzogenen Forderungen der Gefechtsbereitschaft zu bewegen, die mit oft unzumutbaren Belastungen für das Personal und die Technik verbunden waren[60].

Obwohl bei den meisten Generalen und hohen Offizieren der NVA die Freundschaft mit der UdSSR und ihren Menschen offenbar eine »Herzenssache« war und sie die Zusammenarbeit mit der GSSD vor allem seit den siebziger Jahren als durchaus eine unter Gleichgestellten ansahen[61], verweisen ehemalige Führungskräfte der DDR-Volksarmee heute nahezu unisono darauf, dass das Verhältnis zwischen NVA und Sowjetarmee insgesamt sowie auch die Beziehungen auf den unteren Ebenen oftmals von der Persönlichkeit der jeweiligen Befehlshaber und Kommandeure in der GSSD abhingen[62].

Das Verhalten von sowjetischen Generalen und Offizieren war nicht selten von Zurückhaltung, Überheblichkeit und Launenhaftigkeit geprägt. Insbesondere Armeegeneral Michail M. Zaicev, der von 1980 bis 1985 an der Spitze der GSSD stand, verkörperte diesen Typus. »Zu einer unangenehmen Auseinandersetzung mit Saizew kam es während einer gemeinsamen Übung auf dem Platz Hillersleben. Beim Angriff mit Gefechtsschießen handelten ein Panzerregiment der GSSD und eines des MB III [Leipzig] nebeneinander in der 1. Staffel. Die Panzer der NVA passierten pünktlich die Ausgangslinie und bewegten sich zügig zur Linie der Feuereröffnung. Die Panzer der GSSD jedoch blieben weit zurück. Damit es zu keinen Unfällen kommt, ließ ich die Panzer der NVA anhalten, damit die sowjetischen Panzer herankommen konnten. Armeegeneral Saizew kam wütend zu mir und fragte, weshalb die NVA-Panzer anhielten. Ich sagte ihm den Grund. Darauf Saizew: ›Merken Sie sich, Genosse General, die Sowjetarmee kommt nie zu spät!‹ Ich wurde auch unhöflich und erwiderte: ›Und merken Sie sich, dass ich nicht Ihr Untergebener bin!‹ General [Manfred] Grätz, der Chef des MB III, ließ seine Panzer wieder rollen. Nach der Übung, beim gemeinsamen Abendessen, waren die Wolken wieder verzogen und die Atmosphäre wieder sauber[63].«

Nicht wenige sowjetische Offiziere, insbesondere aus der in den achtziger Jahren in die DDR kommenden jüngeren Generation, verfügten offenbar über nicht ausreichende oder sehr einseitige Informationen über den »kleinen« Waffenbruder NVA, über die DDR und Deutschland. Das führte zu Berührungsängsten, Distanz, politischen, ideologischen und militärischen Vorbehalten bis hin zum allgemeinen Desinteresse an den Deutschen und zu einer gewissen Selbstherrlichkeit, gepaart mit einer noch unterschwellig vorhandenen Siegermentalität. Des Weiteren trugen übertriebene Geheimniskrämerei und unverständliche Festlegungen zur Abgrenzung von der Bevölkerung der DDR – wahrscheinlich aus der Befürchtung heraus, militärische Geheimnisse preiszugeben oder das Renommee der führenden Militärmacht zu beschädigen – zu einem ungünstigen Verhältnis bei[64]. Inwiefern vor diesem Hintergrund die immer wieder auch von sowjetischer Seite propagierte Waffenbrüderschaft mit der NVA den Angehörigen der GSSD wirklich wichtig war, lässt sich freilich nur schwer verifizieren. Fest steht, dass das sowjetische Offizierkorps von sich aus kaum initiativ wurde und nur selten als erste und ohne Weisung Kontakt zu ihren deutschen Waffenbrüdern aufnahm. Häufige Personalwechsel behinderten zudem eine kontinuierliche Fortentwicklung der Beziehungen. Das alles ließ die Waffenbrüderschaft auf sowjetischer Seite offenbar zu einer eher nachrangigen Sache werden. Die NVA-Führung mahnte daher ihrerseits bei den verantwortlichen NVA-Offizieren an, »viel Einfühlungsvermögen, politisch kluges Verhalten, Aktivität und Geduld« zu beweisen, um bei von der sowjetischen Seite ausgehenden Problemen die Beziehungen dennoch aufrechtzuerhalten[65]. Darüber hinaus sollten die Wehrkommandos stärker in die »Waffenbrüderschaftsarbeit« einbezogen werden, um bereits frühzeitig zur emotionalen Motivierung des militärischen Berufsnachwuchses beizutragen.

Unbequeme Fragen aus der Truppe zum Vorbildcharakter der Sowjetunion und ihrer Armee ließen sich jedoch zumeist nicht vermeiden, wenn NVA-Angehörige mit dem »Waffenbruder« konfrontiert wurden, insbesondere mit dem rigiden Umgang und den zum Teil katastrophalen Lebens- und Dienstbedingungen der einfachen »Muschkoten« in der GSSD. Offenbar sollten die Soldaten auch nicht die Realität ihrer potenziellen Kampfgefährten kennenlernen, denn die offiziell als Klischee abgetanen Vorstellungen über die »Freunde« bewahrheiteten sich zumeist bei den wenigen Zusammentreffen mit den einfachen Soldaten. Selbst Offiziere zeigten sich über die strengen und oftmals primitiven Lebens- und Dienstbedingungen der einfachen Sowjetsoldaten verwundert und teilweise verstört[66]. Die »Russen« waren zudem nicht sonderlich daran interessiert, dass die eigenen Soldaten sahen, dass der NVA-Soldat besser lebte und im Vergleich komfortablere Dienstbedingungen hatte als sie selbst.

Angesichts dieser Realitäten wirkte die propagandistisch überhöhte Vorbildwirkung des »großen Bruders« auf die meisten einfachen NVA-Soldaten

eher nervend und führte entweder zu einer Verballhornung der »unverbrüchlichen Freundschaft« oder zu antisowjetischen Äußerungen, gegen die man
seitens der Partei- und Politorgane sowie der Staatssicherheit in der Regel streng
vorging[67].

Von einer wirklichen »Erlebbarkeit« der Waffenbrüderschaft bei den Mannschaften sowie im Unteroffizierkorps war man also trotz aller »Maßnahmen«
weit entfernt, wobei sicher die Sprachbarriere ihren Anteil daran hatte. Um
diesen für die NVA-Führung ideologisch und politisch problematischen Aspekten entgegenzuwirken, wurden von den Partei- und Politorganen in der
NVA erhebliche Anstrengungen in der »internationalistischen« Erziehungsarbeit
der Soldaten, der sogenannten Waffenbrüderschaftserziehung, unternommen.
Der Schaffung eines positiven Bildes der Sowjetunion und ihrer Armee diente
unter anderem auch die Militärbelletristik in der DDR, die den »brüderlichen«
Beziehungen unter den Soldaten einen großen Raum gewährte[68].

Dass die ideologisch überhöhte Bedeutung der Waffenbrüderschaft in der
Praxis der Soldaten letztlich ohne größeren Bezug blieb, hatten bereits in der
DDR verschiedene Umfragen und Untersuchungen deutlich gemacht[69], gleiches
zeigt aber auch ein Blick in die nach 1990 erschienenen Erinnerungen von
Wehrpflichtigen der NVA. Nur in Ausnahmefällen problematisieren die Auto-
ren die Waffenbrüderschaft. So bekommt in Christoph D. Brummes Roman
»Tausend Tage« ein Unteroffizier der NVA während einer Übung einen kurzen
Einblick in das Leben der sowjetischen Soldaten:

> »Neben der Russenkaserne schlugen sie [die NVA-Soldaten] ihr Lager auf. Zum Es-
> sen wurden sie in das russische Offizierskasino geleitet. Wahrscheinlich wollte man
> ihnen die Verpflegung der Soldaten nicht zumuten, eine Art Brei mit einem mickri-
> gen Fisch. Von Freundschaftsbesuchen kannten sie diese Essen. Nicht einmal einen
> eigenen Schrank hatten die russischen Soldaten, persönliche Sachen mussten sie alle
> abgeben. Und an Sold erhielten sie fünfundzwanzig Rubel im Monat, das reichte ge-
> rade mal für Zigaretten und Seife [...] Die restlichen Tage der Übung lagerten sie ne-
> ben der Kaserne. Sie sahen den russischen Soldaten zu, die mit Sträuchern den Hub-
> schrauberlandeplatz fegten[70].«

Auch wenn es an der Führungsrolle der UdSSR bei Niemandem im höheren
Offizierkorps der NVA ernsthafte Zweifel gab, gewann die NVA im Laufe ihrer
Entwicklung an Selbstbewusstsein und konnte sich einen »guten Stand« bei den
Sowjets erarbeiten[71]. In Fragen der Ausbildung und der militärischen Kenntnisse sowie bei Übungen habe man sich vor der sowjetischen Seite insgesamt nicht
zu verstecken brauchen[72]. Auf manchem Gebieten fühlte man sich sogar überlegen oder versuchte, mehr Eigenständigkeit zu demonstrieren. Harscher Kritik
seitens der GSSD in Wünsdorf sah sich so zeitweise ein NVA-Generalleutnant
ausgesetzt. Ein sowjetischer Oberst hatte sich 1978 inoffiziell beim Ministerium
für Staatssicherheit (MfS) beschwert, dass der General keine Angaben über
Fragen der Mobilmachung und der Organisation der NVA an sowjetische Stellen weitergebe und nicht genau auf Fragen der Reservistenarbeit in der NVA

antworte. Er hielte sich vielmehr an die Traditionen der Wehrmacht (sic!) und könne »das Verbleiben der sowjetischen Vertreter des Stabes der Vereinigten Streitkräfte des Warschauer Vertrages (SVS WV) nicht ertragen«[73]. Die Staatssicherheit der DDR leitete daraufhin eine geheimdienstliche Überwachung des NVA-Generals ein, die unter anderem damit begründet wurde, dass seine Beziehungen zu den sowjetischen Vertretern der Vereinten Streitkräfte seit 1969 gespannt seien und notwendige dienstliche Kontakte zur GSSD von ihm nicht angestrebt würden[74]. Ein Jahr später kam das MfS zu dem Ergebnis, dass keine weiteren belastenden Hinweise hinzugekommen seien. Auf Maßnahmen zur Auswertung des Vorgangs verzichtete man, da eine Versetzung in die Reserve absehbar war[75]. Auch andere NVA-Offiziere hielten offenbar die Anwesenheit der sowjetischen Militärspezialisten in der NVA für überflüssig und sahen darin ein Zeichen des Misstrauens gegenüber dem deutschen »Waffenbruder«[76]. Dass man sich stets an der Leine durch die Sowjets geführt sah, wenn auch mitunter an einer »langen Leine«, bekam 1982 selbst das SED-Politbüro zu spüren, nachdem es beschlossen hatte, den Hauptstab der NVA in »Generalstab« umzubenennen, was einer sichtbaren Aufwertung der ostdeutschen Armee gleichkam. Die sowjetische Seite lehnte kurzerhand das Ansinnen der DDR mit dem Hinweis auf politische Gründe ab. Es blieb bei der Bezeichnung Hauptstab[77].

Wenige Jahre später leitete die SED-Führung einen bis dahin kaum vorstellbaren Wandel im Verhältnis zum »großen Bruder« ein. Zwar blieb die Grundkonstellation der Abhängigkeit der DDR von der UdSSR erhalten und auch die tradierte Freundschaftspropaganda wurde nach außen kaum verändert. Dennoch manifestierte sich unter anderem im Verbot der sowjetischen Zeitschrift »Sputnik« 1988 in der DDR unübersehbar eine zunehmende Distanzierung des SED-Regimes von der politischen Entwicklung in der Sowjetunion, die seit Mitte des Jahrzehnts untrennbar mit der Reformpolitik Michail Gorbačevs verbunden war. Glasnost und Perestroika wollte man auch von den NVA-Angehörigen fernhalten. Ein NVA-Major erinnert sich, dass selbst auf SED-Parteiversammlungen nicht mehr über das Thema Sowjetunion gesprochen werden durfte, obwohl der neue politische Kurs der kommunistischen Führungsmacht echtes Interesse in weiten Kreisen der Bevölkerung und der Armee weckte[78]. Hatte man bis dahin in der DDR unter Bezug auf die »unerschütterliche Klassen- und Waffenbrüderschaft« über Probleme der Zusammenarbeit und der gegenseitigen Beziehungen gern hinweggesehen, wagten nunmehr Führungskreise der SED und der Armee, bestimmte Zustände in der GSSD wie Übergriffe von Soldaten auf die Bevölkerung gezielter zu kritisieren und der sowjetischen Seite deutlicher als zuvor vorzuhalten. Einen generellen Bruch in den Beziehungen zwischen den Armeen und ihren Angehörigen gab es jedoch zu keinem Zeitpunkt.

Zumindest bis Mitte der achtziger Jahre verlief die Zusammenarbeit mit der GSSD aus Sicht der NVA »gut bis sehr gut«, wie DDR-Verteidigungsminister

Hoffmann in einem vertraulichen Gespräch mit Marschall Viktor G. Kulikov festgestellt hatte[79].

Die Führungsrolle der Sowjetunion und ihrer Streitkräfte im militärischem Bereich war stets unumstritten. Bis heute haben sich jedoch nur wenige ehemalige Generale und hohe Offiziere der NVA zu jener Erkenntnis durchgerungen, wie sie der langjährige Divisionskommandeur in den LSK/LV der NVA, Generalmajor a.D. Günther Schmidt, rückblickend in aller Deutlichkeit formulierte: »Die NVA und die anderen Armeen im sozialistischen Lager – wir waren alle ›Satellitenarmeen‹ Moskaus. Die Sowjetarmee hatte das Sagen und traf alle Entscheidungen[80].« Ergänzend betonte aber auch Schmidt, dass er persönlich in der Regel ein gutes Verhältnis zu den sowjetischen Offizieren seiner Dienstebene hatte.

Aus Sicht der Sowjetunion kam den Beziehungen zur »kleinen« NVA offenbar eher der Status eines »Vater-Sohn-Verhältnisses« zu. »Die Offiziere und Soldaten der GSTD [Gruppe der sowjetischen Truppen in Deutschland, Synonym für GSSD] leisteten allseitige Hilfe und Unterstützung für die Soldaten der NVA. Ihnen wurden moderne Technik und Waffen zur Verfügung gestellt. Die besten sowjetischen Generale und Offiziere übergaben als Berater den deutschen Kollegen ihre reiche Erfahrung«[81], so hieß es noch in einer russischen Publikation aus dem Jahr 1994. Von partnerschaftlichen Beziehungen war hier keine Rede, selbst wenn Anatolij I. Gribkov, langjähriger Stabschef im Pakt, rückblickend hervorhob, dass man mit der Führung der DDR gut zusammengearbeitet habe: Die Dokumente und mündlichen Berichte seien klar und präzise erarbeitet, alles sei gut organisiert gewesen[82].

Letztlich ist wohl dem Historiker Kurt Arlt zuzustimmen, der in seinen Analysen über die sowjetischen Streitkräfte in der DDR zu dem Schluss kommt, dass das Oberkommando in Wünsdorf, die Stäbe der Armeen und selbst mancher Divisionskommandeur die NVA eben nicht als allseits gleichwertigen Partner betrachteten[83].

Bilaterale Beziehungen der NVA zu anderen Paktstreitkräften

Die Koordinierung der Verteidigungsanstrengungen der DDR und ihrer Streitkräfte erfolgte im Rahmen des Warschauer Vertrages nicht nur mit der Sowjetarmee, sondern auch mit den anderen Armeen des Bündnisses. Die NVA war an der Erweiterung dieser Kontakte von Anfang an stark interessiert. Man erhoffte sich, andere nationale Erfahrungen kennenzulernen und für die eigene Tätigkeit zu nutzen. Dabei gab es aber keine Eigenmächtigkeiten seitens der NVA im Verhältnis zu den »Bruderarmeen«. Auch hier waren im Prinzip alle Maßnahmen mit der Sowjetarmee abgestimmt, von ihr genehmigt oder zumindest zur Kenntnis genommen.

Besondere Bedeutung für die NVA hatten zweifellos die Beziehungen zur Polnischen Armee und zur Tschechoslowakischen Volksarmee als unmittelbare Nachbarn der DDR-Streitkräfte. Die Zusammenarbeit wurde auf das einheitliche Handeln in der gemeinsamen strategischen Richtung orientiert und war durch relativ stabile Beziehungen zwischen den Verteidigungsministerien und Politischen Hauptverwaltungen, durch das Zusammenwirken von Kommandeuren und Politorganen der Teilstreitkräfte und Militärbezirke sowie von ausgewählten Verbänden und Truppenteilen charakterisiert. Grundlage dafür bildeten bilaterale Jahrespläne der militärischen und politischen Führungsorgane.

Die Waffenbrüderschaftsbeziehungen der NVA und der Grenztruppen der DDR mit der Polnischen Armee und ihrer Seekriegsflotte sowie der Tschechoslowakischen Volksarmee hatten sich über mehr als drei Jahrzehnte hinweg entwickelt. Ihre Anfänge lassen sich bis in das Gründungsjahr der NVA 1956 zurückverfolgen. Als erster Militärattaché aus einem Land des Warschauer Paktes nahm ein tschechoslowakischer Offizier seine Tätigkeit in Ost-Berlin auf[84]. 1957 besuchte erstmals ein DDR-Flottenverband inoffiziell Polen[85]. Obwohl bereits Ende der fünfziger Jahre bilaterale Kontakte zwischen dem Hauptstab der NVA und den Generalstäben der Polnischen Armee und der Tschechoslowakischen Volksarmee hergestellt wurden, ging es damals in erster Linie weniger um konkrete militärische Projekte, als um das gegenseitige Kennenlernen und den Aufbau von Vertrauen und Respekt. Das war ein Jahrzehnt nach dem Ende des Krieges kein leichtes Unterfangen. In den Reihen der bewaffneten Formationen der DDR befanden sich viele Vertriebene aus den ehemaligen deutschen Ostgebieten. Ihre Gefühle für die verlorene Heimat jenseits von Oder und Neiße und südlich des Erzgebirges waren teilweise noch stark ausgeprägt, und nicht jeder von ihnen verstand, dass man nun mit den Polen oder Tschechen militärisch zusammenarbeiten sollte und die Grenzen endgültig waren.

Auch für die Partner der NVA war dies offenbar ein schwieriger Prozess. Die nationalsozialistische Herrschaft hatte bei den Nachbarvölkern tiefe Wunden hinterlassen. Nunmehr kamen Angehörige einer deutschen Armee, noch dazu in Uniformen, die denen der Wehrmacht stark ähnelten, als Waffenbrüder zu ihnen. Anfängliches Misstrauen und Distanz waren die Folge. So mussten es sich NVA-Angehörige noch bis in die sechziger Jahre hinein in einigen Fällen gefallen lassen, in Polen oder der Tschechoslowakei, aber auch in der UdSSR auf der Straße in Uniform angefeindet und mitunter als Faschisten beschimpft zu werden.

Die NVA-Führung unternahm daher beträchtliche Anstrengungen, das Bild von der neuen deutschen Armee unter den Verbündeten zu verbreiten. Vor allem versuchte man an gemeinsame Wurzeln der Völkerfreundschaft anzuknüpfen, wobei insbesondere ideologisch zurechtgezimmerte Traditionen der gemeinsamen Kämpfe von Deutschen, Polen, Tschechen und Slowaken aus der Geschichte, vor allem der Arbeiterbewegung, gegen NS-Diktatur und Krieg herangezogen wurden. Auch die schrittweise Entlassung aller ehemaligen Wehrmachtoffiziere ab 1957, die als Offizier in der NVA Dienst versahen[86], diente der Selbstdarstellung der NVA als Armee des Antifaschismus sowie der Abgrenzung zur anderen deutschen Armee, der Bundeswehr, die als Armee der alten Nazis, Revanchisten und Militaristen verteufelt wurde. Für einige ehemalige Führungskräfte der NVA besteht daher bis heute das »wichtigste Ergebnis der Waffenbrüderschaftsbeziehungen« darin, dass mit der NVA, im Gegensatz zur Wehrmacht, eine andere deutsche Armee entstanden sei, die kein Nachbarland mehr fürchten musste. Die NVA-Soldaten seien es gewesen, »die das Vertrauen der Menschen in den osteuropäischen Ländern zu deutschen Soldaten entwickelten und pflegten«[87].

Wie wenig idealtypisch, sondern eher problematisch und sensibel die Beziehungen zu den unmittelbaren Nachbarn dennoch noch längere Zeit blieben, machen die Erinnerungen eines NVA-Reservisten deutlich, der Mitte der sechziger Jahre an einem gemeinsamen Manöver von NVA und Tschechoslowakischer Volksarmee teilnahm. Seine Einheit wurde während der Verlegung auf dem ersten Bahnhof in der ČSSR mit einem roten Band herzlich begrüßt. Später bezog man dann ein gemeinsames Feldlager.

»Hinter unserem Zeltdorf beginnt das Lager der tschechischen Armee. Dazwischen sind einhundert Meter freies Feld, die als Appell- und Exerzierplatz von beiden Armeen genutzt werden. Sprachschwierigkeiten sind die einzigen Schlagbäume, die die Lager voneinander trennen. Verbunden werden sie durch eine lange und gerade Straße. Bei einem Strafexerzieren vermessen wir ihre Länge mit dem alten deutschen Volkslied ›Wenn alle Brünnlein fließen‹. So marschieren wir ins Hoheitsgebiet der tschechischen Armee ein. Den symbolisch bewaffneten Posten ist außer der Kälte in ihren Augen nichts anzumerken. Die unbewaffneten Soldaten sehen verwundert zu uns herüber. Ich denke, das deutsche Lied müsste vor Scham, gleich einem altersschwachen Vogel, auf unseren Zungen sterben[88].«

Seit den sechziger Jahren erweiterten sich die Beziehungen der NVA zu ihren Nachbararmeen auf verschiedenen Gebieten. Neben eher symbolträchtigen Handlungen wie der Verleihung von Ehrennamen an Truppenteile und Kasernen der NVA – 1964 wurden die Namen des polnischen Generals Karol Swierczewski bzw. des tschechoslowakischen Schriftstellers Julius Fučik an zwei Kasernen verliehen –, sogenannten Freundschaftstreffen und kulturellen Begegnungen rückten zunehmend praktische militärische, militärwissenschaftliche und militärtechnische Fragen des Zusammenwirkens in den Vordergrund. In einem Plan der NVA für das Jahr 1964 waren von insgesamt 52 geplanten Konsultationen mit den »Bruderarmeen« allein 26 mit der Sowjetarmee und dem Vereinten Oberkommando fixiert, immerhin 22 Maßnahmen betrafen die Zusammenarbeit mit der polnischen und der tschechoslowakischen Armee[89].

Feste bilaterale Beziehungen entwickelten sich insbesondere zwischen den Seestreitkräften Polens und der DDR. Diese Kontakte gestalteten sich im Laufe der Jahre sehr eng und teilweise persönlicher als die zur Baltischen Flotte der UdSSR[90].

Ein direktes militärisches Zusammenwirken der NVA mit der Sowjetarmee und anderen Armeen des Paktes setzte Anfang der sechziger Jahre ein. 1961 kam es erstmals dazu, dass sowjetische, polnische, tschechoslowakische und ostdeutsche Armeeeinheiten während der Übung »Sturm« auf dem Gefechtsfeld gemeinsam handelten. Die Übungen »Baltyk-Odra« und »Vitr« gaben 1962 dann den Auftakt für eine Serie von gemeinsamen Übungen und Manövern in der Luft, zur See und auf dem Lande, deren Hauptziel in der Regel darin bestand, den Leistungsstand zu überprüfen und das Zusammenwirken der verbündeten Armeen zu trainieren. 1963 erfolgte erstmals ein Manöver unter Leitung von DDR-Verteidigungsminister Armeegeneral Heinz Hoffmann, an dem alle vier Armeen teilnahmen. Für die NVA war dieses Manöver »Quartett« eine Prüfung besonderer Art: Der Oberkommandierende der Vereinten Streitkräfte der WVO, Marschall Andrej A. Grečko, stellte resümierend fest, dass die NVA in kurzer Zeit eine moderne Armee geworden sei, die fähig wäre, jede ihr im Rahmen des Bündnisses gestellte Aufgabe zu erfüllen und sich nunmehr nicht mehr von anderen »Bruderarmeen« unterscheide[91]. Seit den sechziger Jahren übten auch ostdeutsche Truppen im Rahmen von gemeinsamen Übungen und Manövern auf den Territorien Polens und der ČSSR. In den siebziger und achtziger Jahren zeigten sich besonders in den bilateralen und multilateralen Übungen, namentlich der »Drushba-« und der »Schild«-Serie, zahlreiche »Waffenbrüderschaftsmaßnahmen«, die in ihrer Vielfalt denen mit der GSSD nahekamen.

Eine ernsthafte Krise in der Zusammenarbeit der NVA mit der Tschechoslowakischen Volksarmee ergab sich im Jahr 1968, als die Führung der DDR die Beziehungen zum südlichen Nachbarn aus Furcht vor einem Übergreifen der Reformideen des »Prager Frühlings« drastisch eindämmte und Verbände der NVA für eine militärische Operation des Warschauer Paktes gegen die ČSSR bereitstellte[92]. Die Beteiligung der NVA an der Niederschlagung des »Prager Frühlings« im August 1968, wenn auch nicht direkt am Einmarsch, verzieh man in der Tschechoslowakei den Ostdeutschen nicht so schnell. Auch die Vorbereitungen von NVA-Truppen für ein mögliches militärisches Eingreifen in Polen 1980/81 wurden nicht nur von der polnischen Seite mit Unbehagen wahrgenommen. Einzelne nationalistische Äußerungen waren in diesen Krisenzeiten in der NVA ebenso zu finden, wie es das Bestreben mancher Offiziere gab, die guten persönlichen Kontakte zu den Polen, Tschechen und Slowaken auch entgegen der von der SED-Propaganda jeweils kolportierten Losungen von einer angeblichen Konterrevolution in den Nachbarländern zu erhalten[93].

Besonders intensive Kontakte und Beziehungen entwickelten sich über die Jahre im Zusammenwirken des Militärbezirkes Leipzig der Landstreitkräfte der NVA mit dem Śląsker Militärbezirk der Polnischen Armee und dem Westlichen Militärbezirk der Tschechoslowakischen Volksarmee sowie des Militärbezirkes Neubrandenburg mit dem polnischen Pomorsker Militärbezirk. Stabile Verbindungen entstanden auch zwischen den LSK/LV und den Grenztruppen der DDR zu ihren tschechoslowakischen und polnischen sowie der Volksmarine zu ihren polnischen Partnern. Auf den nachgeordneten Ebenen unterhielten traditionell gute Beziehungen etwa die 9. Panzerdivision der NVA mit der Szczeciner Mech. Division, das Panzerregiment 14 mit dem polnischen Regiment »Deutsche Antifaschistische Widerstandskämpfer«, das Mot. Schützenregiment 1 mit dem »Thälmann-Regiment« in Cheb (Eger, ČSSR) oder die 1. Flottille mit der Basis Świnoujście (Swinemünde). Staffelaustausche zwischen Jagdfliegergeschwadern oder gemeinsames Handeln von UAW-Schiffen der Baltischen Flotte der UdSSR, der Polnischen Seekriegsflotte und der Volksmarine in periodisch zusammengestellten »Vereinten Bereitschafts-U-Boot-Such- und Schlaggruppen« der verbündeten Ostseeflotten sollten das geschlossene Handeln der beteiligten Kräfte unter einheitlichem Kommando fördern.

Zwei Großmanöver des Warschauer Paktes trugen die symbolische Bezeichnung »Waffenbrüderschaft«. Sie fanden 1970 und 1980 unter Beteiligung von Truppen und Stäben aller WVO-Armeen in der DDR statt[94]. Bei diesen Manövern ergab sich mitunter auch für die einfachen Soldaten der NVA die bis dahin eher seltene Möglichkeit, mit Angehörigen der Ungarischen und Bulgarischen Volksarmee sowie der rumänischen Streitkräfte zusammenzutreffen.

Die Beziehungen zu diesen Armeen nahmen für das ostdeutsche Militär insgesamt – nicht zuletzt aufgrund der unterschiedlichen Aufgabenstellungen im Kriegsfall – eine nachgeordnete Rolle ein. Zu allen drei Armeen bestanden freundschaftliche Beziehungen. Hauptformen der Zusammenarbeit bildeten der Austausch von Militärdelegationen, Arbeitstreffen der Chefs verschiedener Bereiche der Verteidigungsministerien, die gegenseitige Entsendung von Konsultationsgruppen sowie der Erfahrungs- und Informationsaustausch.

Mit den Ungarn gab es beispielsweise eine intensivere Zusammenarbeit auf dem Gebiet der Offizierausbildung, der Grenztruppen sowie der Rüstungsproduktion[95]. Mit der Bulgarischen Volksarmee intensivierte man die Kontakte besonders auf dem Gebiet der Arbeit der Politorgane, des Erfindungswesens und im Bereich der Volksmarine. 1982 nahmen NVA-Truppen an einem gemeinsamen Manöver auf bulgarischem Territorium teil.

Das Verhältnis zu Rumänien gestaltete sich dagegen aufgrund der bekannten kritischen Haltung seiner Führung zu einigen Fragen des Warschauer Paktes teilweise komplizierter. Die Arbeitskontakte und »Waffenbrüderschaftsbeziehungen« waren im Vergleich zu den anderen Armeen im Pakt eindeutig weniger eng. Kontakte gab es vor allem im militärökonomischen Bereich, auf politisch-ideologischem Gebiet hielt man sich dagegen bedeckt. Als beispielsweise der DDR-Verteidigungsminister Hoffmann 1982 zu einem offiziellen Besuch in Rumänien weilte und versuchte, die Äußerungen des rumänischen Präsidenten Nicolae Ceaușescu zur allgemeinen weltpolitischen Lage nicht unwidersprochen zu lassen, ging dieser, wie es in einem Bericht hieß, über die Einwände und Bemerkungen Hoffmanns einfach hinweg[96].

Insgesamt bleibt für die Beziehungen der NVA zu den Armeen des Warschauer Paktes bis zum Ende der achtziger Jahre festzuhalten: Die Bedeutung der »unverbrüchlichen Waffenbrüderschaft« wurde zwar aus politisch-ideologischen Gründen völlig überhöht und überzeichnet dargestellt, dennoch verbarg sich hinter dem Begriff eine für die NVA lebenswichtige Zusammenarbeit. Die militärische und politische Führung der DDR zeigte mitunter »weit mehr Angst vor der Isolierung von ihren Freunden und Verbündeten im Warschauer Vertrag als vor einem Überfall ihrer Feinde aus der NATO«[97]. Priorität in den Beziehungen hatte ganz klar das Verhältnis zur Sowjetunion und ihren Streitkräften, insbesondere zur GSSD, an zweiter Stelle rangierten die Beziehungen zu Polen und zur Tschechoslowakei. Die NVA war wissbegierig und anfangs die nehmende Seite. Sie profitierte zweifellos von der Hilfe und Unterstützung der anderen Armeen. Sie konnte im Laufe der Zeit aber zunehmend mit eigenen Erfahrungen und Erkenntnissen aufwarten, was sie zu einem anerkannten und gefragten Partner im Bündnis machte. Auch wenn die Beziehungen zu den anderen Armeen von den meisten NVA-Offizieren auf der Ebene der militärischen Kommandostrukturen durchaus als gleichberechtigt und »brüderlich« empfunden wurden, stellte sich die »Waffenbrüderschaft« aus Sicht der meisten Wehrdienstleistenden in der Truppe eher als politisch-ideologisch aufgeblähtes Gebilde ohne wirkliche Inhalte dar.

Exkurs: »Waffenbrüder« außerhalb des Warschauer Paktes

Mit den »sozialistischen« Streitkräften der Länder, die nicht dem Warschauer Vertrag angehörten, hatte sich die Zusammenarbeit im Laufe der Jahre sehr unterschiedlich entwickelt. Relativ kontinuierliche Kontakte bestanden unter anderem zu den Führungen der Jugoslawischen Volksarmee, der Streitkräfte Kubas, der Mongolischen Volksarmee sowie der Koreanischen und Vietnamesischen Volksarmee[98]. Im offiziellen Sprachgebrauch der NVA galten die Angehörigen dieser Armeen ebenfalls als »Waffenbrüder« der DDR-Volksarmee. Im Mittelpunkt der Zusammenarbeit standen in der Regel gegenseitige Erfahrungsaustausche zu Grundfragen der Außen- und Sicherheitspolitik, zur Führung der politischen Arbeit in den Streitkräften, die Ausbildung von Führungskräften an Lehreinrichtungen der NVA, der Austausch von Referenten, Militärjournalisten und Fachleuten verschiedener Bereiche, das militärsportliche Zusammenwirken und der Urlauberaustausch. Weit weniger Kontinuität zeigten dagegen die Beziehungen zur chinesischen Volksbefreiungsarmee. Sie hatten in den späten fünfziger Jahren ihren Zenit erreicht[99]. Die erste offizielle Militärdelegation der DDR ging damals weder in die Sowjetunion noch in ein anderes Land der WVO. Sie führte den DDR-Verteidigungsminister 1957 in die Volksrepublik China. Die von dort mitgebrachten Erfahrungen, beispielsweise die des zeitweiligen Dienens von Offizieren als Mannschaftssoldaten in der Truppe, versuchte man dann umgehend in der NVA umzusetzen. Angesichts der politischen Entwicklungen mit Blick auf das Verhältnis zwischen der UdSSR und China sowie

der sowjetischen Kritik an den »chinesischen Experimenten« in der NVA kam
es jedoch zu keiner Ausweitung der »ostdeutsch-chinesischen Waffenbrüderschaft«. Erst im Jahr 1989 sollten – auf Weisung Erich Honeckers – seitens der
DDR die militärpolitischen Beziehungen zu China wieder aufgenommen werden[100].

Das Ende der »sozialistischen Waffenbrüderschaft« 1990

Im Verlaufe des Jahres 1990 – vor dem Hintergrund der sich immer deutlicher
abzeichnenden Wiedervereinigung Deutschlands und der damit verbundenen
komplizierten Prozesse des Umbruchs – stellte sich für die DDR und ihre NVA
die Frage sowohl nach ihrem weiteren Verhältnis zum Warschauer Pakt insgesamt als auch zu den einzelnen »Bruderarmeen« im Bündnis.

Dem im April 1990 neu in das Amt des »Ministers für Abrüstung und Verteidigung« eingesetzten ehemaligen Pfarrer Rainer Eppelmann sowie den Generalen und Offizieren der NVA ging es dabei nicht nur darum, bei den Verbündeten möglicherweise vorhandene Vorbehalte gegen die deutsche Einheit
auszuräumen, sondern auch bei den sich abzeichnenden, einschneidenden Veränderungen im Pakt das in den zurückliegenden Jahren gewachsene Vertrauen
zu erhalten und die Interessen der Partner zu beachten.

Die NVA war zu diesem Zeitpunkt noch voll im Bündnis integriert, so dass
der neue Minister hinsichtlich der konkreten Paktverpflichtungen Entscheidungen zu treffen hatte. Dabei ging es um den Abschluss eines neuen Protokolls
über die Verpflichtungen der NVA in den Vereinten Streitkräften für die Jahre
1990 bis 1995, um gemeinsame Übungs- und Trainingshandlungen der Stäbe
und Truppen sowie um planmäßige Treffen der Verteidigungsminister[101].

Anfang Mai 1990 reiste Eppelmann als neuer erster Mann der NVA mit einer offiziellen Militärdelegation in die Sowjetunion. Während sich Gorbačev
sehr aufgeschlossen zeigte, machten die konservativen sowjetischen Militärs
während der Feierlichkeiten zum Tag des Sieges am 9. Mai der DDR-
Delegation jedoch durchaus deutlich, dass niemand aus dem Warschauer Vertrag auszubrechen habe[102].

Zwei Wochen später besuchte Minister Eppelmann Polen. Das war nicht
nur eine politische Geste an den östlichen Nachbarn, sondern auch aus militärischer Sicht von Bedeutung. Die Polen wussten den Besuch zu schätzen. Verte-
digungsminister Armeegeneral Florian Siwicki unterstrich nochmals das aus
seiner Sicht außerordentlich gute bilaterale Verhältnis und hob hervor, dass es
seines Wissens weder im Warschauer Pakt noch in der NATO einen derart
engen gegenseitigen Austausch von Offizieren und Soldaten aus Kampfeinhei-
ten gebe wie zwischen der NVA und der Polnischen Armee[103]. Die von Eppelmann während seines Besuchs spontan entwickelte Idee, eine deutsch-polnische
Brigade einzurichten, wurde von den Polen jedoch nur sehr reserviert aufge-

nommen. Präsident Wojciech Jaruzelski verwies auf die schnellen Entwicklungen und plädierte dafür, das Vorhandene zu bewahren und zu entwickeln. Zudem hatte man in Polen Sorge darüber, wie es um die Einhaltung der bilateralen Verträge und Abkommen bestellt sein würde, wenn die NVA aus den Strukturen des Warschauer Paktes ausschied.

Ein sofortiger Austritt aus dem Bündnis stand jedoch im Frühsommer 1990 selbst für die DDR noch nicht zur Diskussion, zumal für das Jahr 1990 zahlreiche Pläne der Zusammenarbeit, gemeinsame Ausbildungsmaßnahmen sowie andere Verpflichtungen umzusetzen waren. Noch im Juni 1990 versicherte der Minister für Abrüstung und Verteidigung der DDR dem Oberkommandierenden der Vereinten Streitkräfte, Armeegeneral Pëtr G. Lušev, dass die NVA an den für den Sommer 1990 geplanten gemeinsamen Ausbildungsmaßnahmen teilnehmen werde.

Tatsächlich beteiligte sich die DDR-Armee nur noch an einer gemeinsamen Ausbildungsfahrt der verbündeten Flotten. Diese Geschwaderfahrt bildete zugleich die letzte größere Übung der NVA im Warschauer Pakt. Für die operativ-taktische Kommandostabsübung der Landstreitkräfte »Drushba 90« beantragte dagegen die deutsche Seite – vor dem Hintergrund der politischen Situation – deren Absetzung. Die Verbündeten zeigten zwar für die getroffenen Entscheidung der NVA grundsätzlich Verständnis, dennoch gab es insbesondere bei den sowjetischen Militärs Frustrationen. So vertrat vor allem der Chef des Stabes der Vereinten Streitkräfte, Armeegeneral Vladimir N. Lobov, eine harte Position und kritisierte das angebliche »Hinausschleichen« der NVA aus ihrem Bündnis; schließlich sei die DDR doch noch Mitglied des Warschauer Vertrages und man sei, so Lobov, immer »von der Ordnungsliebe, Disziplin und Ehrlichkeit der Deutschen« überzeugt gewesen[104]. In einem offenen Gespräch beharrte die DDR-Seite auf ihrer Position, so dass es schließlich bei der Nichtteilnahme der NVA an der Übung blieb[105].

Die letzte offizielle Dienstreise eines DDR-Verteidigungsministers führte im Übrigen in die Tschechoslowakische Föderative Republik (ČSFR). Die Tschechen und Slowaken hatten offenbar weder Vorbehalte noch Einwände gegen die deutsche Wiedervereinigung und die damit verbundenen Auswirkungen. Für sie standen eher rüstungswirtschaftliche Fragen im Vordergrund. Eppelmann vereinbarte daher bei seinem Besuch am 9. August 1990 noch mit seinem Amtskollegen Armeegeneral Miroslav Vacek, dass sich Experten beider Länder treffen, um Fragen der Konversion und der Abrüstung zu beraten[106].

Im August/September 1990, nach den politischen Weichenstellungen durch Helmut Kohl und Michail Gorbačev im Kaukasus, begann man in der DDR nach einem mit dem Vereinten Kommando abgestimmten Plan die sofortige und vollständige Herauslösung der NVA aus der Militärorganisation des Warschauer Paktes zu organisieren. Irritationen und größere Probleme bei den bisherigen Bündnispartnern sollten dabei vermieden werden.

Die Aufgaben zur Herauslösung waren sehr vielfältig; schließlich galt es, Bündnisbeziehungen zu beenden, die 35 Jahre lang bestanden hatten, miteinander verflochten waren und nicht zuletzt materielle und personelle Auswirkungen implizierten. So mussten vom DDR-Ministerium 48 überwiegend multilaterale Pläne, Vereinbarungen und Dokumente außer Kraft gesetzt werden[107].

All das verlief natürlich nicht ohne Probleme. Lieferungen von Technik und Ersatzteilen brachen für die Produzenten in verschiedenen Bündnisstaaten nunmehr schlagartig weg. Die Sowjets forderten zudem eine kostenlose Rückgabe von sensiblem Gerät und Dokumentationen. Dazu gehörten etwa Freund-Feind-Kennungssysteme, das automatische Führungssystem »Polje«, Stör- und Aufklärungsstationen sowie Raketenkomplexe. Bis zum 1. Oktober 1990 mussten alle NVA-Angehörigen aus der UdSSR in die DDR zurückgeholt werden; parallel dazu verließen die Vertreter des Oberkommandos der Vereinten Streitkräfte die NVA. Am 24. September 1990 unterzeichneten Eppelmann und der VSK-Oberkommandierende Lušev in Ost-Berlin das Protokoll über die Herauslösung der NVA aus der militärischen Organisation des Warschauer Vertrages.

Bereits am Vorabend der Unterzeichnung hatte Lušev in einem Interview festgestellt, dass das Vereinte Oberkommando den NVA-Angehörigen »hohen Respekt« zolle[108]. DDR-Ministerpräsident Lothar de Maizière setzte seinerseits anerkennende Worte für den Warschauer Vertrag und für die Arbeit seiner Führung. Der Unterzeichnungsakt selbst fand angesichts der Bedeutung des Vorganges in einer eher sachlichen Atmosphäre statt.

Geplante und bereits vorbereitete Appelle in der NVA sowie gemeinsame Veranstaltungen mit Soldaten Polens, der ČSFR und der UdSSR entfielen. Die Symbole und Rituale der ehemals sozialistischen »Waffenbrüder« hatten sich überlebt. Die Zeit der »unverbrüchlichen Waffenbrüderschaft« im Warschauer Pakt unter der Vorherrschaft der Sowjetunion war für die DDR-Armee endgültig vorbei. Nur wenige Tage später, am 2. Oktober 1990, endete die fast 35-jährige Existenz der ostdeutschen Nachkriegsarmee. Die Nationale Volksarmee der DDR, die 1956 praktisch als letzte Armee in das Bündnis integriert worden war, verließ – nach Albanien – als zweite Bündnisarmee den Warschauer Vertrag schon vor dessen Ende. Ein knappes Jahr später gab es auch die Warschauer Vertragsorganisation nicht mehr.

Anmerkungen

1   Für den Hinweis auf die polnische Verfassung danke ich Herrn Prof. Andrzej Paczkowski, Warschau.

2   Verfassung der Deutschen Demokratischen Republik vom 6.4.1968 in der Fassung des Gesetzes zur Ergänzung und Änderung der Verfassung der Deutschen Demokratischen Republik vom 7.10.1974, in: Gesetzblatt der DDR (GBl.), T. I, 1974, Nr. 47, S. 432.

³ Gesetz zur Verteidigung der Deutschen Demokratischen Republik (Verteidigungsgesetz) vom 20.9.1961, in: ebd., T. I, 1961, S. 175; Gesetz über die Landesverteidigung der Deutschen Demokratischen Republik (Verteidigungsgesetz) vom 13.10.1978, in: ebd., T. I, 1978, Nr. 35, S. 377.

⁴ Gesetz über den Wehrdienst in der Deutschen Demokratischen Republik – Wehrdienstgesetz – vom 25.3.1982, in: ebd., T. I, 1982, Nr. 12, S. 221.

⁵ Anlage 1 zum Erlass des Staatsrates der Deutschen Demokratischen Republik über den aktiven Wehrdienst in der Nationalen Volksarmee [Dienstlaufbahnordnung] vom 24.1.1962, in: ebd., T. I, 1962, S. 6.

⁶ Deutsches Militärlexikon, Berlin (Ost) 1961, S. 437.

⁷ Ebd.

⁸ Wörterbuch zur deutschen Militärgeschichte, Bd 2, Berlin (Ost) 1985, S. 1036.

⁹ Raimund Kokott, Waffenbrüderschaft. Anforderungen an die Waffenbrüderschaftserziehung – Waffenbrüderschaftsbeziehungen zwischen der NVA und der GSSD, Berlin (Ost) 1978, S. 18.

¹⁰ Der Terminus »Waffenbrüderschaft« in Bezug auf die »Armeen des sozialistischen Lagers« war bereits in der Zeit der Kasernierten Volkspolizei (1952–1956) allgemein gebräuchlich. Eines der frühesten schriftlichen Zeugnisse für die Verwendung des Begriffs »Waffenbrüderschaft« für die Beziehungen der NVA zu den sowjetischen Streitkräften ist die Grußadresse des Präsidenten der DDR, Wilhelm Pieck, zum 1. Jahrestag der NVA am 1.3.1957, abgedr. in: Die NVA in der sozialistischen Verteidigungskoalition. Auswahl von Dokumenten und Materialien 1955/56 bis 1981, Berlin (Ost) 1982, S. 38; siehe auch Heinz Hoffmann, Sozialistische Landesverteidigung. Aus Reden und Aufsätzen, Berlin (Ost) 1971–1983; Erich Honecker, Dem Frieden unsere Tat. Ausgewählte Reden und Aufsätze zur Militär- und Sicherheitspolitik der SED (1976–1981), Berlin (Ost) 1982; Erich Honecker, Frieden – höchstes Gut der Menschheit. Ausgewählte Reden und Aufsätze zur Militär- und Sicherheitspolitik der SED (1982–1986), Berlin (Ost) 1987; Heinz Keßler, Für Frieden und Sozialismus. Ausgewählte Reden und Schriften (1943 bis 1988), T. 1: 1943–1978, Berlin (Ost) 1989.

¹¹ Bis heute liegt keine wissenschaftliche Gesamtdarstellung über die Beziehungen der NVA zu den Streitkräften der UdSSR und der anderen WVO-Staaten vor. Teildarstellungen, Informationen, Fakten und Hinweise zur Thematik finden sich u.a. in: Die Militär- und Sicherheitspolitik in der SBZ/DDR. Eine Bibliographie (1945–1995). Im Auftrag des MGFA hrsg. von Hans Ehlert, bearb. von Hans-Joachim Beth, München 1996 (= Militärgeschichte seit 1945, 10), S. 202–212 und 342–353; NVA. Anspruch und Wirklichkeit nach ausgewählten Dokumenten, hrsg. von Klaus Naumann, 2. Aufl., Hamburg, Bonn, Berlin 1996; Günther Glaser, Zur Darstellung der militärpolitischen und militärischen Beziehungen DDR-UdSSR und im Warschauer Pakt. Eine Rückschau, in: Forschungen zur Militärgeschichte. Probleme und Forschungsergebnisse des Militärgeschichtlichen Instituts der DDR, hrsg. von Hans-Joachim Beth, Reinhard Brühl und Dieter Dreetz, Berlin 1998, S. 147–187; Harald Nielsen, Die DDR und die Kernwaffen. Die nukleare Rolle der Nationalen Volksarmee im Warschauer Pakt, Baden-Baden 1998; Im Gleichschritt? Zur Geschichte der NVA, hrsg. von Walter Jablonsky und Wolfgang Wünsche, Berlin 2001; Armin Wagner, Walter Ulbricht und die geheime Sicherheitspolitik der SED. Der Nationale Verteidigungsrat der DDR und seine Vorgeschichte (1953–1971), Berlin 2002 (= Militärgeschichte der DDR, 4); Frank Umbach, Das rote Bündnis. Entwicklung und Zerfall des Warschauer Paktes 1955–1991, Berlin 2005 (= Militärgeschichte der DDR, 10); Christian Th. Müller, »O' Sowjetmensch!« Beziehungen von sowjetischen Streitkräften und der DDR-Gesellschaft zwischen Ritual und All-

tag, in: Ankunft – Alltag – Ausreise. Migration und interkulturelle Begegnung in der DDR-Gesellschaft, hrsg. von Christian Th. Müller und Patrice G. Poutrus, Köln, Weimar, Wien 2005, S. 17–134; The GDR in the Warsaw Pact, 1945–1989: Documents Highlighting East Germany's International Relations, ed. by Bernd Schäfer, 27.11.2007, in: Parallel History Project on Cooperative Security (PHP), URL: <www.php.isn.ethz.ch/collections>. Der vorliegende Beitrag versteht sich vor diesem Hintergrund als ein weiterer Mosaikstein zur Erforschung des Abhängigkeits- und Beziehungsgeflechts der ostdeutschen Streitkräfte im Rahmen des von der UdSSR dominierten östlichen Militärbündnisses.

12   Ordnung Nr. 030/9/007 des Ministers für Nationale Verteidigung über die Festigung der Waffenbrüderschaftsbeziehungen zwischen der Nationalen Volksarmee und den Bruderarmeen der sozialistischen Gemeinschaft – Waffenbrüderschaftsordnung – vom 20.9.1983, in: Anordnungs- und Mitteilungsblatt des Ministeriums für Nationale Verteidigung (AMBl.), Nr. 72/83, B/13, 2/2.

13   Sowjetische Militärenzyklopädie. Auswahl, H. 7, Berlin (Ost) 1979, S. 103.

14   Der Warschauer Vertrag trat am 4.6.1955 in Kraft und wurde am 26.4.1985 um weitere zwanzig Jahre verlängert.

15   Umbach, Das rote Bündnis (wie Anm. 11), S. 110 f.

16   Wagner, Walter Ulbricht und die geheime Sicherheitspolitik (wie Anm. 11), S. 327 f. Wagner sieht dafür in erster Linie die Interessen der UdSSR als ausschlaggebend, die sich aus dem machtpolitischen Konflikt mit der VR China ergaben. Darüber hinaus spielten geostrategische Besonderheiten in Europa sowie die sich rasch vollziehenden »Revolution« im Militärwesen eine Rolle.

17   Anatoli Gribkow, Der Warschauer Pakt. Geschichte und Hintergründe des östlichen Militärbündnisses, Berlin 1995. Das betraf vor allem die 1969 neu eingerichteten Gremien wie das Komitee der Verteidigungsminister, den Militärrat sowie das Technische Komitee und den dazugehörigen Wissenschaftlich-Technischen Beirat. Hinzu kamen die Rekonstituierung des Vereinten Oberkommandos als ständiges Gremium, die Aufstellung eines permanenten Stabes des Vereinten Oberkommandos, die Errichtung einer durchgängigen Organisation des einheitlichen Luftverteidigungssystems sowie die Verabschiedung eines neuen Statuts für das Vereinte Oberkommando und die Allianzstreitkräfte.

18   Der Warschauer Vertrag. Bündnis für Frieden und Sozialismus. Unter der Hauptredaktion von Marschall der Sowjetunion W.G. Kulikow, Berlin (Ost) 1982, S. 160–172; Sowjetische Militärenzyklopädie, H. 7 (wie Anm. 13), S. 106–108.

19   Protokoll über die Schaffung eines Vereinten Kommandos (Abschrift) vom 14.5.1955, Stiftung Archiv der Parteien und Massenorganisationen der DDR im Bundesarchiv (SAPMO-DDR), DY 30/I IV 2/202/244, o.Bl.

20   Torsten Diedrich und Rüdiger Wenzke, Die getarnte Armee. Geschichte der Kasernierten Volkspolizei der DDR 1952 bis 1956, 2. Aufl., Berlin 2003 (= Militärgeschichte der DDR, 1).

21   In zwei grundlegenden Dokumentationen wurde die Entwicklungsplanung der NVA im Rahmen des Paktes fixiert. So gab es seit 1961 Protokolle über die Bereitstellung der Kräfte und Mittel der DDR für die Vereinten Streitkräfte, die ab 1964 im 5-Jahres-Rhythmus jeweils vom DDR-Verteidigungsminister und dem Oberkommandierenden der Vereinten Streitkräfte unterzeichnet wurden. Sie enthielten u.a. Festlegungen zu Personalstärken, zum Bestand der den Pakttruppen zugeordneten Verbände, Mobilmachungsfragen oder zur operativen Vorbereitung des DDR-Territoriums für den Kriegsfall.

Das zweite, ebenfalls streng geheime Dokument hatte die operative Einsatzplanung der NVA und der Grenztruppen zum Inhalt.

[22] Georg W. Strobel, Der Warschauer Vertrag und die Nationale Volksarmee, Bonn 1965 (= Wehrpolitische Schriftenreihe, 18), S. 39-47. Eine Zusammenstellung der Beistands- und Freundschaftsverträge innerhalb der WVO findet sich in Umbach, Das rote Bündnis (wie Anm. 11), S. 126.

[23] Umbach, Das rote Bündnis (wie Anm. 11), S. 125. Der Vertrag zwischen der UdSSR und der DDR aus dem Jahr 1964 war ein entscheidender Schritt, um die DDR gleichberechtigt am bilateralen Bündnissystem der Warschauer Vertragsstaaten zu beteiligen. In den folgenden Jahren kam es zu weiteren Freundschafts- und Beistandsverträgen der DDR mit den anderen Paktstaaten.

[24] Hans-Georg Löffler, Soldat im Kalten Krieg. Erinnerungen 1955-1990, 2. Aufl., Bissendorf 2002, S. 113.

[25] Nielsen, Die DDR und die Kernwaffen (wie Anm. 11), S. 48-53.

[26] Fritz Streletz, Der Nationale Verteidigungsrat der DDR und das Vereinte Kommando des Warschauer Vertrages, in: Rührt Euch! Zur Geschichte der NVA, hrsg. von Wolfgang Wünsche, Berlin 1998, S. 130-173, hier S. 161. Auch der Vorsitzende des Nationalen Verteidigungsrates der DDR hatte Einblick in die operative Einsatzplanung.

[27] Walter Jablonsky, Zur Rüstungspolitik der DDR bei besonderer Berücksichtigung der maritimen Ausrüstung, in: Im Gleichschritt? (wie Anm. 11), S. 90-119, hier S. 91.

[28] Ulrich Gall und Wolfgang Neidhardt, Erinnerungen an den Dienstbereich Technik und Bewaffnung des Ministeriums für Nationale Verteidigung. Entwicklung, Aufgaben, Struktur, Arbeitsweise und Probleme, in: Was war die NVA? ... nachgetragen. Studien – Analysen – Berichte zur Geschichte der Nationalen Volksarmee, hrsg. von der Arbeitsgruppe Geschichte der NVA und Integration ehemaliger NVA-Angehöriger in Gesellschaft und Bundeswehr im Landesverband Ost des Deutschen BundeswehrVerbandes, Berlin 2007, S. 147-177.

[29] Ebd., S. 163.

[30] Ebd., S. 169.

[31] Ebd.

[32] Jablonsky, Zur Rüstungspolitik der DDR (wie Anm. 27), S. 107.

[33] Heinz Hoffmann, Im Geiste des proletarischen Internationalismus, in: Heinz Hoffmann, Sozialistische Landesverteidigung. Aus Reden und Aufsätzen 1970 bis Februar 1974, Berlin (Ost) 1974, S. 335-340, hier S. 336.

[34] Walter Jablonsky, Zur Stellung der DDR und ihrer Streitkräfte in der Warschauer Vertragsorganisation (WVO) und in deren Vereinten Streitkräften (VSK) 1989, in: Im Gleichschritt? (wie Anm. 11), S. 68-85.

[35] A. Ross Johnson/Robert W. Dean/Alexander Alexiev, Die Streitkräfte des Warschauer Pakts in Mitteleuropa: DDR, Polen und ČSSR, Stuttgart 1982, S. 104.

[36] Jan C. Behrends, Die erfundene Freundschaft. Propaganda für die Sowjetunion in Polen und der DDR, Köln 2006.

[37] Rüdiger Wenzke, Die Suche der NVA nach Identität. Bemerkungen zur nationalen Problematik im DDR-Militär, in: Die Suche nach Orientierung in deutschen Streitkräften 1971 bis 1990. Im Auftrag der Deutschen Kommission für Militärgeschichte und des MGFA hrsg. von Michael Epkenhans; Potsdam 2006 (= Potsdamer Schriften zur Militärgeschichte, 1), S. 51-63.

[38] Diedrich/Wenzke, Die getarnte Armee (wie Anm. 20), S. 201-204.

[39] Wagner, Walter Ulbricht und die geheime Sicherheitspolitik (wie Anm. 11), S. 321-430.

[40] Christian Th. Müller, Die Beziehungen zwischen den sowjetischen Streitkräften und ostdeutscher Gesellschaft zwischen Ritual und Alltag, in: Potsdamer Bulletin für Zeithistorische Studien, /2003, 28, S. 17–23; Müller, »O' Sowjetmensch!« (wie Anm. 11), S. 26–32.

[41] Festigt die Waffenbrüderschaft mit den Armeen des sozialistischen Lagers, in: Der Politarbeiter. Halbmonatszeitschrift der Politischen Verwaltung der Kasernierten Volkspolizei, 1955, 2, S. 33–36, hier S. 34.

[42] Torsten Diedrich, Gegen Aufrüstung, Volksunterdrückung und politische Gängelei. Widerstandsverhalten und politische Verfolgung in der Aufbau- und Konsolidierungsphase der DDR-Streitkräfte 1948 bis 1968, in: Staatsfeinde in Uniform? Widerständiges Verhalten und politische Verfolgung in der NVA. Im Auftrag des MGFA hrsg. von Rüdiger Wenzke, Berlin 2005 (= Militärgeschichte der DDR, 9), S. 31–195, hier S. 57 f.

[43] Hans Frank, Die Westgruppe der Truppen (WGT), in: NVA. Anspruch und Wirklichkeit (wie Anm. 11), S. 331–350; Kurt Arlt, Sowjetische (russische) Truppen in Deutschland (1945–1994), in: Im Dienste der Partei. Handbuch der bewaffneten Organe der DDR. Im Auftrag des MGFA hrsg. von Torsten Diedrich, Hans Ehlert und Rüdiger Wenzke, 2., durchges. Aufl., Berlin 1998, S. 593–632; Sowjetische Truppen in Deutschland 1945–1994. Gedenkalbum, Moskau 1994; Volker Koop, Zwischen Recht und Willkür. Die Rote Armee in Deutschland, Bonn 1996; Ilko-Sascha Kowalczuk und Stefan Wolle, Roter Stern über Deutschland. Sowjetische Truppen in der DDR, Berlin 2001.

[44] Müller, »O' Sowjetmensch!« (wie Anm. 11), S. 33.

[45] Ende der achtziger Jahre hielt es die DDR-Führung aus »politischen, sachlichen und rechtlichen Gründen« für erforderlich, eine Überarbeitung bzw. einen Neuabschluss des Stationierungsabkommens vorzunehmen. Dazu unterzog man das Stationierungsabkommen sowie weitere ca. 70 zwischen- und innerstaatliche Dokumente einer Analyse, die dann im November 1988 dem Nationalen Verteidigungsrat vorgelegt wurde. Konkrete Schritte zu einer praktischen Umsetzung des in der Analyse angestrebten Zieles der Überarbeitung aller Dokumente lassen sich jedoch kaum erkennen. Es blieb im Wesentlichen bis zum Ende der DDR alles beim Alten. Einschätzung des »Stationierungsabkommens« und seiner Folgedokumente, o.O., 1988, BArch-MA, AZN Strausberg 32807, Bl. 3–51; siehe auch Volker Koop, Zwischen Recht und Willkür (wie Anm. 43).

[46] Hans-Werner Deim, Die NVA in der ersten strategischen Staffel der Vereinten Streitkräfte des Warschauer Vertrages, in: NVA. Ein Rückblick für die Zukunft. Zeitzeugen berichten über ein Stück deutscher Militärgeschichte, hrsg. von Manfred Backerra, Köln 1992, S. 311–331, hier S. 327.

[47] Arlt, Sowjetische (russische) Truppen in Deutschland (wie Anm. 43), S. 614 f.; Juri W. Bassistow, Die DDR – ein Blick aus Wünsdorf. Persönliche Eindrücke eines russischen Offiziers, abgedr. in: Jahrbuch für Historische Kommunismusforschung, Berlin 1994, S. 214–224; Kowalczuk/Wolle, Roter Stern über Deutschland (wie Anm. 43); Kurt Arlt, »... stets wachsam zu sein in fremdem Land!« Zum Selbstverständnis der sowjetischen Truppen in der DDR, in: Militär, Staat und Gesellschaft in der DDR. Forschungsfelder, Ergebnisse, Perspektiven. Im Auftrag des MGFA hrsg. von Hans Ehlert und Matthias Rogg, Berlin 2004 (= Militärgeschichte der DDR, 8), S. 205–224.

[48] Horst Stechbarth, Soldat im Osten. Erinnerungen und Erlebnisse aus fünf Jahrzehnten, Binz 2006, S. 53–59.

[49] Klaus Froh und Rüdiger Wenzke, Die Generale und Admirale der NVA. Ein biographisches Handbuch, 5., aktual. Aufl., Berlin 2007, S. 182 f.; Klaus Froh, Horst Stechbarth – Truppenkommandeur mit steiler Karriere, in: Genosse General! Die Militärelite der DDR

in biografischen Skizzen. Im Auftrag des MGFA hrsg. von Hans Ehlert und Arnim Wagner, Berlin 2003 (= Militärgeschichte der DDR, 7), S. 529‑552.

50 Michael Brix, Waffenbrüderschaft – das »Regiment nebenan«, in: Die Truppenluftabwehr der NVA, hrsg. von Paul Kneiphoff und Michael Brix, Berlin 2004, S. 112‑116.

51 Auf die ambivalenten Beziehungen zwischen der DDR-Bevölkerung und den sowjetischen Streitkräften kann an dieser Stelle nicht weiter eingegangen werden. Siehe dazu u.a. Müller, »O' Sowjetmensch!« (wie Anm. 11), S. 17‑134; Silke Satjukow, Sowjetische Streitkräfte und DDR-Bevölkerung. Kursorische Phänomenologie einer Beziehungsgeschichte, in: Militär, Staat und Gesellschaft (wie Anm. 47), S. 225‑249; Silke Satjukow, Besatzer. Die »Russen« in Deutschland 1945 bis 1994, Göttingen 2008.

52 Klaus-Ulrich Keubke, Zwei Dokumente zur Waffenbrüderschaft der NVA mit der Sowjetarmee und den anderen sozialistischen Bruderarmeen (Mitte der sechziger Jahre) in: Militärgeschichte (Berlin [Ost]), 21 (1982), 1, S. 81‑85; Seite an Seite mit dem »Regiment nebenan«. Zur Entwicklung der Waffenbrüderschaftsbeziehungen des Militärbezirkes Neubrandenburg der Landstreitkräfte der NVA mit Führungsorganen und Truppen der Gruppe der Sowjetischen Streitkräfte in Deutschland. Protokoll des Kolloquiums des Militärgeschichtlichen Instituts der DDR in Zusammenarbeit mit der Politischen Verwaltung des Militärbezirkes Neubrandenburg der Landstreitkräfte der NVA, 19. Februar 1982, [Neubrandenburg 1982], S. 20‑22. Der sogenannte Perspektivplan zur Waffenbrüderschaft mit der GSSD vom 13.11.1964 wurde mit Wirkung vom 1.1.1970 von einer bis 1978 gültigen »Waffenbrüderschaftsordnung über die Festigung der Waffenbrüderschaft zwischen der Nationalen Volksarmee und der Gruppe der Sowjetischen Streitkräfte in der Deutschen Demokratischen Republik (Waffenbrüderschaftsordnung)« vom 18.12.1969 abgelöst; Ordnung 030/9/008 des Ministers für Nationale Verteidigung vom 18.12.1969, BArch-MA, DVW 1/24483, o.Bl.

53 Militärratsvorlage des Chefs der Politischen Verwaltung des Militärbezirkes Neubrandenburg vom 15.6.1974, BArch-MA, VA-P-05/10737/10738, Bl. 7 f.

54 Kollegiumsvorlage Nr. 40/87 zur Entwicklung der Waffenbrüderschaftsbeziehungen der NVA vom 17.10.1987, BArch-MA, DVW 1/55649, Bl. 183.

55 Zwischen 1955 und 1990 absolvierten 283 Generale und Offiziere der NVA die Militärakademie des Generalstabes der Streitkräfte der UdSSR in Moskau. Tausende Generale und Offiziere studierten oder qualifizierten sich an anderen militärischen Lehreinrichtungen der Sowjetunion.

56 Otto Klockmann, Zwischen den Welten. Die Lebenswege eines Oberstleutnants a.D., Jena, Plauen, Quedlinburg 2000, S. 52.

57 Stechbarth, Soldat im Osten (wie Anm. 48), S. 115.

58 Löffler, Soldat im Kalten Krieg (wie Anm. 24), S. 186. Mit den polnischen und tschechoslowakischen Partnern gab es jedoch solche zeitweiligen Abkommandierungen. So arbeiteten z.B. Offiziere des Kommandos des Militärbezirkes Neubrandenburg für sechs bis acht Wochen im Stab der Landstreitkräfte in Warschau, im Stab des Pommerschen Militärbezirkes und in Divisionsstäben und umgekehrt.

59 Streletz, Der Nationale Verteidigungsrat (wie Anm. 26), S. 158 f.

60 Befragungsprotokoll von Generalleutnant a.D. der NVA Waldemar Seifert vom 2.7.2001 (unveröffentlicht), in: Fonds Befragungen und Erinnerungen des MGFA.

61 Klaus-Richard Böhme und Ulla Böhme, Offiziere der NVA zum Warschauer Vertrag, in: Was war die NVA? ... nachgetragen (wie Anm. 28), S. 103‑145, hier S. 118 f.

62 Hinweise dazu finden sich u.a. in den (unveröffentlichten) Befragungsprotokollen von Admiral a.D. der NVA Theodor Hoffmann, Generalleutnant a.D. der NVA Waldemar

Seifert und Generalmajor a.D. der NVA Peter Herrich, in: Fonds Befragungen und Erinnerungen des MGFA.

[63]   Stechbarth, Soldat im Osten (wie Anm. 48), S. 175.

[64]   Sämtliche Kontakte zur deutschen Außenwelt, die von vornherein schon eingeschränkt waren, standen unter der Aufsicht des militärischen Sicherheitsdienstes. Siehe dazu Bassistow, Die DDR – ein Blick aus Wünsdorf (wie Anm. 47), S. 214-224; Arlt, ... stets wachsam zu sein (wie Anm. 47), S. 205-224.

[65]   Bemerkungen von Generaloberst Horst Brünner zur Kollegiumsvorlage 40/87 vom 12.10.1987, BArch-MA, DVW 1/55649, Bl. 177.

[66]   Müller, »O' Sowjetmensch!« (wie Anm. 11), S. 130 f.

[67]   Zahlreiche Beispiele dazu in: Staatsfeinde in Uniform? (wie Anm. 42).

[68]   Bernhard H. Decker, Gewalt und Zärtlichkeit. Einführung in die Militärbelletristik der DDR 1956-1986, Frankfurt a.M. 1990.

[69]   Müller, »O' Sowjetmensch!« (wie Anm. 11), S. 132; Heinz Niemann, Hinterm Zaun. Politische Kultur und Meinungsforschung in der DDR – Die geheimen Berichte an das Politbüro der SED, Berlin 1995, S. 254. In einer Umfrage aus dem Jahr 1969 hatten beispielsweise noch mehr als zwei Drittel der befragten Wehrpflichtigen angegeben, noch nie an einem »Freundschaftstreffen« mit Sowjetsoldaten teilgenommen zu haben.

[70]   Christoph D. Brumme, Tausend Tage, Köln 1997, S. 194; siehe u.a. auch Peter Tannhoff, Sprutz. In den Fängen der NVA, Kiel 2003.

[71]   Christian Nünlist, Cold War Generals: The Warsaw Pact Committee of Defense Ministers, 1969-90, in: <www.php.isn.ethz.ch/collections>.

[72]   Befragungsprotokoll von Generalmajor a.D. der NVA Peter Herrich vom 17.7.2001 (unveröffentlicht), in: Fonds Befragungen und Erinnerungen des MGFA.

[73]   Information vom Leiter der Operativgruppe Wünsdorf, Oberst Kruglov, vom 14.1.1978, Die Bundesbeauftragte für die Unterlagen des ehemaligen Staatssicherheitsdienstes der DDR (BStU), AP 4708/83, Bd 1, Bl. 147 f.

[74]   Begründung der HA I zur Einleitung der Überwachung vom 20.2.1978, ebd., Bl. 159.

[75]   Abschlussbericht der HA I vom 29.1.1979, ebd., Bl. 168-171.

[76]   Löffler, Soldat im Kalten Krieg (wie Anm. 24), S. 258 f. Selbst DDR-Verteidigungsminister Heinz Hoffmann hatte bereits 1961 politische Auswirkungen befürchtet, falls wiederum sowjetische Berater quasi als Militärspezialisten bis auf Divisionsebene in der NVA zum Einsatz kämen. Er plädierte dafür – wenn damals auch ohne Erfolg –, nur jeweils zwei sowjetische Militärs in den beiden Militärbezirken der Landstreitkräfte zum Einsatz kommen zu lassen; Schreiben von Armeegeneral Hoffmann an Erich Honecker vom 30.6.1961, BArch-MA, AZN Strausberg 32613, Bl. 158 f.

[77]   Gesprächsanhalt von Armeegeneral Heinz Hoffmann für eine Unterredung mit dem Minister für Nationale Verteidigung der UdSSR, Marschall Dimitrij F. Ustinov, vom März 1983, BArch-MA, AZN Strausberg 30472, Bl. 172 f.

[78]   Frithjof H. Knabe, Unter der Flagge des Gegners. Wertewandel im Umbruch in den Streitkräften – Von der NVA zur Bundeswehr, Opladen 1994, S. 88.

[79]   Gesprächsnotiz über die Unterredung von Armeegeneral Heinz Hoffmann mit dem Oberkommandierenden der Vereinten Streitkräfte des Warschauer Pakts, Marschall Viktor G. Kulikov vom 27.4.1982, BArch-MA, AZN Strausberg 32644, Bl. 91.

[80]   Befragungsprotokoll von Generalmajor a.D. der NVA Günther Schmidt vom 27.6.2006 (unveröffentlicht), in: Fonds Befragungen und Erinnerungen des MGFA.

[81]   Sowjetische Truppen in Deutschland (wie Anm. 43), S. 37.

[82]   Gribkow, Der Warschauer Pakt (wie Anm. 17), S. 63.

[83]   Arlt, ... stets wachsam zu sein (wie Anm. 47), S. 218.

[84] Rüdiger Wenzke, Die Herausbildung der Waffenbrüderschaft zwischen der NVA und der Tschechoslowakischen Volksarmee (1956–1961), in: Militärgeschichte (Berlin [Ost]), 23 (1984), 6, S. 483–489.

[85] Karl Greese und Tadeusz Koneckie, Die Gründung der Nationalen Volksarmee der DDR und die Entwicklung der Polnischen Armee im Bündnis, in: Klassenbrüder – Waffenbrüder. Gemeinsame revolutionäre militärische Traditionen der Nationalen Volksarmee der DDR und der Polnischen Armee, Berlin (Ost) 1988, S. 261–263.

[86] Daniel Niemetz, Das feldgraue Erbe. Die Wehrmachteinflüsse im Militär der SBZ/DDR, Berlin 2006 (= Militärgeschichte der DDR, 13).

[87] Horst Sylla, 50. Jahrestag der Gründung der Nationalen Volksarmee – ein Rückblick, in: 50. Jahrestag der NVA. Ansichtungen und Wertungen, hrsg. von der Dresdener Studiengemeinschaft Sicherheitspolitik e.V., Dresden 2006, (= DSS-Arbeitspapiere, 80), S. 45.

[88] Michael Wüstefeld, Nackt hinter der Schutzmaske. Erinnerungen, Berlin, Weimar 1990, S. 109.

[89] Plan der Dienstreisen der NVA für das Jahr 1964 vom 16.12.1963, BArch-MA, VA-01/12753, Bl. 3–28.

[90] Robert Rosentreter, Im Seegang der Zeit: Vier Jahrzehnte Volksmarine. Geschichten und Anekdoten, Rostock 2000, S. 100.

[91] Ansprache von Marschall Grečko bei der Truppenübung »Quartett« vom 14.9.1963, in: Volksarmee (Berlin [Ost]), Dokumentation Nr. 8/1963, S. 5.

[92] Rüdiger Wenzke, Die NVA und der Prager Frühling 1968. Die Rolle Ulbrichts und der DDR-Streitkräfte bei der Niederschlagung der tschechoslowakischen Reformbewegung, Berlin 1995 (= Forschungen zur DDR-Geschichte, 5).

[93] Löffler, Soldat im Kalten Krieg (wie Anm. 24), S. 208 f.; Rüdiger Wenzke, Zwischen »Prager Frühling« 1968 und Herbst 1989. Protestverhalten, Verweigerungsmuster und politische Verfolgung in der NVA der siebziger und achtziger Jahre, in: Staatsfeinde in Uniform? (wie Anm. 42), S. 199–428, hier S. 199–240, 309–320.

[94] Informationsbericht des Leitenden des Manövers »Waffenbrüderschaft« an den Oberkommandierenden der Vereinten Streitkräfte vom Oktober 1970, BArch-MA, VA-01/24658, Bl. 960–962. Im Jahr 1970 setzten sich die Manövertruppen aus 11 900 Angehörigen der Sowjetarmee, 7450 Mann der polnischen Armee, 4600 Ungarn, 4200 tschechoslowakischen Soldaten, 225 Angehörigen der rumänischen Streitkräfte sowie 41 200 NVA-Soldaten zusammen. Am Manöver »Waffenbrüderschaft 80« im Jahr 1980 waren über 60 000 Mann aus allen Bündnisstreitkräften beteiligt; Meldung des Chef des Hauptstabes der NVA an den Chef der Vereinten Streitkräfte, Ende August 1980, BArch-MA, AZN Strausberg 31792, Bd 4, Bl. 985–988.

[95] Konzeption der auswärtigen Tätigkeit des Ministeriums für Nationale Verteidigung der DDR für das Jahr 1966 vom 29.3.1966, BArch-MA, VA-01/19229, Bl. 28–31.

[96] Bericht von Armeegeneral Heinz Hoffmann über den Aufenthalt einer offiziellen Militärdelegation der NVA in Rumänien vom Mai 1982, BArch-MA, AZN Strausberg 32644, Bl. 160.

[97] Joachim Schunke, Zur Bedrohungsanalyse der militärischen Führung der DDR, in: Landesverteidigung und/oder Militarisierung der Gesellschaft der DDR? Kolloquium am 22. Februar 1995 in Potsdam. Protokoll, hrsg. von Günther Glaser und Werner Knoll, Berlin 1995, S. 34–48, hier S. 41.

[98] Die Beziehungen der NVA zu den Armeen außerhalb des Warschauer Paktes werden zur Zeit in einem 2007 begonnenen Dissertationsprojekt des MGFA untersucht: Klaus Storkmann, Die Beziehungen der NVA außerhalb des Warschauer Vertrages und der

NATO unter besonderer Berücksichtigung der »Dritten Welt« 1955–1990 (Arbeitstitel). 1989 unterhielt die NVA zu über 80 Staaten militärpolitische Beziehungen.

99 Klaus Storkmann, Das chinesische Prinzip in der NVA. Vom Umgang der SED mit den Generalen und Offizieren in der frühen NVA. Eine Dokumentation, Berlin 2001 (= Beiträge zur Friedensforschung und Sicherheitspolitik, 1).

100 Vorschlag von Armeegeneral Heinz Keßler an Erich Honecker zur Gestaltung der militärpolitischen Zusammenarbeit mit der Chinesischen Volksbefreiungsarmee vom 21.11.1988, BArch-MA, AZN Strausberg 32663, o.Bl.

101 Auskunftsbericht des Chefs des Hauptstabes der NVA an Minister Rainer Eppelmann, [April 1990], BArch-MA, DVW 1/44071, Bl. 27 f. Allein für das Jahr 1990 waren in der NVA noch mehr als 550 »Maßnahmen der Zusammenarbeit« mit den anderen Armeen im Warschauer Pakt geplant.

102 Werner E. Ablaß, Zapfenstreich: Von der NVA zur Bundeswehr, Düsseldorf 2002, S. 59.

103 Theodor Hoffmann, Das letzte Kommando: Ein Minister erinnert sich, Berlin, Bonn, Herford 1993, S. 248–250.

104 Ebd., S. 306; Wilfried Hanisch, Zum Ausscheiden der DDR aus dem Warschauer Vertrag im Jahre 1990, in: Was war die NVA? ... nachgetragen (wie Anm. 28), S. 560–573, hier S. 561 f.

105 Gedächtnisprotokoll über das Treffen von Staatssekretär Werner E. Ablaß und Admiral Theodor Hoffmann mit Armeegeneral Lobov, Armeegeneral Šuravlov und Generalleutnant Pankratov am 19.7.1990. Ich danke Herrn Staatssekretär a.D. Ablaß für die Möglichkeit der Einsichtnahme in das Dokument.

106 trend. Militärwochenblatt, Nr. 20/1990, S. 2.

107 Hanisch, Zum Ausscheiden der DDR (wie Anm. 104), S. 566.

108 trend. Militärwochenblatt, Nr. 25/1990, S. 2.

Andrzej Paczkowski

Die Polnische Volksarmee im Warschauer Pakt

Die Entstehung des Warschauer Paktes war zweifellos ein einschneidendes Ereignis in der Geschichte des kommunistischen Polens und seiner Armee, ähnlich wie für die Geschichte der anderen kommunistischen Staaten Europas. Im Falle Polens muss man allerdings die Frage stellen, ob in der Entstehungszeit des Paktes dieser wirklich entscheidenden Einfluss auf die polnische Militärdoktrin und die polnischen Streitkräfte genommen hat. Vielmehr ist davon auszugehen, dass die Polnische Volksarmee (LWP) im Mai 1955 so eng mit der Sowjetarmee kooperierte wie später nie wieder und wie auch keine andere Armee des Ostblocks. Will man diese Hypothese einer gründlichen Verifizierung unterziehen, ist ein Blick auf die Zeit zwischen dem Kriegsende und der Gründung des Paktes vonnöten.

Ursachen der frühen Anbindung an die Sowjetunion

Am 26. April 1946 beendete General Stefan Mossor, Stellvertreter des Chefs des Generalstabs der Polnischen Volksarmee, der vor dem Krieg Berufsoffizier (Oberst i.G.) war und sich selbst zum Dienst in der von den Kommunisten gesteuerten Armee gemeldet hatte, das Memorandum »Erste strategische Überlegungen zur geopolitischen Lage Polens«. Die Schrift war im Grunde ein Entwurf für eine polnische Militärdoktrin. Mossor ging davon aus, dass das Bündnis mit der Sowjetunion dauerhaft und eine Aggression nur vom Westen zu erwarten sei. Einen zukünftigen Krieg hielt Mossor für möglich, auch wenn er nicht an einen unmittelbar bevorstehenden Ausbruch glaubte. Diesen bevorstehenden Krieg bezeichnete er als Kampf zwischen dem »slawischen Block« und dem »germanischen Block«. Zu Letzterem gehörten für ihn das noch existierende Deutschland, Großbritannien und die Vereinigten Staaten. Aus unklaren Gründen nahm er an, dass sich Frankreich an diesem Krieg nicht beteiligen werde, vermutlich, weil die Kommunisten dort an der Regierungskoalition teilnahmen und nicht in erster Linie, weil es ein romanisches Land ist. Zum »slawischen Block« zählte er alle Länder, die sich im sowjetischen Einflussbereich befanden, einschließlich Ungarns und Rumäniens, die nun wirklich alles andere als slawisch waren[1]. Mossors Blockmodell gründete nicht auf einem ethnischen Gedankengebäude. Seine Vorstellungen sind eher als eine Reminiszenz an das Slawophilentum des 19. Jahrhunderts zu deuten. Daran hat übrigens während des Krieges sowie unmittelbar danach auch Stalin gern angeknüpft, als eine ideelle Bindung zu der Heimat des internationalen Proletariats. Ungeachtet seiner Motive, stützte sich das Modell auf die traditionelle Grundlage von Verträgen und Bündnissen und nicht auf eine ständige internationale und multilaterale Institution mit militärischem Charakter.

Trotzdem erschien Polen in diesem Dokument als Mitglied einer festen Gemeinschaft, unter der Führung der Sowjetunion und nicht als Teil einer Gruppe mit zeitweilig übereinstimmenden strategischen Interessen. Fast genau ein Jahr später schob man den Autor dieses Memorandums auf das »Abstellgleis«. Am 6. November 1948 beschloss das Politbüro der polnischen kommunistischen Partei, welche das Land praktisch regierte, bei der Erörterung des Plans zur Entwicklung und Nachrüstung der Armee, dass »die polnische Armee in einer Linie mit den demokratischen und antiimperialistischen Kräften« kämpfen sollte und »ihr damit keine eigenständigen Aufgaben übertragen werden«[2]. Dies bedeutete faktisch den Verzicht auf die Eigenständigkeit der polnischen Streitkräfte, ihre Einbindung in die »gemeinsame Front« und schließlich die Anerkennung der militärischen und strategischen Unterordnung unter den östlichen Nachbarn.

Allerdings stellte die Doktrin nur eine Säule der Abhängigkeit dar. Die sowjetischen Offiziere in der Polnischen Volksarmee waren ein weiterer wichtiger Faktor. Angesichts der Ermordung von fast 10 000 Berufs- und Reserveoffizieren durch die Sowjets im April/Mai 1940 während der Massaker von Katyń sowie der Abspaltung der Polnischen Streitkräfte (PSZ w ZSSR) 1942 von der Sowjetunion, die erst 1941 auf Geheiß Stalins unter dem Befehl von Władysław Anders aus polnischen Kriegsgefangenen und Zivilisten zusammengestellt worden waren, mussten die neuen polnischen Truppenteile, die man im Mai 1943 unter der Ägide der Kommunisten aufzustellen begann, zwangsläufig mit Offizieren der Roten Armee verstärkt werden. Diese stellten nun ungefähr die Hälfte des Offizierkorps. Obwohl sie nach den Kriegshandlungen allmählich abgezogen wurden, gab es noch Mitte 1948 ungefähr 1600 sowjetische Offiziere in der Polnischen Volksarmee. So befanden sich unter den 53 Generalen 16 Angehörige der Sowjetischen Streitkräfte[3]. Mitte 1949 waren knapp über 700 Offiziere sowjetischer Herkunft, was zwar nur rund 5 Prozent des Offizierkorps ausmachte, diese besetzten aber 44 Prozent der Schlüsselpositionen[4]. Unerwartet für die Öffentlichkeit, für die Armee und sogar für fast alle Mitglieder der Regierung, erschien am 7. November 1949, wohl nicht zufällig am Jahrestag der bolschewistischen Revolution, der bisherige Befehlshaber der in Polen stationierten Nordgruppe der Truppen der Sowjetischen Streitkräfte, Marschall Konstantin K. Rokossovskij, in polnischer Uniform mit Marschallsabzeichen zu der

Plenarsitzung des Sejm. Er war einer der bekanntesten Frontbefehlshaber der Roten Armee im Großen Vaterländischen Krieg gewesen und hatte unter anderem auf polnischem Gebiet gekämpft. Es waren gerade seine Truppen, die im August 1944 an der Weichsel stoppten, als der Warschauer Aufstand ausbrach.

Rokossovskij hatte polnische Wurzeln, lebte aber seit dem Ersten Weltkrieg in Russland, war Bürger der Sowjetunion und Mitglied der KPdSU. Der Sejm akzeptierte ihn widerspruchslos als Minister für Nationale Verteidigung und stellvertretenden Regierungschef. Rokossovskij wurde zudem Mitglied des Politbüros der Polnischen Vereinigten Arbeiterpartei (PZPR) und bewegte sich damit im engsten Kreis der Staatsführung. Es ist bis heute nicht ganz klar, auf wessen Initiative seine Einsetzung erfolgte. Zwar haben sich die Führer der PZPR oft mit der Bitte nach erfahrenen Offizieren an Moskau gewandt, ob sie allerdings darum baten, einen sowjetischen General an die Spitze der Polnischen Volksarmee zu stellen, ist bis heute unklar[5].

Im Zuge der »Beförderung« Rokossovskijs wurde in die Polnische Volksarmee eine Gruppe höherer Offiziere integriert. 1951 stammten von den 62 Generalen im aktiven Dienst 48 aus der Sowjetarmee[6]. Sowjetische Offiziere besetzten fast alle Führungspositionen im Generalstab, einschließlich der des Chefs des Stabs und des Abteilungsleiters Operativ. Die Befehlshaber der Militärbezirke, aller Teilstreitkräfte mit Ausnahme der Marine sowie die Kommandanten der meisten militärischen Schulen, des Weiteren die Kommandeure aller 18 Infanteriedivisionen stammten aus der Roten Armee. Die Führungsposten des Nachrichtenwesens, der Spionageabwehr und der Obersten Militärstaatsanwaltschaft der polnischen Armee waren ebenso mit sowjetischen Offizieren besetzt[7]. Einen wichtigen Faktor spielten sie auch im politischen Leben: Ab 1951 waren sie für den Zeitraum ihres Aufenthaltes in Polen als Mitglieder der PZPR eingetragen. Auf deren Parteitag im März 1954 wurden drei sowjetische Offiziere, unter ihnen Rokossovskij, in das Zentralkomitee gewählt.

Obwohl sie zu Beginn des politischen Tauwetters allmählich in ihre Heimat zurückbeordert wurden, sah die Lage noch am 1. März 1955, also noch einige Wochen vor der Gründung des Warschauer Paktes, folgendermaßen aus: Von 50 der wichtigsten Dienstposten in der Armee vom Minister bis hin zum Befehlshaber eines Korps waren 32 mit sowjetischen Offizieren besetzt[8]. Dazu müssen noch die Berater innerhalb der Armee hinzugezählt werden, sowie jene in den militärrelevanten zivilen Bereichen, in der Rüstungsindustrie, den Ministerien der Wirtschaftszweige, die für die Armee arbeiten, und in der Staatlichen Kommission für Wirtschaftsplanung.

Natürlich wurden in der Armee sowjetische Muster übernommen, nicht nur bei der Einführung von Panzer- und Mech. Divisionen, sondern auch bei der Vorschrift für die Formalausbildung. Es wurde sogar die traditionelle Kopfbedeckung geändert: Die *Rogatywka*, die viereckige Mütze der polnischen Armee, wurde durch Mützen mit rundem Boden ersetzt[9]. Es ist schwer zu sagen, ob diese Änderungen über die Sowjetisierung hinausgingen, die alle Armeen des

Ostblocks betraf, da viele traditionelle Elemente weiterbestanden, wie zum Beispiel die Standortdienstvorschrift. Ein wichtiger Unterschied war das Belassen der Spionageabwehr in der Armee, die unter der Bezeichnung »Informacja Wojskowa« (Militärische Nachrichten) direkt dem Verteidigungsminister unterstand. In der Sowjetunion war diese (mit Ausnahme der Kriegszeit, in der die militärische Spionageabwehr Smerš, von *smert' špionam* = Tod den Feinden, existierte) wie auch in den anderen kommunistischen Ländern den zivilen Sicherheitsdiensten unterstellt. Trotzdem kann wohl gesagt werden, dass zwischen 1950 und 1955 die Bindungen zwischen der Polnischen Volksarmee und der Sowjetarmee ungewöhnlich stark waren und man die polnischen Streitkräfte sogar als einen Teil der Sowjetarmee ansehen könnte.

1950 wurde ein polnisch-sowjetischer Vertrag für die Dauer von sieben Jahren über die Lieferung von Militärgerät und Lizenzen in Höhe von umgerechnet ca. 300 Mio. Dollar unterzeichnet, eine bedeutende Summe für die damalige Zeit. Die Lieferungen erfolgten auf der Grundlage von Krediten, die Polen mit Industriegütern zurückzahlte, was »für die noch nicht entwickelte polnische Industrie eine große Belastung« darstellte[10]. Der Koreakrieg hatte zweifellos zu höheren Militärausgaben geführt und war ein starker Impuls nicht nur für die Investition in die Rüstungsindustrie, sondern auch in Bereiche wie das Transportwesen, da eine der Bündnisverpflichtungen Polens das Verlegen der sowjetischen Kräfte von Osten nach Westen und umgekehrt war. Einigen Schätzungen zufolge wuchsen die Investitionen in der Rüstungsindustrie von 236 Mio. Złoty 1950 auf 2251 Mio. Złoty im Jahre 1953. Die Ausgaben der Armee stiegen entsprechend von 480 Mio. auf 1361 Mio. Złoty. Hingegen stiegen die Investitionen im Transportwesen von kaum 14 Mio. Złoty auf 1591 Mio. Złoty. 1952 erreichte der Anteil am Nationaleinkommen für militärische Ausgaben 10,5 Prozent, was rund 22 Prozent der Ausgaben des Staatshaushalts entsprach. Entgegen den ursprünglichen Planungen, die Streitkräfte langsam aufzubauen, wurde deren Verstärkung gewaltig beschleunigt: Von 130 000 Soldaten 1949 auf ungefähr 380 000 im Jahr 1953. Die Anzahl der Panzer wuchs auf das Neunfache, die der Kampfflugzeuge auf das Vierfache. Diese drastischen Anstrengungen führten bereits 1952 dazu, dass die Wirtschaftspläne nicht eingehalten werden konnten und die Regierung gezwungen war, die Vorhaben von 1950 nach unten zu revidieren, ja sogar den Personalstand der Armee zu reduzieren.

Die Integration von Marschall Rokossovskij und anderen sowjetischen Offizieren in die polnische Armee hatte eine noch engere Verbindung der Streitkräfte mit der sowjetischen Militärdoktrin zur Folge, die damals eindeutig offensiv ausgerichtet war. Die alten polnischen Pläne, die ausschließlich eine Verteidigung des Grenzabschnitts vorsahen, der einem direkten Angriff »der imperialistischen Aggressoren« ausgesetzt war, also die Ostseeküste mit rund 500 km, wurden durch einen Plan ersetzt, der die Polnische Volksarmee in die offensiven Handlungen der Sowjetarmee einband.

Der Traum von der »eigenen« Front

Im Mai 1950, kaum ein halbes Jahr nach seiner Einsetzung, führte Rokossovskij eine Stabsübung durch, bei der man davon ausging, dass die polnische Armee auf dem mitteleuropäischen Kriegsschauplatz als sogenannte Küstenfront eingesetzt wurde. Wie später, im Januar 1955, mit dem Generalstab der Sowjetarmee vereinbart, sollte die Front im Einsatzfall aus 1 150 000 Soldaten und Offizieren in drei Armeen der Kampftruppe[11], einer Luftarmee mit acht Fliegerdivisionen, der Kriegsmarine und den Truppenteilen (zwei Divisionen) der Küstenverteidigung bestehen. Das Einsatzgebiet der Front sollte unter anderem der Nord-Ostsee-Kanal, Jütland und der Norden der Bundesrepublik Deutschland sein. Sie sollte die Dänischen Meerengen, welche die Ostsee mit der Nordsee verbinden, von der Landseite her schließen. So war also vom Standpunkt der quantitativen Entwicklung (Anzahl der Soldaten), der Organisationsstruktur der Armee und ihrer Basis (Rüstungsindustrie, Infrastruktur), sowie mit Blick auf die operativen Hauptaufgaben (Küstenfront) aus polnischer Sicht die Bildung des Warschauer Paktes nicht mehr notwendig, da die polnische Armee 1955 schon zu einem bedeutenden Teil mit der Sowjetarmee kompatibel war und in den offensiven Planungen einen festgelegten Platz an deren Seite hatte. Entsprechend diesen operativen Grundsätzen wurden die gesamten polnischen Streitkräfte als jene Küstenfront betrachtet, obwohl bei Weitem nicht die gesamte Armee an den Offensiven beteiligt worden wäre.

Knapp ein Jahr nach der Gründung des Warschauer Paktes erhielt die Polnische Volksarmee einen Teil ihrer Eigenständigkeit zurück und wurde »nationalisiert«. Dieser Prozess stand im Zusammenhang mit den politischen Ereignissen in Polen und der Sowjetunion. Den Auftakt bildete die Geheimrede Chruščevs auf dem XX. Parteitag der KPdSU, der Tod des »polnischen Stalins« Bolesław Bierut am 12. März und die Arbeiterrevolte von Poznań (Posen) am 28. Juni. Sie mündeten schließlich in den »polnischen Oktober« und der Rückkehr von Władysław Gomułka an die Macht, der 1948 gestürzt worden war. Am 24. Oktober 1956 stellte das Politbüro der PZPR fest, dass »im Zusammenhang mit der Erschütterung der Autorität von Gen. Rokossovskij [...] ein Festhalten an seiner Person in der gegenwärtigen Funktion für längere Zeit unmöglich« sei[12]. Zwei Tage später war der 60-jährige Marschall, dessen Kandidatur bei den Wahlen zum Politbüro während des berühmten VIII. Plenums des ZK abgeschmettert wurde, nicht mehr Verteidigungsminister. Mit höflicher Bestimmtheit wurde er aus Polen »ausgeladen« und kehrte am 15. November in die Sowjetunion zurück.

Zur gleichen Zeit wurden Dutzende von Generalen und hohen sowjetischen Offizieren nach Moskau zurückgeschickt, die man bei dieser Gelegenheit mit hohen Orden auszeichnete. Mit ihnen verschwanden auch die meisten Berater aus der Armee und der staatlichen Verwaltung. Im Jahr 1957 waren noch 23 sowjetische Offiziere in der polnischen Armee tätig, 1958 nur noch neun, und

1968 verschwanden mit Jurij Bordžilovski, dem Chef des Generalstabs bis 1964
und späterem Obersten Inspekteur der Ausbildung, sowie Michail Ovčynikov,
dem Kommandeur der Militärtechnischen Akademie, die letzten beiden[13]. Die
freigewordenen Posten wurden ausschließlich mit polnischen Offizieren besetzt. Einige Schlüsselposten nahmen Personen ein, die in der Stalinära entweder Repressionen ausgesetzt gewesen oder aus der Armee entfernt worden waren. Darunter befanden sich über zweihundert Offiziere der Vorkriegsarmee,
unter ihnen auch General Mossor, der für kurze Zeit zurückkehrte und zum
Chef des Büros für Studien des Generalstabs avancierte. Minister für Nationale
Verteidigung wurde mit Marian Spychalski ein Vertrauter Gomułkas, der lange
Jahre im Gefängnis verbracht hatte (1950–1956). Der Kommunist aus der Vor-
kriegszeit hatte von 1945 bis 1949 den Posten des stellvertretenden Verteidigungsministers bekleidet.

Das Wesentliche an den Veränderungen war nicht das Durchtrennen der
»personellen Nabelschnur« zwischen der Polnischen Volksarmee und der Sowjetarmee, obwohl nicht zu unterschätzen ist, dass die polnischen Streitkräfte
nun nicht mehr direkt von den Sowjets geführt wurden. Allein die Gründung
des Warschauer Pakts, ausgelöst nicht zuletzt durch die Aufnahme der Bundesrepublik Deutschland in die NATO, war in gewissem Sinne ein Signal für die
Veränderungen in den ersten zwei Jahren nach dem Tode Stalins. Es ist schwer
zu sagen, wie der Warschauer Pakt ausgesehen hätte, wenn es nicht zu solchen
Ereignissen gekommen wäre wie der beschleunigten Entstalinisierung nach der
»Geheimrede«, den politischen Veränderungen in Polen im Herbst 1956 und
dem Volksaufstand in Ungarn. Diese haben entscheidend die Beziehungen zwischen dem Zentrum und der Peripherie des Imperiums bestimmt. Sehr verein-
facht formuliert kam es zu einer gewissen »Zivilisierung« dieser Beziehungen.
Sie wurden formaler und amtlicher. Wenn nicht wie 1968 eine Veränderung im
Verhältnis zwischen Blöcken drohte, bemühte sich Moskau, die Grundsätze des
»guten Benehmens« einzuhalten und brutalen Druck weitgehend zu vermeiden.

Im Warschauer Pakt übte der »Lehnsherr«, ohne das »Vasallensystem« zu
gefährden, seine hoheitliche Macht eher »sanft« als »streng« aus – sofern die
politische Situation dies zuließ. So gehörten 1969 von den 523 Offizieren im
Stab der Vereinten Streitkräfte, der de facto eine Abteilung des Generalstabs der
Sowjetarmee war, 350 Offiziere der Sowjetarmee und 43 Offiziere der Polnischen Volksarmee an. Als Minister Spychalski 1957 nach Moskau reiste, um die
polnischen Vorschläge zur Gliederung des Stabes der Vereinten Streitkräfte
vorzustellen, die vorsahen, in diesem Stab ständige multinationale Teams zu
bilden, soll der Befehlshaber der Truppen des Warschauer Pakts ihm geantwortet haben: »Was denkt Ihr Euch, dass wir hier eine Art NATO machen?
Wozu hier bei uns irgendwelche Offiziere halten? Wer hat sich bei Euch dieses
ganze Projekt ausgedacht, ohne es mit uns abzustimmen[14]?«

Während der Herrschaft Stalins wären solche Vorschläge undenkbar gewesen. Erst 1969, also 14 Jahre nach Unterzeichnung des Warschauer Pakts, wurde eine derartige Instanz zur Koordinierung mit dem Komitee der Verteidigungsminister geschaffen. Zum Zeitpunkt der Gründung des Pakts hatten sowjetische Marschälle bereits festgelegt, welche polnischen Truppenteile zu den Vereinten Streitkräften gehören und die Küstenfront bilden sollten. In den späteren Jahren ließ man Diskussionen zur Auswahl von polnischen Truppenteilen zu, dennoch wusste bis zum Ende des Pakts niemand in Polen, wie viele oder welche sowjetischen Truppenteile für die Vereinten Streitkräfte bestimmt waren. Wie aus Planungskarten der Küstenfront ersichtlich, wurden die polnischen Offiziere über die beabsichtigten Operationen ebenso wie die operativ-taktischen Pläne der Handlungen der Nachbarfronten des gleichen Einsatzgebietes im Unklaren gelassen. Die Pläne für die »Polnische Front« 1961 stellte Marschall Rodion Malinovskij, Minister für Nationale Verteidigung der Sowjetunion, den nach Moskau gereisten Vertretern der polnischen Armee in Form einer handgeschriebenen Direktive vor. So wurden sowohl die Operationsrichtung als auch Hauptparameter der Front den Polen[15] in einer Form vorgelegt, die keine Diskussionen zuließ.

Die Führungsspitze der Truppen des Warschauer Pakts, also der Stab der Vereinten Streitkräfte, hatte im Prinzip keinerlei Möglichkeiten für selbstständige Planungen und fungierte praktisch als Verwaltung XX des sowjetischen Generalstabs. So wurde beispielsweise der Plan für den Einmarsch in die Tschechoslowakei 1968 vom Stab der Sowjetarmee erstellt und nicht vom Stab der Vereinten Streitkräfte, obwohl die Intervention sowohl formal als auch real eine gemeinsame Operation der Staaten des Warschauer Paktes war und diese von Marschall Ivan I. Jakubovskij, dem nächsten Oberbefehlshaber der Vereinten Streitkräfte, geführt wurde. Die Verwaltung XX, quasi der verlängerte Arm des sowjetischen Generalstabs, befasste sich auch mit der Zusammenarbeit mit den anderen »befreundeten« Armeen, die nicht Mitglied des Paktes waren.

Das heißt allerdings nicht, dass es keine gemeinsamen Pläne und Vorbereitungen gegeben hätte. Die polnische Kriegsmarine gehörte mit den Seestreitkräften der DDR und der sowjetischen Baltischen Flotte zur Verbündeten Ostseeflotte, die Truppen der Luftverteidigung hingegen waren Teil eines gemeinsamen Systems des gesamten Pakts. Seit 1961 fanden regelmäßig Rahmen-Stabsübungen sowie Übungen ausgewählter militärischer Truppenteile (auch der Luftstreitkräfte und der Kriegsmarine) im regionalen Maßstab statt, an denen Polen gemeinsam mit sowjetischen, deutschen und tschechoslowakischen Stabsoffizieren teilnahmen[16]. Einige Übungen führte nicht der Befehlshaber der Truppen des Pakts durch, wie die Planübung »Sapad« 1968, sondern der sowjetische Minister für Nationale Verteidigung, aber dies war die Ausnahme. Aus polnischer Sicht hatten die Übungen »Sojus-80«, die im Dezember 1980 stattfinden sollte, dann aber abgesagt wurde, und »Sojus-81« im März/April 1981 eine besondere Bedeutung, da sie mit der innenpolitischen Lage in Polen zusammenhingen und eine ähnliche Rolle wie die Übung »Šumava« im Juli 1968 auf dem Gebiet der Tschechoslowakei spielten. Ab Mitte der siebziger Jahre studierten polnische Offiziere nicht nur an sowjetischen Militärhochschulen, was sie schon seit 1944 taten, sondern auch an Hochschulen in anderen Mitgliedsländern, wie etwa der DDR und Ungarns. Im Ausbildungsjahr 1979/80 kamen erstmals sowjetische Hörer an die polnische Generalstabsakademie. Die bilateralen und multilateralen Kontakte fanden auf verschiedenen Ebenen statt, dazu gehörten etwa Sportmeisterschaften und der Urlauberaustausch. Ob sich ein *esprit de corps* im Offizierkorps des Warschauer Pakts herausgebildet hat, ist schwer zu sagen.

Wenn es zu Kontroversen zwischen der polnischen und sowjetischen Seite kam, betrafen diese fast ausschließlich Rüstungs- und Lizenzfragen, also eher wirtschaftliche als militärische Probleme. Auf Grundlage einiger Protokolle und Dokumente von offiziellen und Arbeitstreffen auf höchster Ebene[17] sowie der Arbeiten von Expertengruppen kann man schließen, dass die Verhandlungen im Allgemeinen hart waren. In den Dokumenten gibt es Anzeichen dafür, dass die Paktstaaten um die Gunst Moskaus buhlten und dabei versuchten, ihre eigenen Interessen zu wahren. Die polnische Seite war natürlich in einer ungünstigeren Lage als die sowjetische. Meist nahm sie die Position eines Bittstellers ein, hat aber vielfach erfolgreich die sowjetischen Angebote zum Verkauf von Gerät oder Lizenzen abgelehnt[18]. Nicht nur Gomułka, der als »Geizkragen« galt, auch der als Modernisierer angesehene Edward Gierek wehrte sich gegen übermäßige, aus polnischer Sicht unbegründete Militärausgaben. Polen bemühte sich um Lizenzen zur Produktion von Gerät, wodurch es nicht nur den Import aus der Sowjetunion begrenzen, sondern sogar noch Gerät und Ausrüstung gewinnbringend in Länder der sogenannten Dritten Welt, besonders in die arabischen Länder, exportieren konnte. In der zweiten Hälfte der siebziger Jahre war fast die gesamte Panzerproduktion für den Export bestimmt. Trotzdem blieben die Polnische Volksarmee und die Rüstungsindustrie auf sowjetisches Gerät und Lizenzen angewiesen, umso mehr, als der Westen gegenüber den Mitgliedsstaaten des Warschauer Pakts ein striktes Embargo für einen bedeutenden Teil der Rüstungsindustrie verhängt hatte[19]. Ohne spezielle Untersuchungen, die bisher noch ausstehen, kann man nicht sagen, wie bedeutend die Unterschiede in der Ausrüstung der polnischen Armee und der Sowjetarmee waren. Es ist allerdings sicher, dass die polnischen Streitkräfte nicht nur im Bereich der atomaren Waffen oder Raketen zurücklagen. Auch auf vielen anderen Gebieten waren sie weniger modern ausgestattet als etwa die Streitkräfte der DDR und der Tschechoslowakei.

Nach Gründung des Pakts ähnelte der Platz, den die Polnische Volksarmee einnehmen sollte, den Plänen aus den Jahren von 1950 bis 1955. Gemäß den Plänen von 1965 sollte die künftige »Polnische Front«, die im Wesentlichen als Küstenfront existierte und eine von drei Fronten der westlichen Einsatzrichtung war[20], sogar kleiner sein als in den Plänen vor Gründung des Warschauer

Pakts. Diese Front sollten drei Armeen auf der Basis der bestehenden Militärbezirke (MB) bilden, die MB Pommern und Schlesien als 1. strategische Staffel und den MB Warschau als 2. strategische Staffel. Insgesamt umfasste sie vier Panzerdivisionen und zehn Mot. Divisionen, Truppenteile der Artillerie, der Pioniere, der Fernmelder usw. Neben den Landstreitkräften gehörten eine Fliegerarmee und die Kriegsmarine dazu, darunter 23 Landungsschiffe[21]. Diese operativen Truppen zählten im Frieden 148 000 Soldaten bei insgesamt 362 000 Soldaten der Land-, Luft- und Seestreitkräfte. Im Kriegsfall hatten diese auf ungefähr 400 000 Soldaten, die gesamte Armee auf ungefähr 800 000 Mann aufzuwachsen. Im Frieden stellte die »Polnische Front« mit knapp 150 000 Soldaten nicht mehr als 30 bis 40 Prozent der sowjetischen Truppen der 1. strategischen Staffel, die in der DDR stationiert waren, die fünf Armeen zählte und zusammen mit den Truppen der DDR und der Tschechoslowakei zwei Fronten bildete. Im Westen Polens war die Nordgruppe der Truppen der Sowjetischen Streitkräfte stationiert, die in den Achtzigern nach zahlreichen Reduzierungen noch 56 000 Soldaten umfasste[22]. Die sowjetischen Truppenteile hatten eine wesentlich modernere Bewaffnung und Ausrüstung, selbst im Vergleich zu den besten polnischen Truppenteilen.

Verglichen mit der Zeit vor der Gründung des Warschauer Pakts bestand der wesentliche Unterschied darin, dass von den Truppenteilen der polnischen Streitkräfte 40 Prozent im Friedensbetrieb und 50 Prozent im Einsatzfall ausgewählt wurden, die direkt an den offensiven Kämpfen teilnehmen sollten. Die übrigen sollten entsprechend dem Beschluss des ZK der PZPR vom 15. März 1958, der die generelle Struktur der Streitkräfte akzeptierte[23], zur Abwehr von Angriffen (Landung und Diversionsakte) in Bereitschaft bleiben und im allgemeinen Rahmen der Territorialverteidigung handeln. Wenn also vor Gründung des Warschauer Pakts die gesamte Polnische Volksarmee als Teil der Sowjetarmee vorgesehen war, so wurden später einige bestimmte Truppenteile ausgewählt, nämlich die mit der besten Ausrüstung und Ausbildung.

Nach dem Operationsplan vom 28. Februar 1965 sollte die »Polnische Front« das südliche Jütland (1. Armee) und die Linie Amsterdam–Haag–Antwerpen (2. Armee) gewinnen und danach weitere Operationen in Richtung Calais durchführen. Zwei polnische Divisionen mussten sich an der Luft-See-Landung auf Seeland (Sjælland) beteiligen und die gesamte Insel einschließlich der Hauptstadt Dänemarks einnehmen. Man nahm an, dass die Truppen innerhalb von sechs Tagen über 500 km (also durchschnittlich 85 km pro Tag) zurücklegen konnten[24] – eine reichlich optimistische Kalkulation. Aller Wahrscheinlichkeit nach ging man davon aus, dass sich die NATO-Truppen kampflos ergeben würden. Die Flucht der feindlichen Truppen hatte man dabei wohl nicht eingeplant, denn das schwindelerregende Tempo der Truppen des Warschauer Paktes wäre davon sicher beeinträchtigt worden[25].

Die veränderten Anforderungen an die Kriegführung des Paktes ab den sechziger Jahren

Die Ziele in den Planungen für die polnische Armee (offensive Küstenfront) veränderten sich seit Anfang der fünfziger Jahre im Grunde kaum, hingegen jedoch die Mittel, um diese Ziele zu erreichen. Neben der ständigen Modernisierung der traditionellen Gefechtsausrüstung kam es zur Ausrüstung der Polnischen Volksarmee mit Atomwaffen und den entsprechenden Trägermitteln. Ohne die Gründung des Warschauer Paktes hätte die polnische Armee wohl kaum Zugang zu diesen Waffen gehabt. Seit dem Ende der fünfziger Jahre waren in der Militärdoktrin des Warschauer Paktes, eigentlich in der sowjetischen Doktrin, Elemente der atomaren Kriegführung enthalten, und nach einer gewissen Zeit wurde die Auffassung im Zusammenhang mit der im Rahmen der »Eroberung des Kosmos« getesteten technischen Entwicklung um Atomraketen erweitert.

Seit ungefähr 1960 begann man in der polnischen Armee mit der Aufstellung von Raketentruppen verschiedener Reichweite: operativ-taktischen und taktischen Raketen. Bis 1968 entstanden vier Brigaden der Raketenartillerie mit operativ-taktischen Waffen einer Reichweite bis 300 km sowie 14 Bataillone mit Raketen einer Reichweite bis 65 km, die den einzelnen Panzerdivisionen und Mot. Divisionen als Divisionsartillerie zugeteilt waren[26]. Da Raketen aller Typen Nuklearladungen tragen konnten, kam die Frage nach ihrer Bestückung mit Atomsprengköpfen auf. Die erste Übung fand am 26. Februar 1965 statt, aber »das System funktionierte nicht«, wie Tomasz Pompowski und Paweł Piotrowski schreiben, weil die Ladungen per Zug und Kraftfahrzeug aus der Sowjetunion transportiert werden mussten, was zu großen Verspätungen führte. Eine Lagerung der atomaren Sprengköpfe auf polnischem Territorium sollte eine schnelle Verfügbarkeit der Waffen garantieren.

Zwei Jahre nach der missglückten Übung unterzeichneten die Verteidigungsminister Spychalski und Andrej A. Grečko in Moskau einen entsprechenden Vertrag. Im Januar 1970 konnten polnische Ingenieure und Arbeiter in Westpommern direkt neben den Garnisonen der Nordgruppe der Truppen der Sowjetischen Streitkräfte drei Bunkerkomplexe übergeben (mit dem gemeinsamen Kryptonym »Wisła« sowie den Nummern 3001, 3002, 3003 bezeichnet). Darin befanden sich 178 Atomsprengladungen, darunter 36 Fliegerbomben[27]. Die stärksten hatten eine Sprengkraft von 500 kt.

Der Bau der Objekte lag ausschließlich in polnischen Händen. Für den Schutz und die Bedienung waren allerdings sowjetische Soldaten zuständig. Die Polen wurden zu diesen Tätigkeiten nicht hinzugezogen – nicht weil es in der Polnischen Volksarmee keine entsprechenden Spezialisten gegeben hätte, die man außerdem schnell ausbilden konnte, sondern wegen des von Moskau angewandten Grundsatzes des »begrenzten Vertrauens«, der sogar gegenüber den nächsten Verbündeten angewendet wurde; aber auch die internationalen Verträge über die Nichtweiterverbreitung von Kernwaffen spielten dabei eine Rolle. Über die Herausgabe der Kernsprengköpfe an polnische Truppenteile sollte nicht der Oberbefehlshaber der Truppen des Warschauer Paktes entscheiden, sondern der Generalstab der Sowjetarmee. Von diesem Zeitpunkt an wurden in allen Operationsplänen der Küstenfront[28], die man regelmäßig aktualisierte, Atomschläge verschiedener Größe angenommen: von 162 bis 264 (darunter 131 im Erstschlag, 133 im Zweitschlag; ein dritter Atomschlag war nicht vorgesehen). In den erhaltenen Karten sind auch die potenziellen Ziele markiert, darunter unter anderem westdeutsche und dänische Städte. Im Jahr 1988 hieß das Kryptonym für den Abschussbefehl der Raketen übrigens »Mogila« (russ. das Grab).

Die Lagerung von Kernladungen in Polen war ein striktes Geheimnis, und formell konnten davon nur ein knappes Dutzend Personen Kenntnis haben. In den achtziger Jahren war die Existenz dieser Ladungen aber bereits ein offenes Geheimnis.

Wenn man die Erinnerungen der polnischen Generale liest, kann man den Eindruck gewinnen, dass sie sich hauptsächlich – jedenfalls oft – damit beschäftigten, ihre Truppen dem direkten Einfluss Moskaus zu entziehen. Ein Studium der Akten jedoch widerlegt diesen Eindruck. Unbestritten ist, dass die Generale einen größeren Spielraum haben wollten. Anscheinend dachten sie nie daran, dass man die Grenzen der Loyalität gegenüber der eigenen Partei und dem großen Bündnispartner überschreiten könne. Sie waren mit ihren begrenzten Möglichkeiten unzufrieden, sich aber andererseits bestimmt auch im Klaren, dass sie nur ein bescheidener »Anhang« der Sowjetarmee waren. Schließlich betrug der polnische Beitrag zum Warschauer Pakt Mitte der achtziger Jahre nicht mehr als 13,5 Prozent. Vielleicht wurde das Gefühl der Abhängigkeit und die daraus resultierende Frustration durch die Tatsache kompensiert, dass man sich als Teil eines Imperiums und einer Armee mit globalen Ambitionen fühlen konnte.

Statt Heimatverteidigung: Schutz des kommunistischen Systems

Zu einem Showdown polnischer Schlagkraft im Kalten Krieg kam es nicht, doch verließ die polnische Armee die Kasernen nicht nur zu Übungszwecken. Die polnischen Soldaten hatten einige Male auch scharfe Munition geladen, allerdings übernahmen sie bei diesen Einsätzen eher die Rolle von Polizisten. In den Jahren von 1945 bis 1947 waren ganze polnische Regimenter an der Befriedung und Verfolgung der antikommunistischen polnischen und ukrainischen Partisanenbewegung beteiligt. Auch der junge Offizier Wojciech Jaruzelski kam hier zum Einsatz. 1956 und 1970 nahm das Militär an der Niederschlagung der Streiks und Demonstrationen teil: 1956 waren in Poznań über 400 Panzer und gepanzerte Fahrzeuge und rund 10 000 Soldaten daran beteiligt; 1970 wurden in drei Städten an der Küste 550 Panzer, 750 gepanzerte Fahrzeuge und über 25 000 Soldaten eingesetzt. Im Jahr 1968 hat man zwar keine Panzer gegen die streikenden Studenten geschickt, aber man berief Tausende »Stänkerer« als Strafe zum Militärdienst ein und zog einige hundert Offiziere mit Schlagstöcken für alle Fälle unweit der Gebäude der Warschauer Universität zusammen. Im Dezember 1981 haben an der Durchsetzung des Kriegszustandes ungefähr 80 000 Soldaten mitgewirkt, bei Beteiligung von 1396 Panzern und fast 2000 gepanzerten Fahrzeugen. General Jaruzelski hat zur Unterstützung seiner Autorität den Militärrat der Nationalen Errettung (WRON) einberufen. Die Polnische Volksarmee trat auch als »internationaler Gendarm« auf, als sie zusammen mit Einheiten des Warschauer Paktes am Einmarsch in die Tschechoslowakei und deren mehrmonatiger Besatzung teilnahm. An dieser Operation waren fast 29 000 polnische Soldaten, davon 24 300 direkt in der Tschechoslowakei, sowie 750 Panzer und fast 600 gepanzerte Fahrzeuge beteiligt; die polnische Armee okkupierte mehr als 16 Prozent des Territoriums des Bündnisstaates. So stand die »Polnische Front« also nicht in Kopenhagen und Rotterdam, sondern in den Straßen polnischer und tschechischer Städte.

Anmerkungen

[1]   Zum Memorandum siehe Jerzy Poksiński, Rozważania strategiczne gen. bryg. Stefana Mossora nad geopolitycznym położeniem Polski po zakończeniu II wojny światowej, in: Wojskowy Przegląd Historyczny, 32 (1987), 2, S. 190–200. General Mossor unterhielt vor dem Krieg keine Verbindung zur kommunistischen Bewegung oder zur Linken. Die Kriegszeit verbrachte er in deutscher Gefangenschaft, im April 1943 gehörte er zu der Gruppe von Kriegsgefangenen, die als Beobachter an der Exhumierung der Gräber in Katyń teilnahmen. »Das Verhalten der polnischen Offiziere den Deutschen gegenüber war voller Zurückhaltung und Würde«, schrieb der Delegationssekretär des Polnischen Roten Kreuzes in einem vertraulichen Bericht. Katyń: Dokumenty zbrodni, t. 4, Warszawa 2006, S. 107. Obwohl die Fahrt nach Katyń ohne Zweifel in den Augen der Kommunisten ein belastendes Faktum war, versuchte Mossor nicht aus Polen zu flüchten. Im Mai 1950 wurde er verhaftet und saß bis Juni 1956 im Gefängnis. Ein Jahr später starb er an einem Herzinfarkt.

[2]   Kierownictwo PPR i PZPR wobec wojska 1944–1956, bearb. von Jerzy Poksiński, Aleksander Kochański und Krzysztof Persak, Warszawa 2003, S. 24.

[3]   Edward Nalepa, Oficerowie Armii Radzieckiej w Wojsku Polskim 1943–1968, Warszawa 1995, S. 47.

[4]   Ebd., S. 67.

[5]   Der sowjetische Botschafter erhielt am 27. Oktober 1949 den chiffrierten Auftrag, Bolesław Bierut zu informieren, dass sich Moskau entschieden habe, der »Bitte der polnischen Seite Genüge zuleisten« und Rokossovskij »zum Dienst in die Polnische Armee auf dem Posten des Ministers für Nationale Verteidigung« abzuordnen; zit. nach: Marschall Stalin, in: Trybuna, 21.6.2002. Allerdings hat man den Text jener Bitte bisher nicht gefunden. Möglicherweise wurde sie, wie viele andere, mündlich bei einem Gespräch mit Stalin geäußert, den Bierut mehrmals jährlich traf.

6   Nalepa, Oficerowie Armii Radzieckiej (wie Anm. 3), S. 91.
7   Ebd., S. 256–262.
8   Ebd., S. 83.
9   Man hielt allerdings den Gruß mit Zeige- und Mittelfinger bei.
10 Aleksander Kochański und Andrzej Kupich, Polsko-radziecka współpraca wojskowa w latach 1950–1957, in: Sprawy Międzynarodowe, 46 (1993), 3, S. 129.
11 Dazu sollten gehören: 19 Infanteriedivisionen, 5 Mech. Divisionen, 4 Panzerdivisionen, 10 Artilleriedivisionen. Paweł Piotrowski, Śląski Okrąk Woyskowy. Przekształcenia organizacyjne, 1945–1956, Warszawa 2003, S. 69.
12 Ebd., S. 221.
13 Nalepa, Oficerowie Armii Radzieckiej (wie Anm. 3), S. 114.
14 Tadeusz Pióro, Doktryna podległości, in: Polityka, 21.5.2005. Pióro war der erste Vertreter Polens im Stab der Vereinten Streitkräfte.
15 Es wäre wohl nicht nachzuvollziehen gewesen, wenn an der Spitze der polnischen Delegation der Chef des Generalstabs, General Bordżilovskij, gestanden hätte, ein sowjetischer, aus der Ukraine gebürtiger Staatsangehöriger.
16 Getrennte Übungen fanden an der südlichen Flanke (Ungarn, Rumänien, Bulgarien) unter Beteiligung der Sowjetarmee und von Beobachtern aus Polen, der DDR und der Tschechoslowakei statt.
17 Etwa in dem Band Tajne dokumenty Biura Politycznego. PRL-ZSRR 1956–1970, hrsg. von Andrezej Paczkowski, London 1998.
18 Zum Beispiel stimmte Polen 1980 nicht dem Vorschlag zum Kauf teurer Satellitenfernmeldestörgeräte zu, da man diese für überflüssig hielt. Auch Angebote für Kampfflugzeuge wurden mehrfach abgelehnt.
19 Die Nachrichtendienste versuchten das Embargo zu durchbrechen, indem sie Baupläne kopierten. Auf diesem Gebiet existierte eine enge Zusammenarbeit der militärischen und zivilen Nachrichtendienste zwischen Polen und der Sowjetunion, wobei diese meist einseitigen Charakter trug, da Moskau seine »Beute« selten direkt teilte.
20 Die Zentralfront (die von der DDR aus losmarschieren sollte) und die Südfront (vom Territorium der DDR und der Tschechoslowakei) bestanden im Grunde aus den in diesen Ländern stationierten sowjetischen Truppen. Diese drei Fronten bildeten die 1. strategische Staffel, während die 2. aus zwei Fronten bestehen sollte, die aus Truppenteilen der Sowjetarmee, die auf dem Gebiet von Weißrussland und der Ukraine stationiert waren, gebildet wurden.
21 Lech Kowalski, W zasięgu rażenia, in: Rzeczpospolita, 29.5.1993.
22 Julian Bańbuła, Wojsko Polskie 1945–1989. Próba analizy operacyjnej, Warszawa 1998, S. 247.
23 Centrum władzy. Protokoły posiedzeń kierownictwa PZPR. Wybór z lat 1949–1970, bearb. von Antoni Dudek, Aleksander Kochański und Krzysztof Persak, Warszawa 2000, S. 287–291.
24 Pawel Piotrowski, Scenariusz III wojny światowej, in: Gazeta Polska, Nr. 16, 2006.
25 Angeblich wurde ein Blitzkrieg an den übrigen Fronten geplant: Die Zentral- und Südfront sollten die Rheinlinie am 6. oder 7. Tag nach Beginn der Offensive erreichen. Nebenbei kann ergänzt werden, dass bei der Ausrufung des Kriegszustandes in Polen am 13. Dezember 1981 eine Panzerdivision, die auf ihrem Weg auf keinen Widerstand außer auf Frost und eigene Fehler stieß, 35 Stunden für ca. 300 km benötigte.
26 Tomasz Pompowski und Paweł Piotrowski, Polska miała arsenał broni nuklearnej, in: Journal, 26.1.2007.

27 Nach anderen Berechnungen waren es 1988 229 Ladungen mit einer Gesamtkraft von 23 361 kt, im Jahr 1989 264 Ladungen. Es ist davon auszugehen, dass die Zahl der Ladungen allmählich wuchs.

28 Solche Pläne unterschrieben der 1. Sekretär des ZK der PZPR oder der Regierungschef, der Minister für Nationale Verteidigung, der Chef des Generalstabs und sein Chef der operativen Abteilung sowie der Befehlshaber der Vereinten Streitkräfte und der sowjetische Verteidigungsminister.

Wanda Jarząbek

Die Volksrepublik Polen in den politischen Strukturen des Warschauer Vertrags zu Zeiten der Entspannung und der »Ostpolitik«

Der im Mai 1955 gegründete Warschauer Vertrag war nicht nur ein militärisches Bündnis, in dessen Rahmen die UdSSR die Armeen der einzelnen Mitgliedsländer kontrollierte, sondern auch ein Ort politischer Entscheidungen. Der Pakt diente durchaus der Deklaration eines abgestimmten Standpunktes der Länder des Ostblocks zu verschiedenen internationalen und internen Problemen, wie beispielsweise im chinesisch-sowjetischen Konflikt und der albanischen Frage. Ein wesentliches Problem in der Außenpolitik des Blocks stellte die Deutsche Frage dar. Die Gründung des Warschauer Paktes wurde von den Vertragsstaaten auch als symbolischer Akt zur Verteidigung gegen die deutsche Gefahr verstanden, die mit dem Beitritt der Bundesrepublik Deutschland zur NATO im Mai 1955 als besonders evident empfunden wurde.

Die Dominanz der Sowjetunion im Block und in seinen Strukturen, im Rat für gegenseitige Wirtschaftshilfe (RGW) ebenso wie in der Warschauer Vertragsorganisation (WVO) war offensichtlich. Es ist lohnenswert darüber nachzudenken, in welchem Maße die Strukturen des Paktes lediglich Transmissionsriemen waren, die Moskau zur Übertragung von Entscheidungen an die einzelnen Länder des Blocks dienten, wobei der Anschein der Beteiligung an der Entscheidungsfindung gewahrt wurde, da dieser den anderen Mitgliedsländern die Durchsetzung ihrer außenpolitischen Ziele ermöglichte. Hauptziel dieses Beitrags soll es sein, eine Antwort auf diese Frage am Beispiel Polens zu finden.

Die Ausführungen stützen sich zu großen Teilen auf Archivquellen, darunter unveröffentlichte Dokumente des Warschauer Vertrags, die im Frühjahr 2006 durch den Verteidigungsminister Polens freigegeben worden sind und gegenwärtig im Institut für Nationales Gedenken (IPN) in Warschau aufbewahrt werden. Zudem wurden Dokumente der ehemaligen Polnischen Vereinigten Arbeiterpartei (PZPR) aus dem Archiv für Neue Akten (AAN) in Warschau und Dokumente aus dem Archiv des Außenministeriums genutzt sowie auf gedruckte Quellen zurückgegriffen[1].

Die Hauptrolle bei der Koordinierung der Außenpolitik der Blockstaaten sollte der Politische Beratende Ausschuss (PBA) spielen, der formal im Januar 1956 einberufen wurde. Diesem Gremium gehörten die Ersten Sekretäre der kommunistischen Parteien, die Ministerpräsidenten, die Außenminister und die Verteidigungsminister an (die Verteidigungsminister bis 1969, das heißt bis zur Einberufung des Komitees der Verteidigungsminister). Allerdings spielte der PBA anfangs keine wesentliche Rolle. Obwohl er formell zweimal jährlich tagen sollte, geschah dies viel seltener, in der Regel nur alle zwei Jahre. Auch die Beratungen der Außenminister fanden selten statt. Das ergab sich zum großen Teil aus der Funktionsweise des Bündnisses, das von dem asymmetrischen Verhältnis zwischen der UdSSR und ihren Satellitenstaaten geprägt war.

Mit dem Auftreten interner Konflikte in der internationalen kommunistischen Bewegung, vor allem des Konflikts zwischen der UdSSR und China, sowie weiterer internationaler Konflikte, etwa der Berlin-Krise, der Kuba-Raketenkrise oder der Verschärfung des Krieges in Indochina, wurden die auf verschiedenen Ebenen im Pakt abgehaltenen Treffen häufiger. Sie endeten in der Regel mit gemeinsamen Erklärungen oder Kommuniqués der beteiligten Staaten zu den einzelnen Problemen. Die Beschlüsse des PBA sollten einmütig gefällt werden und waren für die Unterzeichner des Warschauer Vertrags politisch bindend. Nichtsdestoweniger verhinderte der Einspruch eines Mitgliedes eine Beschlussfassung, was den Weg für die Artikulation eigener Interessen öffnete sowie vorherige Konsultationen zur Erarbeitung eines gemeinsamen Standpunktes erforderlich machte. Die Staaten des europäischen kommunistischen Blocks bemühten sich in den sechziger Jahren zweifelsohne darum, die Treffen der einzelnen Gremien des Warschauer Vertrags für die Darstellung ihrer eigenen Interessen zu nutzen, wenn auch in unterschiedlichem Maße. Das traf auch auf Polen zu.

Der Pakt als außenpolitische Bühne Polens

Nach 1956 bemühten sich die neue Führungsriege der PZPR und die Regierung Polens um eine aktivere Außenpolitik, sowohl im Block selbst, aber ebenso außerhalb. Eine wesentliche Rolle spielten die Ansichten des neuen Ersten Sekretärs Władysław Gomułka hinsichtlich der Arbeitsweise der WVO. Natürlich stellte er die führende Rolle der UdSSR nicht infrage. Trotzdem erwartete er ein größeres Verständnis für die Interessen der Volksrepublik Polen (VRP) sowie die Anerkennung ihres Rechts auf eine eigene Meinung. Ein Beispiel dafür ist die zurückhaltende Position Warschaus gegenüber der Kritik an der Kommunistischen Partei Chinas, obwohl Warschau letztlich Moskau in dieser Auseinandersetzung unterstützt hat. Das ergab sich auch aus der herausragenden Rolle, welche die Deutsche Frage in der Außenpolitik der VRP spielte. Warschau wollte aktiv die Deutschlandpolitik des Blocks mitgestalten, auch mit eigenen Initiativen[2]; weniger wichtige Elemente der Außenpolitik wurden dafür geopfert. Zur Realisierung eigener Ziele versuchte die VRP die Möglichkeiten zu nutzen, die der Warschauer Vertrag wenigstens theoretisch bot.

Nach der zweiten Berlin-Krise – man beobachtete aufmerksam die Kontakte zwischen Moskau und Bonn – befürchtete Gomułka, dass die UdSSR bei der Annäherung an die Bundesrepublik zu Konzessionen unter anderem bei der Unantastbarkeit der Grenzen bereit sein könnte. Beunruhigt zeigte sich Polen über die Gespräche des sowjetischen Botschafters Andrej Smirnov 1964 in Bonn, die auf ein Treffen zwischen Nikita S. Chruščev und Ludwig Erhard zielten. Die Interessen Warschaus an einer besseren Koordinierung der Außenpolitik des Paktes sind durchaus auch in diesem Zusammenhang zu sehen. Warschau unterstützte den Anfang 1964 von Moskau unterbreiteten Vorschlag, dass sich die Außenminister des Blocks häufiger treffen sollten[3]. Bei der Sitzung des PBA im Januar 1965 in Warschau verteidigte Gomułka[4] die von Rumänien kritisierte Konzeption regelmäßiger Treffen. Es scheint, dass Warschau sich davon eine Blockierung von unliebsamen Initiativen Moskaus und einen größeren Einfluss auf die sowjetische Deutschlandpolitik versprach.

Die Diskussion über die Verbesserung der Struktur des Warschauer Vertrags flammte erneut Anfang 1966 auf. Gomułka bat die betroffenen Ministerien, die Beantwortung eines Briefes von Brežnev vorzubereiten. Adam Rapacki, der an der Spitze des Außenministeriums stand, vertrat bezüglich des an Gomułka gerichteten Briefes die Auffassung, dass die besagte Verbesserung notwendig sei, da sich der PBA zu einem selten tagenden Rat auf höchster Ebene verändert hätte[5]. Nach Meinung von Rapacki müsse der PBA in ein Gremium der Außenminister umgewandelt werden, bei Bedarf mit Teilnahme der Verteidigungsminister. Die Staatsoberhäupter des Blocks würden dann den Ausschuss des Warschauer Vertrages bilden.

Die Gespräche zur Reform des Bündnisses fanden zu einer Zeit statt, als die Bundesrepublik ihre Ostpolitik aktivierte, was in Warschau die Überzeugung bestärkte, dass die Mechanismen zur Abstimmung der Außenpolitik verbessert werden müssten. Daher wollte man sich nicht mehr länger auf die Beschlussfassung beschränken, sondern »Konsultationen durchsetzen, die es bisher vor einer Entscheidung fast nicht gegeben hatte«[6]. Warschau unterstützte zudem Projekte zur Reform der militärischen Strukturen.

Im März 1966 übermittelte die Bundesrepublik Deutschland der VRP und den anderen Ländern des Ostblocks Noten, in denen sie die Unterzeichnung einer Deklaration zur Nichtanwendung von Gewalt vorschlug. Da in dem Dokument keine Rede von der Endgültigkeit der Grenze entlang der Oder und der Neiße war und die Bundesrepublik auch nicht auf das Recht zur ausschließlichen Repräsentation des deutschen Volkes verzichtete, stand die Antwort der Polen fest, die Mieczysław Łobodycz, Direktor des Departements IV im Außenministerium, zuständig unter anderem für die Bundesrepublik, dem Leiter der westdeutschen Handelsmission in Warschau, Egon Emmel, übergab[7]. Warschau befürchtete, dass andere Paktstaaten Gespräche und diplomatische Beziehungen mit Westdeutschland aufnehmen könnten, aus Interesse an westlichen Waren und Technologien. Darüber hinaus gestalteten sich die Beziehungen der meisten Staaten der WVO zur Bundesrepublik weitaus entspannter, als dies für Polen der Fall war. Die VRP wäre dann Gefahr gelaufen, den Rückhalt für ihre Außenpolitik zu verlieren, und sie hätte sich in einer wesentlich schlechteren Lage befunden, auch international.

Auch die UdSSR war hinsichtlich der Bundesrepublik an einer Politik der Öffnung interessiert. Einen untrügerischen Beweis dafür sah Warschau in dem Entwurf der sowjetischen Antwort auf eine bundesdeutsche Note. Im Kreml war man sich des westdeutschen Standpunkts in der Grenzfrage bewusst; man dachte daher daran, diesen Punkt, der den Kontakten schaden konnte, aus den Gesprächen herauszunehmen. Moskau betonte, dass »der Flussverlauf von Oder und Neiße als Staatsgrenze zwischen der VRP und der DDR, der in den Dokumenten des Potsdamer Vertrages festgelegt und einige hundert Kilometer von der östlichen Grenze der BRD entfernt ist, nichts mit der BRD gemein hat«[8]. Mieczysław Łobodycz analysierte die Note wie folgt:

> »Oben genannte Fassung ist für uns ungünstig. Nach dem Görlitzer Vertrag, der in der Note nicht genannt wird, ist die Grenze an der Oder und der Neiße die polnisch-deutsche Grenze. Außerdem erleichterte die Art dieser Fragestellung in der Note der UdSSR der BRD die Argumentation, dass Polen keinen Grund hätte, von der BRD die Anerkennung der Grenzen an der Oder und Neiße zu fordern[9].«

Auf die Intervention Warschaus hin wurde der Wortlaut der Note geändert. Trotzdem fühlte sich Polen weiter bedroht und wollte die UdSSR zu einer Koordination der Politik des Ostblocks bewegen, um den Ländern, die bereit waren, Gespräche mit der Bundesrepublik aufzunehmen, diese Möglichkeit zu nehmen. Dazu hätte man die politischen Strukturen des Warschauer Vertrages durchaus nutzen können. Ein Verbündeter in dieser Frage war die DDR. Das Problem der europäischen Sicherheit und die Deutsche Frage sollten Gegenstand der blockinternen Abstimmungen auf der für den Juli 1966 geplanten Sitzung des PBA in Bukarest sein. Zur Abstimmung des Wortlauts der Deklaration zur Stärkung des Friedens und der Sicherheit in Europa fand noch im Juni ein Treffen der stellvertretenden Außenminister statt. Entgegen der vorherigen Abstimmungen stellte Rumänien einen eigenen Deklarationsentwurf vor. Um die Meinungsverschiedenheiten zu beseitigen, trafen sich die Außenminister der Teilnehmerstaaten in Moskau[10]. Der rumänische Entwurf fiel nun gemäßigter aus, doch Bukarest war gegen die scharfen Formulierungen gegenüber der Bundesrepublik, obwohl es selbst solche an die USA richtete. Polens Außenminister Marian Naszkowski beurteilte die rumänische Position wie folgt:

> »Diese Erwägung, besonders aber die milde Bewertung der Politik der BRD hat einen offensichtlichen Hintergrund. Das ergibt sich in der letzten Zeit aus den Bestrebungen Rumäniens sich an die BRD anzunähern, besonders unter dem Aspekt des wirtschaftlichen Vorteils[11].«

Die Polen stießen sich an der Aussage des rumänischen Entwurfs, dass die Beilegung des deutschen Problems eigentlich ausschließlich Angelegenheit der beiden deutschen Staaten sei und eine Lösung nur darin bestehen könne, dass Deutschland der entsprechende Platz in Europa gewährleistet werde. Hinzu kam, dass in dem Dokument die Grenze an der Oder und der Lausitzer Neiße unerwähnt blieb. Bei den abschließenden redaktionellen Arbeiten soll es laut Naszkowski zu einem scharfen Meinungsaustausch zwischen den Delegationen Polens und Rumäniens gekommen sein. Die polnische Seite drohte sogar, den Dokumenten in Bukarest die Zustimmung zu entziehen. Letztlich wurde ein Teil der polnischen Korrekturen übernommen, doch es blieben Meinungsunterschiede, die in Bukarest geklärt werden sollten[12].

Während der Beratung sprach man auch über die Schaffung neuer Organe des Warschauer Vertrages. Die Rumänen meinten, dass das Bündnis dadurch seine Flexibilität verlieren könnte. Bukarest war weder mit der Schaffung einer Kommission der Außenminister noch mit einem Vereinten Sekretariat des Bündnisses (und mit dem Posten eines Generalsekretärs) einverstanden und sprach sich auch gegen den Grundsatz aus, dass sich der Politische Beratende Ausschuss auf der Ebene der Ersten Sekretäre und Regierungschefs traf. Da generelle Festlegungen fehlten, hatten die einzelnen Länder einen größeren Spielraum. Rumänien blockierte zudem die Reform der militärischen Strukturen. Vor der Beratung der Minister in Moskau modifizierte Warschau seine Reformposition etwas. Man schlug nicht mehr die Einberufung eines Rates des Bündnisses vor, wollte aber eine wachsende Rolle des PBA als Entscheidungsgremium in Sachen Blockpolitik. Dazu sollten die Treffen künftig zweimal jährlich, wie in der Gründungszeit des Bündnisses vorgesehen, stattfinden, die Außenminister bereits vor den PBA-Treffen zu Verhandlungen zusammentreffen und die für die Politik des Pakts richtungsweisenden Materialien vorbereiten[13].

Entgegen den Hoffnungen der VRP waren die Festlegungen des Politischen Beratenden Ausschusses bezüglich der Ostblockpolitik gegenüber der Bundesrepublik nicht so eindeutig, dass sie die Aktivitäten der Bündnisländer und deren Versuche, eine Verständigung mit Westdeutschland zu treffen, völlig eindämmen konnten. In diesem Zusammenhang wollte Warschau einen Katalog von Bedingungen schaffen, welche die Bundesrepublik bei der Aufnahme von diplomatischen Beziehungen zu einem der Bündnisländer hätte berücksichtigen müssen. Warschau war bemüht, diesbezüglich Druck auf Moskau auszuüben; eine Beratung der Außenminister sollte die Politik gegenüber Westdeutschland koordinieren helfen[14]. Möglicherweise war Polen zwar generell an der Umgestaltung des Bündnisses in ein partnerschaftlicheres Verhältnis interessiert, aber in diesem Zusammenhang ging es Warschau eher darum, die politischen Möglichkeiten der anderen Staaten einzuschränken.

Paradoxerweise sprach die polnische Regierung den weiteren Mitgliedsstaaten ein Recht ab, das man für sich selbst beanspruchte, nämlich das Recht zur Realisierung der eigenen Staatsinteressen. Bindende Festlegungen waren umso wichtiger, als Brežnev bei einem Gespräch mit Gomułka und anderen Spitzen aus Partei- und Staatsführung der VRP am 18. Januar 1967 ankündigte, den Ländern, die an Gesprächen mit der Bundesrepublik interessiert seien, »grünes Licht« zu geben, und einen entsprechenden Brief dazu vorstellte. Gomułka war irritiert, denn nach seiner Meinung hätten darüber im Vorfeld Gespräche geführt werden müssen, wie es im Regelwerk des Warschauer Vertrags auch vorgesehen war[15].

Die Beratung, die ursprünglich in Berlin stattfinden sollte, wurde schließlich vom 8. bis 10. Februar 1967 in Warschau abgehalten. Während der Tagung gelang es, und das sah Gomułka als Erfolg für sich an, Bedingungen für eine Kontaktaufnahme mit Westdeutschland zu formulieren. Dazu gehörten die Anerkennung der Grenzen (darunter die zwischen Polen und der DDR verlaufende Oder-Neiße-Linie und die deutsch-deutsche Grenze), die Anerkennung der DDR, der Verzicht auf Atomwaffen (was mit den polnischen Abrüstungs- und Friedensinitiativen korrespondierte, die allerdings nicht immer den Grundsätzen der Politik der UdSSR und der DDR entsprachen), die Anerkennung der Ungültigkeit des Münchner Abkommens von Anfang an sowie die Anerkennung des Sonderstatus von West-Berlin[16]. Gomułka betonte, dass »unter dem Begriff der Anerkennung der DDR zu verstehen sei, dass die Regierung der BRD in Bonn auf den Alleinvertretungsanspruch für Deutschland verzichten und dies offiziell und öffentlich machen müsse«[17]. Warschau bemühte sich auch um die Stärkung seiner Position im Block, indem es in die in diesem Zeitraum zu erneuernden bilateralen Verträge mit den Ländern des Warschauer Paktes Regelungen hinsichtlich der Deutschen Frage einzubringen versuchte[18].

1967 gelang es Gomułka, die Strukturen des Warschauer Vertrags bis zu einem gewissen Maße für die Interessen der VRP zu nutzen. Dazu gehörte, keine Kontakte mit der Bundesrepublik aufzunehmen und die Schritte der anderen Blockstaaten in diese Richtung, wie Ungarns, Bulgariens und der Tschechoslowakei, zu bremsen. Das war nicht der einzige Versuch, den Pakt als Träger polnischer Interessen zu nutzen. Die polnische politische Führung versuchte 1969 aus dem Warschauer Vertrag ein Instrument zur Erweiterung der eigenen diplomatischen Möglichkeiten zu machen, als sich nach dem kurzzeitigen Zusammenbruch der West-Ost-Beziehungen, verursacht etwa durch den Einmarsch in die Tschechoslowakei, beide Blöcke einander wieder näherten. Symbol der neuen Entspannung (Détente) sollte eine Europakonferenz sein. Als die Idee dazu langsam konkretere Gestalt annahm, drang Warschau darauf, dass die Hauptforderungen Polens bezüglich der Deutschen Frage: die Anerkennung der Grenze entlang der Oder-Neiße-Linie sowie die völkerrechtliche Anerkennung der DDR, berücksichtigt würden[19]. Mit der Anerkennung der DDR verfolgte Polen zwei Ziele. Einerseits sollte damit die noch immer umstrittene deutsch-polnische Grenze entlang der besagten Linie festgeschrieben werden, andererseits konnte damit eine Vereinigung Deutschlands in naher Zukunft ausgeschlossen werden.

Der Interessenkonflikt zeigte sich während der Sitzung des PBA im März 1969 in Budapest. Schwierigkeiten bereitete vor allem die Position Rumäniens, das nicht wollte, dass die Bedingungen zur Aufnahme von Gesprächen mit der Bundesrepublik aus der Warschauer Deklaration vom Februar 1967 im Kontext der Europakonferenz wiederholt würden[20]. Warschau war in mancherlei Hinsicht nicht mit den Ergebnissen der Sitzung zufrieden. Im Budapester Appell war zwar die Rede von der Unantastbarkeit der Grenze an der Oder und der Lausitzer Neiße, aber nicht von deren völkerrechtlichen Anerkennung. Die Unantastbarkeit der Grenze sollte eine Vorraussetzung für die europäische Sicherheit sein – und nicht für die Einberufung einer Europakonferenz[21]. Warschau wollte weitere Überraschungen vermeiden.

Im April wurden Pläne für das polnische Vorgehen auf der Konferenz erarbeitet, die nach der Annahme durch die Parteiführung zur Richtlinie für das Außenministerium wurden[22]. Außenminister Stefan Jędrychowski schrieb, dass die UdSSR ihre globalen Interessen höher stellte als die Interessen der Blockstaaten. Die Chancen zur Realisierung polnischer Ziele hingegen sah er in einer besseren Koordinierung der Vorbereitungen für die Konferenz im Rahmen des Warschauer Vertrags. Warschau bemühte sich um die Einberufung eines Treffens der Außenminister und des PBA, die gemeinsam abgestimmte Dokumente des Paktes beschließen und damit das Vorgehen bestimmen sollten. Polens Führung glaubte, dass man so den einseitigen Entscheidungen durch den Kreml und dessen Vorstellungen für die Konferenz vorbeugen könnte. Die Bemühungen Warschaus wurden jedoch von Moskau torpediert. In Polen wurde man sich dieser Tatsache im Lichte der Deutschlandpolitik der UdSSR bewusst. Man war der Meinung, Moskau würde die Unterzeichung eines Vertrags über die Nichtanwendung von Gewalt mit der Bundesrepublik in Betracht ziehen und dabei nicht auf der Anerkennung der Grenzen bestehen.

Polens Vision einer Europakonferenz

Gomułka entschloss sich noch im Mai 1969 zu einem eigenen Schritt in Richtung Westdeutschland und schlug Gespräche über die Aufnahme von diplomatischen Beziehungen vor. In seinem öffentlichen Auftritt sprach er auch über die polnischen Konzeptionen für eine Europakonferenz, die unter anderem zur Anerkennung des bestehenden territorialen Status quo führen sollte[23]. Die Erklärung Gomułkas einige Tage vor dem Treffen der stellvertretenden Außenminister in Berlin war sicherlich kein Zufall. Während des Treffens entschied man sich entgegen Warschaus Erwartungen nicht für eine einheitliche Interpretation des Budapester Appells. Die UdSSR ließ auch keine Besprechung oder Abstimmung über ein gemeinsames Vorgehen gegenüber den westlichen Ländern im Zusammenhang mit der Idee zu einer solchen Konferenz zu[24].

Angesichts dessen beschloss Warschau, Vorschläge für die Abschlussdokumente einer künftigen Konferenz vorzubereiten, und man erarbeitete einen Entwurf für einen Vertrag über kollektive Sicherheit und Zusammenarbeit in Europa[25]. Polen wollte, dass dieser Entwurf auf der Konferenz vorgestellt und vom Bündnis unterstützt würde. Das polnische Projekt ging über die seinerzeit von der UdSSR vorgestellten Vorschläge hinaus. Im politischen Teil enthielt es den Verzicht auf die Anwendung von Gewalt oder deren Androhung, die Verpflichtung zur Achtung der Souveränität der Staaten, der territorialen Integrität und der Unabhängigkeit, die Anerkennung der bestehenden staatlichen Grenzen und die Verpflichtung zur Nichteinmischung in die inneren Angelegenheiten eines Staates sowie die Lösung von Streitigkeiten mit friedlichen Mitteln. Dem Plan nach sollte die Annahme dieser Verpflichtungen Ausgangspunkt für ein europäisches System der kollektiven Sicherheit sein.

Als eine Möglichkeit zur Erreichung dieser Ziele erachtete Warschau die Schaffung einer Organisation der europäischen Staaten, deren Grundzüge erarbeitet wurden. Im Weiteren dachte man an die Aufnahme von Gesprächen zur Auflösung der in Europa bestehenden militärischen und politischen Gruppierungen. Die polnische Parteiführung wollte auf der Konferenz auch Abrüstungsprobleme diskutieren. Einzelheiten kamen in diesem Stadium nicht zur Sprache, dies war erst nach der Unterzeichnung des Vertrages über die Nichtweiterverbreitung von Atomwaffen vorgesehen.

Warschau plädierte zudem dafür, im Rahmen der Konferenz Gespräche zu einer europäischen Zusammenarbeit im wirtschaftlichen, wissenschaftlich-technischen und kulturellen Bereich aufzunehmen. Hierzu sei die Erörterung der Institutionalisierung der Konferenz grundlegend; auf der Basis eigener Gespräche mit Vertretern der westlichen Staaten sollten diese für die Konferenz gewonnen werden. Warschau sann auf die Einberufung von ständigen Kommissionen für Sicherheit und Abrüstung, für gesamteuropäische wirtschaftliche, wissenschaftlich-technische und kulturelle Zusammenarbeit sowie auf ein Wirtschaftsschiedsgericht.

Natürlich ließ man Diskussionen über die endgültige Form dieses Dokuments zu. Es sollte allerdings sichergestellt sein, dass es zumindest die ersten Punkte des polnischen Vorschlags enthielt. Diese Konzeption fand in Moskau kein Gehör, da hier die Parteispitze intensiv darum bemüht war, die Polen auf ihr Minimalprogramm einzuschwören. Nach Ansicht Moskaus wäre allein die Einberufung der Konferenz ein Erfolg des kommunistischen Blocks. Die polnische Seite teilte diese Auffassung nicht: Die Konferenz, die ein sehr allgemeines Programm haben sollte, würde, so mutmaßte man hier, allein den Interessen der UdSSR dienen und könnte dabei von Moskau zu propagandistischen Zwecken genutzt werden. Polen zählte auf die Unterstützung der andern Blockstaaten in der Hoffnung, diese hätten an einem umfassenderen Konferenzinhalt Interesse. Ein Teil der Länder hatte dies ohne Zweifel, nichtsdestoweniger verfolgten sie aber eigene Ziele. Es scheint, als ob sie, beeinflusst von Moskau, mit einem weniger umfassenden Vorschlag begannen. In Anbetracht des polnischen Widerspruchs gegen die von Moskau vorgeschlagenen Projekte wurde im Eilverfahren für den 24. September ein Treffen der stellvertretenden Außenminister zur endgültigen Abstimmung der Dokumente einberufen, die auf der nächsten Sitzung des PBA in Prag beschlossen werden sollten[26]. Moskau wollte verhindern, dass Polen die Beschlussfassung der gemeinsamen Dokumente durch den PBA blockierte.

Polen forderte Korrekturen bei der Anerkennung der territorialen Integrität der Staaten in den damals existierenden Grenzen. Der Kreml erklärte sich schließlich damit einverstanden, schloss aber nicht aus, auf diese Bedingung etwa bei Widerstand der westlichen Staaten zu verzichten. Der polnische stellvertretende Außenminister Josef Winiewicz bemerkte damals, dass »die Dokumente nach der Beratung in Prag keine sowjetischen mehr seien, sondern Beschlüsse der Minister der Staaten des Warschauer Vertrags und diese über deren weiteres Schicksal entscheiden würden«[27]. Moskau war allerdings nicht mit den polnischen Vorschlägen zur Einberufung einer Expertengruppe für die Erarbeitung der Details einverstanden, die konkrete Vorschläge des Blocks zu verschiedenen Problemen im Zusammenhang mit der Konferenz erarbeiten sollte. Trotzdem unterstützte Warschau in Prag bei der Sitzung des PBA die gemeinsame Verabschiedung der Dokumente[28].

Im Endeffekt gelang es der politischen Führung in Warschau nicht, die Strukturen der WVO als Instrument zu nutzen, um ihre Vorstellungen für die Konferenz durchzusetzen, die gleichzeitig die blockinternen Abhängigkeiten gelockert hätten. Charakteristisch war, dass Warschau die Prager Beschlüsse nicht weit genug gingen. Dem Westen gegenüber erklärte man, dass eine thematische Erweiterung der Konferenz denkbar sei, und man unterstrich die Notwendigkeit zu gemeinsamen Gesprächen über die geplante Konferenz – in dem Wissen, dass die westlichen Staaten von den Vorschlägen des Ostblocks enttäuscht waren. So sollte verhindert werden, dass der Westen das Interesse an den Gesprächen verlor. Als nach der ministeriellen Sitzungsperiode der NATO im Dezember 1969 klar wurde, dass die Konferenz nur unter der Bedingung der Themenerweiterung stattfinden würde, kam Warschau in bündnisinternen Gesprächen auf die Konzeption einer erweiterten Agenda zurück und konnte sich dabei auf die Position der westlichen Staaten stützen.

Das Ringen um die Reformierung der Paktstrukturen

Die letztlich missglückte polnische Vision einer Europakonferenz wirkte sich nicht negativ auf das Verhältnis zu den Reformplänen der politischen Strukturen des Warschauer Vertrags aus. Nach wie vor betrachtete man es als notwendig, die Konsultationsmechanismen und Prozesse der Beschlussfassung im Block zu verbessern. Zu Beginn der siebziger Jahre bereitete das polnische

Außenministerium eine Notiz zur weiteren Institutionalisierung des Warschauer Vertrages vor und bat Gomułka um eine Stellungnahme zu den Vorschlägen[29]. Zwei Lösungen standen im Vordergrund: die Schaffung von ständigen Organen oder von Organen, die in regelmäßigen Abständen zusammentrafen. Die bestehende Struktur, so die Meinung, nehme dem Bündnis die Möglichkeit zum »elastischen Vorgehen in politischen Dingen«. Der nur unregelmäßig tagende PBA erfüllte diese Funktion in den Augen der polnischen Regierung nicht; er solle sich, lautete die Forderung, zwei Mal pro Jahr treffen und die Termine dieser Zusammenkünfte fixieren; außerordentliche Treffen sollten auf Anfrage der Vertragsstaaten stattfinden. Grundlegend sei außerdem die Schaffung eines Ständigen Komitees der Minister, welches sich vor den Sitzungen versammelte, sowie eines Ständigen Sekretariats mit einem vom PBA zu wählenden Generalsekretär an der Spitze.

Trotzdem wurde die Reform des Warschauer Vertrages ausgesetzt, möglicherweise bedingt durch die damaligen internationalen politischen Ereignisse. Moskau engagierte sich für bilaterale Gespräche mit den USA, zu denen auch Abrüstungsgespräche gehörten. Die Vorbereitungen für eine Europakonferenz hielten an. In dieser Zeit wurde auch der generelle Standpunkt der Blockstaaten zur Deutschen Frage und zur Konferenz abgestimmt. Vielleicht sollte in dieser Situation vermieden werden, dass ein funktionierender Mechanismus zur Beschlussfassung entstand. Das heißt jedoch nicht, dass man sich bemüht hätte, Konsultationen zu umgehen.

Suchte Moskau zu Beginn der siebziger Jahre andere Möglichkeiten zur Abstimmung der Blockpolitik, als sie in den Strukturen des Warschauer Pakts vorgegeben waren? War Moskau an weniger offiziellen und in gewissem Sinne weniger bindenden Treffen interessiert? Von 1971 an fanden in der Sommerpause, in der Regel Ende Juli/Anfang August, Treffen der Ersten Sekretäre auf der Krim statt. Es gab drei Zusammenkünfte in größerem Kreise, 1971, 1972 und 1973. Ab 1974 wurde es üblich, diese Termine mit dem Urlaub zu verbinden, obwohl es Ausnahmen gab, wie beispielsweise 1975, als wegen der dritten Phase der KSZE in Helsinki das Treffen ausfiel. Aus den Quellen lässt sich schließen, dass die politischen Führer nach 1976 auf Zusammenkünfte solchen Ausmaßes verzichteten, jedoch den Mechanismus der bilateralen Gespräche teils in Urlaubsatmosphäre beibehielten. In diesem Rahmen wurden beispielsweise auch Festlegungen betreffs des Vorgehens in den Beziehungen zur Bundesrepublik getroffen[30].

Gerade dabei erfuhr Polen wieder die hemmende Rolle des Bündnisses. Im Februar 1970 begannen diplomatische Gespräche zwischen der VRP und der Bundesrepublik, die im Dezember 1970 mit der Unterzeichnung des »Vertrages über die Grundlagen der Normalisierung der Beziehungen zwischen der VRP und der Bundesrepublik« in Warschau ihren Abschluss fanden[31]. Schon zuvor hatte die UdSSR bilaterale Verhandlungen mit Westdeutschland aufgenommen und sich bemüht, Warschau von der Konzeption eines gesonderten Vertrages mit Bonn abzubringen. Die polnische Führung wollte allerdings vermeiden, dass die aus ihrer Sicht so wichtige Grenzfrage allein in einem Abkommen zwischen Westdeutschland und der UdSSR geklärt würde und Moskau somit als einziger Garant dieser Grenze auftrat. Nach Unterzeichnung des Moskauer Vertrags im August befürchtete man nach Aussage von Gomułka in Warschau sogar, dass sich dies negativ auf die weiteren Verhandlungen mit Bonn auswirken könnte[32].

Unmittelbar nach der Ratifizierung des Vertrages im Dezember 1970 war Gomułka bereit, ohne auf die Aushandlung und Unterzeichnung von bilateralen Verträgen der übrigen Blockstaaten zu warten, diplomatische Kontakte mit der Bundesrepublik aufzunehmen[33], worüber er die Blockstaaten auf der Sitzung des PBA in Berlin informierte. Natürlich war sich Gomułka bewusst, dass es bei der Ratifizierung Probleme geben könne, die er allerdings als nicht gravierend einschätzte. Er konnte zudem nicht ahnen, dass er seine Funktion als Erster Sekretär des ZK der PZPR bald nicht mehr ausüben würde. Die Tatsache, dass Polen diplomatische Beziehungen aufnehmen wollte, wurde innerhalb des Paktes diskutiert; die entsprechenden Prozedere im Pakt begannen als Bremsfaktor zu wirken[34]. Bei der Sitzung des PBA im Januar 1972 in Prag schlug die DDR mit großer Wahrscheinlichkeit in Absprache mit der Tschechoslowakei, die die DDR in ihrer Deutschlandpolitik unterstützte, und in Anlehnung an die Warschauer Konferenz der Außenminister vom Februar 1967 vor, dass die Aufnahme von diplomatischen Beziehungen durch die Länder des Bündnisses mit der Bundesrepublik erst nach der gänzlichen Anerkennung der Ungültigkeit des Münchner Abkommens sowie nach der Aufnahme der DDR in die UNO erfolgen sollte[35]. Zwar wurde unter anderem dank der Bemühungen seitens Warschaus diese Korrektur nicht angenommen, aber aus den Gesprächen mit der UdSSR entsprang der Beschluss, dass nach der Ratifizierung des Moskauer und Warschauer Vertrages eine Sitzung der Außenminister der WVO zur Politik gegenüber Westdeutschland stattfinden sollte. Offen blieb zudem die Frage, ob Warschau jederzeit diplomatische Beziehungen zur Bundesrepublik aufnehmen könne. Nach der Ratifizierung der beiden Verträge im Mai 1972 spielte auch Moskau in dieser Frage eine hemmende Rolle, wahrscheinlich hauptsächlich wegen des Drucks aus Prag.

Im Sommer 1972 stellte Warschau Überlegungen an, wie man Bonn gegenüber die Tatsache der Nichtaufnahme von diplomatischen Beziehungen begründen sollte, falls der Block sich einigte, dass Warschau mit der Kontaktaufnahme auf die übrigen Mitgliedsstaaten warten solle[36]. Ein Beschluss hierzu unterblieb, und Warschau entschloss sich trotz eines fehlenden eindeutigen Einverständnisses zur Aufnahme von diplomatischen Beziehungen mit der Bundesrepublik im September 1972.

Nach 1973 nahm die Deutschlandpolitik mit der Normalisierung der Beziehungen zwischen der Bundesrepublik und den übrigen Ländern des Paktes allmählich immer weniger Platz auf den Treffen des Bündnisses ein. Das Thema der Konferenz für Sicherheit und Zusammenarbeit in Europa war dagegen bei den Treffen ständig gegenwärtig. 1974 kamen die Nahost-Krise und die Situation in Vietnam hinzu. Da die UdSSR an der Unterzeichnung der Schlussakte von Helsinki interessiert war, entschloss sich Moskau, auf Feierlichkeiten aus Anlass des 20. Jahrestages der Gründung des Warschauer Vertrags zu verzichten. Der Jahrestag wurde stattdessen mit einem Treffen von Vertretern der Parlamente in Warschau begangen. Damit begann zugleich eine neue Form der blockinternen Kontakte. Im Jahre 1977 gab es in Leningrad das nächste Treffen von Parlamentariern der Warschauer Vertragsstaaten. Die weiteren Zusammenkünfte fanden unregelmäßig statt.

Nach Unterzeichnung der Schlussakte von Helsinki kehrte die UdSSR zu der Frage neuer politischer Strukturen des Warschauer Vertrages zurück. Im November 1976 wurde auf einer Sitzung des PBA in Bukarest die Schaffung des Komitees der Außenminister vereinbart. Das neue Organ diente der Verbesserung von Stellungnahmen zu politischen Problemen und zu blockinternen Fragen. Es tagte in der Regel zweimal im Jahr. All die Treffen – auf verschiedenen Ebenen – dienten der Übermittlung von Informationen über die Haltung der UdSSR zu anstehenden Fragen. Die Sichtweise des Kreml bestimmte häufig die offizielle Auslegung in den einzelnen Blockländern. Eine neue Generation von Politikern in den Blockstaaten wuchs heran, Funktionäre, die hinsichtlich ihrer Herkunft und Bildung homogener waren, insbesondere was die in ihrem Sozialisierungsprozess propagierte Art und Weise der Wahrnehmung der Wirklichkeit betraf. Zu diesem Zeitpunkt war, als direkte Folge der Entspannung, das Spektrum an Möglichkeiten für Kontakte mit dem Westen im Wachsen begriffen. In der zweiten Hälfte der siebziger Jahre nahm die Abrüstungsproblematik in den Gesprächen viel Raum ein. Zwar hatte man schon 1969 in Budapest beschlossen, den Kampfwert der Armeen des Warschauer Vertrags zu steigern, die Führungsstrukturen zu verbessern und die Bewaffnung zu standardisieren, aber nun erschienen die militärischen Herausforderungen noch dominanter.

Während der Sitzung des PBA im November 1978 in Moskau versuchte die UdSSR bei der Besprechung der Rüstungsausgaben der NATO die Notwendigkeit einer blockinternen Rüstungspolitik zu begründen. Als Kritiker trat lediglich Rumänien auf[37]. Der Rüstungsdruck blieb bestehen, auch durch die aktivere Politik des Warschauer Paktes in den prokommunistischen Ländern der Dritten Welt.

Resümee

Der Warschauer Pakt war ein Organisation, die vor allem der Vereinheitlichung der Politik der Ostblockländer auf militärischem und politischem Gebiet im Interesse der UdSSR dienen sollte. Trotzdem führten die Regierungskrise 1956 in der UdSSR sowie die Veränderungen im Ostblock dazu, dass einige Blockstaaten ihre Interessen in größerem Maße durchzusetzen versuchten, sowohl auf der bilateralen, als auch auf der multinationalen Ebene. Man war bestrebt, die Herausgabe von möglichen Erklärungen und Deklarationen zu blockieren, die den Interessen der einzelnen Länder schadeten, und in den gemeinsamen Dokumenten Formulierungen mit einem nationalstaatlichen politischen Hintergrund durchzusetzen.

Die vom PBA angenommenen Dokumente waren formal die verbindliche Auslegung der Blockpolitik. Deshalb sollten sie einstimmig beschlossen werden, was den einzelnen Ländern eine gewisse Bewegungsfreiheit gab. Wenn keine Übereinstimmung bestand, so endeten die Sitzungen des PBA mit der Festschreibung der einzelnen Standpunkte. Es kam vor, dass die UdSSR oder andere Länder die vom PBA angenommenen Dokumente zu marginalisieren versuchten, wenn diese den eigenen Interessen zuwiderliefen. Allerdings drohten dann Diskussionen bei den nächsten Sitzungen, was den Unwillen Moskaus hervorrief.

Die Art und Weise, wie die einzelnen Länder die Strukturen des Warschauer Vertrages für die Realisierung ihrer Interessen nutzen, hing in starkem Maße von den Regierenden ab. Im Falle Polens machte sich die politische Führung des Landes besonders in der zweiten Hälfte der sechziger Jahre die Strukturen des Bündnisses zur Realisierung außenpolitischer Belange dienstbar, die von besonderem nationalen Interesse waren, also Angelegenheiten im Zusammenhang mit der Ostpolitik und der Europakonferenz, die damals als Äquivalent für eine Friedenskonferenz zur Beendigung des Zweiten Weltkrieges angesehen wurden.

Nach dem Ende der zweiten Berlin-Krise entschied die UdSSR, die Strukturen der WVO zu stärken, weshalb sie Anfang 1964 eine Reform vorschlug, die sowohl auf Veränderung politischer als auch institutioneller Strukturen zielte. Die Regierung der VRP unterstützte diesen Gedanken, da sie darin die Chance zur Stärkung ihrer Position im Block sah. Anders Rumänien, das sich mit einer Reform nicht einverstanden erklären wollte, befürchtete es doch die Einschränkung seiner Selbstständigkeit. Warschau, das Ende der fünfziger und Anfang der sechziger Jahre eine im Vergleich verhältnismäßig aktive Außenpolitik betrieb, war sich dieser Einschränkungen ebenfalls bewusst[38].

Polen wurde, wie die anderen Ostblockstaaten auch, international offenbar weniger als ernsthafter Partner betrachtet, da es blockabhängig und damit nicht frei in seinen Entscheidungen war; eine Tatsache, die das politische Aktionsfeld des Landes einschränkte. Die UdSSR hinderte Warschau daran, eigene Initiativen umzusetzen, wenn diese nicht in sowjetischem Interesse waren. Die polnische Regierung beabsichtigte allerdings weder, die Beziehungen zum Bündnis abzubrechen, noch die Gesellschaftsordnung zu ändern. Allerdings vertraten Gomułka und viele seiner Mitarbeiter den Standpunkt, dass Moskau die verschiedenen Interessen im Block anerkennen müsse. Die Außenpolitik des Blocks dürfe nicht allein von den Interessen Moskaus bestimmt werden. Zudem schienen gewisse gemeinsame Festlegungen in den formalen Strukturen der Warschauer Koalition das apodiktische Verhalten Moskaus nicht oder nur ungenügend einzuschränken. In einem handschriftlichen Brief an Gomułka, in dem Außenminister Rapacki die Initiative von Chruščev zur Verbesserung der Konsultationen im Block bewertete, wies der Minister auch darauf hin, dass das Problem nicht auf fehlenden Konsultationen beruhe, sondern auf »dem Verhältnis zu abgestimmten Schlussfolgerungen«[39]. Diese waren nicht verbindlich, und nicht selten wurden Abstimmungsergebnisse schlichtweg nicht respektiert. Aus polnischer Sicht lässt sich daher festhalten, dass es Warschau nicht nur um die Stärkung der politischen Strukturen des Warschauer Vertrags ging, sondern auch darum, aus dem Bündnis wenigstens bis zu einem gewissen Grad ein Forum zur Erarbeitung einer gemeinsamen Blockpolitik zu machen. Ein solcher Effekt der Reform war allerdings nicht im Interesse des Kreml. Warschau wollte darüber hinaus auch Nutzen aus den bestehenden Mechanismen ziehen. Die polnische Parteispitze versuchte diese zur Erweiterung der eigenen politischen und diplomatischen Möglichkeiten einzusetzen, wie das etwa die Bemühungen zur Koordinierung der Politik des Blocks gegenüber dem Westen oder der Versuch, die polnischen Vorstellungen zur KSZE zu forcieren, zeigen.

Andererseits sind Beispiele bekannt, bei denen die Strukturen des Warschauer Vertrags zur Blockierung von Aktionen der polnischen Regierung eingesetzt wurden. 1976 fand die Reform der politischen Strukturen des Warschauer Vertrags mit der Schaffung des Komitees der Außenminister ihren Abschluss, dies geschah allerdings in einer veränderten internationalen Lage. Wie es scheint, spielte die neue Paktstruktur bei der Umsetzung der partikularen Interessen Warschaus keine Rolle mehr.

Anmerkungen

[1] A Cardboard Castle? An Inside History of the Warsaw Pact 1955–1991, ed. by Vojtech Mastny and Malcolm Byrne, Washington, DC 2005; Układ Warszawski. Powstanie i działalność 1955–1974. Dokumenty, zsgest. von Wojciech Multan, Warszawa 1975.

[2] Siehe dazu Wanda Jarząbek, »Ulbricht-Doktrin« oder »Gomułka-Doktrin«? Das Bemühen der Volksrepublik Polen um eine geschlossene Politik des kommunistischen Blocks gegenüber der westdeutschen Ostpolitik 1966/67, in: Zeitschrift für Ostmitteleuropa-Forschung, 55 (2006), 1.

[3] Archiwum Akt Nowych (AAN), Warszawa, ZK der PZPR, XI A/103, Brief von Chruščevs an Gomułka vom 2.1.1964, S. 2.

[4] AAN, ZK der PZPR, XI A/103, Notiz der Sitzung des PBA in Warschau, 20.1.1965, S. 152 ff.

[5] AAN, ZK der PZPR, XI A/104, Eilige Notiz Rapackis vom 21.1.1966, S. 77 ff.

[6] Instytut Pamięci Narodowej, Biuro Udostępniania (IPN BU), 02958/543, Eilige Notiz: Bericht der Beratung der Außenminister der Warschauer Vertragsstaaten in Moskau, 6.–17.3.1966, S. 130.

7   Akten zur Auswärtigen Politik der Bundesrepublik Deutschland 1966, Bd 1, München 1997, Schreiben des Botschafters Emmel an das Auswärtige Amt vom 26.3.1966, S. 374.

8   AAN, ZK der PZPR, 237/V-668, Entwurf der Note der UdSSR in russ. Sprache, S. 22 ff.

9   AAN, ZK der PZPR, 237/V-668, Bemerkungen zum Entwurf der Antwort der UdSSR auf die Note der Bundesrepublik vom 24.3.1966, M. Łobodycz, 14.5.1966, S. 20 f.

10 IPN BU, 02958/543, Eilige Notiz: Bericht der Beratung der Außenminister der Warschauer Vertragsstaaten in Moskau, 6.-17.6.1966, S. 118 ff.

11 Ebd.

12 Die Rumänen gaben nach und erklärten sich mit der Grenze an der Oder und der Lausitzer Neiße in dem Punkt einverstanden, dass eine Normalisierung der Beziehungen die Anerkennung der Grenzen in Europa erforderte.

13 IPN BU, 02958/543, Eilige Notiz vom 2.7.1966 betr. organisatorische Angelegenheiten des Warschauer Paktes.

14 Jarząbek, »Ulbricht –Doktrin« (wie Anm. 2), S. 95 ff.

15 Ebd., S. 96; Protokoll vom Treffen der Parteiführer der PZPR und der KPdSU, Łańsk, 18.1.1967, in: Tajne dokumenty Biura Politycznego. PRL – ZSRR 1956–1970, hrsg. von Andrzej Paczkowski, London 1998, S. 442.

16 AAN, ZK der PZPR, XI A/104, S. 340, Notiz zum Protokoll des Abkommens.

17 AAN, ZK der PZPR, XI A/104, Protokoll des Ersten Sekretärs des ZK der PZPR Władysław Gomułka vom Treffen der Außenminister der Mitgliedsstaaten des Warschauer Paktes, Warschau, 9.2.1967, S. 14 ff.

18 Jarząbek, »Ulbricht-Doktrin« (wie Anm. 2), S. 98 ff.

19 Die Konzeption zur Einberufung der Konferenz der europäischen Länder mit Beteiligung der USA stellte Rapacki in der UNO 1964 vor. Warschau betrachtete dies als eigene Initiative. Es weist nichts darauf hin, dass der Auftritt von Rapacki mit der UdSSR abgesprochen war. Trotzdem war die Durchführung der Konferenz von Moskau abhängig. Hier sah man die sich daraus ergebenden Vorteile und bemühte sich die Idee umzuformen und an die eigenen Interessen anzupassen.

20 IPN BU, 02958/545, Depesche aus Budapest an Warschau von A. Kruczkowski an Jędrychowski vom 16.3.1969.

21 Appeal for a European Security Conference, March 17, 1969, in: A Cardboard Castles?, S. 330; Timothy Garton Ash, W imieniu Europy. Niemcy i podzielony kontynent, London 1996, S. 76 (dt. Ausgabe u.d.T.: Im Namen Europas. Deutschland und der geteilte Kontinent).

22 Archiwum Ministerstwa Spraw Zagranicznuch (AMSZ), DSiP, 60/77, Zeile 1, Notiz Jędrychowski vom 4.4.1969.

23 Władysław Gomułka, In Übereinstimmung mit den lebenswichtigsten Interessen des polnischen Volkes. Aus der Rede auf dem Treffen mit Wählern in Warschau, gehalten am 17.5.1969, in: Władysław Gomułka, Über das deutsche Problem. Artikel und Reden, Warschau 1984, S. 76.

24 AMSZ, DSiP, z. 60/77, Zeile 1, Eilige Notiz vom Treffen der stellvertretenden Außenminister der Mitgliedsstaaten des Warschauer Vertrags in Berlin vom 22.5.1969.

25 AAN, ZK der PZPR, XI A/105, Notiz: Unser weiteres Vorgehen bezüglich einer Konferenz für Sicherheit und Zusammenarbeit in Europa, Anlage: Vertragsentwurf vom 13.9.1969; Fragment der späteren Version in: A Cardboard Castle?, S. 350 ff.

26 AMSZ, DSiP 60/7, Zeile 1, Eilige Notiz zur Beratung der stellvertretenden Außenminister vom 26.10.1969.

27 Ebd.

28 AMSZ, DSiP 60/77, Zeile 1, Eilige Notiz zur Beratung der Außenminister der 7 Mitgliedsstaaten des Warschauer Vertrags, 30.–31.10.1969 in Prag, zur Konferenz für Sicherheit und Zusammenarbeit in Europa, Stefan Jędrychowski, 3.11.1969.

29 AAN, ZK der PZPR, XI A/106, Begleitschreiben an Gomułka, Notiz zur organisatorischen Institutionalisierung des Systems des Warschauer Vertrags, S. 12.

30 Notiz zum Verlauf des Treffens der 1. Sekretäre der Bruderparteien auf der Krim, 31.7.1972, abgedr. in: Wanda Jarząbek, Am Rande der Koordination der Politik des Blocks gegenüber der Ostpolitik, in: Deutsch-Polnisches Jahrbuch, 10 (2003), S. 112.

31 Zum Aufenthalt von Bundeskanzler Brandt vom 6. bis 8.12. in der VRP, zu den Tischreden und dem gemeinsamen Kommuniqué siehe: Archiv der Gegenwart, 40 (1970), Eintrag zum 8.12.1970.

32 AAN, ZK der PZPR, XI A/106, Rede des Ersten Sekretärs des ZK der PZPR Genosse Władysław Gomułka auf der Sitzung des PBA in Moskau, 20.8.1970, S. 124.

33 AAN, ZK der PZPR, XI A/106, Rede Gomułkas auf der Sitzung des PBA in Berlin, 2.12.1970, S. 224.

34 Wanda Jarząbek, Die Haltung der Volksrepublik Polen zur Normalisierung der Beziehungen mit der Bundesrepublik Deutschland 1970–1975, in: Deutsch-Polnisches Jahrbuch, 13 (2006), S. 96 ff.

35 Polskie dokumenty dyplomatyczne 1972, hrsg. von Włodzimierz Borodziej, Warszawa 2005, S. 19: Eilige Notiz über die Sitzung des PBA der Mitgliedsstaaten des Warschauer Vertrages, 28.1.1972, S. Trepczyński.

36 Jarząbek, Die Haltung der Volksrepublik Polen (wie Anm. 34), S. 98.

37 IPN BU, MSW II 1834, Mitteilung über die Sitzung des PBA der Mitgliedsstaaten des Warschauer Vertrags, (November 1978).

38 Wanda Jarząbek, »In deutschen Fragen muss unsere Stimme ihr Gewicht haben ...« Das deutsche Problem in der polnischen Außenpolitik 1956–1958, in: Neueste Geschichte, 2 (2001).

39 AAN, ZK der PZPR, XI A/103, handschriftlicher Brief von Rapacki, genaues Datum unleserlich.

Klaus Bachmann

Militär und militärische Traditionen in Polen im Spiegel unveröffentlichter Meinungsumfragen 1959 bis 1989

Am 22. Februar 1958 gab der Vorsitzende des polnischen Rundfunkkomitees eine Verordnung heraus, die eine eigene Redaktion für Meinungsumfragen begründete – als Teil jenes Büros, das für das Sammeln, Auswerten und Beantworten von Leserbriefen zuständig war. Gemäß der Satzung sollte die neue Einheit zum Nutzen der Gesellschaft, von Regierungsbehörden, der Parteiführung, des Radiokomitees und anderer Institutionen arbeiten. Bereits zehn Monate später, im Dezember, wurde die Umfragenredaktion wieder abgeschafft und das »Zentrum für Meinungsforschung« (OBOP) gegründet, das unter diesem Namen bis zu seiner Privatisierung Ende der neunziger Jahre existierte. Das OBOP war eine im Ostblock einzigartige Einrichtung. Seine Mitarbeiter führten Hunderte, wenn nicht Tausende Umfragen durch, darunter über so scheinbar unpolitische Angelegenheiten wie Konsumentenverhalten, Generationenkonflikte, die Popularität von Radioprogrammen, aber auch über die Einstellung der Bevölkerung zu den Supermächten, zu ethnischen Minderheiten und die Ergebnisse von Parteitagen.

Meinungsforschung im kommunistischen Polen

Doch inwieweit kann in einem kommunistisch beherrschten Land wie Polen in der Zeit zwischen 1959 und 1989 überhaupt von einer »öffentlichen Meinung« gesprochen werden? Tatsächlich suggeriert schon der Ausdruck selbst, nimmt man ihn wörtlich, dass die von OBOP abgefragte Meinung von den Befragten in einem öffentlichen Rahmen geäußert, diskutiert und kommentiert wurde. Dies war allerdings nur sehr fragmentarisch der Fall – abhängig von Thema und Auftraggeber sowie vom Zeitraum der Befragung. Tatsächlich spielten sich die Umfragen von OBOP meistens nicht in einem solchen öffentlichen Rahmen ab, sieht man von Umfragen in den sechziger Jahren über gesellschaftliche Themen einmal ab, die in der Presse diskutiert wurden. Öffentlichkeit in diesem Sinne ist zwar auch unter den Bedingungen einer pluralistischen Gesellschaft nicht immer gegeben (die meisten kommerziellen Umfragen bleiben vertraulich zwischen Auftraggeber und Untersuchungsinstitut), doch gilt die Vertraulichkeit in der Regel nicht bei Umfragen von politischer Relevanz. Hier muss man klar sagen, dass es für viele von OBOP bearbeitete Themen einen solchen Bezug zwar gab, die Umfrageergebnisse aber nie an die Öffentlichkeit kamen. So gesehen kann also nur von einer eingeschränkten »öffentlichen Meinung« in Polen von 1959 bis 1989 die Rede sein.

Die zweite, methodologisch wichtige Frage betrifft die Zuverlässigkeit der Umfrageergebnisse von OBOP. Es mag paradox erscheinen, aber ein großer Teil dieser Ergebnisse kann gerade deshalb als glaubwürdig angesehen werden, weil es im Erhebungszeitraum gerade keine öffentliche Meinung im engeren Sinne gab, das heißt, weil zu dieser Zeit in Polen keine pluralistische Medienöffentlichkeit existierte.

Gefragt werden muss nunmehr, wie diese Umfragen zustande kamen, wie und wo sie verwendet wurden und wie dies wiederum auf die Wahrscheinlichkeit rückwirkte, dass sie verfälscht wurden. Üblicherweise werden Meinungsumfragen in einer pluralistischen Medienöffentlichkeit entweder von privaten, öffentlichen oder staatlichen Auftraggebern oder von dem jeweiligen Institut selbst initiiert. Es folgt deren Auswertung und Zusammenfassung in Bulletins. In der Regel werden die Auswertungsergebnisse dann dem Auftraggeber zur Verfügung gestellt, der über ihre weitere Verwendung und insbesondere darüber entscheidet, ob sie veröffentlicht werden können. Nur im letzteren Fall wäre eine Datenverfälschung nachzuvollziehen – durch Selbstzensur seitens der Forscher oder durch Zensur einer staatlichen Behörde.

Verfälschungen sind also nur in der Phase zwischen der Auswertung der Daten und der Erstellung der Auswertungsergebnisse für den Abnehmer oder die Öffentlichkeit zu erwarten – aus der Sicht des Instituts mit dem Ziel, sich Folgeaufträge zu sichern oder befürchteten Sanktionen des Auftraggebers zu entgehen. Betrachtet man das Radiokomitee als äußeren Auftraggeber, so erscheint es aus der Sicht von OBOP durchaus plausibel, die Umfragedaten über bestimmte, prestigeträchtige Projekte des Komitees zu »schönen«. Das Komitee wird jedoch keine geschönten Daten anfordern oder auch nur den Eindruck erwecken wollen, man erwarte geschönte Ergebnisse. Setzt man bei Auftraggeber und Institut jeweils rationales Handeln voraus, so kann es zur Verfälschung von nicht zur Veröffentlichung gedachten Umfrageergebnissen nur dann kommen, wenn sich das Institut in Bezug auf die Absicht des Auftraggebers irrt, also zwischen beiden Partnern ein Informationsdefizit über die Bestimmung des Produkts besteht.

In diesem Aufsatz wird – aus medienwissenschaftlicher Sicht – als »Veröffentlichung« ein schriftliches Produkt verstanden, das für eine größere Zahl von Rezipienten bestimmt ist, als die Zahl der Auftraggeber für das Produkt beträgt. Der rechtlichen Definition von »Veröffentlichung« zufolge kann von einer solchen nur die Rede sein, wenn die Auflage des jeweiligen Produkts die Zahl von 100 Exemplaren überstieg. Nur dann unterlagen die Produzenten der Pflicht des Zensurgesetzes, sich der Präventivzensur zu unterziehen – und nur dann konnte es für sie von Belang sein, Untersuchungsergebnisse im Sinne der von ihnen erwarteten Reaktion der Zensurbehörde zu verfälschen. Bei einer Auflage von bis zu 100 Exemplaren durfte das entsprechende Produkt in Druck gehen und verteilt werden, ohne dass es der Zensurbehörde vorgelegt werden musste[1]. Dann war in den Exemplaren vermerkt, dass das jeweilige Produkt »als Manuskript« (na prawach rękopisu) erschien. Es kam vor, dass solche Veröffentlichungen dennoch eine höhere Auflage hatten, diese aber nicht ausgewiesen wurde.

Die Wahrscheinlichkeit von Ergebnisverfälschungen ist gering, auch wenn OBOP-Autoren die Umfragen in der Presse veröffentlichten. Und die Wahrscheinlichkeit von verfälschenden Zensureingriffen ist genauso hoch oder gering wie bei jedem anderen seinerzeit veröffentlichten Zeitungsartikel. Auch deswegen sollen hier jedoch nicht etwaige Verfälschungen betrachtet werden, sondern die Ergebnisse bestimmter Untersuchungen.

Eine methodologisch und theoretisch anders gelagerte Frage ist dagegen, inwieweit es bei den Umfragen selbst zu Verfälschungen kam, das heißt, inwieweit die Kommunikation zwischen Befragten und Fragenden dadurch verzerrt wurde, dass beide sich unter Bedingungen bewegten, die den Austausch von ehrlichen Botschaften erschwerten oder unmöglich machten. Als »ehrlich« soll dabei eine Situation gelten, in der der Befragte keinerlei Veranlassung verspürt, den Inhalt seiner Botschaft an den Fragenden von dem abweichen zu lassen, was er unter Bedingungen völliger Anonymität mitteilen würde. Dieses Problem besteht keineswegs nur in Diktaturen, totalitären Systemen und Gesellschaften ohne eine funktionierende pluralistische Öffentlichkeit. Auch unter pluralistischen Bedingungen sind Befragte geneigt, ihre Antworten dem anzupassen, was sie als Erwartung des Fragenden ansehen, ganz gleich, ob dieser Eindruck der tatsächlichen Erwartung des Fragenden entspricht. Befragte neigen unter Umständen auch dazu, ihre Meinungen dem anzupassen, was sie für den herrschenden Trend halten, oder was nach ihrer Überzeugung im gegebenen Moment gesellschaftlich akzeptiert wird. Auf diese Weise können Meinungsumfragen dazu beitragen, herrschende Trends zu verfestigen und zu verstärken. Nichtsdestoweniger lassen solche Umfragen – gerade deshalb – Schlüsse zu, was zu einem gegebenen Zeitpunkt gesellschaftlich akzeptiert war oder dafür gehalten wurde und was genau der Inhalt dieser gesellschaftlich verankerten Meinungstrends war.

Unter den Bedingungen einer pluralistischen Öffentlichkeit können miteinander konkurrierende Medien »agenda setting«[2] betreiben, also bestimmte Themen in der Öffentlichkeit lancieren, und ein dominierendes Meinungsklima dadurch ändern, dass sie durch die Übernahme einer solchen Meinungsführerschaft Effekte von »pluralistic ignorance«[3] beim Publikum hervorrufen, die dann wieder dazu führen, dass eine große Zahl von Befragten ihre Haltungen dem anpasst, was sie irrtümlich für den Mehrheitstrend hält, während diejenigen, deren Haltungen nicht mit diesem Trend übereinstimmen, es vorziehen, sich zu den betroffenen Sachverhalten nicht zu äußern und auf diese Weise den Anhängern des – vermeintlich – dominierenden Meinungtrends das Feld überlassen[4].

Unter den Bedingungen von staatlichem Medienmonopol und Präventivzensur ist es wesentlich schwieriger festzustellen, was den Mehrheitstrend ausmacht. »Agenda setting« betreiben hier im Wesentlichen der Staat oder die ihn regierende Partei, die jedoch nur bestimmte, für ihre politischen Ziele wichtige Schlüsselthemen lancieren wie Außenpolitik, Eigentumsverhältnisse, Wirtschaftssystem, Ideologie. In Bezug auf weniger relevante politische Themenbereiche wie Kindererziehung, Familienverhältnisse, grundlegende Wertorientierungen, die Beliebtheit bestimmter Fernsehserien und Rundfunksendungen ist dann Pluralismus möglich, und an sichere Einschätzungen des Mehrheitstrends zu gelangen, wird dann einfacher.

Die absolute Mehrheit der OBOP-Umfragen betrifft solche »weichen« Themen. Zu »harten« politischen Themen wie Bündniszugehörigkeit, Geopolitik, die Position der Polnischen Vereinigten Arbeiterpartei (PZPR), Machtmonopol des Staates oder Legitimität des politischen und wirtschaftlichen Systems wurde nicht gefragt. Damit vermied man zugleich mögliche Verfälschungen der Ergebnisse auf der Ebene »Fragender – Befragter«, die dadurch entstehen konnten, dass die Befragten aufgrund der Art der Fragen zu dem Schluss hätten kommen können, die Befragung sei nicht anonym und diene nicht wissenschaftlichen oder kommerziellen Zwecken, sondern dem Erwerb von Herrschaftswissen.

Völlig ausschließen kann man solches Misstrauen natürlich nicht; entsprechende Spuren sind in den OBOP-Ergebnissen nachzuweisen, was zeigt, dass nicht versucht wurde, diese Spuren in irgendeiner Weise zu verwischen. In der Regel wird dieses Misstrauen dadurch deutlich, dass ein sehr großer Anteil Befragter die Beantwortung einer Frage entweder ablehnt, oder einen von den Befragenden angebotenen Ausweg annimmt, der es ermöglicht, die eigene Meinung zu verheimlichen (»ausweichende Antworten« wie »Ich weiss nicht«, »Ich habe dazu keine Meinung«). Dieses Phänomen taucht in den OBOP-Umfragen immer dann auf, wenn der Charakter einer Frage den Schluss nahelegt, die Frage sei entweder politisch sehr kontrovers oder ihre Beantwortung auf eine bestimmte Weise könne negative Folgen für den Befragten nach sich ziehen.

Bei Meinungsumfragen unter den Bedingungen einer totalitären Diktatur wäre vermutlich zu erwarten, dass die Umfrageergebnisse exakt dem entsprechen, was die staatliche Propaganda verkündet, weil die Befragten sich keine Gedanken über tatsächliche Meinungtrends, sondern nur über die Auswirkungen der Umfrage auf sie selbst Gedanken machen und sich sowohl bei der Äußerung von von der Propaganda abweichenden Meinungen als auch bei Themen, zu denen ihnen keine klaren Hinweise der Propaganda vorliegen, äußerste Zurückhaltung auferlegen.

OBOP begann seine Umfragen aber erst in der poststalinistischen Tauwetterperiode, die nach der Rückkehr von Władysław Gomułka an die Macht einsetzte. Das Institut rekrutierte noch dazu sein festes Personal aus jungen Sozialwissenschaftlern, die der antistalinistischen, revisionistischen Protestbewegung der fünfziger Jahre angehörten, die Arbeiterproteste und intellektuelle Freiheiten als Chancen für einen toleranteren, weltoffeneren und insgesamt humaneren Sozialismus begriffen. Einige von ihnen um die Hochschullehrerin Anna Pawełczyńska sahen dabei Meinungsumfragen nicht nur als intellektuelle und wissenschaftliche Herausforderung, sondern als eines der Instrumente für politischen Wandel. Doktrinäre und sektiererische Verirrungen hätten dazu geführt, dass die Partei auf Meinungsumfragen verzichtet habe; zugleich seien sie ein Weg, die Entfremdung zwischen Regierenden und Regierten zu überwinden. Jerzy Wiatr, einer der bekannteren Reformkommunisten der fünfziger Jahre, der später zu einem der Wortführer des Reformflügels im Politbüro der PZPR (und nach 1989 zu einer der prominentesten Figuren der postkommunistischen Linken) wurde, drückte das so aus: »Es ist ein Paradox, dass in einem Land, das den Sozialismus auf wissenschaftlicher Grundlage aufbauen will, diese Art von Forschung so lange vernachlässigt wurde[5].«

Eine der reformorientierten Oppositionsgruppen war der »Klub des krummen Rads« (Klub krzywego koła), der in Sektionen geteilt war, wovon eine sich mit »sozialen Diagnosen« beschäftigte. Seine Mitglieder dachten daran, Institutionen soziologische Dienstleistungen anzubieten – verbunden auch mit der Absicht, der Partei das Monopol über das Wissen über die Gesellschaft zu entreißen[6]. Sektionsmitglied Czesław Czapów, der 1952 Selbstmord vorgetäuscht hatte, um den Verfolgungen der Geheimpolizei zu entgehen, arbeitete nach 1956 mit einer falschen Identität in der Leserbriefredaktion des staatlichen Rundfunks. Es war die Zeit nach dem ungarischen Aufstand und der Niederschlagung einer Arbeiterrevolte in Poznań, der Tauwetterperiode nach Gomułkas Rückkehr an die Macht. Die Menschen schrieben sich ihre Frustration aus der stalinistischen Zeit und die Hoffnungen, die sie mit der Tauwetterperiode verbanden, in Leserbriefen von der Seele. Czapów und seine Kollegen wurden sich schnell klar darüber, welch fantastisches Untersuchungsmaterial ihnen der Postbote jeden Tag säckeweise ins Büro brachte. Bald begannen beide Abteilungen, diejenige, die sich mit Leserbriefen befasste, und diejenige, die das Rundfunkprogramm evaluieren sollte, mit eigenen Forschungen. Zuerst basierten sie auf den Leserbriefen, dann begann man mit Meinungsumfragen.

Dazu wurden zunächst Studenten als Freiwillige rekrutiert. Die erste Überraschung für das Untersuchungsteam folgte umgehend: Mehrere tausend Menschen meldeten sich für eine Mitarbeit. Die auserwählten Studenten erhielten Instruktionen und mussten Vorbereitungskurse über sich ergehen lassen, welche ihnen Methoden und Vorgehensweisen für Interviews vermittelten.

Pawełczyńska, wissenschaftliche Mitarbeiterin am Forensischen Institut der Polnischen Akademie der Wissenschaften (PAN), die mehrere Frankreichaufenthalte hinter sich hatte, wurde Chefin von OBOP, das noch im Dezember 1958, im Monat seiner Gründung, vom Vorsitzenden des Radiokomitees die Genehmigung für Feldstudien erhielt[7]. In den folgenden Jahren führte OBOP aber nicht nur Untersuchungen für Radio und Fernsehen durch, sondern immer mehr auch für Ministerien, staatliche Agenturen und Staatsbetriebe. Obwohl es natürlich an finanzkräftigen Privatunternehmen fehlte, die Marketing-Untersuchungen hätten finanzieren können, gelang es OBOP doch, durch die Mobilisierung externer Ressourcen die Abhängigkeit vom Radiokomitee zu verringern. So wurden neben den Reaktionen auf Parteikongresse der PZPR auch die Haltung der Befragten zu Eigentumsfragen, Wohnbedingungen, zu staatlichen Organen und Arbeitsbedingungen untersucht.

Für eine – für die damaligen Umstände – hohe Qualität der Umfragen sorgten mehrere Faktoren: zum einen die gegenseitige Kontrolle, die nicht nur innerhalb der Institution OBOP stattfand, sondern sich im Grunde auf das OBOP-Milieu, also über die bezahlten Mitarbeiter hinaus auf die Studenten und freiwilligen Enqueteure sowie die sozialwissenschaftliche Sektion des Klubs erstreckte; zum anderen die Tatsache, dass das Team von mit dem Ausland vernetzten wissenschaftlich ausgebildeten Soziologen geleitet wurde, die auch Zugang zu neuster Literatur hatten. Ende der fünfziger und Anfang der sechziger Jahre war auch die Leitung von Fernsehen und Radio davon überzeugt, die Untersuchungen würden dem Ansehen und der Qualität der staatlichen Medien Nutzen bringen. Die Meinungsumfragen von OBOP stiegen bis 1963 kontinuierlich an (1958: 4, 1959: 16; 1960: 16, 1961: 19, 1962: 21, 1963: 24)[8]. Viele der OBOP-Mitarbeiter aus der Zeit der Volksrepublik wurden später angesehene Hochschullehrer.

Das politische Klima verschlechterte sich für OBOP Mitte der sechziger Jahre. Gomułka wurde insbesondere für Intellektuelle und Jugendliche immer mehr von einem Hoffnungsträger zu einer Enttäuschung. Die Zensur wurde unnachsichtiger, was Ende der fünfziger Jahre noch ohne Probleme erscheinen konnte, wurde nun blockiert. Die Soziologen beschränkten sich so immer mehr auf Untersuchungen über die Beliebtheit von Radio- und Fernsehsendungen und verzichteten auf potenziell kontroverse Fragestellungen. Dies änderte sich in den siebziger Jahren wieder. Die achtziger Jahre brachten dann eine Blütezeit für Meinungsumfragen durch das offene Klima der Solidarność-Zeit, das die Entstehung einer alternativen Öffentlichkeit und einen begrenzten externen Meinungspluralismus in den Medien ermöglichte. Doch OBOP profitierte als Institution sogar in gewisser Weise vom Kriegsrecht, denn der militärisch dominierten Regierungsmannschaft von General Jaruzelski, der am 12. Dezember 1981 mit einem in der Verfassung nicht vorgesehenen Militärrat der Nationalen Errettung (WRON) die Macht übernommen und die Partei weitgehend marginalisiert hatte, war sehr daran gelegen, die Stimmung in der Bevölkerung genau zu messen. Plötzlich durfte OBOP auch hochpolitische Themen untersuchen. Dazu zählte das Maß des Vertrauens, das die Bürger den einzelnen staatlichen Institutionen und selbst der im Januar 1982 verbotenen Gewerkschaft Solidarność entgegenbrachten; gefragt wurde auch, wie sie die Versorgungslage einschätzten und ob ihrer Ansicht nach das Kriegsrecht aufgehoben oder beibehalten werden sollte.

Viele Ergebnisse dieser Umfragen widersprechen sowohl der damaligen Propaganda, den Zielen und Forderungen der PZPR und des Staatsapparats als auch Ex-Post-Interpretationen, die in den neunziger Jahren von Historikern, Publizisten und Politikern aufgestellt worden sind. Auch das ist eher ein Indiz für die Glaubwürdigkeit der Untersuchungen. Dies gilt in besonderem Maße für jene Untersuchungen, die einen Bezug zum Militär, zu militärischen Traditionen und zur neueren Geschichte haben. Das gleiche gilt für die Haltung der Bevölkerung zum Kriegsrecht in den achtziger Jahren. Die Untersuchungsergebnisse aus dieser Zeit gehen weder mit dem Anspruch konform, Solidarność habe die Bevölkerungsmehrheit vertreten, noch mit der Behauptung der offiziellen Propaganda, die Gewerkschaft sei zu einer Clique verkommen, die nur noch von der Bevölkerung isolierte, kompromisslose Radikale vertrete.

Umso erstaunlicher ist es, dass die OBOP-Archive bisher kaum systematisch ausgewertet wurden. Historiker haben Einzelumfragen zitiert, meist als Illustration für in den Quellen gefundene Behauptungen[9]. Bisher hat es aber weder eine Bestandsaufnahme noch den Versuch gegeben, die OBOP-Akten systematisch auszuwerten. Der größte Teil davon ist problemlos zugänglich – er wurde gescannt und auf einer Internetseite zugänglich gemacht. Nur ein kleiner Teil von Umfrageergebnissen aus den Fünfzigern und Sechzigern, die mit Schreibmaschine verfasst und zu sehr verblichen waren, blieben nach 1989 unveröffentlicht[10]. Der Zustand des Archivs bringt es mit sich, dass sich die technischen und methodologischen Angaben der Ergebnisberichte nicht mehr anhand der Akten nachvollziehen lassen, vor allem weil OBOP in den Anfangsjahren keine Computer zur Verfügung standen und Korrelationen und Regressionsanalysen manuell durchgeführt wurden. Die meisten Zusammenfassungen der Ergebnisse sind aber so detailliert, dass sich Verfälschungen oder Fehler leicht aufdecken lassen. Gegen den Verdacht, die Berichte seien verfälscht worden, spricht auch die Tatsache, dass sie weitgehend in der Tendenz übereinstimmen mit Untersuchungsergebnissen des Zentrums zur Untersuchung der öffentlichen Meinung (CBOS), das 1982 als Regierungsagentur gegründet wurde. Seit 1997 wird es von einer öffentlich-rechtlichen Stiftung betrieben[11].

In der Regel wurden die OBOP-Umfragen mit einer repräsentativen Anzahl Befragter durchgeführt (meist über 1000), die nach den einschlägigen Kriterien ausgewählt worden waren. Wenn dies einmal anders war, wird dies im Folgenden angegeben.

Die Ergebnisse müssen, wie gesagt, mit einiger Vorsicht interpretiert werden. Sie dienen nur dazu, bestimmte Trends, Veränderungen im Meinungsklima und Proportionen anzuzeigen. Mithilfe der OBOP-Daten lässt sich zeigen, ob eine bestimmte Haltung in einem gewissen Zeitraum in der polnischen Bevölkerung sich verstärkt oder abgeschwächt hat, ob zu einem bestimmten Zeitpunkt die Anhänger oder Gegner einer Haltung überwogen und – mit noch größeren Einschränkungen – ob diese Tendenz stärker oder schwächer, vergleichbar oder gegenläufig zu ähnlichen Trends in Westeuropa war. Die OBOP-Ergebnisse eignen sich beispielsweise nicht dafür, die Anhänger der Einführung des Kriegsrechts auf eine genaue Prozentzahl der Bevölkerung festzulegen. Im Folgenden werde ich mich auf jene Untersuchungen konzentrieren, die Aussagen ermöglichen über die Haltung der polnischen Bevölkerung zum polnischen Militär, zu militärischen Traditionen, der Rolle des Militärs in der Politik und zur Einführung des Kriegsrechts im Dezember 1981[12].

Die Dominanz patriotisch-prowestlicher Einstellungen zu militärischen Traditionen in den fünfziger und sechziger Jahren

Fast nichts blieb in Polen zwischen 1939 und 1944, wie es zuvor gewesen war. Kurz nach dem Einmarsch der deutschen Truppen im Westen des Landes besetzten sowjetische Truppen aufgrund des Ribbentrop-Molotov-Abkommens die mehrheitlich von Weißrussen und Ukrainern bewohnten Ostgebiete Polens und internierten die polnischen Truppen, die sich, im Vergleich mit der Lage an der Westfront, kaum gegen den Angriff der Roten Armee zur Wehr gesetzt hatten[13].

Die polnischen Truppenangehörigen wurden behandelt wie Kriegsgefangene, ohne dass sich die UdSSR allerdings an die Haager Landkriegsordnung und die Genfer Konvention über die Behandlung von Kriegsgefangenen hielt. Mehrere tausend polnischer Offiziere wurden aufgrund eines Politbürobefehls 1940 an verschiedenen Orten Weißrusslands, Russlands und der Ukraine ermordet. Die Lage für die Mannschaften und überlebenden Offiziere änderte sich mit dem deutschen Überfall auf Polen im September 1941. Nun wurde Polen durch sein Bündnis mit Großbritannien indirekt zu einem Verbündeten der Sowjetunion[14]. Sowohl der Führung der UdSSR als auch der 1940 nach London geflohenen polnischen Exilregierung lag daran, die polnischen Soldaten in der UdSSR für den Kampf gegen die Achsenmächte zu mobilisieren. Die UdSSR bemühte sich, die Polen in eigenen Einheiten in die Rote Armee einzugliedern; die Londoner Exilregierung handelte mit den Sowjets aus, dass diejenigen, die dies ablehnten, die Möglichkeit erhielten, sich über Palästina und Nordafrika an die Westfront abzusetzen, wo sie dann unter britischem Oberkommando dienten. Auf diese Weise kämpften Offiziere und Mannschaften der polnischen Zwischenkriegsrepublik sowohl auf der Seite der Roten Armee bei

Lenino als auch in den Reihen der alliierten Landungstruppen, die Monte Cassino stürmten[15], des Weiteren in der Royal Air Force, die Ziele im besetzten Westeuropa und im nationalsozialistischen Deutschland bombardierte. Polnische Fallschirmjäger waren an der Befreiung der Niederlande und Belgiens wie auch an der missglückten Luftlandeoperation bei Arnheim beteiligt[16]. In den Reihen der Roten Armee nahmen sie Berlin ein. Die geopolitischen Realitäten nach dem Krieg sorgten dafür, dass nur eine geringe Anzahl der in der »Polnischen Westarmee«[17] aktiven Offiziere und Soldaten wieder zurück nach Polen kam. Dies galt besonders für diejenigen, deren Heimat im engeren Sinn – die polnischen Ostgebiete – aufgrund der Kriegsrealitäten und der Abkommen der Alliierten mit der UdSSR nach 1945 im sowjetischen Hoheitsgebiet lag. Offiziere und Mannschaften der nach ihrem Kommandanten Zygmunt Berling benannten »Berling-Armee« hatten keine Probleme, nach dem 9. Mai 1945 nach Polen zurückzukehren und sich dort anzusiedeln.

Polnische Streitkräfte im Westen und Osten 1939 bis 1945

Bezeichnung	Höchststand Mannschaften und Offiziere	Verluste im gesamten Zeitraum	davon Gefallene
Polnische Westarmee (Polskie Siły na zachodzie)	210 000	43 400	7 608
Polnische Ostarmee (Polskie siły na wschodzie)	185 000	66 886	17 500
Gesamtzahl	395 000	110 286	25 108

Quelle: Berechnungen aufgrund von Łuczak, Polska i Polacy (wie Anm. 15), S. 661–672.

Im Nachhinein war es natürlich nicht mehr feststellbar, wie viele Mitglieder der Westarmee nach dem Krieg zurück nach Polen kamen; manche taten es heimlich und emigrierten dann endgültig, andere nahmen eine neue Identität an. Viele der in der Westarmee kämpfenden Soldaten hatten ihre Familien dabei. So wurden nach 1941 aus der UdSSR insgesamt 71 000 Zivilisten und 41 000 Angehörige des Militärpersonals evakuiert. Einem Teil der Frauen und Kinder, die als Zivilisten in Polen ausgeharrt hatten, gelang es nach 1945 zu ihren Ehemännern bzw. Vätern auszuwandern, die im Westen bleiben wollten. Wahrscheinlich war der Anteil von Polinnen und Polen, die nach 1945 in Polen lebten und in der Familie ein oder mehrere Mitglieder der Ostarmee gehabt hatten, größer als der Anteil derer mit einem Familienmitglied in der Westarmee.

Im Bezug auf die Beteiligung an Partisanenaktivitäten waren die Verhältnisse aber umgekehrt. Hier dominierten prowestlich orientierte Bewegungen, vor allem die bürgerlich-antikommunistische Heimatarmee.

Die wichtigsten polnischen Partisanenbewegungen
während des Zweiten Weltkriegs

Bewegung	Politische Orientierung	Stärke[a]	Stärke[b]	Prozentualer Anteil[c]
Bund für den bewaffneten Kampf/Heimatarmee (ZWZ-AK) 1939-1944	Antikommunistisch, antideutsch, verbunden mit der Exilregierung und den Regierungsparteien der Vorkriegszeit	86 000	375 000	77,4 %
Nationale Streitkräfte (NSZ)	Antikommunistisch, antideutsch, verbunden mit nationalistischen Parteien und kritisch gegenüber den Regierungsparteien der Vorkriegszeit		72 500	15,0 %
Volksgarde (Gwardia Ludowa) 1942-1944	Kommunistisch, prosowjetisch, verbunden mit der Polnischen Arbeiterpartei		7 000	1,4 %
Volksarmee (Armia Ludowa) 1944	Kommunistisch, prosowjetisch, verbunden mit dem Landesnationalrat (Krajowa Rada Narodowa)	7 000	30 000	6,2 %
Gesamtzahl			484 500	100 %

[a]   aktive Mitglieder zu Beginn der Partisanenaktivitäten
[b]   aktive Mitglieder während der intensivsten Partisanenaktivitäten der jeweiligen Bewegung (hauptsächlich 1943/44)
[c]   an der Gesamtheit der an Partisanenbewegungen beteiligten Kombattanten

Quellen: Mazur, Der Bund für den bewaffneten Kampf (wie Anm. 18); Komorowski, Polityka i walka (wie Anm. 18); Chodakowski/Gontarczyk/Żebrowski, Tajne oblicza GL-AL I PPR (wie Anm. 18).

Selbst wenn man berücksichtigt, dass es zwischen den Nationalen Streitkräften und der Heimatarmee eine lebhafte Fluktuation gab und deshalb ein Teil der in der Rubrik »Heimatarmee« gezählten Angehörigen zugleich auch bei den Nationalen Streitkräften mitgezählt worden sein kann, so bedeutet dies doch, dass etwa 90 Prozent aller polnischen Partisanen prowestlich und antisowjetisch ausgerichtet waren. Die Gesamtzahl all derer, die während des Krieges in einer antisowjetischen, bewaffneten Einheit standen (ganz gleich, ob es sich dabei um Partisanen oder die Polnische Westarmee handelte), beläuft sich somit auf über 600 000 und liegt sehr deutlich über der Zahl der Kombattanten auf der Seite von prosowjetischen Einheiten[18].

Polen war gegen Ende der vierziger und in der ersten Hälfte der fünfziger Jahre einer sehr heftigen Propaganda seitens der kommunistischen Machthaber ausgesetzt, die damit versuchten, ihre Macht zu festigen. Die Kampagne war darauf ausgerichtet, insbesondere die im Land verbliebenen (und daher auch nach 1948 für die neuen Machthaber potenziell bedrohlichen) früheren Anhänger antisowjetischer Partisanenbewegungen zu diskreditieren. Mitglieder der Heimatarmee und der Nationalen Streitkräfte wurden verfolgt, interniert und oft genug auch ohne Gerichtsverfahren ermordet. Zugleich versuchte die Propaganda, die kommunistischen Partisanentraditionen aufzubauschen und die Verdienste der antikommunistischen Partisanen zu diskreditieren. Dies gipfelte in der Behauptung, diese hätten den Krieg damit zugebracht, »Gewehr bei Fuß« auf die Befreiung durch die Rote Armee zu warten oder sogar mit der deutschen Besatzungsmacht kollaboriert zu haben – beim Kampf gegen rote Partisanen, die Rote Armee und bei der Vernichtung der Juden[19]. Auch die Tauwetterperiode nach Stalins Tod und Gomułkas Rückkehr an die Macht konnte noch keine Rehabilitierung der Heimatarmee und der Nationalen Streitkräfte sowie von deren Angehörigen erwirken. Die Verfolgungen ließen nach, doch nach wie vor durften nur die kommunistischen Partisanen die Grundlage der offiziellen Traditionen bilden. Im öffentlichen Raum waren Heimatarmee und Nationale Streitkräfte tabu. Dies sollte sich erst in den sechziger Jahren ändern.

Umso erstaunlicher sind die Ergebnisse, die eine der ersten OBOP-Umfragen Ende der fünfziger Jahre erbrachte, also zu einem Zeitpunkt, als der Eindruck der stalinistischen Propaganda noch verhältnismäßig frisch war. Sie zeigt ein Bild, das sowohl aus heutiger Sicht als auch aus der Sicht der damaligen Machthabenden überraschen muss: Die beiden am stärksten mit prosowjetischen bewaffneten Kräften assoziierten Ereignisse der Weltkriegsgeschichte, die Schlacht um Lenino und die Schlacht um Berlin (an beiden hatten polnische Einheiten an der Seite der Roten Armee teilgenommen), rangierten in der Gunst der Befragten am unteren Ende. Sie scheinen, der Umfrage nach zu schließen, im kollektiven Gedächtnis der Polen in den fünfziger Jahren so gut wie keine Rolle gespielt zu haben. Ganz oben in der Gunst der Befragten standen dagegen Ereignisse, bei denen polnische Kombattanten prowestlicher und antisowjetischer Orientierung im Vordergrund gestanden hatten: an der Spitze Monte Cassino, die Schlacht, in der polnische Soldaten der Westarmee nach zweimaligen Angriffen alliierter Soldaten, die im Abwehrfeuer der deutschen Verteidiger der Klosterruinen stecken geblieben waren, schließlich unter gewaltigen Verlusten den Klosterberg erobert und damit den Weg nach Norditalien freigemacht hatten.

Hoher Wertschätzung erfreute sich auch »Grunwald«[20] als jener Ort, an dem – nach der damals einhelligen, deutschfeindlichen Überlieferung – die Truppen des polnisch-litauischen Reiches das Heer des Deutschen Ordens 1410 geschlagen hatten. Aufgrund der Rolle, die die Schlacht in der polnischen Überlieferung, Kultur und Geschichtsschreibung und der Entwicklung der polnischen Nationalbewegung während des 19. Jahrhunderts spielte, kann seine hohe Position in der Umfrage nicht verwundern. Als Symbol ist »Grunwald« weder kommunistischen noch antikommunistischen Traditionen zuzuordnen, sondern es fällt unter ein nationales, antipreußisches und antideutsches Paradigma, das sowohl die kommunistischen Machthaber als auch die antikommunistische Opposition nach 1945 nach Kräften nutzten.

Umfrage von 1961: »Welche Ereignisse der polnischen Militärgeschichte schätzen Sie am höchsten ein?«

Ereignis	Hochschätzung für das jeweilige Ereignis drücken aus (Mehrfachnennungen möglich, Angaben in Prozent)
Monte Cassino	74,6
Grunwald	63,9
Westerplatte	46,6
Warschauer Aufstand	44,1
Die Schlacht um England	23,1
Die Schlacht um Wien	9,5
Die Schlacht um Berlin	3,5
Die Schlacht um Lenino	4,9

Quelle: OBOP-Archiv 9.099, Jerzy Wiatr, Tadeusz Gęsek und Stefan Szostkiewicz, Opinie społeczeństwa o wojsku.

Ein ähnliches Bild ergibt eine zeitnahe Umfrage, in der die Antworten nach dem Geschlecht aufgesplittert wurden. Auch findet sich die Dominanz prowestlicher Einstellungen in Bezug auf die Geschichte wieder. Die große Differenz zwischen Männern und Frauen hinsichtlich der Rolle von Westarmee und Heimatarmee hat die Auswerter der Daten damals erstaunlicherweise nicht zu einem Kommentar oder Erklärungsversuchen veranlasst. Da die vorhandenen Daten keine weiteren Rückschlüsse zulassen, kann man nur spekulieren, dass zu diesem Zeitpunkt Westarmee und Heimatarmee bereits zu allgemeinen Symbolen militärischer Courage und militärischer Traditionen geworden waren und die Frauen ihnen skeptischer gegenüberstanden, weil sie zu Militärischem insgesamt eine kritischere Haltung einnahmen. Dieses Muster zeigt sich in geringerem Maße auch bei den Fragen zu prosowjetischen Einheiten; auch hier liegt die Wertschätzung der Frauen unter der der Männer.

Umfrage von 1959: »Welche Ereignisse der polnischen Militärgeschichte schätzen Sie am meisten?« (Angaben in Prozent)

Ich schätze am meisten	Männer	Frauen
Die Schlachten und Kämpfe im Westen	57,5	31,5
Die Heimatarmee (AK)	56,2	33,5
Die Schlachten von Lenino bis Berlin	29,7	28,1
Die Volksgarde (GL) und die Volksarmee (AL)	25,2	18,9
September 1939	21,8	22,7
Die Bauernbatallione	14,5	10,1
Andere Kämpfe und Schlachten	1,9	1,5
Kämpfe anderer Untergrundbewegungen	3,8	4,2
Ich schätze gar keine militärischen Traditionen	1,5	1,2

Quelle: Siehe Tabelle oben.

Die Dominanz von Monte Cassino als der »Mutter der polnischen Schlachten« im kollektiven Gedächtnis der ausgehenden fünfziger Jahre wird von einer Umfrage mit offenen Fragen bestätigt (die Befragten konnten auch Ereignisse und Einheiten angeben, die nicht vorgegeben waren). Dabei machte sich aber bereits eine unterschwellige Skepsis gegenüber den Fragestellern bemerkbar, die sich darin äußerte, dass sehr viele Befragte politisch wenig kontroverse Daten und Einheiten aus der weiter zurückliegenden Vergangenheit wählten. Nach wie vor vermied es die absolute Mehrheit der Befragten aber, Stolz auszudrücken über Ereignisse und Einheiten, die von den kommunistischen Machthabern zur Legitimierung ihrer Herrschaft genutzt werden konnten. Und immer noch blieb die Zahl derjenigen, die stolz auf die Westarmee waren, größer als die, die in der Ostarmee einen Grund sahen, stolz zu sein.

Dieses Verhältnis zeigte sich auch bei Umfragen, bei denen die Befragten die Möglichkeit nutzten, Antworten zu geben, die sich nicht in das Paradigma Ost–West bzw. prosowjetisch–antisowjetisch einordnen ließen. So etwa bei einer Umfrage von 1961 unter Erwachsenen, die mehrere Antworten zuließ und bei der die Fragesteller den Befragten zahlreiche Möglichkeiten anboten, sich ohne Stellungnahme zu dem oben genannten Paradigma zu äußern.

Umfrage von 1961: »Traditionen, auf die wir stolz sind« (Angaben in Prozent)

Tradition	Stolz darüber drücken aus
Die Kämpfe und Schlachten vor dem Untergang der Zweiten Republik	22,3
(darunter Schlachten und Kämpfe gegen die deutsche Expansion)	(17,6)
(darunter andere bewaffnete Kämpfe)	(4,7)
Nationale Befreiungskämpfe während der Teilungszeit	15,9
1920	1,1
Septemberkampagne	14,3
Kämpfe und Schlachten von Untergrund- und Partisanenbewegungen im Zweiten Weltkrieg	4,4
Warschauer Aufstand	8,1
Volksarmee (AL) während des Zweiten Weltkrieges	21,0
Kämpfe und Schlachten der polnischen Weststreitkräfte	25,0
Kämpfe und Schlachten des Zweiten Weltkrieges (ohne Konkretisierung)	4,8
»Kämpfe für die Freiheit anderer Nationen«	4,8
andere Antworten	7,8

Quelle: Siehe Tabelle S. 160 oben.

Aus der Sicht der damaligen Machthaber mag es überrascht haben, dass die stalinistischen Verfolgungen von Heimatarmee-Angehörigen und die Propaganda für die Traditionen der kommunistischen Partisanenverbände so wenig Wirkung gezeigt hatten. Es gibt allerdings keine Hinweise in den OBOP-Unterlagen, dass diese Untersuchung das Institut verlassen hat. Auch für damalige Emigranten und spätere Oppositionelle war das Untersuchungsergebnis überraschend, denn die Zahl derer, die mit den kommunistischen Partisaneneinheiten Volksarmee und Volksgarde Positives assoziierten, lag um ein Mehrfaches über der Zahl derer, die während des Krieges etwas mit diesen Einheiten zu tun gehabt haben konnten. Während des Krieges hatten nur 7,6 Prozent aller Partisanen in der Volksarmee und der Volksgarde gekämpft, doch nun, 15 Jahre später, identifizierten sich über 20 Prozent der Befragten mit deren Traditionen.

Sonderfall Warschauer Aufstand – ein Mythos entsteht[21]

Noch ein weiteres Ergebnis ist aus heutiger Sicht überraschend: das schwache Abschneiden des Warschauer Aufstands. Dieser ist in den letzten Jahren in Polen zu einem nationalen Symbol geworden, dessen Bedeutung nur mit Erinnerungsstätten wie Katyń und Auschwitz verglichen werden kann. Der Aufstand von 1944 ist ein eindeutig positiv besetztes Ereignis, das nach Jahrzehnten politischer und wissenschaftlicher Auseinandersetzungen gewissermaßen seinen Platz im nationalen Pantheon gefunden hat. Nach einer Umfrage von 2004, durchgeführt im Auftrag des Aufstandsmuseums in Warschau[22], haben 98,6 Prozent der Bevölkerung schon vom Warschauer Aufstand gehört, die meisten ordnen ihn auch als Auseinandersetzung zwischen Polen und Deutschen ein. 71,4 Prozent der Befragten sind der Ansicht, die Entscheidung der damaligen Führung der Heimatarmee, den Aufstand auszulösen, sei richtig gewesen. 48,3 Prozent sind der Ansicht, der Aufstand habe positive Auswirkungen auf die polnische Geschichte gehabt. Das ist zwar weniger als die Hälfte, aber dennoch weit mehr als die Zahl derjenigen, die dem Aufstand eine negative Rolle in der Geschichte zuweisen, nämlich 20,6 Prozent. 31,1 Prozent finden, für die weitere Geschichte Polens habe der Aufstand gar keine Folgen gehabt.

Noch eindeutiger wird das Bild, betrachtet man die Ergebnisse einer offenen Befragung im Rahmen der gleichen Umfrage. Fast alle Befragten assoziieren die Bezeichnung »Warschauer Aufstand« mit Begriffen wie »Heldentum«, »Märtyrertum« und »Brüderlichkeit«, nur eine kleine Minderheit mit Begriffen wie »Niederlage«, »Ruhmlosigkeit« oder gar »Feigheit«.

Schließt man auf die öffentlichen Debatten der letzten Jahre, dann hat der Warschauer Aufstand als historisches Ereignis endlich den Platz im kollektiven Gedächtnis der Polen zugewiesen bekommen, den er schon immer verdiente, aber nicht einnehmen konnte, weil dies die kommunistische Propaganda nicht zuließ[23]. Nun sollte man erwarten, dass der Warschauer Aufstand bereits in Umfragen aus den sechziger Jahren, als noch wesentlich mehr Angehörige der Kriegsgeneration (und damit auch Teilnehmer des Warschauer Aufstands) als heute am Leben waren, als dominierendes Großereignis im Bewusstsein der Befragten hätte herausragen müssen – dies umso mehr, als seit 1956 der Aufstand aufhörte, ein offizielles Tabu zu sein. Selbst der staatliche Rundfunk machte den Aufstand nun vorsichtig zum Thema. Doch es wäre ein Fehlschluss anzunehmen, Propaganda und Zensur zwischen 1944 und 1956 hätten einfach unterdrückt, was sich an Erinnerungen über den Aufstand in Bewusstsein und Gedächtnis der polnischen Gesellschaft angesammelt hatte. Durch die Lockerung der Zensur und die Enttabuisierung nach 1956 wurde der Aufstand zwar zu einem Thema für Intellektuelle und Schriftsteller, doch die überwiegende Mehrzahl der Polen konnte damit noch wenig anfangen[24].

Offene Befragung 2004: »Der Warschauer Aufstand als nahezu unumstrittenes Großereignis der nationalen Geschichte«

Womit assoziieren Sie den Warschauer Aufstand?	Prozent
Positive Assoziationen	
mit dem Kampf um die Unabhängigkeit	20,8
mit Märtyrertum	8,0
Heldentum	7,9
als eine nationale Befreiungstat	4,5
mit der Verteidigung der Stadt	3,8
mit Patriotismus	1,7
Negative Assoziationen	
mit der Zerstörung der Stadt	3,3
mit einer Niederlage	3,0
mit Dummheit, Irrtum, einer schlechten Entscheidung	2,3
unnötigem Heroismus	0,1
keine Antwort	*16,7*
insgesamt positive	*46,7*
insgesamt negative	*10,4*

Quelle: <www.estymator.com.pl>. Die Prozentangaben in der Tabelle addieren sich nicht auf 100 Prozent, da ich einige Assoziationen, die sich nicht klar als positiv oder negativ zuordnen lassen, weggelassen habe (z.B. »Verrat Stalins«, »Barrikaden«, »Zweiter Weltkrieg«).

1961 befragte OBOP Erwachsene nach ihrer Wertschützung für bestimmte historische Schlachten und Kämpfe. Erwartungsgemäß lag die Schlacht um das Kloster Monte Cassino wiederum an der Spitze. Das an sich ist nicht weiter erstaunlich und bestätigt die Trends aus anderen Umfragen. Doch in den Umfragen über das Verhältnis der Polen zur jüngsten Geschichte sticht der geringe Rang des Warschauer Aufstands heraus. Mit mangelndem Vertrauen in die Fragesteller, der Furcht vor Konsequenzen bei einer nicht der antizipierten Erwartung entsprechenden Antwort oder gar mit einer Verfälschung der Umfrage durch OBOP ist dies nicht zu erklären. Dann hätte das Umfrageergebnis politisch konform ausfallen müssen, und die Schlachten um Lenino und Berlin hätten die Tabelle anführen müssen.

Umfrage von 1961: »Wertschätzung für historische Schlachten« (Angaben in Prozent)

Schlachten und Kämpfe	Wertschätzung drücken aus
Monte Cassino	22
Grunwald	17,1
Lenino	10,6
Westerplatte	7,7
Warschauer Aufstand	6,7
Berlin	3,9
Pommernwall	3,6
»England«	3,4
Verteidigung Warschaus	2,6
»Raclawice«	2,5
»Wien«	2,4

Quelle: OBOP 9.099.

Es fällt auf, dass die Befragten immer dann Wertschätzung für den Warschauer Aufstand ausdrückten, wenn sie die Möglichkeit hatten, zwei oder eine beliebige Zahl von Schlachten und Ereignissen auszuwählen. Waren sie dagegen gezwungen, sich für den Aufstand oder ein anderes Ereignis zu entscheiden, schnitt der Aufstand in ihrer Beurteilung schlechter ab.

Vergleicht man die Ergebnisse aus Umfragen, in denen zwei oder mehr Nennungen pro Befragtem möglich waren, so ist klar festzustellen, dass die Popularität des Warschauer Aufstands seit dem Ende der fünfziger Jahre ständig abgenommen hat. Es mag paradox klingen, aber je leichter es wurde, den Aufstand zum Thema zu machen, desto mehr verschwand er aus dem öffentlichen Bewusstsein. Je mehr er in der Öffentlichkeit zum Thema wurde – in den sechziger Jahren wurden Aufstand und Aufständische im öffentlichen Diskurs und von der Propaganda schrittweise rehabilitiert –, desto weniger wichtig fanden ihn die Bürger.

Der Warschauer Aufstand in Umfragen zwischen 1959 und 1973 (Mehrfachnennungen möglich, Angaben in Prozent)

Jahr der Umfrage	Wertschätzung drücken aus
1959	44,1
1965	32
1973	25

Quelle: H. Maleska, Zmiany opinii dot. tradycji II wojny światowej (od roku 1965 do dziś). OBOP-Archiv VIII/1973. Der Bericht ist eine interpretierte Zusammenfassung von Umfragen, zu denen die ausführlichen Unterlagen nicht mehr gefunden werden konnten.

Die Tatsache, dass dem Aufstand bei der Einordnung bestimmter militärischer
Ereignisse in positive Traditionen immer geringere Bedeutung zukam, kann
nicht als Erfolg der Propaganda interpretiert werden. Mit dem Rückgang der
Wertschätzung für den Warschauer Aufstand verringerte sich nämlich sowohl
die Popularität von eindeutig mit dem Westen als auch für eindeutig mit dem
Osten und kommunistischen bzw. sowjetischen Traditionen assoziierten Bewe-
gungen und Ereignissen. Dafür erhöhte sich die Anzahl der Befragten, die ihre
Wertschätzung für »alle Traditionen zugleich« ausdrückten.

Umfragen von 1965 und 1972:
»Kriegshandlungen, die wir am meisten schätzen«

	1965	1972
Widerstandsbewegung/Untergrundkämpfe	45	23
Kämpfe auf dem Weg von Lenino nach Berlin	38	24
September 1939	32	21
Kämpfe der Polnischen Westarmee	20	5
Alle zusammen	26	49

Der Wandel des Bildes vom Kampf
gegen die deutschen Besatzer im Zweiten Weltkrieg

Diese Verschiebungen werden verständlicher, wenn man sie mit einer anderen
Tendenz vergleicht, die verdeutlicht, dass die Zunahme der inklusiveren Wahrnehmung, wonach alle Partisanen und Soldaten – prowestliche und prosowjetische – Wertschätzung verdienen, aus der Sicht der Befragten nicht unbedingt
Ausdruck von Zurückhaltung bei der Stellungnahme für eine politische Orientierung gewesen sein muss. Zum einen stieg Mitte der sechziger Jahre die Zahl
der erwachsenen Angehörigen der Nachkriegsgeneration, welche die Ereignisse
und Gruppierungen, nach denen gefragt wurde, nur noch aus der familiären
Überlieferung, den Medien und der Propaganda kannten, aber nicht mehr aus
eigenem Erleben. Zugleich bemühte sich die propagandistisch sehr effektive
nationalkommunistische Fraktion der PZPR um eine inklusivere Interpretation
der Vergangenheit, die den Weg zu einer stillen Rehabilitierung der Heimatarmee öffnete, um auf diese Art und Weise Bündnispartner beim Kampf um die
Macht im Partei- und Staatsapparat zu gewinnen. Dieser Kampf wurde mit
antizionistischen Losungen ausgetragen und führte zum spektakulären Exodus
der meisten jüdischstämmigen Parteimitglieder. Weniger spektakulär ist dagegen
die gleichzeitig von diesem »Partisanenflügel« der PZPR unter Mieczysław
Moczar betriebene Rehabilitierung antikommunistischer Partisanen. Sie vollzog
sich im Zeichen einer Umarmungspolitik, die nicht mehr zwischen »fortschrittlichen« und »reaktionären« Partisanen unterschied, sondern alle unter der Be-

zeichnung »Widerstandsbewegung« zusammenfasste, einem Begriff, der bis dahin in Polen kaum benutzt worden war. Zugleich durften Partisanen der Heimatarmee in Literatur und Medien positiv erwähnt werden – weil sie gegen deutsche Besatzer und ukrainische, sprich: antisowjetische Partisanen gekämpft hatten. Die Tatsache, dass die Heimatarmee sich der Sowjetisierung entgegenstellte, blieb jedoch weiter tabu. Auch der Warschauer Aufstand durfte nun kontrovers diskutiert werden, wenngleich die Rolle der Roten Armee und Stalins natürlich wegen der möglichen antisowjetischen Konnotationen ausgeblendet blieb. Während für die »Partisanen« in der Partei dieses inklusive, nationale Geschichtsbild, das – um die Worte Wilhelms II. am Vorabend des Ersten Weltkrieges abzuwandeln – keine Kommunisten und Antikommunisten, sondern nur noch Polen kannte, ein Mittel beim Kampf um die Macht war, in dem die »Partisanen« in Partei, Verwaltung, Armee und Sicherheitsdiensten immer mehr das bisherige Establishment verdrängten, nutzte es der neue Parteichef Edward Gierek nach dem Sturz Gomułkas, um die durch die polnisch-jüdischen Antagonismen aufgebrochenen Konflikte zu beruhigen. Die gesellschaftlichen Folgen dieser Geschichtspolitik spiegeln sich in den OBOP-Umfragen wieder: Der Kampf gegen die (deutschen) Besatzer wurde immer mehr zu einer nationalen Tat, die Antagonismen zwischen früheren Antikommunisten und früheren Kommunisten schwächte sich ab.

Umfragen von 1965 bis 1973:
»Die am höchsten geschätzten militärischen Gruppierungen«
(mehrere Antworten möglich, Angaben in Prozent)

Gruppierung	1965	1969	1973
Volksarmee und Volksgarde	36	30	19
Heimatarmee	32	30	17
Bauernbataillone	19	19	14
»schätze alle gleich«	33	41	49

Quelle: Siehe Tabelle S. 164 unten.

Mit dieser Verschiebung in der Interpretation des Zweiten Weltkriegs einher ging eine weitere bemerkenswerte Tendenz: eine Zunahme derer, die den Hauptanteil an der Niederringung der deutschen Besatzungsmacht der UdSSR und der Sowjetunion zuschrieben. Zugleich verlor die Schlacht um Monte Cassino zwischen 1969 und 1973 deutlich an Popularität; immer mehr Befragte schätzten die in den Fragelisten aufgeführten Schlachten und Kämpfe gleichermaßen. Auch hier wurde das Geschichtsbild des Zweiten Weltkrieges also inklusiver[25]. Die Wertschätzung insgesamt für den bewaffneten Kampf von 1939 bis 1944 und für militärische Traditionen blieb enorm hoch, heißt es in der Auswertung der entsprechenden Umfragen[26].

Die real existierende Armee
versus das Militärische schlechthin

Es wäre allerdings ein Fehler, daraus zu folgern, auch das Ansehen der bestehenden militärischen Formationen habe von dem inklusiveren, weniger antagonistischen Geschichtsbild profitiert. Die Polnische Volksarmee (LWP), die ihre Traditionen auf Volksarmee und Volksgarde stützte, genoss in den sechziger Jahren bei der Bevölkerung eine nur sehr geringe Sympathie. 58 Prozent der Bevölkerung hielten den Militärdienst für eine Notwendigkeit »für jeden jungen Mann«, für unnötig hielten ihn nur 2,7 Prozent, wobei 22,1 Prozent der Ansicht waren, er sei zwar unnötig, aber eine Bürgerpflicht. In den Augen der Bevölkerungsmehrheit erzog der Militärdienst zur Selbstständigkeit (72,4 Prozent) und führte zu einer besseren Orientierung in inneren und auswärtigen Angelegenheiten. Der geringe Anteil anderer Auffassungen und ausweichender Antworten lässt darauf schließen, dass die meisten Polen damals wohl nicht der Ansicht waren, junge Menschen würden in der Armee indoktriniert[27].

Umfrage von 1965:
»Sympathie für die Traditionen der Polnischen Volksarmee«

Einstellung	Prozent
Mangel an Sympathie	25
Indifferenz	20
Geringes Maß an Sympathie	29
Hohes und mittleres Mass an Sympathie	10
Ich habe Sympathie für alle militärischen Traditionen	15

Quelle: Siehe Tabelle S. 160 oben.

Gleichzeitig genoss die Armee selbst aber nur geringes Ansehen. Wie eine Untersuchung von 1973 zeigt, dürfte dies vor allem auf den schlechten Eindruck zurückgehen, den die Mannschaften auf die Bevölkerung machten. So gefiel 33 Prozent der Befragten zwar das Auftreten von Offizieren und 25 Prozent das von Unteroffizieren, während 22 Prozent der Befragten das Erscheinungsbild der einfachen Soldaten missfiel und nur 17 Prozent dagegen keine Einwände hatten[28]. Trotzdem waren 60 Prozent der Befragten der Meinung, der Einfluss der Polnischen Volksarmee auf junge Leute sei positiv – und das, obwohl nur eine Minderheit von 29 Prozent der Ansicht war, die Armee sei modern ausgerüstet[29].

Hier ist ganz offensichtlich zu unterscheiden zwischen dem Militärischen schlechthin als einem Abstraktum, das mit Begriffen wie »Unabhängigkeit«, »Widerstand«, »Macht«, »Heldentum« gleichgesetzt wurde und dessen Ansehen über die Jahrzehnte relativ konstant blieb, und der konkreten, real existierenden Armee, über deren Unzulänglichkeiten jeder Bescheid wusste, der in ihr seinen

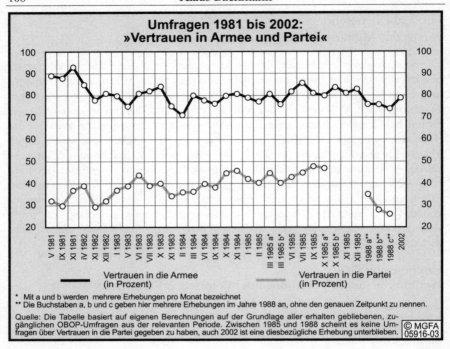

Umfragen 1981 bis 2002:
»Vertrauen in Armee und Partei«

Vertrauen in die Armee
(in Prozent)

Vertrauen in die Partei
(in Prozent)

*   Mit a und b werden mehrere Erhebungen pro Monat bezeichnet
** Die Buchstaben a, b und c geben hier mehrere Erhebungen im Jahre 1988 an, ohne den genauen Zeitpunkt zu nennen.

Quelle: Die Tabelle basiert auf eigenen Berechnungen auf der Grundlage aller erhalten gebliebenen, zugänglichen OBOP-Umfragen aus der relevanten Periode. Zwischen 1985 und 1988 scheint es keine Umfragen über Vertrauen in die Partei gegeben zu haben, auch 2002 ist eine diesbezügliche Erhebung unterblieben.   © MGFA 05916-03

Dienst abgeleistet hatte. In den Offizieren und Generalen spiegelte sich dieser Mythos des Militärischen wider, in den Mannschaften und der Ausrüstung der profane Militäralltag mit seinem Drill, dem Treibstoffmangel, unzulänglichen Ausrüstungsgegenständen und Schikanen.

Wie der ebenfalls aus der OBOP-Kaderschmiede stammende Soziologe Stefan Nowak 1979 in einem viel zitierten Artikel feststellte, tat sich in Polen ein »gesellschaftliches Vakuum« auf: Vertrauen hatte die polnische Bevölkerung zu vom Alltagsleben weit entfernten Institutionen und Abstrakta, wie der Nation, dem Volk, Armee und Kirche, und dann wieder zum unmittelbaren sozialen Umfeld, den Verwandten und Freunden. Dazwischen tat sich eine große Lücke auf: Massenorganisationen, Vereinen (selbst unpolitischen), Nachbarschaftsverbänden, unbekannten Mitmenschen begegnete man mit Misstrauen[30]. Dazu gehörten in den ausgehenden siebziger und beginnenden achtziger Jahren in zunehmendem Maße auch Partei, Regierung, Parlament und Massenmedien. Zu diesem Umstand trug dann insbesondere die Wirtschaftskrise der ausgehenden siebziger Jahre bei, mündend in die Streikwellen im Sommer 1980 und die Gründung der Gewerkschaft Solidarność, die sich dann schnell in eine nationale Protestbewegung verwandelte.

Die mit westlichen Krediten, einer Stimulierung des Konsums, Entpolitisierung und Slogans von nationaler Einheit und einer inklusiven Geschichtspolitik betriebene Politik der Ära Gierek ging damit ihrem Ende zu. Es kam zu einer erneuten gesellschaftlichen Polarisierung, welche insbesondere die PZPR stark unter Druck setzte und ihr die Legitimationsbasis weitgehend entzog. Je länger die Auseinandersetzungen zwischen der in und um die Gewerkschaft Solidarność entstehenden Opposition und dem Regierungslager (Partei, Sicherheitsapparat und Regierung) andauerte, desto mehr verschlechterte sich die Wirtschaftslage. In dieser Situation vermochte bald nur noch eine Institution, der auch die Bevölkerung Vertrauen entgegenbrachte, Entscheidungen nicht nur zu treffen, sondern auch durchzusetzen[31]. Das war die Armeeführung, die noch dazu auf den historisch gewachsenen »Mythos des Militärischen« in der Bevölkerung setzen konnte. Parteiführung und Regierung konnten nun überzeugend die Gefahr einer sowjetischen Intervention (und damit die Gefahr des Verlusts der territorialen Integrität und staatlichen Souveränität) an die Wand malen; die Armee erschien als »weißer Ritter«, als nicht direkt in die Interessenkonflikte, die das Land zerrissen, verwickelter Retter, der Recht, Ordnung, Stabilität auch mit Gewalt durchsetzte. Angesichts des relativ hohen Prozentsatzes an autoritären Haltungen in der Gesellschaft erschien dies als positive Alternative[32].

Als im Dezember 1981 der Militärrat der Nationalen Errettung (WRON) unter der Führung von General Jaruzelski in Ermangelung von Bestimmungen über den Ausnahmezustand das Kriegsrecht über Polen verhängte und zugleich damit begonnen wurde, die Führungsriege der Gewerkschaft Solidarność und einige prominente Mitglieder des kommunistischen Establishments zu internieren, führte dies nicht zu einem Vertrauensverlust der Armee. Wie die Untersuchungen von OBOP und von CBOS aus diesem Zeitraum zeigen, blieb das Vertrauen in die Armee auf sehr hohem Niveau weitgehend erhalten. Eine Mehrheit der Bevölkerung unterstützte die Entscheidung zur Verhängung des Kriegsrechts. Der Vertrauensverlust betraf vor allem Regierung und Parlament (Sejm). Der »Mythos des Militärischen« tat weiterhin seine Wirkung.

Umfragen von 1981 und 1982: »Vertrauen in staatliche Institutionen vor und nach der Einführung des Kriegsrechts« (Angaben in Prozent)

	10.11.1981	6.4.1982	9.11.1982	30.11.1982
Armee	93	85	78	79
Militärrat der Nationalen Errettung	–	70	56	63
Parlament	80	70	58	63
Regierung	66	62	49	57
Polizei	65	57	40	44
Partei	37	39	29	32

Quelle: OBOP-Archiv, komunikat 28/256. Społeczne zaufanie do instytucji władzy, Grudzień 1982. Die Mitteilung ist als »vertraulich« gekennzeichnet.

Das Vertrauen in die Armee ging erst dann leicht zurück, als sich die Härten des Kriegsrechts über einen längeren Zeitraum bemerkbar machten. Das hohe Vertrauen, das die Bevölkerung der Armee weiter entgegenbrachte, rührte nicht nur daher, dass die Armeeführung als einzige Institution erschien, die in der Lage war, das Land vor Anarchie und Chaos zu bewahren, sondern auch daher, dass es den Generalen gelang, sich propagandistisch als Schiedsrichter zwischen Partei und Solidarność zu platzieren und den Eindruck zu erwecken, sie hätten mit der Verhängung des Kriegsrechts einer sowjetischen Intervention vorgebeugt.

Umfragen von 1982 zur Einführung des Kriegsrechts

Die Entscheidung war:	23.2.1982	20.4.1982	1.6.1982	28.11.1982
»gerechtfertigt«	32	33	26	28
»eher gerechtfertigt«	37	31	36	28
»eher nicht gerechtfertigt«	12	12	13	9
»nicht gerechtfertigt«	8	13	10	9
»keine Meinung«	11	11	15	26

Quelle: Opinie o stanie wojennym, TNS-OBOP K22/250/82, 28.9.1982. Es handelt sich um eine Zusammenfassung mehrerer Umfragen von 1982, die als vertraulich gekennzeichnet ist; Angaben in Prozent.

Dieses Motiv dominiert bis heute – allen Historikerdebatten und parlamentarischen Untersuchungen über die Rolle Jaruzelskis zum Trotz. Obwohl die inzwischen zutage getretenen Fakten recht deutlich zeigen, dass die Sowjetunion gegen Ende 1981 an einer Intervention nicht interessiert war und nichts dergleichen vorbereitete, ja dass Jaruzelski regelrecht um Druck und Unterstützung aus Moskau gegen die Opposition im Lande bat, ist nach wie vor eine Mehrheit der Bevölkerung davon überzeugt, dass der Kriegszustand notwendig gewesen sei, um eine sowjetische Invasion zu vermeiden.

Umfragen von 1991 und 2001 zur Einführung des Kriegsrechts

Die Entscheidung von 1981 war:	1991	2001
»vollkommen gerechtfertigt«	16	22
»eher gerechtfertigt«	37	27
»eher nicht gerechtfertigt«	19	18
»überhaupt nicht gerechtfertigt«	16	9
»schwer zu sagen«	12	24

Quelle: OBOP, Omnibus 12/2001, Niezmienne oceny stanu wojennego, auf der Basis zweier repräsentativer Umfragen mit 1089 Befragten in ganz Polen; Angaben in Prozent.

70 Prozent der Befragten sind der Meinung, der Kriegszustand habe Polen vor einer sowjetischen Invasion bewahrt, nur 51 Prozent sind der Meinung, er habe vor allem die Macht der damaligen Führung gerettet (Mehrfachnennungen waren möglich).

Das hohe Ansehen blieb der Armee auch über 1989 hinaus enthalten, trotz der Zweifel in der Bevölkerung über deren Modernität und Effektivität, die soweit gehen, sogar infrage zu stellen, ob die Armee im Zweifelsfall in der Lage wäre, das Land zu verteidigen. So beantworteten über 60 Prozent der Befragten 1994 die Frage, ob der Zustand der Armee die Sicherheit des Landes garantiere, negativ. Dennoch rangierte die Armee in der Spitzengruppe der Rankings über institutionelles Vertrauen – zusammen mit der katholischen Kirche, den staatlichen Medien und dem Präsidenten[33].

Anmerkungen

[1] Nach dem Zensurgesetz von 1981: Ustawa z 31 lipca 1981 roku o kontroli publikacji i widowisk (Dz. U. nr 20 z 12.8.1981, poz. 99.) Zuvor galt das sehr enigmatische Ministerratsdekret von 1946: Dekret z dnia 5. lipca 1946 o utworzeniu Głównego Urzędu Kontroli Prasy, Publikacji i Widowisk (Dziennik Ustaw nr. 34 z 5.7.1946, poz. 210). 1981 wurde der Name der Behörde von »Hauptamt für die Kontrolle der Presse, Veröffentlichungen und Vorführungen« geändert in »Hauptbehörde zur Kontrolle von Veröffentlichungen und Vorführungen«; es wurde die höchstrichterliche Kontrolle für Zensurentscheidungen und die Möglichkeiten für Zeitungen eingeführt, Eingriffe der Zensur kenntlich zu machen. Letzteres war sogar Pflicht, wenn der Autor es verlangte. In der Regel taten das aber nur legale Oppositionsmedien wie die katholische Wochenzeitung »Tygodnik Powszechny« und – während der Zeit der legalen Tätigkeit der Gewerkschaft Solidarność – die Medien, die sich mit der Solidarność identifizierten, wie der »Tygodnik Solidarność«. Während des Kriegszustandes von 1981 bis 1983 war die Anwendung des Zensurgesetztes ausgesetzt, es trat wieder in Kraft nach der Aufhebung des Kriegszustandes und galt dann bis 1989. Zum Funktionieren der Zensur gibt es nur wenig Arbeiten: László Révész, Presserecht und Pressepraxis in Polen: Ein Vergleich mit anderen Ostblockstaaten, Bern 1988; Kazimierz Bagiński, Cenzura w Polsce. Warszawa Oficyna Wydawnicza »Nowa«, Warszawa 1981 (dabei handelt es sich um eine Neuauflage einer älteren Publikation im Samizdat, die nur die vierziger Jahre betrifft); Aleksander Pawlicki, Kompletna szarość. Cenzura w latach 1965-1972; instytucja i ludzie. Warszawa 2001. Am ausführlichsten wird das Thema behandelt in: Biblioteka narodowa. Piśmiennictwo, systemy kontroli, obiegi alternatywne, Warszawa 1992; zur Rechtslage: Jerzy Bafia, Prawo o cenzurze, Warszawa 1983. Zur Zensur in der Geschichtswissenschaft: Cenzura w PRL. Relacje historyków, Warszawa 2000.

[2] Hierzu u.a. James R. Beniger, Media Content as Social Indicators. The Greenfield Index of Agenda Setting, in: Communication Research, 5 (1978), 4, S. 437-453.

[3] Als »pluralistic ignorance« wird eine Situation bezeichnet, bei der sich Befragte in einem Irrtum über die gesellschaftlich dominierende Meinung zu einem bestimmten Sachthema befinden. In extremen Fällen kann dies dazu führen, dass Befragte die Minderheitsmeinung in einer Gruppe für die Mehrheitsmeinung halten. Der Begriff geht ursprünglich auf den Psychologen Floyd Allport zurück und bezeichnet eine Situation, in der sich ein Mensch im Irrtum über die Perzeption anderer befindet. Hubert J. O'Gorman, The Discovery of Pluralistic Ignorance, in: Journal of the History of the Behavioral Sciences, 22 (1986), S. 333-347.

4 Dieser Mechanismus ist in der Demoskopie unter der Bezeichnung »Schweigespirale« bekannt geworden und wird ausführlich behandelt in: Elisabeth Noelle-Neumann, Die Schweigespirale. Öffentliche Meinung, unsere soziale Haut, München 2001.

5 Jerzy Wiatr, Polityka i badania socjologiczne, in: Trybuna Ludu, 1957, 317, zit. nach: Janina Sobczak, Polski Gallup. Powstanie i i pionierskie lata Ośrodka Badania Opinii Publicznej, in: Kultura i Społeczeństwo, 43 (1999), 4, S. 63 f.

6 Zygmunt Skórzyński, Reduty polskiej inteligencji. Logofadzy i ciąg dalszy, in: Rzeczpospolita, 26.10.1966.

7 Sobczak, Polski Gallup (wie Anm. 5), S. 70.

8 Ebd., S. 74

9 Zaremba: Społeczeństwo lat sześćdziesiątych – między małą stabilizacją i małą destabilizacją, in: Oblicza Marca 1968, hrsg. von Konrad Rokicki und Sławomir Stępień, Warszawa 2004, S. 49. Von Historikern wurde die Glaubwürdigkeit der OBOP-Erhebungen bisher nicht diskutiert, selbst dann nicht, wenn sie diese selbst wiedergaben: Grzegorz Majchrzak und Bogusław Kopka, Stan wojenny w dokumentach władz PRL (1980–1983), Warszawa 2001, Dok. 4.

10 Siehe <www.tns-obop.pl>. Ich möchte an dieser Stelle TNS-OBOP dafür danken, dass ich die nicht im Internet zugänglichen Umfragen einsehen und auswerten konnte.

11 Siehe <www.cbos.pl>; Barbara Badura, Społeczeństwo i władza lat 80tych w badaniach CBOS, Warszawa 1994.

12 Dieser Artikel ist Teil eines Forschungsprojekts, das ich an meinem Lehrstuhl für politische Wissenschaft am Willy-Brandt-Zentrum für Deutschland- und Europastudien der Universität Wrocław zwischen 2004 und 2006 begonnen habe und nun an der Warschauer Hochschule für Sozialpsychologie weiterführe.

13 Karol Liszewski, Wojna polsko-sowiecka 1939 r., London 1986; Jan Tomasz Gross, ... und wehe, Du hoffst. Die Sowjetisierung Ostpolens nach dem Hitler-Stalin-Pakt 1939–1941, Freiburg i.Br. 1988; Jan Tomasz Gross, Revolution from Abroad. The Soviet Conquest of Poland's Western Ukraine and Western Belorussia, Princeton, NJ 1988.

14 Dazu die Aktensammlung des Instituts für politische Studien der Polnischen Akademie der Wissenschaften (PAN): Z archiwów sowieckich, Bd 1-5, Warszawa 1994.

15 Czesław Łuczak, Polska i Polacy w drugiej wojnie światowej, Poznań 1993, S. 665.

16 Stanisław Sosabowski, Droga wiodła ugorem. Wspomnienia, Kraków 1990.

17 Der Ausdruck »Polnische Westarmee« bezeichnet die Gesamtheit derjenigen Truppen, die im Zweiten Weltkrieg auf der Seite der Westalliierten kämpften, hauptsächlich also Polen in der britischen Armee.

18 Die polnischen Untergrundorganisationen unterschieden sich zunächst nach ihrer politischen Ausrichtung. Die größte Organisation war der Bund für den bewaffneten Kampf (ZWZ), Grundstock für die spätere Heimatarmee (Armia Krajowa). Sie war der bewaffnete Arm der Exilregierung in London. Die nationaldemokratischen Nationalen Streitkräfte (NSZ) schlossen sich später der Heimatarmee an. Nach Auflösung der Heimatarmee 1945 traten manche ihrer Kombatanten, die gegen die sowjetischen Truppen und die kommunistischen Machthaber in Polen weiterkämpfen wollten, zu den NSZ über. Die »Bauernbataillone« (Bataliony chopskie) unterstanden der Bauernpartei (Stronnictwo Ludowe). 1941 gegründet, vereinigten sie sich 1943 mit der Heimatarmee. Zur Heimatarmee siehe Grzegorz Mazur, Der Bund für den bewaffneten Kampf – Heimatarmee und seine Gliederung, in: Die polnische Heimatarmee. Geschichte und Mythos der Armia Krajowa seit dem Zweiten Weltkrieg. Im Auftrag des MGFA hrsg. von Bernhard Chiari unter Mitarb. von Jerzy Kochanowski, München 2003 (= Beiträge zur Militärgeschichte, 57), S. 111-150; zu den Nationalen Streitkräften siehe Krzysztof Komorowski, Polityka

i walka. Konspiracja zbrojna ruchu narodowego 1939-1945, Warszawa 2000. Die Volksgarde wiederum war eine Partisanengruppierung, die eng mit der Polnischen Arbeiterpartei (PPR) verbunden war und auch sowjetische Soldaten integrierte. Sie entstand 1942 und wurde 1944 in Volksarmee (Armia Ludowa) unbenannt, als die Rote Armee Zentralpolen erreichte und das Polnische Komitee der Nationalen Befreiung (PKWN) ins Leben rief. Siehe Marek J. Chodakowski, Piotr Gontarczyk und Leszek Żebrowski, Tajne oblicza GL-AL I PPR; Dokumenty, 3 Bde, Warszawa 1997.

[19] Zu den Kollaborationsvorwürfen und der Tabuisierung des Warschauer Aufstands siehe Włodzimierz Borodziej, Der Warschauer Aufstand 1944, Frankfurt a.M. 2004, S. 215-218. Für einen Eindruck von den Repressionen gegen ehemalige Aufständische in den vierziger und fünfziger Jahren siehe Norman Davies' faktenüberladene Geschichtserzählung Aufstand der Verlorenen. Der Kampf um Warschau 1944, München 2003.

[20] In Deutschland bekannt unter dem Namen Tannenberg (heute Stębark).

[21] »Mythos« wird hier in dem Sinne verstanden, dass einem Ereignis in der nationalen Traditionsbildung ein Rang zukommt, der weit über das hinausragt, was durch die Erfahrung der Beteiligten erklärbar wäre. Im Falle des Warschauer Aufstands von 1944 handelt es sich um ein nationales Symbol, ein Ereignis, das in die Mythen- und Legendenbildung und die Entwicklung nationaler Traditionen Einzug gehalten hat – ungeachtet seiner tatsächlichen historischen Rolle. »Mythos« bedeutet hier, dass es auch von den nachwachsenden Generationen als »eigene Erfahrung« im Sinne generationenübergreifender Kontinuität wahrgenommen wird. Ähnlich wie Auschwitz und Katyń gilt heute auch der Warschauer Aufstand als nationale Erfahrung und nicht als Erfahrung einer einzelnen Region, Gruppe, Klasse.

[22] Die repräsentative Umfrage wurde zwischen dem 26.11. und dem 5.12.2003 an 1028 erwachsenen Bewohnern Polens von dem Meinungsforschungsinstitut Estymator durchgeführt. Eine Zusammenfassung der Ergebnisse befindet sich auf der Institutsseite im Internet unter <www.estymator.com.pl>, zuletzt eingesehen am 6.4.2007.

[23] Nach einer Umfrage von 1994 hielten 84 Prozent der Befragten den Aufstand für ein bedeutendes Ereignis der polnischen Geschichte, eine Mehrheit hielt es nachträglich für richtig, dass er ausgelöst worden war. Borodziej, Der Warschauer Aufstand (wie Anm. 19), S. 214 f. Der Warschauer Stadtpräsident Lech Kaczyński machte den Bau eines Museums für den Aufstand zu einem seiner politischen Hauptanliegen. Das Museum wurde schließlich am 31.7.2004, einen Tag vor dem 60. Jahrestag des Ausbruchs des Aufstands, feierlich eröffnet und gilt seither als Vorzeigeobjekt für die Geschichtspolitik der rechtspopulistischen Regierung, die seit 2005 im Amt ist. Siehe den Internetauftritt des Museums: <www.1944.pl>.

[24] So war schon 1957 Roman Bratnys Roman »Kolumbowie. Rocznik 20« erschienen, der das Erwachsenwerden unter den Bedingungen von Okkupation und Krieg zum Thema macht und dessen Helden – genau wie der Autor seinerzeit selbst – im Warschauer Aufstand in den Reihen der Heimatarmee kämpften. Zur Historiografie und den Phasen der Liberalisierung der Zensur in Bezug auf den Warschauer Aufstand siehe auch: Powstanie Warszawskie z perspektywy półwiecza, Warszawa 1995.

[25] Ebd.

[26] Ebd.

[27] Jerzy Wiatr, Tadeusz Gęsek und Stefan Szostkiewicz, Opinie społeczne o wojsku. OBOP Archiv 1961/9.099. Die Befragungen stützen sich auf 2385 Befragte aus einem repräsentativen Sample der Bevölkerung.

[28] Zitiert aus einer Untersuchung, die OBOP zum 30. Jahrestag der Gründung der Polnischen Volksarmee für deren politische Hauptverwaltung (Główny zarząd polityczny

Wojska Polskiego) durchführte. Teile des Berichts waren deutlich kritisch; wenn es etwa um die Einschätzung der Modernität der Armee ging, meinten die OBOP-Autoren selbst, das Erscheinungsbild der Armee in der Bevölkerung sei »nicht allzu optimistisch«. OBOP Archiv 1963, M.0242.

[29] Der Bericht für die Politische Hauptverwaltung der Armee unter dem propagandistischen Titel »30 Jahre Polnische Volksarmee im Dienst der Nation«, erweckt an zahlreichen Stellen den Eindruck, als hätten die Autoren versucht, ihren Auftraggebern eine bittere Pille in schmackhafter Zubereitung zu verabreichen. So versuchten sie, die aus früheren OBOP-Untersuchungen bekannte Tatsache, dass die Westarmee populärer war als die polnische Armee in der UdSSR und die kommunistischen Partisaneneinheiten, dadurch zu kaschieren, dass sie nach Kriegshelden fragten, diese dann nach ihrer Zugehörigkeit zum kommunistischen bzw. antikommunistischen Lager aufteilten und die jeweiligen Prozentsätze addierten, wodurch sie am Ende zu dem (allen bisherigen Untersuchungen widersprechenden) Ergebnis kommen konnten, wonach sich »Helden der Polnischen Volksarmee und der Volkspartisanenbewegung« mit 22 Prozent größerer Popularität erfreuten als die (in 30 Jahren Propaganda weitgehend totgeschwiegenen und unbekannten) »Helden der polnischen Westarmee« (3 Prozent). Trotzdem ergab auch diese Summierung, dass die meisten Befragten (45 Prozent) sowohl Helden der einen als auch der anderen Orientierung genannt hatten. Doppel- und Dreifachnennungen waren zugelassen gewesen. So bestätigt sich also wieder der Trend zu einem inklusiveren, weniger antagonistischen und national ausgerichteten Geschichtsbild in der Gesellschaft. Dies zeigt auch eine interne Zusammenfassung des Berichts für die Armeeführung, der von OBOP »nur zum Dienstgebrauch« (do użytku wewnętrznego) in 35 Exemplaren verbreitet wurde. Er stützt sich auf die Daten der Umfrage für die Armee. OBOP Archiv, August 1973, K04/004/73.

[30] Stefan Nowak, System wartości społeczeństwa polskiego, in: Studia Socjologiczne, 1979, 4. Zitiert auf Deutsch bei Klaus Ziemek, Polens Weg in die Krise. Eine politische Soziologie der Ära Gierek, Frankfurt a.M. 1987.

[31] Auch die katholische Kirchenführung genoss großes Vertrauen und war imstande, Entscheidungen zu fällen, allerdings vermochte sie nicht, diese auch durchzusetzen.

[32] Jadwiga Koralewicz, Autorytaryzm, lęk, konformizm. Analiza społeczeństwa polskiego lat osiemdziesiątych, Warszawa 1987.

[33] Czy polskie siły zbrojne zapewniają bezpieczeństwo kraju? OBOP K91/94, Grudzień 1994.

Imre Okváth

Die Integration der Ungarischen Volksarmee in den Warschauer Pakt

Die Niederschlagung der Revolution von 1956 durch die sowjetischen Streitkräfte ging Hand in Hand mit der vollständigen Entwaffnung der Ungarischen Volksarmee (Magyar Néphadsereg), die zu jener Zeit über etwa 130 000 Angehörige verfügte. In den Kasernen wurden die Kommandeure der Truppen aufgefordert, sich zu ergeben, während man einzelne Widerstandsgruppen durch schweres Feuer zur Kapitulation zwang. Eine lange Zeit maßen weder die neuen ungarischen Parteiführer, die mit sowjetischer Waffengewalt an die Macht gekommen waren, noch die eindringende sowjetische Armee der Umgestaltung der ungarischen Armee irgendeine Bedeutung bei. In ihrem Wunsch, ihre Macht zu konsolidieren, setzte die Regierung unter János Kádár Einheiten der Polizeikräfte, der Staatssicherheit und die sogenannten Arbeitermilizen gegen möglicherweise gefährliche interne Widerstandskämpfer ein, während die äußere Verteidigung des Landes Aufgabe der eindringenden Roten Armee war.

Die sowjetischen politischen und militärischen Führer begrüßten die Absicht der ungarischen Regierung, so schnell wie möglich eine interne Polizeikraft zu schaffen, daher interessierten auch sie sich nicht für die Umgestaltung der Armee. Andere Gründe für diesen Mangel an Interesse waren das Misstrauen gegenüber dem ungarischen Offizierkorps, die außerordentlich niedrige Meinung über den Kampfwert der ungarischen Armee sowie die Überzeugung des sowjetischen Generalstabs, dass die sowjetischen Streitkräfte diese neue »Grenzlücke des Warschauer Pakts« effektiver sichern könnten als die Ungarische Volksarmee.

Der sowjetische Argwohn wurde durch die erste Erklärung der Marionettenregierung weiter erhöht, und zwar als Kádár in Erinnerung an eine der wichtigsten Forderungen der Revolution erklärte, dass die ungarische Regierung »nach Wiederherstellung von Ordnung und Frieden mit der sowjetischen Regierung und anderen Mitgliedern des Warschauer Pakts Verhandlungen über den Abzug der sowjetischen Streitkräfte aus dem ungarischen Hoheitsgebiet aufnehmen wird«.

Der Standpunkt der Invasoren änderte sich erst, als die ungarische Regierung diesen Plan Ende Dezember 1956 aufgegeben hatte. Unmittelbar danach begannen die Sowjets über die zukünftigen Aufgaben der ungarischen Armee zu verhandeln. Die Gespräche fanden vom 29. bis 31. Januar 1957 im Oberkommando der Vereinten Streitkräfte (VSK) des Warschauer Pakts in Moskau statt. Die ungarische Delegation stand unter der Leitung von Ferenc Münnich, Verteidigungsminister und Stellvertreter Kádárs, der 1917 am bolschewistischen Aufstand teilgenommen hatte und seit dieser Zeit ein treuer Diener Moskaus war; die Gegenseite vertraten Aleksej I. Antonov, Ivan S. Konev und sechs weitere Generale aus dem sowjetischen Verteidigungsministerium.

Die Verhandlungen beruhten auf einem Beschluss der ungarischen Regierung vom 8. Dezember 1956[1]; es wurden der zukünftige Ausbau der Armee innerhalb des Warschauer Paktes erörtert und Lösungen für anstehende militärische Probleme gesucht. Für die Übergangsperiode vereinbarten die Sowjets, dass die Ungarische Volksarmee aus drei Mot. Schützendivisionen, einem Panzerregiment, einer selbstständigen Artilleriebrigade, einem Funkaufklärungsregiment, einem technischen Bataillon, einem Schwimmbrückenbataillon, einem chemischen Abwehrbataillon, einer Kampfschiffbrigade sowie einer Jagdfliegerdivision und einer Luftlogistikstaffel bestehen sollte; wobei die beiden letztgenannten Truppenteile die ungarische Luftwaffe bildeten. Waren sie erst Teil der Vereinten Streitkräfte geworden, konnten sie mit ihrem Schutzauftrag im Ostblock auch beginnen. Große Beachtung maß die UdSSR den verlegefähigen Truppenteilen sowie dem ungarischen Flugabwehrsystem bei, das bis Ende 1961 fertiggestellt sein sollte. Bis zu diesem Zeitpunkt war das Oberkommando der sowjetischen Luftstreitkräfte für den Schutz des ungarischen Luftraums verantwortlich. Außerdem wurden der Prozess der Bewaffnung der ungarischen Streitkräfte festgelegt, Beschlüsse über den Rückkauf nicht benötigter sowjetischer Waffen gefasst und der Aufenthalt der acht Militärberater in Ungarn verlängert[2].

Die militärischen Verhandlungen sowie Kádárs Aufenthalt in Moskau wiesen eindeutig darauf hin, dass die ungarische Regierung von nun an erwartete, dass Moskau oder die Vereinten Streitkräfte Ungarn verteidigen würden; die ungarischen Streitkräfte waren lediglich in der Lage, interne Polizeiaufgaben zu erfüllen. Das wichtigste politische Motiv für die Einschränkung der Aufgaben der Armee und den dazu niedrig veranschlagten Militärhaushalt war die Stärkung der Wirtschaft, ohne welche die Verbesserung des Lebensstandards, dem wichtigsten Element im Stabilisierungsprogramm des Kádár-Regimes, nicht erreicht werden konnte.

Der Vertrag vom 28. Mai 1958 regelte schließlich den rechtlichen Status der sowjetischen Truppen in Ungarn, die künftig die Verteidigungsaufgaben übernehmen sollten. Die Vereinbarung sollte zugleich den Vertrag rechtfertigen, indem sie den Westen beschuldigte, Bedrohungs- und kriegstreiberische Absichten zu hegen, welche wiederum eine sowjetische Präsenz »erforderten«, sodass diese das Land vor feindlichen Angriffen schützen konnte.

Nach Beratung und Billigung durch die sowjetische Führung trat die neue Dislozierung der ungarischen Armee am 1. Mai 1957 in Kraft[3]; die Umstrukturierung der Armee wurde dem neuen Verteidigungsminister Géza Révész übertragen, der ein loyaler Anhänger Moskaus war. Die Grundgliederung und Struktur der Truppenteile sowie die Offiziere, die weiterhin die Verantwortung trugen, sollten die solide Grundlage für die Entwicklung der Armee bilden. Ab dem Sommer 1957 legte man jedoch ein besonderes Augenmerk auf die Aktivitäten der Offiziere während der Revolution[4]. Zudem gab es Anstrengungen zur Umgliederung der politischen und Parteiverwaltung sowie zur Festigung des zentralisierten Kommandosystems. Der neue Prozess der friedlichen Entwicklung zielte darauf ab, den Kommandeuren und Depots Wissen zur Gliederung und Führung in Verbindung mit den Mot. Schützendivisionen zu vermitteln, falls Massenvernichtungswaffen stationiert werden sollten. Strategische und operative Grundsätze wurden ebenfalls überarbeitet, was praktisch eine Aufgabe der Kriegspläne gegen Jugoslawien bedeutete, galt doch das Nachbarland vordem als Erzfeind Ungarns. Im Dezember 1957 erarbeitete der Generalstab den Stationierungsplan der Armee bis zum Jahre 1965[5].

Die Moskauer Vereinbarungen vom Januar 1958 legten quasi die Größe der Armee fest, die ausreichend sein würde, um das Land zu verteidigen und die Anforderungen des Warschauer Pakts zu erfüllen. Während man eine Armee mit einer modernen Gliederung, Bewaffnung und ausreichend Reserven aufbaute, wurden weitere Versuche unternommen, die Größe der Gesamtarmee, der Mot. Schützentruppe, der Artillerie- und der Luftabwehrkräfte sowie der übergeordneten Luftverteidigungsverbände und Jagdfliegerdivisionen zu erhöhen. Die Ergebnisse dieser Pläne gelangten am 17. und 18. März 1958 im Oberkommando der Vereinten Streitkräfte zur Vorstellung. Nach deren Genehmigung im Herbst 1958 sah die Gliederung der ungarischen Volksarmee als Grundlage für die zukünftige Entwicklung wie folgt aus: vier Mot. Schützendivisionen, ein Panzerregiment, eine Artilleriebrigade, ein Panzerartillerieregiment, ein unterstützendes Flugabwehrartillerieregiment, ein Mech. Bataillon, ein Schwimmbrückenbataillon, ein Minensuchbataillon, ein Pionierbataillon, eine Kampfschiffbrigade, drei Flugabwehrartillerieregimenter, ein Luftverteidigungsausbildungszentrum, eine Jagdfliegerdivision, eine Jagdbomberstaffel, ein Luftwaffenfernmelderegiment, ein ABC-Abwehrbataillon, ein Fernmelderegiment und ein Funkaufklärungsregiment[6].

Aufgrund der organisatorischen Umstrukturierung und der ständig wachsenden Truppenstärke wurde die Ungarische Volksarmee aus den Abrüstungsinitiativen der »Friedensinitiative« Chruščevs ausgeschlossen. Sie blieb auch von den Ankündigungen des Politischen Beratenden Ausschusses (PBA) des Warschauer Pakts über Kürzungen in den Armeen vom Mai 1958 unberührt. Mehr noch: Aus politischen Gründen lehnte Kádár Chruščevs Initiative über den

Abzug sowjetischer Truppen aus Ungarn ab, da Kádár diese als den wichtigsten Pfeiler seiner eigenen Macht ansah.

1959 gab es in der Ungarischen Volksarmee keine bedeutenden Veränderungen. Durch die Erhöhung der Truppenstärke von 58 800 auf 64 790 Mann stieg jedoch 1960 allgemein die Gefechtsbereitschaft. Außerdem veränderte sich die Gliederung der Landstreitkräfte leicht. Die Notwendigkeit dafür war während des Ausbildungsprozesses deutlich geworden. So wurden zum Beispiel aus den Mot. Schützenregimentern der Divisionen andere Panzerbataillone für das selbstständige Panzerregiment geschaffen, während aus den Kompaniedepots Verkehrsregelungszüge gebildet wurden.

Vom Frühjahr 1960 an wurde nach einem sowjetischen Vorschlag in der Organisation und Ausbildung mit Vorbereitungen auf einen Überraschungskrieg mit Kernwaffen und Raketen begonnen. Die Ungarische Volksarmee, insbesondere die Schützendivisionen und Artillerieeinheiten, die zu den Vereinten Streitkräften gehörten, sowie die Nationale Luftverteidigung mussten so umgestaltet werden, dass sie ohne weiteren Mobilisierungsbedarf in den Kampf geschickt werden konnten. Die Lage erforderte es, die ständige Einsatzbereitschaft zu erhöhen und die Ungarische Volksarmee im Zusammenwirken mit anderen Armeen des Warschauer Pakts in die Lage zu versetzen, die westlichen »Aggressoren« entscheidend zu schlagen. Um diese Ziele zu erreichen, musste der Ausbildungsprozess sowohl des Führungspersonals und der Logistiker als auch der Truppe so beschleunigt werden, dass sie sofort von Beginn des Krieges an in der Lage sein würden, Invasionsoperationen und Angriffe auszuführen, sich mit hoher Geschwindigkeit zu bewegen (250 km/Tag) und Flusssperren zu überwinden.

Um die theoretischen und praktischen Fragen von Ausbildung und Organisation neu zu definieren, reiste im zweiten Halbjahr 1960 eine ungarische militärische Abordnung zweimal nach Moskau. Während der Treffen im August legte die sowjetische Seite besonderen Wert auf die Entwicklung der ungarischen Flugabwehr sowie auf allgemeine Einsatzgrundsätze und Möglichkeiten der Zusammenarbeit. Dem Wunsch der Sowjets zufolge sollte der ungarische Luftraum ab dem 1. Januar 1962 von den eigenen Kräften der ungarischen Flugabwehr verteidigt werden. Bei den Verhandlungen Ende November erteilten der Oberbefehlshaber der Vereinten Streitkräfte, Marschall Andrej A. Grečko, und Generalstabschef Antonov dem ungarischen Generalstabschef genaue Anweisungen – insbesondere hinsichtlich der Modernisierung der Mot. Schützendivisionen. Sie forderten Divisionen mit einer Personalstärke von 8500 bis 9000 Mann, sowohl in Friedenszeiten als auch bei der Mobilmachung, und 116 Panzern pro Division.

Um Personalverluste auszugleichen, schlugen sie vor, eine Reserve-Schützendivision aufzustellen, das Panzerregiment zu einer vollständigen Division auszubauen und technische Einheiten und Untereinheiten weiterzuentwickeln.[7] Der sowjetische Oberbefehlshaber lenkte die Aufmerksamkeit auf die

Bedeutung der Modernisierung der wichtigsten Einheiten der Landstreitkräfte, während die Erfüllung weiterer Forderungen von der Leistungsfähigkeit der ungarischen Wirtschaft abhing.

Der Generalstab der ungarischen Armee wollte diese Pläne im Laufe des folgenden Fünfjahrplans (1961–1965) allmählich umsetzen. Am 21. Dezember 1960 legte der im Mai 1960 ernannte ungarische Verteidigungsminister Lajos Czinege dem Politischen Ausschuss der Ungarischen Sozialistischen Arbeiterpartei (MSZMP) den zusammenfassenden Bericht über die wirtschaftlichen und finanziellen Auswirkungen der militärischen Entwicklung vor[8].

In beachtlichem Maße sind die Zustimmung zum Ausbau und zu den gesteigerten Kriegsausgaben auf Chruščevs Brief zurückzuführen, in dem er die Führer der Schwesterparteien um eine Erneuerung der Strukturen und der Bewaffnung der Armeen des Warschauer Pakts bat und dabei auf die ständig wachsende Lücke zwischen der schnellen Entwicklung der Kriegskunst und der allgemeinen Einsatzbereitschaft der Armeen verwies[9].

Hinter dem Drängen des Generalsekretärs der KPdSU und anderer Führungspersönlichkeiten des Warschauer Pakts, die Armeen der Mitgliedsstaaten weiterzuentwickeln, lag das Bestreben, Chruščevs Außenpolitik effektiver zu gestalten. Mit dieser Politik versuchte man, dem Status und den Interessen der Sowjetunion als Supermacht Akzeptanz zu verschaffen, indem man dem Westen mit Kernwaffen und Raketen drohte und gleichzeitig das Prinzip der friedlichen Koexistenz verkündete.

Nach den Verhandlungen mit Marschall Grečko am 15. und 16. Februar 1961 in Budapest wurde der politischen und militärischen Führung Ungarns deutlich gemacht, dass die Verbesserungen, die ursprünglich für einen Zeitraum von fünf Jahren vorgesehen waren, in einem kürzeren Zeitraum von zwei bis drei Jahren umgesetzt werden müssten. Die Erklärungen des Marschalls beruhten auf den Schlussfolgerungen, die aus den Analysen der Kriegspläne der »imperialistischen« Mächte gezogen worden waren. Er kündigte an, dass einer sowjetischen Analyse zufolge die Mitgliedsstaaten der NATO »ihr Bestes versuchen, um eine schnelle Modernisierung und Entwicklung ihrer Streitkräfte vorzunehmen, so dass sie die Stärke des sozialistischen Blocks erreichen und übertreffen können«. Die NATO-Staaten würden beabsichtigen, bis 1965 dieses Ziel zu erreichen. Folglich müssten die sozialistischen Länder die Notwendigkeit einer »zwingenden Erhöhung der Verteidigungsfähigkeiten« spüren, die eine Überprüfung der früheren Pläne, eine Beschleunigung der Modernisierung und die Stärkung der Kriegsindustrie sowie der technischen Zusammenarbeit und der Standards erforderlich machte[10].

Grečko forderte die volle Einsatzbereitschaft der ungarischen Mot. Schützenausbildungsdivision bis 1963, die Ausstattung der fünf Mot. Schützendivisionen mit modernen Waffen und die Sicherstellung von deren Ausbildung sowie die Aufstellung einer Panzerdivision[11] und einer Infanteriedivision (als Reserve)[12].

Weiterhin seien eine Flugabwehrunterstützungsdivision, ein Hubschraubertransportregiment sowie Fernmelde- und Versorgungstruppenteile aufzustellen.

Darüber hinaus wurde bei den Verhandlungen erklärt, dass Ungarn als wichtiger logistischer Stützpunkt auch über geschützte technische Truppenteile verfügen müsse, die zurückgelassen werden können, um in Zusammenarbeit mit zivilen Kräften Straßen, Brücken, Flughäfen und strategische Stützpunkte für die vorrückenden sowjetischen und anderen Armeen des Warschauer Pakts instandzuhalten oder wiederherzustellen. Neben der Verbesserung der Landstreitkräfte ergab sich auch die Frage, wie die ungarische Luftverteidigung zu stärken sei. Bis zum 1. Januar 1962 sollten 14 Raketendivisionen und drei Jagdfliegerregimenter aufgestellt werden. Grečko forderte jedoch drei weitere Raketendivisionen und ein weiteres Jagdfliegerregiment. Hinsichtlich der Modernisierung schlug der sowjetische Oberbefehlshaber vor, die Kampftruppenteile mit möglichst vielen Panzern auszustatten; er empfahl die günstigeren T-34 als Ergänzung der bereits vorhandenen T-54. Er betonte nicht nur die Notwendigkeit einer Stärkung der Panzerausbildung, sondern forderte auch die Stationierung taktischer Flugkörper sowie von Flugabwehr- und panzerbrechenden Raketen. Zwecks Erhöhung der Mobilität sprach er sich für die Beschaffung gepanzerter Mannschaftstransportwagen aus[13].

Nach den Gesprächen legte der ungarische Verteidigungsminister binnen einer Woche am 21. Februar 1961 den neuen Entwicklungsplan dem PBA vor, da die Angelegenheit von großer Bedeutung war. Bezugnehmend auf die Gespräche mit Grečko warnte Lajos Czinege die Parteiführer, dass die Mitgliedsstaaten des Warschauer Pakts »größere Anstrengungen als in der Vergangenheit unternehmen müssen, um ihre Landesverteidigung zu stärken«. Er berief sich dabei auch auf die militärischen Anstrengungen der NATO-Mitgliedsstaaten. Schließlich kündigte der Minister an, dass »wir jetzt Opfer bringen müssen, um unsere Landesverteidigung zu verbessern, wir dürfen es den Imperialisten nicht gestatten aufzuholen, denn wenn der Frieden für weitere zehn Jahre erhalten bleiben kann, können sie nicht länger eine Bedrohung für uns darstellen«[14].

Daher forderte der Minister eine schnelle Umgliederung der Ungarischen Volksarmee zu einer hochbeweglichen Armee mit beachtlicher Feuerkraft, so dass sie ungeachtet aller Hindernisse einen Feind schlagen könnte, selbst wenn dieser Kernwaffen oder chemische und biologische Waffen einsetzte. Um dieses Ziel zu erreichen, schlug er drei Entwicklungsstufen vor:

Die erste beinhaltete die Wiederaufrüstung von vier ständig einsatzbereiten Infanteriedivisionen, die Aufstellung neuer Panzerdivisionen und Infanterieausbildungsdivisionen sowie die Bildung einer Reserve-Infanteriedivision bis 1963. Zur Unterstützung dieser Verbände sollten ein Flugabwehrartillerieregiment, eine Flugabwehrraketendivision und eine Hubschrauberstaffel aufgestellt werden. Was die Nationale Luftverteidigung anging, so seien die drei Regimenter mit Kampfflugzeugen des Typs MiG-21 auszurüsten und die Stationierung aller 14 Flugabwehrraketendivisionen abzuschließen.

Die zweite Entwicklungsstufe sollte 1965 enden. In dieser Zeit gedachte Czinege, die materielle Sicherstellung (Munition, Waffen usw.) der Infanteriedivisionen zu vollenden, die Umstrukturierung der Hubschrauberstaffel in ein Regiment und die Aufstellung einer weiteren Flugabwehrraketendivision zu realisieren. Die Anzahl der Raketendivisionen für die nationale Flugabwehr stieg auf 17 an. Die Schlussphase bis 1967 sollte den vollwertigen Aufbau der Reserveelemente sowohl der Landstreitkräfte als auch der nationalen Flugabwehr sowie die Stationierung einer heeresunabhängigen Raketendivision beinhalten[15].

Der Politische Ausschuss der MSZMP erörterte und billigte den schnellen Aufbauplan auf seiner Tagung am 21. März 1961. Die Pläne zum Ausbau der Armeen der anderen Paktstaaten standen auf der Sitzung des PBA am 28. und 29. März 1961 auf der Tagesordnung. Die Konzeptionen der ungarischen Delegation wurden im Rahmen bilateraler ungarisch-sowjetischer Verhandlungen, die nach der Sitzung stattfanden, endgültig festgelegt. Auf der nächsten Sitzung vom 10. bis 20. Juli in Moskau unterbreitete Czinege die Vorschläge des Verteidigungsministers, das heißt, er informierte Marschall Grečko über die Anweisungen, die er geben wollte. Mit der Umgliederung des Verteidigungsministeriums beabsichtigte er, seine prinzipielle Führungstätigkeit zu verbessern, und für die unmittelbare Führung der Truppen sollten selbstständige Führungsstäbe eingerichtet werden. Um die Luftverteidigung effektiver zu gestalten, wollte Czinege am Hauptquartier Nationale Luftverteidigung leichte Veränderungen vornehmen[16].

Am 3. August 1961, als der ungarische Verteidigungsminister den Befehl Nr. 0021 erließ, trat die neue Dislozierung der Ungarischen Volksarmee in Kraft. Dabei wurden die Mot. Schützendivisionen Nr. 4, 7, 8 und 9 der Ständigen Einsatzbereitschaft, die 11. Panzerdivision und die technischen und anderen Unterstützungseinheiten der Artillerie dem Kommando der neugebildeten 5. Allgemeinen Armee unterstellt. Das Hauptquartier begann außerdem, die 15. Mot. Schützendivision als Reserve zu organisieren.

Im Rahmen der Umstrukturierung der nationalen Flugabwehr wurde die 1. Heimatflugabwehrdivision gebildet, die aus vier Raketenartilleriedivisionen und einem Jagdfliegerregiment bestand. Der obige Befehl stellte auch die 5. Armee und die 1. Heimatflugabwehrdivision unter das Kommando der Vereinten Streitkräfte. Gemäß den gemeinsamen Anweisungen der ungarischen Regierung und des Oberbefehlshabers der VSK sollten sie »jederzeit bereit sein, um im Zusammenwirken mit den Armeen der sozialistischen Bruderländer die angreifenden, aggressiven imperialistischen Kräfte zu vernichten«[17].

Der Befehl des Ministers, der die Sicht der ungarischen Militärs widerspiegelte, enthielt eine typische Erklärung für die Dislozierung der Armee:

»Die Außenpolitik der Sowjetunion und des Warschauer Pakts zielt auf die Sicherung des Friedens, während die USA und die NATO die friedliche Koexistenz ablehnen, den Kalten Krieg fortsetzen und die Aufrüstung verstärken. Sie unternehmen Anstrengungen, um sich auf einen neuen Krieg vorzubereiten; ihr Ziel ist es, die militärischen Machtbeziehungen zu ihren Gunsten zu verändern. Sie erhöhen in unvorstellbarer Weise die Kriegskosten; durch lokale Kriege versuchen sie, die Freiheit und Unabhängigkeit der Völker einzuschränken bzw. zu beseitigen, und sie beabsichtigen, der Sowjetunion und den sozialistischen Ländern einen schweren Schlag zu versetzen. Sie lehnen die Bedingungen für einen Friedensvertrag ab, der mit dem deutschen Staat geschlossen werden soll, und sie weigern sich, das Kriegssturmzentrum in Westberlin zu beseitigen und bewahren damit die imperialistischen und revanchistischen Bestrebungen der Westdeutschen, das heißt die Gefahr eines neuen europäischen Krieges. Die Mitgliedsstaaten des Warschauer Pakts können den zunehmenden Kriegsvorbereitungen der imperialistischen Staaten nicht untätig zusehen. Da die realen Kräfte des Sozialismus und des Friedens, die die aggressiven Pläne des Imperialismus zunichte machen und dauerhaften Frieden schaffen werden, bedeutend an Macht gewonnen haben, ist es auch notwendig geworden, die Ungarische Volksarmee zu modernisieren[18].«

Aufgrund der Kulmination der Berlin-Krise mussten die Umstrukturierung und die damit verbundenen Änderungen schnell durchgeführt werden. Gleichzeitig wies der Oberbefehlshaber der Vereinten Streitkräfte die Führung der Ungarischen Volksarmee am 24. August 1961 an, die Herstellung der vollen Gefechtsbereitschaft zu beschleunigen. Das bedeutete, dass bis zum 1. Oktober alle vier Mot. Schützendivisionen der ungarischen 5. Armee sofort zu Kampfhandlungen einsatzbereit sein mussten, während die 11. Panzerdivision diesen Status am 2. Tag der Mobilmachung (M2) erreichen sollte. Darüber hinaus mussten fünf gepanzerte MTW-Bataillone aus dem Bestand der ungarischen Armee für das Hauptquartier der Vereinten Streitkräfte bereitgestellt werden. Die Bataillone befanden sich in Budapest, Székesfehérvár, Kecskemét, Szolnok und Debrecen. Es ergingen Befehle zur Erhöhung der Produktion kriegswichtiger Erzeugnisse, von Nahrungsmitteln und Kleidung sowie der Kraftstoffreserven für die Armee. Die Anweisungen legten nicht nur die Aufgaben der Ungarischen Volksarmee fest, sondern enthielten auch neue Anforderungen an die in Ungarn stationierte Südgruppe der Truppen der Sowjetischen Streitkräfte. Um die Armeegruppe in die Lage zu versetzen, die Anforderungen zu erfüllen, wurden ihrem Kommando weitere Panzer- und Infanterietruppen sowie taktische und operative Raketentruppen unterstellt, insbesondere im grenznahen Raum.

Weitere Kriegsvorbereitungen umfassten die frühzeitige Einberufung von Rekruten, das Zurückhalten von zu entlassendem Personal für eine unbestimmte Zeit sowie die Mobilmachung einer Reserve von 8000 Mann. Neben dem Auffüllen der Lager wurden Schritte unternommen, um dem Kriegsbedarf an Kfz und Transportmitteln gerecht zu werden[19].

Auf der Konferenz der Verteidigungsminister und Generalstabschefs des Warschauer Paktes vom 8. bis 9. September 1961 in Warschau bewertete Grečko den Ausbauprozess und lenkte die Aufmerksamkeit auf die Tatsache, dass auch bei der Umstrukturierung eine hohe Stufe der Einsatzbereitschaft sichergestellt sein müsse. Er betonte außerdem, dass der Urlaub von Offizieren eingeschränkt, der Einsatz von Soldaten in der Landwirtschaft gestoppt und Mobilmachungspläne überarbeitet werden sollten[20].

Die Moskauer Konferenz vom 14. November 1961 erörterte außerdem die ständige Einsatzbereitschaft, deren Verbesserung der Befehlshaber der Armee Antonov als die Hauptaufgabe des Jahres 1962 bezeichnete. Er vertrat den Standpunkt, dass die Armeen der Vereinten Streitkräfte »sich darauf vorbereiten mussten, feindliche Schläge mit aktiven und nicht mit passiven Mitteln abzuweisen. Wir müssen so bereit sein, dass die Vernichtung der feindlichen Kräfte zu Beginn, in den ersten Stunden oder Tagen des Krieges, erfolgen kann [...] daher muss sich die Ausbildung auf die Durchführung von Angriffen konzentrieren[21].«

Somit wurden in den folgenden Jahren der Ausbau und die Entwicklung der ungarischen Armee mit Blick auf einen möglichen Atomkrieg fortgesetzt, der mit einem unerwarteten Schlag beginnen sollte. Das endgültige Ziel bestand darin, über eine ausreichende Menge militärischer und wirtschaftlicher Ressourcen, die entsprechend einsatzbereit waren, selbst in Friedenszeiten zu verfügen. Bis Ende 1962 füllte das Heer die 5. Allgemeine Armee (mit der 4., 7., 8., 9. und 15. Mot. Schützendivision) und die 11. Panzerdivision auf. Außerdem erfolgte die Umstrukturierung der höheren logistischen Gliederung der Armee und anderer Truppenteile; auch diese wurden unter das Kommando der Südwestfront des Warschauer Paktes gestellt. Die finanziellen Reserven reichten jedoch nur für die Sicherstellung von drei bis fünf Gefechtstagen, während die Waffen und technisches Gerät sehr knapp waren. Die Bereitstellung von Material für diese Reserven war folglich das wichtigste Ziel in den sechziger Jahren.

In dieser Dekade gab es auch kleinere Veränderungen in Aufbau und Gliederung der Armee. Die Raketenbrigade unter dem direkten Kommando des Verteidigungsministeriums wurde verstärkt, drei neue Unterstützungsbrigaden entstanden und zur Erhöhung der Einsatzbereitschaft wurden das Hauptquartier und die nachgeordneten Stellen von Budapest nach Székesfehérvár sowie in andere Garnisonen entlang der Westgrenze verlegt[22]. Praktisch bedeutete dies, dass die Stationierung der Ungarischen Volksarmee abgeschlossen war und die Strukturen sich stabilisierten. Später wurden nur mehr kleinere organisatorische Korrekturen an den Truppengattungen der Armee und der Nationalen Flugabwehr/Luftverteidigung vorgenommen.

Zur Sicherstellung einer größeren Zweitschlagfähigkeit der vordringenden Armee entstand 1966 das Hauptquartier des 3. Korps mit Beteiligung der 4. und 15. Mot. Schützendivision. In den siebziger Jahren wurde die Regiments- und Divisionsgliederung durch Strukturelemente ersetzt, die flexibler zu führen waren. Die Einheiten gliederten sich nun in Trupps, Züge, Staffeln, Bataillone, Brigaden, Korps und in die Armee[23].

Diese Änderungen sollten es der ungarischen Armee ermöglichen, die zu Beginn der sechziger Jahre umrissenen Einsatzaufgaben, insbesondere das Erreichen bestimmter Gebiete Westdeutschlands und Italiens, effektiver auszufüh

ren und die vordringenden sowjetischen Truppen zu decken, so dass diese
westeuropäisches Territorium einnehmen konnten.

Anmerkungen

1   Der Beschluss Nr. 10024/1956 enthielt Anweisungen über die Umgestaltung der Armee
    in den Jahren 1957/58, über Aufgaben, Dislozierung, den Personalbestand und den
    Militärhaushalt. Die Regierung wollte drei Mot. Schützendivisionen, eine Kampffliegerdivision
    und andere notwendige logistische und Versorgungseinheiten in den Armeebestand
    aufnehmen. Die Gesamttruppenstärke wurde auf 50 000 festgelegt. Dieser neue
    Beschluss bedeutete eine sechzigprozentige Reduzierung des Personalbestands und der Dislozierung
    und war bis August 1956 gültig. Hadtörténeti Levéltár (HL, Archiv für Kriegsgeschichte),
    Verteidigungsministerium (VgM), Sekretariat (Sekr.), 1958, Box 26, S. 438.

2   Der Chefberater war dem Verteidigungsministerium zugeordnet, während die übrigen
    Militärberater dem Stabschef, dem Befehlshaber der Nationalen Luftverteidigung, dem
    Befehlshaber der Artillerie, dem Befehlshaber für Ausbildung und Aufklärung, dem Befehlshaber
    Militärisches Versorgungswesen und den Kommandeuren der Militärhochschulen
    zur Seite standen. HL, Generalstab der Ungarischen Volksarmee (GenSt UVA),
    War Industrial Planning Group (WIPG), 1957, Box 75, S. 101 f.

3   Diese Dislozierung spiegelte mit Ausnahme der folgenden Änderungen tatsächlich den
    Inhalt des Vertrages vom Januar wider: Anstelle einer Jagdfliegerdivision wurde nur ein
    Regiment gebildet, während ein unterstützendes Flugabwehrartillerieregiment und ein
    Minensuchbataillon als neue Einheiten geschaffen wurden.

4   Es erfolgte eine Kürzung des Offizierbestands um 10 000 Mann (von einer Stärke von
    24 000 im Oktober 1956).

5   HL, GenSt UVA, WIPG, 1957, Box 75, S. 564 f.

6   HL, GenSt UVA, Operational Group (OG), 1950, Box 262, S. 210.

7   Darüber hinaus wurde empfohlen, das Schwimmbrückenbataillon zu einem Regiment
    oder, im Falle einer Mobilmachung, zu einer Brigade umzugliedern.

8   HL, VgM Sekr., 1960, Box 2, S. 312–315.

9   György Földes, Kádár és Hruscsov. Barátság felső fokon, in: Rubicon 2000, 7–8, S. 46.

10 HL, VgM Sekr., 1961, Box 8, S. 597.

11 Bestehend aus drei Panzerregimentern mit je einem Mot. Schützen- und einem Artillerieregiment
    sowie den notwendigen Versorgungs- und Dienstleistungseinheiten.

12 HL, VgM Sekr., 1961, Box 8, S. 598.

13 Ebd., S. 599.

14 HL, GenSt UVA Sekr., 1961, Box 13, S. 160.

15 Ebd., S. 162.

16 HL, GenSt UVA Sekr., 1961, Box 14, S. 1037.

17 Ebd., S. 1780.

18 HL, VgM Sekr., 1961, Box 10, S. 56–60.

19 Ebd., S. 61.

20 HL, GenSt UVA Sekr., 1961, Box 25, S. 1824 f.

21 Ebd., S. 1545.

22 HL, VgM Sekr., 1962, Box 1, S. 338.

23 Jenő Kiss und Lajos Móricz, Szervezeti változások a második világháború után a haderőreform
    kezdetéig, Budapest 1990, S. 60–74.

Petre Opriş

Die rumänische Armee und die gemeinsamen Manöver des Warschauer Paktes

Mit der Gründung des Warschauer Paktes strebte die politische und militärische Führung der Sowjetunion die Kontrolle über die Signatarstaaten des Vertrages an. Das umfasste auch die Vorbereitung und den Einsatz aller militärischen Verbände der Vereinten Streitkräfte im Falle militärischer Auseinandersetzungen auf dem europäischen Kontinent, sollten die sowjetischen Streitkräfte involviert sein. Im Einklang mit dem »Beschluss über die Bildung eines Vereinten Kommandos der Streitkräfte« der Teilnehmerstaaten haben die Befehlshaber der rumänischen Armee im Jahr 1955 intensiv mit dem sowjetischen Oberbefehlshaber der Vereinten Streitkräfte (VSK), Marschall Ivan S. Konev, und den Militärführungen der anderen Mitgliedsstaaten zusammengearbeitet. Sie waren bestrebt, den Entwicklungsplan der Vereinten Streitkräfte für die rumänische Armee in Friedens- und Kriegszeiten zu realisieren und nahmen an den gemeinsamen Aktivitäten des Paktes[1] einschließlich der Kommandostabs- und der Nachrichtenübung im Felde teil, die in Rumänien und in Ungarn in der zweiten Hälfte des Jahres 1955 stattfand[2].

Gemäß dem allgemeinen strategischen Konzept befanden sich die Truppen des Warschauer Paktes, in der Übungslage geführt von Armeegeneral Pavel I. Batov, dem Befehlshaber der Südgruppe der Truppen der Sowjetischen Streitkräfte in Ungarn, im Raum Cluj–Oradea–Solnok. Sie sollten mit Beginn der Offensive in der allgemeinen Richtung Oradea–Munkacevo vorgehen. Der Übung wohnten das rumänische Kommando des 2. Militärbezirks, ein ungarisches Kommando und ein sowjetisches Panzerkommando bei. Die rumänischen und ungarischen Militäreinheiten waren jedoch nur auf ihren Territorien aktiv und wurden von sowjetischen Schiedsrichtern beobachtet und bewertet. Im selben Jahr 1955 übten vom 10. bis 15. September Truppen des 3. Militärbezirks auf dem Übungsgelände Cincu (Bezirk Brașov); das Thema lautete: »Das verstärkte Armeekorps in der Offensive beim Durchbruch durch die Verteidigung des Gegners unter den Bedingungen des Einsatzes von Atom- und chemischen Waffen bei Nacht«. In Rumänien wurden zum ersten Mal die nuklearen Einschläge auf dem Kampffeld und die Vorgehensweise zur Deaktivierung von radioaktiv verseuchten Gebieten verdeutlicht[3].

Um die Vorgaben der Streitkräfteentwicklung und die damit entstehenden Militärausgaben besser meistern zu können, gestattete die Sowjetunion Bukarest die Entwicklung einiger Waffen- und Munitionsarten sowie von Kampftechniken nach sowjetischen Lizenzen. Insgesamt erhielt Rumänien über 50 Lizenzen zur Rüstungsgüterproduktion im eigenen Land[4]. Gleichzeitig mussten aber auch andere Industriezweige aufgebaut werden, um die Zulieferung zu gewährleisten. Dies geschah hauptsächlich durch den Import von Ausrüstungen und Technologien aus den Mitgliedsstaaten des Rates für gegenseitige Wirtschaftshilfe (RGW).

Um die Einheiten der Luftabwehr mit moderner Kampftechnik auszurüsten, legte Bukarest ein Programm für sowjetische Luftabwehrkanonen KS-19 Kaliber 100 mm bereits im Jahr 1956 auf. Im Folgejahr konnten zudem die ersten sowjetischen Luftabwehrkanonen KS-30 Kaliber 130 mm importiert werden. Diese Waffensysteme ersetzten die westeuropäischen Modelle (Kaliber 20 mm, 25 mm, 40 mm, »Bofors«, 75 mm, »Vickers« und 88 mm »Krupp«), die 1958/59 nach und nach aus der rumänischen Armee entfernt wurden. Gleichzeitig unternahm man Schritte zur Einführung des sowjetischen Raketenabwehrsystems »Dvina«. Über das erste System verfügte Rumänien im Jahre 1959, zugeordnet dem Kommando der territorialen Luftabwehr[5]. Im September 1960 stimmte Rumänien dem Vorschlag Moskaus zur Reorganisation der Rüstungsproduktion im Rahmen des RGW, dem Import von Jagdflugzeugen MiG-21 F-13 aus der Tschechoslowakei und dem Kauf von Nachrichtenstationen R-118 M aus der Volksrepublik Polen zu.

Als das Programm zur Ausrüstung der rumänischen Luftwaffe mit modernen Kampfmitteln begann, rangierte Bukarest 150 Stück Iljušin Il-10, 48 Jagdflugzeuge Jak-23, 11 Wasserflugzeuge Heinkel He-114, 59 Ersatzmotore für Il-10, 58 Ersatzmotore für Jak-23 und zwei Ersatzmotore für He-114 bis zum Sommer 1960 aus. Die ausrangierten Waffen waren von 1949 bis 1951 angeschafft worden[6].

Divergenzen in den Vereinten Streitkräften

Nach dem Abzug der sowjetischen Truppen aus Rumänien im Sommer 1958 traten vermehrt Meinungsunterschiede in den rumänisch-sowjetischen Beziehungen auf. Nie allerdings beabsichtigten die kommunistischen Führer des Vasallenstaates, dass Rumänien den Warschauer Pakt verließ. Sie waren vielmehr daran interessiert, Mitglieder der Allianz zu bleiben: nicht wegen des Erhalts des Ostblocks als »Monolith«, sondern aus Gründen des eigenen Machterhalts[7].

Die Streitgespräche der rumänischen Kommunisten mit den sowjetischen Parteiführern, Diplomaten, Militärs und Wirtschaftswissenschaftlern zielten ebensowenig darauf, das politische System in Rumänien zu ändern. Wohl auch deswegen unterließ es der Kreml in den sechziger Jahren, in Rumänien so brutal zu intervenieren wie 1956 in Ungarn oder 1968 in der Tschechoslowakei.

Der Stellenwert des Warschauer Paktes für Rumänien lässt sich nicht nur auf den Machtanspruch kommunistischer Politiker reduzieren. Wesentlich war auch die Teilnahme von Generalen und Offizieren der rumänischen Armee an militärischen Übungen, mit oder ohne Truppen, welche vom Vereinten Oberkommando (VOK) der Vereinten Streitkräfte organisiert wurden. Hier ging es um den Schutz des Landes im Kriegsfall und das Zusammenwirken der Truppen der Allianz. Ein weiterer Aspekt waren die Ausbildungs- und Lehrmethoden in den anderen Armeen der Allianz, wovon man durchaus profitieren wollte.

Die bislang in Rumänien aufgearbeiteten Dokumente lassen vermuten, dass rumänische Einheiten bis zum Jahr 1961 nicht an Übungen oder Manövern des Oberkommandos der Vereinten Streitkräfte außerhalb der rumänischen Grenzen teilnahmen. Bis 1961 besuchten nur kleine Gruppen rumänischer Generale und Offiziere Kommandostabsübungen, Lehrvorführungen, Präsentationen von Kampftechniken und andere Veranstaltungen des Oberkommandos im Ausland. Vom 21. Juni bis 10. Juli 1956 fand beispielsweise in der UdSSR, im Militärbezirk Karpaten, eine Generalstabsübung statt – im Frontmaßstab mit Funkabteilungen im Felde, geführt von Marschall Rodion J. Malinovskij und unter Beteiligung von Befehlshabern, Chefs von Generalstäben und hohen Offizieren der Bodentruppen und der Luftabwehr der UdSSR, Rumäniens und Ungarns. Das Ziel war die Weiterentwicklung des Zusammenwirkens zwischen den drei Armeen[8].

Die erste Übung der Vereinten Streitkräfte mit Beteiligung rumänischer Einheiten wurde vom 5. bis 10. Juni 1961 im Militärbezirk Odessa abgehalten. Ihr Thema lautete: »Die Organisation zur Absicherung der Staatsgrenze und die Fortführung des Offensivkampfes in der ersten Operation, in der Anfangszeit des Krieges«. Die rumänische Armee entsandte Offiziere aus dem Stab der 11. Mech. Division unter Führung von Generalmajor Ion Gheorghe[9].

In eigener Regie übten rumänische Verbände vom 7. bis 16. März 1961 zum Thema: »Die Organisation und die Führung der Verteidigung der Küste in der Anfangszeit des Krieges«. Bei dem Manöver in der Dobrogea (Dobrudscha) kamen die Mech. Regimenter 36, 34 und 40, das Artillerieregiment 13, das Bataillon 40, das Panzerregiment 18 und das Nachrichtenregiment 47 (alles Einheiten der 9. Mech. Abteilung), das Luftabwehrregiment 17 auf dem Flughafen »Mihail Kogălniceanu«, der Hafen 12 in Mangalia, die Brigade 22 »Dragaj« sowie die Hilfsschiff- und die Torpedobootabteilung zum Einsatz. Während der Übung verlegte das Luftabwehrregiment nachts auf einen Eratzflughafen (Fântânele)[10].

Der Grund für die Teilnahme der rumänischen Armee nun auch an Übungen auf Gebieten der anderen Paktstaaten ist noch unbekannt. Die bislang ge-

sichteten rumänischen Dokumente verdeutlichen nur die praktische Umsetzung, also das Überschreiten der Staatsgrenze durch die an Manövern teilnehmenden rumänischen Truppenteile. Darüber befand sogar das Zentralkomitee
(ZK) der Rumänischen Arbeiterpartei (PMR) auf seinen Sitzungen, so etwa am
16. November 1961[11].

Eine chronologische Analyse der Ereignisse zeigt, dass der Beschluss zur
generellen Truppenentsendung einige Monate nach Ablauf des genannten
Manövers angenommen wurde. Bukarest hatte dem Abmarsch der 11. Mech.
Division im Sommer 1961 in die UdSSR zugestimmt, obwohl es dazu keine
gesetzlichen Grundlagen gab, die das Überschreiten der Staatsgrenze für Militäreinheiten regelten. Wegen der eher anormalen Situation, in der sich die
11. Mech. Division befand, wies die Führung der PMR das Generalsekretariat
des Ministerrates an, einen Gesetzesentwurf zu erstellen, der diese Lücke
schließen sollte. Über den Entwurf wurde sowohl im Generalsekretariat des
Ministerrates als auch im Innenministerium von August bis Oktober 1961 ver-
handelt[12]. Am 16. November 1961 genehmigte der Ministerrat die entsprechende Vorlage[13].

Anwendung fand das neue rumänische Gesetz zur generellen Entsendung
von Truppen im April 1962[14], als eine Kommandostabsübung in Ungarn unter
Leitung des Oberbefehlshabers der Vereinten Streitkräfte, Marschall Andrej A.
Grečko, durchgeführt wurde[15]. Zwischen dem 17. und 21. September 1962
nahmen die Generale Petre Mălăianu, Stellvertreter des Befehlshabers der
2. Armee, und Dumitru Gafencu, Befehlshaber der 9. Mech. Division »Mărăşeşti«, an einer Truppenübung in Bulgarien teil. Eingeladen hatte der Chef des
Generalstabs der bulgarischen Armee, General A.T. Smerdjiev[16]. Wenig später,
Mitte Oktober, hielt der Warschauer Pakt ein erstes gemeinsames Manöver im
rumänischen Teil der Dobrogea ab[17]. Beteiligt waren Einheiten einer rumänischen Division, eine bulgarische Einheit sowie operative Gruppen aus dem
Militärbezirk Odessa[18] unter Führung von Armeegeneral Batov, der kurz zuvor
zum Chef des VOK der Vereinten Streitkräfte ernannt worden war[19]. Da die
Übung im Maßnahmenplan des VOK bereits 1961 aufgenommen worden war,
konnte Verteidigungsminister Armeegeneral Leontin Sălăjan seinen Amtskollegen und »einigen Genossen aus der Führung der Rumänischen Arbeiterpartei
und aus der Regierung Rumäniens«[20] rechtzeitig Einladungen für die abschließende Militärparade am 18. Oktober auf dem Bulevardul Tomis in Constanţa
zukommen lassen[21]. Erstmals seit Gründung des Warschauer Paktes informierte
die rumänische Staatsführung in einer Pressemitteilung über das militärische
Ereignis. Auch Radio Bukarest berichtete am Abend des 18. Oktober 1962 um
23.00 Uhr über das Manöver[22].

Im Frühling 1963 bewilligte das Zentralkomitee der PMR den Vorschlag
von Sălăjan zur Teilnahme an einer Übung im Juni auf sowjetischem Gebiet[23].
Auch der Teilnahme des 4. Infanterieregiments (Mot.) unter Oberst Ion Horto-
pan an einem Manöver in Bulgarien war zugestimmt worden. Das Regiment

hatte dabei einen Marsch von Zalău bis in die Gegend von Calafat durchzuführen und die Donau zu überqueren. Die rumänischen Generale Sălăjan und Ion Tutoveanu beobachteten die Übung[24].

Ein Bericht Sălăjans vom 1. Februar 1964 zur Kooperation im Warschauer Pakt nennt folgende Kommandostabsübung mit Darstellungstruppen:»Die Angriffsoperation einer Armee auf dem südwestlichen Kriegsschauplatz in der Anfangsperiode des Krieges.« Als Ort und Zeit sind Budapest bzw. der 24. bis 28. Januar 1964 angegeben, die Leitung hatte der ungarische Verteidigungsminister, Generalinspekteur Lájos Czinege, inne. Im Führungsstab saßen der Befehlshaber der Südgruppe der Truppen der Sowjetischen Streitkräfte, Generaloberst C.I. Provalov, sowie Generale und Offiziere des Verteidigungsministeriums der Volksrepublik Ungarn, sowjetische Offiziere aus dem Kommando der Südgruppe als auch drei Offiziere aus dem Verteidigungsministerium der Volksrepublik Rumänien. Die ausführenden Organe waren operative Gruppen aus dem Stab der ungarischen 5. Armee, dem sowjetischen 28. Armeekorps und der rumänischen 3. Armee, »bestehend aus jeweils 27 Offizieren (für die Armeen) und 18 Offizieren (für das Armeekorps)«. Als Schiedsrichter fungierten sowjetische Offiziere des Kommandos der Südgruppe. Zudem gab es, abhängig von der jeweiligen taktischen Situation, ein oder zwei ungarische und rumänische Hilfsschiedsrichter[25].

Die NATO-Streitkräfte Europa Mitte (AFCENT) und Europa Süd (AFSOUTH) hätten, so der typische Beginn eines Krieges im Verständnis des Warschauer Paktes, die Neutralität Österreichs verletzt und bereiteten sich mit Streitkräften aus Italien, Österreich, Deutschland, Frankreich und den USA auf einen Angriff auf Ungarn und die Tschechoslowakei vor. Die Antwort des Paktes sollte »die Vernichtung der NATO-Truppen [sein], die auf tschechoslowakisches und ungarisches Gebiet vorgedrungen sind«. Dazu wurden die 3. Westfront mit sowjetisch-tschechoslowakischen Armeen und die Südwestfront mit der ungarischen 5. Armee, dem sowjetischen 28. Armeekorps und der rumänischen 3. Armee gebildet. Die Fronten sollten die NATO-Truppen im Grenzgebiet abwehren und zur Offensive in österreichischer Richtung (Innsbruck) und norditalienischer Richtung (Udine) übergehen. Das Szenario sah vor, dass die rumänische 3. Armee in der zweiten Staffel der Südwestfront handelte. Sie sollte in beide Richtungen einen 600 km langen Eisenbahn- und Landstraßenmarsch durchführen und am vierten bis sechsten Operationstag in die Schlacht eingeführt werden. Dank der »Erfolge« der Vereinten Streitkräfte an der ungarisch-österreichischen Grenze hatte die rumänische 3. Armee schon am zweiten Kriegstag in norditalienischer Richtung anzugreifen. Während die Fronten ihre Offensive entwickelten, erhielt die 3. Armee Verstärkung durch Einheiten der ungarischen 5. Armee, musste aber ihrerseits entsprechend der operativen Situation bereit sein, Einheiten an die ungarische Armee abzugeben. Für die Übung wurde die rumänische 3. Armee in 12. Armee umbenannt.

Eine weitere Paktübung fand vom 15. bis 20. September 1964 in Bulgarien statt. Gemäß Sălăjans Bericht vom 25. Juli an das Zentralkomitee sollten die 42. maritime Division mit 93 Torpedoschnellbooten und vier Schiffen, Stab und Truppen der 2. Mech. Division, die Regimenter 49 und 67 der Jagd- und Bombenfliegerkräfte mit jeweils zwölf Flugzeugen und dem entsprechenden technischen Personal teilnehmen[26]. Auch bulgarische und sowjetische Truppen kamen zum Einsatz. Leiter des Manövers war der bulgarische Verteidigungsminister, Generalinspekteur Dobri Džurov. Ihm standen Marschall Grečko, Armeegeneral Batov, Armeegeneral Sălăjan, General Tutoveanu, der Befehlshaber der Marine, Vizeadmiral Grigore Marteş, und der Sekretär des Hohen Politischen Rates der Streitkräfte Rumäniens, Generalmajor Ion Dincă, zur Seite[27].

Der Oberbefehlshaber der Vereinten Streitkräfte nahm nicht nur die Rolle als Beobachter der jährlichen Übungen wahr. Vom 10. bis 13. Juli 1965 führte Grečko selbst ein Manöver bulgarisch-sowjetischer Truppen in Bulgarien. Zuvor hatte Batov die Genehmigung aus Bukarest einholen müssen, dass zwei sowjetische Fahrzeugkonvois nachts das rumänische Territorium durchqueren durften, um nach Bulgarien zu gelangen. Die Kolonnen waren, geführt von rumänischen Offizieren, auf der Strecke Reni–Galaţi–Brăila–Slobozia–Călăraşi–Olteniţa–Giurgiu–Russe unterwegs. Gleichzeitig gestattete Bukarest sieben sowjetischen Flugzeugen und fünf Hubschraubern, den rumänischen Luftraum zu überfliegen[28].

Auf rumänischem Gebiet haben einige wichtige Übungen des Warschauer Paktes stattgefunden, etwa zwischen dem 20. und 27. Mai 1965 zum Thema »Die Organisation und Planung der Angriffsoperation einer Front beim Übergang von der Verteidigung zum Gegenangriffe und die Fortführung des Kampfes ohne sowie unter Einsatz von Massenvernichtungswaffen durch den Gegner«. Die NATO habe, so die Übungsannahme, die Neutralität Österreichs und Jugoslawiens verletzt. NATO-Truppen seien in Rumänien auf einer Front von 450 km Breite eingedrungen, ohne Massenvernichtungswaffen einzusetzen. Die Mission der 3. Westfront war »die Vernichtung der feindlichen Gruppierungen, die in Transsylvanien [Siebenbürgen] und Oltenien [Kleine Walachei] eingedrungen sind, der Reservetruppen, die aus der Tiefe angreifen, und die Wiederherstellung der Verteidigung der Westgrenze«. Sollte die NATO, während die rumänische Armee sie zurückschlug, Atomwaffen einsetzen, konnte der Befehlshaber der 3. Westfront den Einsatz von ähnlichen Waffen anordnen. Am 21. Mai 1965 trat die rumänische 3. Armee im Mureştal (Marosch) gegen den Feind an. Die rumänische 2. Armee wurde zur gleichen Zeit in Richtung Bukarest–Craiova aktiv mit dem Auftrag, jene feindlichen Einheiten abzuwehren, die das Banat und Oltenien »besetzt« hielten. Dazu musste die Donauüberquerung erzwungen werden. Nachdem die erste Mission abgeschlossen war, führte die 2. Armee ein Manöver in den Tälern der Flüsse Jiu (Schil) und Olt (Alt) aus und ging in Richtung Sibiu–Deva–Timişoara im Zusammenwirken mit den Streitkräften der 1. Südfront und 2. Westfront zur Offensive über. Eine Division aus der Reserve des Vereinten Kommandos wurde an der Donau eingeführt, um die Einheiten der 2. Armee zu entlasten und ihnen den Stoß nach Norden zu ermöglichen. Die Grenztruppen bildeten die Deckungs- und Reserveeinheiten. Die Gegenoffensive, die am 26. Mai 1965 mit dem Einsatz der 1. Südfront sowie der 2. und der 3. Westfront begann, hatte zum Ziel, westlich der Donau sowie nördlich und südlich des Balatons bis zum 4. Juni 1965 vorzudringen. Dann sollte die 2. Westfront die Offensive nach Leipzig entwickeln, während die rumänischen Einheiten auf einer Front von 250 km in norditalienischer Richtung auf Rom und Pescara angriffen. Die 1. Südfront operierte in Stoß- richtung nordöstliche Adriaküste und hatte harte Kämpfe im Bosnischem Ge- birge und in der Gegend der jugoslawischen Stadt Split zu bestehen[29]. Zum ersten Mal seit Gründung des Warschauer Paktes war das Gefechts- konzept ein rumänisches. Die rumänischen Einheiten handelten geschlossen als 3. Westfront unter einem eigenen Frontkommando. Erstmalig hatte zudem das 1. Panzerregiment den Fluss Olt bei Izbiceni in einer Tiefe von vier Metern zu durchqueren[30]. Ein Jahr später, vom 26. Oktober bis 3. November 1966, übten in der Gegend Călăraşi–Spanţov und in der Dobrogea rumänische, sowjetische und bulgarische Truppen[31].

Rumäniens Bemühungen gegen die sowjetische Dominanz im Pakt

Zeitzeugen berichten von den Schwierigkeiten, die die rumänische Staatsfüh- rung mit der Teilnahme rumänischer Militäreinheiten an internationalen Manö- vern hatte. Die politische und militärische Führung in Bukarest versuchte Kon- ventionen mit jedem Mitgliedsstaat abzuschließen und paktgültig für alle zu installieren. Generaloberst Tutoveanu stellte diesbezüglich in Moskau den ru- mänischen Standpunkt noch vor dem Manöver des Jahres 1963 in Bulgarien vor[32]. Marschall Grečko jedoch äußerte sich zu diesem Problem nicht. Das militärische Zusammenwirken in gemeinsamen Übungen der Vereinten Streit- kräfte lief ab wie früher. Es sollte keine offiziellen Dokumente geben, die das Prozedere der Teilnahme der Truppen eines Staates an der Übung auf dem Gebiet eines anderen Mitgliedsstaates regelten.

Gheorghe Gheorghiu-Dej und auch Nicolae Ceauşescu versuchten, das Problem der Unterordnung der rumänischen Armee unter die Befehlsgewalt sowjetischer Marschälle zu lösen. Die Anfechtung der alleinigen Befehlsgewalt in der Allianz interpretierte Moskau allerdings als einen Versuch Bukarests, sich den Verpflichtungen und Verantwortungen zu entziehen, die es 1955 in War- schau übernommen hatte. Ferner unterstellte man Rumänien, dass es die Ein- heit der kommunistischen Staaten in Europa zu schwächen trachte. Tatsächlich haben Gheorghiu-Dej und Ceauşescu die Sowjetunion in den Auseinander- zungen mit Peking hinsichtlich der Führung der internationalen kommunistischen Bewegung nicht unterstützt. Moskau zeigte sich verärgert, und das Misstrauen gegenüber den Absichten der kommunistischen Führer Rumäniens wuchs.

Im April 1964 verabschiedete das Zentralkomitee eine »Deklaration der Rumänischen Arbeiterpartei zu Problemen der internationalen kommunistischen und Arbeiterbewegung«, die gegen den antistalinistischen Kurs Chruščevs gerichtet war (der stalinistische Kurs wurde in Rumänien über den Tod Stalins hinaus fortgesetzt; gleichzeitig gewann Rumänien mit diesem gegen Moskau gerichteten Coup im westlichen Ausland an Ansehen)[33]. Nur zwei Monate später, im Juni, veröffentlichte die Bukarester Regierung ihre ablehnende Antwort zum sogenannten Valev-Plan[34], der für die rumänische Staatsführung die Gefahr beinhaltete, dass das Land zu einer Rohstoffquelle für die anderen RGW-Staaten werden könnte – oder gar ganz zerstückelt. Beides zusammen – die April-Deklaration wie die Antwort auf den Valev-Plan – veranlasste die rumänische Armeeführung, kritisch ihre Meinung zum Handeln der Verbündeten des Warschauer Paktes kundzutun. Die Kritik richtete sich besonders gegen die Befehlshaber der sowjetischen Armee während der gemeinsamen Übungen[35]. Das nachfolgende Stimmungstief war eine logische Folge der von der Führung der Sowjetarmee gefällten Beschlüsse. Während der Beratungen der Generalstabschefs der Paktarmeen vom 4. bis 9. Februar 1966 in Moskau erhielt der Leiter der rumänischen Abordnung klare Informationen über die Führungsart der WVO-Truppen im Falle eines Krieges. Der Oberbefehlshaber der Vereinten Streitkräfte Grečko bestätigte den sowjetischen Willen, dass sich die Militäreinheiten der Teilnehmerstaaten in den Vereinten Streitkräften bedingungslos der sowjetischen Kommandogewalt unterzuordnen hätten[36]. Die Führung der Kampfeinsätze zu Kriegszeiten behielt sich letztlich der sowjetische Generalstab vor. Die Truppen der Vereinten Streitkräfte sah man hier als Teil der Sowjetarmee an. Die Militärführungen der anderen Staaten kannten jedoch weder die strategisch-operativen noch die nuklearen Vorstellungen des sowjetischen Generalstabes. Erst im Kriegsfall und in Ausnahmesituationen sollten die Verbündeten darüber informiert werden.

Die Generale Sălăjan und Gheorghe erhielten die Genehmigung von Ceauşescu, dagegen einen Vorstoß zu unternehmen. Gelegenheit dazu bot eine Analyse sowjetischer Fachleute zum Status des Stabes der Vereinten Streitkräfte. Rumänien trug seinen Standpunkt zum Allianzstatus am 3. Mai 1966 vor, als der Chef des Stabes des Oberkommandos der Vereinten Streitkräfte zu einem Besuch in Rumänien weilte. Der rumänische Verteidigungsminister führte unter anderem folgendes zur Klärung der Situation aus:

»Das Kommando der Vereinten Kräfte muss ein Organ der Koordination und nicht ein Kommandoorgan sein. In den gegenseitigen Beziehungen zwischen den Truppen der Mitgliedsstaaten des Warschauer Paktes kann nicht das Prinzip des alleinigen Kommandos herrschen. Das Kommando der Vereinten Streitkräfte muss ein Organ sein, das dazu beiträgt, dass die Armeen der sozialistischen Staaten gemein-

sam Vorschläge zu den operativen Plänen ausarbeiten. Der Vertrag von Warschau
enthält diese Prinzipien und wir sind mit den Vorschriften des Vertrages einverstanden[37].«

Sălăjan brachte seine Unzufriedenheit mit der Situation Rumäniens während der
zwei internationalen Krisen vom August 1961 (Berlin) und vom Oktober 1962
(Kuba) zum Ausdruck.

»In der Praxis hat das Kommando der Vereinten Streitkräfte diese Prinzipien verletzt, hat General Leontin Sălăjan am 3. Mai 1966 erklärt. Marschall Grečko etwa
erteilte angesichts der Ereignisse von Berlin und Kuba den Befehl über die Einsatzbereitschaft der rumänischen Armee, ohne dass unsere Partei- und Staatsführung
darüber informiert worden wären und ihr Einverständnis abgeben konnten.«

Constantin Olteanu, der ehemalige Verteidigungsminister, berichtete etwa über
die Berlin-Krise vom August 1961:

»Der Oberbefehlshaber [der VSK, Marschall Grečko] hat, ohne uns zu befragen,
verlangt, dass für einen Kampfeinsatz der rumänischen Truppen folgende Maßnahmen unternommen werden: die Mobilmachung einiger Einheiten und großer Verbände, was zu einer vorübergehenden Vergrößerung der Armeetruppen um 12 000
Mann führen sollte, die Ausführung von Einsätzen mit Truppen und dem Generalstab, die Verlegung von großen Einheiten aus festen Garnisonen in andere Orte[38].«

Da die Vertreter der sowjetischen Armee von ihren Vorstellungen zum Status
der Allianz nicht abrückten, unterschrieb Sălăjan das Protokoll der Beratungen
der Verteidigungsminister des Warschauer Paktes vom 27. und 28. Mai 1966 in
Moskau nur unter Vorbehalt. Es wurde festgehalten, dass die Delegationen mit
Ausnahme der rumänischen sich mit dem Status der Allianz einverstanden erklärten. Gleichzeitig regelte man für die nächsten Jahre, dass der Oberbefehlshaber und der Chef des Stabes, der Stellvertreter des Oberbefehlshabers für
Luftverteidigung und der Stellvertreter für Ausrüstung aus den Reihen der
sowjetischen Streitkräfte ernannt würden. Zudem wurden der Personenbestand
des Stabes des Vereinten Oberkommandos, des Technischen Komitees sowie
die Beibehaltung der Vertreter des Stabes der Vereinten Streitkräfte festgelegt[39].

Der Chef der rumänischen Delegation akzeptierte die entsprechenden Vorschläge nur teilweise. Die drei Änderungsvorschläge, die er während der Beratung eingebracht hatte, wollte er niedergeschrieben wissen: Die Diskussionen
über die Rolle und die Funktionen des Beratenden Politischen Ausschusses
(PBA) sollten auf der Ebene der Partei- und Staatsvertreter geführt werden;
neben dem Oberbefehlshaber der Vereinten Streitkräfte sei ein Militärrat einzurichten; die Vertreter des Oberbefehlshabers sollten aus den Militärführungen
der WVO-Mitgliedstaaten zurückgezogen werden[40].

Rumänien als unbequemer Partner

Die rumänischen Vorschläge führten zu neuen Spannungen mit Moskau und Sofia. Für die bulgarische Staatsführung gefährdeten sie die Sicherheit der terrestrischen Kommunikationswege auf rumänischem Gebiet, das von den sowjetischen Truppen durchquert werden musste, falls NATO-Truppen Bulgarien angriffen.

Obwohl es in Moskau widersprüchliche Diskussionen zwischen den Verteidigungsministern der Mitgliedsstaaten gab, wurde das WVO-Manöver des Jahres 1966 auf den Gebieten der UdSSR, Rumäniens und Bulgariens nicht infrage gestellt. Der Chef des Stabes der Vereinten Streitkräfte, Armeegeneral M.I. Kazakov, erhielt von Sălăjan eine Einladung zum Manöver der Südfront vom 20. bis 28. Mai 1966 auf rumänischem Gebiet[41]. Fünf Monate später kehrte derselbe sowjetische General nach Rumänien zurück, um vom 26. Oktober bis 3. November 1966 einer weiteren gemeinsamen Übung beizuwohnen: »Der Marsch der mechanisierten Division und die Überquerung eines breiten Flusses unter den Bedingungen des Einsatzes von Nuklearwaffen in Zusammenwirken mit Einheiten der Marine[42].« Unter anderem demonstrierten Brückenbaupioniere einige Möglichkeiten zur Überquerung eines Flusses.

Ein Jahr später, 1967, übten vom 19. bis 26. August bulgarische, sowjetische und rumänische Truppen unter Leitung des bulgarischen Verteidigungsministers auf bulgarischem Gebiet. Die drei Armeen stellten für die taktisch-operative Übung »Rodopi« 46 100 Soldaten, 532 Panzer, 403 Kanonen und Granatwerfer, 832 Flugzeuge, 160 Kriegsschiffe sowie 5870 gepanzerte und ungepanzerte Fahrzeuge. Rumänien war mit einer Mech. Division, einem Regiment der Luftstreitkräfte sowie Marineeinheiten präsent. Deren Führung oblag einer operativen Gruppe unter Leitung des neuen rumänischen Verteidigungsministers Generaloberst Ion Ioniţă, der feststellen musste, dass die rumänische Armee im Vergleich mit der sowjetischen und bulgarischen Ausrüstungsmängel bei gepanzerten Fahrzeugen, Hubschraubern und mobilen Kommandopunkten aufwies[43].

Aufs Ganze gesehen konnten die Absichten von Gheorghiu-Dej, die Rahmenbedingungen für die Teilnahme rumänischer Truppen bei den Übungen des Warschauer Paktes im Ausland sowie des Transits und der vorübergehenden Stationierung von Truppen der Mitgliedsstaaten auf rumänischem Gebiet abzustecken, erst von Ceauşescu umgesetzt werden. Dies geschah nicht von ungefähr im Jahre 1968, nachdem die Paktarmeen die Tschechoslowakei besetzt hatten. Wohl aus Selbsterhaltungstrieb akzeptierte der Führer der Kommunistischen Partei Rumäniens (PCR), so der Name der Einheitspartei nach der Umbenennung auf dem Juliparteitag 1965, nun nicht mehr, dass der Verteidigungsminister oder sein Stellvertreter die Bedingungen für das Betreten Rumäniens oder für den Transit von Allianztruppen festlegten[44].

Seitdem war die rumänische Armee in einem nur noch sehr geringen Maße in die Übungstätigkeit der Vereinten Streitkräfte auf dem Gebiet anderer Staaten involviert. Ausnahmen bildeten die Einheiten der Nachrichtentruppen, die Luftwaffe, die Marine, die Truppen der Luftabwehr, der taktischen und taktisch-operativen Raketentruppen und die ABC-Truppen. Gemäß dem vom VSK-Oberkommando festgelegten Programm hatten diese Einheiten ihre Ausbildung sowohl in Rumänien als auch auf Schießplätzen der UdSSR im Rahmen gesonderter Übungen zu absolvieren. Die operativ-taktischen Vorbereitungen der Luftabwehrtruppen umfassten von 1969 bis 1990 ein jährliches Training zum taktischen Zusammenwirken im Diensthabenden System mit reellen Flügen, unter anderem auch mit Anflügen auf Kooperationsflughäfen der benachbarten sozialistischen Staaten Bulgarien, Ungarn und UdSSR. In den regelmäßigen Handlungen der gemeinsamen Flugerkennung waren die bulgarischen Flughäfen Gabrovnitza, Graf-Ignatievo und Ravnetz, die rumänischen Flughäfen von Giarmata, Deveselu, Borcea und »Mihail Kogălniceanu«, die Flughäfen Tiraspol (UdSSR) und Kecskemét (Ungarn) involviert[45]. Gleichzeitig wurde der Transit fremder Truppen auf rumänischem Gebiet stark eingeschränkt. Die Bukarester Regierung erteilte großen Übungen der Allianztruppen auf rumänischem Gebiet keine Genehmigung mehr. Zu Beginn des Jahres 1969 hatten andere Armeen noch an Kommandostabsübungen auf rumänischem Gebiet teilgenommen.

Die Einstellung von Ceaușescu und der rumänischen Generale gegenüber Übungen in Rumänien ist dokumentiert. In der Sitzung des Verteidigungsrates vom 13. Oktober 1972 wurde über den »Plan der gemeinsamen Aktivitäten der Vereinten Streitkräfte für die rumänische Armee im Jahr 1973« diskutiert[46] und einem Kriegsspiel auf der Karte für den Zeitraum 12. bis 21. Februar zugestimmt. »Das Eingreifen der vereinten Truppen auf dem Kriegsschauplatz bei gleichzeitiger Abwehr der feindlichen Aggression. Die Fortführung der offensiven Operation der Front und der Kampfhandlungen der maritimen Kräfte und der Truppen der Luftabwehr des Warschauer Paktes«, lautete die Vorgabe für die »operativen Gruppen« aus dem Frontkommando, der Luftabwehr und der Marine der rumänischen, sowjetischen und bulgarischen Armeen. Unter den 400 Generalen und Offizieren befanden sich etwa 100 Rumänen.

Zum ersten Mal seit der Gründung der Allianz sollte die rumänische Front in der türkischen Richtung angreifen und die Meerenge der Dardanellen erreichen. Bis 1966 war die norditalienische und danach die griechische operative Richtung vorgegeben gewesen. Im Einklang mit dem Chef der Vereinten Streitkräfte leitete Marschall Ivan I. Jakubovskij das Kriegsspiel als »Oberbefehlshaber der Gruppen von Fronten auf dem südwestlichen Kriegsschauplatz«, unterstützt von nur einem rumänischen und einem bulgarischen Stellvertreter, die von ihren Arbeitsgruppen nicht begleitet sein sollten. Die Lagebeurteilung nahmen sowjetische Generale vor[47].

In dem Bericht vom 20. Januar 1973 schlug Armeegeneral Ioniță Parteichef Ceaușescu vor, dem Gesamtkonzept der Übung zuzustimmen, nicht aber Jakubovskij als Leiter des Kriegsspieles zu akzeptieren. Das »würde bedeuten, dass

man dem Oberbefehlshaber der Vereinten Streitkräfte Vorrechte zur Führung
einräumt, die in der Satzung der Vereinten Streitkräfte und des Vereinten
Kommandos nicht vorgesehen sind. Durch die Bildung einer großen, multinationalen strategischen Einheit würde man einen Präzedenzfall für die Ausgliede-
rung der Truppen Rumäniens aus der Führung des Hohen Nationalen Kommandos schaffen. Die Truppen wären für die Bildung der Vereinten Streitkräfte
vorgesehen. Dieser Gedanke ist nicht im Einklang mit dem *Gesetz hinsichtlich der
Organisation der nationalen Verteidigung der Sozialistischen Republik Rumänien,* das
vorsieht, dass der Nationale Verteidigungsrat ›direkt und unmittelbar die Kriegs-
operationen und die Mobilisierung aller menschlichen und materiellen Ressourcen des Landes‹ durchführt. Er ist auch nicht vereinbar mit den Vorschriften
des Protokolls hinsichtlich der Verlegung rumänischer Truppen zu den Vereinten Streitkräften für gemeinsame Kampfaktionen während der Kriegszeit. Das
Protokoll hält fest, dass ›die Einheiten und die Formationen aus der rumänischen Armee, die für die Vereinten Streitkräfte vorgesehen sind [...] als selbstständige und große operative Einheiten (Front-Armeen) handeln werden. Ihr
Kommando unterliegt dem Hohen Nationalen Kommando der Sozialistischen
Republik Rumänien[48].« Der zweite Vorschlag des Verteidigungsministers wurde
in der Sitzung des Ständigen Präsidiums des ZK der PCR am 22. Januar 1973
nicht genehmigt. Ceauşescu willigte ein, dass Jakubovskij die Übung als Oberbefehlshaber der Gruppe der Fronten leitete[49].

Ioniţă wollte die Beurteilung und Führung der operativen rumänischen
Truppen in Händen von einer »Gruppe von Generalen und Offizieren aus dem
Verteidigungsministerium Rumäniens« unter dem Stellvertreter des Verteidigungsministers, Generaloberst Nicolescu Marin, wissen. Marin sollte zugleich
die stellvertretende Leitung des Kriegsspieles für die rumänische Seite übernehmen. Der Armeegeneral schlug zudem die Annahme einer Kompromiss-
formel vor, »in dem Sinne, dass in den Dokumenten des Kriegsspiels gezeigt
wird, dass die Durchquerung Rumäniens durch sowjetische Truppen und der
Einmarsch der rumänischen Einheiten in Bulgarien gemäß den Vereinbarungen
vollzogen werden, die zwischen Rumänien und der UdSSR und zwischen Rumänien und Bulgarien getroffen wurden«[50].

Das Vereinte Oberkommando der Vereinten Streitkräfte war nicht bereit,
die Ideen der Bukarester Regierung hinsichtlich der bilateralen Konventionen
der Regierungen zu akzeptieren. Diese sollten den juristischen Gesichtspunkt
des Transits fremder Truppen durch Rumänien regeln[51]. Ioniţă kannte die starre
Haltung des Kommandos. Seine Ausführungen machen jedoch deutlich, dass er
das Manöver, »Sojus-73« genannt, nicht generell ablehnte. Abgesehen davon
fand das Kriegsspiel auf der Karte statt – ohne dass sowjetische Truppen in
Rumänien und rumänische Truppen in Bulgarien aufmarschiert wären[52]. So
kam man zu einer Kompromisslösung. In den Abschlussdokumenten des Manövers wurden zwar die Vereinbarungen zwischen der UdSSR, Rumänien und

Bulgarien erwähnt, nicht aber die zwischenstaatlichen Übereinkünfte, die sich die rumänische Regierung gewünscht hatte.

Auf der Agenda der sowjetischen Militärs stand die schnellstmögliche Eroberung der Meerengen Bosporus und Dardanellen im Fall eines Kriegsausbruchs zwischen NATO und Warschauer Pakt. Die Übungsannahme für »Sojus-73« lautete wie folgt: Die NATO-Streitkräfte Europa Süd (AFSOUTH) hatten Bulgarien angegriffen und die Linie Sofia–Gabcovo–Burgas erreicht. Gleichzeitig waren die Luftstreitkräfte der NATO in eine Schlacht 150 Meilen östlich von Constanţa verwickelt. Nördlich von Burgas wurden in der Flanke der sowjetischen 3. Südfront maritime Landungstruppen eingesetzt. Die AFSOUTH-Gruppe bestand aus der griechischen 1. Armee mit drei Armeekorps, dem griechischen 4. Armeekorps mit drei Divisionen, der türkischen 1. Armee mit dem 3. und 5. Korps sowie der 2. Armee und dem 4. Armeekorps der Türkei mit drei Divisionen. Unterstützend wirkte noch das unabhängige 6. Luftfahrtkorps.

Auch die rumänische Armee nahm am Manöver teil. Sie bildete die 2. Südfront mit zehn Divisionen, darunter zwei Panzer- und drei reguläre Divisionen, die nach ein bis zwei Tagen, und vier Mob. Divisionen, die nach drei bis vier Tagen kampfbereit sein sollten. Die rumänischen Divisionen wurden auf beiden Seiten von zwei sowjetischen Armeen flankiert und versammelten sich südlich der Donau, zwischen Russe und Nikopol. Die sowjetischen und rumänischen Truppen überquerten den Strom unter dem Einsatz von NATO-Massenvernichtungswaffen an den wichtigen Übergängen Bechet–Oreahovo, Corabia–Lom Palanka, Islaz–Somovit, Turnu Măgurele–Nikopol, Zimnicea, Giurgiu–Russe, Olteniţa–Silistra, Giurgeni–Vadu Oii, Brăila und Isaccea. Nach Abschluss der Konzentration südlich der Donau gingen die WVO-Streitkräfte zur Offensive über. Die rumänischen Einheiten (2. Südfront) handelten auf dem Gebiet Bulgariens gemeinsam mit den sowjetischen der 3. Südfront in südsüdöstlicher Richtung. Dann teilten sich die Angriffsrichtungen der zwei Fronten: Die sowjetischen Kräfte gingen in Istanbuler Richtung vor, und die rumänische Armee versuchte an die Dardanellen und ans Marmarameer zu gelangen. Die 2. Südfront hatte 200 bis 250 km vorzurücken, also jeweils 40 bis 60 km in 24 Stunden. Die Erfüllung der Mission sollte vier bis sechs Tage in Anspruch nehmen. Am fünften oder sechsten Tag trat östlich der Ortschaft Kanoka (Türkei) ein rumänisches Regiment Fallschirmtruppen in den Kampf ein – quasi als Vorspiel einer neuen Offensive, die von der rumänischen Armee ausgelöst wurde, um einen Brückenkopf südlich der Meerenge der Dardanellen zu errichten. Für die nächste Mission der 2. Südfront wurde das weitere Vorrücken um 200 bis 250 km und die Erfüllung der Mission in sieben bis acht Tagen festgelegt. Zeitgleich mit dem Vorstoß der rumänischen Armee begann die 3. Südfront den Kampf gegen die türkischen Streitkräfte südöstlich von Bulgarien. In der Übung wurden die türkischen Kräfte bis westlich von Istanbul zurückgedrängt. Am vierten oder fünften Tag griff eine sowjetische Luftlandedivision nordöstlich von Izmit unmittelbar in der Nähe des Bosporus ein. Auf dem

Kriegsschauplatz Schwarzes Meer wurden zwei Luftschlachten geschlagen, eine 150 Meilen nordöstlich, die andere 50 Meilen östlich von Istanbul. Mit der Offensive gegen die türkische 1. Armee fand zeitgleich an der rechten Seite der rumänischen Armee eine analoge Operation statt. Die bulgarischen Streitkräfte aus der 1. Südfront im Zusammenwirken mit einer sowjetischen Armee drängten die griechische 1. Armee zurück, befreiten das bulgarische Gebiet, eroberten die griechischen Ortschaften Komutini, Cavalla, Thessaloniki sowie Kojani und erreichten dann das Ägäische Meer.

In gleicher Weise kann man die Einbettung der rumänischen Armee zwischen zwei sowjetischen Armeen während der gemeinsamen militärischen Manöver werten. Sie lässt sich leicht erklären, wenn man die Probleme berücksichtigt, welche die rumänische Regierung nach dem »Prager Frühling« Moskau gemacht hat. Das operative Kriegsspiel »Sojus-73« war fiktiv, aber Moskau wollte sich mit solchen Aktionen militärisch immer besser vorbereiten, und es hat den Anschein, dass man dadurch auch Rumänien zu disziplinieren trachtete.

Ob Zufall oder nicht: Das Manöver hieß »Sojus«, was dem deutschen »Vereinigung«, »Eintracht« oder »Einigkeit« entspricht. Die gemeinsamen Interessen durften Ceaușescu und seine Mitarbeiter keinesfalls ignorieren. Die Rumänen wussten sehr genau, dass es nicht ratsam war, die Spannungen mit der UdSSR noch zu vergrößern. Die rumänische Regierung versuchte seit August 1968 mit ihrer Opposition im Warschauer Pakt auf internationaler Ebene eine Position zu erlangen, die es erleichtern sollte, Kredite und Spitzentechnologie aus Westeuropa und den USA zu bekommen. Das Verhältnis zwischen Moskau und Bukarest war nicht übermäßig angespannt, sodass von 1972 bis 1974 sowjetische Militärflugzeuge zwei bis vier Flüge pro Monat über Rumänien flogen – natürlich mit Genehmigung der Bukarester Regierung. Ihr Ziel war die gemeinsame Forschung zur Weiterentwicklung der radiotechnischen Mittel und die Beobachtung der entsprechenden Anlagen in den westlichen Nachbarländern aus der Luft[53]. Ceaușescu hatte also zugelassen, dass militärische Flugkörper anderer Staaten des Öfteren in den Luftraum Rumäniens eindrangen, um Spionageaktionen gegen andere Staaten zu unternehmen. Die Behauptung der rumänischen Regierung, es habe seit 1968 ein Flugverbot für fremde Militärflugzeuge über dem Gebiet Rumäniens bestanden, scheint nur ein Teil der Wahrheit zu sein[54].

Resümee

Die Übungen Anfang 1973 in Rumänien beinhalteten zahlreiche Elemente der Gesamtübung »Sojus-73«. *Erstens* wurden sie hauptsächlich auf der Karte ausgeführt, ohne dass man Rumänien um Erlaubnis für den Transit, die Stationierung oder die zeitlich begrenzte Verlagerung der fremden Truppen auf rumänischem

Gebiet bitten musste. Dies geschah trotz der andauernden Proteste sowjetischer Marschälle und Generale.

Zweitens wurde eine »rumänische Front« erhalten, die für eine Kriegssituation vorgesehen war; deren Führung oblag dem Befehlshaber des Kommandos für Infanterie und Panzer. Dieser wiederum unterstand dem Verteidigungsminister und Ceaușescu. Eine solche Maßnahme ließ die Behauptung zu, alle rumänischen Einheiten und Kommandos, die ein Teil der Vereinten Streitkräfte waren, stünden unter einem nationalem Kommando, sowohl in Kriegs- als auch in Friedenszeiten[55]. Moskau hätte im Kriegsfall wohl kaum akzeptiert, dass ein elementares Kampfprinzip – die einheitliche Führung – verletzt und dadurch die Einheitlichkeit des Handelns der Streitkräfte des Warschauer Paktes auf dem südwestlichen Kriegsschauplatz gefährdet würde, nur um die persönliche Eitelkeit von Nicolae Ceaușescu zu befriedigen. Der Warschauer Pakt war in jeder Hinsicht ein Kind der UdSSR. Deswegen beanspruchte der Kreml auch die Führung, unabhängig von den Konzepten und Interessen der Rumänen.

Drittens waren seit 1966 die gemeinsamen Manöver, an denen die rumänischen Streitkräfte auf dem Kriegsschauplatz in südwestlicher Richtung beteiligt waren, gewöhnlich in der »operativen griechischen Richtung« ausgelegt. Sie dienten dem »Erlernen einiger notwendiger Fertigkeiten für die Organisation, die Planung und die Kriegführung auf der Ebene Division–Armee«[56]. In der Regel verlangte das Vereinte Oberkommando der Vereinten Streitkräfte von der rumänischen Armee am Anfang eines jeden Frühjahres, an den gemeinsamen operativ-strategischen Übungen auf der Karte teilzunehmen und diese auch auszuführen. Als Übungsort wählte der rumänische Verteidigungsminister die Schwarzmeerküste bei Mangalia Nord (Neptun) – die Zustimmung von Ceaușescu natürlich vorausgesetzt[57]. Damit waren die Generale und Offiziere der ausländischen Militärkommandos weit entfernt von Bukarest untergebracht, was letztlich einen befürchteten »Staatsstreich seitens der Sowjetunion« verhindern sollte.

Eine andere Erklärung für die Wahl der Ortschaft Neptun als Austragungsort der Kommandostabsübungen könnte lauten, »dass diese strategische Operation großen Ausmaßes auch Maßnahmen beinhaltet hat, die die Küste des Schwarzen Meeres und das Donaudelta betrafen. Denn obwohl man vieles auf der Karte und im Saal löste, hätten die Teilnehmer auch die Möglichkeit gehabt, das Gebiet und seine Bewohner direkt vor Ort kennenzulernen[58].« Diese These scheint jedoch wenig glaubhaft, weil das Gesamtkonzept der Übungen vom Vereinten Oberkommando geplant wurde. Zudem sah das Konzept Übungslagen südlich der Donau mit den Einheiten der drei Fronten vor, die von bulgarischem Gebiet aus die Offensive in griechisch-türkischer Richtung führten. Die rumänische Küste und das Donaudelta waren zu keinem Zeitpunkt Frontlinie, zumal die Sowjetunion eine verbesserte Variante ihrer Militärdoktrin anwandte[59]. Die Hauptmissionen auf dem südwestlichen Kriegsschauplatz waren folglich die Eroberungen der Meerengen des Bosporus und der Dardanellen und die Bildung einer Verteidigungslinie auf dem Isthmus von Korinth, jener Landenge, die das griechische Festland mit der Halbinsel Peloponnes verbindet. Kenntnisse über den Kriegsschauplatz Dobrogea und über seine Bewohner sind im Generalkonzept der vom Oberkommando der VSK von der rumänischen Armee geplanten militärischen Übungen nicht zu erkennen.

Die politische Linie der letzten Regierungsjahre Gheorghiu-Dejs, die von Nicolae Ceauşescu fortgeführt wurde, bereitete dem Kreml viele Probleme. Die partielle Auflehnung der Rumänen in den Beziehungen zu Moskau bewegte sich jedoch innerhalb der politisch-ideologischen Grenzen des Systems. Die rumänischen Machthaber, dies wurde in den sechziger Jahren offensichtlich, wollten für ihre Taten keine Rechenschaft vor ausländischen Politikern ablegen müssen. Auf der einen Seite haben die beiden rumänischen Staats- und Parteichefs das politische, wirtschaftliche, militärische und soziale System bewahrt, welches Rumänien von der Sowjetunion im Jahr 1945 aufgezwungen worden war – wenn auch mit gewissen Änderungen, sodass ein »Kommunismus« rumänischer Prägung entstand. Auf der anderen Seite haben manche Beschlüsse aus Bukarest, vor allem im militärischen Bereich, die politisch-militärischen Beziehungen Rumäniens zu den anderen Mitgliedsstaaten belastet. So wurde Rumänien immer wieder kritisiert, vor allem von den militärischen und politischen Führern des »großen Bruders« Sowjetunion. Diese Kritik hielt bis zum Ende des Warschauer Paktes an.

Anmerkungen

1 Die entsprechende Information stammt aus dem »Rechenschaftsbericht über die Ergebnisse der Kampf- und der politischen Vorbereitungen der Streitkräfte der Volksrepublik Rumänien im Winterhalbjahr 1954/55«. Das Dokument vom 22. Juni 1955 ist vom Minister der Streitkräfte, Armeegeneral Emil Bodnăraş, sowie vom Chef des Großen Generalstabs, General Ion Tutoveanu, unterzeichnet. Siehe Florin Şperlea, Marele Stat Major intre ani 1948–1958, in: Statul Major General 1859–2004: Istorie şi transformare, Bucureşti 2004, S. 226 f.

2 Siehe dazu: Ion Şuţa, Cooperarea Comandamentului Militar român cu partenerii de alianţă, in: Dosarele Istoriei, 6 (2001), 8, S. 33.

3 Nicolae Popescu und Mihail Grigorescu, Istoria chimiei militare româneşti: 1917–2005, Bucureşti 2005, S. 225, 314, 385–387 und 449.

4 In der zweiten Hälfte des Jahres 1955 wurden in Rumänien folgende Waffen, Militärtechniken und Munitionen produziert: 31 000 Karabiner und Maschinenpistolen (Kaliber 7,62 mm), 125 Bombenwerfer (Kaliber 82 mm), über 200 Lkw SR-101, 40 Zugmaschinen KD-35, 50 Anhänger, 500 Kehlkopfmikrophone, 350 Telefonzentren mit 10 bis 20 Rufnummern, 30 Gleichrichter RHF, 1000 Feldtelefone ATI, über 8000 km Telefonkabel für Feldtelefone CTF-7, 20 000 Panzerabwehrgranaten RPG-43, 32 5000 Artilleriegeschosse aller Kaliber und Geschossarten sowie 24,5 Millionen Patronen. Serviciul Istoric al Armatei (SIA), Fonds 467, Akte 885, Bl. 231, 235, 283. Siehe hierzu ausführlich: Petre

Opriş, Industria românească de apărare. Documente (1950-1989), Ploieşti 2007, S. 27-36, 41-49.

5 SIA, Fonds Direcţia Generală de Înzestrare – Direcţia planificare, Akte 1701, Bd 2: 1948-1966, Bl. 32, 140.

6 Ausführlicher siehe: Alexandru Oşca und Vasile Popa, Stalin a decis: lagărul socialist se înarmează, in: Document. Buletinul Arhivelor Militare Române, 1 (1998), S. 73-76; Petre Opriş, Preliminariile constituirii Organizaţiei Tratatului de la Varşoviei. Consfătuirea de la Moscova din ianuarie 1951, in: Buletinul Muzeului Militar Naţional, Bucureşti, 7 (2003), S. 482-487; Petre Opriş, Attempts to Expanding the Warsaw Treaty Organization towards Asia. Referat auf der Konferenz der George-Washington-University Cold War Group (USA), dem Zentrum für Geschichtsforschung des Kalten Krieges (Ungarn), dem Cold War International History Project und dem National Security Archive (USA) in Budapest, 30.10.-2.11.2003.

7 Vgl. Constantin Moraru und Liviu-Daniel Grigorescu, Să ridicăm un pahar pentru unitatea de monolit a partidului, in: Dosarele Istoriei, 6 (2001), 12, S. 13-29.

8 Siehe ausführlich: War History Archives, Budapest, Hungarian People's Army Headquarters, First Group Directorate, Box 17/a, S. 160 f., 221-223. Ein anderes Beispiel ist die zweiseitige taktische Divisionsübung sowjetischer Truppen Anfang Juli 1959 im Militärbezirk Odessa zu den Themen:»Der Durchbruch durch eine eilig errichtete Verteidigung des Gegners sowie die Vorbereitung und der Übergang zum Angriff der Mot. Infanterieabteilung im Zusammenwirken mit Luftlandungstruppen; die schnelle Organisation der Verteidigung und die Fortführung des Abwehrkampfes des Mot. Infanterieregiments aus der ersten Staffel der Division und des Panzerregiments aus der zweiten Staffel der Mot. Infanterieabteilung«. In dieser Übung erhielt die Organisation der Verteidigungsabteilung eines Infanterieregiments neue Impulse insbesondere unter der Einwirkung von nuklearen und chemischen Waffen. Rumänien hatte mit Oberstleutnant Maricescu Titu einen Stellvertreter des Chefs des 2. Militärbezirks als Beobachter geschickt. SIA, Fonds 3023, Akte 10634/1961, Bl. 293-306.

9 Bei der Übung in der Region Odessa haben vom Stab der 11. Mech. Division ein General, 67 Offiziere, 2 höhere Unteroffiziere, 31 Unteroffiziere und 5 Zivilangestellte teilgenommen. Die Kampftechnik der rumänischen Armee gehörte der Division und bestand aus 5 Geländewägen GAZ-69, 20 Lkw GAZ-63, 7 Spezialfahrzeugen, 2 Radiostationen R-401 und 3 Sendestationen. Vgl. Arhivele Naţionale Istorice Centrale (ANIC), Fonds ZK der PCR, Cancelarie, Akte 24/1961, Bd 2, Bl. 59 f. und 335.

10 SIA, Fonds 3023, Akte 10634/1961, Bl. 13-17, 20, 26, 31-34, 47-53, 141-146, 188.

11 ANIC, Fonds ZK der PCR, Cancelarie, Akte 47/1961, Bd 1, Bl. 1, 5.

12 Ebd., Bl. 104.

13 Das Dokument hielt fest, dass der rumänische Verteidigungsminister oder seine Stellvertreter die Bedingungen für die fremden Armeen auf rumänischem Staatsgebiet bei Übungen der Vereinten Streitkräfte in Rumänien oder in den Nachbarstaaten bestimmten. Es wurde ebenfalls festgelegt, dass die rumänischen Zollbeamten die fremden Truppen nicht kontrollierten.

14 Der sowjetische »Maßnahmenplan des Kommandos der Vereinten Streitkräfte für die operative Vorbereitung und für die Kampfausbildung während des Ausbildungsjahres 1961 (Rumänien)« vom 23.10.1961 legte eine Übung in Ungarn vom 20. bis 30.4.1962 fest. Das Manöver sollten ein Kommando und eine verstärkte Mot. Division der Südgruppe der Truppen der Sowjetischen Streitkräfte, ein Armeekommando und eine verstärkte Mech. Division der rumänischen Armee sowie der Stab des Armeekorps aus dem Militärbezirk Untere Karpaten der UdSSR bestreiten. Am 26.10.1961 befahl der rumäni-

sche Verteidigungsminister dem Stab der 3. Armee und der 18. Mech. Division die Teilnahme am Manöver. Das Politbüro bestätigte den Vorschlag am 3.11.1961. Vgl. ANIC, Fonds ZK der PCR, Cancelarie, Akte 46/1961, Bl. 1 f., 1, 14, 16, 18, 20 f.

[15] Im Rahmen einer Besprechung der Chefs der Generalstäbe der Mitgliedsarmeen in Moskau vom 4. bis 9.2.1966 behauptete Gheorghe: »Das Fehlen von Beratungen hat den Ablauf einiger gemeinsamer Manöver der Vereinten Streitkräfte beeinträchtigt.« Bei Übungen wie in Ungarn 1962 und in Bulgarien 1963 sei, obwohl Stäbe und Truppen der rumänischen Armee teilgenommen haben, der Verteidigungsminister Rumäniens nicht befragt worden oder in die Erstellung von Einsatzkonzepten, Abwicklungsplänen und die Vorbereitung der Bilanzen involviert gewesen. Vgl. SIA, Fonds D, Akte V/2, Bd 3 (4/34), Bl. 125.

[16] ANIC, Fonds ZK der PCR, Cancelarie, Akte 33/1962, Bd 1, Bl. 8, 12; Bd 2, Bl. 257, 437.

[17] Am Manöver haben 27 500 rumänische Soldaten vom Stab der 2. Armee, der 1. Mech. Division »Tudor Ladimirescu« und der 9. Mech. Division »Mărăşeşti« sowie die Pontonregimenter 2 und 72, die Pionierregimenter 52, 53 und 54, die Transportregimenter 47 und 48, die Luftabwehrdivision 16, das Fallschirmjägerbataillon 36 und die rumänische Marine teilgenommen. Beteiligt waren zudem 7500 sowjetische und 2000 bulgarische Soldaten. Vgl. Petre Opriş, A Romanian Point of View about the Hot Days of October 1962: The Military Exercises Performed by the Warsaw Treaty Organization in Poland, East Germany, and Romania, in: Parallel History Project on Cooperative Security (PHP), URL: <www.php.isn.ethz.ch/collections/coll_milex/introduction.cfm?navinfo=22632>. Zur Vorbereitung der rumänischen Fallschirmspringer stellte Oberst Grigore Baştan, Befehlshaber des Bataillons 36 »Desant-Paraşutare«, im April 1962 fest: »Wir sind die letzten im Lager der sozialistischen Armeen hinsichtlich der Organisation, der Ausrüstung und der Vorbereitung der Fallschirmjäger. Diese Tatsache kann man in den Ergebnissen des militärischen Wettbewerbs sehen, an dem wir im April 1962 in Brno, Tschechoslowakei, teilgenommen haben.« Deshalb schlug der Befehlshaber des einzigen rumänischen Fallschirmjägerbataillons sechs Monate vor der Übung in der Dobrogea vor: »die sofortige Reorganisation der Fallschirmjäger und unserer Streitkräfte, mindestens auf tschechischem und polnischem Niveau, wenn schon das sowjetische Niveau nicht erreicht werden kann, obwohl ich glaube, dass auch dies möglich sein könnte«. Mircea Tănase, Scoala Paraşutiştilor – o permanentă preocupare, in: Paraşutiştii, 10 (2006), 20 (Juli), S. 42.

[18] Im Oktober 1962 kamen in der Dobrogea 310 Panzer und Kanonen, 3650 gepanzerte Fahrzeuge, Lkw und Spezialfahrzeuge, 60 Transportflugzeuge und 120 Jagd- und Bombenflugzeuge sowie 76 verschiedene Schiffstypen aus der sowjetischen Schwarzmeerflotte, der rumänischen und der bulgarischen Kriegsmarine zum Einsatz. Während der Übungen erhielten die rumänischen Pontonregimenter 2 und 72 und ein sowjetisches Brückenbaupionierregiment die Aufgabe, zwischen den Ortschaften Călăraşi und Tulcea drei Brücken über die Donau zu bauen.

[19] Şuţa, Cooperarea Comandamentului Militar român (wie Anm. 2), S. 33.

[20] An der Übung und der Militärparade vom 18.10.1962 haben Gheorghe Apostol, Vizepräsident des Ministerrates; Nicolae Ceauşescu, Sekretär des Zentralkomitees der PMR; Alexandru Drăghici, Innenminister; Gheorghe Gaston Marin, Vorsitzender des Staatlichen Planungskomitees; Simulescu Dumitru, Transport- und Kommunikationsminister; sowie Vîlcu Vasile, vorsitzender Sekretär des Bezirkskomitees der PMR Dobrogea, teilgenommen. ANIC, Fonds ZK der PCR, Cancelarie, Akte 28/1962, Bl. 1-4.

[21] Zur Übung sind Generale und Offiziere aus Rumänien, der UdSSR, der Tschechoslowakei, aus Polen, der DDR und aus Ungarn nach Varna gekommen. Rumänien entsandte Armeegeneral Leontin Sălăjan, Generalmajor Ion Dincă, Generalmajor Orban Octavian,

Konteradmiral Sandu Gheorghe, Konteradmiral Simion Tudor, Generalleutnant Marčenko, Konteradmiral Domnin, Kapitän Hristea Mihai (Dolmetscher) und Major Ostrovski Ioan. An der Auswertung des Manövers nahmen Verteidigungsminister Sălăjan, Generalleutnant Dobri Džurov (Bulgarien), Armeegeneral Heinz Hoffmann (DDR), Generalleutnant Marian Spychalski (Polen) sowie Generalleutnant Lajos Czinege (Ungarn) teil und von sowjetischer Seite: Marschall Grečko, Armeegeneral Batov, Marschall N.S. Skripko (Befehlshaber der sowjetischen militärischen Transportluftfahrt), Generalleutnant A.A. Babadzianian (Befehlshaber des Militärbezirks Odessa), Generalleutnant Kalašnikov (Chef des Generalstabs der militärischen Transportluftfahrt), Vizeadmiral Ciursin (Befehlshaber der Schwarzmeerflotte), Generalleutnant Marghelov (Befehlshaber der Landungstruppen) und Generalmajor A.S. Haritonov (Stellvertreter des Befehlshabers der 48. Luftarmee). SIA, Fonds 3226, Akte 51/1962, Bl. 40-49, 50, 52, 71-88, 92-97.

22 Robin Alison Remington, The Warsaw Pact. Case Studies in Communist Conflict Resolution, The Massachusetts Institute of Technology Press, Cambridge, MA, London 1973, S. 71.

23 ANIC, Fonds ZK der PCR, Cancelarie, Akte 30/1963, Bl. 173.

24 Şuţa, Cooperarea Comandantului Militar român (wie Anm. 2), S. 33; Ion Tutoveanu, In 1954, am fost martor la o explozie atomică sovietică, in: Dosarele Istoriei, 7 (2002), 10, S. 35. Tutoveanu hatte zuvor das Einverständnis der Partei in der Politbürositzung des ZK der PMR am 5.6.1963 beantragt:»Genosse L. Sălăjan: Auch ich möchte etwas mitteilen. Ich bin zu der Übung in Bulgarien eingeladen. Dort wird auch der Minister teilnehmen, der Chef des Generalstabs. Genosse Gh. Gheorghiu-Dej: Dann geh. Aber sieh zu, dass Du nichts schuldig bleibst, wenn Dich jemand angreift.« ANIC, Fonds ZK der PCR, Cancelarie, Akte 25/1963, Bl. 26.

25 Petre Opriş, Aspecte privind relaţiile politico-militare dintre România, URSS şi Ungaria in perioada 1955-1965, in: Pietre de hotar, Bd 5, hrsg. von Constantin Moşincat und Dan Poinar, Oradea 2005, S. 338-348.

26 Nach Schätzungen hat Rumänien für die Übung 506 Offiziere, 214 Unteroffiziere, 1959 Soldaten, 35 Zivilangestellte, 24 Panzer, 6 Selbstfahrlafetten (SFL) SU-76, 379 Kraftfahrzeuge, 9 Pak (Kaliber 57 mm), 15 Granatwerfer (Kaliber 82 mm bzw. 120 mm), 55 Funkstationen, 4 Torpedoboote und 24 Flugzeuge MiG-15 und MiG-17 nach Bulgarien entsandt. ANIC, Fonds ZK der PCR, Cancelarie, Akte 8/1964, Bd 2, Bl. 41 f.

27 Am 3.9.1964 informierte Batov den rumänischen Verteidigungsminister, dass sowjetische Truppen für die Übung in Bulgarien logistische Unterstützung benötigten. Sălăjan informierte das Zentralkomitee und berichtete über den Weg und die Art und Weise, wie sowjetische Militäreinheiten Rumänien durchqueren könnten: drei Einheiten per Eisenbahn am 11./12.9. von der Station Etulia (UdSSR) aus sowie mit 70 Militärfahrzeugen am 12.9.1964 auf der Strecke Isaccea–Babadag–Ovidiu–Basarabi (Murfatlar)–Negru Vodă. Ebd., Bl. 44, 51.

28 Ebd., Akte 194/1965, Bl. 43. Der Antrag Batovs war nichts Neues. Rumänien erteilte etwa einer sowjetischen Nachrichteneinheit die Erlaubnis, aus dem Militärbezirk Odessa am 14.5.1964 das Land auf der Strecke Reni–Galaţi–Slobozia–Călăraşi–Giurgiu–Russe zu durchqueren. Die Einheit sollte an einer operativen Feldübung teilnehmen, geführt vom bulgarischen Verteidigungsminister. Ebd., Akte 8/1964, Bd 2, Bl. 43.

29 SIA, Fonds Mikrofilm, Rolle FII 3306, Karte 35; Tutoveanu, In 1954 (wie Anm. 24), S. 37 f.; Alexandru Duţu, Cea dintâi aplicaţie românească la nivel de front independent şi primele neînţelegeri româno-sovietice în cadrul Tratatului de la Varşovia (Mai 1965), in: Revista de Istorie Militară, 2002, 5-6, S. 40-42; Petre Opriş, Aplicaţia de comandament şi stat major desfăşurată de armata română în Transilvania şi Oltenia în perioada

20.-27. mai 1965, in: Cetatea Bihariei. Revista de cultură şi istorie militară, 2 (2004), 1, S. 76-79. Eine weitere Übung fand in Ungarn vom 21. bis 25.6.1965 statt, geleitet vom Befehlshaber der Südgruppe der Truppen der Sowjetischen Streitkräfte, Generaloberst Pavlov; sie wurde von den Generalstäben der ungarischen 5. Armee und besagter Südgruppe bestritten. Vojtech Mastny and Malcolm Byrne, A Cardboard Castle? An Inside History of the Warsaw Pact, 1955-1991, Zürich, Budapest, New York 2005, S. 189-191; Imre Okváth, Hungary in the Warsaw Pact. The Initial Phase of Integration, 1957-1971, in: PHP, URL: <www.php.isn.ethz.ch/collections/coll_wargame/introduction_okvath. cfm>.

30 Nicolae Radu, Istoria unei unităţi într-un oraş încărcat de istorie, in: La posturi, (2004), 3, S. 6.

31 Petre Opriş, Din culisele aplicaţiei de cooperare desfăşurată de trupe ale Organizaţiei Tratatului de la Varşovia pe teritoriile URSS, RS Romania şi RP Bulgaria (26.10.-3.11.1966), in: Anuarul Muzeului Marinei Române, Bd 4 (2001), Constanţa 2002, S. 319-324; Petre Opriş, The Cooperation Military Exercise developed by the Warsaw Treaty Organisation (26.10.-3.11.1966), in: Arhivele Totalitarismului. Institutul Naţional pentru Studiul Totalitarismului, 13 (2005), 1-2, S. 81-87.

32 Gemäß der Berichterstattung des ehemaligen Chefs des rumänischen Generalstabs (1954-1965) vor dem ZK der PMR im Sommer 1963 hat Gheorghiu-Dej General Tutoveanu mitgeteilt: »Wir wissen, dass in Bulgarien eine Übung stattfinden wird, an der auch Rumänien mit Truppen teilnehmen soll. Die Regierung unsres Landes hat dieses Problem analysiert und folgendes beschlossen: Keine Teilnahme mit Truppen auf dem Gebiet eines fremden Landes ohne eine Konvention mit dem entsprechendem Land. Dies gilt nicht nur für die nächste Übung in Bulgarien, sondern immer für jede Übung in jedem Land. Hinsichtlich dieses Beschlusses wirst Du nach Moskau fliegen und dort wirst Du Marschall Grečko unsere Entscheidung mitteilen.« Tutoveanu machte sich zusammen mit Generaloberst Gheorghe Logofătu auf den Weg nach Moskau. Von der Entscheidung der Bukarester Führung war Grečko sehr überrascht. Es war klar zu erkennen, dass die sowjetische Seite mit der Entscheidung der Rumänen nicht einverstanden war. Tutoveanu, In 1954 (wie Anm. 24), S. 35. Die Ausführungen Tutoveanus zeigen erstmalig neue Aspekte der WVO-Geschichte auf. Der nur bedingte Quellenwert dieser Zeitzeugenaussage darf jedoch nicht aus den Augen verloren werden und die Aussage muss hinterfragt werden, so lange nicht auch andere Quellen Tutoveanus Behauptungen belegen.

33 Zur April-Deklaration siehe: Thomas Kunze, Nicolae Ceauşescu. Eine Biographie, Berlin 2000, S. 144-146.

34 Problemele ale relaţiilor economice dintre ţările socialiste, in: Viaţa economică, 1964, 2, S. 5-59.

35 Petre Opriş, Relaţii militare româno-bulgaro-sovietice la mijlocul anilor '60, in: Revista de Istorie Militară, 2001, 3-4, S. 16-23; Opriş, The Cooperation Military Exercise (wie Anm. 31), S. 81-87. Am 22.3.1966 informierte der Sekretär des Politischen Rates der Marine, Kapitän 1. Ranges Marin Vasile, den Sekretär des Hohen Politischen Rates der Armee, Generalmajor Ion Coman, darüber, dass während eines Manövers im Schwarzen Meer mit der rumänischen Marine, der sowjetischen Schwarzmeerflotte und der Marine der Volksrepublik Bulgarien der Übungsleiter, der stellvertretende Befehlshaber der sowjetischen Schwarzmeerflotte, Admiral Sisoev, all das verletzt habe, was im Januar 1966 in Sevastopol von den Generalstabschefs der drei verbündeten Flotten festgelegt worden war, nämlich dass der Chef des Generalstabs der Marine Rumäniens und der Chef des Generalstabs der Marine Bulgariens die Leitung übernehmen sollten. Trotzdem

wurden diese Generalstabschefs von Admiral Sisoev nur als persönliche Adjutanten betrachtet. Die sowjetischen Offiziere hätten die ganze Zeit nur den Begriff »Vereinte Schwarzmeerflotte« verwendet. Sisoev sei in allen Dokumenten als Leiter dieser vereinten Flotte vermerkt. SIA, Fonds Mikrofilme, Rolle P II 5.1389, Karte 811.

[36] Zurück in Bukarest, berichtete der Generaloberst:»Marschall Grečko hat behauptet, dass das Vereinte Oberkommando der Vereinten Streitkräfte diese Rolle nicht erfüllen kann. Nur ein Generalstab wie der Große Generalstab der Sowjetunion sei dazu in der Lage. Der Große Generalstab der Sowjetunion wird die Kampfhandlungen führen, gemäß den Beschlüssen der ›STAVKI‹. Hinsichtlich der Frage, aus welchen Leuten sich diese ›STAVKI‹ zusammensetzt, hat Marschall Grečko behauptet, dass er es ›nicht wissen kann und es keinen Sinn habe, wenn man eine Wahrsagerin fragen würde‹. Wenn ein Krieg beginnen sollte, dann werden die STAVKI und der Große Generalstab der UdSSR die Führung übernehmen, und es spielt keine Rolle ›ob es uns gefällt oder nicht, denn der Krieg ist eine schreckliche Sache und man kann keine Rücksicht nehmen, ob es dem einen oder anderen gefällt oder nicht‹. Der Stab des Oberkommandos der Vereinten Kräfte wird im Falle eines Krieges dem Großen Generalstab der UdSSR bei der Leitung und Koordination der Kampfhandlungen unterstützen. Die nationalen Truppen der Vereinten Streitkräfte, habe Marschall Grečko behauptet, blieben hinsichtlich aller Gesichtspunkte weiter den nationalen Kommandos untergeordnet. Eine Ausnahme bilden die Truppen, die operativ tätig sind.«. SIA, Fonds D, Akte V/2, Bd 3 (7/59), Bl. 5 f. Siehe auch Ion Gheorghe, Februarie 1966: punctul de vedere al românilor provoacă iritarea Moscovei, in: Dosarele Istoriei, 6 (2001), 8, S. 41–44.

[37] SIA, Fonds D, Akte V/2, Bd 3 (8/61), Bl. 14 f.

[38] Zit. nach Constantin Olteanu, Singură împotriva tuturor: România și documentele de bază ale alianței militare comuniste, in: Dosarele Istoriei, 6 (2001), 8, S. 16–26. Bei dem Ministertreffen des Warschauer Paktes am 8.9.1961 wurden Maßnahmen der einheitlichen Kampfausbildung der Allianzarmeen beschlossen, gleichzeitig eine Übung in der DDR mit dem Kodenamen »Buria« (28.9.–10.10.1961). Hieran nahmen zum ersten Mal Militärs aller Mitgliedsstaaten des Warschauer Paktes teil (ausgenommen Albanien). Die Truppen handelten gemeinsam unter der Leitung der sowjetischen Marschälle Malinovskij (Verteidigungsminister der UdSSR), Ivan I. Jakubovskij (Oberbefehlshaber der Vereinten Streitkräfte) und Vasilij I. Čujkov. Theoretisch standen bei der Stabsübung 400 000 Soldaten zur Verfügung, die in der offensiven Hauptrichtung in sechs Fronten und zwei Luftarmeen, zwei sowjetischen Panzerarmeen (die als Reserve bzw. für den leeren Raum vorgesehen waren und danach möglichst tief in das feindliche Gebiet eindringen sollten), zwei tschechoslowakischen Armeen (diese bildeten eine eigene Front auf der linken Flanke des Warschauer Paktes), einer polnischen Front der rechten Flanke (gebildet aus zwei Armeen) und zwei ostdeutschen Armeen (in Reserve gehalten und zur Verfügung des Oberbefehlshabers der Vereinten Streitkräfte) angreifen sollten. Die ungarischen, rumänischen und bulgarischen Militäreinheiten wurden im Einsatzplan nicht berücksichtigt, weil sie im südlichen Sektor des Warschauer Paktes handeln sollten, in die strategischen Richtungen Norditalien, Griechenland und Türkei. Im Szenario der Übung »Buria« waren zwei Etappen vorgesehen: In der ersten versuchten die westlichen Streitkräfte die Wege nach Westberlin wieder zu öffnen, denn diese waren nach dem Mauerbau blockiert. In der zweiten Etappe wurden die Feindschaften immer größer, und sechs Tage nach Ausbruch des Krieges wurden Angriffe mit Nuklearwaffen gestartet, zuerst von den östlichen, dann von den westlichen Streitkräften. Danach besetzten die WVO-Armeen einige westeuropäische Staaten (Bundesrepublik Deutschland, Dänemark, Belgien, Holland, Luxemburg, Frankreich). Für die Offiziere, die an der Übung teilnahmen,

war es nicht klar, ob die Kampfhandlungen mit der Besetzung von Paris zu Ende waren oder ob der Krieg weiterging, bis die WVO-Truppen die Pyrenäen erreichten (zu diesem Zeitpunkt war Spanien kein Mitglied der NATO). Vgl. Mastny/Byrne, A Cardboard Castle? (wie Anm. 29), S. 19, 131–136.

39   SIA, Fonds D, Akte V/2, Bd 3 (9/62), Bl. 21.

40   Ebd.

41   Ebd., Bd 3 (8/61), Bl. 16.

42   Am Manöver nahmen die 1. Mech. Division, 2 Regimenter Brückenbaupioniere, 1 Gruppe Schiffe aus der 24. Marinebrigade, Untereinheiten aus der 24. Straßenbaubrigade und andere rückwärtige Sicherstellungseinheiten der Armee der Sozialistischen Republik Rumänien teil. SIA, Fonds Mikrofilme, Rolle P II 5.1389, Karte 827.

43   Diese Informationen stammen aus einem noch nicht veröffentlichen Dokument, das als »Streng geheim und besonders wichtig« klassifiziert wurde. SIA, Fonds Mikrofilme, Rolle F II 3325, Karte 451–454. Ein Monat später fand auf dem Gelände Cincu (Bezirk Braşov) in Rumänien die operativ-strategische Übung »Rovine« statt (30.9.–20.10.1967). Bei der von Ioniţă geführten Übung hatte eine Gruppe von Offizieren aus dem Kommando der Chemischen Truppen Elemente zur radioaktiven und chemischen Entgiftung der Truppen und der Kampftechnik durchzuführen. Popescu/Grigorescu, Istoria chimiei militare româneşti (wie Anm. 3), S. 225.

44   Petre Opriş, Atitudinea adoptată de România în problema aplicaţiilor militare ale Organizaţiei Tratatului de la Varşovia după invadarea Cehoslovaciei în august 1968, in: Securitate şi societate: provocările mileniului trei. Secţiunea: Istorie şi geopolitică, Bucureşti 2004, S. 80–92; Petre Opriş, Nicolae Ceauşescu se opune Moscovei 1968–1989. Între mit şi realitate, in: Cetatea Bihariei. Revistă de cultură şi istorie militară, 2 (2004), 2, S. 92–100; Petre Opriş, Jocul operativ românesc de război »SOIUZ-73« (12.–21.2.1973), in: Anuarul Muzeului Marinei Române, Bd 6 (2003), Constanţa, 2005, S. 592–601.

45   Zu Details siehe ANIC, Fonds ZK der PCR, Cancelarie, Akte 102/1972, Bl. 62. Die rumänischen Truppen der Chemischen Abwehr nahmen am gemeinsamen Training der Stationen für Analytik teil, des Weiteren an verschiedenen gemeinsamen Übungen des Warschauer Paktes in Rumänien, UdSSR, Bulgarien und Polen nach 1970. Popescu/Grigorescu, Istoria chimiei militare româneşti (wie Anm. 3), S. 345–347.

46   ANIC, Fonds ZK der PCR, Cancelarie, Akte 5/1973, Bl. 81.

47   Ebd., Bl. 81, 85. Bis zu diesem Zeitpunkt war es üblich, dass der Marschall, der an der Spitze des Kommandos der Vereinten Streitkräfte stand, und seine Stellvertreter von Arbeitsgruppen begleitet wurden.

48   Ebd., Bl. 83.

49   Ebd., Bl. 2 f.

50   Ebd., Bl. 83.

51   Ein solcher Gedanke stand im Einklang mit den Beschlüssen der Sitzung des Ständigen Präsidiums des ZK der PCR vom 11.9.1968. Details bei Opriş, Atitudinea adoptată de România în problema aplicaţiilor militare (wie Anm. 44), S. 80–92; Opriş, Nicolae Ceauşescu se opune Moscovei (wie Anm. 44), S. 92–100.

52   ANIC, Fonds ZK der PCR, Cancelarie, Akte 5/1973, Bl. 83.

53   Ebd., Akte 2/1973, Bl. 27; Akte 1/1974, Bl. 164.

54   General Constantin Olteanu hält in seinen Erinnerungen fest: »Seit 1968 hat Rumänien den fremden Truppen, egal ob bewaffnet oder unbewaffnet, nicht mehr erlaubt, das Gebiet zu durchqueren. Dasselbe galt für Militärflugzeuge, die das Gebiet überfliegen wollten. Diese Einstellung wurde kritisiert und man hat uns gedrängt, uns weiter damit zu be-

schäftigen«. Constantin Olteanu, România – o voce distinctă în Tratatul de la Varşovia: memorii 1980–1985, Bucureşti 1999, S. 36.

[55] Der ehemalige Chef des Generalstabs der rumänischen Front, Generaloberst Ion Şuţa, hat 2001 behauptet, dass der erste Befehlshaber des Kommandos für Infanterie und Panzer bzw. der »rumänischen Front« im Kriegsfall der Stellvertreter des Verteidigungsministers, Generaloberst Sterian Ţîrcă, gewesen sei. So waren alle rumänischen Truppen und Kommandos, die für die Vereinten Streitkräfte bestimmt waren, der »rumänischen Front« untergeordnet und ihr nationales Kommando wurde institutionalisiert, sowohl in Kriegs- als auch in Friedenszeiten.« Şuţa, Cooperarea Comandamentului Militar român (wie Anm. 2), S. 35.

[56] Victor Negulescu, Spionaj şi contraspionaj: din viaţa şi activitatea unui ofiţer de informaţii (1966–1996), Târgovişte 1999, S. 72.

[57] Die Militärsitzungen in Neptun fanden im Eingangsbereich des Gebäudekomplexes »Ambasador« statt. Comandor Ion-Simion Sorocianu, Interview mit Petre Opriş, Bukarest, 3.2.2004.

[58] Olteanu, România – o voce distinctă (wie Anm. 54), S. 80.

[59] Strategia militară (Militärstrategie) coord. mareşal V.D. Sokolovski, Bucureşti 1972, S. 353 f. (die sowjetische Originalausgabe erschien erstmals 1962, verbesserte Auflagen folgten 1963 und 1968; eine deutschsprachige Ausgabe erschien 1969: W.D. Sokolowskij, Militärstrategie, Köln 1969); Opriş, A Romanian Point of View (wie Anm. 17). Zu »Kontinuität und Wandel der sowjetischen Militärdoktrin und -strategie« bis 1979 siehe die gleichnahmigen Kapitel bei Frank Umbach, Das rote Bündnis. Entwicklung und Zerfall des Warschauer Paktes 1955 bis 1998, Berlin 2005 (= Militärgeschichte der DDR, 10), S. 93–115, 159–180.

Carmen Rijnoveanu

Rumänien und die Militärreform des Warschauer Paktes 1960 bis 1970

Die organisatorische Transformation und die Institutionalisierung des Warschauer Paktes waren zwei der Prioritäten auf der politischen Agenda der Sowjetunion gewesen. Die gravierenden Ereignisse in den frühen sechziger Jahren, die Berlin-Krise und die Kuba-Raketenkrise, die das »Machtspiel« zwischen den Supermächten markierten, trieben die Anstrengungen für eine Reform des Warschauer Paktes zunehmend voran. Ob es um eine Steigerung der operativen Wirksamkeit der Allianz ging oder nur um einen sowjetischen Versuch, die Unterordnung der Satellitenstaaten zu forcieren – die Reformfrage verschaffte den Rumänen eine weitere Gelegenheit, »Unabhängigkeit« gegenüber dem »Großen Bruder« zu reklamieren und auf ihren Sonderstatus innerhalb der Organisation zu pochen.

Die Forschungen zur rumänischen Politik innerhalb des Warschauer Paktes erhielten nach 1990, als die rumänischen Archive den Zugang zu beweiskräftigem Dokumentenmaterial eröffneten, einen starken Impuls. Über die generelle Linie, die die rumänische kommunistische Führung hinsichtlich der Militärreform des kommunistischen Bündnisses verfolgte, ist viel veröffentlicht worden. Die Forschung war von dem Bemühen geprägt, den Gründen und der Logik der Handlungen nachzugehen, die Bukarest im Hinblick auf das militärische Funktionieren des Warschauer Paktes unternahm sowie von dem Interesse um ein besseres Verständnis der Konsequenzen, die diese Handlungen für den gesamten Reformprozess der kommunistischen Allianz hatten.

In diesem Beitrag wird der Versuch unternommen, die rumänische Position zu der zur Diskussion stehenden Reformfrage in einem größeren Rahmen in den Blick zu nehmen. Die Einstellung der rumänischen Delegation auf den wichtigsten Zusammenkünften soll systematisch dargelegt werden, um ein generelles Verständnis für die Reaktionen der rumänischen Führung auf die Hauptvorschläge und Herausforderungen einer Militärreform des Warschauer Paktes zu vermitteln.

Die rumänische Sicht auf die Reform des Paktes

Am 14. Mai 1955 unterzeichnete Rumänien zusammen mit sieben anderen »Brüderländern« den Vertrag über Freundschaft, Zusammenarbeit und gegenseitigen Beistand – bekannt als Warschauer Pakt bzw. Warschauer Vertragsorganisation. Es wurde damit offizieller Teil des militärischen Bündnisses unter sowjetischer Vorherrschaft. Der Pakt formalisierte die Position der Sowjetunion als Kopf des sozialistischen Staatenblocks und ersetzte die bilateralen Beziehungen durch einen multilateralen Rahmen. Was Rumänien angeht, so durchlief seine Haltung innerhalb des Paktes eine erstaunliche Entwicklung. In den ersten Jahren des Bestehens des Warschauer Paktes verhielt sich Rumänien wie ein sehr gewissenhafter Verbündeter, der der von Moskau vorgegebenen politischen Richtung loyal folgte. Die rumänische Haltung während der Ungarn- und der Suez-Krise liefert dafür den überzeugenden Beweis. In den frühen sechziger Jahren veränderte sich Bukarests Agieren im Pakt; es wurde vor allem weniger vorhersehbar als früher. Die Ereignisse in Ungarn 1956 wirkten bei der Bestimmung des weiteren rumänischen Auftretens im Warschauer Pakt als Katalysator. Diese Entwicklung vollzog sich graduell, begleitet von Schwankungen: Am Anfang stand der Versuch, zwischen Moskaus Willen und Bukarests Interessen eine Balance zu finden, dann folgte die Distanzierung von Moskau und schließlich die Obstruktionshaltung gegenüber vielen sowjetischen Direktiven.

Der Prozess, in dem Bukarest seine Position innerhalb des kommunistischen Blocks neu zu definieren begann, unterlag einer besonderen Dynamik. *Erstens* ist zu beobachten, wie Bukarest seine politische Strategie auf außenpolitischer Ebene – ausgelöst Mitte der sechziger Jahre – insbesondere in Bezug auf die Sowjetunion neu zu durchdenken begann. Die Ursachen für den neuen politischen Kurs Rumäniens liegen im Jahr 1956 begründet, als sich die kommunistische Führung mit gravierenden Herausforderungen konfrontiert sah: dem vom neuen Sowjetführer Nikita S. Chruščev eingeleiteten Entstalinisierungsprozess und der ungarischen antikommunistischen Bewegung. Mehr denn je wurde der rumänischen Führung bewusst, dass das politische Überleben ihres Regimes von Moskaus Unterstützung abhing, was ihre nationalen Sicherheitsinteressen verstärkte[1].

Diese Unsicherheit war im Grunde der Motor für die Entscheidung der rumänischen Führung, einen inneren Ablösungsprozess von der Sowjetunion einzuleiten, um die sowjetische Kontrolle aufzuweichen und die »Unabhängigkeitskarte« zu spielen – als die einzige Lösung für den Erhalt der eigenen politischen Macht. Ursprünglich auf die wirtschaftliche Dimension beschränkt, wurde die Politik der Ablösung 1964 mit der sogenannten Aprildeklaration proklamiert, dem Dokument, das zur Grundlage für die gesamte Politik des rumänischen kommunistischen Regimes bis 1989 werden sollte[2].

Zweitens waren die in den späten fünfziger und frühen sechziger Jahren ausgebrochenen großen Krisen – die zweite Berlin-Krise und insbesondere die

Kuba-Raketenkrise – eine ernste Lehre für die Bukarester Führung. Ihr wurden die möglichen Konsequenzen bewusst, die eine riskante Politik wie die von Moskau betriebene auf die nationale Sicherheit des Landes haben konnte. Die während der Kuba-Krise von der Sowjetunion getroffene Entscheidung, die Kampfstärke der Vereinten Streitkräfte des Warschauer Paktes zu erhöhen, ohne die legitimen nationalen Entscheidungsträger der Mitgliedsstaaten des Warschauer Paktes zu konsultieren oder vorab zu informieren, verstärkten die Befürchtungen, dass Rumänien gegen seinen Willen und ohne Rücksicht auf seine nationalen Sicherheitsinteressen in einen Atomkrieg hineingezogen werden könnte. Die Schlussfolgerung, die Bukarest aus diesen dramatischen Ereignissen zog, war radikal, und zwar alle erforderlichen Maßnahmen zu ergreifen, um eine mögliche Einbindung in die riskante sowjetische Politik, welche die rumänischen Sicherheitsinteressen gefährden könnte, zu vermeiden. Die unflexible rumänische Haltung gegenüber Initiativen zur Reform des Paktes, manchmal ohne diese auch nur ernsthaft zu erwägen, kann vor diesem Hintergrund als Folge von durch das sowjetische Verhalten ausgelösten Sicherheitsbefürchtungen gesehen werden.

Somit wäre eine Erklärung für die rumänische Paktpolitik, sie basiere lediglich auf persönlichen Wünschen der damaligen kommunistischen Führer, ihre eigene politische Macht zu bewahren, zu kurz gegriffen. Sie war auch die Antwort auf sehr ernste Sicherheitsbefürchtungen, die durch die sowjetischen Aktionen auf internationaler Ebene und Moskaus innerhalb des Paktes offensichtlichen hegemonialen Tendenzen ausgelöst worden waren.

Die ersten Initiativen für eine Militärreform

In den ersten Jahren nach 1955 waren die Aktivitäten des Warschauer Paktes nur zu einem geringen Teil darauf gerichtet, ein multilaterales militärisches Bündnis zu errichten, sondern primär darauf, den Warschauer Pakt zu einem zuverlässigen Instrument zur Kontrolle der osteuropäischen Verbündeten zu machen. Bis in die frühen Sechziger nutzte die Sowjetunion den Pakt eher als Werkzeug in der Ost-West-Diplomatie denn als funktionierendes politisch-militärisches Bündnis. In besagten Jahren begann die Sowjetunion, die Koalition auf ihre Veränderungen vorzubereiten, und von da ab wurde die Reform des Paktes zu einer der Prioritäten für die Sowjets im Hinblick auf sein Funktionieren.

Die von sowjetischer Seite Anfang des Jahrzehnts in die Diskussion gebrachte Reform führte zwischen Moskau und Bukarest zu unüberbrückbaren Divergenzen. Zwar verfolgten beide Seiten ein gemeinsames Ziel – die Verbesserung der Arbeitsmechanismen der Allianz –, doch unterschieden sich die Gründe dafür voneinander. Moskau hatte vor dem Hintergrund der Zuspitzung der chinesisch-sowjetischen Polemik ein Interesse daran, sich einen »legalen«

Status zu verschaffen, um seine hegemoniale Rolle innerhalb des Bündnisses zu rechtfertigen, indem einerseits die Kontrolle über die Außenpolitik seiner Satelliten und andererseits die Funktionalität der politisch-militärischen Strukturen des Paktes im Kriegsfall verstärkt wurde. Die Parteiführung in Bukarest wiederum wollte sich den größeren Handlungsspielraum gegenüber Moskau bewahren und unbedingt die Schaffung von Strukturen vermeiden, welche die Handlungsfreiheit Rumäniens innerhalb des Paktes gefährden könnten.

Die Frage einer organisatorisch-militärischen Reform des Warschauer Paktes wurde bei der Tagung des Politischen Beratenden Ausschusses (PBA) in Warschau vom 18. bis 20. Januar 1965 offiziell diskutiert. Zum ersten Mal konnten die teilnehmenden Länder bei dieser Zusammenkunft ihre Meinung darüber austauschen, wie der organisatorische Rahmen des Paktes zu nutzen wäre, um den Kooperations- und Konsultationsmechanismus unter den Mitgliedsländern zu erweitern. Die Transformation war der zentrale Punkt auf der Agenda der Tagung. Es wurde diskutiert – doch aufgrund des rumänischen Widerstandes kam es zu keiner wirklichen Entscheidung. Was geschah tatsächlich? Hauptfragen waren der sowjetische Vorschlag zur Bildung eines Außenministerkomitees sowie die Arbeit des Oberkommandos der Vereinten Streitkräfte (VSK). Der Vorschlag zur Bildung eines Außenministerkomitees war auf der Tagesordnung kein neuer Punkt. Er stand bereits auf der Tagung des PBA in Prag im Januar 1956 zur Diskussion, als beschlossen wurde, ein Außenministerkomitee und ein Ständiges Sekretariat als Unterorgane des PBA einzurichten. Warum sollte nun, 1965, von Neuem darüber befunden werden? War es die Eskalation des chinesisch-sowjetischen Konflikts, die Moskaus Besorgnis und Motivation anheizte, die Außenpolitik der Teilnehmerländer besser zu koordinieren? Die rumänische Führung, die aus praktischen und opportunistischen Gründen die Rolle eines Mediators in diesem Konflikt eingenommen und versucht hatte, zwischen den großen kommunistischen Mächten zu lavieren, fühlte sich durch die sowjetischen Initiativen bedroht, den Pakt durch Schaffung neuer politischer Strukturen zu reformieren. Diese Tatsache geht aus einer Note des rumänischen Außenministers hervor, in der Moskaus wachsendes Interesse an einer Koordinierung der Außenpolitik der Teilnehmerstaaten des Warschauer Paktes unterstrichen wurde, um über Aktionen, die sie in dieser Richtung unternahmen, besser unterrichtet zu sein[3]. Die Hauptsorge der Bukarester Führung war, dass solch neue politische Strukturen ihre Handlungsfreiheit auf internationaler Ebene einschränken würde. Darüber hinaus bestimmte das mangelnde Vertrauen in Moskaus Goodwill die rumänische Haltung zu der diskutierten Frage.

Rumänien stimmte der Notwendigkeit von Veränderungen innerhalb des Paktes zu, forderte aber, dass den osteuropäischen Mitgliedsstaaten bei Entscheidungsprozessen des Bündnisses eine größere Rolle zugestanden werde. Die rumänische Delegation ließ wissen, dass neue Strukturen innerhalb des Paktes nicht rational gerechtfertigt sein konnten, solange die Entscheidungsmechanismen unverändert blieben, die es den Sowjets ermöglichten, bei allen innerhalb des Bündnisses getroffenen Entscheidungen das Sagen zu haben – ungeachtet der Interessen der anderen Mitgliedsstaaten. Klar ausgedrückt wurde diese Position durch den rumänischen Parteiführer Gheorghe Gheorghiu-Dej:

»Wir stimmen nicht zu und werden nicht zustimmen, dass innerhalb des Warschauer Paktes neue Strukturen errichtet werden. Wir können solche Konsultationen durchführen, ohne eine permanente Struktur zu errichten[4].«

Obendrein lehnte der rumänische Führer den sowjetischen Vorschlag mit dem Hinweis darauf ab, dass die Bildung eines Außenministerkomitees bedeutete, »die nationale Souveränität auf außenpolitischem Gebiet aufzugeben«[5]. Rumänien begann, die sowjetischen Pläne zu stören, die auf eine Optimierung und Operationalisierung des Warschauer Paktes zielten. Aufgrund der rigiden Position der rumänischen Delegation wurde kein Kompromiss erreicht und daher eine mögliche Lösung dieser Fragen verschoben[6].

Ein Jahr später stellten die Sowjets erneut die Frage einer Militärreform des Paktes zur Diskussion. Das Hauptaugenmerk lag darauf, neue Statuten für die Vereinten Streitkräfte, den Militärrat der Vereinten Streitkräfte, ein einheitliches Luftverteidigungssystem und den organisatorischen Rahmen für die führenden Strukturen des Oberkommandos der Vereinten Streitkräfte und des Technischen Komitees auszuarbeiten und zu bestätigen. Die durch die neuen sowjetischen Vorschläge ausgelösten Debatten ermöglichten es den Rumänen, die bereits verbalisierten Einwände zu wiederholen, welche darauf abzielten, sich innerhalb des Paktes größere Autonomie zu sichern und die sowjetischen militärischen Integrationsversuche zu umgehen. Der 1965 zur Macht gekommene neue rumänische kommunistische Führer Nicolae Ceaușescu stellte gleichwohl klar, dass er nicht gewillt sei, irgendeinem Kompromiss mit Blick auf die Autonomie des Landes zuzustimmen – ein Ansatz, der auf die weitere Entwicklung innerhalb des Paktes erheblichen Einfluss ausübte.

Am 7. Februar 1966 legte der sowjetische Marschall Andrej A. Grečko, Oberkommandierender der Vereinten Streitkräfte, auf der Tagung der Chefs des Generalstabes der Mitgliedsländer des Warschauer Paktes in Moskau vom 4. bis 9. Februar 1966 den neuen Entwurf des Statuts über ein Vereintes Kommando der Streitkräfte vor. Der rumänische Standpunkt zum diskutierten Dokument wurde wie folgt fixiert:

– Die nationale militärische Instanz sei lediglich der nationalen politischen Führung verantwortlich, sei es in Friedens- oder Kriegszeiten.

– Der Militärrat solle neben dem Vereinten Oberkommando der Vereinten Streitkräfte (nicht neben dem PBA, wie von anderen Teilnehmern gefordert) als ein beratendes Organ gebildet werden, das Beschlüsse nach dem Einstimmigkeitsprinzip trifft.

– Die von jedem Staat für eine gemeinsame Aktion abgestellten Streitkräfte sollten in einem Krieg nur nach einem Beschluss der nationalen Führung des betreffenden Staates eingesetzt werden.

– Der Oberkommandierende und der Chef des Generalstabes sollten auf der
   Grundlage einer allgemeinen Übereinkunft zwischen den Regierungen der
   Teilnehmerstaaten für eine Amtszeit von vier bis fünf Jahren ernannt werden und kein anderes Amt bei der jeweiligen nationalen Regierung beklei-
   den.

– Die Vertreter des Oberkommandos bei den nationalen Armeen zu behalten,
   sei kaum zu rechtfertigen und daher sinnlos[7].

Rumänien beabsichtigte, die Umwandlung des Vereinten Oberkommandos zu
einem Kontroll- und Aufsichtsorgan zu verhindern, das Entscheidungen »ober-
halb der nationalen Regierungen« treffen und die Armeeführung legitimieren
konnte. Überdies ging dem sowjetischen Vorschlag gemäß in einem Kriegsfall
die führende Autorität der Vereinten Streitkräfte an den Generalstab der Sowjetunion über; und der Generalstab der Vereinten Streitkräfte fungierte lediglich als Nebenorgan[8].

Da die rumänische Delegation diesbezüglich zu keinem Kompromiss bereit
schien, traf sich der Oberkommandierende separat mit den rumänischen Vertretern, um eine gemeinsame, abgestimmte Lösung zu finden. Die Zusammenkunft fand im Mai 1966 zwischen dem sowjetischen Armeegeneral M.I. Kazakov, Chef des Generalstabes der Vereinten Streitkräfte, und dem rumänischen
Verteidigungsminister General Leontin Sălăjan sowie General Ion Gheorghe,
Chef des rumänischen Generalstabes, statt. Wieder wurde keine Kompromisslösung gefunden[9]; und die rumänische Delegation ersuchte, ihre eindeutige
Position im Schlussprotokoll der Sitzung aufzunehmen[10].

Das Beharren der Rumänen führte in der nächsten Phase zu einigen positiven Ergebnissen, so dass die meisten rumänischen Abänderungen auf der Tagung der Verteidigungsminister in Moskau vom 27. bis 29. Mai 1966 akzeptiert
wurden[11]. Von den seitens der Rumänen vorgeschlagenen Prinzipien, die in
dem neuen sowjetischen Statutentwurf aufgenommen wurden, sind zu erwähnen:

– das dem Vereinten Kommando der Streitkräfte zugesprochene Recht auf
   Koordinierung – und nicht auf Befehlsgebung – der Streitkräfte des Warschauer Paktes;

– die den Vereinten Streitkräften von jedem Land zugewiesenen Streitkräfte
   sind ihrer nationalen Führung unterstellt;

– die führenden Kommandostellen des Warschauer Paktes, einschließlich des
   Oberkommandierenden, wechseln turnusmäßig unter den hohen Militärs jedes Landes.

Auf der nächsten Tagung des PBA des Warschauer Paktes im Juli 1966 in Bukarest sollten organisatorische Veränderungen des Paktes unter Berücksichtigung
der militärischen Dimension thematisiert werden. Kurz vor der Tagung jedoch
legte die rumänische Führung – ihre unflexible Haltung beibehaltend – den
eigenen Entwurf eines Statuts für das Vereinte Kommando der Streitkräfte mit
neun Punkten vor, der die bereits bekannten Einwände gegen das vom sowjeti-

schen Oberkommandierenden im Februar 1966 vorgelegte Statut enthielt. Die Hauptsorge der Rumänen galt der Rolle und den Funktionen, die an den PBA gehen sollten, der Beibehaltung der Präsenz der Vertreter des Oberkommandierenden bei den nationalen Armeen und dem Vorschlag über die Bildung eines Militärrats als Beratungsorgan neben dem Oberkommandierenden der Vereinten Streitkräfte[12].

Da sich die Sowjets bewusst waren, dass die rumänischen Vorschläge zu neuen Störungen führen würden, beschlossen sie, die Debatte über dieses Thema zu verschieben, bis sich bessere Bedingungen ergäben. Anzumerken ist, dass die Sowjets während dieser Tagung vor allem die Frage einer europäischen Sicherheitskonferenz umtrieb und sie großes Interesse daran hatten, diesbezüglich mit den Rumänen zu einem Kompromiss zu gelangen. Folglich war das sowjetische Interesse darauf gerichtet, die Zustimmung der Rumänen zu einer kraftvollen Erklärung über die europäische Sicherheitsfrage zu erlangen; aus diesem Grund wurde der Diskussionspunkt einer politischen und militärischen Reform des Paktes von der Tagesordnung gestrichen.

Zwischen Unnachgiebigkeit und Kompromiss

Bis 1968 wurde die militärische Reform des Paktes nicht mehr thematisiert, zum Teil aufgrund der rumänischen Haltung wie auch aufgrund anderer internationaler Prioritäten der Sowjets, beispielsweise die Europäische Sicherheitskonferenz. Anfang 1968 kam es in Bukarest zu einer Reihe von Begegnungen und Besuchen einiger wichtiger Personen des Paktes mit dem Ziel, das bestehende Problem zu klären und einen Kompromiss zu finden. Indes ließ Bukarest nicht von der bereits in der vorausgegangenen Phase verbalisierten Haltung ab. Diese Situation veranlasste Moskau zu einer neuen Taktik in ihrem Umgang mit den Widersachern: Es sollten einige Übereinkünfte auf Ad-hoc-Basis erreicht werden, ohne das von rumänischer Seite gewünschte wesentliche Thema – das Statut des Vereinten Oberkommandos der Vereinten Streitkräfte als Ganzes – zu berühren. Auf der Tagung der Verteidigungsminister und Chefs des Generalstabes in Prag vom 29. Februar bis 1. März 1968 kam diese Taktik zum Einsatz. Die Sowjets initiierten eine Debatte über die Bildung eines Militärrats des Vereinten Kommandos der Streitkräfte und die Zustimmung zu dessen Statut, wobei vermieden wurde, den von Bukarest gewünschten Statutentwurf für das Vereinte Oberkommando in die Diskussion aufzunehmen. Die rumänische Delegation, die die tatsächlichen Absichten der Taktik durchschaute, lehnte es erneut ab, der sowjetischen Tagesordnung für Diskussionen zuzustimmen. Der Chef der rumänischen Delegation, Generaloberst Ion Gheorghe, erläuterte Bukarests Haltung und sagte, dass jegliche Debatten über das Vereinte Kommando der Streitkräfte und die Errichtung neuer Arbeitsstrukturen sinnlos seien, solange wesentliche Fragen wie der Charakter der zwischen dem Vereinten

Oberkommando und der nationalen Führung eines Mitgliedslandes des Paktes herzustellenden Beziehungen einerseits und der Beziehungen zwischen dem Vereinten Kommando und dem Politischen Beratenden Ausschuss andererseits ungelöst blieben. Er unterstrich die Notwendigkeit, eine genaue Vorstellung darüber zu haben, wer das Recht habe zu entscheiden, Positionen zu besetzen und die wichtigsten Beschlüsse des Vereinten Kommandos der Streitkräfte zu bestätigen. »Als ich den Standpunkt der rumänischen Delegation erläuterte«, so General Ion Gheorghe später, »wies ich darauf hin, dass es weder möglich noch zweckmäßig sei, Arbeitskompetenzen für einige Strukturen des Vereinten Kommandos zu schaffen, ohne vorher die allgemeinen Normen und Verfahren des Vereinten Kommandos durch Ausarbeitung seines Statuts zu diskutieren, zu klären und auszuarbeiten[13].« Die abweichende Haltung der rumänischen Delegation wurde in dem am Ende der Tagung unterzeichneten Schlussprotokoll erneut fixiert[14].

Der Höhepunkt war erreicht, als Marschall Ivan I. Jakubovskij dem rumänischen Verteidigungsminister am 24. Mai 1968 die Statutentwürfe für die Vereinten Streitkräfte, den Militärrat, den Generalstab, das Vereinte Luftverteidigungssystem und den Technischen Ausschuss zusandte, die zuvor auf der Tagung des PBA in Sofia im März 1968 erörtert worden waren[15].

Zu ihrer Überraschung mussten die Rumänen feststellen, dass viele der zuvor auf ihren Vorschlag hin herausgenommenen Bestimmungen in der aktualisierten Textfassung von den Sowjets eingefügt worden waren. Die Hauptkritik Bukarests richtete sich im Wesentlichen darauf, dass dem Oberkommandierenden der Vereinten Streitkräfte das Recht zugesprochen wurde, die Befehlsgebung und Kontrolle über alle Streitkräfte auszuüben – ungeachtet ihrer Staatszugehörigkeit. Im Fokus standen zudem die dem Politischen Beratenden Ausschuss zugesprochenen großen Privilegien, die im Widerspruch zu der Rolle eines beratenden Organs standen. Nach dem neuen Statut sollte der PBA im Namen des Oberkommandierenden Ernennungen aussprechen und Entscheidungen treffen sowie Befehle zur Stärkung der Kampfkraft der Vereinten Streitkräfte erteilen können. Aus Sicht der Rumänen lief dies auf die Aufgabe legitimer nationaler Vorrechte, die einem souveränen Staat gewöhnlich zustehen, hinaus. Nach Analyse dieser Dokumente setzte Verteidigungsminister Generaloberst Ion Ioniţă einen umfänglichen Bericht mit der Schlussfolgerung auf, dass die von Partei und Staatsführung 1966 gebilligte Haltung im Weiteren aufrecht erhalten bleiben sollte. Das hieß im Einzelnen:

– Einschränkung der dem Oberkommandierenden zugesprochenen Rechte mit dem Argument, dass »alle für das nationale Sicherheitsinteresse relevanten Vorschläge, Empfehlungen und Entscheidungen des Oberkommandierenden auf einer gemeinsamen Übereinkunft aller Verteidigungsminister der WVO-Mitgliedsstaaten beruhen sollten«;

– die dem PBA zugesprochenen umfassenden Privilegien seien rational nicht gerechtfertigt;

– der Abstimmungsmechanismus innerhalb des Militärrats gemäß dem vorgeschlagenen Statut (Mehrheitsentscheidung) wurde von den rumänischen Experten als ein Prinzip angesehen, dass »in den Beziehungen unter Staaten und ›Schwester‹-Parteien nicht angewandt werden könne. Jeder Versuch, eine solche Praxis in den internationalen Beziehungen zu erzwingen, sei inakzeptabel.«

Die Schlussfolgerung lautete, dass keine der Strukturen des Paktes die für eine gemeinsame Aktion bereitgestellten Truppen befehligen und kontrollieren könne. Selbst der von den Sowjets gebrauchte Titel des Dokuments: »Statut der Vereinten Streitkräfte« wurde von dem rumänischen Vertreter angefochten, der die seit 1956 gültige Formel »Statut des Vereinten Kommandos« befürwortete:

»Es wurden viele Vorschläge im Hinblick auf die Vereinten Streitkräfte gemacht – ein Aspekt, dem wir nicht zustimmen können, weil die Streitkräfte der Mitgliedsstaaten des Vertrags nicht vereint werden; sie bleiben ihrem nationalen Kommando direkt unterstellt und werden gemäß den von der Staats- und Parteiführung eines jeweiligen Landes getroffenen Entscheidungen eingesetzt[16].«

Von Bedeutung ist die Tatsache, dass Minister Ioniţă sich der Möglichkeit einer Ablehnung der rumänischen Vorschläge bewusst war. Aus diesem Grund ersuchte er, die klare Position der rumänischen Delegation ins Protokoll aufzunehmen, wobei er ausführte, dass Rumänien nicht gemäß den Bestimmungen der Dokumente agieren würde, solange deren Inhalt den Prinzipien von Gleichheit, nationaler Unabhängigkeit, Souveränität und Nichteinmischung in innere Angelegenheiten widerspreche und damit den Politischen Beratenden Ausschuss und das Vereinte Kommando der Streitkräfte zu suprastaatlichen Organen machen würde[17]. Der Bericht des rumänischen Ministers, eine in der Tat sehr kritische Analyse der von den Sowjets verfolgten Ziele, kam zu dem überraschenden Schluss:

»Auf der Grundlage dieser Haltung positioniert sich die Sozialistische Republik Rumänien außerhalb der gemeinsamen militärischen Strukturen des Warschauer Paktes, ohne jedoch aus dem Vertrag über Freundschaft, Zusammenarbeit und gegenseitigen Beistand auszuscheiden[18].«

Ioniţăs Analyse sollte nicht überschätzt werden. Seine Schlussfolgerung ist über ihre symbolische Bedeutung hinaus einer möglichen Abkehr von der kommunistischen Allianz nicht zuvorgekommen, und – die weitere Entwicklung der Ereignisse hat dies gezeigt – eine Herauslösung Rumäniens aus dem Warschauer Pakt wurde nie ernsthaft in Erwägung gezogen.

Allerdings waren die Konsequenzen dieser Haltung sehr bald zu spüren. So wurde Rumänien während der Krise in der Tschechoslowakei im August 1968 aus dem Entscheidungsprozess der Allianz ausgeschlossen. Weder ist Rumänien zu den Treffen, auf denen die tschechische Lage erörtert wurde, eingeladen noch über die sowjetischen Absichten zum Einsatz militärischer Mittel, um den Ereignissen in Prag ein Ende zu setzen, informiert worden. Die Ereignisse in der Tschechoslowakei bestätigten Rumäniens Isolation innerhalb des Paktes, die in der Tat eine Folge der sowjetischen Taktik war, Rumänien außerhalb des Entscheidungsprozesses der Allianz zu lassen.

Die Ereignisse des Sommers 1968 lösten auf Seiten der rumänischen Entscheidungsträger eine substanzielle Überprüfung ihrer Position aus. Bukarest versuchte nun, zwischen einer Radikalisierung ihrer Handlungen auf dem Gebiet der nationalen Verteidigungspolitik und der Suche nach Kompromissen im Hinblick auf die Militärreform des Paktes zu balancieren, um eine Verschlechterung der Beziehungen zu den Sowjets zu vermeiden. Die Befürchtung, dass das »tschechoslowakische Modell« gegen Rumänien gerichtet werden könnte, machte die Bukarester Führung flexibler beim Herangehen an die sowjetischen Vorschläge, die auf eine institutionelle Transformation des Paktes zielten – mit einer Ausnahme: dem unveränderlichen Widerstand gegen jeglichen Versuch einer militärischen Integration im Rahmen der politisch-militärischen Strukturen des Warschauer Paktes.

Darüber hinaus drängte Bukarest unter dem Eindruck der Ereignisse in der Tschechoslowakei nachdrücklich darauf, das Prinzip der Einmütigkeit beim Entscheidungsprozess in das Statut des Vereinten Kommandos der Streitkräfte aufzunehmen in der Hoffnung, eine ähnliche Situation in der Zukunft zu vermeiden. Zudem ergriffen die Rumänen aus der gleichen Besorgnis heraus entschlossene Verteidigungsmaßnahmen mit dem Ziel, durch Einsatz einer territorialen Verteidigungsstrategie unter der Bezeichnung »Krieg des gesamten Volkes« die volle Kontrolle über ihre Streitkräfte wieder geltend zu machen. Diese Strategie implizierte eine Zwangsteilnahme in zivilen Verteidigungsorganisationen, Milizen, Reserve- und paramilitärischen Kräften sowie eine rasche Modernisierung.

Die rumänische Strategie zielte darauf, jede sowjetische Intervention – vorbeugend – langwierig und kostspielig zu machen. Die neuen Entwicklungen beeinflussten auch maßgeblich, wie sich die rumänische Führung weiterhin in Entscheidungsprozesse des Warschauer Paktes involviert und in den bestehenden funktionierenden Verfahren integriert sah. So beendete Rumänien beispielsweise seine Teilnahme an den gemeinsamen Übungen des Warschauer Paktes, da die multinationalen Manöver die rumänische Armee vor die Notwendigkeit stellten, ihre Truppen einer nichtrumänischen Befehlsgewalt zu unterstellen, wie es das bestehende Statut der Vereinten Streitkräfte vorsah. Rumänien untersagte es WVO-Truppen auch, sein Territorium zu durchqueren oder dort Übungen durchzuführen[19]. Tatsächlich schloss die militärische Zusammenarbeit mit anderen Truppen der Mitgliedsländer des Vertrags lediglich militärische Übungen mit Stabsoffizieren ein, die ihre Kriegsspiele auf Karten durchführten; auf dem Feld selbst wurde nicht geübt. Darüber hinaus sollten geheimdienstliche Aktivitäten eine mögliche sowjetische Infiltration der rumänischen Streitkräfte aufklären; der reguläre nachrichtendienstliche Austausch von Informationen mit der Sowjetunion wurde eingestellt.

Im September 1969 wurde der sowjetische Armeegeneral Sergej M. Štemenko, Chef des Generalstabes, von maßgeblichen Stellen aus Bukarest darüber informiert, dass eine gemäß den bestehenden Verfahren des Warschauer Paktes geplante militärische Übung verschoben würde. Stattdessen schlugen die Rumänen für 1970 eine kartengestützte Zusammenarbeit unter Leitung des rumänischen Verteidigungsministers vor. Der rumänische Vorschlag stieß bei den Sowjets auf entschiedene Ablehnung: »dies würde Kommentare und Spekulationen über ernste Knickstellen innerhalb des Warschauer Paktes hervorrufen«[20]. Bukarest aber verharrte in den siebziger Jahren ungerührt auf seiner Position, was der Kreml als Versuch wertete, sich der Übernahme und Respektierung der innerhalb der Allianz festgelegten Verpflichtungen zu entziehen. Die neue Politik löste noch mehr Divergenzen mit den Sowjets aus.

Ungeachtet solch radikaler Maßnahmen hatten Moskau wie auch Bukarest ein Interesse daran, eine gemeinsame Lösung zu finden und ihre divergierenden Standpunkte aufeinander abzustimmen; beide Seiten unternahmen diesbezüglich auch entsprechende Anstrengungen. Unter diesen Umständen fanden Ende September 1968 neuerlich Gespräche zwischen den Sowjets, vertreten durch den Oberkommandierenden der Vereinten Streitkräfte Jakubovskij sowie den Chef des Generalstabes Štemenko, und dem rumänischen Führer Ceauşescu statt[21]. Bei dieser Gelegenheit stimmte Rumänien vielen sowjetischen Vorschlägen zu, darunter dem, neben dem Politischen Beratenden Ausschuss einen sich aus den Verteidigungsministern zusammensetzenden Militärrat zu bilden. Entgegen der zuvor zum Ausdruck gebrachten Position erfolgte die Zustimmung mit dem Ersuchen, diese neue Struktur neben dem Vereinten Kommando der Streitkräfte des Warschauer Paktes zu schaffen. Die rumänische Delegation bestand jedoch darauf, dass die dem Oberkommandierenden zugeschriebenen Kompetenzen nicht den legitimen Rechten eines souveränen Staates widersprachen.

Im Oktober 1968 ging ein weiterer Statutentwurf nach Bukarest mit dem Hinweis, dass die zuvor vorgebrachten rumänischen Vorschläge Berücksichtigung gefunden hätten. Tatsächlich waren einige Hinweise auf das Statut des Militärrats entfernt worden, der größte Teil der rumänischen Bemerkungen jedoch war unberücksichtigt geblieben. Wieder drängte Bukarest gegenüber den Sowjets darauf, seine Einwände hinsichtlich der Kompetenzen des Oberkommandierenden zu akzeptieren mit dem Argument, dass dieser keine Befugnisse in der Führung eines Landes haben, lediglich Empfehlungen abgeben und keine bedingungslos zu erfüllenden Befehle erteilen könne.

Das Treffen der Verteidigungsminister in Moskau vom 29. bis 30. Oktober 1968 beendete mit der Ausarbeitung und Zustimmung zu den Statutentwürfen des Verteidigungsministerkomitees, der Vereinten Streitkräfte selbst und des Vereinten Kommandos, des Militärrates der Vereinten Streitkräfte, des Luftverteidigungssystems, des Generalstabes und des Technischen Komitees die erste wichtige Phase des Reformprozesses der Allianz. Diesmal stimmte Rumänien den in den vorgelegten Dokumenten aufgeführten grundlegenden Bestimmungen zu, wobei indes seine Haltung zu zwei Hauptprinzipien unverändert blieb: Die Entfaltung der Streitkräfte des Warschauer Paktes auf dem Territorium eines Mitgliedsstaats sollte nur mit allgemeiner Zustimmung der Teilnehmerstaaten beschlossen werden können, und Entscheidungen des Militärrates sollten auf dem Prinzip der Einstimmigkeit gefällt werden. Aus diesem Grund forderten die rumänischen Vertreter als Eintrag in das Schlusskommuniqué, dass sich Rumänien das Recht vorbehalte, sich weiterhin Gedanken über die Formen zu machen, in denen die Truppen der Vereinten Streitkräfte auf dem Territorium eines Mitgliedsstaates des Warschauer Paktes ihre Übungen durchführten[22].

Am 19. Februar 1969 trafen sich in Bukarest Ceauşescu, Jakubovskij und Vasiliy V. Kuznecov, der sowjetische stellvertretende Außenminister. Die Begegnung stand unter dem Zeichen der Notwendigkeit, für die neue bilaterale Krise eine Lösung zu finden. Bei dieser Gelegenheit äußerte der rumänische Führer erneut seine Zustimmung zur Schaffung der im Mai 1968 vorgeschlagenen Strukturen innerhalb des Paktes unter der einen Bedingung, dass die Beschlüsse auf der Grundlage einer Zustimmung aller Mitgliedsländer des Warschauer Paktes erfolgten.

Die Polemik zwischen den beiden Seiten konzentrierte sich auf Artikel 12 des Statuts der Vereinten Streitkräfte, genauer: auf das Wort »alle«. Gemäß dem rumänischen Standpunkt »sollte eine Situation, in der der Warschauer Pakt mit der Gefahr eines Krieges konfrontiert würde, von allen Mitgliedsländern erörtert werden und der Oberkommandierende eine Entfaltung der Truppen nur dann befehlen können, wenn alle teilnehmenden Staaten diesbezüglich zu einer Übereinkunft gelangt waren«. Nicolae Ceauşescu formulierte es sogar noch direkter:

»Es gab Zusammenkünfte, zu denen Rumänien weder eingeladen noch konsultiert worden ist. Wir wollen nicht in eine Situation geraten, wo wir ohne vorherige Konsultation an bestimmten Aktionen teilnehmen sollen. Mit dem Wort ›alle‹ unterstreichen wir jene Vertragsbestimmung, die sich auf die Notwendigkeit einer gemeinsamen Übereinkunft aller Staaten bezieht, wenn eine gemeinsame Aktion beschlossen wird[23].«

Schließlich wurde die Herausnahme von Artikel 12 aus dem Statut vereinbart. Dass Bukarest auf dem Wort »alle« bestand – also auf der einmütigen Einschätzung einer Kriegsgefahr und implizit auf der Entscheidung *aller* Paktstaaten, einen Krieg zu führen –, konnte als ein Versuch gesehen werden, legale Unterstützung dafür zu gewinnen, eine mögliche Verwicklung in einen Krieg gegen die NATO zu vermeiden. In solch einem Fall suchte Bukarest nach Grundlagen für das Recht, im Kriegsfalle eine neutrale Position einzunehmen[24]. Was die rumänische Seite forderte, war schlicht die Legitimation für eine mögliche abweichende Position.

Die von der Bukarester Führung vorgebrachten Einwände in den Debatten zur Militärreform des Warschauer Paktes in den sechziger und siebziger Jahren hielten die Sowjets nicht davon ab, ihre Reformpläne fortzuführen. So beendete die Tagung des PBA in Budapest am 17. März 1969 die zweite wichtige Phase des Reformprozesses des Warschauer Paktes, als ungeachtet der von Rumänien vorgebrachten Einwände folgende Statuten einstimmig angenommen wurden: der Vereinten Streitkräfte und des Vereinten Kommandos der Streitkräfte, des Komitees der Verteidigungsminister, des Militärrats und des gemeinsamen Luftverteidigungssystems. Zwar unterzeichneten die Rumänen diese Dokumente, ließen aber wissen, dass ihrer Auffassung nach die Aktivitäten der führenden militärischen Strukturen des Vereinten Kommandos und die Beziehungen zwischen den Verbündeten durch die verabschiedeten Statuten *in Friedens-, nicht aber in Kriegszeiten* geregelt würden. Zwei wichtige Bestimmungen kamen den rumänischen Besorgnissen entgegen: das Recht nationaler Führungen, Entscheidungen über eine Entfaltung ihrer eigenen Kräfte zu treffen, und die Bestimmung, nach der der Oberkommandierende der Vereinten Streitkräfte nicht das Recht habe, Befehlsgewalt und Kontrolle über die vereinten Streitkräfte auszuüben, sondern nur Empfehlungen auszusprechen.

Schlussfolgerungen

Die rumänische Haltung zur politischen und militärischen Reform des Warschauer Paktes hat in der rumänischen wie internationalen Historiografie nach 1990 unterschiedliche Interpretationen gefunden. Von einigen Historikern ist Rumäniens strikte Oppositionshaltung gegenüber Vorschlägen zur Reform der kommunistischen Allianz als rational kaum gerechtfertigt gesehen worden. Andere wiederum unterstrichen den Mut, den die rumänische Parteiführung bewies, als sie ihre Unabhängigkeit verteidigte, indem sie konstant jeden sowjetischen Versuch zurückwies, die Unterordnung der Satelliten auszuweiten.

Die Frage der militärischen Reform des Paktes ermöglichte es den Rumänen, die nationale Karte zu spielen und ihren Sonderstatus innerhalb des kommunistischen Blocks zu behaupten. Die rumänische Haltung war nicht bloß Ausdruck von nationalem Egoismus, sondern die Reaktion auf sehr ernste Besorgnisse um die nationale Sicherheit. So könnte man sagen, dass Rumäniens Position innerhalb der kommunistischen Allianz ein Beispiel für Nichteinbindung war – ein Bremselement, ohne jedoch die sowjetischen militärischen Integrationsabsichten tatsächlich zu verhindern[25]. Bukarest meinte, durch Opposition gegen eine militärische Integration und Beibehaltung eines größeren Handlungsspielraums auf verteidigungspolitischem Terrain im Falle einer sowjetischen militärischen Intervention geschützt zu sein. Die innerhalb des Paktes und im Hinblick auf die darin entwickelten Reforminitiativen verfolgte Politik kann daher als Reaktion auf solche Besorgnisse gesehen werden.

Im Grunde war die rumänische Führung nicht gegen die Idee, den Pakt zu reformieren, ebensowenig gegen die Erfordernis, seine Arbeitsmechanismen zu verbessern. Das Gebaren der Sowjetunion nahm Bukarest als den Versuch wahr, der »Große Bruder« wolle die Kontrolle über die anderen »Bruderländer« verstärken sowie Druck auf deren nationale Führungen ausüben. Aus diesem Grund entwickelte Bukarest seine eigene Sicht der Dinge und forderte gleiche Rechte für die Bündnismitglieder auf der Ebene des Entscheidungsprozesses, um die verstärkte Dominanz eines einzelnen über die anderen zu vermeiden. Dieser Gegensatz zwischen der rumänischen und der sowjetischen Perspektive über den Fortgang der Reform innerhalb des Paktes hat die gesamte institutionelle und organisatorische Entwicklung des kommunistischen Bündnisses in diesen Jahren entscheidend beeinflusst.

Anmerkungen

1   Siehe Mihail E. Ionescu, The Communist Romania's Course within the Warsaw Treaty. Introduction, in: Romania and the Warsaw Pact, 1955–1989. Selected Documents, ed. by Mihail E. Ionescu and Dennis Deletant, Bucharest 2004.

2   Anm. der Herausgeber: Die vom Zentralkomitee verabschiedete und gegen den antistalinistischen Kurs Chruščevs gerichtete »Deklaration der Rumänischen Arbeiterpartei zu Problemen der internationalen kommunistischen und Arbeiterbewegung« war Basis dafür, dass der stalinistische Kurs in Rumänien über den Tod Stalins hinaus fortgesetzt wurde; gleichzeitig gewann Rumänien mit diesem gegen Moskau gerichteten Coup im westlichen Ausland an Ansehen. Vgl. etwa Thomas Kunze, Nicolae Ceaușescu. Eine Biographie, Berlin 2000, S. 144–146.

3   Siehe Petre Otu, Divergences Regarding the Establishment of the Committee of Foreign Ministers inside the Warsaw Pact, in: Internationel Review of Military History, 2000, 5–6, S. 44.

4   Stenogramm der Sitzung der Ersten Sekretäre des Zentralkomitees der Kommunistischen und Arbeiterparteien, 20.1.1965, Bukarest, Arhivele Nationale Istorice Centrale (ANIC), Fonds ZK der PMR, Sektion Außenbeziehungen, Akte Nr. 15/1965, Bl. 126 f.

5   Paul Niculescu Mizil, O istorie traita, Bd 1, 2. Aufl., București 2000, S. 18.

6   Die diesbezüglichen Diskussionen wurden auf der Tagung des PBA des Warschauer Paktes (25.–26.11.1976 in Bukarest) mit dem Beschluss beendet, ein Außenministerkomitee und ein Vereintes Sekretariat als ständige Organe des PBA einzurichten; siehe Otu, Divergences (wie Anm. 3), S. 43–47.

7   Bericht von Generalleutnant Ion Gheorghe, stellvertretender Verteidigungsminister und Chef des Generalstabes, vom 11.2.1966 über die Zusammenkunft der Generalstabschefs der Mitgliedsländer des Warschauer Paktes in Moskau vom 4.2. bis 9.2.1966, Arhivele Militare Române (AMR), Fonds V2, Bd 3, Akte Nr. 4/59, Bl. 1–7.

8   Ebd.

9   Memoranda von Armeegeneral Leontin Sălăjan, Verteidigungsminister, gerichtet an Nicolae Ceaușescu, Generalsekretär des ZK der PCR, betr. die Diskussionen vom 3.5.1966 mit Armeegeneral M.I. Kazakov, Chef des Stabes der Vereinten Streitkräfte des Warschauer Paktes, 9.5.1966, AMR, Fonds V2, Bd 3, Akte Nr. 8/61, Bl. 8–16.

10 Ebd., Bl. 4.

11 Bericht von Armeegeneral Leontin Sălăjan, Verteidigungsminister, an Nicolae Ceaușescu, Generalsekretär des ZK der PCR, über das Treffen der Verteidigungsminister der Mit-

gliedsländer des Warschauer Paktes in Moskau vom 27./28.5.1966, AMR, Fonds V2, Bd 3, Akte 9/62, Bl. 4.

12 Nicolae Ceauşescu über das Interesse der Sowjets für eine dem PBA zuzuschreibende Rolle und dessen Funktionen:»Sie möchten den Politischen Beratenden Ausschuss in ein Organ umwandeln, das Entscheidungen über militärische Angelegenheiten auf Mehrheitsbasis treffen kann. In einem solchen Fall wären weder die Bestimmungen zum Vereinten Kommando der Streitkräfte des Warschauer Paktes, selbst wenn wir dies anders bezeichnen würden, noch all die anderen Bestimmungen etwas wert, wenn der Politische Beratende Ausschuss solche Kompetenzen haben wird.« Moskau akzeptierte einige der von Rumänien vorgebrachten Einwände, weil die sowjetischen Führer wussten, dass sie die notwendigen Mittel hatten, um solche Einwände später auszuschalten. Siehe Protokoll Nr. 23 und Stenogramm der Sitzung des Exekutivkomitees des ZK der PCR bezüglich Treffen des PBA des Warschauer Paktes (4.–7.7.1966), 12.7.1966, Bukarest, ANIC, Fonds ZK der PCR, Sektion Außenbeziehungen, Akte 95/1966, Bl. 22.

13 Bericht Nr. O.K. 0097 von Generaloberst Ion Gheorghe an Nicolae Ceauşescu über die Tagung der stellvertretenden Verteidigungsminister und Generalstabschefs der Mitgliedsstaaten des Warschauer Paktes in Prag vom 29.2. bis 1.3.1968, AMR, Fonds V2, Bd 3, Akte Nr. 11/27, Bl. 2.

14 Ebd., Bl. 4.

15 Auf der Tagung des PBA in Sofia war vereinbart worden, dass die Verteidigungsminister innerhalb von sechs Monaten Vorschläge bezüglich des Statuts des Vereinten Kommandos, der Einrichtung eines Generalstabes, eines Militärrats und eines Technischen Ausschusses analysieren und vorlegen sollten. Siehe Bericht Nr. O.K. 00315 von Generaloberst Ion Ioniţă, Verteidigungsminister, an Nicolae Ceauşescu über den Inhalt der Statutentwürfe, herausgegeben vom Vereinten Kommando der Streitkräfte der Mitgliedsstaaten des Warschauer Paktes, 3.6.1968, AMR, Fonds V2, Bd 3, Akte Nr. 12/35, Bl. 3.

16 Ebd., Bl. 6.

17 Ebd., Bl. 11.

18 Ebd.

19 Zu den gemeinsamen Manövern und Rumäniens diesbezüglichem Verhalten in der WVO vgl. den Beitrag von Petre Opriş im vorliegenden Band.

20 Bericht Nr. O.K. 0010 von Generaloberst Ion Gheorghe, stellvertretender Verteidigungsminister und Chef des Generalstabes, an Ion Gheorghe Maurer über die Diskussionen in Moskau mit General Sergej M. Štemenko, Chef des Generalstabes des Vereinten Kommandos der Streitkräfte des Warschauer Paktes, betr. die gemeinsame taktischoperative Truppenübung auf rumänischem Territorium im Oktober 1969, 9.9.1969, AMR, Fonds V2, Bd 3, Akte Nr. 14/3, Bl. 76 f.

21 Protokoll Nr. O.K. 00364 von Generaloberst Ion Gheorghe, Erster stellvertretender Verteidigungsminister und Chef des Generalstabes, über die Gespräche am 28.9.1968 zwischen Nicolae Ceauşescu und Ivan I. Iakubovskij, dem Oberkommandierenden der Vereinten Streitkräfte des Warschauer Paktes, 1.10.1968, AMR, Fonds V2, Bd 3, Akte Nr. 13/37, Bl. 1–7.

22 Bericht von Generaloberst Ion Ioniţă, Verteidigungsminister, an Ion Gheorghe Maurer, Präsident des Ministerrats, vom 30.10.1968, betr. die Tagung der Verteidigungsminister der Mitgliedsstaaten des Warschauer Paktes in Moskau am 29./30.10.1968, AMR, Fonds V2, Bd 3, Akte 15/29, Bl. 71–75; siehe ebenfalls Dumitru Preda und Mihai Tetegan, Principiul Dominoului, Bucureşti 1999, S. 5 f.

23 Protokoll der Begegnung zwischen Nicolae Ceauşescu, Generalsekretär des ZK der PCR, und dem sowjetischen Marschall Ivan I. Iakubovskij, Oberkommandierender der Ver-

einten Streitkräfte der Mitgliedsstaaten des Warschauer Paktes, und Vasilij V. Kuznecov, Erster Stellvertreter des sowjetischen Außenministers, vom 19.2.1969, AMR, Fonds D, Akte V2, Bd 3C, Bl. 2–26; Alesandru Dutu, Tratatul de la Varşovia. Divergente românosovietice in adoptarea statutelor, in: Document. Buletinul Arhivelor Militare Române, 5 (2002), 1, S. 11–17.

[24] Ionescu, The Communist Romania's Course (wie Anm. 1).

[25] Liviu Taranu, The Romanian-Soviet Relations within the Warsaw Pact (1955–1960), in: Dosarele Istoriei, 6 (2001), 8, S. 11.

Csaba Békés

Der Warschauer Pakt und der KSZE-Prozess
1965 bis 1970

Am 23. Oktober 1954 unterzeichneten die Westmächte die sogenannten Pariser Verträge, die den Beitritt der Bundesrepublik Deutschland zur Nordatlantik-Vertragsorganisation (NATO) am 5. Mai 1955 beinhalteten[1]. Am selben Tag schlug der sowjetische Außenminister Vjačeslav M. Molotov vor, dass die Außenminister der vier Großmächte vorbereitende Verhandlungen aufnehmen sollten, um eine paneuropäische Sicherheitskonferenz einzuberufen. Da der Vorschlag vom Westen rundheraus abgelehnt wurde, drohte die sowjetische Führung, das Treffen nötigenfalls von sich aus anzuberaumen. Das geschah letzten Endes auch, und die Vertreter der europäischen kommunistischen Länder, mit Ausnahme Jugoslawiens, führten vom 29. November bis 2. Dezember 1954 in Moskau eine Tagung durch[2]. Als Teil der neuen sowjetischen Doktrin – der »Doktrin der aktiven Außenpolitik«[3], die ab dem Jahr 1954 auf eine größere formale Beteiligung der europäischen kommunistischen Länder abzielte – wurde der offizielle Aufruf zur Einberufung der Konferenz auf sowjetische Bitte hin von der Sowjetunion, der Tschechoslowakei und Ungarn gemeinsam veröffentlicht[4]. Der auf der Konferenz gefasste Beschluss enthielt erwartungsgemäß eine doppelte Botschaft: Die Erklärung drängte noch immer auf Einrichtung eines kollektiven europäischen Sicherheitssystems, wies aber andererseits darauf hin, dass die Sowjetunion und ihre osteuropäischen Verbündeten bei der Ratifizierung der Pariser Verträge alle notwendigen Schritte zur Verbesserung ihrer eigenen Sicherheit unternehmen würden.

Die Westmächte lehnten die sowjetische Initiative ab in der Überzeugung, es handelte sich um reine Propaganda; sie unternahmen daher nicht einmal den Versuch, die Absichten Moskaus auf den Prüfstand zu stellen. Dieser Argwohn des Westens schien durch die Tatsache gefördert zu werden, dass die sowjetischen Führer nach der Ablehnung des sowjetischen Vorschlags über die Einrichtung eines kollektiven europäischen Sicherheitssystems beschlossen, für den Ostblock ein eigenes militärpolitisches Bündnis ähnlich der NATO zu schaffen[5].

Obgleich die Idee zur Einrichtung eines kollektiven europäischen Sicherheitssystems langfristig von Moskau nicht aufgegeben wurde, hatten die turbulenten Ereignisse in der Weltpolitik in der Zeit nach der Gründung des Warschauer Pakts im Mai 1955 keine positiven Auswirkungen auf diese Bemühungen[6].

Von Warschau über Bukarest nach Budapest

Die Idee, eine Kampagne zur Durchführung einer paneuropäischen Sicherheitskonferenz zu starten, wurde genau ein Jahrzehnt nach der gescheiterten Initiative von Chruščev und Molotov aus dem Jahre 1954 wiederbelebt, diesmal ausgehend von der polnischen Führung, die das Thema Ende 1964 ansprach. In seiner Rede auf der Generalversammlung der Vereinten Nationen am 14. Dezember schlug der polnische Außenminister Adam Rapacki vor, eine europäische Sicherheitskonferenz mit Beteiligung der Vereinigten Staaten einzuberufen.

Der Vorschlag wurde dann auf der Sitzung des Politischen Beratenden Ausschusses (PBA) des Warschauer Pakts im Januar 1965 in der polnischen Hauptstadt offiziell unterbreitet, jedoch ohne konkrete Vorbereitung oder vorherige Konsultation mit den anderen Mitgliedsstaaten[7]. Obgleich das Thema ursprünglich nicht einmal auf der Tagesordnung des Treffens stand, unterstützten die Teilnehmer den improvisierten Vorschlag einstimmig. Somit wurde in die am Ende der Tagung veröffentlichte Erklärung ein besonderer Absatz aufgenommen, der besagte, dass die Mitgliedsstaaten des Warschauer Pakts es für notwendig erachteten, eine Konferenz der europäischen Staaten einzuberufen, »to discuss measures to ensure collective security in Europe«[8].

Die Erklärung enthielt – neben der Mitteilung, dass der Warschauer Pakt bei Umsetzung des Plans für eine multilaterale Atomstreitmacht »would be forced to carry out the necessary defense measures«[9] – eine Reihe bereits zuvor unterbreiteter Vorschläge, wie die Einrichtung einer kernwaffenfreien Zone in Mitteleuropa, den Abschluss eines Nichtangriffspakts mit den NATO-Ländern, eine Verpflichtung für den kernwaffenfreien Status der beiden deutschen Staaten und so weiter[10].

In der zweiten Hälfte des Jahres 1965 nahm sich die sowjetische Diplomatie der Frage einer möglichen europäischen Sicherheitskonferenz an. Von diesem Zeitpunkt an bis in die Mitte der siebziger Jahre wurde dieses Thema – in enger Verbindung mit Moskaus Bemühungen zur Lösung der Deutschlandfrage – zum zentralen Problem jener Zeit.

Folglich widmete sich die nächste Sitzung des PBA des Warschauer Pakts, die im Juli 1966 in Bukarest stattfand, der angestrebten Sicherheitskonferenz. Im Gegensatz zum improvisierten Charakter vieler anderer PBA-Tagungen ging dieser Sitzung ein sehr langwieriger Prozess intensiver multilateraler Abstimmungen voraus, einschließlich der längsten Sitzung der Außenminister in der Geschichte des Bündnisses, die etwa zwei Wochen dauerte[11]. Die Sowjets hatten einen sehr ehrgeizigen Plan für die Tagung des PBA: Einerseits wollten sie die organisatorische Umgestaltung des Bündnisses durchführen, die seit langem von einigen Mitgliedsstaaten, wie zum Beispiel Polen und Ungarn, angemahnt worden war, und gleichzeitig wollten sie eine kraftvolle Erklärung zur Sicherheitskonferenz abgeben. Für Moskau hatte Letzteres Vorrang. Dies zeigte sich deutlich in der Sondervereinbarung, die in letzter Sekunde mit Rumänien getroffen wurde, das entschieden gegen die Reformen war. Aufgrund dieser Vereinbarung entfiel die Reform der politischen und militärischen Organisation unmittelbar vor dem Treffen als Tagesordnungspunkt[12]. Im Gegenzug wurde die Bukarester Erklärung einstimmig angenommen. Sie rief die Staatschefs auf dem Kontinent auf, vorläufige Verhandlungen über die Durchführung einer Konferenz zur europäischen Sicherheit aufzunehmen.

Zugleich legte der Ostblock aber auch einige Bedingungen fest: Der Westen sollte die Existenz der beiden deutschen Staaten akzeptieren und die Bundesrepublik Deutschland den Alleinvertretungsanspruch für das deutsche Volk aufgeben sowie die bestehenden Ostgrenzen anerkennen. Darüber hinaus drängte das Dokument – auf rumänischen Druck – auf den Rückzug von fremden Truppen aus dem Hoheitsgebiet der europäischen Staaten und auf die Beseitigung der fremden Militärstützpunkte. Es forderte auch die gleichzeitige Auflösung der beiden militärpolitischen Bündnisse. Der Aufruf der Bukarester Tagung des PBA war die erste ernsthafte Initiative des Ostblocks bezüglich der institutionellen Regelung der Ost-West-Beziehungen; gleichzeitig bedeutete er den ersten wichtigen Schritt auf dem Weg zur Unterzeichnung der Schlussakte von Helsinki im Jahre 1975.

Die Reaktionen auf die Erklärung waren auch im Westen nicht nur negativ, aber die Vorbedingungen zur Einberufung der Konferenz konnten zu jener Zeit von den meisten betroffenen Staaten noch nicht akzeptiert werden. Besagte Forderungen waren defensiven Charakters und in der Tat durchaus nicht abwegig: Nur wenige Jahre später akzeptierten bei der allgemeinen Lösung der Deutschen Frage zwischen 1970 und 1973 die Bundesrepublik und der Westen alle in Bukarest festgelegten Vorbedingungen. Gleichzeitig enthielt die Bukarester Erklärung sehr scharfe, gegen die Vereinigten Staaten und die Bundesrepublik gerichtete Formulierungen, die die westeuropäischen Länder offen aufforderten, sich vom Einfluss der USA zu lösen[13]. Obwohl diese Idee dem Wunschdenken zahlreicher Menschen und sogar mancher Politiker in einer Reihe westeuropäischer Länder entsprach, konnte ein solcher taktischer Rat kaum zum Erfolg der Initiative des Sowjetblocks beitragen. Tatsächlich war für den Erfolg des KSZE-Prozesses die Mitarbeit der Vereinigten Staaten und der Bundesrepublik unabdingbar.

Somit erwies sich der Bukarester Aufruf zur Einberufung einer paneuropäischen Sicherheitskonferenz als verfrühte Initiative; das Zusammentreffen selbst vermochte er seinerzeit nicht vorzubereiten helfen. Die positiven oder zumindest neutralen Reaktionen auf die Erklärung in einigen westlichen Ländern bestätigten die Sowjets jedoch dahingehend, dass eine große und umfassende politische Kampagne gestartet werden müsse, um Westeuropa sowohl auf Regierungs- als auch auf gesellschaftlicher Ebene von ihrer Position zu überzeugen.

Was den Umgang mit der Öffentlichkeit betraf, so konnten die Sowjets auf die Unterstützung der kommunistischen Parteien in Westeuropa zählen. Doch waren diese Parteien bereits deutlich weniger bereit, den Befehlen aus Moskau so widerspruchslos zu folgen wie noch vor dem Zweiten Weltkrieg oder in den fünfziger Jahren. Der Entstalinisierungsprozess unter Chruščev bedeutete für die meisten von ihnen bereits eine ernste Prüfung, und in den Sechzigern waren sie mit verschiedenen Herausforderungen und Einflüssen konfrontiert, wie beispielsweise dem Maoismus und anderen linken Ideologien, der Theorie des Polyzentrismus, der Bewegung der blockfreien Staaten usw. Somit war, was die westeuropäischen kommunistischen Parteien betraf, die Einheit im alten Sinne bereits eine Sache der Vergangenheit, und die Sowjets hatten allen Grund, sich darum zu sorgen, ob sie in der Lage sein würden, diese Parteien wieder auf dem ideologischen »Schlachtfeld« zu vereinigen, diesmal mit dem Ziel, den europäischen Status quo festzuschreiben. Schließlich billigten alle Teilnehmer der Konferenz der kommunistischen und Arbeiterparteien Europas, die im April 1967 in Karlovy Vary (Karlsbad) in der Tschechoslowakei stattfand, den sowjetischen Vorschlag, und die nach der Konferenz veröffentlichte Erklärung unterstützte die Einberufung einer paneuropäischen Sicherheitskonferenz einstimmig.

Von diesem Zeitpunkt an bis März 1969 wurden der Bukarester Appell des Warschauer Pakts und die Karlsbader Erklärung von den Ländern des Ostblocks als Hauptgrundlage für weitere Schritte hinsichtlich der Sicherheitskonferenz genutzt.

Um die Machthaber in Westeuropa zu überzeugen, griffen die Sowjets erneut auf die Instrumente einer Dezentralisierungspolitik zurück. Nach dem Bukarester Appell begann Moskau, die Mitgliedsstaaten des Bündnisses darauf zu drängen, die westeuropäischen Länder in bilateralen Verhandlungen von der Bedeutung der Initiative für die Entwicklung der Ost-West-Beziehungen zu überzeugen. Der Hauptzweck dieser Kampagne bestand für die Sowjets letztlich darin, den europäischen Status quo bestätigt zu wissen, der nach dem Zweiten Weltkrieg geschaffen worden war. Für die sowjetischen Vasallenstaaten in Europa ergab sich dadurch auch die Chance, ihre Westbeziehungen »legal« zu stärken. Bis in die frühen sechziger Jahre wurden sie im allgemeinen Sprachgebrauch sowie in internen vertraulichen politischen Dokumenten im Westen als »sowjetische Satellitenstaaten« betrachtet, aber am Ende der Dekade konnten sie sich – mit Ausnahme der DDR – als rechtmäßige Partner in der internationalen Politik betrachten.

Natürlich hatten die kommunistischen Länder Europas bereits zuvor Einzel-verhandlungen geführt, besonders von Beginn der sechziger Jahre an, die sich jedoch hauptsächlich auf die Entwicklung der Wirtschaftsbeziehungen konzen-trierten. Bis dahin hatte die Sowjetunion im Grunde das Privileg, den Ostblock in den wichtigsten Fragen der Weltpolitik zu vertreten. Nun versuchte die sowjetische Führung, ihren Bündnispartnern größeren politischen Spielraum einzuräumen.

Diese Entwicklung führte dazu, dass sich einige kommunistische Länder Europas – vor allem Polen, Ungarn und Rumänien – in herausragender Weise an der internationalen Politik beteiligten, was ihre weitere Emanzipation sowohl innerhalb des eigenen Bündnisses als auch im Ost-West-Verhältnis insgesamt förderte.

Die Verhandlungen trugen dazu bei, internationale Spannungen abzubauen, das Vertrauen zwischen den Vertretern beider Seiten zu stärken und die Entwicklung eines gemeinsamen europäischen Bewusstseins langfristig zu fördern. Die aktive und intensive Teilnahme am Ost-West-Dialog bereitete diese Länder auf die Rolle vor, die sie nach dem März 1969 spielen sollten, als der PBA des Warschauer Paktes die Budapester Erklärung veröffentlichte. Letztendlich nahmen die europäischen Verbündeten der Sowjetunion an den Vorverhandlungen für die Konferenz von Helsinki nicht nur als reine Vollstrecker der sowjetischen Politik teil, sondern handelten in einigen Fällen als unabhängige Instanzen, die oftmals die Gestaltung des Gesamtprozesses mitbestimmten.

Die Vorbereitung des Budapester Appells

Die Erklärung der Mitgliedsstaaten des Warschauer Pakts, die letztendlich den Vorbereitungsprozess für die europäische Sicherheitskonferenz initiierte, wurde im ungarischen Parlament bekanntgegeben. Die offizielle Zeremonie zur Unter-zeichnung der Erklärung am 17. März 1969 stand der Presse offen; es war ein beispielloses Medienereignis in der Geschichte des Warschauer Pakts.

So wurde die aktive Rolle, die die ungarische Diplomatie bei der Unter-stützung des sowjetischen Projekts spielte, quasi damit belohnt, dass Budapest zum Ort des wichtigsten Treffens des PBA des Warschauer Pakts seit der Gründung des Bündnisses ausersehen worden war[14].

Dokumente über die multilateren Vorbereitungen auf die Sitzung werfen jedoch ein neues Licht auf die Entstehungsgeschichte dieser historisch wich-tigen Erklärung[15]. Erstens war Budapest, mit Ausnahme Berlins, die einzige Hauptstadt, wo zu jener Zeit noch keine Sitzung des PBA stattgefunden hatte. Aufgrund des seit 1965 geltenden Rotationsprinzips war es also durchaus logisch, dass die nächste Sitzung dort stattfand. Zweitens stand bis zum letzten Augenblick nur ein Punkt auf der Tagesordnung der Sitzung, die ursprünglich für den Dezember 1968 vorgesehen gewesen war: die Einrichtung einer rechtmäßigen militärischen Gliederung für den Warschauer Pakt in Friedens-zeiten[16]. Anfang Februar 1969 erwähnte der sowjetische Führer Leonid Brežnev gegenüber János Kádár in Moskau, dass es eine großartige Leistung wäre, wenn neben den erforderlichen Änderungen in der militärischen Gliederung eine allgemeine politische Erklärung zu den wichtigsten Fragen der internationalen Politik in Budapest einstimming verabschiedet werden könnte[17]. (Budapest war die erste Sitzung des PBA nach der militärischen Intervention des Warschauer Pakts in der Tschechoslowakei; der Einmarsch wurde damals öffentlich von Rumänien verurteilt.)

Über die genauen Umstände, unter denen die sowjetische Führung die Entscheidung getroffen hat, auf der Tagung in Budapest einen Aufruf für eine europäische Sicherheitskonferenz zu veröffentlichen, lassen die bislang aufge-fundenen Quellen noch keine zuverlässige Aussage zu. Großen Einfluss übten gewiss einige wichtige Entwicklungen auf internationaler politischer Ebene aus. Richard Nixon, der neugewählte Präsident der Vereinigten Staaten, hatte im Januar 1969 sein Amt angetreten. Während seines Wahlkampfes hatte Nixon bereits angekündigt, dass er bereit sei, entscheidende Schritte zu unternehmen, um die sowjetisch-amerikanischen Beziehungen zu verbessern[18], und im Februar wurde auf seine Initiative hin ein »confidential channel« zwischen beiden Regierungen eingerichtet als Ergebnis geheimer Verhandlungen, die unter Lei-tung des nationalen Sicherheitsberaters des Präsidenten, Henry Kissinger, ge-führt worden waren[19]. Da die Amerikaner bereit waren, europäische Angele-genheiten in die Verhandlungen einzubeziehen, bestand unter den Sowjets eine gewisse Hoffnung, dass die Vereinigten Staaten auch die Frage einer euro-päischen Sicherheitskonferenz befürworteten[20].

Kaum mehr als zwei Wochen vor dem Budapester Treffen, am 2. März 1969, kam es an der sowjetisch-chinesischen Grenze am Fluss Ussuri zu einem bewaffneten Zwischenfall, der die Gefahr eines offenen militärischen Konflikts zwischen den beiden Ländern, die zu Beginn der sechziger Jahre ihre Bezie-hungen abgebrochen hatten, in sich barg[21]. Da die Ostgrenzen der UdSSR nun ernsthaft gefährdet schienen, war es nur folgerichtig, dass die Sowjets neue Anstrengungen unternahmen, um die Grenzen im Westen zu sichern, das heißt den nach dem Zweiten Weltkrieg festgelegten Status quo festzuschreiben. Der Hauptgegner dieser Anstrengungen zu jener Zeit war die westdeutsche Regierung. Eine Änderung der Situation brachte die Wahl des Sozialdemokraten Gustav Heinemann am 5. März 1969 zum Bundespräsidenten – ein halbes Jahr vor den Wahlen zum sechsten Deutschen Bundestag im September ein vielversprechendes Ergebnis für die Sozialdemokratische Partei und deren Kanzlerkandidaten Willy Brandt. Als Außenminister in der großen Koalition, die 1966 ihr Amt angetreten hatte, hatte Brandt bereits umfangreiche Beweise geliefert, dass er im Falle eines Wahlsiegs bereit wäre, noch radikalere Schritte zu unternehmen, um die Beziehungen zu den osteuropäischen Staaten zu verbessern. Die bevorstehende Konferenz des PBA erachteten die Sowjets als eine hervorrangende Gelegenheit, die neuen Bedingungen für die angestrebte europäische Sicherheitskonferenz zu prüfen. Dies erforderte auch die Zustimmung der Bündnispartner im Pakt, die mit der Idee überzeugt werden konnten, dass dieses »Ostergeschenk« für alle Beteiligten etwas brächte. Der Beitrag Rumäniens bestand in der wiederholten Bekanntgabe der Bukarester Erklärung vom Juli 1966, also der Forderung einer Sicherheitskonferenz – diesmal ohne irgendwelche Bedingungen, was auch von den ungarischen Gastgebern begrüßt wurde. Die Polen und die Ostdeutschen verstanden, dass die Lösung der für sie so wichtigen Deutschen Frage nur durch einen geeinten Warschauer Pakt erreicht werden konnte, der mit dem Westen verhandelte, und dass diese Einheit nur aufrechtzuerhalten war, wenn man Rumänien gegenüber Zugeständnisse machte.

Die Idee, auf dem Budapester Treffen eine Erklärung zur europäischen Sicherheit abzugeben, wurde in einem Schreiben von János Kádár, dem Generalsekretär der Ungarischen Sozialistischen Arbeiterpartei (MSZMP), an die sowjetische Führung vom 7. März 1969 zur Sprache gebracht. Selbst zu diesem Zeitpunkt, gerade einmal zehn Tage vor der Sitzung, war noch klar, dass die Erklärung eine zweitrangige Frage auf der Tagesordnung darstellen sollte, während die Sowjets gleichzeitig planten, ein allgemeines Dokument zu veröffentlichen, in dem die wichtigsten Probleme der Weltpolitik bewertet würden.

Danach gewannen die Ereignisse beachtlich an Tempo. Am 9. März übermittelte der stellvertretende sowjetische Außenminister Nikolaj Firjubin der ungarischen Führung zwei Dokumente. Eines war der Entwurf einer allgemeinen politischen Erklärung, in der die Hauptfragen der internationalen Politik beurteilt wurden. Es formulierte die Position des Sowjetblocks bezüglich der NATO, der Bundesrepublik, der Lage im Nahen Osten, dem Krieg in Vietnam und den chinesischen Verletzungen der sowjetischen Grenze. Bei dem anderen Dokument handelte es sich um den Entwurf eines Appells zur Einberufung einer paneuropäischen Sicherheitskonferenz, der unter anderem den Vorschlag enthielt, ein operatives Initiativkomitee zu bilden. Die beiden offiziellen Vorschläge wurden den anderen Mitgliedsstaaten als ungarische Vorschläge unterbreitet[22]. Dies war angesichts der Tatsache umso interessanter, dass die ungarische Führung gegenüber dem ersten Dokument, das als ziemlich provokativer Entwurf angesehen wurde, grundlegende Einwände hegte[23].

Am 13. März traf Firjubin zu Vorbereitungsgesprächen mit der ungarischen Führung über das bevorstehende Treffen in Budapest ein. Kádár sprach sich entschieden dafür aus, die gleichzeitige Annahme der Dokumente zu den institutionellen Reformen des Paktes und der Erklärung zur europäischen Sicherheit anzustreben. Er warnte Moskau jedoch, dass dies nur möglich sei, wenn Rumänien gegenüber ernsthafte Zugeständnisse bei solchen sensiblen Themen wie China, der Bundesrepublik Deutschland und Israel gemacht würden, da Bukarest andernfalls das allgemeine Dokument zur Außenpolitik nicht unterzeichnen würde[24]. Der ungarische Vorschlag wurde von Moskau angenommen, wodurch gewissermassen eine gemeinsame sowjetisch-ungarisch-rumänische Position geschaffen war. Der Entwicklung im Entscheidungsfindungsprozess innerhalb des Bündnisses kamen nun jedoch die polnischen und ostdeutschen Führer in die Quere, die aufs Schärfste für ihre nationalen Interessen kämpften.

Der ungarische taktische Vorschlag bildete letztendlich die Grundlage eines Kompromisses, der es ermöglichte, zwei Aufträge zu erfüllen: die gleichzeitige Unterzeichnung der militärischen Dokumente und des Appells für eine europäische Sicherheitskonferenz. Zu dem Kompromiss war es schließlich auch dadurch gekommen, dass man von einer allgemeinen außenpolitischen Erklärung zu aktuellen politischen Fragen Abstand nahm. Das Ergebnis wurde in einem intensiven Verhandlungsprozess erreicht, der eher als dramatisch denn als Routine charakterisiert werden kann.

Die stellvertretenden Außenminister der Paktstaaten nahmen am 15. März die Vorverhandlungen auf, in deren Verlauf sie den Inhalt des geplanten Dokuments zur Weltpolitik erörterten[25]. Die polnische Seite unterbreitete einen Vorschlag, der im Ton noch schärfer war als der ursprüngliche sowjetische Entwurf, zog ihn aber bald wieder zurück. Im Laufe langwieriger Verhandlungen, die bis in die frühen Morgenstunden des 17. März andauerten, bestanden die Vertreter Polens und der DDR energisch darauf, den Text ausführlicher zu halten und eine wesentlich drastischere Sprache – insbesondere in Bezug auf die Bundesrepublik Deutschland – zu verwenden, aber die Rumänen traten für einen versöhnlicheren Ton und eine kürzere Fassung ein[26].

Am Morgen des 16. März nach dem Eintreffen der Delegationen nahmen die ungarischen Verhandlungsführer – János Kádár, Jenő Fock, Béla Biszku und Zoltán Komócsin – das Gespräch mit den sowjetischen Führern auf. Die Ansichten beider Seiten harmonierten perfekt. Dies lag vor allem daran, dass Brežnev in der Zwischenzeit die von Firjubin vermittelte ungarische Postion voll akzeptiert hatte und angab, dass im Interesse der Einheit das Hauptaugenmerk auf die Unterzeichnung der militärischen Dokumente gerichtet werden sollte. Bezüglich der politischen Erklärung und des Aufrufs zur europäischen Sicherheit sollten erforderlichenfalls Zugeständnisse gemacht werden. Die Delegationen wurden vor dem Treffen sondiert, und Brežnev meinte im Vorfeld, dass das größte Problem darin bestünde, die ostdeutschen und polnischen Führer zu überzeugen. Kádár schlug vor, dass man im schlimmsten Falle, wenn es keinen Weg gäbe, einen Kompromiss zu erreichen, einfach von der Idee einer gemeinsamen politischen Erklärung im Interesse der Einheit Abstand nehmen und stattdessen ein kurzes allgemeines Kommuniqué herausgeben könne. Brežnev unterstützte den Vorschlag und erklärte: »Es ist möglich, dass ein kurzes Kommuniqué und der Appell schließlich akzeptiert werden[27].« Und genau dies geschah dann auch.

Das Schlimmste sollte der sowjetischen Delegation noch bevorstehen. Am 16. März verbrachte Brežnev den ganzen Abend und einen großen Teil der Nacht damit, die verschiedenen Delegationen in ihren Räumen im Grand Hotel auf der Margareteninsel zu besuchen und sich um einen Kompromiss zu bemühen, aber seine Anstrengungen zeigten kaum Erfolg[28]. Während dieser Begegnungen traf er zweimal mit den rumänischen und bulgarischen und je einmal mit den tschechoslowakischen, polnischen und ostdeutschen Delegationsleitern zusammen. Zwischen zwei und halb vier am Morgen teilten die sowjetischen Delegationsleiter die während ihrer nächtlichen Runde gesammelten Informationen Kádár und Komócsin mit. Die Polen und Ostdeutschen würden wie erwartet auf einer Verschärfung des Tones der politischen Erklärung und einer Verurteilung der Bundesrepublik, Israels und der chinesischen Grenzverletzungen bestehen, während die Rumänen in diesen Fragen eine deutlich flexiblere Position einnähmen. Die gemäßigte Haltung des sowjetisch-ungarischen Duos wurde nur von der Tschechoslowakei und Bulgarien unterstützt. Angesichts der außerordentlichen Lage vereinbarten Kádár und Brežnev schließlich, den Zeitpunkt des bevorstehenden Treffens von zehn Uhr morgens auf fünfzehn Uhr zu verlegen, so dass die Sowjets noch eine weitere Gelegenheit hatten, mit den Delegationsleitern zu sprechen.

Am Morgen des 17. März führten die Sowjets erneut Gespräche mit der tschechoslowakischen, der bulgarischen und der polnischen Delegation. Da sich die Verhandlungen mit den Polen hinzogen, bestand die Gefahr, dass der PBA nicht in der Lage sein könnte, sich zum neu angesetzten Zeitpunkt am Nachmittag zu treffen, was die gastgebende Delegation mit Recht um den Erfolg des Treffens bangen ließ. »Es war kurz nach halb zwölf und wir warteten noch immer auf die Ergebnisse. Dann entschieden wir uns zu handeln«, so erinnerte sich János Kádár an die dramatischen Ereignisse auf der Sitzung des Politbüros der MSZMP am 24. März.

»Die sowjetischen Genossen verhandelten noch immer mit der polnischen Delegation, und wir sagten, dass Genosse Károly Erdélyi [der stellvertretende ungarische Außenminister] sich in den Verhandlungsraum begeben und mitteilen sollte: Wir schlagen vor, dass sich die Ersten Sekretäre und Ministerpräsidenten um 14.00 Uhr treffen, um zu erörtern, wie wir die Verhandlungen um 15.00 Uhr beginnen können. Der Vorschlag wurde dann angenommen[29].«

Schließlich konnte die Krise nur beigelegt werden, indem der Gordische Knoten durchschlagen wurde: Die Parteiführer und Premierminister trafen auf der außerordentlichen Sitzung die Entscheidung, dass das geplante Dokument zur Außenpolitik gar nicht veröffentlicht werden sollte. Das war ein erhebliches Zugeständnis von sowjetischer Seite, da Brežnev wegen China unter großem innenpolitischen Druck stand. Er wollte die chinesischen Schritte auf der Budapester Tagung streng verurteilen lassen; die PBA-Tagung des Warschauer Pakts unterließ nunmehr eine Äußerung zu dieser Frage[30].

Nach all dem gab es für die Teilnehmer der gerade mal zweistündigen Tagung des Politischen Beratenden Ausschusses keine weitere Aufregung mehr. Die Sitzung leitete Alexander Dubček, und zur Rede von Marschall Ivan I. Jakubovskij wurden nur zwei Kommentare abgegeben, einer von Kádár und einer von Brežnev. Anschließend schritt man zur Unterzeichnung der fünf militärischen Dokumente. Das kurze Kommuniqué und der Text des Appells für die europäische Sicherheitskonferenz nahmen alle Parteien wie zuvor vereinbart ohne Bemerkungen einstimmig an. Der kooperative und zurückhaltende Ton des Appells war in erster Linie den Bemühungen der rumänischen Führer geschuldet, die verschiedene Schritte zu einer Nachbesserung in dieser Richtung unternommen hatten. Es waren auch die rumänischen Delegationsleiter gewesen, die die polnische Seite während des morgendlichen Treffens zwischen Gomułka and Ceauşescu überzeugten, eine versöhnlichere Bewertung der Bundesrepublik zu akzeptieren[31]. Somit stützte sich das sichtbare und ziemlich spektakuläre Ergebnis der Tagung, die Durchführung der ersten Reform in der militärischen Struktur des Warschauer Pakts und die Bekanntgabe eines vielversprechenden Appells zur Einberufung einer Konferenz zur europäischen Sicherheit, quasi auf ein sowjetisch-ungarisch-rumänisches Trio[32].

Der von der Sowjetunion und Ungarn unterstützte Vorschlag, dass es keine Vorbedingung irgendeiner Art für die Einberufung einer europäischen Sicherheitskonferenz geben sollte, wurde schließlich von allen Partein angenommen. Darin bestand auch der größte Verdienst der Tagung. Die Aufnahme dieses Standpunkts in den Appell der Paktstaaten sollte später ein entscheidender Faktor für den erfolgreichen Beginn des KSZE-Prozesses werden[33].

Von Budapest nach Budapest

Ende März 1969 startete Moskau eine großangelegte Kampagne, um die günstige Lage für die Sicherheitskonferenz auszunutzen. Nun wurden die Ungarn zu den engsten Mitarbeitern der sowjetischen Diplomatie, da deren Interessen zur Förderung einer radikalen Annäherung zwischen Ost und West im Wesentlichen mit denen der Sowjets übereinstimmten. Die ungarischen Führer stellten keine Vorbedingungen bezüglich einer europäischen Einigung – anders als Polen, die Tschechoslowakei und die DDR – und konnten daher vom Ausgang des Prozesses nur profitieren. Bis dahin verfügten sie über gute Kontakte mit dem westlichen Teil Europas, und sie gewannen ein gewisses Ansehen als Förderer der Entspannung. Andererseits waren sie bedeutend loyalere, flexiblere und ergebenere Partner, die Moskaus Taktik folgten, als die weniger lenkbaren Ostdeutschen und Polen, die oftmals fest an ihren eigenen Vorstellungen bezüglich der potenziellen Tagesordnung der Sicherheitskonferenz festhielten – von den Rumänen ganz zu schweigen.

Ende September 1969 deuteten die Sowjets gegenüber ihren Verbündeten an, dass sie planten, im Oktober eine Konferenz der Außenminister des Warschauer Pakts durchzuführen, deren Hauptaufgabe darin bestehen sollte, eine Position zur geplanten europäischen Sicherheitskonferenz zu erarbeiten. Um die Meinungen der einzelnen Staaten zu testen, unternahmen mehrere Stellvertreter des sowjetischen Außenministers gleichzeitig Reisen in die Bruderstaaten. Am 26. September führte Leonid Iljičov in Budapest Gespräche mit dem ungarischen Außenminister János Péter. Gemäß dem Vorschlag aus Moskau sollte die Tagesordnung zwei Hauptthemen enthalten: den Gewaltverzicht und eine Erklärung, die auf die Entwicklung der Zusammenarbeit der europäischen Staaten in den Bereichen Wirtschaft, Handel sowie Wissenschaft und Technik drängte[34].

Die sowjetische »Testkampagne« machte offensichtlich, dass es nicht so leicht werden würde, auf dem Treffen der Außenminister eine einheitliche Position zu erzielen, was jedoch nicht nur auf die erwartete Haltung Rumäniens zurückzuführen war. Daher bat der stellvertretende sowjetische Außenminister Vladimir M. Semënov die ungarische Seite am 17. Oktober um eine dringende persönliche Konsultation; am darauffolgenden Tag führte der stellvertretende ungarische Außenminister Károly Erdélyi Gespräche mit seinem Partner in Moskau[35]. Die Sowjets waren ernsthaft besorgt, dass sie aufgrund der polnischen, rumänischen und ostdeutschen Vorschläge, die als übertrieben angesehen wurden, keinen Konsens erreichen könnten, was dazu führen mochte, dass es dem Warschauer Pakt trotz günstiger internationaler Bedingungen nicht gelang, die Initiative bezüglich der Sicherheitskonferenz zu behalten. Aus diesem Grunde baten die Sowjets die ungarische Führung, im Rahmen der sich zu jener Zeit entwickelnden »besonderen Beziehung« als Moderatoren zu agieren und die aus ihrer Sicht übertriebenen polnischen, ostdeutschen und rumänischen Vorschläge auf der Tagung der Außenminister des Warschauer Pakts am 30. und 31. Oktober 1969 in Prag zu neutralisieren[36].

Diese Tagung war einberufen worden, um die Politik des Warschauer Pakts angesichts des Wahlsiegs der SPD im September zu erörtern. Die polnische Seite zielte auf die Anerkennung des territorialen Status quo und der bestehenden europäischen Grenzen sowie der rechtmäßigen Anerkennung der DDR. Die Rumänen wollten einen Appell zur Auflösung der Militärblöcke, den Abzug fremder Truppen aus Europa, die Auflösung ausländischer Militärstützpunkte und den Verzicht auf die Demonstration von Stärke in die gemeinsamen Dokumente aufnehmen. Die ostdeutschen Vorschläge strebten die Anerkennung der DDR durch die Sicherheitskonferenz an. Darüber hinaus wurde den Ungarn geraten, zur Erleichterung der Gespräche ihre eigenen Vorstellungen ebenfalls nicht auf der Tagung darzulegen – Vorstellungen, die nicht weniger ehrgeizig waren als die oben genannten Pläne. Die ungarische Seite wurde jedoch bestärkt, ihre Vorschläge zu einem späteren Zeitpunkt im Vorbereitungsprozess erneut einzureichen. Diese Vorschläge beinhalteten die Einrichtung eines europäischen Sicherheitsrats, den Abschluss von Vereinbarungen zur regionalen Zusammenarbeit, die Einberufung eines Treffens der Bürgermeister der europäischen Hauptstädte in Budapest und die Ausarbeitung eines Systems der wirtschaftlichen Zusammenarbeit in Europa, das die Vernetzung von europäischem Strom, Gas und Öl sowie der Post- und Fernmeldesysteme betraf, den Ausbau der europäischen Verkehrsnetze, die Förderung industrieller Zusammenarbeit, die Angleichung von Normen, die Beseitigung von Handelsschranken und die Förderung des Tourismus[37].

Einige der ungarischen Vorschläge für die europäische Zusammenarbeit konnten erst nach der politischen Wende 1989/90 realisiert werden, während andere sich erst nach dem Beitritt zur Europäischen Union umsetzen ließen. Aufmerksamkeit verdient auch die Tatsache, dass die oben angeführten polnischen, rumänischen und ostdeutschen Vorschläge alle auf die Stärkung der europäischen Sicherheit abzielten, die ungarischen Vorschläge jedoch beinahe ausschließlich die Entwicklung der europäischen Zusammenarbeit anstrebten. Mit anderen Worten: Die ungarische Diplomatie folgte – nur in formaler Übereinstimmung mit den sowjetischen Absichten – im Wesentlichen der westlichen Strategie, indem sie die Zusammenarbeit betonte. Die »freundliche Bitte« wurde gehört und die ungarische Delegation spielte eine auch auf der Tagung der Außenminister in Prag konstruktive Rolle. Als Gegenzug für ihre Kooperation gelang es der ungarischen Diplomatie schon frühzeitig, einige wichtige Vorschläge einzubringen, die später zu entscheidenden Elementen der gemeinsamen Politik des Warschauer Paktes hinsichtlich des KSZE-Prozesses werden sollten. So wurde auf dem Außenministertreffen in Prag der Gedanke angenommen, dass es eine ganze Reihe von Sicherheitskonferenzen geben sollte[38] und ein ständiges Gremium zu schaffen sei, um die Vorbereitungsarbeiten zu koordinieren.

Außerdem vereinbarten die Delegierten, innerhalb des Warschauer Paktes eine Expertengruppe einzurichten, die sich mit Fragen der wirtschaftlichen Zusammenarbeit in Europa beschäftigte; deren Tätigkeit sollte vom ungarischen Außenministerium koordiniert werden. Die Außenminister der WVO-Staaten verabschiedeten auf ihrer Konferenz eine öffentliche Erklärung sowie ein Memorandum, dass den westeuropäischen Regierungen übergeben wurde. Letzteres enthielt auch den Entwurf des Schlussdokuments (!) der geplanten Sicherheitskonferenz, was auf einen gesunden Optimismus verweist – oder vielmehr auf eine große Portion Naivität, wie sich heute mit Überzeugung sagen lässt. Dieses Dokument umfasste nur zwei (!) Seiten, während am 1. August 1975 in Helsinki die zu unterzeichnenden Vereinbarungen einhundert Seiten stark waren. Ein ähnlicher Optimismus konnte unter den kommunistischen Machthabern hinsichtlich des möglichen Datums der Konferenz beobachtet werden: Auf jedem Treffen kündigten sie an, dass die Sicherheitskonferenz innerhalb von sechs, aber maximal von zwölf Monaten einberufen werden würde.

Die Außenministertagung legte fest, auf der anstehenden Sicherheitskonferenz zwei Hauptthemen der WVO-Staaten zur Diskussion vorzuschlagen: die Frage der europäischen Sicherheit und des Gewaltverzichts in den Beziehungen zwischen Staaten; die Erweiterung der Beziehungen in Handel, Wirtschaft und Technik auf der Grundlage der Gleichberechtigung und der Förderung der politischen Zusammenarbeit der europäischen Staaten. Ein anderes wichtiges Ergebnis des Prager Treffens war der Beginn einer neuen Serie bilateraler Verhandlungen zwischen Ost und West mit aktiver Beteiligung der kommunistischen Staaten Europas.

Am Ende des Jahres 1969 wurde den meisten Ostblockstaaten klar, dass die Veränderungen in der Bundesrepublik gleichbedeutend mit einem echten Durchbruch in der Frage der Sicherheitskonferenz waren. Der radikale Wandel der westdeutschen Position und die Ankündigung einer neuen Ostpolitik durch Brandt verhießen eine qualitative Veränderung, gegebenenfalls sogar die Lösung der Deutschen Frage, was vom Standpunkt der europäischen Sicherheit von zentraler Bedeutung war. In der Folge wurden am 8. Dezember Verhandlungen bezüglich eines Vertrages zwischen der Sowjetunion und Westdeutschland aufgenommen; bei ähnlichen Verhandlungen mit Polen wurde eine Vereinbarung erzielt, die die Anerkennung der Oder-Neiße-Grenze versprach[39].

Auf Initiative einer ziemlich verwirrten DDR-Führung fand am 3. und 4. Dezember in Moskau ein Gipfeltreffen statt, um die Politik des Warschauer Pakts gegenüber der Bundesrepublik abzustimmen. Obwohl die ostdeutsche Führung bezüglich der Absichten der Bundesrepublik relativ skeptisch war und direkte Gespräche zwischen Polen und der Bundesrepublik strikt ablehnte, wurde auf dem Treffen eine virtuelle polnisch-ungarisch-rumänische »Achse« gebildet mit dem Argument, dass es in der westdeutschen Politik eine echte Wende gegeben habe, so dass jetzt eine historische Chance bestehe, die Deutsche Frage zugunsten des Ostblocks zu lösen. Diese Position unterstützte im Wesentlichen auch die sowjetische Führung.

In Kenntnis der früheren Fakten ist das einzig wirklich Überraschende die radikale Änderung der polnischen Position, da die polnische Führung bis zu diesem Zeitpunkt der loyalste Verbündete der DDR in der Verurteilung des westdeutschen »Revanchismus« gewesen war. Jetzt bot jedoch die neue Regierung der Bundesrepublik die Aussicht, die Oder-Neiße-Grenze anzuerkennen, und die Polen wurden über Nacht zu den begeistertsten Befürwortern direkter Verhandlungen[40].

Das Treffen endete mit einem Kompromiss. Ermutigt, in Verhandlungen mit Westdeutschland zu treten, konnten die Mitgliedsstaaten des Warschauer Pakts aber erst diplomatische Beziehungen zur Bundesrepublik aufnehmen, wenn Bonn die DDR anerkannt hatte. Dies war in gewissem Sinne ein Schritt weg vom noch immer gültigen Warschauer Grundsatz. Im Februar 1967, nach dem einseitigen Beschluss Rumäniens, diplomatische Beziehungen zur Bundesrepublik aufzunehmen, wurden die Teilnehmer des Außenministertreffens des

Warschauer Pakts in der polnischen Hauptstadt unter dem Druck Ostdeutschlands und Polens (und mit sowjetischer Unterstützung) gezwungen, ohne vorherige Information ein geheimes Dokument anzunehmen – quasi in Form eines Ultimatums. Darin hieß es, dass die notwendigen Bedingungen für die Aufnahme diplomatischer Beziehungen zur Bundesrepublik für die osteuropäischen Länder, die bisher noch keine solchen Beziehungen unterhielten, noch nicht reif seien. Die ostdeutsche und die polnische Position besagten, die Bundesrepublik könne binnen weniger Jahre mit genügend Entschiedenheit dazu gebracht werden, die DDR anzuerkennen, ihren Anspruch, der alleinige Vertreter des deutschen Volkes zu sein, aufzugeben und die Grenzen, die nach dem Zweiten Weltkrieg entstanden waren, anzuerkennen[41]. Somit war nach der Moskauer Konferenz im Dezember 1969 der Weg für direkte Verhandlungen mit der Bundesrepublik wieder frei. Jetzt gab es nur noch eine Vorbedingung für die Aufnahme diplomatischer Beziehungen: Die Bundesrepublik sollte die DDR offiziell anerkennen. Der Warschauer Grundsatz wurde durch polnischen Druck weiter aufgeweicht, und nach Abschluss des Vertrags zwischen Westdeutschland und Polen am 7. Dezember 1970 nahm Polen schließlich am 14. September 1972 diplomatische Beziehungen zur Bundesrepublik auf.

Ende 1969 begannen sich die Chancen für die Einberufung einer europäischen Sicherheitskonferenz weiterhin zu verbessern. Die Tagung des NATO-Rats am 4. und 5. Dezember in Brüssel – die beinahe zeitgleich mit dem oben erwähnten Gipfeltreffen des Sowjetblocks in Moskau stattfand – legte eine Erklärung vor, die ein besonderes Kapitel »Verhandlungsperspektiven« enthielt. Die NATO übermittelte damit ein vorsichtiges Versprechen, dass laufende und zukünftige bilaterale und multilaterale Gespräche mit der Sowjetunion und anderen osteuropäischen Staaten letztendlich zur Durchführung einer Konferenz über europäische Sicherheit führen könnten[42]. In seiner Rede an den US-Kongress am 18. Februar 1970 erklärte Präsident Nixon, dass die Vereinigten Staaten die legitimen Sicherheitsinteressen der Sowjetunion in Osteuropa anerkennen, und er betonte die Verhandlungsbereitschaft der amerikanischen Regierung zum Abbau internationaler Spannungen zur Forderung der Entspannung.

Die Tagung des NATO-Rats am 26. und 27. Mai 1970 in Rom war das erste Treffen der Allianz, das in erster Linie der Frage gewidmet war, wie man auf die Initiative des Sowjetblocks bezüglich einer Konferenz zur europäischen Sicherheit reagieren sollte[43]. Das Kommuniqué nannte als eine der Hauptaufgaben der Ost-West-Kontakte, »zu erkunden, wann die Einberufung einer Konferenz oder einer Reihe von Konferenzen über die europäische Sicherheit und Zusammenarbeit möglich wäre[44].« Der NATO-Rat äußerte zudem, dass es die NATO-Länder unter gewissen Bedingungen für möglich hielten, multilaterale Gespräche zu diesem Thema zu führen, wobei sie die Truppenreduzierung in Europa nicht länger mit der Frage der Sicherheitskonferenz verbanden[45].

Jetzt oblag es dem Warschauer Pakt, die Ergebnisse der bilateralen Gespräche, die seit dem Budapester Appell mit vielen westeuropäischen Staaten geführt worden waren, zusammenzufassen und eine andere, konkretere Initiative vorzulegen, die auf dem Verständnis aufbaute, dass die Kampagne nur erfolgreich sein könne, wenn der Warschauer Pakt flexibel auf die von den westlichen Partnern in Bezug auf die Sicherheitskonferenz vorgebrachten Ideen reagierte[46]. Diese historische Aufgabe erfüllte die Außenministerkonferenz des Warschauer Pakts im Juli 1970 in Budapest[47]. Die Budapester Konferenz war zugleich ein Wendepunkt im KSZE-Prozess.

Auf der Suche nach einem Kompromiss spielten die ungarischen Gastgeber eine wichtige Vermittlerrolle, ähnlich wie bei der Erarbeitung des Budapester Appells. Der Erfolg der Konferenz beruhte auf der engen Zusammenarbeit der sowjetischen und ungarischen Diplomaten, die vor allem von den Rumänen unterstützt wurden. Auf diese Weise war es möglich, Bemühungen der DDR-Politiker und der polnischen Politiker zurückzuweisen, die vor einer solchen Konferenz die Deutsche Frage gelöst haben wollten. Der Budapester Grundsatz blieb erhalten, und die Warschauer-Pakt-Staaten erklärten erneut, dass es keine Vorbedingungen für die europäische Sicherheitskonferenz gäbe[48].

Im Gegenzug zur Haltung des Westens, die DDR als Teilnehmer auf der Konferenz zu akzeptieren, ließ der Ostblock nun wissen, dass die Vereinigten Staaten und Kanada ebenfalls an der Tagung teilnehmen könnten. Neben den Fragen politischer und wirtschaftlicher Kooperation konnte auch die kulturelle Zusammenarbeit auf die Tagesordnung der Konferenz gesetzt werden. Der Sowjetunion und den anderen Mitgliedsstaaten des Warschauer Pakts war von Anfang an bewusst, dass die Konferenz ohne die Teilnahme der Vereinigten Staaten und Kanadas nicht stattfinden konnte, aber aus taktischen Gründen wurde diese Möglichkeit ständig infrage gestellt, was letztlich die Teilnahme der DDR sicherte. Der Bereich der »kulturellen Beziehungen« wurde auf Initiative Ungarns akzeptiert; dies bedeutete, dass ein »Nebenkriegsschauplatz« in die Tagesordnung aufgenommen wurde, die in den späteren Phasen der Vorbereitung als der »Dritte Korb« bezeichnet werden sollte. Wie allgemein bekannt, spielte dieser »Dritte Korb« in der späteren Entwicklung eine wichtige Rolle, da die meisten Elemente, die das Interesse des Westens widerspiegelten, darin enthalten waren. Zu diesem Zeitpunkt eröffnete das Zugeständnis den Weg für die Annahme der westlichen Vorstellung von der Diskussion der »freieren Bewegung von Menschen, Ideen und Informationen zwischen den Ländern des Ostens und des Westens«[49]. Der »Dritte Korb« lieferte schließlich die Grundlage für die Entwicklung der Menschenrechtskampagne in der Zeit nach Helsinki und inbesondere während der Folgekonferenzen, die letztendlich eine entscheidende Rolle beim Zerfall der kommunistischen Systeme Ende der achtziger Jahre in Europa spielten. Die Akzeptanz des kulturellen Bereichs als Bestandteil der Tagesordnung der Konferenz durch den Ostblock kann in ihrer Bedeutung daher nicht zu hoch eingeschätzt werden.

Die Außenminister des Warschauer Pakts beschlossen außerdem die Einrichtung eines ständigen Gremiums für Fragen der europäischen Sicherheit und

Zusammenarbeit. Moskau hatte diesmal der Forderung des Westens zugestimmt, dass vor oder zumindest mit Beginn der Vorgespräche zur europäischen Sicherheit Verhandlungen über die Reduzierung der europäischen Streitkräfte aufgenommen werden sollten. Das neue Gremium sollte den Rahmen für
diese Verhandlungen schaffen.

Helsinki wurde als Austragungsort der Konferenz offiziell anerkannt,
ebenso der finnische Vorschlag, über die Botschafter in Helsinki multilaterale
Gespräche zu beginnen. Nach der Konferenz erging an die westeuropäischen
Regierungen ein Entwurf für ein Dokument zur wirtschaftlichen, technischen
und kulturellen Zusammenarbeit. Es war ein langer Weg von Budapest nach
Helsinki, wo im November 1972 offizielle multilaterale Vorgespräche zur europäischen Sicherheitskonferenz aufgenommen wurden.

Die Grundlagen waren auf der Tagung der Außenminister des Warschauer
Pakts in Budapest gelegt worden. Somit war der Weg offen für konkrete Verhandlungen über wichtige Fragen wie den Vertrag zwischen der Sowjetunion
und Westdeutschland und den Vertrag zwischen Polen und Westdeutschland,
das Viermächteabkommen über Berlin und das Abkommen zwischen der Bundesrepublik und der DDR – alles wichtige Voraussetzungen für die Lösung der
Deutschen Frage, die in der Tat die wichtigste Vorbedingung für die europäische Sicherheitskonferenz war.

Anmerkungen

1   Die Arbeit an diesem Beitrag wurde gefördert von OSZK–MTA 1956-os Dokumen-
    tációs és Kutatóhely (Forschungsgruppe für Geschichte und Dokumentation der Unga-
    rischen Revolution 1956, Széchényi-Nationalbibliothek der Ungarischen Akademie der
    Wissenschaften).
2   Csaba Békés, Titkos válságkezeléstől a politikai koordinációig. Politikai egyeztetési
    mechanizmus a Varsói Szerződésben, 1954–1967, in: Múlt századi hétköznapok.
    Tanulmányok a Kádár rendszer kialakulásának időszakáról, hrsg. von János M. Rainer,
    Budapest 2003, S. 13 f.
3   Anfang Januar 1956, weniger als einen Monat vor Beginn des XX. Parteitages der
    KPdSU, fand in Moskau ein Gipfeltreffen der Staatsoberhäupter der kommunistischen
    europäischen Länder statt. Auf dem Treffen hob Chruščev die Bedeutung der neuen
    außenpolitischen Doktrin hervor, der sogenannten aktiven Außenpolitik: »Alle Länder
    des sozialistischen Lagers müssen ihre außenpolitischen Anstrengungen aktiver gestalten,
    sie müssen ihre internationalen Beziehungen stärken. In diesem Bereich nutzen wir die
    Möglichkeiten noch nicht genügend. In der Regel ergreift die Sowjetunion als Hauptkraft
    unseres Lagers die Initiative und die Länder der Volksdemokratien unterstützen sie. Es
    stimmt, dass die Sowjetunion in unserem Lager die große Kraft ist, aber wenn wir unsere
    Arbeit flexibler organisieren, müsste die Sowjetunion nicht immer als Erster tätig werden.
    In bestimmten Situationen könnte die eine oder andere Volksdemokratie handeln und
    dann würde die Sowjetunion dieses Land unterstützen. Es gibt Fragen, bei denen die
    Volksdemokratien besser wären.« Obgleich bisher derartige Initiativen noch nicht er-

griffen wurden, wurde von dieser Zeit und besonders von Mitte der sechziger Jahre an bis zum Zusammenbruch der kommunistischen Regime in Europa diese Strategie zu einem wirksamen Modell für die Zusammenarbeit der Staaten des Sowjetblocks im Bereich der Außenpolitik. (China war auf dem Gipfeltreffen als Beobachter vertreten, ähnlich wie auf der Gründungssitzung des Warschauer Pakts im Mai 1955.) Rede von Nikita S. Chruščev auf dem Gipfeltreffen der europäischen sozialistischen Länder, Moskau, 4.1.1956, Magyar Országos Levéltár (MOL), M-KS 276.f. 62/84.ő.e.

4 Urbán Károly, Magyarország és a Varsói Szerződés létrejötte, in: Társadalmi Szemle, 50 (1995), 11, S. 77.

5 Zur Geschichte der Gründung des Warschauer Paktes siehe Vojtech Mastny, The Soviet Union and the Origins of the Warsaw Pact in 1955, in: Mechanisms of Power in the Soviet Union, ed. by Niels Erik Rosenfeldt, Bent Jensen and Erik Kulavig, New York 2000, S. 241–266; siehe auch folgende Internetseite des Parallel History Project on Cooperative Security (PHP): <www.php.isn.ethz.ch/collections/index.cfm>; des Weiteren Békés, Titkos válságkezeléstől a politikai koordinációig (wie Anm. 2), S. 10–15.

6 Das umfangreiche Strategiepapier über die zukünftige Rolle des sowjetischen Blocks in der Weltpolitik für das Gipfeltreffen der europäischen kommunistischen Staatsoberhäupter in Moskau Anfang Januar 1956 wurde vom sowjetischen Außenministerium vorbereitet; Pläne zur Schaffung eines europäischen Sicherheitssystems werden nicht erwähnt. Das Dokument wurde veröffentlicht in: The 1956 Hungarian Revolution. A History in Documents, ed. by Csaba Békés, Malcolm Byrne and János M. Rainer, Budapest, New York 2002, S. 106–115.

7 Zum Treffen siehe: Vojtech Mastny, Seventh Meeting of the PCC, Warsaw, 19–20 January 1965, in: PHP, URL: <www.php.isn.ethz.ch/collections/coll_pcc/ednote_65.cfm>. Siehe auch Békés, Titkos válságkezeléstől a politikai koordinációig (wie Anm. 2), S. 37 f.

8 Documentary Study of the Warsaw Pact, ed. by Jagdish P. Jain, New York 1973, S. 409.

9 Ebd., S. 408.

10 Csaba Békés, Hungary and the Warsaw Pact, 1954–1989. Documents on the Impact of a Small State within the Eastern Bloc. Introduction, in: PHP, URL: <www.php.isn.ethz. ch/collections/coll_hun/intro.cfm>; und Békés, Titkos válságkezeléstől a politikai koordinációig (wie Anm. 2).

11 Zum Protokoll der Konferenz siehe Records of the Committee of the Ministers of Foreign Affairs, in: PHP, Collections, Warsaw Pact Records, Foreign Ministers, URL: <www.php.isn.ethz.ch/collections>. Siehe ebd. auch die Einführung zur Dokumentensammlung von Anna Locher, Shaping the Policies of the Alliance. The Committee of Ministers of Foreign Affairs of the Warsaw Pact, 1976–1990.

12 Zum Treffen siehe: Vojtech Mastny, Eighth Meeting of the PCC, Bucharest, 4–6 July 1966. Editorial Note, in: PHP, URL: <www.php.isn.ethz.ch/collections/coll_pcc/ednote_66.cfm>. Siehe auch Békés, Titkos válságkezeléstől a politikai koordinációig (wie Anm. 2), S. 42 f.

13 Zum Text der Erklärung siehe Vojtech Mastny, Eighth Meeting of the PCC (wie Anm. 12).

14 Zur Tagung des PBA in Budapest und den sogenannten Budapester Reformen siehe Frank Umbach, Das rote Bündnis. Entwicklung und Zerfall des Warschauer Paktes 1955 bis 1991, Berlin 2005 (= Militärgeschichte der DDR, 10), S. 200–207.

15 Zur Rolle Ungarns siehe: Csaba Békés, Magyarország és az európai biztonsági értekezlet előkészítése, 1965–1970, in: Évkönyv 2004. 1956-os Intézet, hrsg. von Rainer M. János und Éva Standeisky, Budapest 2004, S. 291–309.

16 Angaben zu Neuerungen in der militärischen Gliederung des Warschauer Pakts, die auf der Sitzung des PBA in Budapest vereinbart wurden, findet man bei Vojtech Mastny, Tenth Meeting of the PCC, Budapest, 17 March 1969. Editorial Note, in: PHP, URL: <www.php.isn.ethz.ch/collections/coll_pcc/ednote_69.cfm>.

17 Bericht von János Kádár über seinen Besuch in der Sowjetunion vom 5. bis 10.2.1969 auf der Sitzung des Politischen Ausschusses der MSZMP am 18.2.1969, MOL, M-KS 288. f. 5/484. ő.e.

18 Die Entschlossenheit der US-Führung, Verhandlungen auf oberster Ebene mit der Sowjetunion aufzunehmen, wurde bereits in den letzten Monaten der Regierung Lyndon B. Johnson zum Ausdruck gebracht. Überraschenderweise unterbreitete Johnson im September 1968, kurz nach der Intervention des Warschauer Pakts in der Tschechoslowakei, Brežnev einen geheimen Vorschlag, ein sowjetisch-amerikanisches Gipfeltreffen zu den Themen Vietnam, Naher Osten und Antiraketensysteme abzuhalten, obgleich er zuerst den Schritt Moskaus öffentlichkeitswirksam verurteilt hatte. Die Sowjets stimmten der Idee zu und das Gipfeltreffen sollte im Oktober 1968 in Leningrad stattfinden, wurde dann aber abgesagt. MOL, M-KS 288 f. 47/744 ő.e., zit. in: Csaba Békés, Európából Európába. Magyarország konfliktusok kereszttüzében, 1945–1990, Budapest 2004, S. 236; siehe auch Anatoly Dobrinin, In Confidence. Moscow's Ambassador to Six Cold War Presidents, New York 1995, S. 189–195.

19 Ebd., S. 204.

20 Zur sowjetischen Außenpolitik während dieser Zeit siehe Vlad Zubok, Brezhnev Factor in Détente, 1968–1972. Vortrag auf der internationalen Konferenz »NATO, the Warsaw Pact and the Rise of Détente, 1965–1972«, Dobbiaco, 26.–28.9.2002, Machavelli Center for Cold War Studies (Mitschrift im Archiv des Verfassers).

21 Während Zwischenfälle an der chinesisch-sowjetischen Grenze damals allgemein bekannt gemacht wurden, belegen Dokumente in ungarischen Archiven, dass zur selben Zeit ein ähnlicher Überfall auch auf die chinesisch-nordkoreanische Grenze erfolgte. Am 15. März 1969 betrat eine Einheit aus 50 chinesichen Soldaten entlang des Grenzflusses Anmokan (Yalu) koreanisches Hoheitsgebiet, aber es gelang den koreanischen Grenzschützern und Roten Garden, die Gruppe auf das chinesische Ufer zurückzudrängen. Bericht der ungarischen Botschaft in Pjöngjang an den Außenminister, 17.4.1969, MOL, XIX-J-1-j-Korea-1-002216-1969. Für den Hinweis auf das Dokument danke ich Prof. Balázs Szalontai.

22 Mitteilung des stellvertretenden Außenministers Károly Erdélyi an János Kádár zur Sitzung des PBA des Warschauer Pakts am 17.3.1969 in Budapest (19.3.1969), MOL, M-KS 288. f. 5/486. ő.e.

23 Bericht von János Kádár auf der Sitzung des Politischen Ausschusses der MSZMP am 24.3.1969, ebd.

24 Mitteilung des stellvertretenden Außenministers Károly Erdélyi an János Kádár zur Sitzung des PBA des Warschauer Pakts am 17.3.1969 in Budapest (19.3.1969), MOL, M-KS 288. f. 5/486. ő.e.; Bericht von János Kádár auf der Sitzung des Politischen Ausschusses der MSZMP am 24.3.1969, ebd.; eine englische Übersetzung des Dokuments bei Békés, Hungary and the Warsaw Pact, 1954–1989 (wie Anm. 10).

25 Protokoll des Treffens der stellvertretenden Außenminister des Warschauer Pakts am 15.3.1969 (16.3.1969), MOL, XIX-J-1-j-VSZ-VI-1-001547/63/2/1969, 106. d.

26 Zur rumänischen Politik in dieser Zeit siehe Romania and the Warsaw Pact, 1955–1989, vol. 1–2. Dokumenten-Lesemappe, zsgest. für die Internationale Konferenz »Rumänien und der Warschauer Pakt«, Bukarest, 3.10.–6.10.2002 (Kopie im Besitz des Verfassers); v.a. aber die Dokumentensammlung in: PHP, Collections, National Perspectives, unter

dem Titel: Romania and the Warsaw Pact. Documents Highlighting Romania's Gradual Emancipation from the Warsaw Pact, 1956–1989, ed. by Dennis Deletant, Mihail E. Ionescu and Anna Locher (März 2004), URL: <www.php.isn.ethz.ch/collections>; Dennis Deletant, New Evidence on Romania and the Warsaw Pact, 1955–1989, CWIHP E-Dossier No. 6, in: Cold War International History Project, URL: <www.cwihp.org>.

27   Mitteilung des stellvertretenden Außenministers Károly Erdélyi für János Kádár zur Sitzung des PBA des Warschauer Pakts am 17.3.1969 in Budapest (19.3.1969), MOL, M-KS 288. f. 5/486. ő.e.

28   Bericht von János Kádár auf der Sitzung des Politischen Ausschusses der MSZMP am 24.3.1969, ebd.; eine englische Übersetzung des Dokuments bei Békés, Hungary and the Warsaw Pact, 1954–1989 (wie Anm. 10).

29   Bericht von János Kádár auf der Sitzung des Politischen Ausschusses der MSZMP am 24.3.1969, MOL, M-KS 288. f. 5/486. ő.e.; eine englische Übersetzung des Dokuments bei Békés, Hungary and the Warsaw Pact, 1954–1989 (wie Anm. 10).

30   Ceauşescu zufolge stellte Brežnev die Chinafrage in dem Gespräch ziemlich dramatisch dar:»Wie können wir nach Hause fahren und unserem Politbüro mitteilen, dass wir hierher gekommen sind und nicht über diese Frage gesprochen haben, dass wir alle zwei Stunden Informationen erhalten, dass sich die Lage ändert, dass [so und so] das Kommando über die Truppe übernommen hat, dass [die Chinesen] ihre Landwirtschaftsdivisionen usw. mobilisieren. Weshalb diskutieren wir die Bundesrepublik weiter ... Ich kann auf die Bundesrepublik pfeifen, doch China ist die Hauptgefahr.« Für eine englische Fassung von Ceauşescus Bericht über die Gespräche in Budapest siehe Stenographische Niederschrift der Tagung des Exekutivkomitees des Zentralkomitees der Rumänischen Kommunistischen Partei, 18.3.1969, in: PHP, Collections, National Perspectives, URL: <www.php.isn.ethz.ch/collections>, Romania and the Warsaw Pact, 1955–1989 (wie Anm. 26).

31   Mitteilung des stellvertretenden Außenministers Károly Erdélyi für János Kádár zur Sitzung des PBA des Warschauer Pakts am 17.3.1969 in Budapest (19.3.1969), MOL, M-KS 288. f. 5/486. ő.e.

32   Stenographische Niederschrift der Tagung des Exekutivkomitees des Zentralkomitees der Rumänischen Kommunistischen Partei, 18.3.1969 (wie Anm. 30, engl.).

33   Im Sinne des Ostblocks musste der Text des Budapester Appells auch einen Absatz zur Deutschen Frage und der Grenzproblematik enthalten (der in veränderter Form dem Text der Bukarester Erklärung entnommen wurde). Er forderte als eine grundlegende Voraussetzung der europäischen Sicherheit die Unverletzlichkeit der bestehenden Grenzen zwischen den europäischen Staaten, einschließlich der Oder-Neiße-Grenze und der Grenze zwischen der Bundesrepublik und der DDR, die Anerkennung der beiden deutschen Staaten und die Aufgabe des Alleinvertretungsanspruchs der Bundesrepublik für das deutsche Volk sowie den Verzicht auf den Besitz von Atomwaffen. West-Berlin müsse einen Sonderstatus haben und sollte nicht zur Bundesrepublik gehören. Während all diese Forderungen in Wirklichkeit das strategische Hauptziel des Ostblocks im Projekt europäische Sicherheit bildeten, wurden diese Forderungen jetzt im Appell als politische Ziele und nicht als Vorbedingungen für die Durchführung einer Konferenz zur europäischen Sicherheit dargestellt.

34   Notizen zur Diskussion mit dem stellvertretenden sowjetischen Außenminister L.F. Iljičov am 27.9.1969, MOL, XIX-J-1-j-Szu-1-00358-20/1969, 85. d.

35   Notizen des stellvertretenden Außenministers Károly Erdélyi für den Politischen Ausschuss der MSZMP, 18.10.1969, MOL, M-KS 288. f. 5/501. ő.e. Das Dokument ist veröffentlicht in Békés, Hungary and the Warsaw Pact, 1954–1989 (wie Anm. 10).

[36] Aktennotiz des Gesprächs zwischen dem stellvertretenden ungarischen Außenminister Károly Erdélyi und dem stellvertretenden sowjetischen Außenminister Semënov am 17.10.1969 in Moskau (18.10.), MOL, M-KS 288. f. 5/501. ő.e.

[37] Memorandum der Außenminister für den Politischen Ausschuss der MSZMP zur europäischen Sicherheitskonferenz, MOL, M-KS 288. f. 5/501. ő.e.

[38] Der Vorschlag wurde ursprünglich von den Sowjets gemacht und am 24.9.1969 vom stellvertretenden Außenminister Semënov dem ungarischen Außenminister János Péter auf einem Treffen in Budapest vorgelegt. Im Ergebnis des sowjetisch-ungarischen Spiels auf der Außenministerkonferenz in Prag wurde es zu einer »ungarischen« Initiative.

[39] Der Vertrag zwischen der Sowjetunion und Westdeutschland über die Anerkennung der Oder-Neiße-Grenze wurde am 12.8.1970 unterzeichnet, ein ähnlicher Vertrag zwischen Polen und Westdeutschland am 7.12.1970.

[40] Zur polnischen Politik bezüglich der Deutschen Frage siehe Douglas Selvage, The Treaty of Warsaw: The Warsaw Pact Context, Bulletin of the German Historical Institute, Washington, DC, American Détente and German Ostpolitik, 1969–1972, Supplement 1, 2004, S. 67–79; und Douglas Selvage, »The Warsaw Pact is dissolving«: Poland, the GDR and Bonn's Ostpolitik, 1966–1967, Vortrag auf der internationalen Konferenz »NATO, the Warsaw Pact and the Rise of Détente, 1965–1972«, Dobbiaco, 26.–28.9.2002, Machavelli Center for Cold War Studies (Niederschrift des Vortrages im Besitz des Verfassers).

[41] Protokoll der Sitzung des Politischen Ausschusses der MSZMP am 13.2.1967, MOL, M-KS 288. f. 5/417. ő.e. Siehe auch Békés, Titkos válságkezeléstől a politikai koordinációig (wie Anm. 2); und Selvage, »The Warsaw Pact is dissolving« (wie Anm. 40).

[42] NATO Final Communiqués, vol. 1: 1949–1974, Brussels 1975, S. 231 f.; dt. Fassung des Kommuniqués u.a. in Archiv der Gegenwart (AdG), 40 (1970), Eintrag zum 27.5.1970.

[43] Im Kommuniqué befassten sich 14 von 21 Absätzen mit den Ost-West-Beziehungen im Allgemeinen und dort insbesondere mit der Frage einer Konferenz zur europäischen Sicherheit, ebd., S. 233–237.

[44] Ebd., S. 236. Zit. aus dem Deutschen nach AdG, 40 (1970), Eintrag zum 27.5.1970.

[45] Ebd., S. 233–238.

[46] In der Zwischenzeit startete die ungarische Diplomatie eine Initiative zur Einrichtung eines Außenministerrates, um die politische Abstimmung innerhalb des Warschauer Pakts in dieser wichtigen Zeit zu verbessern. Die ungarische Strategie stützte sich auf die feste Überzeugung, dass nur ein einheitlich handelnder Pakt eine aktive Rolle in diesem Prozess spielen könne. Im Dezember 1969 unterbreitete Außenminister János Péter auf seinem Treffen mit Andrej A. Gromyko in Moskau erneut einen Vorschlag für die Einrichtung eines Außenministerrates. Am 5. Januar 1970 erhielt er eine positive Antwort aus Moskau, die die ungarischen Führer ermächtigte, bilaterale Gespräche mit den Mitgliedsstaaten des Warschauer Pakts zu führen. Mit Ausnahme der Rumänen reagierten alle Mitglieder positiv auf die ungarische Initiative; allerdings musste der Plan damals aufgegeben werden. Der lange Prozess, der zu jenem Zeitpunkt begonnen hatte, trug erst 1974 Früchte, als Ceauşescu seinen Widerstand gegen diese Idee aufgab. Es dauerte zwei weitere Jahre, bis der Rat tatsächlich eingerichtet wurde.

[47] Die Konferenz wurde auf Initiative Ungarns einberufen. Bericht über den Besuch des Außenministers János Péter in Moskau vom 22.12. bis 29.12.1969 (6.1.1970), MOL, XIX-J-1-j-Szu-00949-1/1970.

[48] Bericht über das Treffen der stellvertretenden Außenminister des Warschauer Pakts am 21./22.6.1970 (29.6.1970) in Budapest an die Regierung, MOL, XIX-J-208-j-VSZ-VI-1-001547/20/1970/22, 106. d.

[49] 4./5.12.1969, Brüssel, in: NATO Final Communiqués, vol. 1 (wie Anm. 42), S. 231.

Christopher Jones

Gorbačevs Militärdoktrin und das Ende des Warschauer Paktes

Zumindest zwei Hauptverfassern der neuen Militärdoktrin der Sowjetunion und des Warschauer Paktes, die im Mai 1987[1] in Berlin vorgestellt wurde, müssen die politischen Risiken der Umsetzung von Michail S. Gorbačevs militärischen Plänen bewusst gewesen sein. Reagierte die NATO nicht umgehend auf Gorbačevs Vorschläge zur radikalen Reduktion der nuklearen und konventionellen Waffen, bestand die Gefahr, den Zerfall des Warschauer Paktes (im Folgenden auch Warschauer Vertragsorganisation, WVO), den Zusammenbruch der kommunistischen Regime in Osteuropa sowie die Wiedervereinigung Deutschlands auszulösen. Gorbačev hoffte, seine neue Doktrin würde es ermöglichen, die Deutsche Demokratische Republik in »*einem* Haus Europa« zu integrieren, gemeinsam verwaltet von NATO und Warschauer Pakt[2].

Von 1953 bis 1989 war die sowjetische politische und militärische Führung mit einer permanenten Bedrohung der politischen Stabilität konfrontiert, nicht nur in der DDR, sondern in ganz Osteuropa. Die latent schwelende innere Krise der kommunistischen Staaten, die eine innere Sicherheitsbedrohung für die regierenden Parteien darstellte, war Schwerpunkt nicht nur der Militärdoktrin Chruščevs und dann Brežnevs, sondern auch der neuen Doktrin Gorbačevs über das »vernünftige und ausreichende Maß«[3]. »Vernünftig« bezog sich dabei auf die radikale Änderung in der militärtechnischen Komponente der sowjetischen Doktrin und die Vorschläge zur dazugehörenden radikalen Abrüstung, die an die NATO gerichtet waren. Das »ausreichende Maß« meinte die Kontinuität der militärisch-politischen Komponente der WVO-Doktrin: die »Verteidigung des sozialistischen Vaterlandes« gegen »die Intrigen innerer Gegenrevolutionen und Reaktionen von außen[4]«, hier vor allem des »deutschen Revanchismus«[5]. Die Pflicht zur Verteidigung des sozialistischen Vaterlandes war nicht nur ein kontinuierlicher Bestandteil der sowjetischen Doktrin und jener der WVO, sondern eine Verpflichtung gemäß Artikel 5 der sowjetischen Verfassung von 1977, entsprechender osteuropäischer Verfassungen sowie bilateraler und multilateraler Verträge und Parteiprogramme.

Die bisherige Doktrin, gültig von 1961 bis 1987, sah zur Verteidigung des sozialistischen Vaterlandes einen offensiven Kernwaffenkrieg auf NATO-Gebiet vor. Von Anfang an aber war sie eine sogenannte Maskirovka – eine Täuschung, basierend auf der »Pseudokunst« der erfolgreichen Führung eines Kernwaffenkriegs[6]. Die sowjetische Kriegskunst bestand aus drei Säulen: aus Strategie (für Generalstäbe), operativer Kunst (für Truppenführer) und Taktik (für Kampfverbände). Ein Grund für Chruščevs operative Täuschung war die Tarnung massiver konventioneller Waffen des Warschauer Paktes, um sie gegen antikommunistische Kräfte in Osteuropa einsetzen zu können[7]. Die regierende kommunistische Elite und die breite Öffentlichkeit der Warschauer-Pakt-Staaten akzeptierten die sowjetische Fähigkeit zur konventionellen Intervention, doch Näheres über die sowjetische Atomwaffenstrategie und die Verbindungen zur konventionellen Kriegführung wusste bei den Verbündeten kaum jemand.

Um die sowjetische Fähigkeit zur Verteidigung des Vaterlandes gegen innere Bedrohungen aufrechtzuerhalten, schrieb Gorbačevs Doktrin ihre eigene Täuschung fest. Ein »zuverlässiges Maß« forderte Kapazitäten zur Gegenoffensive des Warschauer Paktes, um sich gegen vermeintliche Überfälle der NATO mit einer hochtechnisierten konventionellen Offensive – Landkrieg, Luftunterstützung, Kampf in der Tiefe – verteidigen zu können. Anders als Chruščevs Doktrin beschränkte sich die Offensive aber auf das Territorium des Paktes. Es sollten keine Kernwaffen eingesetzt werden, solange die NATO dies nicht tat. Die Ausführungen Gorbačevs dazu sorgten jedoch für eine offenbar beabsichtigte Zweideutigkeit bezüglich der Frage, ob sowjetische Truppen bei politischen Unruhen in Osteuropa intervenieren würden. Bis 1985 schien Gorbačev zu dem Schluss gekommen zu sein, dass solche Interventionen genau das Gegenteil bewirkten. Doch er wollte sie nicht außer Frage stellen, bis sein »Haus Europa« errichtet sei und der Westen die Stabilität der DDR und der anderen Paktstaaten anerkannte[8]. Um in dem »Haus Europa« willkommen zu sein, musste Gorbačev zunächst vom erklärten Ziel der unter Chruščev und Brežnev gültigen Militärdoktrin, dem Sieg des Warschauer Paktes auf westeuropäischem Boden in einem Kernwaffenkrieg, abrücken.

Die Paten von Gorbačevs Militärdoktrin

Hauptverfasser der militärisch-technischen Komponente der neuen Militärdoktrin war Sergej F. Achromeev, seines Zeichens Chef des sowjetischen Generalstabs. Nach seiner Pensionierung im Jahre 1988 diente er Gorbačev bis zu seinem Tode im August 1991 als Berater in Fragen der Rüstungskontrolle. Die militärisch-politische Komponente scheint aus der Feder von Georgij Ch. Šachnazarov, einem alten Freund von Achromeev, zu stammen[9].

In seinen Memoiren, die kurz vor seinem Tode veröffentlicht wurden, kam Marschall Achromeev zu dem Schluss, die militärische Konfrontation zwischen der UdSSR und der NATO resultiere hauptsächlich, aber nicht ausschließlich aus der Forderung, Deutschland geteilt zu halten, und aus dem sich daraus ergebenden Zwang, kommunistische Regime in ganz Osteuropa an der Macht zu halten[10].

»Zwei grundlegende Probleme trennten über einen Zeitraum von 40 Jahren [1945–1985] die Sowjetunion auf der einen und die USA, Großbritannien, Frankreich und die BRD auf der anderen Seite [...] Das erste Problem war der nicht gelöste Status Deutschlands. Anstelle nur eines deutschen Staates wurden nach dem Krieg zwei deutsche Staaten gebildet – die kapitalistische BRD und die sozialistische DDR.

Das zweite Problem war, dass Regierungen mit sozialistischen Regimen in Mitteleuropa etabliert wurden [...] Der Westen kam zu dem Schluss, dass die Entstehung sozialistischer Regime in Bulgarien, Ungarn, Ostdeutschland, Polen, Rumänien und der Tschechoslowakei von der Sowjetunion als Ergebnis der Stationierung sowjetischer Truppen auf ihren Territorien über den einen oder anderen Zeitraum erzwungen wurde. Der Westen seinerseits war der Auffassung, dass diese Änderungen unnatürlich waren; er tat alles Menschenmögliche, um die Ergebnisse des Zweiten Weltkrieges in diesem Teil Europas zu seinem Vorteil zu verändern[11].«

Im Rückblick auf die Arbeit zur Unterstützung von Gorbačevs Sicherheitsdoktrin argumentierte Achromeev, dass Rüstungskontrollverträge notwendig seien, da sich die UdSSR wirtschaftlich die ruinösen Kosten, verursacht durch die vorherige Militärdoktrin und die sich daraus ergebende Rüstungsspirale, nicht leisten könne[12]. Moskau habe erkannt, dass der Preis von Rüstungskontrollvereinbarungen mit dem Westen darin bestehe, von der Möglichkeit einer sowjetischen Militärintervention in Osteuropa Abstand zu nehmen.

»Die Außenpolitik der Sowjetunion ab 1986 hatte zum Ziel: die Verbesserung und später die Normalisierung der Beziehungen zu den USA und anderen NATO-Staaten, die Beendigung des Wettrüstens und der bewaffneten Konflikte in verschiedenen Regionen der Welt sowie die Wiederherstellung guter Beziehungen zu China. Aber eine solche sowjetische Politik konnte im Westen nur verstanden und akzeptiert werden, wenn wir uns nicht in die inneren Angelegenheiten unserer Alliierten – der Staaten des Warschauer Paktes – einmischten. Viele beachteten diese zentrale Dynamik nicht. Mit der Ablehnung einer zukünftigen Einmischung handelte die sowjetische Regierung in Übereinstimmung mit den Parteiführern und Staaten dieser Länder. Die Entscheidung war nicht einfach. In ihr enthalten war vieles, das sich später in diesen Ländern ereignete. Aber für die sowjetische Führung waren die Handlungsmöglichkeiten beschränkt. Es gab keinen anderen Ausweg.«

Achromeev argumentierte, das Abrücken von den sowjetischen Sicherheitsgarantien sei mit den Verbündeten abgestimmt:

»Es ist wichtig festzuhalten, dass die sowjetische Führung nicht unilateral handelte. Sie koordinierte die Grundlagen dieser Politik mit den Führern der alliierten Länder, insbesondere den Verzicht auf jedwede zukünftige Einmischung seitens der UdSSR in deren Angelegenheiten, wobei in diesem Zusammenhang insbesondere die Verhinderung militärischer Pressionen und die bewaffnete Einmischung unsererseits in interne Prozesse gemeint sind, die sich in diesen Ländern ereignen können. Dann erarbeiteten wir zusammen mit unseren Verbündeten eine neue Militärdoktrin der Staaten des Warschauer Paktes[13].«

Dabei sei er sich der politischen Risiken in der neuen Doktrin völlig bewusst gewesen:

>Ich bin nicht in der Lage, sicher zu beurteilen, ob sich die Führer der Warschauer-Pakt-Staaten über alle möglichen Konsequenzen dieser Entwicklungen im Klaren waren. Tatsache war, dass eine Nichteinmischung der UdSSR in ihre inneren Angelegenheiten unter bestimmten Bedingungen zu plötzlichen Änderungen führen könnte, zu Änderungen in Staat und Sozialordnung ihrer Länder, die prinzipiell Europa transformieren würden[14].«

Achromeev merkte an, er habe persönlich versucht, Gorbačev deutlich zu machen, wie instabil die Situation unter der neuen Militärdoktrin werden würde:

>So weit es die Führung des Verteidigungsministeriums und des Generalstabes betraf, hatten sie bereits 1987 die möglichen Konsequenzen dieser Politik für das gesamte Verteidigungssystem, für unser Land und für den Warschauer Pakt vorhergesehen. Im Laufe der Jahre 1986 und 1987 diskutierten der Verteidigungsminister S.L. Sokolov und ich, Chef des Generalstabs, viele Male die Situation, in der sich unsere Streitkräfte wiederfinden könnten, gäbe es einen Zusammenbruch des Sicherheitssystems in Europa, das nach dem Krieg für die Sowjetunion und andere Länder des Warschauer Paktes aufgebaut wurde.

Im Sommer 1987 legten der neue Verteidigungsminister, D.T. Jazov, und ich M.S. Gorbačev ein detailliertes Dokument zu dieser Frage vor. Wir baten ihn, mit uns zusammen die militärische Situation und die immer kritischer werdenden Probleme zu überdenken. Ich weiß, dass das Dokument von M.S. Gorbačev geprüft wurde, aber ohne uns. Wie ich es verstanden habe, war dies kein Zufall[15].«

Offenbar weigerte sich Gorbačev, die Folgen der neuen Doktrin für Osteuropa mit Achromeev und Sokolov zu erörtern, wie Achromeev festhält: »So weit ich mich erinnern kann, diskutierte M.S. Gorbačev nicht ein einziges Mal mit der militärischen Führung detailliert die militärisch-politische Situation in Europa und die Perspektiven ihrer Entwicklung in den Jahren 1986 bis 1989[16].« Šachnazarov war vermutlich, das legt diese Aussage nahe, in seiner Funktion als Sekretär des Zentralkomitees (ZK) für politische und militärische Angelegenheiten der Länder des Warschauer Paktes der höchste Beamte, der auf Achromeevs Warnungen zu hören gedachte.

1985 wurde Šachnazarov Sekretär des Zentralkomitees für die Beziehungen zu den regierenden kommunistischen Parteien in Osteuropa. Vermutlich spielte er bei der Formulierung und Veröffentlichung der militärisch-politischen Komponente der neuen sowjetischen Militärdoktrin 1986 und 1987 und beim Verbergen des De-facto-Abrückens von der sowjetischen Sicherheitsgarantie für die regierenden kommunistischen Parteien nach 1985 eine wichtige Rolle.

Šachnazarov begann seine Laufbahn in der sowjetischen Außenpolitik und Sicherheitsbürokratie unter Otto Wille Kuusinen, dem abtrünnigen Herausgeber von »Probleme der Philosophie«. Kuusinen, ein Mitglied des Politbüros, bildete eine Gruppe willensstarker Analytiker aus, woraus viele führende Persönlich-

keiten im sowjetischen Sicherheitsestablishment hervorgingen, einschließlich
Jurij V. Andropovs. 1957 veröffentlichte das sowjetische Verteidigungsministerium Šachnazarovs Buch »Aggressive Blocks – eine Bedrohung für den Frieden«[17]. Es enthielt eine detaillierte Analyse der internen und externen Dynamik
dreier westlicher militärischer Bündnisse: der CENTO (Central Treaty Organization, auch Bagdad-Pakt), der SEATO (Southeast Asia Treaty Organization,
auch Manila-Pakt) und der NATO. Šachnazarovs Analysen des Zusammenhalts
der Bündnisse berücksichtigten interne Widersprüche in jeder Allianz, die letztlich zu deren Zerfall hätten führen können. Bis Mitte der siebziger Jahre seien
SEATO und CENTO verschwunden, sagte Šachnazarovs in seiner Studie voraus.
Die NATO würde aber selbst den Zerfall des Warschauer Paktes überleben.

Anfang der Sechziger brachte Andropov Šachnazarov in den »Geheimdienst« des Zentralkomitees zur Oberaufsicht über die regierenden kommunistischen Parteien, wo Šachnazarov unter anderem die Verantwortung für das sozialistische Militärbündnis in Europa übernahm[18]. Unter Andropov wurden ihm
auch Geschäftsbereiche für die DDR, Polen und die Tschechoslowakei übertragen, die drei wichtigsten sowjetischen Verbündeten sowohl im Warschauer Pakt
als auch im Rat für gegenseitige Wirtschaftshilfe (RGW). Darüber hinaus war er
verantwortlich für die Konferenzen des Zentralkomitees, der Zusammenkünfte
der Sekretäre für internationale und ideologische Fragen und der europäischen
und weltweiten Konferenzen der Zentralparteien. In seinen Memoiren erwähnt
Šachnazarov, er habe Achromeev geraten, sich im Kriegsfalle mit der NATO
nicht auf die Loyalität der ostdeutschen Armee zu verlassen. Über die ungarische Armee gab Šachnazarov eine ähnliche Vorhersage ab[19].

Während der Ära Brežnev – geprägt von Ostpolitik, Détente und Helsinki-
Verträgen – wurde Šachnazarov Chef-Redenschreiber des Führers des Warschauer Paktes (das sowjetische Politbüro hatte die von Šachnazarov verfassten
Reden zu prüfen)[20]. Zudem bereitete er Dokumente für das politische Bera-
tungskomitee des Warschauer Paktes und andere Behörden des Bündnisses
vor[21]. Seinen Veröffentlichungen während der Ären Brežnev und Andropov
nach zu urteilen wurde Šachnazarov vom Zentralkomitee die Zuständigkeit für
das Konzept der »Verteidigung des sozialistischen Vaterlandes«[22] übertragen,
eine Formulierung, die in der sowjetischen Verfassung von 1977 festgeschrieben worden war[23]. Aus dem Konzept resultierten »die gemeinsame Verteidigung der Errungenschaften des Sozialismus gegen eine innere und äußere Reaktion«, »die gemeinsame Verteidigung der Errungenschaften aus dem Zweiten
Weltkrieg«, »ein entschiedenes Zurückschlagen des deutschen Revanchismus
und des amerikanischen Imperialismus«[24]. Šachnazarov verband das Konzept
der »gemeinsamen Verteidigung des großen sozialistischen Vaterlandes« (das
System des sowjetischen Bündnisses) mit dem Recht der kollektiven Selbstverteidigung, wie es in Artikel 51 der UN-Charta geschrieben steht. Die Argumente
Šachnazarovs sollten Militärintervention innerhalb des Bündnisses rechtfertigen. Aufgrund der Autorität seines Amtes wurden Šachnazarovs Ausführungen

veröffentlicht, nicht nur über den Artikel 5 der sowjetischen Verfassung (»Verteidigung des sozialistischen Vaterlandes«)[25], ebenso zu den entsprechenden konstitutionellen und Vertragspflichten und Parteiprogrammen der Staaten des Warschauer Paktes[26].

Von 1980 bis 1985 diente Šachnazarov als Sekretär in der Suslov-Kommission, deren Vorsitz zuerst der 1982 verstorbene Chefideologe der KPdSU, Michail A. Suslov, innehatte. Brežnev hatte 1980 die Suslov-Kommission eingesetzt, damit diese eine Empfehlung darüber aussprach, ob das sowjetische Militär in Polen intervenieren sollte, um die Gewerkschaftsbewegung Solidarność davon abzuhalten, die regierende kommunistische Partei zu provozieren. Šachnazarov blieb auch unter Andropov, Konstantin Černenko und Gorbačev Sekretär der Suslov-Kommission[27]. Achromeev, damals stellvertretender Chef des sowjetischen Generalstabs, war einer der Offiziere, die der Suslov-Kommission Bericht erstatteten. Die Kommission sprach sich nachdrücklich und unter allen Umständen gegen eine sowjetische Militärintervention in Polen aus[28]. Matthew I. Ouimet, US-amerikanischer Analyst für Russland und Eurasien, führte aus, dass die Kommission zu dem Schluss kam, der politische Preis sei so hoch, dass die KPdSU sogar den Zusammenbruch der kommunistischen Herrschaft in Polen mit allen ihren möglichen fatalen Folgen akzeptiert hätte. Möglicherweise reflektiert die Empfehlung nicht nur die militärisch-politischen Aspekte einer sowjetischen Intervention in Polen, sondern auch die Schlussfolgerungen aus dem kolossalen Fehler, der mit der Invasion in Afghanistan im Jahre 1979 unter der Brežnev-Führung gemacht worden war[29]. Der Suslov-Kommission ist jedoch möglicherweise zuzurechnen, dass sie General Jaruzelski dazu gedrängt hat, im Dezember 1981 das Kriegsrecht über Polen zu verhängen[30]. Trotz aller Krisen, die Jaruzelski in der Folge bewältigen musste, gelang es Šachnazarov, eine abschließende sowjetische Entscheidung über eine Militärintervention der Roten Armee bis August 1989 aufzuschieben. Als geschäftsführender Sekretär war Šachnazarov zumindest Zeuge der sowjetischen Debatte über die Umsetzung der Brežnev-Doktrin während der Solidarność-Krise[31], wenn nicht sogar Beteiligter.

Šachnazarov war auch Vorsitzender einer sowjetischen politikwissenschaftlichen Vereinigung, die Kontakte zu westlichen Gelehrten pflegte. Anfang der achtziger Jahre nahm er es selbst in die Hand, Debatten im Westen über die Sicherheitspolitik gegenüber der UdSSR in den einzelnen Punkten zu führen[32]. Er unterhielt direkte Kontakte zu einigen der sowjetischen und westlichen Teilnehmer der Stockholmer Sicherheitskommission, welcher der schwedische Ministerpräsident Olaf Palme vorstand. 1983 veröffentlichte Šachnazarov eine umfassende Studie mit dem Titel »Sozialismus und Zukunft«, worin er die Weltliteratur zum Thema »globale Probleme« analysierte, die Umweltzerstörung sowie verschiedene Aspekte des Elends in der Dritten Welt[33]. Der Schwerpunkt der Studie lag auf dem Problem des Kernwaffenkrieges[34]. 1983 nutzte Andropov als Generalsekretär die Konferenzen für weitreichende Vorschläge zu den

Kernwaffen im Rahmen der Beziehungen zwischen der NATO und dem Warschauer Pakt.

1985 veröffentlichte Šachnazarov eine vierseitige Besprechung des Bestsellers des amerikanischen Journalisten Jonathan Schell, »The Fate of the Earth«, ein Buch, das den Kernwaffenkrieg als unmittelbar bevorstehende erdgeschichtliche Katastrophe für die gesamte Menschheit bezeichnete[35]. Šachnazarovs Schrift »Die Logik des politischen Denkens in der nuklearen Ära« behandelte die Idee, Kernwaffen weltweit abzuschaffen. Ein anderer Autor in der Sonderpublikationsserie des ZK von 1985 warf die Frage der Überarbeitung der sowjetischen Militärdoktrin auf[36].

Sechs Monate, nachdem er zum Generalsekretär der KPdSU avanciert war, hob Gorbačev Šachnazarov auf einen Posten des ZK, der die Zuständigkeit für die gesamten sowjetisch-osteuropäischen Beziehungen umfasste, einschließlich der Angelegenheiten der WVO. Die Entscheidung Gorbačevs mag ein Zufall gewesen sein. 1985 veröffentlichte Oleg Rachmanin, Chef des Geheimdienstes, aus Eigenintentionen einen Beitrag zur Bestätigung der »Brežnev-Doktrin«. Das trug Rachmanin den Zorn des neuen Generalsekretärs ein, der ihn mit chinesischen Angelegenheiten betraute[37]. Möglicherweise kam Šachnazarov, der einflussreichste sowjetische Theoretiker der »gemeinsamen Verteidigung des sozialistischen Vaterlandes« und führende Sekretär der Suslov-Kommission, zu dem Schluss, dass Gorbačev die Brežnev-Doktrin in seiner Politik nicht mehr berücksichtigen wolle. Aus dem Memoiren Šachnazarovs wird deutlich, dass ein Teil seiner Aufgaben beim ZK darin bestand, die Rüstungskontrollpolitik der Gorbačev-Doktrin beim Generalstab und der Führung des Warschauer Paktes durchzusetzen[38].

Ganz gleich, ob es Šachnazarovs Aufgabe war, das Abrücken von der sowjetischen Sicherheitsgarantie für die regierenden Parteien im Pakt umzusetzen: Er behielt seinen Posten im ZK – trotz des Zusammenbruchs des Warschauer Paktes. Nach dem Zerfall der UdSSR übertrug Gorbačev Šachnazarov den hohen Posten des Leitenden Direktors der vom Westen finanzierten »Gorbačev-Stiftung« in Moskau. Von 1996 bis 1997 übernahm diese ein Projekt mit dem Titel »Nationale Interessen und Probleme der Sicherheit Russlands«, das von der Carnegie Corporation in New York finanziert[39] und von Šachnazarov geleitet wurde. Ziel war die Formulierung militärisch-politischer Richtlinien einer Militärdoktrin für die Russische Föderation[40].

Die Entstehung von Gorbačevs Militärdoktrin

Die neue sowjetische bzw. WVO-Doktrin entstand im Zeitraum von Januar 1986 bis Sommer 1989[41]. Achromeev gibt an, dass er nach Gorbačevs Rede auf dem XXVII. Parteitag mit seiner Arbeit an der neuen Doktrin begonnen habe, noch bevor Gorbačev den Generalstab dazu angewiesen hätte. Der Beginn des

Umdenkens habe, so Achromeev, aus der westlichen Wahrnehmung des offensiven Charakters der sowjetischen Doktrin resultiert[42]: Die NATO habe die defensive Eigenschaft der sowjetischen Doktrin[43] grundlegend missinterpretiert. Achromeev räumt aber ein, dass die, wie er sie nannte, »sowjetische Doktrin des Kalten Krieges« von 1962 bis 1986 vorsah, auf einen Angriff der NATO mit einer Offensive auf NATO-Territorium zu reagieren[44]. Jedenfalls übernahm er die Aufgabe, die Ansicht der NATO über die sowjetische Doktrin und Streitkräftestruktur durch Vorlage der neuen »Verteidigungsdoktrin« und Streitkräftestruktur zu ändern. Erklärtes Ziel von Gorbačevs neuer sowjetischer Militärdoktrin war es, den Ausbruch eines Krieges zu verhindern, gleich ob konventionell oder nuklear. Zur Erarbeitung der neuen Doktrin und Streitkräftestruktur setzte Achromeev vier hohe Generale ein: M.A. Gareev, V.I. Varennikov, V.A. Omeličev und V.V. Korobyšin[45].

Im Oktober 1986 berichtete Marschall Achromeev, direkt nach seiner Rückkehr vom Gipfeltreffen zwischen Gorbačev und Ronald Reagan in Reykjavik, dem Führungs- und Lehrstab der Vorošilov-Generalstabsakademie über die neue, sich noch in Bearbeitung befindende Doktrin. Die beiden Staatenlenker stünden, so hieß es in der Rede, kurz vor der Einigung über die vollständige Vernichtung der Kernwaffen aus den sowjetischen und amerikanischen Waffenarsenalen[46]. Vor der Akademie blendete Achromeev die Zusammenkunft in Reykjavik aus – sein Thema war die Überarbeitung der sowjetischen Militärdoktrin.

Laut Achromeev herrschte am Anfang seiner Vorlesung »absolute Stille« im Auditorium. Als er dann mit den nächsten fünf Punkten seiner vorbereiteten Rede fortfuhr, erblickte er in den Gesichtern der Zuhörer »einen Ausdruck des Unglaubens, der Verwirrung und Unruhe«[47]. Die USA und die NATO blieben wahrscheinlich Gegner, so Punkt 1, die UdSSR strebe jedoch trotzdem ein neues militärisches Gleichgewicht an, in dem weder die NATO noch der Warschauer Pakt die jeweils andere Allianz als feindlich ansähe[48]. Als Punkt 2 führte er das sowjetische Ziel an, die Kernwaffen in beiden Bündnissen abzuschaffen[49]. Drittens wolle die UdSSR bi- und multilaterale Reduzierungen der konventionellen Truppen in Ost und West erreichen[50].

Die drei Punkte waren nicht neu. Gorbačev hatte sie in sein Programm für den XXVII. Parteitag im Februar 1986 aufgenommen, nachdem er diese Konzepte im Januar 1986 erstmals angekündigt hatte. In den folgenden Punkten 4 und 5 kam Achromeev aber zu neuen Vorschlägen, die wahrscheinlich die »Ungläubigkeit, Verwirrung und Unruhe« seiner Zuhörer auslösten. Er lehnte sowjetische Offensivoperationen mit dem Ziel der Zerschlagung der NATO-Truppen auf deren Territorium ab[51]:

»Punkt 4. Und schließlich (und dies war etwas vollständig Neues und Unerwartetes) sind wir vorbereitet, im Falle einer Aggression einen Angriff schnell zurückzuschlagen, nachdem die [NATO-]Aggressionen begonnen haben. Wir werden den Angriff nur durch Verteidigungsoperation abwehren und gleichzeitig versuchen, den Konflikt mit politischen Mitteln zu lösen.

Wir werden absichtlich die strategische Initiative im Krieg dem Aggressor überlassen und mehrere Wochen lang eine Verteidigung durchführen. Erst wenn diese Operationen mit parallelen politischen Schritten nicht zum Erfolg und zur Beendigung der Aggressionen führen, werden wir großflächige Maßnahmen zur Vernichtung des Aggressors ergreifen.

Punkt 5. Zusammenfassend sagte ich, dass jetzt unsere Militärdoktrin eine neue Qualität angenommen hätte. Die Aktivität der politischen und militärischen Führung zur Verhinderung von Kriegen wurde in den grundlegenden Teil der Doktrin aufgenommen. Die Verhinderung von Kriegen ist sowohl theoretischer Teil der Militärdoktrin als auch praktischer Teil der Aktivitäten der militärischen Führung der Sowjetunion [...] Die Militärdoktrin der UdSSR umfasst jetzt ein System von grundlegenden prinzipiellen Standpunkten, die offiziell von der sowjetischen Regierung übernommen wurden mit den folgenden Zielen:
– die Verhinderung von Kriegen,
– der Aufbau eines nationalen Verteidigungssystems,
– die Vorbereitung des Landes und der Streitkräfte auf die Bekämpfung von Aggressionen,
– und ebenfalls die Mittel für einen bewaffneten Kampf zur Verteidigung des sozialistischen Vaterlandes.«

Achromeev kommentierte in seinen Memoiren: »Nur ein erfahrener Berufssoldat kann beurteilen, inwiefern dieser theoretische Vorschlag zu grundlegenden Änderungen in der Zusammensetzung des Heeres und der Marine führt und buchstäblich eine Revolution ihrer Ausbildung darstellt.«

Nachdem Achromeev seine Rede beendet hatte, begannen die Zuhörer offenbar damit, ihre Reaktionen auf unangemessene Weise zum Ausdruck zu bringen. Achromeev erklärte sich dies wie folgt: »Meiner Meinung nach vergaßen viele von ihnen, dass vor ihnen der Chef des Generalstabes stand[52].« Der Marschall musste seine Zuhörer daran erinnern, und die Offiziere wurden still. In den folgenden zwei Stunden beantwortete der Chef des Generalstabes die Fragen des Auditoriums. Die Fakultät der Generalstabsakademie führte noch einen weiteren Monat lang hitzige Diskussionen über die Rede[53]. Doch dann begann in der Generalstabsakademie die Überprüfung der neuen Doktrin durch den Verteidigungsminister und den Chef des Generalstabs[54]. Ende 1986 nahm der Verteidigungsrat der UdSSR diese dann offiziell an[55].

Obgleich Achromeev nicht eigens betonte, dass die neue Doktrin das Hauptgefechtsfeld von Westeuropa nach Osteuropa verschob, war es diese West-Ost-Verschiebung, die »grundlegende Änderungen in der Struktur des Heeres und der Marine sowie eine sprichwörtliche Revolution ihrer Ausbildung erforderte.« Gemäß der Definition verlangte das Führen eines Krieges auf NATO-Territorium eine offensive Doktrin und Streitkräftestruktur sowie, so ist anzunehmen, den Einsatz jeder Waffenart – auch von Kern-, biologischen und chemischen Waffen. Die Beschränkung des Kriegsschauplatzes auf Osteuropa bedeutete, einen eingeschränkten Verteidigungskrieg mit konventionellen Waffen zu führen während man nach einer politischen Lösung für den Konflikt suchte. Dabei ermöglichte die Variante, das militärisch-politische Kernkonzept der gemeinsamen Verteidigung des sozialistischen Vaterlandes beizubehalten. Der Warschauer Pakt würde also für die kollektive Verteidigung des Sozialismus gemäß Artikel 51 der Charta der Vereinten Nationen und der Verfassungen sowie Parteiprogramme der Allianz sorgen. Die neue, von Achromeev vorgestellte Militärdoktrin stellte auch eine konzeptionelle Grundlage für ein radikales Abrüstungsprogramm dar, das zuvor von Gorbačev angekündigt worden war.

Anfang Mai 1987 war Achromeev bereit für die öffentliche Vorstellung der neuen militärischen Pläne des Warschauer Paktes, die die NATO als »defensiv« einstufen konnte. Achromeev erklärte in der Zeitschrift »Krasnaja Zvezda«[56]:

> »Die Sowjetunion und ihre Alliierten lehnen den Krieg als Mittel zur Lösung politischer und wirtschaftlicher Streitigkeiten zwischen Staaten ohne Einschränkungen ab. Sie sind überzeugte Gegner des Krieges in jeder Form. Die Verbündeten sozialistischen Staaten gehen von der Prämisse aus, dass unter den heutigen Bedingungen weder ein Kernwaffenkrieg noch ein konventioneller Krieg [...] zugelassen werden darf. Ein Krieg darf nicht entfesselt werden. Ein Kernwaffenkrieg kann nur die Vernichtung der Menschheit zur Folge haben. Ein Weltkrieg, mit konventionellen Mitteln geführt, wird, durch einen Aggressor begonnen, der Menschheit ebenfalls unkalkulierbare und so gar nicht vorhersehbare Katastrophen und Leiden bringen.«

Ende Mai 1987 trafen sich die Führer des Warschauer Paktes in Berlin, um die Annahme der neuen Verteidigungsdoktrin öffentlich zu machen – inklusive einer Warnung an die NATO: »Die Kampfbereitschaft der Streitkräfte der verbündeten Staaten wird in einem ausreichenden Maß beibehalten, um vor Überraschungen gefeit zu sein. Der Angriff eines Aggressors wird auf vernichtende Weise zurückgeschlagen werden[57].«

Achromeevs »militärische Verteidigung« (Strategie, operatives Vorgehen und Taktik) war ein radikales Abrücken von der vorherigen offensiven sowjetischen Militärdoktrin des Paktes. Möglicherweise hatte Šachnazarov bereits 1983 die grundlegenden militärisch-politischen Konzepte für eine defensive militärisch-technische Komponente der »Gorbačev-Doktrin« zusammengestellt.

Andropovs Sicherheitsagenda 1983

1983, als Šachnazarov noch leitender Beamter des ZK für Paktangelegenheiten war, nutzte sein Förderer, Generalsekretär der KPdSU Andropov, die Parteitage für weitreichende Vorschläge zur Umstrukturierung der gesamten militärisch-politischen Beziehungen zwischen NATO und Warschauer Pakt:

1. In einem Kernwaffenkrieg könne es keinen Sieger geben. Er werde unvermeidlich zum Tod ganzer Nationen führen sowie zu kolossalen Zerstörungen und katastrophalen Konsequenzen für die Zivilisation und das Leben selbst auf Erden[58].

2. Es gebe keine wichtigeren Ziele für die Menschheit als die Bewahrung des Friedens und die Einstellung des Rüstungswettlaufes[59].

3. Nach Ende des Rüstungswettlaufs sollten Ost und West die Aufmerksamkeit auf die globalen Probleme wie Armut, Umweltverschmutzung, wirtschaftliche Rückständigkeit und soziale Ungerechtigkeit richten[60].

4. Das unmittelbare Problem sei ein globaler Rüstungswettlauf, der wie eine Spirale außer Kontrolle gerät und zur Bedrohung durch einen Kernwaffenkrieg wird, angetan, die gesamte menschliche Zivilisation auszulöschen[61]. Die unmittelbare Lösung sei die Reduktion der Militärausgaben bei der NATO und dem Warschauer Pakt in allen Bereichen. Die eingesparten Gelder sollten in die Lösung globaler Probleme gesteckt werden.

5. Alle Massenvernichtungswaffen sollten schrittweise mittels eines Programms abgeschafft werden[62], das den Verzicht auf den Ersteinsatz von Kernwaffen, das Einfrieren der Kernwaffentests und der Entwicklung neuer Atomsprengköpfe, das Verbot von Neutronenwaffen, radiologischen, chemischen und Waffen im Weltall wie auch Schritte zur Eindämmung der Verbreitung konventioneller Waffen vorsah. Weiterhin waren Verträge geplant zur Beendigung des regionalen Rüstungswettlaufes, auch im Mittelmeer, die Einrichtung von kernwaffenfreien Zonen auch in Nordeuropa, Mitteleuropa und auf dem Balkan, die Abschaffung aller ausländischen Militärstützpunkte sowie die beiderseitige Auflösung der NATO und des Warschauer Paktes, beginnend mit ihren Militärorganisationen.

Die Vorschläge spiegelten viele der Themen wider, die schon in Šachnazarovs Veröffentlichungen Anfang und Mitte der achtziger Jahre auftauchten. Auch die Wortwahl in den Vorschlägen Andropovs von 1983 deutet auf Ideen von Gorbačev hin. Das ungelöste Problem bei der Analyse der Dokumente Andropovs aus dem Jahre 1983 ist die Unterscheidung zwischen reiner Rhetorik und tatsächlichem Veränderungswillen. Der wesentliche Punkt in Andropovs Agenda von 1983 war der Nichtangriffspakt zwischen der NATO und dem Warschauer Pakt.

Der vorgeschlagene Nichtangriffspakt enthielt eine Klausel, die die KPdSU in die Lage versetzte, offene Sicherheitsgarantien für die verbündeten regierenden Parteien gegen interne Bedrohungen beizubehalten. Georgij Arbatov, außenpolitischer Berater aller Generalsekretäre von Brežnev bis El'cin, stellt in seinen Betrachtungen zur sowjetischen Politik fest, dass die Essenz der Vorschläge Andropovs von 1983 in der Abkehr von der »Brežnev-Doktrin« bestand. Allerdings äußert sich Arbatov nicht dazu, ob die Abkehr eine geheime, interne Paktpolitik oder eine offene war[63]. Die Studie vergleicht Andropovs Sicherheitsgarantie im Nichtangriffspakt mit Gorbačevs Doktrin des »vernünftigen und ausreichenden Maßes«: Beide Konzepte versuchten, eine offenkundig offensive sowjetische Haltung gegenüber Osteuropa beizubehalten und eine defensive gegenüber der NATO einzunehmen[64]. Andropovs »Pakt« bot der NATO die Sicherheit, dass sowjetische Truppenbewegungen in Osteuropa bei

Einsätzen zur inneren Sicherheit keine Tarnung für erste Schritte eines sowjetischen Überraschungsangriffs auf Westeuropa darstellten. Der Text des besagten Nichtangriffspakts liest sich wie folgt[65]:

»Ein Vertrag zwischen den Mitgliedsstaaten des Warschauer Paktes und der Nordatlantischen Vertragsorganisation über den gegenseitigen Verzicht auf bewaffnete Gewalt und die Aufrechterhaltung des Friedens begrenzt natürlich nicht das unveräußerliche Recht der Signatarstaaten auf individuelle und kollektive Selbstverteidigung entsprechend Art. 51 der Charta der Vereinten Nationen.

Gleichzeitig befreit er [der Vertrag] die Angehörigen beider Bündnisse von Ängsten, dass Verpflichtungen gegenüber ihrem Bündnis, die in beiden Bündnissen bestehen, für aggressive Maßnahmen gegen die Mitgliedsstaaten des anderen Bündnisses genutzt werden könnten, und diese Verpflichtungen eine Bedrohung ihrer Sicherheit darstellen könnten.«

Die NATO konnte also bei sowjetischen Truppenbewegungen großen Ausmaßes in Osteuropa unbesorgt bleiben, so der Vertrag, weil der Nichtangriffspakt garantiere, dass solche Bewegungen auf das Territorium des Warschauer Paktes beschränkt blieben[66].

Abrücken von der Brežnev-Doktrin

Matthew I. Ouimet argumentiert, dass die alternde Brežnev-Regierung, geführt vom Politbüromitglied Michail Suslov, während der Krise in Polen von 1980/81 von der Brežnev-Doktrin »abrückte«[67]. Dies sei die Empfehlung der Suslov-Kommission gewesen, deren Mitglied unter anderem Michail Gorbačev war. Wenn Ouimet Recht hat, stellen sich folgende Fragen: Wann machte die sowjetische Führung publik, dass sie nicht in Polen intervenieren würde? Und wann tat Sie kund, welche Folgen die polnische Entscheidung für den Warschauer Pakt als Ganzes haben würde? In seinen Memoiren führte Šachnazarov aus: »Die sowjetische Führung schloss die Möglichkeit einer Militärintervention in Polen kategorisch aus[68].« Jedoch fügte er ebenfalls hinzu: »Aber gerade weil eine militärische Resolution ausgeschlossen war, wurde es als notwendig angesehen, Polen und die Welt davon zu überzeugen, dass sie nicht ausgeschlossen war[69].« Die Verhängung des Kriegsrechts in Polen durch General Jaruzelski im Jahre 1981 erlaubte Moskau (sowie Warschau, Berlin, Prag, Budapest und Sofia), folgt man diesem Argument, das Abrücken der KPdSU von der Brežnev-Doktrin im Falle Polens zu verschleiern – zumindest bis zum August 1989.

Die Sicherheitsvorschläge Andropovs aus dem Jahre 1983 enthielten, so Ouimet, keinen Hinweis auf ein Abweichen von der Brežnev-Doktrin. Der Beginn von Gorbačevs geheimem Abschied von der Doktrin seines Vorgängers wird von manchen Analysten und Zeitzeugen in einer geheimen Konferenz der Führer des Warschauer Paktes Ende 1985 gesehen, auf der Gorbačev die Teilnehmer ermutigte, innenpolitisch andere Wege auszuprobieren. Andere sehen diesen Punkt in den unübersichtlichen und widersprüchlichen Aussagen, die

Gorbačev bei mehreren Gelegenheiten machte: in der Rede vor den Vereinten Nationen mit der Ankündigung großer und unilateraler Einschnitte bei den sowjetischen konventionellen Streitkräften vom Dezember 1988, dem offiziellen Kommuniqué auf der Konferenz des Warschauer Paktes in Bukarest Anfang Juli 1989 und der Rede vor dem Europarat in Straßburg Mitte Juli 1989. Mehrere Wissenschaftler kamen zu dem Schluss, dass die Brežnev-Doktrin letztendlich im August 1989 »starb«, als Gorbačev stillschweigend die Bildung einer Regierung akzeptierte, die von Ministern der Solidarność dominiert war (wobei die Kommunisten noch immer die »Macht«-Ministerien sowie die Präsidentschaft innehatten).

Mir scheint jedoch, dass die öffentliche Aufgabe der »Brežnev-Doktrin« am 25. Oktober 1989 in Helsinki stattfand. An jenem Tag sagten die Präsidenten von Finnland und der UdSSR fest zu, dass ihre Staaten auf den Ersteinsatz von bewaffneter Gewalt gegen ein gegnerisches Bündnis, einen neutralen Staat oder einen Staat des eigenen Bündnisses verzichten würden[70]. Dies war eine eindeutige Erklärung – nicht nur für Finnland. Gennadij I. Gerasimov, Gorbačevs Pressesprecher, führte gegenüber westlichen Reportern aus, Gorbačev hätte gerade eine »Sinatra-Doktrin« herausgegeben. Da die Journalisten nicht verstanden, erklärte Gerasimov den perplexen westlichen Berichterstattern: »You know the Frank Sinatra song, ›I Did It My Way‹? Poland and Hungary are now doing it their way. I think the ›Brezhnev doctrine‹ is dead[71].«

Die Militärdoktrin des Warschauer Paktes verstehen

1962 hatte Chruščev eine offensive Strategie des Warschauer Paktes[72] veröffentlicht mit dem Ziel, Alliierte und Gegner gleichzeitig zu täuschen[73]. Das erklärte Ziel von Chruščevs militärischem Vorgehen (Strategie, operatives Vorgehen und Taktik) war der Sieg auf dem Territorium des Gegners, falls notwendig mit Kernwaffen. Das versteckte Ziel war die Beibehaltung von Kapazitäten für eine widerstandslose sowjetische Intervention innerhalb des Warschauer Paktes, obwohl diese Doktrin auch anderen Zwecken diente. In den folgenden Jahren schmückten sowjetische Offiziere und Gelehrte die doktrinelle »Maskirovka«[74] eines Sieges bei einem offensiven Krieg mit Kern- oder konventionellen Waffen auf NATO-Territorium aus, indem sie eine Schrift nach der anderen zu den einzelnen Punkten des sowjetischen militärischen Vorgehens und zur Militärgeschichte produzierten[75].

Anfang 1986 kündigte Gorbačev an, dass die UdSSR eine neue Militärdoktrin erarbeiten würde, um einen Krieg zwischen Ost und West zu vermeiden. Er erklärte, sein abschließendes Ziel sei die vollständige Abschaffung von Kernwaffen – weltweit. Dann ordnete er an, der sowjetische Generalstab solle die militärisch-technische Komponente der sowjetischen Doktrin anpassen, sodass sie in das militärisch-politische Konzept des »vernünftigen und ausreichenden

Maßes« passe. Generalsekretär Gorbačev schaffte solcherart das militärische Vorgehen, die Truppendislozierungen und die Rüstungskontrollpolitik seiner Vorgänger des letzten Vierteljahrhunderts ab. Im Mai 1987 kündigte der Warschauer Pakt seine neue »defensive« Militärdoktrin an. Sowjetische Offiziere und Gelehrte produzierten Artikel über Artikel zu einzelnen Punkten der Strategie, des operativen Vorgehens und der Taktik bei einer konventionellen Gegenoffensive. 1987 und 1988 vermeldete Gorbačev auf Grundlage des neuen militärischen Vorgehens massive unilaterale Einschnitte bei der Anzahl atomarer Marschflugkörper, Panzer und Artilleriesysteme, die gegen Westeuropa gerichtet waren. Gleichzeitig kam es im Rahmen der INF-Verträge über nukleare Mittelstreckensysteme zwischen den USA und der Sowjetunion zur Einigung über den beiderseitigen Abbau von Kernwaffen in Europa und die Einführung gründlicher, sicherer Inspektionssysteme. Dies war die praktische Umsetzung des »vernünftigen Maßes«.

Beibehalten allerdings wurden die Kräfteverhältnisse im Pakt wie auch die sowjetische Militärpräsenz in der DDR und – zumindest rhetorisch – die Verpflichtung zur Verteidigung des sozialistischen Vaterlandes. Gorbačevs Generale drillten ihre Truppen für eine konventionelle Gegenoffensive, die sich auf das Territorium des Warschauer Paktes beschränkte. Auch dies war Ausdruck der praktischen Umsetzung dieses »vernünftigen Maßes«. Trotz des schwindenden Einflusses auf Polen ließ Gorbačev bis zum 25. Oktober 1989 das sowjetische Abrücken von der Brežnev-Doktrin weitgehend im Dunkeln.

Gorbačevs abrupte Ablehnung der vormaligen militär-technischen Komponente der alten Doktrin demonstrierte nicht mehr und nicht weniger, als dass diese tatsächlich offensiv ausgerichtet gewesen war. Während des gesamten Kalten Krieges war das militärische Vorgehen im Rahmen der WVO-Doktrin ein Instrument für die Verfolgung politischer Ziele, die von der Führung des sowjetischen Politbüros im Geheimen festgelegt wurden. Wie Sun Tzu bereits vor rund 2500 Jahren bemerkte: Die Kunst des Krieges ist die Kunst der Täuschung.

Die NVA und die sowjetische Militärdoktrin

Westdeutschland trat 1955 der NATO bei und erhielt von den westlichen Alliierten die Erlaubnis, die Bundeswehr aufzubauen. Um der DDR Legitimität zu verleihen, waren die Sowjets gezwungen, in Ostdeutschland eine Armee aufzustellen und diese so in ein Militärbündnis einzubinden, dass es der Einbindung Westdeutschlands in die NATO entsprach. Die Alternative, den Status der sowjetischen Truppen in Ostdeutschland als Besatzungstruppen auszubauen, hätte die Existenz der DDR als ein sowjetisches Konstrukt untermauert. Das deutlichste Symbol staatlicher Souveränität – eine nationale Armee – hätte gefehlt. Dies hätte als Anerkennung Westdeutschlands als deutscher Staat mit seiner eigenen Armee und desgleichen des Beitritts der Bundesrepublik in die NATO gelten können. Sofort nach Unterzeichnung der Warschauer Verträge war die UdSSR daher bestrebt, das sozialistische Militärbündnis aufzulösen, vorausgesetzt, die Bundesrepublik gäbe sowohl ihre Armee als auch ihre Bündniszugehörigkeit auf. Der Westen wies solche sowjetischen Vorschläge zurück. Eine der ersten militärischen Aufgaben der NVA bestand in der Folge darin, der Bundeswehr den exklusiven Anspruch auf das alleinige Erbe der deutschen nationalen militärischen Tradition abzusprechen, einer Tradition, die sich in den preußischen Ländern begründete, aus denen sich die DDR teilweise zusammensetzte.

Die Sowjets rechtfertigten den Warschauer Pakt als auch die NVA mit der Bedrohung durch die NATO – insbesondere der Bedrohung durch den deutschen »Revanchismus«, unterstützt von amerikanischen Imperialisten, die über Kernwaffen verfügten. Ende der fünfziger Jahre übernahm der Warschauer Pakt zwei zusätzliche Aufgaben. Die erste war die Sicherstellung sowjetischer Kapazitäten zur ungehinderten Militärintervention in Osteuropa. Diese Anforderung entwickelte sich aus der sowjetischen Erfahrung bei der Unterdrückung der Revolution in Ungarn 1956. Als zweite Aufgabe sollte der Pakt vermeiden helfen, dass sich Doktrinen für die territoriale Verteidigung im jugoslawischen Stil verbreiteten, wie Ende der fünfziger Jahre in Albanien und Rumänien sowie 1968 in Polen und der Tschechoslowakei[76]. Die territoriale Streitkräftestruktur zur Verteidigung war ein potenzielles Hindernis bei einer sowjetischen Intervention. Sie zog bei einem Konflikt zwischen der UdSSR und der NATO sogar osteuropäische Truppen vom sowjetischen Kommando ab.

Anstatt für die Verteidigung ihrer eigenen Territorien Konzepte auszuarbeiten, planten die Ministerien der loyalen WVO-Mitgliedsstaaten für einen gemeinsamen Kampf jenseits der nationalen Grenzen: Ostdeutsche Truppen sollten Westdeutschland mittels sowjetischer Kernwaffen besetzen; polnische Truppen Dänemark erobern, nachdem etwa 150 Ziele mit Kernwaffen getroffen worden waren; tschechoslowakische Truppen, ebenfalls mit Kernwaffen ausgerüstet, würden sich ihren Weg durch die radioaktiven Täler Deutschlands bomben, den Rhein überqueren und dann, ohne auf Widerstand zu treffen, durch das Rhônetal marschieren, um am neunten Tag des Dritten Weltkrieges Lyon einzunehmen.

Das ursprüngliche politische Ziel der offensiven Doktrin sah vor, sofortige Sicherheitsgarantien für instabile Vasallenregime zu leisten. Man glaubte, dass die zentralisierte volkseigene Wirtschaft des sozialistischen Blocks im Laufe der Jahre die westlichen Lebensstandards überflügeln würde. Chruščevs Parteiprogramm der KPdSU von 1961 hatte versprochen, bis 1981 eine voll entwickelte *kommunistische* Gesellschaft zu schaffen, die an materiellen Reichtümern überfloss. Wäre dieses Programm erfolgreich gewesen, wäre Gorbačev wahrscheinlich mit keinem der Sicherheitsprobleme, denen er sich zwischen 1985 und 1989 gegenübersah, konfrontiert gewesen.

In »Requiem for an Army«, einer Studie über den Zusammenbruch der NVA, meint Dale R. Herspring, dass die Offiziere der NVA durchaus nicht die Demokratisierung Ostdeutschlands ablehnten. Sie verhielten sich passiv während des Falls der Mauer, und sie hätten später sogar die Wiedervereinigung ganz Deutschlands unter der Verfassung der Bundesrepublik und die Abschaffung ihrer eigenen Militärorganisation unterstützt. Tatsächlich widmet Herspring sein Buch den »Angehörigen der NVA [...] deren Unterstützung des friedlichen Übergangs zur Demokratie in einer Zeit großer Belastungen dazu beigetragen hat, die Vereinigung Deutschlands Wirklichkeit werden zu lassen«[77]. Er merkt des Weiteren an, dass die NVA-Offiziere militärisch-politischen Selbstmord begangen hätten; nur eine Handvoll Berufssoldaten der NVA wurde schließlich in die Bundeswehr übernommen.

Herspring glaubt, dass es zwischen 1989 und 1990 eine Reihe von Wendepunkten gab, an denen sich das Schicksal der NVA hätte anders entwickeln können. Der wichtigste von Hersprings Wendepunkten bezieht sich auf Rainer Eppelmann, den evangelische Pastor und ostdeutschen Friedensaktivisten, der der letzte Verteidigungsminister der DDR wurde[78]. Nach Herspring besagten die meisten »westlichen Modelle«, dass die NVA-Generale dem gesellschaftlichen Umbruch in der DDR durchaus Widerstand entgegensetzen würden[79]. Herspring versucht die Frage zu beantworten, warum die NVA »etwas Unerhörtes« getan habe: »sie unterstützte an der Basis die Einführung der Demokratie in der DDR und half damit, ihr eigenes Grab zu graben[80].« Er kommt zu folgendem Schluss: »The NVA turned out to be what the party had long claimed it was – an army of the people[81].« Dies ist eine erstaunliche Schlussfolgerung über eine Militärorganisation, die mehr als fast jede andere auf Täuschung beruhte. Bei der Analyse der NVA bleibt Herspring, ein ehemaliger ranghoher US-Diplomat und produktiver Schriftsteller, bei seiner bereits in den Siebzigern geäußerten Meinung. In »Requiem for an Army« betont er abermals: »Von allen Armeen Osteuropas galt die NVA bei den russischen Offizieren als die diszipliniert este, am besten organisierte und am besten auf den Ernstfall vorbereitete Armee[82].« In seiner gesamten Arbeit ist Herspring bemüht, die hohen professionellen Qualitäten der NVA sowohl während des Kalten Krieges als auch während ihrer friedlichen Auflösung im Laufe des Jahres 1990 von Neuem hervorzuheben.

Um zu seinen Schlussfolgerungen über den professionellen »Selbstmord« der NVA-Offiziere zwischen 1989 und 1990 zu gelangen, entwickelt Herspring die Theorie der zivil-militärischen Beziehungen in Ostdeutschland, fußend auf drei grundlegenden Elementen:

1. der Isolation der NVA in der Gesellschaft und allen internen politischen Prozessen der DDR. Diese Isolation war gemäß Herspring ein hocheffektiver Weg, das Militär von den regimegegnerischen Gefühlen der Zivilisten zu trennen und daher sowohl zum internen Zusammenhalt der NVA als auch zum Fokus der NVA auf einen externen Gegner beizutragen;

2. der institutionellen Festigkeit: Die NVA war zuverlässig in der Entgegennahme und Ausführung von Befehlen. Dies war ein Ergebnis der strengen Parteikontrolle über die NVA;

3. dem strengen Fokus auf den externen Auftrag der »Verteidigung des Landes vor externen Bedrohungen« in enger Zusammenarbeit mir ihren sowjetischen Waffenbrüdern. Daher sah die NVA jeden Auftrag im Inneren als eine potenzielle Bedrohung ihres inneren Zusammenhalts.

Die NVA wäre in einem Feldzug gegen die NATO vollkommen abhängig von den Sowjets gewesen. Dem fügt Herspring hinzu, dass die NVA keine eigene Lobby für ihre Interessen innerhalb des SED-Systems bildete, da die Sowjets dies für sie übernahmen[83]. Die NVA sei institutionell auf eine Intervention im Innern nicht vorbereitet gewesen, weil sie die Militärdoktrin von Chruščev und Brežnev wortwörtlich akzeptierte und ihre Bestrebungen ausschließlich auf die Unterstützung der sowjetischen Armee in einem offensiven Kernwaffenkrieg auf NATO-Territorium konzentrierte. Als Gorbačev 1987 dann einen sowjetischen Feldzug auf NATO-Territorium zugunsten einer ausschließlichen Verteidigungsreaktion allein im Osten auf eine Invasion der NATO ausschloss, nahm die NVA auch die Gorbačev-Militärdoktrin von 1987 endgültig an. Insgeheim schloss Gorbačevs Doktrin sowjetische Militärinterventionen aus, obwohl diese offen zur gemeinsamen Verteidigung des sozialistischen Vaterlandes sowohl gegen interne als auch externe Feinde verpflichtete[84]. Daher gab es keine alliierte Truppe mehr, die die NVA gegen innere Gegner verteidigen konnte, und auch keine verbündeten Truppen, die mit der NVA durch die radioaktiven Gefechtsfelder Westeuropas marschiert wären.

Mit Blick auf die Geschichte der NVA erklärte Generaloberst Joachim Goldbach, 1990 Leiter des Amtes für Technik, Abrüstung und Konversion:

>»Es ist bitter vom heutigen Standpunkt der Erkenntnis sagen zu müssen: die NVA war ein Produkt und ein Instrument sowjetischer Politik, sie wurde mit ihrem Staat überflüssig und fallengelassen, als die sowjetische Großmachtpolitik gescheitert war[85].«

Im 18. Jahrhundert hatte ein französischer Beobachter angemerkt, dass Preußen kein Land mit einer Armee sei, sondern vielmehr eine Armee mit einem Land. Goldbachs Beobachtungen fortführend, lässt sich feststellen, dass die DDR sich als ein Staat ohne Armee entpuppte und die NVA als eine Armee ohne Staat. Die historische Rolle der NVA war es zu bestätigen, dass in der nuklearen Konfrontation zwischen der NATO und dem Warschauer Pakt die Kunst des Krieges die Kunst der Täuschung blieb.

Anmerkungen

1   Siehe Kommuniqué der Tagung des Politischen Beratenden Ausschusses der Teilneh-
     merstaaten des Warschauer Vertrages in Berlin, 28./29.5.1987, in: Pravda, 31.5.1987; sie-
     he auch in: Foreign Broadcast Information Service (FBIS), SOV-87-104, 1.6.1987,
     S. BB-16. Der Oberkommandierende der Vereinten Streitkräfte (VSK) veröffentlichte
     Anfang 1991 eine Erörterung der Doktrin des Warschauer Paktes auf Grundlage der mi-
     litärisch-politischen Lage. Siehe dazu: Varšavskij dogovor: istorija i sovremennost', hrsg.
     von P.G. Lušev und V.N. Lobov, Moskva 1990. Erwähnenswert ist gleichfalls die Erklä-
     rung des Chefs des sowjetischen Generalstabs: Michail A. Moiseev, Doktriny. Paritety.
     Bezopasnost', Moskva 1990.

2   Vitalii Zhurkin (= Vitalij Žurkin), A Common House for Europe: Reflections on How to
     Build it, in: Current Digest of the Soviet Press, vol. 41, Nr. 22, 29.6.1989, S. 16; zuerst in:
     Pravda, 17.5.1989.

3   Rede Gorbačevs vor den Vereinten Nationen, in: Pravda, 8.12.1988. »Wir werden die
     Verteidigungskapazitäten unseres Landes in einem vernünftigen und ausreichenden Maß
     halten, sodass niemand in Versuchung gerät, Überraschungsangriffe auf die UdSSR und
     unsere Verbündeten durchzuführen.«

4   Das »Erbe« Lenins zur »Verteidigung des sozialistischen Vaterlandes« ist in vielen sowje-
     tischen Militärenzyklopädien abgedruckt.

5   Die Kommuniqués der Prager Fähigkeitsverpflichtungen von 1987 bis 1989 forderten
     insbesondere den Erhalt des territorialen und politischen Status quo in Osteuropa. Sie
     stellten fest: »Die Aktivität der revanchistischen Truppen, vor allem der Bundesrepublik
     Deutschland, und die Förderung von Revanchismus allerorts stehen den Interessen von
     Entspannung und Sicherheit, dem Wortlaut und Geist der Schlussakte von Helsinki ent-
     gegen. Auch in Zukunft wird eine solche Aktivität resolut zurückgeschlagen.« Siehe
     Kommuniqué der Tagung des Politischen Beratenden Ausschusses (wie Anm. 1).

6   Christopher Jones, Soviet Military Doctrine as Strategic Deception: An Offensive Mili-
     tary Strategy for Defense of the Socialist Fatherland, in: Journal of Slavic Military Studies,
     16 (2003), 3.

7   Ebd. Zwischen 1959 und 1962 entwickelte Chruščev eine Militärdoktrin für den War-
     schauer Pakt und die UdSSR. Westliche Analytiker sahen in der Doktrin ein Synonym für
     den interkontinentalen Kernwaffenkrieg gegen die Vereinigten Staaten. Die Sowjets ver-
     öffentlichten jedoch nur den politischen Teil ihrer Doktrin, der militärische blieb es
     heute geheim. Die offensive Doktrin versuchte, die Vorteile zu unterlaufen, die die USA
     Anfang der sechziger Jahre hinsichtlich der Größe und Flexibilität ihrer strategischen
     atomaren Streitkräfte besaßen. 1962 behauptete Chruščev, durch Aufstellung von Kern-
     waffen das Regime auf Kuba zu verteidigen, um einen zweiten Invasionsversuch der
     USA mit Exilkubanern abzuwenden. Für Chruščev beinhaltete die ausgedehnte Abschre-
     ckung auch die nukleare Drohung, verbündete Regime gegen alle Zusammenschlüsse in-
     terner und externer Gegner zu verteidigen.

8   Im »Haus Europa« würden beide Bündnisse auf offensive Strategien verzichten und
     größere Einschnitte in den dislozierten nuklearen und konventionellen Kräften aushan-
     deln. Jeder Block würde den anderen als einen legitimen Partner für eine langfristige Ko-
     operation ansehen. Vitalij Žurkin, Direktor des Europainstituts der UdSSR, erklärte 1989,
     dass »sich der Osten auf eine Art und Weise verhalten müsse, dass die Stabilität nicht be-
     einträchtigt wird. Er muss von der Prämisse ausgehen, dass der Status und die Entwick-
     lung der Beziehungen unter den Atlantikstaaten Sache des Westens sind. Dies gilt auch

für die Stabilität in Osteuropa. Und wir im Gegenzug haben ein Recht, dieselbe Haltung seitens des Westens zu erwarten.« Zhurkin, A Common House for Europe (wie Anm. 2).

9 Georgij Ch. Šachnazarov, Cena Svobody: Reformacija Gorbačeva glazami ego pomošč-nika, Moskva 1993, S. 85; dt. Ausgabe u.d.T.: Preis der Freiheit. Eine Bilanz von Gor-batschows Berater, Bonn 1996.

10 Sergej F. Achromeev und Georgij M. Korienko, Glazami maršala i diplomata: kritičeskij vzgljad na vnešnjuju politiku SSSR do i posle 1985 goda, Moskva 1992, S. 67.

11 Zur Bestätigung des Arguments Achromeevs siehe James A. Baker III, Europe: True Security Required Shared Freedoms, Arms Control Update (US Arms Control and Dis-armament Agency), März 1989, Nr. 12, S. 1. Baker erklärte bei den Eröffnungsverhand-lungen zur konventionellen Rüstungskontrolle in Europa: »Those in the West should be free of the fear that the massive forces under Soviet command might invade them. Those in the East should be free of the fear that armed Soviet intervention, justified by the Brezhnev doctrine, would again be used to deny them choice. New Thinking' and the Brezhnev doctrine are in fundamental conflict. We call upon General Secretary Gorba-chev to renounce the Brezhnev doctrine beyond any shadow of a doubt.«

12 Achromeev/Korienko, Glazami maršala i diplomata (wie Anm. 10), S. 315. »Nach 1985 war die Sowjetunion nicht in der Lage, den militärischen Wettstreit mit den USA und der NATO fortzuführen. Die wirtschaftlichen Möglichkeiten für eine solche Politik waren praktisch erschöpft. Im Falle der Fortführung des Rüstungswettlaufs und der Konfron-tation mit dem Westen hätte die UdSSR drei bis fünf Jahre nach 1885 unvermeidlich eine Krise gehabt, die nicht weniger schlimme Auswirkungen auf die Wirtschaft hätte als heute [1990], aber eine internationale Situation, die unermesslich schlimmer für uns wäre.«

13 Ebd., S. 68.

14 Ebd., S. 68 f.

15 Ebd., S. 69.

16 Ebd., S. 70.

17 Georgij Ch. Šachnazarov, Agressivnye bloki – ugroza miru, Moskva 1957.

18 Šachnazarov, Cena Svobody (wie Anm. 9), S. 95. Er war auch für den Bereich Kuba verantwortlich.

19 Ebd., S. 85.

20 Ebd., S. 95.

21 Ebd. Šachnazarov bereitete auch die Dokumente für den PBA des WP sowie für andere Einrichtungen des Bündnisses vor, da die Aussagen des Warschauer Paktes sich häufig mit Rüstungskontrolle befassten.

22 Georgij Ch. Šachnazarov, V.N. Kudrjavcev und A.I. Luk'janov, Konstitucija strany Sovetov: Slovar, Moskva 1982. Diese Arbeit wird weiter unten als »Lexikon« bezeichnet. Siehe ebd., S. 85 f., zum Eintrag zur »Verteidigung des sozialistischen Vaterlandes« wo das Konzept auf Lenin und auf die Gründung der roten Armee zurückgeführt und die innere und äußere Verteidigung des sozialistischen Vaterlandes als eine internationale Aufgabe innerhalb des »sozialistischen Staatenbundes« definiert wird. Diese Notwendig-keit entstand aufgrund der »subversiven Aktivität gegen die UdSSR und andere Länder des sozialistischen Staatenbundes« (S. 86). Kapitel 5 der sowjetischen Verfassung trägt die Vorschrift »Verteidigung des sozialistischen Vaterlandes«. Es thematisiert die Verteidi-gung der »Errungenschaften des Sozialismus«. Siehe: The Constitutions of the USSR and the union republics: Analysis, texts, reports, ed. by F.J. Feldbrugge, Aplen aan den Rijn, Documentation Office for East European Law, University of Leyden, 1979. Der russi-sche Text S. 225 lautet: »Die Verteidigung des sozialistischen Vaterlandes ist eine der Hauptaufgaben der Staaten und für das ganze Volk von Belang. Um die sozialistischen

Errungenschaften und die friedliche Arbeit des sowjetischen Volkes und die Souveränität und territoriale Integrität des Staates zu verteidigen, wurden die Streitkräfte der UdSSR geschaffen und die allgemeine Wehrpflicht eingeführt. Es ist die Aufgabe der Streitkräfte der UdSSR, das sozialistische Vaterland zuverlässig zu verteidigen und in ständiger Gefechtsbereitschaft zu sein, um ein unmittelbares Zurückschlagen eines Aggressors zu garantieren.« Der Eintrag der »Verteidigung des sozialistischen Vaterlandes« in Šachnazarovs Lexikon interpretierte die sowjetische Verfassung so: Die »Verteidigung des sozialistischen Vaterlandes« sei ein internationales Konzept, das »den sowjetischen Staat [...] und seine Streitkräfte« verpflichte, innere und äußere Bedrohungen durch »die USA und andere imperialistische Staaten« gegen die UdSSR und ihre Verbündeten zurückzuschlagen. Eine Bedrohung des sozialistischen Vaterlandes ginge unter anderem von »subversiven Aktivitäten gegen die UdSSR und andere Länder des sozialistischen Staatenbundes« aus. Gemäß dem Lexikon war das operative Prinzip für die Beziehungen der Länder des sozialistischen Staatenbundes untereinander der »sozialistische Internationalismus«, einschließlich der »Bruderhilfe«; der Begriff wurde verwendet, um Militärinterventionen in Ungarn, der Tschechoslowakei und Afghanistan zu begründen.

23   Ebd.
24   Georgij Ch. Šachnazarov, B.N. Topornin und B.A. Strašun, Konstitucii socialističeskich gosudarstv: sbornik v dvuch tomach, Moskva 1982. Die Verfassung der UdSSR und jede einzelne Verfassung jeder Republik der UdSSR wies identische Artikel zur Verteidigung des sozialistischen Vaterlandes auf, aber nicht eine dieser 16 Verfassungen definierte die Grenzen dieses Vaterlandes. Äquivalent dazu boten weder osteuropäische Dokumente eine Klärung darüber, wo das sozialistische Vaterland begann und endete, noch tat dies das rechtliche Wörterbuch über die sowjetische Verfassung von 1982.
25   Šachnazarov/Kudrjavcev/Luk'janov, Konstitucija strany Sovetov (wie Anm. 22).
26   Šachnazarov/Topornin/Strašun, Konstitucii socialističeskich gosudarstv (wie Anm. 24).
27   Siehe Georgij Ch. Šachnazarov, S voždjami i bez nich, Moskva 2001, S. 148–152.
28   Matthew J. Ouimet, The Rise and Fall of the Brezhnev Doctrine, Chapel Hill 2003.
29   Šachnazarov, S vožjami (wie Anm. 27). Auf S. 150 schreibt Šachnazarov: »Die sowjetische Führung schloss die Möglichkeit einer Militärintervention in Polen kategorisch aus [...] Es ist möglich, dass solche Gedanken durch die Köpfe einiger Generale und einiger Angehörigen des Politbüros gingen, aber der Kreml, als Ganzes, Personifizierung der Partei und des Staates, verstand genau, dass aufgrund des Krieges in Afghanistan, des Beginns des Helsinki-Prozesses und des bereits begonnenen Verfalls der Wirtschaft eine Militäraktionen für das Land fatal gewesen wäre.«
30   Ebd. Auf S. 150 f. heißt es bei Šachnazarov, dass die sowjetischen Generale die Drohung der Stärke so gut demonstrierten wie sie konnten. Ob Jaruzelski glaubte, dass die Bedrohung tatsächlich bestand, hatte keine besondere Signifikanz. »Als Führer des Landes war er verpflichtet, eine solche Möglichkeit nicht auszuschließen. Darüber hinaus war es möglich, dass dem Kreml die Kontrolle über die Ereignisse entglitt [...] Eine absichtliche Provokation gegen auf polnischem Territorium eingesetzte sowjetische Truppen würde ungewollt eine Gegenreaktion erforderlich machen [...] Die Intervention wäre unvermeidlich und sogar gerechtfertigt als eine Vorbedingung für eine Reaktion auf aggressive Maßnahmen der NATO [...] In diesem Fall und anderen Fällen würde das Schicksal Polens in die Hand ausländischer Staaten fallen. General Jaruzelski sagte seinen Landsmännern als echter Patriot: ›Dies ist unser Problem, wir müssen es selbst lösen‹.«
31   Ebd., S. 150. »Ich nahm an allen Sitzungen der Polenkommission des Zentralkomitees der KPdSU teil, unter allen Vorsitzenden, die sich gegenseitig ersetzten – M.A. Suslov, J.V. Andropov, K.U. Černenko, M.S. Gorbačev.«

³² Šachnazarov mag diesbezüglich ein intellektueller Pionier gewesen sein. Andrej A Ko-košin, ein Offizier, der unter Gorbačev Akademiker wurde, half Gorbačevs neue Militär-doktrin zu verfassen. Kokošin fungierte unter El'cin auch als stellvertretender Verteidi-gungsminister. In Soviet Strategic Thought 1917–1991, Cambridge, MA 1998, S. 4, behandelt Kokošin die relative Abwesenheit des Nachdenkens über Abschreckung im sowjetischen Militär: »Regrettably, Soviet military thinking was too slow in recognizing the implications of nuclear weapons and the vast stockpiles that adversarial countries possessed. In the Soviet Union in the post-war period, and in the Russian Federation in the 1990s, the theory of nuclear deterrence was and remains insufficiently developed and poorly understood by the political elite and military command. This has eroded the poli-tical efficacy of nuclear weapons in Moscow's quest to further its national security objec-tives, and visibly devalues the huge infusions of resources made by several generations our people to build the nuclear arsenal.«

³³ Georgij Ch. Šachnazarov, Socializm i buduščee, Moskva 1983.

³⁴ Ebd., Kap. 5: Problema mira.

³⁵ Georgij Ch. Šachnazarov, Kuda idet čelovečestvo (kritičeskie očerki nemarksistskich koncepcij buduščevo), Moskva 1985; insb. Kap. 7, das besagte Analyse des Buches »The Fate of the Earth« von Jonathan Schell enthält (New York 1982; dt. Ausgabe u.d.T.: Das Schicksal der Erde. Gefahr und Folgen eines Atomkrieges, München 1982).

³⁶ Siehe die Ausführungen bei Stephen Shenfield, The Nuclear Predicament, London 1987.

³⁷ Gorbačev ernannte mit Vadim Medvedev einen Volkswirt zum Nachfolger Rachmanins als Sektretär des Zentralkomitees, zuständig für alle regierenden kommunistischen Par-teien. (Medvedev wurde Šachnazarovs Vorgesetzter, Šachnazarov auf den Posten des Sekretärs des Zentralkomitees für die Warschauer-Pakt-Staaten befördert. Rachmanin übernahm den Geschäftsbereich China.) Gorbačev erkannte die Nutzlosigkeit des Zu-sammenhaltens des Blocks durch den Einsatz militärischer Gewalt. Er versuchte, den so-zialistischen Staatenbund durch eine sozialistische wirtschaftliche Interdependenz zu binden – Medvedevs Spezialität.

³⁸ Šachnazarov, Cena svobody (wie Anm. 9), S. 88–90. Šachnazarov schreibt, dass 1988 der Generalstab Gorbačev einen Entwurf zukommen ließ, um seine Diskussion mit den Verteidigungsministern des Warschauer Paktes vorzubereiten. Der Generalstab »drückte das volle Einverständnis mit der allgemeinen Außenpolitik Gorbačevs im Hinblick auf die USA und auf den Rückzug aus Afghanistan aus, mit der Reduzierung der konventio-nellen Waffen vom Atlantik bis zum Ural, den Vorschlägen der DDR und der ČSSR für kernwaffenfreie Zonen in Mitteleuropa und der Abschaffung aller offensiven Waffen-systeme in Zentraleuropa sowie mit der Bekräftigung des defensiven Charakters der strategischen Doktrin des Warschauer Paktes. Kurz zuvor, als der Entwurf des Befehls-habers der Streitkräfte des Warschauer Paktes, Viktor G. Kulikov, bekannt wurde, konnte man noch den Schluss ziehen, dass die Generale diese endlosen Initiativen nicht ernstnehmen und aus der Überzeugung handeln würden, dass, während Politiker und Propagandisten weiterhin leichtfertig von Abrüstung sprachen, die militärischen Führer sich um ihre eigenen Angelegenheiten kümmern müssten. Daher waren wir in der Lage, aus dem Entwurf für die Rede zu erfahren, dass sich trotz der Einigung über die Raketen mittlerer und kurzer Reichweite die militärischen Gefahren in Europa in der Tat nicht verringert, sondern sich erhöht hatten [...] Daher war es notwendig, alle Teilstreitkräfte neu zu bewaffnen, nicht über die Reduktion von Militärausgaben nachzudenken und nach Ressourcen für ihr weiteres signifikantes Wachstum zu suchen [...] Wir bestätigten überall unsere Bereitschaft zum vollständigen Verbot und zur Abschaffung chemischer Waffen, aber in dem Entwurf zur Rede wird deutlich, dass die chemische Verteidigung

bei Kampfhandlungen der Truppen eine größere Rolle spielen würde und im Zusammenhang damit die chemischen Truppen in ihrer Feuerkraft und ihren Tarnkapazitäten gestärkt werden müssen [...] Die Konzeption der Verteidigungsdoktrin wurde auf ihre eigene Weise interpretiert [...] Es stellt sich heraus, dass trotz all der Punkte, die wir in der Doktrin angenommen haben, es für den kommenden Fünf-Jahres-Plan notwendig ist, einen größeren Schwerpunkt auf Fallschirmjäger zu legen [...] Es gab einen Vorschlag zur Erhöhung der Reservetreibstoffe, der Munition auf den Territorien von Ungarn und Bulgarien, zur Schaffung von Rüstungsreserven und Technologien zur Dislozierung von Reservetruppen, zur Erweiterung von Flughafennetzen, zur Errichtung von Schutzbauten für Kampfflugzeuge usw. [...] Auf Weisung des Generalsekretärs wurden an der Rede des Marschalls für die Sitzung des Politischen Beratenden Ausschusses Korrekturen vorgenommen und die auf größeres Missfallen stoßenden Vorschläge herausgenommen [...] Aber dies änderte natürlich die Absichten und Pläne der militärischen Führer, die mit Entschlossenheit weiterhin ihr Vorgehen verfolgten.«

39 Die neuen Vorstellungen, die durch den Bericht vorgebracht wurden, wiesen die Konzepte der Kernwaffennutzung zurück und empfahlen, sich als eine Säule von Russlands nationaler Sicherheitsstrategie auf bestehende Rüstungskontrollverträge zu stützen.

40 Kakie vooružennye sily nužny Rossii, hrsg. von Georgij Ch. Šachnazarov, Moskva 1996. Siehe auch: Nacional'nye interesy i problemy bezopasnosti Rossii, hrsg. von Georgij Ch. Šachnazarov, Moskva 1997.

41 Auf dem XXVII. Parteitag erteilte Gorbačev dem sowjetischen Verteidigungsministerium den Auftrag, eine neue Militärdoktrin zu entwickeln, in Einklang stehend mit den Rüstungskontrollvorschlägen zur vollständigen, weltweiten Abwicklung von Kernwaffen bis zum Jahr 2000, die er im Januar 1986 vorgelegt hatte. Trotz der Parallelen zu Chruščevs Vorschlägen zur »universellen und vollständigen Abrüstung« enthielt das Rüstungskontrollprogramm Gorbačevs spezifische Interimsziele. Mit seinen NATO-Partnern führte Gorbačev das erfolgreichste Rüstungskontrollprogramm in der Geschichte durch, ein Programm, das fast gaur auf den Vorschlägen des KPdSU-Generalsekretärs beruhte. Kernkonzept seines Programms war, dass Kernwaffen aus Gründen der Vernunft als militärische Waffen nicht eingesetzt werden können und die östlichen wie westlichen Bündnisse entsprechend umstrukturiert werden müssten. Die Aufträge im Rahmen der neuen militärischen Doktrinen sollten Gorbačevs radikales Rüstungskontrollprogramm rechtfertigen, praktische Richtlinien zur Umstrukturierung der sowjetischen strategischen nuklearen Kräfte und der sowjetischen Einsatzkräfte in »einem Haus Europa« liefern und den sowjetischen Verbündeten versichern, dass die UdSSR weiterhin dem Überleben der kommunistischen Regime in Osteuropa gegenüber verpflichtet war. Siehe: The Challenges of Our Time: Disarmament and Social Progress: Highlights, 27th Congress CPSU, New York 1986, S. 73 f. Die Delegierten ließ Gorbačev wissen: »Sicherheit lässt sich nicht endlos auf der Angst vor Vergeltungsschlägen aufbauen, mit anderen Worten: auf der Doktrin der ›Eindämmung‹ und ›Abschreckung‹. Abgesehen von der Absurdität und Amoralität einer Situation, in der die ganze Welt zur nuklearen Geisel wird, ermutigen diese Doktrinen zu einem Rüstungswettlauf, der früher oder später außer Kontrolle geraten kann.« Mit »Eindämmung« und »Abschreckung« bezog sich Gorbačev auf die US- und die NATO-Doktrin. Er machte diese westlichen Doktrinen dafür verantwortlich, sowohl die Bedrohung eines nuklearen Holocausts institutionalisiert zu haben als auch den Rüstungswettlauf, der dauerhaft die Belastungen für die sowjetische Wirtschaft vervielfachte. Nichtsdestoweniger benannte Gorbačev die frühere Militärdoktrin der Sowjetunion als Bestandteil des Rüstungswettlaufs zwischen Ost und West. Er änderte das, was die westlichen Militärstrategien kritisierten: die Chruščev-Brežnev-Doktrin, die sich

auf den Kampf und den Sieg eines nuklearen Krieges in Westeuropa konzentrierte, gestützt auf der Überlegenheit konventioneller und nuklearer Kräfte. Gorbačev betonte: »Nicht nur der Kernwaffenkrieg selbst, sondern auch die Vorbereitungen dafür, das heißt der Rüstungswettlauf unter Streben nach militärischer Übermacht, können objektiv gesehen keinen politischen Vorteil für irgendwen bringen.« Er wiederholte seine Rüstungskontrollvorschläge vom Januar und erklärte, dass die Kapazitäten der sowjetischen Militärtruppen sich nach dem Prinzip des »ausreichenden Maßes« richten würden. Dies bedeute, dass sowjetische Truppen auf einen Stand gebracht würden, der dem der NATO-Truppen entsprach. Ein solches Programm verhieß große Einschnitte bei den sowjetischen nuklearen und konventionellen Kräften auf dem europäischen Gefechtsfeld. Gorbačevs Erklärung endete: »Die sowjetische Militärdoktrin wird in voller Übereinstimmung mit dem Wortlaut und dem Geist der [Rüstungskontroll-]Initiativen erarbeitet, die wir unterbreitet haben. Der Trend dieser Entwicklung ist rein defensiv.«

42 Achromeev/Korienko, Glazami maršala i diplomata (wie Anm. 10), S. 123.

43 Ebd., S. 122 f.

44 Ebd.

45 Ebd., S. 125.

46 Frances FitzGerald, Way out there in the blue: Reagan, Star Wars and the End of the Cold War, New York 2000.

47 Achromeev/Korienko, Glazami maršala i diplomata (wie Anm. 10), S. 126.

48 Ebd.

49 Ebd.

50 Ebd.

51 Ebd., S. 125 f. Die ausgelassene Zeile unter Punkt 5 lautet: »Um ehrlich zu sein, waren wir in Wirklichkeit stolz auf den Beitrag unseres Generalstabes zur Militärtheorie. Das Konzept wurde bereits Ende 1986 in die Praxis umgesetzt.«

52 Ebd., S. 126.

53 Ebd.

54 Ebd.

55 Ebd. In einer Analyse der RAND (Research and Development) Corporation zum Thema Streitkräftestruktur im Rahmen der sowjetischen Gegenoffensive im Vergleich zur NATO, die für das Pentagon gefertigt wurde, bewerteten John Hines und Donald Mahoney (Defense and Counteroffense under the New Soviet Military Doctrine, Santa Monica 1991) die militärische Durchführbarkeit der Gegenoffensivstrategie des Warschauer Paktes. Sie kamen unter Verwendung eingestufter Quellen zu dem Schluss, dass der sowjetische Generalstab bis 1989 drei mögliche Streitkräftestrukturen in Erwägung gezogen und wieder verworfen hatte: 1. eine sowjetische und Pakt-Streitkräftestruktur zur Durchführung von ausschließlich defensiven Operationen; 2. eine ebensolche Struktur zur Durchführung von Gegenoffensiven fast zeitgleich mit dem Angriff der NATO auf westlichem Territorium; 3. eine Struktur, die zunächst den Angriff der NATO stoppte und dann eine Gegenoffensive auf NATO-Territorium durchführte, die beiden letzteren so geführt, dass sie nicht den Kernwaffeneinsatz der NATO provozierten. Stattdessen wählte der Generalstab eine Option, die eine konventionelle Gegenoffensive nur gegen die nach Osteuropa einmarschierenden Truppen gestattete, nicht aber die Gegenoffensive auf feindlichem Territorium. Als Beleg für diese Wahl zitierten Hines und Mahoney aus der Doktrin selbst, der tatsächlichen Streitkräftestruktur und dem neuen militärischen Übungsprogramm. Entsprechend der Analyse beruhte die Glaubwürdigkeit auf der Streitkräftestruktur mit der richtigen Menge an Feuerkraft (gepanzerte Truppen und Luftfahrzeuge), der entsprechenden Größe der 2. Staffel/Reservetruppen und der Mi-

schung aus Verteidigung und schnellem Manöver. Diese perfekte Kombination würde zu einer Streitkräftestruktur mit ausreichenden Kapazitäten für die Abwehr einer Invasion der NATO, aber nicht zum Angriff auf Westeuropa führen. Die Überlegungen lösten in der Zeitschrift »Voennaia Mysl« in den Jahren 1988/89 die Debatte darüber aus, wie viele Luftkapazitäten für eine Gegenoffensive im vernünftigen und ausreichenden Maße erforderlich wären. Es wurde vorgeschlagen, das Problem am besten mit »politischen Mitteln« zu lösen – mit Gorbačevs Rüstungskontrollvorschlägen zur Truppenreduzierung auf beiden Seiten, quasi dem optimalen Mittel zur Kriegsverhinderung.

[56] Sergej F. Achromeev, Velikaja pobega, in: Krasnaja Zvezda, 9.5.1987.

[57] Eine Erklärung des Zentralkomitees der KPdSU zur Militärdoktrin aus dem Jahre 1987 besagt: »Während wir die Implementierung der Abrüstungsmaßnahmen favorisieren, sind die Mitgliedsstaaten des Warschauer Paktes gezwungen, ihre Truppen in einer Zusammensetzung und auf einem Level zu halten, die es ihnen erlauben, jeden Angriff von außen gegen jeden ihrer Mitgliedsstaaten zurückzuschlagen. Die Gefechtsbereitschaft der Streitkräfte der alliierten Staaten wird auf einem ausreichenden Niveau gehalten, um nicht überrascht zu werden. Im Falle eines Angriffs werden sie den Aggressor vernichtend zurückschlagen.« Zur Militärdoktrin der Mitgliedsstaaten des Warschauer Paktes siehe Pravda, 31.5.1987, S. 1 f., abgedr. auch in: FBIS, Sov-87-104, 1.6.1987, S. BB-20.

[58] Erklärung des Zentralkomitees der KPdSU vom 5.1.1983, in: Organizacija Varšavskogo Dogovora, 1955-1985: Dokumenty i materialy, hrsg. von V.F. Mal'cev, Moskva 1986, S. 309.

[59] Ebd., S. 313.

[60] Ebd., S. 307.

[61] Ebd., S. 307 f.

[62] Ebd., S. 310 f.

[63] Georgij Arbatov, The System: An Insider's Life in Soviet Politics, New York 1992. Auf Seite 276 schreibt Arbatov über Andropov: »He did understand our relations with countries of the ›socialist community.‹ As far as I can tell, his thinking reached an important turning point after the events in Poland and our failures in Afghanistan, for which he, Gromyko and Ustinov bore particular responsibility«; dt. Ausgabe u.d.T.: Das System. Ein Leben im Zentrum der Sowjetrepublik, Frankfurt a.M. 1993.

[64] Die »alliierten Verpflichtungen« würden, so wird hier interpretiert, in einer sowjetischen militärischen Intervention innerhalb des Warschauer Paktes bestehen, welche die NATO als eine »aggressive Aktion« missdeuten könnte. Natürlich sind andere Interpretationen möglich. Arbatov sah in dem Nichtaggressionsvorschlag von 1983 ein Abrücken von der Brežnev-Doktrin. Auf Seite 277 von »The System« (wie Anm. 63) heißt es dazu: »The proposal we initiated in January 1983 in which the Warsaw Pact and NATO would agree to renounce the use of military force, was a crucial breakthrough. According to this agreement, both sides would commit themselves, first of all not to use force against any country *belonging to its own bloc*; second, not to use force against nay country of the opposing bloc; third, not to use force against any country. I believe that this proposal reflected Andropov's ›new thinking‹ signifying a break with the ›Hungarian syndrome‹ that had so plagued him. Of course, it was also a break with what was known throughout the world as the Brezhnev doctrine«. Meiner Meinung nach hat Arbatov die Nichtagressionsvorschläge Andropovs von 1983 mit ähnlichen Aussagen Gorbačevs verwechselt, die implizierten, dass der Warschauer Pakt an einem Punkt in der Zukunft auf militärische Aktionen gegen seine eigenen Mitglieder verzichten würde. Auf jeden Fall anerkannte Arbatov die direkte Verbindung zwischen der Beibehaltung der sowjetischen offensiven Bedrohung gegen die NATO und der Beibehaltung einer sowjetischen offensiven Be-

drohung gegen die Mitglieder des Warschauer Paktes. Wie er schrieb, wäre die Auflösung dieser Verbindung wahrhaftig »a crucial breakthrough« gewesen. Vielleicht ist die Interpretation Arbatovs korrekt. Dies wäre sicherlich der Fall, wenn der öffentliche Nichtaggressionsvorschlag beabsichtigte, eine nicht erklärte Politik vorangegangener Interventionen zu überdecken. Wenn aber Arbatov Unrecht hat, dann ist es möglich, dass der Vorschlag eines Nichtaggressionsvertrags die grundlegenden Ideen des »vernünftigen und ausreichenden Maßes« enthielt. Die Streitkräftestruktur für Gegenoffensiven würde zwar die NATO nicht bedrohen, jedoch die Gesellschaften des Warschauer Paktes disziplinieren, während die Sowjets Rüstungskontrollvereinbarungen mit dem Westen zu erreichen versuchten.

65 Erklärung des Zentralkomitees der KPdSU vom 5.1.1983 in: Organizacija Varšavskogo Dogovora (wie Anm. 58), S. 325.

66 Andropovs vorgeschlagener Nichtaggressionsvertrag führte an, dass die Verpflichtungen der Alliierten innerhalb des Warschauer Paktes auf dem Art. 51 der Vereinten Nationen beruhten, der das Recht auf Selbstverteidigung garantiert. Die sowjetische Verfassung von 1977 zitiert ebenfalls den Art. 51 der UN-Charta als rechtliche Grundlage für die kollektive Selbstverteidigung der Errungenschaften des Sozialismus im sozialistischen Vaterland. Siehe: Šachnazarov/Kudrjavcev/Luk'janov, Konstitucija strany Sovetov (wie Anm. 22).

67 Ouimet, The Rise and Fall of the Brezhnev Doctrine (wie Anm. 28).

68 Šachnazarov, S voždjami i bez nich (wie Anm. 27), S. 150.

69 Ebd.

70 Sovetsko-finljandskaja Deklaracija: Novoe myšlenie v dejstvii, in: Izvestija, 26.10.1989, S. 1. In der Erklärung lautete es u.a.: »Die Sowjetunion, eine eurasische Regierung im Kernwaffenbesitz, ein dauerhaftes Mitglied im Sicherheitsrat der Vereinten Nationen und Mitglied der Warschauer Vertragsorganisation, und Finnland, ein neutraler nordeuropäischer nicht nuklearer Staat [...] erklärten ihre Entschlossenheit, die folgenden Prinzipien und Prioritäten in Europa [...] umzusetzen [...] Keine Anwendung von Gewalt kann gerechtfertigt werden, weder durch eine militärisch-politische Allianz gegen einen anderen, noch innerhalb dieser Allianzen, noch gegen neutrale Länder jedweder Partei.«

71 Bill Keller, Gorbachev in Finland, Disavows Any Right of Regional Intervention, in: New York Times, 26.10.1989, S. 1.

72 Zwischen 1959 und 1962 entwickelte und veröffentlichte Chruščev eine Militärdoktrin für den Warschauer Pakt und die UdSSR. Westlichen Analytikern war sie häufig synonym mit der sowjetischen Doktrin für den interkontinentalen Kernwaffenkrieg mit den Vereinigten Staaten. Die sowjetische bzw. die Warschauer-Pakt-Doktrin erörterten nie und in keinen Einzelheiten die Durchführung eines Krieges auf dem Boden der USA der UdSSR oder auf dem Boden anderer potenzieller sowjetische Gegner wie Japan, China oder Südkorea. Gleichwohl versuchte Chruščevs Offensivdoktrin, die Vorteile zu negieren, die die USA Anfang der sechziger Jahre hinsichtlich der Größe und Flexibilität seiner strategischen nuklearen Kräfte genoss. Sie machten auch die USA erpressbar, indem sie Westeuropa als Geisel in der Bedrohung einer sowjetischen Nuklearoffensive hielt. Aber selbst wenn die bisherige Doktrin auf Gefechtsfelder weit über Europa hinauszielte, entschied Gorbačev, die vorherige Doktrin abzuschaffen und auf der Konferenz des Warschauer Paktes in Berlin im Jahre 1987 die neue »sowjetische« Militärdoktrin anzukündigen. Die Dokumente, die aus dieser Konferenz sowie späteren Sitzungen des Warschauer Paktes hervorgingen, betonten besonders die neue Strategie der »Gegenoffensive« in Europa. Diese hatte weitreichende Folgen für die US-Verbündeten außerhalb

Europas; am wichtigsten war wohl, dass sie nicht in einen europäischen Kernwaffenkrieg hineingezogen und die regionalen Konflikte nicht globalisiert würden.

[73] Jones, Soviet Military Doctrine as Strategic Deception (wie Anm. 6).

[74] Die sowjetische Militärenzyklopädie unterschied drei Arten von »Maskirovka«: taktisch, operativ und strategisch. Demgemäß ist der sowjetische Generalstab verantwortlich für die Planung und Umsetzung der strategischen »Maskirovka«, deren Zweck »die Desorientierung des Gegners bezüglich der Gruppierung von Truppen, ihrer Zusammensetzung und Absichten« war. Siehe: Voennyj enciklopedičeskij slovar, hrsg. von N.V. Ogarkov, Moskva 1983, S. 430.

[75] Diese Offiziere und Gelehrten präsentierten ihre Schlussfolgerungen als selbstverständliche wissenschaftliche Lehrsätze einer rein militärischen Kunst gemäß dem Schweizer Offizier und einflussreichen Militärtheoretiker Antoine-Henri Jomini, jedoch unbeeinflusst von Clausewitz. Konsens unter amerikanischen Doktrin-Analytikern ist, dass sowjetische Offiziere meinten, es sei möglich, einen Kernwaffenkrieg zu gewinnen. Siehe etwa A.A. Sidorenko, The Offensive (A Soviet View), Washington, DC 1970. Zur militärisch-technischen Seite der Doktrin von 1960 siehe: Harriet F. Scott and William F. Scott, Soviet Military Doctrine. Continuity, Formulation and Dissemination, Boulder, CO 1988. Es wird argumentiert, dass die »technischen« Diskussionen der Offensive nicht auf einer »wissenschaftlichen« Analyse der Kriegführung beruhten, sondern auch auf Chruščevs politischer Entscheidung, öffentlich eine offensive Doktrin anzunehmen.

[76] Christopher Jones, Soviet Influence in Eastern Europe: Political Autonomy and the Warsaw Pact, New York 1981.

[77] Dale R. Herspring, Requiem for an Army. The Demise of the East German Military, New York 1998; dt. Ausgabe u.d.T.: Requiem für eine Armee. Das Ende der Nationalen Volksarmee der DDR. Für die deutsche Ausgabe gekürzt und bearb. von Hans-Werner Weber, Baden-Baden 2000 (= Forum Innere Führung, 8). Zitiert wird hier und im Folgenden, wenn nicht anders angegeben, aus der deutschen Ausgabe, sofern Textteile aus dem Original nicht der Kürzung durch den Bearbeiter der deutschen Ausgabe zum Opfer gefallen sind. Die Widmung findet sich auf S. 5 der Übersetzung.

[78] Herspring, Requiem für eine Armee (wie Anm. 77), S. 21 (Original S. 3), argumentiert: »Jedoch war der Unmut, der sich gegen Rainer Eppelmann richtete, nicht größer als das Gefühl, von den Russen verraten worden zu sein. Jahrelang hatten NVA-Offiziere und -Unteroffiziere ihr Leben der Erhaltung der DDR und des von der Sowjetunion aufgedrängten Systems gewidmet. Eng hatte die NVA mit den Sowjets zusammengearbeitet; viele Offiziere sprachen Russisch und hatten in der UdSSR studiert. Außerdem waren fast das gesamte militärische Gerät und die Militärdoktrin von der UdSSR übernommen. Innerhalb des Warschauer Pakts standen die ostdeutschen Streitkräfte auch stärker unter der Kontrolle der Sowjetunion als die Armeen der anderen Mitgliedsstaaten [...] Nun erwarteten sie im Gegenzug Treue von Moskau. Als Gorbatschow nun die DDR aufgab, fühlten sie sich wie auf einem Schiff ohne Steuermann. Die Russen hatten den Ostdeutschen immer versichert, dass sie Moskaus wichtigste Verbündete seien. Nun war alles, wofür sie gearbeitet und Opfer gebracht hatten, mit einem Schlag zunichte gemacht worden. Trotz der Verbitterung und des Gefühls von einem Freund verraten worden zu sein, ist kein einziger Versuch eines NVA-Offiziers bekannt geworden, die Geschichte durch Anwendung von Gewalt umzukehren. Zwar gefiel ihnen allen die Zukunft nicht, die das Schicksal für sie bereithielt, aber sie akzeptierten sie.«

[79] Siehe Herspring, Requiem for an Army (wie Anm. 77), S. 1 (fehlt in dt. Übersetzung): »Most Western Models would suggest that in the face of open threats to the military's

core interests, the generals would have responded by fighting to keep the old regime in
power. Yet this did not happen in the GDR.«

80 Herspring, Requiem für eine Armee (wie Anm. 77), S. 19.
81 Herspring, Requiem for an Army (wie Anm. 77), S. 37 (fehlt in dt. Übersetzung).
82 Herspring, Requiem für eine Armee (wie Anm. 77), S. 23 (Original S. 6).
83 Ebd., S. 23 (Original S. 7).
84 Zumindest drei Dinge über das Verhalten der NVA Ende 1989 sind bekannt. Gorbačev
    ordnete für die sowjetischen Truppen in Deutschland erstens an, nicht in die innere Kri-
    se der DDR einzugreifen. Siehe: Jeffrey Gedmin, The Hidden Hand: Gorbachev and the
    Collapse of East Germany, Washington, DC 1992. Herspring, Requiem für eine Armee
    (wie Anm. 77), bestätigt dies auf S. 60 (Original S. 64). Zweitens wissen wir, dass die
    NVA, auf sich selbst gestellt, die Berliner Mauer nicht gegen Angriffe der Bürger der
    DDR verteidigte. Zum dritten erfuhr das NVA-Offizierkorps eine plötzliche Umkehrung
    der militärisch-politischen Wahrheiten der Sieger des Kalten Krieges. Herspring erklärt
    diese abrupte Wende aus der Kombination des traditionellen Patriotismus mit der pro-
    fessionellen Flexibilität der Offiziere zur Anpassung an neue Aufträge.
85 Zit. nach Herspring, Requiem für eine Armee (wie Anm. 77), S. 133 (Original ebenso
    S. 133).

Mark Kramer

Die Sowjetunion, der Warschauer Pakt und blockinterne Krisen während der Brežnev-Ära

Der Name Leonid Brežnev ist untrennbar mit der »Brežnev-Doktrin« verbunden, einem Begriff, der 1968 im Westen geprägt wurde, um die offizielle Begründung für den sowjetischen Einmarsch in der Tschechoslowakei zu beschreiben. Die sowjetischen Führer jener Zeit, aber auch der Post-Brežnev-Ära leugneten beharrlich, dass es so etwas wie die Brežnev-Doktrin gab, doch der Begriff wurde weiterhin häufig verwendet, um die Politik Brežnevs in Bezug auf den Warschauer Pakt und seine Mitgliedsstaaten zu charakterisieren. Im Wesentlichen legte die Brežnev-Doktrin fest, dass erstens jede Abkehr vom orthodoxen Kommunismus in einem osteuropäischen Staat die Sicherheit des gesamten Sowjetblocks gefährde und zweitens die Sowjetunion nicht nur ein Recht, sondern auch die »Pflicht« habe, alle notwendigen Maßnahmen zu ergreifen, einschließlich der Gewaltanwendung, um dieser Gefahr zu begegnen. Die Doktrin bestätigte die Politik der beiden wichtigsten Vorgänger Brežnevs, Iosif Stalins und Nikita Chruščevs.

Brežnev war von 1964 bis 1982 Vorsitzender der Kommunistischen Partei der Sowjetunion (KPdSU). Diese 18 Jahre sind von zwei tiefen Krisen in Osteuropa gekennzeichnet, die den Warschauer Pakt unmittelbar betrafen: in der Tschechoslowakei 1968 und in Polen 1980/81. 1968 kamen die sowjetischen Führer zu der Schlussfolgerung, dass die Ereignisse in der Tschechoslowakei den kommunistischen Block und die Integrität des Warschauer Pakts gefährdeten. Die sowjetische Invasion im August 1968 und die nachfolgende »Normalisierung« der Tschechoslowakei stellten den Zusammenhalt des Blocks wieder her und leiteten eine zwölfjährige Periode relativer Stabilität in Osteuropa und in den sowjetisch-osteuropäischen Beziehungen ein – eine Stabilität, die im Dezember 1970 und Juni 1976 kurzzeitig durch Arbeiterunruhen in Polen unterbrochen wurde. Nur in Brežnevs letzten beiden Jahren erschütterte eine 18 Monate andauernde Krise nachhaltig die nach 1968 vorherrschende Ruhe – wiederum in Polen. Die Verhängung des Kriegsrechts in Polen im Dezember 1981 stellte für die letzten Lebensmonate Brežnevs den Anschein von Ordnung und »Normalität« im Warschauer Pakt wieder her, aber die Probleme, die während der Polenkrise 1980/81 so dramatisch an die Oberfläche getreten waren, wurden nie wirklich entschärft.

Dieser Beitrag gibt in fünf Hauptteilen einen Überblick über Brežnevs Politik gegenüber dem Warschauer Pakt. Er stützt sich dabei auf jüngst freigegebene Archivdokumente und Berichte aus erster Hand. Im ersten Teil werden die Veränderungen des Paktes in den sechziger Jahren skizziert. Der zweite Teil bewertet die Auswirkungen der sowjetisch-tschechoslowakischen Krise 1968 auf die UdSSR und den Warschauer Pakt. Im dritten Abschnitt werden die Veränderungen im Warschauer Pakt während der Periode des »reifen Brežnevismus« in den siebziger Jahren beleuchtet. Der vierte Teil konzentriert sich auf die Herausforderungen im Zuge der Polenkrise von 1980/81, und der letzte Abschnitt sei verschiedenen Schlussfolgerungen gewidmet.

Der Warschauer Pakt und der Beginn der Brežnev-Ära

Bei seiner Gründung im Mai 1955 war der Pakt kaum mehr als eine auf dem Papier bestehende Organisation; in die Regulierung der Krisen in Polen und Ungarn im Jahre 1956 wurde er von der Sowjetunion nicht einbezogen. Erst in den frühen Sechzigern, insbesondere in der Folge der Berlin-Krise 1961/62, begann der Pakt militärisches Gewicht zu erlangen. Zu jener Zeit war die Sowjetunion bestrebt, den Zusammenhang des Bündnisses zu stärken, indem sie für eine gemeinsame Doktrin der »Koalitionskriegführung« warb. Dieser Ansatz, in einem geheimen Bericht sowjetischer Militärplaner Mitte des Jahrzehnts beschrieben, forderte eine schnelle, massive Offensive gegen die Nordatlantische Vertragsorganisation (NATO) seitens der vereinten sowjetischen und osteuropäischen Streitkräfte unter Einsatz sowohl nuklearer als auch konventioneller Waffen:

> »Die Verteidigungsstrategie der sozialistischen Länder muss sich darauf konzentrieren, die wichtigsten Regionen und Linien zu besetzen und ein Eindringen der gegnerischen Kräfte in das Hoheitsgebiet der sozialistischen Länder auf jeden Fall zu vermeiden. Diese Strategie beruht auf Kernwaffenschlägen in Verbindung mit dem Einsatz konventioneller Feuerkraft und mobiler Operationen durch verbundene Kräfte und auch auf dem umfangreichen Einsatz von Sperren[1].«

Um die Bedeutung gemeinsamer militärischer Operationen zu unterstreichen, ergriffen die sowjetischen Führer verschiedene Maßnahmen zur Erhöhung der Leistungsfähigkeit osteuropäischer Truppen. Mit Unterstützung Moskaus modernisierten und erweiterten alle osteuropäischen Staaten in den sechziger Jahren ihre Streitkräfte und unternahmen erneute Anstrengungen, um die Interoperabilität und Standardisierung der Waffen und Ausrüstungen des Paktes voranzutreiben. Von Oktober 1962 an führte die Sowjetunion gemeinsame militärische Übungen mit allen osteuropäischen Armeen durch[2]. Damit begann der Pakt zumindest ein paar äußere Anzeichen eines echten Bündnisses zu erwerben.

Diese Bemühungen, den Warschauer Pakt zu stärken, setzten unter Chruščev ein, aber noch größere Bedeutung wurde ihnen von Brežnev beigemessen. Im Gegensatz zu Chruščev, der die sowjetischen konventionellen Streitkräfte reduzieren und sich hauptsächlich auf nukleare Langstreckenraketen stützen wollte, pochte Brežnev auf volle militärische Aufrüstung, die sich *sowohl* auf konventionelle *als auch* auf nukleare Waffen erstreckte. Wachstum und Modernisierung der sowjetischen konventionellen Streitkräfte unter Brežnev ermöglichten wesentliche Verbesserungen bei den sowjetischen Truppenteilen in Osteuropa, deren Rolle darin bestand, als »wichtigste strategische Staffel« des Warschauer Paktes zu dienen[3].

Die gewachsene Schlagkraft des Paktes trug zur Stärkung der Position der Sowjetunion in Osteuropa bei. Die Kosten für die »Verteidigung der sozialistischen Gemeinschaft« wurden auf die osteuropäischen Regierungen abgewälzt, Änderungen in der Art und Weise, wie das Bündnis operierte, wurden jedoch vermieden. Die sowjetisch dominierten Strukturen des Warschauer Pakts, die in der Chruščev-Ära eingerichtet worden waren, blieben unverändert erhalten. Die Führung der verbündeten Streitkräfte im Krieg blieb beim sowjetischen Oberkommando; selbst in Friedenszeiten fanden gemeinsame militärische Übungen des Pakts unter dem Kommando osteuropäischer Generale nur selten statt – und wenn, dann nur auf der Karte. Darüber hinaus waren alle Spitzenpositionen im Vereinten Oberkommando noch immer ausschließlich sowjetischen Offizieren vorbehalten; die militärische Führungsorganisation des Bündnisses hatte ihr Hauptquartier in Moskau[4].

Die sowjetische Hegemonie im Warschauer Pakt erstarkte Anfang bis Mitte der sechziger Jahre durch eine Reihe streng geheimer Abkommen, welche die Stationierung sowjetischer taktischer Atomsprengköpfe und nuklearfähiger Trägermittel auf dem Gebiet Ostdeutschlands, Polens, der Tschechoslowakei und Ungarns vorsahen[5]. Diese Abkommen bewegten sich »im Rahmen des Warschauer Pakts«, aber alle Atomsprengköpfe unterlagen strenger sowjetischer Kontrolle, und die doppeleinsatzfähigen Trägermittel, die die osteuropäischen Länder bedienten, wären bei Ausstattung mit Atomsprengköpfen während einer Krise direkt unter sowjetischen Befehl gestellt worden. In der NATO konnten die westeuropäischen Regierungen bereits Mitte der sechziger Jahre ein effektives Veto gegen den Einsatz amerikanischer taktischer Kernwaffen einlegen. Im Osten waren alle Entscheidungen über einen Kernwaffeneinsatz ausschließlich den sowjetischen politischen Führern und militärischen Befehlshabern vorbehalten, ohne Absprachen mit den osteuropäischen Regierungen treffen zu müssen[6]. Obwohl sich Mitte der sechziger Jahre Rumänien und ein oder zwei andere Ostblockstaaten darum bemühten, innerhalb des Warschauer Pakts ein formales System der nuklearen »Beteiligung« einzurichten, hatten die osteuropäischen Staaten letztendlich bei der Nutzung des »gemeinsamen« Nukleararsenals des Bündnisses nie etwas zu sagen[7].

Im November 1956, als eine begrenzte Anzahl von Langstreckenbombern die einzige Möglichkeit der Sowjetunion waren, einen Atomangriff gegen das Festland der Vereinigten Staaten zu führen, warnten US-Nachrichtendienstmitarbeiter Präsident Dwight D. Eisenhower, dass jegliche Schritte, die darauf gerichtet wären, »eine militärische Intervention« in Ungarn vorzubereiten, »das Risiko eines allgemeinen Krieges wesentlich erhöhen würden«, einen nuklearen Schlagabtausch eingeschlossen[8]. Mit der Einführung des »Sputnik« im Oktober 1957 und der darauffolgenden Stationierung interkontinentaler ballistischer Flugkörper (ICBM) sowie dem Ausbau der schweren Bomberkräfte verfügte die Sowjetunion in der ersten Hälfte des Jahrzehnts eindeutig über die Fähigkeit, den Vereinigten Staaten unermessliche Zerstörungen zuzufügen[9] – obgleich die sowjetischen Nuklearstreitkräfte zu jener Zeit in ihrer Entwicklung noch weit hinter denen der Vereinigten Staaten zurücklagen. Nicht zuletzt aus diesem Grund wollte Präsident John F. Kennedy während der Kuba-Krise 1962 einen nuklearen Schlagabtausch mit allen Mitteln vermeiden[10]. Bereits im Juni 1953 hatte die Angst vor einer sowjetischen nuklearen oder konventionellen Vergeltung den Westen davon abgehalten, den ostdeutschen Arbeitern, die sich massenhaft gegen das kommunistische Regime erhoben hatten, zu Hilfe zu eilen. Die deutlich schlimmeren Folgen einer möglichen nuklearen Konfrontation mit der Sowjetunion veranlassten US-Außenminister Dean Rusk 1964 zu der Feststellung, dass »unsere Fähigkeit, Ereignisse und Tendenzen innerhalb der kommunistischen Welt zu beeinflussen, sehr begrenzt ist. Doch unsere Politik besteht darin, unser Möglichstes zu tun[11].« Ideen von »Rollback« und »Befreiung« erwiesen sich selbst in den fünfziger Jahren als wirklichkeitsfremd, doch Mitte bis Ende der Sechziger waren sie noch bedeutungsloser.

Der Warschauer Pakt und die Krise von 1968

Nach der Entlassung von Antonin Novotný im Dezember 1967 und der Wahl Alexander Dubčeks zum Ersten Sekretär der Kommunistischen Partei der Tschechoslowakei (KSČ) begann eine achtmonatige Periode, die als »Prager Frühling« in die Geschichte einging und eine weitreichende Wiederbelebung des politischen, kulturellen und wirtschaftlichen Lebens in der Tschechoslowakei mit sich brachte. Zuerst kam die Reformbewegung hauptsächlich »von oben«, doch der Prager Frühling entwickelte ein Eigenleben und geriet der KSČ bald außer Kontrolle.

Bereits am 15. März 1968 behauptete der Leiter des sowjetischen Komitees für Staatssicherheit (KGB), Jurij Andropov, während der Revolution von 1956 sowjetischer Botschafter in Budapest, auf einer Sitzung des Politbüros der KPdSU, dass die Ereignisse in der Tschechoslowakei »sehr an die Geschehnisse in Ungarn erinnern«[12] – trotz der Tatsache, dass es anders als in Ungarn zu keinen gewaltsamen Ausschreitungen gekommen war. KPdSU-Generalsekretär

Leonid Brežnev, der 1956 an allen Diskussion auf höchster Ebene, die zum sowjetischen Einmarsch in Ungarn führten, teilgenommen hatte, stimmte Andropovs Einschätzung zu und ergänzte, dass »unsere früheren Hoffnungen für Dubček nicht zum Tragen gekommen sind«. Brežnev rief Dubček während einer Beratungspause des KPdSU-Politbüros an und unterstrich seine »ernsten Besorgnisse« über die Lage in der Tschechoslowakei, insbesondere die »Zunahme offensichtlich antisozialistischer Kräfte«. Der sowjetische Führer warnte Dubček, dass »sich die ungarischen Ereignisse aus dem Jahre 1956 bald wiederholen könnten«, aber zu Brežnevs Enttäuschung bewegte der Anruf Dubček nicht dazu, den Prager Frühling in Schranken zu halten[13].

Als das sowjetische Politbüro am 21. März erneut zusammentrat, brachten die versammelten Führer ihre Bestürzung darüber zum Ausdruck, dass die politische Liberalisierung in der Tschechoslowakei weiterging und konservative KSČ-Mitglieder Gefahr liefen, völlig von der politischen Bühne verdrängt zu werden[14]. Brežnev verglich die Lage mit den Veränderungen unmittelbar vor der Revolution von 1956 in Ungarn; er behauptete, die Ereignisse in der Tschechoslowakei bewegten sich »in eine antikommunistische Richtung«, und viele »gute und aufrichtige Freunde der Sowjetunion« seien entlassen worden. Der Prager Frühling begann unter sowjetischen »Intellektuellen und Studenten sowie in bestimmten Regionen« der UdSSR, besonders in der Ukraine, Gärprozesse auszulösen. Brežnevs Bedenken teilten auch andere Politbüromitglieder, einschließlich des sowjetischen Premierministers Alexej Kosygin, der darauf beharrte, dass die tschechoslowakischen Behörden sich darauf »vorbereiten, das zu tun, was 1956 in Ungarn getan wurde«. Der ukrainische Parteiführer, Petro Šelest, warnte vor dem Ausbruch und dem Überschwappen des tschechoslowakischen Gewaltpotenzials auf die Ukraine – eine Entwicklung, die seiner Ansicht nach »nicht nur das Schicksal des Sozialismus in einem der sozialistischen Länder, sondern das Schicksal des gesamten sozialistischen Lagers« bestimmen könnte. Aleksandr Šelepin und Michail Solomencev sprachen in ähnlich beunruhigenden Tönen von den Auswirkungen des Prager Frühlings auf die sowjetischen Studenten und Intellektuellen. Gemeinsam mit Šelest drängten sie die Sowjetunion, sich auf »extreme Maßnahmen« vorzubereiten, einschließlich »militärischer Schritte«. Dieser Vorschlag wurde von Andropov unterstützt, der argumentierte, »dass wir sobald wie möglich konkrete militärische Maßnahmen ergreifen müssen«[15].

Das wachsende Unbehagen in Moskau wurde durch die in anderen Ostblockstaaten, vor allem in Warschau und Berlin, viel schärfer ausgedrückte Unzufriedenheit noch verstärkt. Von Anbeginn waren der polnische Parteichef Władysław Gomułka und sein ostdeutscher Amtskollege Walter Ulbricht entschlossen, den »wachsenden feindlichen antisozialistischen Einflüssen« an ihren Grenzen entgegenzutreten. Beide fürchteten, die Ereignisse in der Tschechoslowakei könnten sich als »ansteckend« erweisen und in ihren eigenen Ländern zu politischer Instabilität führen. Sowohl Gomułka als auch Ulbricht brachten bereits Anfang Januar, als eine hochrangige sowjetische Delegation unter Leitung von Brežnev zu einem inoffiziellen Besuch in Polen und Ostdeutschland weilte, gegenüber ihren sowjetischen Gesprächspartnern ihre Besorgnis über die jüngsten Entwicklungen in der Tschechoslowakei zum Ausdruck[16]. Gomułka wiederholte seine Bedenken in einem privaten Gespräch mit Dubček ein paar Wochen später in der mährischen Stadt Ostrava: »Wenn die Sache bei Euch schief geht, werden sich auch bei uns in Polen feindliche Elemente gegen uns erheben[17].« In den folgenden Wochen sahen Gomułka und Ulbricht das tschechoslowakische Reformprogramm mit zunehmender Bestürzung; und innerhalb kurzer Zeit forderten beide mit großer Dringlichkeit eine Intervention der Truppen des Warschauer Pakts, um den Prager Frühling zu stoppen.

Die von Gomułka und Ulbricht zum Ausdruck gebrachten Bedenken sowie die Besorgnis unter den höheren Funktionsträgern in Moskau veranlassten das sowjetische Politbüro, der »tschechoslowakischen Frage« höchste Priorität einzuräumen[18]. Das Politbüro rief eine hochrangige »Kommission zur tschechoslowakischen Frage« ins Leben, welche täglich die Ereignisse in der Tschechoslowakei verfolgte und Brežnev direkt Bericht erstattete. Sechs der neun Mitglieder der Kommission entstammten dem Politbüro, die drei anderen Mitglieder waren hochrangige außenpolitische Funktionäre[19]. Die Ergebnisse und Empfehlungen der Kommission wurden regelmäßig dem gesamten Politbüro vorgetragen.

Die Mitglieder des sowjetischen Politbüros hatten in bestimmten Fragen unterschiedliche Ansichten, aber ihre Meinungsverschiedenheiten betrafen im Wesentlichen taktische Fragen und nicht strategische Überlegungen oder grundsätzliche Ziele. Sie stimmten darin überein, dass der Reformprozess in der Tschechoslowakei die »Verdienste des Sozialismus« und die »gemeinsamen Interessen des Weltsozialismus« gefährde. Im späten Frühjahr 1968 spürten die meisten von ihnen, dass drastische Maßnahmen notwendig wären, um dem Prager Frühling Einhalt zu gebieten. Obgleich einige noch hofften, dass die tschechoslowakischen Führer selbst bereit sein würden hart durchzugreifen, begannen viele den Verdacht zu hegen, dass es nicht länger möglich sei, auf eine rein »interne« Lösung zu setzen.

Moskau geriet unter Zugzwang, als sich im Juni und Juli immer deutlicher herauskristallisierte, dass reformwillige Delegierte den XIV. Partei der KSČ im September dominieren würden. Aus Moskauer Sicht barg dieser Trend die Gefahr, dass moskautreue Reformgegner, in Moskauer Diktion »gesunde Kräfte«, die noch Funktionen innehatten, vom Parteitag en masse entlassen würden und die Tschechoslowakei auf einen »nichtsozialistischen« Kurs umschwenken würde. Um dieser Gefahr zuvorzukommen, erhöhten die sowjetischen Führer ihren Druck auf Dubček und drängten ihn, bei der Bekämpfung »antisozialistischer« und »konterrevolutionärer« Elemente schnell vorzugehen, vor allem aber eine strenge Kontrolle der Presse wiederherzustellen.

Die internen Reformen in der Tschechoslowakei mussten in Moskau Bestürzung hervorrufen, dessen war sich Dubček wohl bewusst, doch ging er davon aus, dass er dieser Feindseligkeit begegnen könne, indem er den sowjetischen Führern versicherte, die Tschechoslowakei würde weiter fest zum Warschauer Pakt und der »sozialistischen Gemeinschaft« stehen[20]. Im Rückblick auf die Ereignisse des Jahres 1956 in Ungarn kamen Dubček und andere führende Mitglieder der KSČ zu der Schlussfolgerung, dass sie, wenn sie an der Mitgliedschaft der Tschechoslowakei im Warschauer Pakt festhielten und einen umfassenden Einfluss auf den Reformprozess beibehielten, weitreichende innenpolitische Veränderungen vornehmen könnten, ohne eine militärische Intervention der Sowjetunion zu provozieren[21]. Diese Schlussfolgerung war falsch, selbst in Bezug auf den früheren Fall Ungarn. Dem Beschluss des Präsidiums des Obersten Sowjets von Ende Oktober 1956, die Revolution in Ungarn mit einer groß angelegten Invasion zu bezwingen, war die Ankündigung Ungarns vorausgegangen, sich aus dem Warschauer Pakt zurückziehen zu wollen[22]. Ob zutreffend oder nicht, die »Lehre«, die die tschechoslowakischen Funktionäre aus der Krise von 1956 zogen – dass interne Reformen toleriert würden, so lange man die Mitgliedschaft im Warschauer Pakt nicht infrage stellte –, veranlasste sie, häufig auf die »unverbrüchliche Freundschaft und das Bündnis« der Tschechoslowakei mit der UdSSR zu verweisen[23]. Als die innenpolitische Liberalisierung an Tempo zunahm, war Dubček besonders darauf bedacht, wiederholt die Solidarität mit Moskau zum Ausdruck zu bringen und zu versichern, dass sowjetische Interessen unter allen Umständen gewahrt blieben.

Im Laufe der Zeit zeigten diese Erklärungen jedoch immer weniger Wirkung. Die schnelle Folge der Ereignisse seit Januar hatte in Moskau Zweifel über die Integrität der langfristigen Verpflichtungen der Tschechoslowakei im Warschauer Pakt hervorgerufen. Sowjetische Führer waren von den »feindseligen« und »antisowjetischen« Kräften in Prag alarmiert und hegten den Verdacht, dass die KSČ zunehmend offen sein würde für Forderungen innerhalb und außerhalb der Partei nach einer Politik, die nationalen Interessen den Vorrang vor »internationalistischen« Interessen gab. Es dauerte nicht lange und in Moskau begann man zu befürchten, dass eine größere Wende in der tschechoslowakischen Außenpolitik nicht länger auszuschließen sei, vielleicht sogar eine Hinwendung zu einer Neutralität à la Jugoslawien oder eine Ausrichtung nach Westen. Der sowjetische Außenminister Andrej Gromyko warnte das Politbüro Anfang Mai, dass die »aufkeimende Konterrevolution« in der Tschechoslowakei bald »bestenfalls« ein »zweites Rumänien bedeuten würde, und dies für den kompletten Zusammenbruch des Warschauer Pakts ausreiche«[24]. Selbst jene, die nicht an eine unmittelbar bevorstehende radikale Veränderung glaubten, waren besorgt, konnte doch der »Prager Frühling« dazu führen, dass die Tschechoslowakei ihre Loyalitäten in Europa auf Dauer neu ausrichtete, insbesondere wenn die Reformkräfte in der KSČ weiter an Gewicht gewannen.

Die scheinbare Glaubhaftigkeit und Dringlichkeit dieser Besorgnisse wurde durch Anzeichen von Tumulten innerhalb der Tschechoslowakischen Volksarmee (ČSLA) noch vergrößert. Die Amtsenthebung zahlreicher kompromissloser kommunistischer und sowjetfreundlicher Offiziere und Mitarbeiter des Nationalen Verteidigungsministeriums im Frühjahr 1968 gestattete es der Reformbewegung, sich weit in die ČSLA auszudehnen. Detaillierte Berichte des sowjetischen Verteidigungsministeriums und des KGB, die regelmäßig an die Führung der KPdSU geschickt wurden, zeichneten ein düsteres Bild vom »militärpolitischen Stand und der Gefechtsbereitschaft der tschechoslowakischen Streitkräfte«[25]. In einer Lagebesprechung für das Politbüro am 23. Mai behauptete Marschall Andrej A. Grečko, dass sich der Zustand der tschechoslowakischen Armee »schnell verschlechtert« und sie »nicht länger in der Lage sei, die Grenze zur BRD zu verteidigen«[26]. Wenige Wochen später warnten sowjetische Militärs Brežnev, ein weiterer Anstieg von »ČSLA-Offizieren, die ›demokratische Reformen in der Armee‹ befürworten«, würde die »besorgniserregende Verschlechterung der Kampfkraft der tschechoslowakischen Armee« beschleunigen[27]. Brežnev seinerseits mahnte die KSČ-Führung: »Wenn eure Armee geschwächt wird, ist und kann das keine rein nationale Angelegenheit sein. Wir zählen auf eure Stärke [der Armee] ebenso, wie ihr euch auf die Macht der Sowjetunion verlasst«[28].

Die sowjetischen Besorgnisse nahmen Mitte Juli noch zu, als der Leiter der mächtigen Abteilung für Staats- und Verwaltungsfragen des Zentralkomitees der KSČ, General Vaclav Prchlík, umfassende Reformen der tschechoslowakischen Militärpolitik und der Strukturen des Warschauer Pakts forderte[29]. Mit seinen unverblümten Kommentaren brachte er sowjetische Funktionäre und Armeeführer gegen sich auf, die Prchlík beschuldigten, »das Wesen« des Warschauer Pakts »deformiert«, das »sowjetische militärische Kommando diffamiert« und »wichtige Geheimnisse über die Stationierung der Vereinten Streitkräfte unrechtmäßig preisgegeben zu haben«[30]. Seit Anfang Mai erreichten Moskau Meldungen, dass Prchlík beabsichtige, Notfallpläne zu entwickeln, um gegen einen sowjetischen Einmarsch Widerstand zu leisten. Seine Vorschläge wurden sowohl von Dubček als auch von Verteidigungsminister Martin Dzúr sofort zurückgewiesen, und entsprechende Vorbereitungen unterblieben, aber die Information über Prchlíks Mitwirkung – als leitender Funktionär der KSČ war er für militärische Angelegenheiten zuständig – hatte in Moskau Alarm ausgelöst.

Prchlíks spätere Rolle bei der Erarbeitung eines Berichts für die höchste Ebene, der die tschechoslowakischen Führer drängte, »unrealistische und gefährliche [militärische] Szenarien« abzulehnen, insbesondere Szenarien, die einen nuklearen Schlagabtausch beinhalteten, führte zu weiterer Bestürzung in Moskau[31]. Der streng geheime Bericht wurde nie veröffentlicht, aber eine Kopie wurde durch »zuverlässige Quellen« der sowjetischen Botschaft in Prag zugestellt und dann sofort nach Moskau weitergeleitet. Viele Bestimmungen in dem

Dokument riefen ernsthafte Zweifel über die Aussicht der Stationierung sowjetischer Nuklearwaffen in der Tschechoslowakei hervor – eine Frage, die während der Krise eine Schlüsselrolle spielte. Kürzlich freigegebene Dokumente offenbaren, dass die Sowjetunion und die Tschechoslowakei Anfang der sechziger Jahre im Geheimen zwei Abkommen geschlossen hatten, die der Sowjetarmee in einem Notfall die Stationierung von Kernwaffen auf tschechoslowakischem Gebiet gestatteten[32]. 1965 unterzeichneten beide Länder eine noch weitreichendere Vereinbarung. Nun konnte die Sowjetunion zeitlich unbegrenzt Atomsprengköpfe an drei Standorten in der westlichen Tschechoslowakei stationieren, die unter strenger sowjetischer Kontrolle standen[33]. Der Bau der Lagerorte und die Stationierung der Sprengköpfe sollten bis 1967 abgeschlossen sein, aber wegen kurzfristiger Verzögerungen waren die Einrichtungen mit Beginn des Prager Frühlings noch nicht in Betrieb genommen. So hing die Besorgnis der Sowjetunion im Jahre 1968 über die Sicherheit der tschechoslowakischen Grenzen und die Verbreitung von Reformen innerhalb der tschechoslowakischen Armee in nicht geringer Weise mit der Sorge um die Lagerstätten für die Kernwaffen in der Tschechoslowakei zusammen[34].

Der Einmarsch

Im Juli und Anfang August 1968 übte die Sowjetunion unerbittlich Druck auf die tschechoslowakischen Stellen aus, damit diese das Liberalisierungsprogramm rückgängig machten. Die sowjetische Aktion wurde von Polen, Ostdeutschland, Bulgarien und reformfeindlichen Mitgliedern des KSČ-Präsidiums voll unterstützt. Brežnev nutzte eine Vielzahl bilateraler Kanäle, um tschechoslowakische Funktionäre zum Kampf gegen »antisozialistische« und »konterrevolutionäre« Elemente zu drängen, und er wandte sich sogar heimlich an einige Reformkollegen Dubčeks in der Hoffnung, einen geeigneten Ersatz zu finden, der zu einem harten Vorgehen bereit wäre[35]. Brežnev berief auch multilaterale Klausurtagungen der Führer der Paktstaaten ein, analog zu den Treffen im März in Dresden und Anfang Mai in Moskau. Auf zwei weiteren Konferenzen Mitte Juli in der polnischen Hauptstadt und Anfang August in Bratislava wurde zunehmend harschere Kritik geäußert und mit gemeinsamen Aktionen gedroht, »die Errungenschaften des Sozialismus« in der Tschechoslowakei zu verteidigen[36]. Ein weiteres Treffen wurde noch am 18. August insgeheim in Moskau abgehalten, nur zwei Tage vor dem Einmarsch. Brežnev schien das Druckmittel zu bevorzugen, das ihm mit diesen Konferenzen geboten ward, vor allem weil sich die ostdeutschen und polnischen Führer von Anbeginn so vehement gegen den Prager Frühling stellten.

Dubček besuchte die Konferenz in Dresden, erhielt aber keine Einladung zu der Konferenz in Moskau im Mai ; der Sitzung in Warschau blieb er aus eigenen Stücken fern. Die Warschauer Zusammenkunft am 14. und 15. Juli erwies sich in vielerlei Hinsicht als Wendepunkt. Es war das erste Mal, dass ungarische Funktionäre, darunter János Kádár, zusammen mit ihren ostdeutschen, polnischen und bulgarischen Amtskollegen Zweifel über die Fähigkeit der tschechoslowakischen Stellen, die Ereignisse wieder unter Kontrolle zu bringen, zum Ausdruck brachten. In einem Gespräch mit Brežnev sicherte Kádár kurz vor der Konferenz zu: »Falls eine militärische Besetzung der Tschechoslowakei notwendig werden sollte, wird Ungarn sich ohne Vorbehalte beteiligen«[37]. Sowjetische Funktionäre, die vor Warschau eine »abwartende« Haltung eingenommen hatten, begannen zum ersten Mal den Prager Frühling entschieden zu verurteilen und »äußerste Maßnahmen« zu fordern. In den Beratungen in Warschau zeichnete sich die Möglichkeit einer militärischen Intervention immer deutlicher ab.

Auf Brežnevs Vorschlag sandten die Konferenzteilnehmer einen gemeinsamen Brief an Dubček, in dem sie den Prager Frühling verurteilten und dringende Abhilfemaßnahmen forderten. Der Warschauer Brief, als der er bald bekannt wurde, war quasi ein Ultimatum, das eine lange Liste von Maßnahmen enthielt, »notwendig, um der Konterrevolution den Weg zu versperren«[38]. Er rief in der Tschechoslowakei bei Funktionären und in der Öffentlichkeit Bestürzung hervor, aber Dubček und seinen Anhängern war noch nicht klar, wie verhängnisvoll die Lage geworden war. Sie wussten zum Beispiel nicht, dass das Politbüro der KPdSU am 19. Juli, vier Tage nach dem Warschauer Treffen, »extreme Maßnahmen« in Betracht zu ziehen begann, um die politische Führung in der Tschechoslowakei zu ersetzen. Auf dieser Sitzung und einem Folgetreffen am 22. Juli verfolgte das sowjetische Politbüro eine zweigleisige Politik: Einerseits unternahm sie alle notwendigen Schritte, um Truppen in die Tschechoslowakei zu entsenden; andererseits machte sie gleichzeitig einen abschließenden Versuch, Verhandlungen aufzunehmen[39]. Diese beiden Wege wurden auf einer erweiterten Sitzung des Politbüros am 26. und 27. Juli nochmals bestätigt. Brežnev und seine Kollegen »billigten« einstimmig die von »Grečko entwickelten [militärischen] Pläne« und »ermächtigten Gen. Grečko, unverzüglich Maßnahmen zur Umsetzung dieser Pläne zu ergreifen«[40]. Zum Anderen entwickelten sie eine Verhandlungsstrategie für bilaterale Gespräche, die am 29. Juli in der kleinen Grenzstadt Čierna nad Tisou beginnen sollten. Diese Gespräche wurden als die einzige verbleibende Möglichkeit erachtet, die Krise mit friedlichen Mitteln beizulegen.

Obwohl die Verhandlungen in Čierna vor allem zu Verbitterung und gegenseitigen Anschuldigungen führten, stand am Ende ein zarter Kompromiss, der der tschechoslowakischen Führung unklare Pflichten auferlegte und alle Paktstaaten mit Ausnahme Rumäniens aufforderte, in Bratislava ein Folgetreffen abzuhalten. Da schriftliche Unterlagen über die konkreten Verpflichtungen fehlten, verließen beide Seiten das Treffen mit sehr unterschiedlichen Auffassungen darüber, was sie vereinbart hatten[41]. Am Ende des multilateralen Folgetreffens in Brastilava am 3. August, gerade mal zwei Tage nach Abschluss der

Verhandlungen von Čierna, erklärte sich Dubček bereit, eine gemeinsame Erklärung zu unterzeichnen, die ominöse Verweise auf die »gemeinsame internationale *Pflicht* aller sozialistischen Länder [beinhaltete], die Errungenschaften des Sozialismus zu unterstützen, zu festigen und zu verteidigen«[42]. Dieser Satz wurde nach dem August 1968 wiederholt als Rechtfertigung des Einmarsches angeführt.

Als sich die Krise im Mittsommer verschärfte, erreichte die auf höchster Ebene durchgeführte Debatte in Moskau allmählich einen Konsens. Nach dem Warschauer Treffen hatten einige wichtige Mitglieder des sowjetischen Politbüros noch gehofft, militärische Maßnahmen zu vermeiden, doch nach den Konferenzen von Čierna und Bratislava neigte sich die Stimmung zugunsten einer militärischen Intervention. Das Politbüro hatte auf seinen Sitzungen am 22. und 26./27. Juli vorläufig entschieden, zu einem bestimmten Zeitpunkt Mitte bis Ende August eine groß angelegte Invasion durchzuführen, wenn sich die Lage in der Tschechoslowakei bis dahin nicht grundlegend geändert habe. Als sich das sowjetische Politbüro am 6. August zu einer erweiterten Sitzung traf, um die Verhandlungen von Čierna und Bratislava zu erörtern, gab es praktisch keine Hoffnung mehr, dass eine militärische Aktion vermieden werden könnte. Obgleich einige Teilnehmer der Sitzung Vorbehalte in Bezug auf die möglichen Kosten einer Invasion zum Ausdruck brachten – vor allem wenn, wie Marschall Grečko warnte, die einmarschierenden Truppen auf bewaffneten Widerstand stießen –, stimmte das Politbüro am 6. August darin überein, eine umfassende militärische Intervention durchzuführen, sofern die tschechoslowakischen Stellen nicht sofort drastische Maßnahmen ergriffen, um die sowjetischen Forderungen zu erfüllen. Dieser Konsens stellte noch keine unwiderrufliche Entscheidung für den Einmarsch dar, aber er bedeutete, dass die sowjetische Führung bald die Hoffnung aufgeben würde, dass man von Dubček »noch etwas erwarten könne«[43].

In der Zwischenzeit beendete das sowjetische Oberkommando die umfassenden logistischen und technischen Vorbereitungen, die für eine groß angelegte Invasion notwendig waren[44]. Die größten Manöver des Warschauer Pakts Anfang August wurden von einer Masseneinberufung sowjetischer und osteuropäischer Reservisten, der Requirierung ziviler Fahrzeuge und Ausrüstungen sowie der Lagerung von Betriebsstoffen, Munition, Kommunikationsgerät, Ersatzteilen und Sanitätsmaterial begleitet. Allein in der Ukraine wurden mehr als 7000 zivile Fahrzeuge der Armee unterstellt[45]. Sowjetische Kommandeure leiteten tschechoslowakische Betriebsstoff- und Munitionslieferungen nach Ostdeutschland um – angeblich für neue »Übungen« des Warschauer Pakts, aber tatsächlich, um der Möglichkeit eines bewaffneten Widerstands der Tschechoslowakei zuvorzukommen. Dasselbe geschah im Wesentlichen auch mit tschechoslowakischen Truppen und Ausrüstungen, die unerwartet für »Manöver« zu Stützpunkten in Südwestböhmen verlegt wurden, weit entfernt von allen geplanten Einmarschrouten.

Selbst als das vorläufige Datum für einen Einmarsch näher kam, schien Brežnev noch ein wenig Hoffnung zu haben, dass Dubček den Verlauf noch umkehren könnte. Die Belastung durch die Krise begann sich ernsthaft auf Brežnevs Gesundheit auszuwirken, aber er war noch immer entschlossen, den Einsatz militärischer Mittel zu vermeiden, solange nicht alle anderen Möglichkeiten ausgeschöpft waren[46]. Obgleich er seinen Beratern anvertraute, dass er sehr besorgt sei, die »Tschechoslowakei zu verlieren« und »von seinem Posten als Generalsekretär« enthoben zu werden, beunruhigte ihn auch, dass eine militärische Invasion einen eigenen, hohen politischen Preis fordern würde[47]. Er und andere führende sowjetische Funktionäre waren in der zweiten Augustwoche im Urlaub auf der Krim, doch Brežnev stand während der gesamten Zeit in enger telefonischer Verbindung mit Dubček. Er hielt auch über den sowjetischen Botschafter Stepan Červonenko Kontakt zu Dubček. In einem Telefongespräch mit Dubček am 9. August schien Brežnev noch immer zu hoffen, dass der KSČ-Chef handeln würde. Brežnev betonte, wie »sehr ernst« die Lage geworden sei, und drängte Dubček, »die in Čierna nad Tisou gemeinsam gebilligten und vereinbarten Bedingungen« zu erfüllen[48]. Vier Tage später gab sich Brežnev jedoch wesentlich aggressiver und kämpferischer; er beschuldigte Dubček »der reinen Täuschung« und »offenkundigen Sabotage der in Čierna und Bratislava erzielten Vereinbarungen«[49]. Der sowjetische Führer warnte, dass in der »völlig neu eingetretenen Lage« die Sowjetunion »verpflichtet sei, neue unabhängige Maßnahmen in Betracht zu ziehen, die sowohl die KSČ als auch die Sache des Sozialismus in der Tschechoslowakei verteidigen werden«.

Kurz nach dem Telefongespräch vom 13. August sandte Brežnev ein dringendes Telegramm an Červonenko mit dem Befehl, sich so schnell wie möglich mit Dubček zu treffen, um Moskaus Bedenken noch einmal hervorzuheben[50]. Červonenko tat das noch am selben Abend, doch seine Bemühungen waren ebenfalls vergeblich. Der Misserfolg dieser verschiedenen Kontakte scheint Brežnev letztendlich zu der Schlussfolgerung geführt zu haben, dass »vom gegenwärtigen Präsidium des ZK der KSČ nichts mehr zu erwarten ist« und eine militärische Lösung nicht länger vermieden werden könne[51]. Von da an änderte sich die Dynamik der gesamten Situation. Während Brežnev noch auf der Krim war, hielt er Rücksprache mit anderen führenden Mitgliedern des Politbüros und Sekretariats der KPdSU, von denen die meisten in der Nähe ihren Urlaub verbrachten[52]. Kurzfristige Sitzungen des Politbüros wurden am 13., 14. und 15. August einberufen, um angemessene Reaktionen zu erörtern. Die Teilnehmer räumten ein, dass eine militärische Lösung »voller Komplikationen stecke«, aber alle stimmten überein, ein säumiges Handeln müsse »in der Tschechoslowakei zu einem Bürgerkrieg und dem Verlust des Landes als sozialistischer Staat führen«[53].

Am 16. August wurde auf Geheiß Brežnevs eine formelle Sitzung des Politbüros der KPdSU in Moskau einberufen, obwohl Brežnev selbst und zahlreiche seiner Genossen noch nicht aus dem Urlaub zurückgekehrt waren. Die Sitzung wurde von Andrej Kirilenko geleitet, einem der engsten Berater Brežnevs, der die neuesten Einschätzungen des Generalsekretärs der KPdSU und der Kommission des Politbüros zur Tschechoslowakei vorstellte[54]. Zu diesem Zeitpunkt war die Debatte tatsächlich vorbei. Am 17. August, als alle leitenden Funktionäre wieder in Moskau weilten, traf sich das Politbüro erneut und stimmte einstimmig dafür, »der Kommunistischen Partei und dem Volk der Tschechoslowakei durch Einsatz der [sowjetischen] Streitkräfte Hilfe und Unterstützung zu gewähren«[55]. Niemand im Politbüro drückte Zweifel an dieser Entscheidung aus. Am darauffolgenden Tag informierte Brežnev auf einer eilig in Moskau einberufenden Sitzung seine ostdeutschen, polnischen, bulgarischen und ungarischen Amtskollegen über die Entscheidung[56]. Im Gegensatz zu 1956, als allein die sowjetischen Truppen in Ungarn einmarschierten, war Brežnev entschlossen, der Invasion den Anschein einer multilateralen Aktion zu geben. Etwa 70 000 bis 80 000 Soldaten aus Polen, Bulgarien und Ungarn sowie eine Verbindungseinheit aus Ostdeutschland beteiligten sich an der Invasion, die in der Nacht des 20. August um 23.00 Uhr (Moskauer Zeit) begann.

In Wirklichkeit konnte man die Operation »Donau«, so der Kodename der Invasion, jedoch kaum als ein »gemeinsames« Unternehmen betrachten. Sowjetische Fallschirmjäger und Spezialkräfte des KGB bildeten die Angriffsspitze der Invasion. Insgesamt marschierten schließlich 350 000 bis 400 000 sowjetische Soldaten in der Tschechoslowakei ein, etwa die fünffache Anzahl der Kräfte der osteuropäischen Verbündeten. Darüber hinaus wurde die Invasion die gesamte Zeit vom sowjetischen Oberkommando geführt und nicht, wie ursprünglich geplant, dem Kommando der höchsten Offiziere des Warschauer Pakts unterstellt[57]. Anfangs sollte die Operation um Mitternacht vom 20. auf den 21. August beginnen, aber der sowjetische Verteidigungsminister Grečko wollte unbedingt so schnell wie möglich voranschreiten, so dass er den Zeitplan beschleunigte.

Binnen Stunden hatten sowjetisch geführte Einheiten das Verkehrs- und Fernmeldenetz der Tschechoslowakei unter ihre Kontrolle gebracht und alle wichtigen Partei- und Staatsgebäude in Prag und anderen Städten umstellt. Sowjetische Truppen begannen methodisch, wichtige Objekte zu besetzen und neue Fernmelde- und Rundfunksendeeinrichtungen aufzubauen. In den frühen Morgenstunden des 21. betraten sowjetische Kommandotruppen der Elitedivision »Taman« in Begleitung von KGB-Truppen und tschechoslowakischen Staatssicherheitskräften das Hauptgebäude des Zentralkomitees der KSČ und nahmen Dubček und die anderen Reformkräfte des tschechoslowakischen Präsidiums fest (mit Ausnahme des Premierministers Oldřich Černík, der bereits zuvor in seinem Büro im Gebäude der Staatsminister verhaftet worden war)[58]. Als die KSČ-Führer abgeführt wurden, stand bereits die gesamte Tschechoslowakei unter sowjetischer militärischer Kontrolle. Der Prager Frühling endete, ohne dass das Versprechen von einem »Sozialismus mit menschlichem Antlitz« eingelöst werden konnte.

Die trügerische Ruhe der siebziger Jahre

Von Ende 1968 bis Ende der siebziger Jahre waren die sowjetischen Beziehungen zu den anderen Paktstaaten frei von größeren Störungen[59]. Obgleich es kurz nach der Invasion in der Tschechoslowakei zu zwei schweren Krisen in Osteuropa kam – zwischen der Sowjetunion und Rumänien im August 1968 und zu weitverbreiteten Arbeiterunruhen in Polen im Dezember 1970 –, erreichte Brežnev in beiden Fällen zufriedenstellende Lösungen, ohne auf militärische Gewalt zurückzugreifen. Die Konfrontation mit Rumänien war schnell beigelegt, da beide Seiten bestrebt waren, einen direkten Konflikt zu vermeiden. Innerhalb weniger Tage schränkte die rumänische Regierung ihre Kritik am sowjetischen Einmarsch in der Tschechoslowakei drastisch ein. Die Krise in Polen zwei Jahre später war nicht so leicht zu lösen. Die polnische Regierung ordnete den Einsatz von rücksichtsloser Gewalt an, um Proteste polnischer Arbeiter gegen höhere Nahrungsmittelpreise zu unterdrücken, aber das scharfe Vorgehen der polnischen Truppen und Sicherheitskräfte führte lediglich zu einer Eskalation der Krise. Gomułka bat Brežnev insgeheim, dringend sowjetische Truppen nach Polen zu senden, um bei der Wiederherstellung der Ordnung zu helfen, aber anstatt Gomułkas Bitte zu erfüllen, entschied Brežnev, dass es an der Zeit sei, sich des polnischen Führers zu entledigen[60]. Brežnev deutete unter vier Augen an, dass er Gomułka nicht länger unterstütze und das polnische Regime unverzüglich handeln solle, um die Angelegenheit ohne direktes sowjetisches Eingreifen zu regeln[61]. Kurz danach wählte das polnische Politbüro Edward Gierek als Ersatz für Gomułka. Gierek entschärfte die Krise schnell und erfreute sich im Laufe des kommenden Jahrzehnts der festen Unterstützung Brežnevs.

Die sowjetischen Truppen griffen nicht wieder in einem osteuropäischen Staat ein, trotzdem wuchs die militärische Macht der Sowjetunion in der Region in den Siebzigern und Anfang der achtziger Jahre, vor allem durch die Stationierung vieler Tausender moderner Waffen, einschließlich der neuesten Panzer, gepanzerter Mannschaftstransportwagen, Schützenpanzern, konventioneller Artilleriesysteme sowie Artilleriesystemen mit dualer Einsatzfähigkeit, Boden-Boden- und Boden-Luft-Flugkörpern, Abfangjägern, Jagdflugzeugen, Kampfhubschraubern, Erdkampfflugzeugen und Bombern[62]. Die Sowjetunion belieferte auch die Armeen der osteuropäischen Länder mit neuen Waffen, insbesondere Ostdeutschland, Polen und die Tschechoslowakei[63]. Allen drei auf dem nordwestlichen Kriegsschauplatz gelegenen Staaten wurde die Rolle eines Frontstaates gegen die NATO zugewiesen. Ungeachtet dessen, dass die Beiträge der osteuropäischen Regierungen zum Warschauer Pakt geringfügig zunahmen, lag der Hauptschwerpunkt nach 1968 auf dem Ausbau der sowjetischen, und nicht der osteuropäischen militärischen Fähigkeiten.

In den Siebzigern blieben die sowjetischen Streitkräfte auch weiterhin ein entscheidender Garant sowjetischer Hegemonie in Osteuropa. Indem die Sowjet-

armee potenziellen Herausforderungen zuvorkam, trug sie dazu bei sicherzustellen, dass sowjetische politische Führer in Osteuropa nicht auf militärische
Maßnahmen zurückzugreifen brauchten. Das heißt jedoch nicht, dass die militärische Option ausgeschlossen wurde. Die Vermutung, dass das sowjetische
Politbüro nach 1968 die Option der Gewaltanwendung in Osteuropa aufgeben
hat, wie von einigen westlichen Analytikern kürzlich geäußert, ist von der Hand
zu weisen[64]. Die Beweise sprechen alle dagegen. Sowjetische Führer befahlen
Ende 1979 den Einsatz militärischer Gewalt in Afghanistan (trotz großer anfänglicher Zweifel), und es gibt allen Grund zu glauben, dass sie in Osteuropa
auf eine direkte militärische Intervention zurückgegriffen hätten, wenn sie wieder mit einer Situation konfrontiert worden wären, die ihre Kontrolle über die
Region gefährdet hätte oder die nicht durch eine »interne« Lösung wie in der
Polnischen Krise 1980/81 zu bereinigen gewesen wäre. Brežnev verzichtete zu
keinem Zeitpunkt auf militärische Gewalt.

Gleichzeitig ist klar, dass über den gesamten Zeitraum militärische Gewalt –
wie 1968 – als letzte verzweifelte Möglichkeit angesehen wurde, als eine Option,
auf die man erst zurückgreifen würde, wenn alle anderen fehlgeschlagen waren.
Brežnev war stets bestrebt, die Wirksamkeit politischer Kontrollmechanismen
zu verbessern, um zu vermeiden, dass es überhaupt erst zu Instabilität und
anderen Herausforderungen kam. Ein stärkeres Vertrauen auf politische Kon-
trollelemente, die innerhalb des Warschauer Pakts den Konsens sichern sollten,
war nach 1968 besonders wichtig aufgrund von zwei Entwicklungen, die den
politischen Kontext der Beziehungen zwischen der Sowjetunion und Osteuropa
stark veränderten: erstens das Entstehen des »Eurokommunismus« in Westeuropa und zweitens das Aufkommen einer europäischen Entspannung[65]. Das
erste dieser Phänomene wurde durch den sowjetischen Einmarsch in der
Tschechoslowakei herbeigeführt oder zumindest stark beschleunigt. Die kommunistischen Parteien in Westeuropa, vor allem in Italien und Spanien, hatten
den Prager Frühling mit viel Sympathie und Hoffnung beobachtet. Die gewaltsame Unterdrückung der Reformen rief innerhalb dieser Parteien heftigen Widerstand gegen die Sowjetunion hervor und begünstigte das Aufkommen dessen, was später unter der Bezeichnung »Eurokommunismus« bekannt wurde[66].

Dieses neue Schisma in der internationalen kommunistischen Bewegung war
in seiner Langzeitwirkung beinahe so folgenschwer wie die früheren Brüche mit
Jugoslawien und China und weitaus bedeutender als der Bruch mit Albanien.
Die abtrünnigen großen westeuropäischen kommunistischen Parteien schwäch-
ten den Einfluss der Sowjetunion in Westeuropa; dadurch änderte sich auch die
Art der westeuropäischen Politik. Noch wichtiger ist jedoch, dass die euro-
kommunistische Alternative, die im Gegensatz zum Prager Frühling nicht von
sowjetischen Panzern und Truppen unterdrückt werden konnte, ein potenziell
attraktives und damit störendes Element in Osteuropa wurde.

Lange vor dem Einmarsch in der Tschechoslowakei hatten sowjetische Führer die Vorteile erkannt, die stärkere wirtschaftliche Kontakte zum Westen mit

sich bringen würden, insbesondere beim Erwerb moderner Technologien. Aber die sowjetischen und ostdeutschen Stellen waren entschlossen zu verhindern, dass Westdeutschland durch solche Kontakte politischen Einfluss in Osteuropa nahm. So wurden alle Versuche seitens der Bundesrepublik unterbunden, den territorialen und politischen Status quo in der Region zu ändern[67]. Durch das Vier-Mächte-Abkommen über Berlin und die Lösung der Deutschen Frage zu Beginn der siebziger Jahre erreichten die Sowjetunion und Ostdeutschland viel von dem, was sie wollten: Als Gegenleistung für stärkere wirtschaftliche Verbindungen zu Osteuropa erklärte sich Westdeutschland bereit, in seinen Beziehungen zum Osten auf Gewalt zu verzichten, die Oder-Neiße-Linie als die Ostgrenze Deutschlands anzuerkennen, auf alle Ansprüche auf Schlesien in Polen und das Sudetengebiet in der Tschechoslowakei zu verzichten sowie Ostdeutschland als eigenständigen Staat anzuerkennen[68].

Die darauffolgende Entspannung in Europa, die 1975 in der Schlussakte von Helsinki über Sicherheit und Zusammenarbeit in Europa kulminierte, wirkte sich weiterhin auf die sowjetische Politik in Osteuropa aus, selbst als die Entspannung zwischen den USA und der UdSSR schwächer wurde und Ende der siebziger und Anfang der achtziger Jahre scheiterte[69]. Einerseits hatte die Sowjetunion ausdrücklich die Zustimmung des Westens zu den Nachkriegsregelungen erhalten – ein Ziel, dem Moskau seit 1945 eifrig nachgegangen war. Andererseits musste die Sowjetunion schnell handeln, um eine starke Abnahme ihrer politischen Kontrolle in der Region zu vermeiden, insbesondere angesichts der wachsenden Unruhe, die in verschiedenen osteuropäischen Ländern und selbst der Sowjetunion infolge der Helsinki-Vereinbarung entstand. Die Gründung des Komitees zur Verteidigung der Arbeiter (KOR) in Polen und der Charta 77 in der Tschechoslowakei sowie der Helsinki-Monitoring-Gruppe in der Sowjetunion gaben den Impuls für aufkeimende Protestbewegungen überall in Osteuropa. Um eine Beeinträchtigung der politischen Stabilität zu vermeiden, unterstützte die Sowjetunion in allen Paktstaaten ein scharfes Vorgehen gegen abweichende Meinungen, die politische Gärungsprozesse in allen Ländern mit Ausnahme Polens in erträglichen Grenzen hielten[70]. Infolge der vermehrten Kontakte zwischen Ost und West wurde ein Stück interne politische Kontrolle geopfert, doch war der Verlust vom sowjetischen Standpunkt aus klein im Vergleich zum Nutzen, den ein besserer Zugang zu westlichen Krediten und Hochtechnologien bot.

Die europäische Entspannung war an sich kein Hindernis für die Koordination der Außenpolitik zwischen der Sowjetunion und den anderen osteuropäischen Staaten. Im Gegenteil, die Zusammenarbeit auf diesem Feld verbesserte sich in der Dekade nach dem Einmarsch in die Tschechoslowakei. Die größte Ausnahme Anfang bis Mitte der siebziger Jahre bildete Rumänien, das weiterhin zahlreiche eigenständige Positionen verfolgte und gelegentlich eine gemeinsame Linie des Warschauer Paktes in solch wichtigen Fragen wie dem Nahen Osten und den chinesisch-sowjetischen Beziehungen behinderte. Ein öffentlicher

Streit zwischen Bukarest und Moskau brach im November 1978 aus, als die Sowjetunion versuchte, eine bündnisweite Verpflichtung zur Erhöhung der Militärausgaben zu erzielen. Ceauşescu drängte stattdessen auf »die Annahme konkreter Maßnahmen zur kontinuierlichen *Reduzierung* und nicht Erhöhung der Militärausgaben«[71].

Die rumänische Position erhielt neuen Auftrieb, als polnische und ungarische Funktionäre ebenfalls Vorbehalte in Bezug auf die wirtschaftlichen Belastungen äußerten, die mit größeren Verteidigungsausgaben einhergehen würden. Wichtiger als dieser Streit über die Ressourcen war Ceauşescus andauernde Weigerung, Rumänien der einheitlichen Kommandostruktur für Kriegszeiten zu unterstellen, die sowjetische Führer für den Warschauer Pakt entwickelt hatten. Obgleich Bukarest sich in den meisten Fragen an den Positionen der anderen Paktstaaten orientierte, verdeutlichte die verwickelte Lage bezüglich der Militärhaushalte und der militärischen Kommandostruktur Ceauşescus Talent, die Dinge schwieriger zu machen.

Anfang der achtziger Jahre wurden die Abweichungen der rumänischen Außenpolitik seltener infolge der wirtschaftlichen Probleme, die Rumänien zwangen, sich mehr auf den Rat für gegenseitige Wirtschaftshilfe (RGW) zu verlassen. Darüber hinaus hinderte das rebellische Verhalten Rumäniens in den Siebzigern und Achtzigern den Rest der osteuropäischen Staaten nicht, in entscheidender Weise zu den Zielen der sowjetischen Außenpolitik beizutragen. Insbesondere Ostdeutschland stellte Tausende Berater für das Militär und die innere Sicherheit für radikale, sowjetfreundliche Regime und nationale Befreiungsbewegungen in Afrika und anderen Teilen der Dritten Welt[72]. Die Tschechoslowakei und Polen entwickelten durch die Lieferung von Waffen und Unterstützungsgerät ebenfalls umfangreiche Verbindungen zu Kunden in der Dritten Welt. Zweifellos hatten die osteuropäischen Staaten, vor allem Rumänien, eigene Interessen, die sie in diesen Erdteilen verfolgten. Sie handelten nicht ausschließlich auf Geheiß der Sowjetunion, aber dennoch waren ihre Aktivitäten eindeutig darauf ausgerichtet, die sowjetischen Interessen zu stärken[73].

Die enge Zusammenarbeit der Staaten im Warschauer Pakt zeigte sich auch in ihrer Einstellung zu den Ost-West-Beziehungen, einschließlich des hohen Grads der Absprachen, die während der KSZE-Verhandlungen und der Gespräche über beiderseitige und ausgewogene Truppenreduzierungen (Mutual Balanced Force Reductions, MBFR) notwendig waren[74]. Obwohl die osteuropäischen Staaten die ganzen siebziger Jahre hindurch mit Sicherheit gegenüber dem Westen größeren Spielraum gewannen, versuchten sie nicht, diesen Spielraum in einer Weise zu nutzen, die den sowjetischen Interessen schadeten[75].

Anfang der achtziger Jahre, als die Sowjetunion ankündigte, sie würde in Osteuropa zwei neue Arten von Flugkörpern kürzerer Reichweite stationieren – die SS-12 B und die SS-23 –, angeblich als Antwort auf die nuklearen Mittelstreckenwaffen (INF) der NATO, begrüßten die ostdeutsche und die tschechoslowakische Regierung diesen Schritt[76]. Insgeheim waren die ostdeutschen und die

tschechoslowakischen Stellen zweifelsohne weniger begeistert von den neuen
sowjetischen Stationierungen als ihre äußere Haltung vermuten ließ. Als die
Frage Mitte 1983 auf einer Sitzung des Politbüros der KPdSU zur Sprache kam,
beklagten sowjetische Führer, dass »führende Funktionäre in den Bruderländern
mit ihren eigenen nationalen Problemen beschäftigt sind« – und dies zu einer
Zeit, in der »wir, die Warschauer-Pakt-Staaten, Einheit demonstrieren sollten«[77].
Einige zwiespältige Bemerkungen zu den neuen Flugkörpern gerieten sogar an
die Öffentlichkeit. So stellte zum Beispiel der ostdeutsche Staats- und Parteichef
Erich Honecker im November 1983 fest – nachdem er zuvor die sowjetische
Entscheidung energisch verteidigt hatte –, dass die Stationierung der Flugkörper
»in unserem Lande keine Freude hervorgerufen hat«[78]. Kein osteuropäischer
Staatschef, mit Ausnahme Ceaușescus, äußerte jemals direkte öffentliche Kritik
an den Stationierungen. Und selbst Ceaușescus Kritik bezog sich sowohl auf die
NATO als auch auf den Warschauer Pakt. Obgleich die Stationierungen in verschiedenen osteuropäischen Ländern, vor allem in der DDR, eindeutig Ängste
und Befürchtungen hervorriefen, stand der politische Zusammenhalt des Warschauer Pakts in der INF-Frage sowie in anderen Angelegenheiten in starkem
Kontrast zu der Uneinigkeit und den Tumulten, die die NATO plagten.

Der Zusammenhalt des Paktes Ende der siebziger und Anfang der achtziger
Jahre wurde durch die Annahme eines neuen Kommandosystems weiter gestärkt, das der Sowjetunion eine wesentlich bessere Kontrolle über die einzelnen
Armeen des Warschauer Pakts verlieh. Das neue System fußte auf Veränderungen in der militärischen Kommandostruktur der Sowjetunion im gleichen Zeitraum, die das Land auch in Friedenszeiten befähigen sollte, umgehend in einen
Kriegszustand überzugehen[79]. Wie vom damaligen Chef des sowjetischen Generalstabs, Marschall Nikolaj Ogarkov, vorgesehen, beruhte die neue sowjetische Kommandostruktur auf den sich über ganz Osteuropa erstreckenden
militärischen Einsatzgebieten und Kriegsschauplätzen[80]. Orgakov führte diese
Umstrukturierung bald einen Schritt weiter, indem er ein einheitliches Führungssystem für den Warschauer Pakt ausarbeitete, das die osteuropäischen
Streitkräfte (mit Ausnahme der rumänischen) in einer Krise oder in Kriegszeiten direkt dem sowjetischen Kommando unterstellte. Die osteuropäischen
Staaten außer Rumänien unterzeichneten Ende der siebziger Jahre geheime
»Vorschriften der Vereinten Streitkräfte und der sie in Kriegszeiten führenden
Organe«. Gemäß diesen Vorschriften wurden Entscheidungen über Mobil-
machungen und Truppenverlegungen in Osteuropa ausschließlich vom Kommando des Obersten Befehlshabers und dem Generalstab in Moskau getroffen,
die ihre Befehle über die Oberkommandos des sowjetischen Kriegsschauplatzes
übermittelten[81].

Dieser Ansatz der vollen Integration, bei dem die osteuropäischen Streitkräfte in einer Krise lediglich als Gehilfen der sowjetischen Streitkräfte dienten,
sollte nicht nur einen schnellen Übergang des Bündnisses auf die Kriegführung
ermöglichen, sondern auch die militärische Kontrolle der Sowjetunion über die

Region verstärken. Darüber hinaus wurde vor Inkrafttreten der Umstrukturierung die Fähigkeit des Bündnisses zur kurzfristigen Durchführung umfassender Kampfeinsätze durch gemeinsame Übungen und Manöver gestärkt. Bereits im September 1973 nutzte die Sowjetunion die Übungen »Vertes-73« in Ungarn und enge bilaterale Kontakte zu Bulgarien, um sich auf einen massiven Lufttransport im bevorstehenden Nahostkrieg vorzubereiten. Zum ersten Mal wurde der Warschauer Pakt zur Unterstützung sowjetischer Militäraktivitäten außerhalb des europäischen Kriegsschauplatzes einbezogen[82]; andere derartige Übungen folgten. Vom sowjetischen Standpunkt aus hatte sich der politische und militärische Zusammenhalt des Bündnisses Anfang der achtziger Jahre entschieden verbessert.

Der Warschauer Pakt und die Polnische Krise von 1980/81

Die politischen und militärischen Errungenschaften, die die Sowjetunion in den siebziger Jahren erzielt hatte, wurden 1980/81 ernsthaft infrage gestellt, als in Polen eine Krise ausbrach. Die Krise begann Anfang Juli 1980 ganz bescheiden. In der nordwestlichen Küstenstadt Gdańsk kam es unter Arbeitern zu sporadischen Protesten, die wegen der plötzlichen Ankündigung der Regierung über eine Erhöhung der Fleischpreise verärgert waren. Streiks und Demonstrationen breiteten sich bald über das ganze Land aus und brachten sowohl für das polnische kommunistische Regime wie auch für die Sowjetunion größere Komplikationen als jedes andere Ereignis seit Ende der vierziger Jahre. Im August sah sich die polnische Regierung mit lähmenden Streiks auf polnischen Werften und in Betrieben konfrontiert, und so blieb ihr keine andere Wahl, als drei Abkommen zu unterzeichnen, die formal die Gründung der »Solidarność« anerkannten, einer unabhängigen Gewerkschaft mit breiter Basis im Volke, die in Bezug auf politische Macht bald der Polnischen Vereinigten Arbeiterpartei (PZPR) Konkurrenz machte und die Interessen derselben Arbeiterklasse vertrat, in deren Namen die Partei immer vorgegeben hatte zu handeln. Der Unterzeichnung dieser drei Abkommen in Gdańsk, Szczecin und Jastrzębie Ende August und Anfang September 1980 folgten kaum eine Woche später die Entlassung des Ersten Sekretärs der PZPR, Edward Gierek, und die Ernennung von Stanisław Kania zum neuen Parteichef, ein Posten, den er die nächsten dreizehn Monate innehatte.

Die Dynamik der Krise in Polen unterschied sich sehr stark von der Situation zwölf Jahre zuvor während des »Prager Frühlings«. Im Jahre 1968 kam der erste Anstoß für eine politische Liberalisierung hauptsächlich »von oben« (er gründete nicht auf Arbeiterunruhen), und der »Prager Frühling« war erst zu einer »Krise« geworden, als die sowjetischen Führer ihn als solche definierten. Nun, 1980/81 in Polen, kam der Druck »von unten«, und die Krise, die die polnische Gesellschaft erfasste, betraf jeden Aspekt des politischen und wirtschaftlichen Lebens des Landes. Im Gegensatz zu den führenden Köpfen des »Prager Frühlings«, die bereit waren, mit einer weitreichenden Liberalisierung und einer stark gelockerten Form des Kommunismus voranzugehen, versuchten Kania und andere hohe Funktionäre in Polen, soviel wie möglich von dem orthodoxen kommunistischen System zu erhalten oder wiederherzustellen. Unter wachsendem Druck des Volkes machten Kania und seine Mitstreiter in der PZPR, vor allem Verteidigungsminister General Wojciech Jaruzelski (der im Februar 1981 Premierminister wurde und acht Monate später Kania als Ersten Sekretär der Partei ablöste), der Solidarność wichtige Zugeständnisse und gewährten viel größere Meinungsfreiheit. Allerdings versuchten die polnischen Stellen auf jeder Stufe diese Zugeständnisse zu beschränken und schließlich zurückzunehmen, und sie gaben ihr Bestes, um die Bemühungen der Solidarność zu untergraben.

Die verfahrene Situation zwischen Regime und Solidarność wurde durch scharfe Risse innerhalb der PZPR selbst noch komplizierter. Von Beginn an wollten einige Mitglieder des Politbüros der PZPR, wie Tadeusz Grabski, Stefan Olszowski und Stanisław Kociołek, eine wesentlich energischere Haltung gegenüber der Solidarność einnehmen und gewaltsam gegen die Gewerkschaft vorgehen mit dem Ziel, diese zu vernichten und den Konformismus wiederherzustellen. Obgleich die Hardliner des Politbüros in der Parteibasis nie eine große Gefolgschaft hatten, genossen sie genügend Unterstützung, um eine klare Herausforderung für Kania und Jaruzelski darzustellen. Ein potenziell noch größeres Problem entstand für die PZPR-Führung, als reformorientierte Funktionäre innerhalb der Partei an Stärke gewannen. Im Laufe der Zeit traten etwa 35 Prozent der PZPR-Mitglieder der Solidarność bei. Obgleich einige von ihnen die neue Organisation nur im Namen des polnischen Staatssicherheitsapparates infiltrieren wollten, schlossen sich viele der Solidarność an, weil sie deren Ziele aufrichtig unterstützten. Die Reformbereitschaft innerhalb der PZPR machte die Position von Kania und Jaruzelski noch prekärer. Aufgrund von Rivalitäten und Rissen in der gesamten PZPR musste beinahe jede von Kania und Jaruzelski getroffene Maßnahme den Widerstand irgendeiner wichtigen Gruppe hervorrufen. Die fehlenden Einheit innerhalb der Partei behinderte die Bemühungen enorm, die Krise intern zu lösen – entweder gewaltsam oder durch einen politischen Kompromiss.

Sowjetische Reaktionen

Von Beginn an waren hochrangige Funktionäre der KPdSU davon überzeugt, dass der Aufstieg der Solidarność eine grundlegende Bedrohung für das kommunistische System in Polen darstellte. Am 25. August 1980 rief das Politbüro der KPdSU eine »Sonderkommission Polen« ins Leben, die von einem führenden Mitglied des Politbüros, Michail Suslov, geleitet wurde[83]. Die Bildung dieser

Kommission, inoffiziell als Suslov-Kommission bekannt, wies auf die hohe Priorität hin, die die sowjetischen Führer der Krise beimaßen. Die wichtigsten Mitglieder der Kommission – Suslov, der Vorsitzende des Komitees für Staatssicherheit (KGB) Jurij Andropov, der sowjetische Außenminister Andrej Gromyko und der sowjetische Verteidigungsminister Dmitrij Ustinov – wurden zusammen mit Leonid Brežnev, dem Generalsekretär der KPdSU, zu Hauptentscheidungsträgern. Sie konferierten täglich miteinander über die jüngsten Entwicklungen in Polen und ließen sich hierbei von Experten beraten; die gesamte Kommission traf sich mindestens zweimal pro Monat[84]. Die Festigung der Entscheidungsbefugnis für diese Kerngruppe ermöglichte es der Sowjetunion, schnell auf die Krise zu reagieren.

Die Mitglieder der Suslov-Kommission hatten gelegentlich unterschiedliche Meinungen zu taktischen Fragen, aber ihre Ansichten in Bezug auf die Situation im Allgemeinen glichen sich in bemerkenswerter Weise. Alle waren besorgt über den Aufstieg der Solidarność und den wachsenden Einfluss der polnischen katholischen Kirche, die sie als »eine der gefährlichsten Kräfte in der polnischen Gesellschaft« und eine Quelle »antisozialistischer« und »feindlicher« Elemente sahen[85]. Als sich die Krise verschärfte und die Stärke der Solidarność weiter wuchs, nahm die Verurteilung der polnischen Gewerkschaften durch die Sowjetunion an Schärfe zu, sowohl öffentlich als auch bei Beratungen hinter den Kulissen. Brežnev und seine führenden Genossen behaupteten, die Solidarność und die Kirche hätten sich mit »gleichgesinnten konterrevolutionären Kräften« verbunden, um »einen offenen konterrevolutionären Kampf für die Beseitigung des Sozialismus« in Polen zu führen[86]. Sowjetische Funktionäre beschuldigten die Solidarność außerdem des Versuchs, »Macht von der PZPR an sich zu reißen«, indem sie im Land ein »wirtschaftliches Chaos« entfachten und ein breites Spektrum »provozierender und konterrevolutionärer Maßnahmen« ergriffen. Sie warnten, dass der ganze Ablauf zum »völligen Zusammenbruch des polnischen Sozialismus und zum unaufhaltsamen Zerfall der PZPR« führe und letztlich den »Extremisten der Solidarność die ganze Kontrolle überlasse«.

Während der Krise waren die sowjetischen Führer nicht nur über die interne Lage in Polen besorgt, sondern auch über die Auswirkungen dieser Unruhen auf die polnische Außenpolitik und die Rolle Polens im Warschauer Pakt. Brežnev und seine Mitstreiter verurteilten wiederholt die Solidarność, da sie angeblich »unheilvolle nationalistische Gefühle anheizt« und ein »gefährliches Anwachsen des Antisowjetismus in Polen« befördere[87]. Ein Mitte 1981 vom sowjetischen Botschafter in Warschau, Boris Aristov, verfasster Bericht für das Politbüro der KPdSU zeigte auf, dass in Polen »mächtige Strömungen antisowjetischer Rhetorik« und »wachsende Bemühungen des Westens, den polnischen Sozialismus zu untergraben«, unvermeidlich zu einer weitreichenden Neuausrichtung der Außenpolitik Polens führen würden[88]. Aristov räumte ein: »Die antisozialistischen Kräfte, die die Solidarność unterstützen, behaupten, dass sie Polens internationale Verpflichtungen und Bündnisse nicht ändern wollten«; er bestand jedoch darauf, dass solche Veränderungen zwangsläufig stattfinden würden, wenn auch »subtil, ohne einen Frontalangriff.« Aristov betonte: »die antisowjetische Stimmung in der polnischen Gesellschaft nimmt zu, insbesondere innerhalb der Solidarność«, und die »feindlichen, antisowjetischen Kräfte« sowohl innerhalb als auch außerhalb der Solidarność »argumentieren, dass ›wahre Demokratisierung‹ in Polen unvereinbar ist mit einer Mitgliedschaft im Warschauer Pakt«[89]. Seine Prognose, die Krise in Polen würde »grundlegende Veränderungen in den polnisch-sowjetischen Beziehungen« mit sich bringen, wurde im Laufe der Zeit von den sowjetischen Führern immer mehr akzeptiert.

Die Unruhen in Polen riefen in Moskau auch Besorgnis über die Zuverlässigkeit der polnischen Streitkräfte hervor. Im Kreml begriff man, dass mit dem Andauern der Krise die Wahrscheinlichkeit zunahm, dass Wehrpflichtige in die polnische Armee eintraten, die über längere Zeit dem Einfluss der Solidarność ausgesetzt waren. Bereits im November 1980 warnten einige führende Funktionäre der PZPR, etwa 60 bis 70 Prozent der Armee seien der Solidarność zugeneigt[90]. Diese mündlich gegenüber Oleg Rachmanin, einem Mitglied der Suslov-Kommission des Politbüros der KPdSU, geäußerte Einschätzung übertrieb das Problem möglicherweise, aber Kania selbst erklärte Anfang Dezember 1980, dass

»die schwierige Lage auch in der Armee ihren Tribut gefordert hat [...] Unter den neuen Rekruten sind Leute, die an Streiks teilgenommen haben oder deren Eltern gestreikt haben. Das heißt, dass die politische Bildung und Disziplin in den Streitkräften von äußerster Bedeutung sind. Wir dürfen den Einfluss, den die Familien der [neuen] Soldaten in der Armee und den Sicherheitskräften ausüben, nicht vergessen[91].«

Kania war sich des Problems bewusst, und Berichte sowjetischer Diplomaten und Beamter des Nachrichtendienstes in Polen machten weiterhin auf die »Mängel« in der »militärpolitischen Vorbereitung der [polnischen] Soldaten« aufmerksam. Nur einen Monat vor Einführung des Kriegsrechts lieferte ein langes diplomatisches Telegramm, das die Stimmung unter den polnischen Soldaten beurteilte, »beunruhigende Beweise, dass die politische Ausbildung [polnischer] Offiziere in steigendem Maße unzulänglich ist«[92].

Aufgrund der Lage Polens im Herzen Europas, seines Fernmeldenetzes und der logistischen Verbindungen zur Gruppe der Sowjetischen Streitkräfte in Deutschland (GSSD), der geplanten Beiträge zur 1. strategischen Staffel des Warschauer Pakts und seiner zahlreichen Lagerstätten für sowjetische taktische Atomsprengköpfe war die Aussicht, dass in Warschau eine nichtkommunistische Regierung an die Macht kommen oder die polnische Außenpolitik eine drastische Wende erfahren könnte, für Moskau ein Gräuel. Außenminister Gromyko sprach für alle seine Genossen aus der Führungsriege, als er auf einer Sitzung des Politbüros der KPdSU im Oktober 1980 erklärte, dass »wir unter *keinen* Umständen Polen einfach verlieren können«[93]. Obgleich Chruščev im Oktober 1956 noch bereit gewesen war mit dem abtrünnigen Gomułka einen Modus vivendi zu finden, sah die Lage 1980/81 völlig anders aus. Trotz aller Irrlehren war Gomułka ein ergebener Kommunist, und Chruščev konnte sicher sein, dass der Sozialismus in Polen und die »brüderlichen Beziehungen« zwischen Polen und der Sowjetunion unter Gomułka als Vorsitzendem der PZPR fortgesetzt und sogar weiter gedeihen würden. Brežnev und seine Mitstreiter hatten 1980 und 1981 keine derartigen Versicherungen in Bezug auf Polen.

Darüber hinaus vermuteten sowjetische Funktionäre – mit gutem Grund – dass die Krise ungeachtet der Lage in Polen selbst destabilisierend auf andere Staaten des Warschauer Paktes wirken musste. Unmittelbar nachdem im August 1980 die Vereinbarungen von Gdańsk und Szczecin unterzeichnet worden waren, begannen führende Kommentatoren in Moskau zu behaupten, die »Strategie des permanenten Chaos« würde andernorts ähnliche Entwicklungen hervorbringen, die »nicht nur Polen, sondern Frieden und Stabilität in Europa insgesamt gefährden«[94]. Suslov und andere Granden wiederholten diese Äußerungen und behaupteten, dass »jede Abweichung von unseren revolutionären Lehren verheerende Folgen für die ganze sozialistische Welt mit sich bringen wird«[95]. Suslovs Bemerkungen wurden durch Berichte sowjetischer Nachrichtendienste, diplomatische Telegramme und Kontakte zu Führern anderer Ostblockländer unterstützt, die alle darauf hinwiesen, dass die Unruhen in Polen in den osteuropäischen Ländern verheerenden Schaden anrichteten.

Der sowjetische Botschafter in Ostdeutschland, Pjotr Abrasimov, berichtete, »einige Funktionäre der polnischen Gewerkschaft Solidarność und andere antisozialistische Elemente der Volksrepublik Polen versuchen, ihre Ideen unter den 23 000 Polen, die ständig in Betrieben der DDR beschäftigt sind, und auch in den Arbeitskollektiven der DDR zu verbreiten«[96]. Abrasimov betonte, dass »diese Bemühungen entschieden unterdrückt und zahlreiche Polen aus der DDR ausgewiesen wurden«, trotzdem rief allein die Tatsache, dass sich Aktivisten der Solidarność in Ostdeutschland befanden, in Moskau zwangsläufig Besorgnis hervor. Das Unbehagen wurde durch häufige Beschwerden des ostdeutschen Staats- und Parteichefs Honecker verstärkt, der Brežnev regelmäßig vor dem zunehmenden Überschwappen auf die DDR warnte.

»Unsere Bürger können die Ereignisse in Polen im Westfernsehen verfolgen. Revisionistische Kräfte [in der DDR] verweisen oft auf das neue polnische Modell des Sozialismus, das auf andere Länder übertragen werden kann. Wir können die Möglichkeit, dass sich die polnische Krankheit ausbreitet, nicht länger außer Acht lassen[97].«
Dasselbe Argument wurde von den Führern der Tschechoslowakei und Bulgariens, Gustáv Husák bzw. Todor Živkov, unterstrichen, die über die Ereignisse in Polen ebenso besorgt waren wie Honecker und desgleichen ein Überschwappen der Unruhen befürchteten. Bereits zu Beginn der Krise warnte das Präsidium der Kommunistischen Partei der Tschechoslowakei (KSČ) regionale Polizeiverwaltungen im Land, dass »imperialistische Spezialdienste« versuchten, tschechoslowakische Arbeiter dazu anzustacheln, ihren Kollegen in Polen nachzueifern[98]. Das Präsidium wies die Polizeichefs an, mit den Staatssicherheits-

organen zusammenzuarbeiten, um gegen jegliche Arbeiterproteste schnell und hart vorgehen zu können, und die Sicherung entlang der tschechoslowakisch-polnischen Grenze zu verstärken. Husák beauftragte die Staatssicherheit außerdem, die Überwachung »feindlicher Elemente« (das heißt verdächtiger Dissidenten) zu verstärken und Einwohnern polnischer Herkunft oder Abstammung besondere Aufmerksamkeit zu widmen[99]. Trotz all dieser präventiven Maßnahmen erhielten die tschechoslowakischen Kader Berichte, dass an Gebäuden in Prag und anderen Großstädten Graffitis mit den Aufrufen »Solidarität mit Solidarność!« und »Wałęsa ist ein Held!« auftauchten[100]. Obgleich Husák seine Zuversicht ausdrückte, dass »die Massen« in der Tschechoslowakei Solidarność »nicht unterstützen werden« und keine Proteste durchführen würden, hegten sowjetische Führer große Zweifel, dass die politische Lage im Land für immer unter Kontrolle bliebe[101].

Noch besorgniserregender waren aus Moskauer Sicht die zunehmenden Beweise für ein Überschwappen der Unruhen in Polen auf die Sowjetunion selbst, insbesondere auf die drei baltischen Staaten, das westliche Weißrussland und die westliche Ukraine. Ab Ende Juli 1980 ergriff das sowjetische Politbüro eine Reihe von Maßnahmen, um die sowjetischen Industriearbeiter versöhnlich zu stimmen und die Arbeitsdisziplin zu stärken. Das Entstehen einer freien Gewerkschaft in Polen würde Arbeiter und Bergleute in den angrenzenden Gebieten der Sowjetunion gegebenenfalls anregen, selbst verbesserte Lebensbedingungen, mehr Freiheit und eine eigene unabhängige Gewerkschaft zu fordern, so die Befürchtung. Sogar in von Polen weiter entfernten Gebieten der Russischen Republik drohten Arbeiterunruhen zu entstehen. Das KGB hatte Ende der siebziger Jahre drei separate Versuche von Arbeiteraktivisten zur Gründung einer unabhängigen Gewerkschaft in Russland scharf unterdrückt, und seitdem hatte der Kreml jeweils mit übermäßiger Feindseligkeit auf alles reagiert, was einer inoffiziellen Arbeiterbewegung neue Impulse verleihen konnte[102].

Die Sorgen der hohen Funktionäre in Moskau über Arbeiterunruhen waren begründet. Ein vom Sekretariat der KPdSU gebilligter Bericht vom Oktober 1980 belegt, dass Streiks und groß angelegte Arbeitskämpfe in den vorangegangenen Monaten in der Sowjetunion »stark zugenommen« hatten, im Wesentlichen aufgrund der Polenkrise, wie es hieß[103]. Dem Bericht zufolge rief diese Entwicklung »großes Entsetzen« hervor. Selbst vor dem Entstehen der Solidarność war es in der Sowjetunion überraschend häufig zu Arbeiterprotesten gekommen; geheime Daten weisen darauf hin, dass es allein im Jahre 1979 mehr als 300 Arbeitsunterbrechungen gab, an denen etwa 9000 Werktätige beteiligt waren – und führende sowjetische Funktionäre befürchteten, dass Streiks, groß angelegte Arbeitsunterbrechungen und andere »negative Zwischenfälle« eskalieren würden. Um einem gefährlichen Anstieg der Arbeiterunruhen zuvorzukommen, wies das Politbüro der KPdSU im September 1980 alle Partei- und Staatsorganisationen der Sowjetunion an, »dringende und sofortige Maßnahmen zu ergreifen, um sicherzustellen, dass die alltäglichen Bedürfnisse und Forderungen des sowjetischen Volkes besser befriedigt werden«. Das Politbüro verband diese Weisung ausdrücklich mit der »aktuellen Lage in Polen«[104].

Sowjetische Führer versuchten außerdem eine Reihe von Barrieren und Schutzmaßnahmen gegen den Einfluss der Solidarność zu schaffen. Auf Geheiß Moskaus wiesen Anfang Oktober 1980 Entscheidungsträger der Kommunistischen Partei Litauens (LKP) »Presse, Rundfunk und Fernsehen der Republik an, mehr über die Rolle der [von den Kommunisten geförderten] Gewerkschaften in unserem Lande zu berichten«[105]. In einer separaten Weisung ordneten die litauischen Stellen an, dass die örtlichen Funktionäre in der ganzen Republik »ihre ideologische Tätigkeit« intensivieren sollten. Im Laufe der folgenden Monate betonten sie in einem fort die beabsichtigte Verschärfung der Disziplin und den Ausbau der ideologischen Überwachung. Sorgfältig gesteuerte Versammlungen wurden wöchentlich und manchmal sogar mehrmals pro Woche in den Betrieben und an anderen Arbeitsstätten überall in der Sowjetunion durchgeführt[106].

Als eine weitere vorbeugende Maßnahme verabschiedete das Sekretariat der KPdSU am 4. Oktober 1980 eine Resolution, die »Maßnahmen zur Regulierung des Vertriebs polnischer Presseerzeugnisse in der UdSSR« vorsah[107]. Die Resolution wies dem KGB die Aufgabe zu, den Schutz von Staatsgeheimnissen in der Presse der UdSSR zu gewährleisten, nahezu alle in der Sowjetunion vertriebenen polnischen Zeitungen und Zeitschriften durchzusehen und gegebenenfalls zu beschlagnahmen sowie zu vernichten. Sie ermächtigte außerdem das KGB, »polnische Publikationen, die per Post an Privatpersonen, Bibliotheken und Bildungseinrichtungen gesandt wurden, auszusondern, um die Weiterverbreitung zweifelhafter Objekte zu verhindern«[108]. Die Grenzposten des KGB erhielten den Befehl, »strengere Kontrollen an den Grenzübergängen durchzuführen, um Versuche, politisch gefährdende Literatur und andere unzulässige Materialien über die Ereignisse in Polen ins Land zu schmuggeln, aufzudecken und zu vereiteln«. Im Dezember 1980 beschloss das Sekretariat der KPdSU »zusätzliche Maßnahmen, um den Vertrieb polnischer Presseerzeugnisse in der UdSSR zu kontrollieren«[109]. Diese neue Resolution wurde genehmigt, nachdem zwei Mitglieder der Suslov-Kommission, Leonid Zamjatin und Oleg Rachmanin, feststellten, dass »die überwiegende Mehrheit der polnischen Zeitschriften [und Zeitungen] antisozialistische und antisowjetische Informationen enthält und nicht länger vom ZK der PZPR kontrolliert wird«[110].

Neben der strengen Haltung gegenüber polnischen Publikationen war das sowjetische Politbüro bestrebt, alle persönlichen Kontakte zwischen sowjetischen und polnischen Bürgern einzuschränken. Im August 1980 wies das Politbüro KGB-Beamte und Funktionäre der Kommunistischen Parteien an, in den an Polen grenzenden Sowjetrepubliken Litauen, Weißrussland und Ukraine polnische Touristen genauer zu beobachten und die Äußerungen sowjetischer Touristen, die Polen besucht hatten, zu überwachen. Die entsprechenden Meldungen nach Moskau waren oft beunruhigend. In einem typischen Fall berich-

tete ein führender Genosse in der Ukraine, dass »Leiter von sowjetischen Reise-
gruppen, die kürzlich in der VRP waren, unfreundliches Verhalten gegenüber
sowjetischen Touristen sowie antisowjetische Stimmungen von Seiten breiter
Schichten der örtlichen Bevölkerung gespürt haben«[111]. Er bemerkte, dass der
Nahrungsmittelmangel und andere Probleme in Polen auf die Sowjetunion
geschoben würden, dass viele Polen »feindliche und antisowjetische Losungen«
äußerten und behaupteten, das polnische kommunistische Regime würde »lediglich durch russische Bajonette aufrecht erhalten«.

Ähnliche Berichte erreichten Moskau in den nächsten beiden Monaten und
veranlassten die Führung der KPdSU Anfang November 1980, eine drastische
Beschränkung des Tourismus von und nach Polen anzuordnen[112]. Erst wenige
Tage zuvor hatten die ostdeutschen, tschechoslowakischen und bulgarischen
Stellen eigene restriktive Maßnahmen ergriffen. Die Sowjetunion arbeitete während der gesamten Krise eng mit diesen drei Paktstaaten zusammen, um eine
abgestimmte Strategie in Bezug auf Tourismus sowie den kulturellen und wissenschaftlichen Transfer zu entwickeln. Die vier Regierungen sammelten und
nutzten gemeinsam nicht nur Informationen über polnische Touristen und die
Teilnehmer von Austauschprogrammen, sondern auch über die von ostdeutschen, tschechoslowakischen und bulgarischen Staatsangehörigen geäußerten
Meinungen[113].

Die andauernden Sorgen der Sowjetunion über den Tourismus widerspiegeln
die allgemeine Unwirksamkeit der von den sowjetischen Führern getroffenen
Maßnahmen zur Verhinderung einer »Ansteckung« mit dem »Virus« aus Polen.
Die Maßnahmen verlangsamten bestenfalls ein Überschwappen, verhinderten es
jedoch nicht. Andropov bestätigte dies auf der Sitzung des Politbüros der KPdSU
vom 2. April 1981:

> »Die polnischen Ereignisse beeinflussen die Lage in den westlichen Gebieten unse-
> res Landes, vor allem in Weißrussland. In vielen Dörfern hört man Radio und Fern-
> sehen in polnischer Sprache. Ich möchte hinzufügen, dass es in bestimmten anderen
> Gebieten, vor allem in Georgien, zu wilden Demonstrationen gekommen ist. Vor
> kurzem sammelten sich in Tiflis Gruppen von Sprücheklopfern auf den Straßen, rie-
> fen antisowjetische Losungen und so weiter. In dieser Hinsicht müssen wir auch in-
> tern harte Maßnahmen ergreifen[114].«

Die Lage war, wie Andropov feststellte, in den am westlichsten gelegenen Sowjetrepubliken, wo noch immer große Gemeinschaften ethnischer Polen lebten, besonders unruhig. Kurz nach Beginn der Krise hatte der Vorsitzende der
Kommunistischen Partei Litauens, Patras Griškiavičius, angemerkt, dass »18 Prozent der Einwohner von Vilnius polnischer Nationalität seien und die Lage in
Polen mit großem Interesse verfolgten«[115]. Er brachte seinen Unmut darüber
zum Ausdruck, dass das polnische Fernsehen religiöse Programme, katholische
Messen und »Hetzfilme aus westlichen Ländern« zeige, die »antisozialistischen
Kräften in Litauen Auftrieb geben« und »einen ungünstigen Einfluss auf die
[litauische] Bevölkerung, vor allem auf junge Leute« ausübten. Griškiavičius

sagte, er sei »darüber besonders besorgt, weil die an Polen grenzenden Gebiete Litauens diese Fernsehsendungen empfangen können«[116]. Seine Warnungen sandte er weiterhin regelmäßig nach Moskau.

Ähnliches stellten Funktionäre in anderen Teilrepubliken fest, selbst in einigen der entfernteren Sowjetrepubliken. Der Erste Sekretär des Komitees der Kommunistischen Partei Weißrusslands im Gebiet Brest, Efrem Sokolov, beschrieb später, wie die »Ereignisse in Polen« und die »verleumderischen Lügen der westlichen Kurzwellen-Radiosender, die gegen Polen und gegen unser Land gerichtet sind, die innenpolitische Lage« in Weißrussland »verschärft« hätten: »Nicht ein einziger Einwohner des Gebiets stand den Ereignissen in Polen gleichgültig gegenüber [...] Zahlreiche Einwohner von Brest sind durch familiäre Beziehungen mit Bürgern der Volksrepublik Polen verbunden. Wir dürfen nicht vergessen, dass große Teile der Bevölkerung des Gebiets Sendungen des polnischen Fernsehens empfangen können. Bis zur Einführung des Kriegsrechts in Polen waren viele dieser Sendungen in ihrem Wesen antikommunistisch. Die Programme behinderten die Bemühungen der Polen, für die Ideale der Arbeiterklasse zu kämpfen, und versäumten es, die Aktivitäten der rechten Führer der Gewerkschaft Solidarność und ihrer Berater der KOS und KOR [Komitee zur Verteidigung der Arbeiter] vom Klassenstandpunkt aus zu bewerten. Sie verzerrten die historische Realität und sendeten boshafte Angriffe gegen unser Land. Fehlende politische Wachsamkeit und Sorglosigkeit, die für einige polnische Führer charakteristisch waren, waren für die Einwohner des Gebiets nicht hilfreich, sondern beunruhigten sie nur[117].«

Auch weiterhin trafen Berichte von weißrussischen, ukrainischen und litauischen Genossen in Moskau ein, die »Besorgnis und ein zunehmendes Gefühl der Dringlichkeit« über die »schädlichen politischen und gesellschaftlichen Folgen« der Polenkrise in ihren Republiken zum Ausdruck brachten[118].

Am meisten beunruhigten das sowjetische Politbüro wahrscheinlich die zunehmenden Beweise, dass die Ereignisse in Polen von der sowjetischen Armee ihren Tribut forderten. Andropov meldete: »Massenhaft sind subversive ideologische Aktivitäten auf Personal sowjetischer Militäreinheiten in Polen gerichtet worden[119].« Einheiten des militärischen Abschirmdienstes des KGB mussten zusätzliche Sicherheitsmaßnahmen ergreifen, um solche Aktivitäten zu vereiteln. Andropov sprach des Weiteren von einer »Reihe von Versuchen zur Bildung von Soldatengruppen mit politisch feindlichen Zielen«; auch dagegen sollte das KGB vorgehen.

Die negativen Auswirkungen der Polnischen Krise auf die sowjetischen Truppen waren in dem an Ostpolen grenzenden Baltischen Militärbezirk der UdSSR besonders ausgeprägt. Meldungen über »ernsthafte Probleme« dort hatten Ende 1980 und im Jahre 1981 stark zugenommen, wie Generalmajor Ja.L. Žuk, der Leiter der Einheiten des militärischen Abschirmdienstes des KGB im Baltischen Militärbezirk, in einem ausführlichen Memorandum zusammenfasste. Zahlreiche sowjetische Truppen im Bezirk, insbesondere die aus Litauen stammenden, begingen politisch feindliche und nationalistische Handlungen, und sie hegten verräterische, böswillige und sowjetfeindliche Absichten, behauptete Žuk.

> »[Diese Soldaten] drücken antirussische Gefühle und verunglimpfende Bemerkungen über die sowjetische Wirklichkeit aus [...] Sie billigen subversive Aktionen der Solidarność in der VRP und sehen antisowjetische Kräfte [in der UdSSR] als Nationalhelden an[120].«

Žuk betonte, dass seine »Analyse der Materialien über politisch feindliche Akte, die von bestimmten Soldaten begangen wurden, keinen Zweifel daran lässt, dass [...] die Ereignisse in Polen und die subversiven sowjetfeindlichen Aktionen der Solidarność eine starke negative Wirkung« auf die sowjetischen Truppen in der Region ausübten[121]. Das Auftreten »verräterischer, sowjetfeindlicher und nationalistischer Gefühle bei bestimmten Kategorien von Soldaten« im Baltischen Militärbezirk war für Moskau umso besorgniserregender, da sich die sowjetischen Truppen in diesem Bezirk seit Beginn der Krise in hoher Alarmbereitschaft befanden. Wenn die Ereignisse in Polen, wie vom KGB gemeldet, stetig die Moral der Truppe untergruben, wären die militärischen Optionen der Sowjetunion gegenüber Polen notwendigerweise begrenzt.

Angesichts all dieser Entwicklungen ist es kaum überraschend, dass hochrangige sowjetische Funktionäre die Ereignisse in Polen sowohl öffentlich als auch privat als »Konterrevolution und Anarchie« beschrieben, die nicht nur »drohten, die sozialistische Ordnung und die Bündnisverpflichtungen des Landes zu zerstören«, sondern auch »eine direkte Gefahr für die Sicherheit der Sowjetunion und ihrer Verbündeten« darstellten[122]. Sie warnten, dass jede Verzögerung bei der Zerschlagung der Solidarność »ein Sieg für sowjetfeindliche Kräfte« sei. Der Kreml war entschlossen, die Krise so schnell wie möglich zu entschärfen.

Planungen für ein hartes Durchgreifen

Bis zu welchem Grad Veränderungen im Sowjetblock »akzeptabel« waren, das zeigte nun, wie bereits die Ereignisse von 1953, 1956 und 1968, die Krise in Polen. Sie dauerte zwar länger als die früheren Erhebungen, aber der Spielraum für echte Veränderungen war, wenn überhaupt vorhanden, enger als zuvor. Aus Moskauer Sicht konnte die Existenz einer mächtigen, unabhängigen Gewerkschaft in Polen nicht toleriert werden; die einzige Frage war, wie man die Solidarność am besten loswerden konnte.

Mit sowjetischer Unterstützung begannen polnische Stellen bereits in den ersten Wochen der Krise die Verhängung des Kriegsrechts zu planen. Zu ersten Vorbereitungen für ein gewaltsames Durchgreifen der polnischen Kommandos für innere Sicherheit unter Führung von General Bogusław Stachura kam es noch Mitte August 1980 unter dem Decknamen »Lato-80« (Sommer 80). Diese Pläne wurden schnell konkretisiert und die entsprechenden Vorbereitungen weiter vorangetrieben, aber zwei Wochen später aufgrund sich vertiefender Risse innerhalb des Politbüros der PZPR auf Eis gelegt[123]. Einige Hardliner des polnischen Politbüros wollten sofort umfassend durchgreifen, doch wurde anderen Politbüromitgliedern klar, dass es – wie Kania argumentierte – eine »Illusion« sei, eine so schnelle Einführung des Kriegsrechts zu erwarten[124].

In wesentlich umfangreicherem Maßstab planten ab Oktober 1980 der polnische Generalstab und das polnische Innenministerium (MSW) für das Kriegsrecht[125]. Die gemeinsamen Anstrengungen wurden vom Chef des polnischen Generalstabs, General Florian Siwicki, einem langjährigen engen Freund Jaruzelskis, begleitet. Die Planungen begutachteten außerdem in jeder Phase hochrangige sowjetische KGB-Beamte und Militärs, die oft nach Warschau reisten und dem sowjetischen Politbüro Bericht erstatteten. Der Leiter der Abteilung Auslandsaufklärung des KGB, Vladimir Krjučkov, der Oberkommandierende der Vereinten Streitkräfte des Warschauer Pakts, Marschall Viktor Kulikov, und der sowjetische Botschafter in Polen, Boris Aristov, spielten als bevollmächtigte Vertreter des sowjetischen Politbüros und als Koordinatoren für die Planung des Kriegsrechts in Polen eine besonders wichtige Rolle.

Der ständige Druck, den die sowjetischen politischen und militärischen Führer auf die höchsten polnischen Funktionäre ausübten, machte jede Hoffnung zunichte, die Kania, der bis Mitte Oktober 1981 die PRZP leitete, in Bezug auf das Zustandekommen eines echten Kompromisses oder eines »Gesellschaftsvertrags« mit der Solidarność und der katholischen Kirche gehegt haben mochte[126]. Aus Sicht des sowjetischen Politbüros wäre ein solcher Kompromiss bestenfalls einer nutzlosen Ablenkung und schlimmstenfalls einer völligen »Kapitulation vor feindlichen und reaktionären Kräften« sowie einem »Ausverkauf an die Todfeinde des Sozialismus« gleichgekommen[127]. Wie Brežnev Ende November 1981 gegenüber Kanias Nachfolger Jaruzelski betonte, wollte die Sowjetunion lediglich, dass in Polen so schnell wie möglich »entschiedene Maßnahmen« gegen die »offenkundig antisozialistische und konterrevolutionäre Opposition« in Polen ergriffen wurden:

> »Es ist jetzt völlig klar, dass es ohne einen energischen Kampf gegen den Klassenfeind unmöglich sein wird, den Sozialismus in Polen zu retten. Die Frage ist nicht, ob es eine Konfrontation geben wird, sondern wer sie beginnen wird, welche Mittel eingesetzt werden, um sie zu führen, und wer die Initiative ergreifen wird [...] Die Führer der antisozialistischen Kräfte, die vor langer Zeit aus dem Untergrund in das Licht der Öffentlichkeit getaucht sind und sich nun offen auf den entscheidenden Angriff vorbereiten, hoffen, ihren endgültigen Schlag so lange hinauszuzögern bis sie ein erdrückendes Übergewicht erreicht haben [...] Das bedeutet, wenn es Euch jetzt nicht gelingt, sofort harte Maßnahmen gegen die Konterrevolution zu ergreifen, werdet Ihr die einzige Möglichkeit, die Ihr noch habt, verlieren[128].«

In welchem Maße die Sowjetunion entschlossen war, die Solidarność durch die Einführung des Kriegsrechts zu vernichten, zeigen die Protokolle von etwa 15 Sitzungen des Politbüros der KPdSU, die 1980/81 abgehalten wurden. Auf diesen Sitzungen beschwerten sich Brežnev und andere führende Genossen wiederholt, dass Kania und Jaruzelski »schwach«, »unentschlossen«, »nicht mutig genug«, »nicht vertrauenswürdig« wären und »trotz unserer Empfehlungen nicht willens, auf außergewöhnliche Maßnahmen zurückzugreifen«[129]. Dasselbe Motiv ist aus allen anderen vor kurzem freigegebenen sowjetischen Dokumenten erkennbar, die die polnischen Stellen für ihre »gewissenlose Unschlüssigkeit und Unentschiedenheit« geißelten, vor allem angesichts »eines offenen Machtkampfes von Kräften, die der PRZP feindlich gegenüberstehen«[130]. Sowjetische Funktionäre waren überzeugt, dass die »Hintermänner der Solidarność einfach nicht glauben, dass die Führung der PRZP rigorose Maßnahmen ergreifen wird, um ihrer antisozialistischen Tätigkeit ein Ende zu bereiten«, und dies »den konterrevolutionären Kräften ermöglicht, ungestraft an ihren Plänen weiterzuarbeiten, den Sozialismus in Polen zu beseitigen«.

Brežnev und seine Mitstreiter wollten diese Botschaft bekräftigen, als sie sich vertraulich mit polnischen Führern auf bilateraler Ebene und im Rahmen des Warschauer Pakts trafen. Ihr Ziel war es, unnachgiebig Druck auszuüben, der die Polen zum Handeln zwingen würde. Obgleich die sowjetischen Führer begriffen, dass die Pläne für das Kriegsrecht vorsichtig entwickelt und konkretisiert werden mussten, bestand ihre Hauptsorge darin, dass letztlich entweder Kania oder ein Nachfolger diese Pläne mit rücksichtsloser Entschlossenheit durchsetzen musste. Unter Nutzung aller verfügbaren Kanäle forderten Brežnev und seine Mitarbeiter, dass Kania und Jaruzelski »den Streiks und der Unruhe ein für allemal ein Ende bereiten«, »die antisozialistische Opposition vernichten« und »die konterrevolutionären Elemente mit Taten und nicht nur mit Worten zurückweisen«[131]. Der von Moskau während der Krise ausgeübte Druck war enorm.

Frühe militärische Optionen der Sowjetunion

Um den beiden polnischen Führern größere Anreize zu geben, mit dem Kriegsrecht hart durchzugreifen, ehe die Ereignisse außer Kontrolle gerieten, bot das sowjetische Politbüro direkte militärische Unterstützung an. Eine der ersten Maßnahmen der Suslov-Kommission nur drei Tage nach ihrer Gründung bestand darin, eine Mobilmachung von »bis zu 100 000 [sowjetischen] Reservisten der Streitkräfte und 15 000 Fahrzeugen« zu genehmigen, um eine »große Gruppe« sowjetischer Panzer- und Infanterieeinheiten in »volle Gefechtsbereitschaft zu versetzen [...] für den Fall, dass Polen militärische Hilfe gewährt wird«[132]. Die erste Stufe der Mobilmachung umfasste 25 000 Reservisten der Streitkräfte und 6000 Militärfahrzeuge und wurde am selben Tag vom Politbüro gebilligt. Von Ende August 1980 bis mindestens Mitte 1981 war das sowjetische Politbüro in der Lage, ein großes Kontingent sowjetischer Kampftruppen (einige Divisionen) und Tausende von Militärfahrzeugen nach Polen zu schicken, um die polnischen Stellen bei ihrem harten Durchgreifen zu unterstützen.

Hätten Kania und Jaruzelski diese Angebote militärischen Beistands angenommen, dann hätten die einmarschierenden sowjetischen Truppen eine ganz andere Aufgabe erfüllt als im August 1968 in der Tschechoslowakei. Am Einsatz 1968 waren Hunderttausende von Soldaten der Sowjetunion und des Warschauer Pakts beteiligt, und er war gegen den existierenden tschechoslowakischen Führer Alexander Dubček gerichtet. Vor dem Einmarsch wurden Dubček und die anderen tschechoslowakischen Reformer zu keiner Zeit über die militärischen Pläne informiert. Sowjetische Kommandeure wandten sich 1968 vor dem Einmarsch an tschechoslowakische Truppen, damit diese halfen, Einmarschwege und Aufmarschorte für die ankommenden sowjetischen Streitkräfte genau festzulegen. Im Gegensatz dazu wollte man 1980/81 eine relativ begrenzte Anzahl sowjetischer, ostdeutscher und tschechoslowakischer Truppen einsetzen, um das polnische Regime in seinen Kampf gegen die Solidarność zu unterstützen. Pläne für den Einmarsch sowjetischer und osteuropäischer Truppen in Polen wurden mit den polnischen Stellen sorgfältig abgestimmt, und polnische Offiziere wurden beauftragt, die Aufklärungseinheiten der Sowjetunion und des Warschauer Pakts zu unterstützen[133]. Brežnev und die anderen Mitglieder des Politbüros der KPdSU schienen außerordentlich kurzsichtig dahingehend, welche Auswirkungen der Einsatz selbst einer begrenzten Anzahl sowjetischer und ostdeutscher Truppen zur Niederschlagung der Solidarność in Polen haben würde. In Polen wussten die beiden höchsten Führer sehr wohl, welche Probleme die Annahme sowjetischer (und ostdeutscher) militärischer Unterstützung mit sich bringen würde. Immer wenn Kania und Jaruzelski zur Zeit der Krise mit der Aussicht konfrontiert waren, hart vorzugehen, sprachen sie von einer »Katastrophe«, sollten sowjetische Truppen in Polen einmarschieren. Beide verlangten mehr Zeit, um selbst eine Lösung zu finden.

Bei mindestens zwei Gelegenheiten – im Dezember 1980 und April 1981 – versuchten sowjetische Führer jedoch die Sache auf die Spitze zu treiben, indem sie gemeinsame »Militärübungen« des Warschauer Pakts organisierten, die als Katalysator für die Einführung des Kriegsrechts dienen sollten. Den ersten Versuch beinhaltete die Übung »Sojus-80«, die, in der zweiten Hälfte des November 1980 eilig geplant, im darauffolgenden Monat in Polen stattfinden sollte. Vorbereitungen für die Übung erfolgten zu einem Zeitpunkt, als in Polen die Spannungen kontinuierlich wuchsen und am 25. November ihren Höhepunkt in einem zweistündigen Warnstreik der polnischen Eisenbahnarbeiter fanden, die mit dem Aufruf zu einem Generalstreik drohten, falls man ihre Forderungen nicht erfüllte. Diese Entwicklungen riefen in Moskau Besorgnis hervor hinsichtlich der Sicherheit der Verbindungswege der UdSSR durch Polen für die fast 400 000 in der DDR stationierten sowjetischen Soldaten. Brežnev sprach diese Sorgen auf einer Sitzung der Staats- und Parteichefs des Warschauer Pakts am 5. Dezember 1980 offen an:

»Die Situation bezüglich der Verbindungswege [in Polen], insbesondere der Eisenbahnen und Häfen, verdient unsere dringende Aufmerksamkeit. Polen würde eine wirtschaftliche Katastrophe drohen, wenn die Transporteinrichtungen lahmgelegt werden. Dies wäre auch ein schwerer Schlag gegen die wirtschaftlichen Interessen anderer sozialistischer Staaten. Ich wiederhole: Wir können es unter keinen Umständen tolerieren, wenn die Sicherheitsinteressen der Warschauer-Pakt-Staaten durch Schwierigkeiten mit dem Transportsystem gefährdet werden. Es ist ein wohl durchdachter Plan für den Einsatz der [polnischen] Armee und Sicherheitskräfte zu entwickeln, damit diese die Kontrolle über die Transporteinrichtungen und die wichtigsten Verbindungswege [in Polen] übernehmen, und dieser Plan ist umzusetzen. Selbst vor der Verhängung des Kriegsrechts wäre es sinnvoll, militärische Gefechtsstände einzurichten und für Militärpatrouillen entlang der Eisenbahn zu sorgen[134].«

Ihr Unbehagen in Bezug auf Polen brachten von Neuem die DDR, die Tschechoslowakei und Bulgarien zum Ausdruck, die in ihren Medien Ende November 1980 einmal mehr die »konterrevolutionären Kräfte, die die sozialistische Ordnung in Polen gefährden«, verdammten[135]. Am 26. November schrieb Parteichef Erich Honecker einen geheimen Brief an Brežnev, in dem er darauf drängte, sofort »kollektive [militärische] Maßnahmen« zu ergreifen, »um den polnischen Freunden zu helfen, die Krise zu überwinden«[136]. Honecker äußerte seine »außerordentlichen Befürchtungen« über das, was in Polen geschähe, wenn die Sowjetunion und ihre Verbündeten nicht sofort Truppen in das Land schickten. »[J]ede Verzögerung im Handeln gegen die Konterrevolutionäre« würde »Tod bedeuten – den Tod des sozialistischen Polens.« Honeckers Sicht wurde in Sofia und Prag vollkommen geteilt; Živkov und Husák drängten Kania und Jaruzelski wiederholt, »sofortige Maßnahmen« zu ergreifen.

Der Druck auf die polnischen Stellen erhöhte sich am 29. November noch weiter, als der Oberkommandierende der GSSD, Armeegeneral Evgenij Ivanovskij, die Mitglieder der westlichen Militärischen Verbindungsmissionen in Ostdeutschland plötzlich informierte, dass ihnen bis auf Weiteres Reisen in das Gebiet entlang der Grenze zwischen der DDR und Polen untersagt würden[137]. Dies war ein Standardverfahren, das immer vor Beginn groß angelegter Manöver angewandt wurde. Dokumente aus den ehemaligen ostdeutschen und tschechoslowakischen Militärarchiven zeigen, dass in den Plänen für »Sojus-80« vier sowjetische, zwei tschechoslowakische und eine ostdeutsche Division zur Unterstützung von vier polnischen Armeedivisionen und der polnischen Sicherheitskräfte bei der Einführung der Militärherrschaft gefordert wurden[138]. Falls sich diese Einsätze als unzureichend erwiesen, sollten den Dokumenten zufolge weitere vierzehn Panzer- und Panzergrenadierdivisionen (elf sowjetische und drei ostdeutsche) als Verstärkung einmarschieren. Obgleich es nicht klar ist, wann und wie die zweite Phase von »Sojus-80« beginnen sollte – oder woher die zusätzlichen sowjetischen Kräfte kommen sollten –, war die Option einer zweiten Phase in den den polnischen Stellen übermittelten Plänen genau beschrieben. Wäre die endgültige Zustimmung für den planmäßigen Beginn der »Manöver« »Sojus-80« am 8. Dezember gegeben worden, wären genügend sowjetische Kräfte vorhanden gewesen, um die erste Phase der Operation auszuführen. Im Westen der UdSSR waren drei sowjetische Panzer- und Mech. Divisionen in volle Gefechtsbereitschaft versetzt worden. Sie sollten durch eine sowjetische Luftlandedivision unterstützt werden, die aus dem Baltischen Militärbezirk in Polen einmarschiert wäre[139]. (Sowjetische Luftlandedivisionen waren immer in einem Zustand der höchsten Alarmbereitschaft.) Die elf zusätzlichen sowjetischen Panzer- und Mech. Divisionen, die für eine spätere Phase der Operation benötigt wurden, waren noch nicht mobilisiert. Das heißt jedoch nicht, dass eine zweite Phase nicht durchführbar gewesen wäre. Die Planung für die Mobilmachung dieser zusätzlichen Divisionen erfolgte seit Ende August – Zeit genug für die sowjetischen militärischen Führer, erforderlichenfalls die Mobilmachung sehr kurzfristig vorzunehmen. Frühere sowjetische Militäreinsätze in Osteuropa gaben Anlass zu der Vermutung, dass eine Mobilmachung in der zweiten Phase zügig vonstattengehen würde. Als es Ende Oktober 1956 in Ungarn zu einem Notstand kam, war die Sowjetunion, nachdem sich eine begrenzte Intervention durch sowjetische Truppen als kontraproduktiv erwiesen hatte, in der Lage, binnen zehn Tagen ein wesentlich stärkeres Kontingent sowjetischer Truppen für einen groß angelegten Einmarsch zu mobilisieren[140]. Eine ähnliche Mobilmachung hätte 1980/81 erfolgen können, wenn es zu einem Notstand gekommen wäre. Obwohl die Anzahl sowjetischer Divisionen, die im Dezember 1980 zur sofortigen Verlegung nach Polen zur Verfügung standen, relativ begrenzt war, schätzte der Nachrichtendienst des US-Verteidigungsministeriums, dass die Sowjetunion in der Lage gewesen wäre, binnen kurzer Zeit etwa 30 bis 40 zusätzliche Divisionen (mit mehreren hunderttausend Mann) für eine Eingreiftruppe zu mobilisieren. Die Zahlen, die in streng geheimen CIA-Berichten über die sowjetischen militärischen Möglichkeiten in Bezug auf Polen genannt werden, lassen einen Mobilmachungszeitrahmen vermuten, der in etwa dem für den Einmarsch in Ungarn im November 1956 entspricht[141].

Der geplante Einmarsch eines Anfangskontingents von vier sowjetischen, einer ostdeutschen und zwei tschechischen Divisionen in Polen fand schließlich doch nicht statt. Anfang Dezember hatte Brežnev entschieden, vorläufig auf den Einsatz von Truppen zu verzichten. Das Ziel des sowjetischen KP-Chefs im November/Dezember 1980 bestand nicht darin, *gegen* Kania und Jaruzelski vorzugehen, sondern ihnen konkrete Unterstützung anzubieten. Mit Zuckerbrot und Peitsche tat die Sowjetunion ihr Bestes, um sicherzustellen, dass die beiden polnischen Führer diese Gelegenheit ergriffen, um die Solidarność zu vernichten und das Kriegsrecht zu verhängen. Letztendlich hing das Schicksal von »Sojus-80« davon ab, ob Kania und Jaruzelski selbst glaubten, sie könnten mit Nachdruck gegen die Solidarność vorgehen, ohne einen Bürgerkrieg zu entfachen. Die beiden konnten Brežnev klarmachen, dass der Einmarsch von Truppen der Sowjetunion und des Warschauer Pakts in Polen das Risiko einer »blutigen Konfrontation, die die ganze sozialistische Welt in Aufruhr bringen würde«, in sich barg; die Polen versprachen zudem, in naher Zukunft »entschiedene Maßnahmen« gegen »feindliche« und »antisozialistische« Elemente zu ergreifen. Nun war das sowjetische Politbüro bereit, eine militärische Unterstützung von außen auszusetzen[142].

Die Parteinahme der Sowjetunion für Kania und Jaruzelski war eine Enttäuschung für die ostdeutschen, tschechoslowakischen und bulgarischen Führer, die weiterhin für eine aggressivere Haltung eintraten. Im Vorfeld von »Sojus-80« hatte Honecker überstürzt genehmigt, dass Vertreter der harten Linie nach möglichen Alternativen für Kania und Jaruzelski suchten. Am 30. November versicherte der ostdeutsche Verteidigungsminister, Armeegeneral Heinz Hoffmann, dem Vorsitzenden des Nationalen Verteidigungsrates (NVR) der DDR Honecker, dass bestimmte »führende Genossen der PVAP die Ansicht geäußert haben, dass eine [gewaltsame] Konfrontation mit der Konterrevolution nicht länger vermieden werden kann und [dass] sie erwarteten, Unterstützung von außen zu erhalten«. Honecker hoffte eindeutig auf das Einverständnis der sowjetischen Führer, nach Beginn von »Sojus-80« ein neues polnisches Regime einzusetzen, wenn er mit alternativen Führern in Warschau aufwarten könne, die zum sofortigen Handeln bereit wären.

Bis zum letzten Moment glaubten sowohl Honecker als auch Husák, dass die Sowjetunion »Sojus-80« weiterführen würde. Am 6. und 7. Dezember befahl Armeegeneral Hoffmann der 9. Panzerdivision der Nationalen Volksarmee (NVA), jeden Augenblick für einen Einmarsch in Polen bereit zu sein[143]. Hoffmann ging bei Erteilung des Befehls davon aus, dass ostdeutsche, tschechoslowakische und sowjetische Truppen wie ursprünglich geplant am 8. oder 9. Dezember in Polen intervenieren würden. Der tschechoslowakische Verteidigungsminister Martin Dzúr erließ am 6. und 7. Dezember ähnliche Weisungen für die Kommandeure der 1. und 9. Panzerdivision der Tschechoslowakischen Volksarmee (ČSLA), die auf dem Marsch nach Polen durch zwei Mot. Schützenregimenter und eine Reihe von Unterstützungs- und Logistikeinheiten verstärkt werden sollten[144]. Panzerdivisionen der NVA und ČSLA nahmen ihre Stellung an den festgelegten Orten ein und erwarteten »einen Befehl des [sowjetischen] Generalstabs, der das genaue Datum und den Zeitpunkt für das Überschreiten der Staatsgrenze in die Volksrepublik Polen festlegt«[145]. Zum Schrecken von Honecker und Husák waren all diese Vorbereitungen jedoch umsonst; das sowjetische Politbüro hatte entschieden, dass keine sowjetischen oder osteuropäischen Truppen Polen betreten sollten, bis sich eine günstigere Gelegenheit ergab.

Dem Zufall wollte der Kreml den Lauf der Ereignisse jedoch keineswegs überlassen, im Gegenteil: durch die aktive Vorbereitung auf das »Übungsszenario« versuchten die Verantwortlichen in Moskau Kania und Jaruzelski zum Handeln zu zwingen; den Handlungsspielraum für die polnischen Führer schränkten sie dabei weitgehend ein, sodass diesen kaum eine andere Möglichkeit blieb als hart durchzugreifen. Die Sowjets nahmen an, der bevorstehende Beginn der Übungen »Sojus-80« würde Kania und Jaruzelski zwingen, ihre Vorbereitungen für das Kriegsrecht zu beschleunigen und einen definitiven Zeitplan festzulegen. Letzten Endes zeigte diese Episode jedoch, dass starker Druck von außen nicht an sich einen funktionsfähigen Plan für die Verhängung der Militärherrschaft hervorzubringen vermochte.

Die nächste Machtprobe

Zu Beginn des Frühlings 1981, als die Sowjetunion wieder einmal versuchte, eine Lösung der Krise zu erzwingen, waren die Planungen für das Kriegsrecht wesentlich weiter vorangeschritten. Am 27. März hatten Kania und Jaruzelski drei wichtige Dokumente unterzeichnet, die die Grundlage für die Einführung des Kriegsrechts bildeten[146]. Deren Entwürfe waren einen Monat zuvor von 45 polnischen Generalstabsoffizieren und Beamten des Ministeriums für Innere Angelegenheiten sowie zwei Fachleuten von der Abteilung Propaganda der PRZP gründlich getestet worden, die an Kommandostabsübungen in einem streng bewachten Gebäude teilnahmen, das von einer Elitesicherheitsabteilung des Landes, den Truppen der Inneren Verteidigung, genutzt wurde[147]. Am 27. März kamen zwei hochrangige sowjetische Delegationen nach Warschau – bestehend aus hohen Offizieren der Streitkräfte unter Leitung von Marschall Kulikov und seinem ersten Stellvertreter, Armeegeneral Anatolij Gribkov, bzw. aus führenden KGB-Beamten unter Leitung von Vladimir Krjučkov –, um die Vorbereitungen zu prüfen und die drei ersten Planungsdokumente eingehend zu studieren. (Eine dritte Gruppe sowjetischer Funktionäre unter Leitung von Nikolaj Bajbakov, dem Leiter der Staatlichen Planungsbehörde, traf kurz darauf ein, um wirtschaftliche Fragen zu erörtern, einschließlich der wirtschaftlichen Aspekte des Kriegsrechts.) Nachdem Kulikov, Gribkov und Krjučkov die Dokumente modifiziert und gebilligt hatten, wurden sie von Kania und Jaruzelski unterzeichnet[148]. Die Annahme dieser drei Dokumente beendete zusammen mit der Unterzeichnung eines anderen Dokuments, fertiggestellt Anfang April 1981 als »Rahmenplan der wirtschaftlichen Maßnahmen« (Ramowy plan przedsiewziec gospodarczych), die konzeptionelle Phase der Vorbereitungen auf das Kriegsrecht.

In diesem Zusammenhang verwiesen die sowjetischen Führer erneut auf das Angebot militärischer Unterstützung für ein hartes Durchgreifen. Die Übungen »Sojus-81« des Warschauer Pakts, die am 17. März 1981 begonnen hatten und planmäßig am 22. März enden sollten, waren auf Bitten der polnischen Stellen bis zum 7. April verlängert worden. Jaruzelski und Kania hatten insgeheim darauf gedrängt, die Übungen über den 7. April hinaus fortzusetzen, so dass sie »ihre Position stärken, den fortschrittlichen Kräften [d.h. den moskautreuen Kommunisten] in Polen Zuspruch geben sowie die Solidarność und KOR erkennen lassen können, dass die Länder des Warschauer Pakts bereit sind, Polen in jeder Weise zu unterstützen und damit Druck auf die Führer der Solidarność auszuüben«[149]. Sowjetische Militärs lehnten das Ersuchen ab, das lediglich ein »weiterer Beweis dafür sei, dass die polnischen Führer glaubten, andere sollten die Arbeit an ihrer Stelle erledigen«[150]. Der Kreml war zwar bereit, Truppen zur Unterstützung bei der Einführung des Kriegsrechts zur Verfügung zu stellen, doch wollte man sichergehen, dass die polnischen Stellen selbst die notwendige Verantwortung für die Operation übernahmen und energisch genug handelten, um die Solidarność zu demontieren und die öffentlichen Unruhen beizulegen. Kulikov übermittelte Kania und Jaruzelski diese Botschaft, während die »Sojus-81«-Übungen noch liefen: »wenn [sie] die polnischen Sicherheitsorgane und die Armee [zur Verhängung des Kriegsrechts] nicht einsetzen, [würde] keine Unterstützung von Außen erfolgen [...] aufgrund der damit verbundenen internationalen Komplikationen«. Kulikov »betonte gegenüber den polnischen Genossen, dass sie zuerst versuchen müssten, ihre Probleme allein zu lösen«. Falls die polnische Führung dazu nicht in der Lage wäre und schließlich doch die Sowjetunion um Unterstützung bäte, wäre dies jedoch »eine völlig andere Situation«, als wenn sowjetische Truppen von Beginn an nach Polen verlegt würden[151].

Zusätzlich zu den Beratungen mit Kulikov trafen sich Kania und Jaruzelski am 3. und 4. April insgeheim in Brest mit Andropov und Ustinov. Vor dem Treffen außerordentlich besorgt, verließen sie es zuversichtlich, da ihnen mehr Zeit gegeben wurde, die Krise selbst beizulegen[152]. Eine Woche nach den Gesprächen in Brest wollte sich Marschall Kulikov erneut mit Kania und Jaruzelski treffen, um sie zur Unterzeichnung der Durchführungsanordnung für das Kriegsrecht zu bewegen, das heißt den Beginn der Operation festzulegen, aber die Polen verschoben zuerst das Treffen und teilten dann Kulikov am 13. April mit, dass sie mit der Unterzeichnung der Dokumente noch warten müssten. Die polnischen Stellen hatten eine weitere Atempause gewonnen.

Bis Mitte April war den sowjetischen Führern ihrerseits klar geworden, dass sie in ihrem unermüdlichen Druck auf Kania und Jaruzelski etwas nachgeben mussten. Brežnev legte diese Ansicht auf der Sitzung des Politbüros der KPdSU am 16. April dar, als er bestätigte, dass »wir die [polnischen Führer] nicht hetzen und [es] vermeiden sollten, sie so nervös zu machen, dass sie aus lauter Verzweiflung einfach ihre Hände über dem Kopf zusammenschlagen«[153]. Nachdem Suslov und ein weiteres Mitglied der Suslov-Kommission, Konstantin Rusakov, am 23./24. April Warschau besucht hatten, berichteten sie dem Politbüro, sie hätten »die Unentschlossenheit [der polnischen Führer] angegriffen« und »ihr Handeln stark kritisiert«, aber auch versucht, »sie zu unterstützen und zu ermutigen« sowie sicherzustellen, dass sie »uns gegenüber ein deutliches Maß Vertrauen hegen«[154]. Brežnev und seine Mitarbeiter verstanden, dass »die gegenwärtige Pause nur eine zeitweilige Erscheinung ist«; sie waren zudem entschlossen, auf Kania und Jaruzelski »konstanten Druck auszuüben«, zugleich jedoch auch davon überzeugt, »jetzt in unseren Beziehungen zu unseren [polnischen] Freunden einen gemäßigteren Ton anschlagen zu müssen«[155].

Gleichzeitig setzten die Sowjetunion und andere Länder des Blocks ihre Suche nach alternativen polnischen Führern fort, die bereit wären, entschlossener zu handeln. Auf einer Sitzung Mitte Mai 1981 teilte Brežnev Honecker und Husák mit, es sei »auf die gegenwärtige Führung [in Polen] kein Verlass [...] einige Genossen glauben, dass [die PRZP-Hardliner] Olszowski und Grabski, Männer sind, auf die wir uns jetzt verlassen können«[156]. Er gestand ein, dass »ein Führungswechsel [in Polen] auch negative Folgen haben könnte« und »wir vorerst keine andere Möglichkeit haben, als die gegenwärtige Führung zu stärken«; trotzdem sei zu überlegen »wie wir geeignete Leute finden und sie auf außergewöhnliche Situationen vorbereiten«. Der sowjetische Verteidigungsminister Ustinov, der ebenfalls anwesend war, stimmte zu, alle »gesunden Kräfte« in der PRZP zu unterstützen und auf ein Einschreiten vorbereiten zu müssen. Honecker ging noch weiter, indem er argumentierte, es sei das Beste, Kania und Jaruzelski abzulösen, sobald »uns klar ist, wer übernehmen soll« – vorzugsweise innerhalb der nächsten Woche, »ehe die gegenwärtige Gelegenheit, einen Führungswechsel herbeizuführen, verstrichen ist«. Er äußerte sich zuversichtlich, dass die drei führenden Hardliner Olszowski, Kociołek und Grabski »die Führung von Staat und Partei übernehmen« und relativ schnell wieder Ordnung herstellen könnten. Husák stimmte mit Honecker überein und sagte, der tschechoslowakische Botschafter in Warschau würde »seine Bemühungen ausdehnen«, um mit den Hardlinern zusammenzuarbeiten und ihren Aufstieg zu ermöglichen.

Auf dem Weg zum Kriegsrecht

Im Juni 1981 versuchten die von der Sowjetunion unterstützten Hardliner der PRZP, Kania und Jaruzelski auf einem Plenum des Zentralkomitees der PRZP zu stürzen. Auslöser für diesen Versuch war ein Brief, den das sowjetische Politbüro am 5. Juni im Namen des Zentralkomitees der KPdSU an das Zentralkomitee der PRZP gesandt hatte. In dem Brief, am darauffolgenden Tag in der polnischen Presse veröffentlicht, wurde behauptet, dass »S. Kania, W. Jaruzelski und andere polnische Genossen« gegenüber »antisozialistischen und reaktionären Kräften« noch immer eine »Politik der Kapitulation und des Kompromisses« verfolgten[157]. Der Brief enthielt auch eine Warnung: Die Sowjetunion werde »das brüderliche, sozialistische Polen nicht im Stich lassen.« Das Politbüro der PRZP erörterte das Schreiben am 6. Juni, und das Zentralkomitee der PRZP widmete sich drei Tage später diesem Thema, als es sich zum letzten Plenum vor dem IX. Parteitag der PRZP traf, der für Mitte Juli geplant war[158]. Nach einem mit sowjetischen und ostdeutschen Funktionären abgestimmten Plan versuchte Grabski den Brief als Vorwand zu nutzen, um Kania loszuwerden. Grabskis Bemühungen, ein Misstrauensvotum gegen Kania zu inszenieren, wurde letztendlich eine Abfuhr erteilt, aber Kania musste für sein Überleben eine Menge politisches Kapital einbringen[159]. Dass es nicht gelang, eine Veränderung in der Führung zu bewirken, war für die Moskau und Berlin eine große Enttäuschung, doch blieb man eng mit den Hardlinern der PRZP in Verbindung, und man hoffte, dass der nächste Versuch, Kania durch eine »gesunde Kraft« der PRZP zu ersetzen – entweder auf dem polnischen Parteitag oder an einem anderen Ort –, erfolgreicher sein würde.

Nach der Bestätigung Kanias und Jaruzelskis auf ihren Posten waren Brežnev und seine Mitarbeiter im sowjetischen Politbüro eher geneigt, den polnischen Stellen zu gestatten, das Kriegsrecht selbstständig einzuführen – ohne »brüderliche Unterstützung«. Das sowjetische Politbüro übte weiterhin enormen Druck aus, machte aber deutlich, dass die polnische Regierung ihre »eigenen Kräfte« einsetzen sollte, um die Situation zu bewältigen. Im August 1981 traf sich Brežnev mit Kania auf der Krim. Seine zunehmenden Zweifel am Handlungswillen der polnischen Führer verbarg er kaum. Brežnev betonte, dass man so schnell wie möglich hart durchgreifen sollte, doch überließ er es Kania und Jaruzelski, den genauen Zeitpunkt zu wählen. Kurz nach dem Treffen, am 25./26. August 1981, genehmigte die polnische Regierung insgeheim den Druck von Tausenden Flugblättern, die die »Einführung des Kriegsrechts« ankündigten. Die Flugblätter wurden in einer KGB-Druckerei in Litauen hergestellt und Anfang September an Lagerorte in Polen gebracht; sie konnten drei Monate später verteilt werden[160].

Die Spannungen eskalierten Anfang September 1981, als die Sowjetunion ihre Militärübungen »Zapad-81«, die größten Bewegungen sowjetischer Kampftruppen seit 1968, entlang der Nordküste und Ostgrenze Polens startete. »Zapad-81« begann am 4. September, einen Tag bevor Solidarność ihren ersten landesweiten Kongress in Gdańsk eröffnete. An den Übungen beteiligten sich sowjetische Land-, Luft-, See- und Raketenstreitkräfte im gesamten Nordwesten der UdSSR und in der Ostsee, einschließlich einer beachtlichen Konzentration der Seemacht in der Danziger Bucht. Obgleich »Zapad-81« teilweise als Test für die jüngsten Veränderungen in der militärischen Führungsstruktur der Sowjetunion gedacht war, eigneten sich die Übungen auch, um Druck auf Solidarność und die polnischen Stellen auszuüben. Im Verlauf der Krise hatten Brežnev und seine Mitarbeiter wahrgenommen, dass »die starken antisowjetischen Strömungen [in Polen] nur aufgrund der Angst vor sowjetischen Militäraktionen eingeschränkt sind«[161]. Diese Ansicht findet sich auch in einem streng geheimen Bericht der Suslov-Kommission: »Der einzige Grund dafür, dass die Oppositionskräfte [in Polen] noch nicht die Macht ergriffen haben, besteht darin, dass sie fürchten, sowjetische Truppen könnten in das Land geschickt werden[162].« »Zapad-81« sollte die Angst und Zurückhaltung der Solidarność stärken.

Darüber hinaus erwarteten sowjetische Führer, die auffälligen sowjetischen Truppenbewegungen würden eine »heilsame« Wirkung sowohl auf den Westen als auch auf Polen ausüben. In dem Bericht hieß es weiter, die UdSSR sollte »zur Abschreckung der Konterrevolution die Befürchtungen des [...] internationalen Imperialismus hinsichtlich einer Entsendung sowjetischer Truppen nach Polen maximal ausnutzen«[163]. Das sowjetische Politbüro hatte gehofft, dass »Zapad-81« im Westen Befürchtungen über eine sowjetische Invasion schüren und damit die westlichen Regierungen dazu bringen würde, die Solidarność zu mehr Vorsicht zu drängen. Einen Tag nach Beendigung des Manövers unterstrich Honecker diesen Punkt:

> »Polen wird unter keinen Umständen aufgegeben [...] US-Beamte verstanden dies, das ist der einzige Grund, weshalb sie einen mäßigenden Einfluss auf Solidarność ausübten. Sie fürchten unser militärisches Eingreifen [...] Die laufenden Übungen in der Belorussischen SSR, den Baltischen Staaten und der Ukraine [...] werden führenden Persönlichkeiten in den Vereinigten Staaten zeigen, wem sie feindlich gegenübertreten und welche Risiken sie dabei eingehen[164].«

Die Manipulation der Wahrnehmungen sowohl in Polen als auch im Westen blieb ein wesentlicher Bestandteil der sowjetischen Strategie in den folgenden Monaten.

Die Angst, die mit den Übungen »Zapad-81« einherging, hinderte Solidarność nicht daran, am 5. September ihren ersten landesweiten Kongress abzuhalten[165]. Die Delegierten des Kongresses waren jedoch keineswegs eingeschüchtert und verabschiedeten eine Reihe von Maßnahmen, die das Politbüro der KPdSU verärgern mussten. Insbesondere billigten sie am 8. September einstimmig einen »Aufruf an die arbeitenden Menschen in Osteuropa«, indem sie den »Werktätigen in Osteuropa« und »allen Völkern der Sowjetunion«, die ihre eigene unabhängige Gewerkschaft gründen wollten, die Unterstützung der Solidarność versprachen[166].

Moskau reagierte prompt. Auf einer Sitzung des Politbüros zwei Tage nach dem Appell der Solidarność beschrieb Brežnev die Erklärung als »gefährliches und aufrührerisches Dokument [...] das darauf abzielt, in allen sozialistischen Ländern Verwirrung zu stiften« und in der UdSSR eine »Fünfte Kolonne« zu schaffen[167]. Das Politbüro der KPdSU wies die sowjetische Presse an, Artikel zu drucken, die den Appell als eine »unverschämte Provokation« anprangerten, dazu angetan, »die Herzen der reaktionären Kräfte und des Imperialismus zu erfreuen«.

Die Delegierten des Solidarność-Kongresses merkten nicht, dass ein Wendepunkt in der Krise bevorstand. Am 13. September, am 12. war »Zapad-81« beendet worden, entschied ein geheimes polnisches militärisch-politisches Organ, das Landesverteidigungskomitee (KOK) unter Leitung von Jaruzelski, endgültig das Kriegsrecht einzuführen[168]. Der Beschluss wurde sofort vom sowjetischen KGB und von sowjetischen Militärs dem Politbüro der KPdSU mitgeteilt. Obwohl das KOK kein konkretes Datum für die Operation festlegte, signalisierte der Beschluss ein Bekenntnis zum Handeln. Solange Kania die höchste Führungsposition innehatte, mochte das sowjetische Politbüro nicht voll darauf vertrauen, dass der KOK-Beschluss tatsächlich umgesetzt würde, aber hohe Funktionäre in Moskau waren nach dem 13. September optimistischer, dass ein hartes Vorgehen in Polen endlich bevorstand.

Die Krise erreichte Mitte Oktober 1981 noch einen weiteren Wendepunkt als das Zentralkomitee der PZPR auf Geheiß Moskaus Kania als Parteichef entließ und durch Jaruzelski ersetzte. In einem geheimen Bericht an das Zentralkomitee der KPdSU einen Monat später beleuchtete Suslov die Rolle des sowjetischen Politbüros bei Kanias Amtsenthebung:

> »Die Frage nach der Ablösung S. Kanias durch eine andere Person rückte [letzten Monat] in den Vordergrund. Neben den Aktivitäten, die in dieser Richtung durch gesunde Kräfte [moskautreue Hardliner] in der PRZP durchgeführt wurden, unternahmen wir eine Reihe konkreter Maßnahmen, um eine Verbesserung in der polnischen Führung zu ermöglichen[169].«

Der Aufstieg Jaruzelskis ließ die sowjetischen Führer ihre Zuversicht auf die baldige Einführung des Kriegsrechts in Polen setzen. Würde Jaruzelski zaudern, wenn der entsprechende Zeitpunkt bevorstünde, fragten sich die sowjetischen Führer. Doch erachteten sie es wahrscheinlicher, dass er – im Gegensatz zu Kania – letztendlich die Zusicherung des KOK zum harten Durchgreifen wahrmachte. Suslov erklärte dem Zentralkomitee der KPdSU:

> »Zu Beginn der Krise vertraten W. Jaruzelski und S. Kania ähnliche Ansichten. Unter dem Einfluss der Ereignisse und in nicht geringem Maße infolge der [von der UdSSR] geleisteten Arbeit mit W. Jaruzelski begann dieser die Einführung strengerer Maßnahmen gegen die antisozialistischen Kräfte zu unterstützen und den Empfehlungen der KPdSU mehr Beachtung zu schenken – ein Ansatz, den S. Kania hartnäckig ablehnte[170].«

Jaruzelski, so fügte Suslov hinzu, hätte »in Polen mehr Autorität« und würde »den endlosen Zugeständnissen, die S. Kania und seine Anhänger dem Klassenfeind und den antisozialistischen Kräften [...] gegen unseren Rat gewährt haben«, Einhalt gebieten.

Der Höhepunkt

Im November und Anfang Dezember 1981 mussten die Pläne für das Kriegsrecht hastig überarbeitet werden. Ein hoher polnischer Armeeoffizier, Oberst Ryszard Kukliński, setzte sich am 7. November in den Westen ab, kurz bevor er wegen Spionage verhaftet werden sollte. Kukliński gehörte einer kleinen Gruppe von Offizieren im polnischen Generalstab an, die mit der Planung und Vorbereitung des Kriegsrechts befasst war. Er hatte Einzelheiten der Pläne der US-Regierung zugespielt, wie die Sowjets voller Bestürzung feststellten. Fälschlicherweise nahmen sie an, amerikanische Beamte würden der Solidarność Hinweise über den genauen Zeitplan und die Verfahren für die Verhängung des Kriegsrechts geben, die es dann der Gewerkschaft erlaubten, Maßnahmen zu ergreifen, um ein hartes Durchgreifen abzuwenden. Daher mussten einige wichtige Aspekte der Operation in den letzten Wochen geändert werden, wie

Armeegeneral Gribkov, der erste Stellvertreter des Oberkommandierenden der Truppen des Warschauer Pakts, später berichtete: »Der Generalstab der polnischen Streitkräfte musste schnell handeln, um verschiedene Bestandteile der Pläne für die Einführung des Kriegsrechts und die Durchführungsanordnungen umzuändern, die an die Kommandostäbe und Truppen ausgegeben werden sollten[171].«

Als Suslov Mitte November dem Zentralkomitee der KPdSU seinen detaillierten Bericht über die Polnische Krise vorlegte, umriss er die abschließenden Vorbereitungen auf das Kriegsrecht und einige Schritte der Sowjetunion, um den Erfolg der Operation sicherzustellen[172]. Er hob insbesondere hervor, dass das Politbüro der KPdSU »den gesunden Kräften in der PRZP umfassende Unterstützung anbot«, einschließlich den Generalen der polnischen Armee, die erforderlichenfalls eingreifen und das Kriegsrecht verhängen könnten, falls Jaruzelski dies nicht täte. Suslov beschrieb die kompromisslosen PRZP-Funktionäre und sowjetfreundlichen polnischen militärischen Führer als »unsere Hauptreserve im Kampf um die Regeneration der [polnischen] Partei und die Wiederherstellung ihrer Kampfkraft«, und er bemerkte: »wir haben sie unter unsere Fittiche genommen.« Das Politbüro würde sich also ersatzweise an einen der polnischen Hardliner wenden, falls Jaruzelski versuchen sollte, von seiner Verpflichtung abzuweichen, das Kriegsrecht einzuführen. Doch sowjetische Führer zogen es vor, sich auf Jaruzelski zu verlassen, weil sie wussten, dass er in Polen eine größere Glaubwürdigkeit besaß als die Vertreter der harten Linie, nur waren sie bis zuletzt nicht ganz sicher, ob er auch die Stärke besaß, den Plan zu Ende zu führen; daher die Notwendigkeit einer »Reserve« der »gesunden Kräfte«.

Am 5. Dezember erzielte das Politbüro der PRZP auf seinem letzten Treffen vor der Verhängung des Kriegsrechts nach längerer Beratung einen Konsens zugunsten der Einführung des Kriegszustands, aber Jaruzelski beendete die Sitzung, indem er erklärte, dass »auf der heutigen Sitzung des Politbüros keine endgültigen Entscheidungen« über den Zeitplan für das scharfe Vorgehen getroffen wurden[173]. Der polnische Ministerrat, dem Jaruzelski als Ministerpräsident vorsaß, erörterte am 7. Dezember die Frage des Zeitplans, aber auch da kam es zu keiner entsprechenden Entscheidung. Der endgültige Zeitplan wurde am Abend des 9. Dezember vom polnischen Oberkommando, einer militärpolitischen Gruppe unter Führung Jaruzelskis, einstimmig angenommen. Am darauffolgenden Tag traf sich das Politbüro der KPdSU und drückte seine Befriedigung darüber aus, dass Jaruzelski und seine Kollegen »endlich« entschieden hätten, »das Kriegsrecht einzuführen und entschlossenere Maßnahmen gegen extremistische Persönlichkeiten in der Solidarność zu ergreifen«[174].

Die sowjetischen Führer blieben jedoch besorgt, zum Teil weil sie wussten, dass Jaruzelski in den letzten Wochen zunehmend an seiner Fähigkeit zweifelte, das Kriegsrecht ohne äußere, sprich: sowjetische militärische Unterstützung aufrechtzuerhalten. Von September 1980 bis Oktober 1981 hatten Jaruzelski und Kania Moskau wiederholt versichert, sie würden »die Krise mit unseren eigenen Mitteln lösen«; einen möglichen Einmarsch sowjetischer Truppen in Polen apostrophierten sie als »katastrophal«. Noch hofften sie, eine politische Lösung zu finden, bei der es nicht notwendig wäre, die Opposition auf einen Schlag zu vernichten, worauf die militärische Lösung abzielte. Nachdem Jaruzelski den höchsten Posten in der PRZP und somit volle Verantwortung übernommen hatte, änderte sich seine Haltung im Vergleich zu den vorherigen dreizehn Monaten, in denen er an der Seite von Kania tätig war, grundlegend. Sowjetische und polnische Dokumente sowie Interviews und zahlreiche Memoiren belegen, dass Jaruzelski im Vorfeld des Kriegszustands seinen früheren Widerstand gegen den Einmarsch sowjetischer Truppen in Polen aufgab und das Politbüro der KPdSU mehrfach drängte, Truppen nach Polen zu entsenden, um ihn in seinem scharfen Vorgehen zu unterstützen[175].

Jaruzelski sprach diese Frage anfangs nur vorsichtig an, aber im Laufe der Zeit zeigte er sich immer hartnäckiger. Seine wachsende Nervosität und sein mangelndes Selbstvertrauen in Bezug auf seine Fähigkeit, das Kriegsrecht ohne militärische Unterstützung der Sowjetunion zu verhängen, wurden durch den Verrat seines engsten Beraters Kukliński zweifellos größer. Kania zufolge hatte Jaruzelski lange Zeit befürchtet, dass ein Versuch, das Kriegsrecht zu verhängen, chaotische Tumulte und den Widerstand von Solidarność hervorrufen würde und polnische Einheiten nicht in der Lage wären, allein mit gewaltsamen Unruhen fertig zu werden[176]. Der Kreml teilte einige von Jaruzelskis Befürchtungen, glaubte aber, dass die überarbeiteten Pläne für die Kriegsrechtoperation erfolgreich sein würden, vorausgesetzt, man setzte sie mit ausreichend Stärke um[177].

Am 7. Dezember war Marschall Kulikov in Warschau eingetroffen, um den Gang der Dinge im Namen des Politbüros der KPdSU zu überwachen. Als er am 8. mit Jaruzelski zusammentraf, bat der polnische Führer neuerlich um Entsendung sowjetischer Truppen nach Polen. Jaruzelski wiederholte diese Bitte im Laufe der nächsten Tage unzählige Male mit immer größerer Dringlichkeit und Emotion[178]. Die Sowjets lehnten Jaruzelskis Ansinnen ab – aus der Befürchtung heraus, er würde dann weniger energisch handeln. Im Gegensatz zu Jaruzelski waren sie zuversichtlich, doch machten sie die geplante Operation von der Konsequenz Jaruzelskis beim Umsetzen der Pläne abhängig.

Zwischen dem 10. und 12. Dezember schickte Jaruzelski weitere Telegramme nach Moskau, worin er Brežnev und andere sowjetische Entscheidungsträger aufforderte, Truppen nach Polen zu senden, doch wiesen diese seine wiederholten Bitten sehr zu seinem Entsetzen kurzerhand ab. Am 11. Dezember, nach der jüngsten Ablehnung, brachte Jaruzelski seine Frustration und seine Verzweiflung gegenüber Kulikov zum Ausdruck: »Das ist eine schreckliche Nachricht für uns! Anderthalb Jahre lang wurde über die Entsendung von Truppen geredet – und jetzt ist nichts mehr davon übrig[179]!« Jaruzelski ging es nicht einfach darum, die sowjetischen Absichten zu testen, wie vielfach vermutet. Das beweisen Belege aus erster Hand[180].

Bis zum Abend des 11. Dezember wurde ihm wiederholt mitgeteilt, dass »die Polen alleine zurechtkommen müssen«. Jaruzelski war ratlos, denn am folgenden Tag um Mitternacht sollte die Operation beginnen. Er versuchte weiterhin die sowjetischen Führer umzustimmen. Jaruzelski brachte gegenüber Kulikov seine »Sorge« darüber zum Ausdruck, dass »niemand von der politischen Führung der UdSSR gekommen ist, um mit uns über groß angelegte [...] militärische Unterstützung zu beraten«. Darüber hinaus sprach er mit Andropov über eine gesicherte Telefonleitung und mahnte diesen, dass sowjetische militärische Unterstützung dringend benötigt wird. Diese Ouvertüren blieben wie Jaruzelskis frühere Ersuchen ergebnislos. Wie Andropov dem polnischen Führer unverblümt mitteilte, könne »die Entsendung von [sowjetischen] Truppen überhaupt nicht in Betracht gezogen werden«[181].

Auf einer Sitzung des Politbüros der KPdSU am Tage zuvor hatten sowjetische Funktionäre bereits geklagt, dass Jaruzelski »in Bezug auf seine Fähigkeiten extrem neurotisch und zurückhaltend« erscheine und »wieder bei seinen Schwankungen« und »der mangelnden Entschlossenheit« angelangt sei[182]. Diese Eigenschaften traten nun, nach der Abfuhr von Kulikov als auch von Andropov, noch deutlicher hervor. Auf Jaruzelskis Geheiß traf sich General Siwicki am späten Abend des 11. Dezember mit Kulikov. Siwicki untermauerte, dass »wir keine abenteuerlichen Aktionen [avantyra] unternehmen können, wenn die sowjetischen Genossen uns nicht unterstützen«. Er teilte Kulikov mit, dass Jaruzelski »sehr aufgebracht und sehr nervös« sowie »psychologisch [...] zerrüttet [rasstroen]« sei. Siwicki betonte, Jaruzelski würde eher »die Einführung [des Kriegsrechts] um einen Tag verschieben«, als ohne militärische Unterstützung der Sowjetunion vorzugehen[183].

Jaruzelski selbst hatte die Möglichkeit einer Verzögerung des scharfen Vorgehens bei einem Treffen mit Kulikov einen oder zwei Tage vorher angesprochen. Rusakov informierte das sowjetische Politbüro am 10. Dezember, dass Jaruzelski »keine klare, direkte Linie vorgibt« hinsichtlich des Datums der »Operation X«, wie der Kodename Moskaus für die Kriegsrechtoperation lautete: »Keiner weiß, was in den nächsten Tagen geschehen wird. Es gab ein Gespräch über die »Operation X«. Zuerst wurde gesagt, sie finde in der Nacht vom 11. auf den 12. Dezember statt und dann wurde sie auf die Nacht vom 12./13. verschoben. Und jetzt heißt es bereits, sie erfolge nicht vor dem 20.[184]«
Siwicki schlug am 11. vor, die Verhängung des Kriegsrechts um nur einen Tag zu verschieben (tatsächlich betonte er mehrmals, dass eine Verzögerung von mehr als einem Tag nicht machbar sei), aber allein die Tatsache, dass eine Verzögerung noch in Betracht gezogen wurde, vergrößerte Moskaus Befürchtungen, dass Jaruzelski offensichtlich die Nerven verloren hatte. Kulikovs Gespräch mit Siwicki zeigte, dass Jaruzelskis Motiv für eine mögliche Verzögerung – in welchem Umfang auch immer – darin bestand, die sowjetischen Führer zu

veranlassen, Truppen nach Polen zu senden[185]. Möglicherweise sagte man die Operation sogar ab, so eine Schlussfolgerung. Um dies zu unterstreichen, erklärte Siwicki, dass »ohne [...] militärischen Beistand der UdSSR unser Land für den Warschauer Pakt verloren sein könnte. Ohne die Unterstützung der UdSSR können wir nicht vorangehen und diesen Schritt [der Verhängung des Kriegsrechts] unternehmen.« Kulikov antwortete, dass die Kriegsrechtoperation erfolgreich sein würde, wenn Jaruzelski sie wie geplant durchführe. Er versuchte Siwicki von einer Vertagung der Operation abzubringen. Die polnische Seite habe wiederholt darauf bestanden, hob der sowjetische Marschall hervor, »dass Polen in der Lage sei, seine Probleme alleine zu lösen«; die sowjetischen Funktionäre hätten dies auch akzeptiert. Kulikov brachte seinen Unmut darüber zum Ausdruck, dass Jaruzelskis Haltung sich nun geändert hatte: »Warum ist diese Frage der militärischen Unterstützung aufgetaucht? Wir haben bereits alle Aspekte der Einführung des Kriegsrechts besprochen.« Er fügte hinzu: »Ihr habt einen großen Teil der Vorbereitungen für die Einführung des Kriegsrechts erledigt« und »seid stark genug«, um Erfolg zu haben. »Jetzt ist die Zeit zum Handeln gekommen«, sagte er. »Der Termin darf nicht verschoben werden, und eine Verschiebung ist jetzt tatsächlich nicht möglich.« Kulikov drückte außerdem seine Sorge aus, das Reden über eine Verschiebung und die Notwendigkeit sowjetischer militärischer Unterstützung könnte bedeuten, dass Jaruzelski von der »endgültigen Entscheidung« des Oberkommandos über die Einführung des Kriegsrechts abrückte. »Sollte dies der Fall sein, so möchten wir das wissen«, führte Kulikov aus.

Siwicki versicherte Kulikov, die Entscheidung sei getroffen und Jaruzelski werde an seinen Plänen zur Einführung des Kriegsrechts festhalten. Gleichzeitig betonte er noch einmal, dass es »ohne [militärische] Hilfe von außen für uns, die Polen, schwer sein wird«, das Kriegsrecht aufrechtzuerhalten. Sowohl er als auch Jaruzelski hofften, dass die sowjetischen Führer »diese Angelegenheit mit Verständnis betrachten« und »[unsere] Forderungen berücksichtigen«, aber Kulikov war nicht gewillt, Änderungen an den »endgültigen« Vorkehrungen vorzunehmen, die festlegten, dass polnische Einheiten das Kriegsrecht alleine einführen würden. Am Ende des Treffens sicherte Siwicki zu, »einen entschiedenen Kampf gegen die Konterrevolution« zu führen, wie Moskau dies seit langem gefordert hatte. Kulikovs Chefberater, General Viktor Anoškin, vermerkte, dass »Siwicki unzufrieden gegangen ist, weil er [von Kulikov] nichts Neues bekommen und nichts Neues gehört hat«.

Wie nervös und unzufrieden Jaruzelski und Siwicki weiterhin waren, wurde am 12. Dezember deutlich, als die Stunde der Einführung des Kriegsrechts näher rückte. Ungeachtet dessen, was in den letzten Stunden geschehen war, drängte Jaruzelski die Sowjetunion noch immer, »Militärhilfe zu leisten.« Jaruzelskis Bitten waren so beharrlich, dass Kulikov zu befürchten begann, der polnische Führer versuche »die Einführung des Kriegsrechts von der Erfüllung [seiner Forderung nach sowjetischer Intervention] abhängig zu machen«. Als die

Durchführung der Kriegsrechtoperation auch wenige Stunden vor ihrem Beginn noch in Zweifel stand, trafen sowjetische Funktionäre Vorkehrungen für den Flug einer hochrangigen sowjetischen Delegation unter Leitung von Suslov nach Warschau; auf Ersuchen Jaruzelskis sollte eine Dringlichkeitssitzung abgehalten werden[186]. Der Besuch erwies sich als unnötig; Jaruzelski hatte ein dringendes Telefongespräch mit Suslov geführt, bei dem dieser Jaruzelski deutlich mitteilte, dass »unter keinen Umständen« sowjetische Truppen zu seiner Unterstützung geschickt würden und er wie geplant mit der Einführung des Kriegsrechts fortfahren solle[187].

Doch Jaruzelski, verzweifelt, weil »auf sich allein gestellt«, gewann wieder Contenance. Am 13. Dezember um 6.00 Uhr trat Jaruzelski im polnischen Fernsehen auf und verkündete die Verhängung des Kriegsrechts (stan wojenny), »um der Bedrohung für die lebenswichtigen Interessen des Staates und des Volkes entgegenzutreten«[188]. Die polnischen Sicherheitskräfte zerschlugen die Solidarność mit bemerkenswertem Tempo und großer Effektivität. Binnen der ersten Stunden wurden im ganzen Land fast 6000 Führer und Aktivisten der Solidarność, einschließlich Lech Wałęsa, verhaftet[189]. Mit administrativer und logistischer Unterstützung durch die polnische Armee beseitigten die polnischen Sicherheitskräfte in den folgenden vier Tagen alle verbliebenen »Widerstandsnester«. Die Kriegsrechtoperation in Polen war modellhaft; sie zeigte, wie ein autoritärer Staat weitverbreitete soziale Unruhen mit erstaunlich wenig Blutvergießen unterdrücken konnte. In den folgenden neunzehn Monaten war der Militärrat der Nationalen Errettung (WRON) unter Leitung von Jaruzelski das oberste Regierungsgremium. Das Kriegsrecht wurde erst am 22. Juli 1983 wieder vollständig aufgehoben.

Das Ergebnis im Rückblick

Bis 1990 hatte Jaruzelski standhaft geleugnet, dass die Sowjetunion je die Absicht gehabt hätte, 1981 in Polen einzumarschieren, und selbst im September 1991 reagierte er in einem Interview mit einer sowjetischen Wochenzeitung noch ausweichend auf dieser Frage[190]. Seine Verschwiegenheit vor dem Zusammenbruch der Sowjetunion war zweifellos seinem Wunsch zuzuschreiben, die sowjetischen Verbündeten nicht zu verärgern. Kurz nach dem Zusammenbruch der UdSSR änderte Jaruzelski jedoch seine Position drastisch und behauptete, er habe das Kriegsrecht widerstrebend eingeführt, um einer sowjetischen Intervention zuvorzukommen und die Ordnung in der polnischen Gesellschaft wiederherzustellen. In zwei Erinnerungsbänden und zahllosen Interviews ließ Jaruzelski wissen, dass er das Kriegsrecht als »tragische Notwendigkeit« und das »kleinere der beiden Übel« betrachtet habe[191]. Diese Position wurde jüngst von einigen Historikern infrage gestellt, welche meinten, das sowjetische Politbüro hätte bis 1980/81 die Option der Gewaltanwendung in Osteuropa völlig aufgeben[192]. Brežnev selbst, so wird argumentiert, hätte insgeheim die Brežnev-Doktrin aufgegeben, die im Wesentlichen der Sowjetunion das Recht gab, ja es ihr zur Pflicht machte, den Kommunismus in Osteuropa mit allen Mitteln zu bewahren, einschließlich des Einsatzes militärischer Gewalt[193]. Wäre dem tatsächlich so gewesen, dann hieße das, dass sich die gesamte Hauptrichtung der sowjetischen Politik in Osteuropa verändert hätte. Die logische Schlussfolgerung hieße: Das sowjetische Politbüro hätte selbst dann keine Truppen geschickt, wenn die Kriegsrechtoperation 1981 in Polen fehlgeschlagen und das kommunistische Regime inmitten chaotischer Gewaltsamkeit zusammengebrochen wäre. Keine dieser widersprüchlichen Positionen ist haltbar.

Jaruzelskis Behauptungen über die Sowjetunion scheinen glaubwürdig zu sein. Wie die Diskussion oben zeigt, übten das sowjetische Politbüro und das Oberkommando 1980/81 unablässig Druck auf die polnischen Führer aus. Die Sowjetunion verlegte kampfbereite Truppen an die Grenze zu Polen und in den Westen der UdSSR; sie führte eine lange Reihe auffälliger militärischer Übungen des Warschauer Pakts und auf bilateraler Ebene durch; sie informierte die polnischen Funktionäre, dass umfassende Pläne für eine Invasion unter sowjetischer Führung erarbeitet worden waren; sie unternahm Aufklärungen und andere Vorbereitungsarbeiten für die Umsetzung dieser Pläne und ermahnte die Polen wiederholt über bilaterale und multilaterale Kanäle. Jaruzelski befürchtete den Einmarsch sowjetischer Truppen in Polen, wenn er nicht das Kriegsrecht verhängte. Ob sowjetische Führer tatsächlich beabsichtigten einzumarschieren, ist eine ganz andere Frage, die noch genauer untersucht werden muss. Zu berücksichtigen ist hier, dass Jaruzelski und andere führende polnische Funktionäre 1980 und 1981 nicht in die internen Überlegungen des sowjetischen Politbüros eingeweiht waren und somit nicht sicher sein konnten, worin die sowjetischen Absichten bestanden. Vielleicht befürchteten Jaruzelski und Kania tatsächlich eine Invasion, wenn eine Lösung »aus dem Inneren« Polens – die Verhängung des Kriegsrechts – nicht zustande kam. Die Sowjets versuchten mehrmals absichtlich, diesen Eindruck zu vermitteln – selbst wenn es nicht ihre Absicht war, dies in die Tat umzusetzen: Die Drohgebärde sollte die polnischen Stellen wohl zum Handeln veranlassen. In dieser Hinsicht bestätigen die freigegebenen Unterlagen Jaruzelskis Behauptungen über seine Motive und sein Verhalten.

Jaruzelskis Bericht über die Krise lässt einen entscheidenden Punkt außer Acht. Jaruzelski erwähnt nicht, dass er, als 1981 der entscheidende Augenblick kam, die Sowjetunion tatsächlich drängte Truppen zu schicken, um ihm aus der Patsche zu helfen. Der Grund für Jaruzelskis Ernennung Mitte Oktober 1981 zum Ersten Sekretär der PRZP liegt darin, dass sowjetische Führer glaubten, er sei im Gegensatz zu Kania bereit, ihre Forderungen nach einem scharfen Vorgehen zu erfüllen. Jaruzelski setzte umgehend die abschließenden Vorbereitungen für das »kleinere der beiden Übel« – das Kriegsrecht – fort, aber er begann auch die Möglichkeit in Betracht zu ziehen, sich auf das »größere der beiden

Übel«, die militärische Intervention der Sowjetunion, zu verlassen. Seine erste diesbezügliche Anfrage erging offensichtlich Ende Oktober 1981; die Bitten setzten sich dann mit immer größerer Dringlichkeit bis zum Tage der Einführung des Kriegsrechts fort. Offensichtlich war Jaruzelski Ende 1981 zu der Überzeugung gelangt, dass die Kriegsrechtoperation nur dann Erfolg haben könne, wenn sie mit einer militärischen Intervention von außen einherging. Paradoxerweise waren die Mitglieder des Politbüros der KPdSU genau derselben Ansicht, bis Jaruzelski im Oktober 1981 Parteichef wurde. In den letzten Wochen (und vor allem in den letzten Tagen) vor Beginn der Kriegsrechtoperation flehte Jaruzelski die sowjetischen Führer an, Truppen nach Polen zu senden, damit diese ihn beim scharfen Vorgehen unterstützten; und allen Anzeichen nach war er am Boden zerstört, als sie ihm seine Bitten verwehrten. Die neu verfügbaren Beweise in dieser Angelegenheit aus vielen unabhängigen Quellen lassen Jaruzelskis wiederholte Behauptungen, seine Entscheidung zur Einführung des Kriegsrechts im Dezember 1981 sei nur in der Absicht erfolgt, Polen das Trauma einer sowjetischen Militärinvasion zu ersparen, fraglich erscheinen. Anstatt sich zu bemühen, in den letzten Wochen diese Option zu vermeiden (wie er dies zuvor bei zahlreichen Gelegenheiten getan hatte), trieb er sie letzten Endes jedoch voran.

Dass 1980/81 die Brežnev-Doktrin nicht mehr in Kraft gewesen sei, ist schließlich noch fragwürdiger. Dieses Argument setzt sich über eine große Menge an Gegenbeweisen hinweg. Der erste Schritt, den das sowjetische Politbüro im August 1980 nach der Bildung einer Sonderkommission für den Umgang mit der Polnischen Krise unternahm, war die Genehmigung der Mobilmachung einer beachtlichen Anzahl sowjetischer Panzer- und Panzergrenadierdivisionen »für den Fall, dass Polen militärische Unterstützung gewährt wird.« Zwischen August 1980 und Herbst 1981 war die sowjetische Führung ganz und gar bereit, diese Divisionen nach Polen zu entsenden, um das polnische kommunistische Regime bei der Einführung des Kriegsrechts zu unterstützen. Doch warum marschierten die sowjetischen, tschechoslowakischen und ostdeutschen Divisionen nicht in Polen ein? Immer wenn das sowjetische Politbüro seinen Druck erhöhte und vorschlug, sofort sowjetische Truppen zu verlegen, um ein scharfes Vorgehen gegen die Opposition zu ermöglichen, warnten Kania und Jaruzelski, dass es besser sei, wenn die polnischen Streitkräfte selbst das Kriegsrecht verhängten. Wären die polnischen Führer stattdessen bereit gewesen, in dieser Zeit militärische Unterstützung von außen anzunehmen, dann wären sowjetische Divisionen in Polen einmarschiert, um sie bei der Niederschlagung der Solidarność und der Wiederherstellung der orthodoxen kommunistischen Herrschaft zu unterstützen. Obgleich das Szenario für den Einmarsch sowjetischer Truppen in Polen 1980/81 anders aussah als beim Einmarsch in die Tschechoslowakei im Jahre 1968, ist der Gedanke, dass die Brežnev-Doktrin 1980 unwiderruflich tot war, abwegig.

Die sowjetischen Führer hatten Ende 1979 trotz anfänglicher Bedenken den Einsatz militärischer Gewalt in Afghanistan befohlen (einem Land, das strategisch eine weitaus geringere Bedeutung hatte als Polen). Im Falle Polens verließen sie sich auf eine »interne« Lösung, jedoch gab es keinen Unterschied zur sowjetischen Politik bei früheren schweren Krisen in Osteuropa. 1968 hatten Brežnev und seine Mitarbeiter den Ersten Sekretär der KSČ, Alexander Dubček, wiederholt gedrängt, die entschlossensten Reformkräfte abzulösen und die Pressezensur wieder einzuführen. Erst als Brežnev letztendlich klar wurde, dass Druck allein – wie stark er auch sein mochte – nicht ausreichen würde, um gegen Dubček vorzugehen, hatte er einem Einmarsch zugestimmt[194]. 1980/81 wurde wie 1968 militärische Gewalt als letzte Möglichkeit gesehen, eine Lösung herbeizuführen. Trotz allem war 1981 die Brežnev-Doktrin nach wie vor in Kraft.

Andropov wies auf einer entscheidenden Sitzung des Politbüros der KPdSU am 10. Dezember 1981 darauf hin, dass das sowjetische Militär »Maßnahmen ergreifen [muss], um den Schutz der durch Polen verlaufenden Verbindungswege zwischen der Sowjetunion und der Deutschen Demokratischen Republik sicherzustellen«[195]. Die Gewährleistung der physischen Sicherheit der Nordgruppe der Truppen der Sowjetischen Streitkräfte (der etwa 58 000 in Polen stationierten Soldaten) hatte eine noch höhere Priorität. Die einzige Möglichkeit, diese Aufgaben in einem Notfall zu erfüllen, war die Entsendung sowjetischer Truppen.

Dass die Sowjetunion im Dezember 1981 im Falle eines Bürgerkriegs Truppen nach Polen hätte schicken *können*, steht außer Frage. Im Frühjahr 1981 hatte Brežnev vermerkt, dass der Oberkommandierende der Truppen des Warschauer Pakts, Marschall Kulikov, »militärische Pläne für verschiedene Möglichkeiten ausgearbeitet hatte, um sie im Notfall umzusetzen«[196]. Den Memoiren von General Vitalij Pavlov zufolge, während der Polnischen Krise Leiter des KGB-Büros in Warschau, waren diese Pläne eine aktualisierte und erweiterte Version der Vorbereitungen vom Herbst 1980, als die Suslov-Kommission den oben erörterten Mobilmachungsplan vorgelegt hatte[197]. Kulikovs leitender Stellvertreter, General Gribkov, der das Gros der militärischen Planungen und Vorbereitungen 1980/81 leitete, bestätigte später, dass im Dezember 1981 vollständige Pläne existierten, um im Falle einer Notlage Truppen der Sowjetunion und des Warschauer Pakts nach Polen zu entsenden:

> »Gab es einen realisierbaren Plan zur Entsendung von Truppen nach Polen? Ja, einen solchen Plan gab es. Mehr noch, die Aufklärung der Einmarschwege und Sammelpunkte der verbündeten Streitkräfte war [durch sowjetische, ostdeutsche und tschechoslowakische Spezialisten] mit aktiver Beteiligung polnischer Beamter erfolgt[198].«

Gribkov bestritt, »dass ein endgültiger Beschluss über die Entsendung von Truppen« gefasst war, als das Kriegsrecht verhängt wurde, er ließ jedoch keinen

Zweifel daran, dass »verbündete Truppen in Polen einmarschiert wären«, wenn die sowjetischen Führer dies befohlen hätten. In einem streng geheimen Dokument vom 25. November 1981 ist nachzulesen, dass polnische Funktionäre mit Sicherheit glaubten, es würden »Streitkräfte des Warschauer Pakts eingreifen«, falls die Verhängung des Kriegsrechts zu unkontrollierbarer Gewalt und Blutvergießen führe[199]. Suslov hatte diesen Punkt bereits eine Woche zuvor angesprochen, als er dem Zentralkomitee der KPdSU mitteilte, dass »extreme Not [in Polen] extreme Maßnahmen rechtfertigen würde« – ein Begriff, der sich stets auf militärische Intervention von außen bezog. Das sowjetische Politbüro habe »während der gesamten Krise in Polen nach *politischen* Mitteln zur Lösung des Konflikts gesucht«. Suslov wiederholte die von Brežnev mehrfach geäußerte Erklärung, die Sowjetunion werde und könne »Polen nicht im Stich lassen«. Suslov versicherte dem Zentralkomitee, das sowjetische Politbüro würde alles tun »was immer notwendig ist, um die Volksrepublik Polen als grundlegenden Bestandteil der sozialistischen Gemeinschaft und lebendigen, ständigen Teilnehmerstaat der Warschauer Vertragsorganisation und des Rates für gegenseitige Wirtschaftshilfe zu erhalten und zu stärken«[200].

Der beachtliche Erfolg von Jaruzelskis »interner Lösung« am 12. und 13. Dezember 1981 ersparte es den sowjetischen Führern, eine endgültige Entscheidung über die Entsendung sowjetischer Truppen nach Polen treffen zu müssen.

Die erstaunlich reibungslose Verhängung des Kriegsrechts in Polen trug dazu bei, eine weitere Störung in den sowjetisch-osteuropäischen Beziehungen im letzten Jahr von Brežnevs Herrschaft und den nächsten zweieinhalb Jahren unter Andropov und Černenko zu vermeiden. Das Fehlen größerer politischer Unruhen in Osteuropa zwischen 1982 und 1985 scheint auf den ersten Blick besonders überraschend, da dies eine Periode großer Unsicherheit war, nicht nur aufgrund der Nachfolge von Brežnev, sondern auch wegen der bevorstehenden Machtwechsel in den meisten anderen Warschauer-Pakt-Staaten. Das letzte Mal, als die Sowjetunion einen anhaltenden Führungswechsel erlebte, von 1953 bis 1957, kam es im Ostblock zu zahlreichen Krisen: groß angelegte gewaltsame Unruhen in Plzeň und anderen tschechoslowakischen Städten im Juni 1953, ein Aufstand in Ostberlin im Juni 1953, ein Massenaufstand in Poznań im Juni 1956 und schwere Krisen in Polen und Ungarn im Oktober und November 1956. Darüber hinaus erfuhren von 1953, nach dem Tod Stalins, bis 1956 alle osteuropäischen Staaten große Veränderungen in den Spitzen von Partei und Staat, genauso wie die Sowjetunion selbst.

Im Gegensatz dazu verlief das Interregnum von 1982 bis 1985 in Osteuropa verhältnismäßig ruhig. Diese ungewöhnliche Ruhe ist nicht einem Faktor allein zuzuschreiben, doch das harte Vorgehen im Dezember 1981 in Polen sowie die Invasionen von 1956 und 1968 sind wahrscheinlich ein wesentlicher Teil der Erklärung. Nach Stalins Tod im Jahre 1953 ließ sich höchstens erahnen, inwieweit Veränderungen in Osteuropa möglich wären; Anfang der achtziger Jahre hatte die Sowjetunion ihren Willen und ihre Fähigkeit gezeigt, alles Notwendige zu tun, um »Abweichungen vom Sozialismus« zu vermeiden oder rückgängig zu machen. Anstatt eines vorzeitigen Todes zu sterben, überlebte die Brežnev-Doktrin Brežnev selbst und behielt ihre Gültigkeit, bis sie 1989 von Michail Gorbačev aufgegeben wurde.

Anmerkungen

1 Razvitie voennogo iskusstva v uslovijach vedenija raketno-jadernoj vojny po sovremennym predstavlenijam, Bericht Nr. 24762s (streng geheim) von Generaloberst P. Ivašutin, Chef der Hauptverwaltung Aufklärung beim sowjetischen Generalstab, an Marschall M.V. Zacharov, Leiter der Militärakademie beim Generalstab, 28.8.1964, Central'nyj archiv Ministerstva oborony (CAMO), Moskau, D. 158, insb. L. 400. Vorbereitungen zur Umsetzung dieser Art der Strategie konnten in den Übungen des Pakts sogar Ende der siebziger Jahre festgestellt werden; siehe z.B. Referat des Stellvertreters des Ministers und Chefs der Landstreitkräfte zur Auswertung der Kommandostabsübung JUG-78, 18.4.1978, Bundesarchiv-Militärarchiv (BArch-MA), AZN 29371, Bl. 1. Hinsichtlich einer frühzeitigen öffentlichen Bekanntgabe des neuen Konzepts siehe Marschall A.A. Grečko, Patriotičeskij i internacional'nyj dolg Vooružennych sil SSSR, in: Krasnaja zvezda, 6.10.1961, S. 3.

2 Voenno-političeskoe sotrudničestvo socialističeskich stran, hrsg. von V.V. Semin et al., Moskva 1988, S. 72–74, 185–201, 231–243. Geheime Berichte vieler dieser von Offizieren der Nationalen Volksarmee der DDR erstellten Übungen sind im BArch-MA zu finden.

3 US Central Intelligence Agency, Foreign Assessment Center, The Development of Soviet Military Power Trends since 1965 and Prospects for the 1980s, SR SI 100353 (streng geheime/nachrichtendienstliche Quellen und Methoden eingeschlossen), April 1981 (Freigabe März 2001), v.a. S. 1–20.

4 Mark Kramer, Civil-Military Relations in the Warsaw Pact: The East European Component, in: International Affairs, 61 (1985), 1, S. 55 f.

5 O przedsiewzieciu mającym na celu podwyższenie gotowości bojowej wojska, 25.2.1967, Centralne Archiwum Wojskowe (CAW), Warschau, F. 6, Kor. 234; Dogovor meždu pravitel'stvami SSSR i ČSSR o merach povyšenija boegotovnosti raketnych vojsk, 15.12.1965, Vojenský Historický Archiv (VHA), Prag, Fonds Sekretariát Ministra Národní Obrany (MNO), Sv. 16, A.j. 152; Hungary: USSR Nuclear Weapons Formerly Stored in Country, übersetzt in: US Joint Publications Research Service, Nuclear Proliferation, JPRS-TND-91-007, 20.5.1991, S. 14–16; und eine Reihe von Abkommen, die 16 Standorte in Ostdeutschland betreffen, in: BArch-MA, AZN 29555, Bd 155.

6 Bundesministerium für Verteidigung, Militärische Planungen des Warschauer Paktes in Zentraleuropa, Bonn, Januar 1992, S. 3.

7 Die Debatte über die nukleare »Beteiligung« innerhalb des Warschauer Pakts wird behandelt in Mark Kramer, Warsaw Pact Nuclear Operations and the ›Lessons‹ of the Cuban Missile Crisis, in: Cold War International History Project Bulletin, Winter 1996/97, 8–9, S. 334–343.

[8] Probable Developments in East Europe and Implications for Soviet Policy, Special National Intelligence Estimate, SNIE 12-2-56 (geheim), 30.10.1956, in: US Department of State, Foreign Relations of the United States (FRUS), 1955-1957, vol. 25 (Eastern Europe), v.a. S. 335.

[9] US Central Intelligence Agency, Main Trends in Soviet Military Policy, National Intelligence Estimate, NIE 11-4-65 (geheim, kontrollierte Verteilung), 14.4.1965, v.a. S. 5 f. (Changes in the Strategic Relationship); abgedr. in US Central Intelligence Agency, Estimates on Soviet Military Power, 1954 to 1984: A Selection, Washington, DC 1994, S. 191-214.

[10] Raymond L. Garthoff, Reflections on the Cuban Missile Crisis, Washington, DC 1989, S. 78-95.

[11] Why We Treat Communist Countries Differently: Address by Secretary Rusk, in: Department of State Bulletin, vol. 50, Nr. 1290 (16.3.1964), S. 393.

[12] Rabočaja zapis' zasedanija Politbjuro CK KPSS ot 15 marta 1968 g., wörtliche Niederschrift (streng geheim), 15.3.1968, Archiv Prezidenta Rossijskoj Federacii (APRF), F. 3, Op. 45, D. 99, Ll. 123-124.

[13] Ebd., L. 127.

[14] Rabočaja zapis' zasedanija Politbjuro CK KPSS ot 21 marta 1968 g., wörtliche Niederschrift (streng geheim), 21.3.1968, APRF, F. 3, Op. 45, D. 99, Ll. 147-158.

[15] Ebd., Ll. 148, 151-153, 156.

[16] Siehe die Materialien zu diesen Diskussionen in Archiwum Akt Nowych (AAN), Warschau, Archiwum Komitetu Centralnego Polskiej Zjednoczonej Partii Rabotniczej (Arch. KC PZPR), P. 32, T. 114.

[17] Protokół z rozmowy Pierwszego Sekretarza KC PZPR tow. Władysława Gomułki z Pierwszym Sekretarzem KC KPCz tow. Aleksandrem Dubczekem, 7.2.1968 (geheim), AAN, Arch. KC PZPR, P. 193, T. 24, Dok. 3.

[18] A.M. Aleksandrov-Agentov, Ot Kollontaj do Gorbačeva: Vospominanija diplomata, sovetnika A.A. Gromyko, pomoščnika L.I. Brežneva, Yu. V. Andropova, K.U. Černenko i M.S. Gorbačeva, Moskva 1993, S. 147-149. Aleksandrov-Agentov war 1968 leitender außenpolitischer Berater von Brežnev; seine Erinnerungen geben wertvolle Einblicke in diese Zeit und andere Episoden seiner langen Karriere.

[19] Rabočaja zapis' zasedanija Politbjuro CK KPSS ot 23 maja 1968, wörtliche Niederschrift (streng geheim), 23.5.1968, APRF, F. 3, Op. 45, L. 262. Die neun Mitglieder der Kommission waren Nikolaj Podgornyj, Michail Suslov, Arvids Pel'še, Aleksandr Šelepin, Kirill Mazurov, Konstantin Rusakov, Jurij Andropov, Andrej Gromyko und Aleksej Epišev.

[20] Siehe die rückblickenden Anmerkungen von Jiří Hájek, der 1968 Außenminister der Tschechoslowakei war, in: Dix ans après: Prague 1968-1978, Paris 1978, S. 110-115, 163 f., 172-179.

[21] Siehe Dubčeks Anmerkungen zu dieser Frage in: Hope Dies Last: The Autobiography of Alexander Dubček, New York 1993, S. 178 f.

[22] Mark Kramer, The Soviet Union and the 1956 Crises in Hungary and Poland: Reassessments and New Findings, in: Journal of Contemporary History, 33 (1998), 2, S. 163-215.

[23] Siehe z.B. Projev soudruha Alexandra Dubčeka, in: Rudé právo, Prag, 25.4.1968, S. 1 f.

[24] Rabočaja zapis' zasedanija Politbjuro CK KPSS ot 6 maja 1968 g., APRF, F. 3, Op. 45, D. 99, L. 211.

[25] Siehe z.B. die umfangreichen Berichte und Memoranden in: Rossijskij Gosudarstvennyj Archiv Novejšej Istorii (RGANI), F. 5, Op. 60, Dd. 232, 243 und 309.

26 Rabočaja zapis' zasedanija Politbjuro CK KPSS ot 23 maja 1968 g., 23.5.1968 (streng geheim), APRF, F. 3, Op. 45, D. 99, Ll. 260–262.

27 Anmerkungen notiert in Dnevniki P.E. Shelesta, Rossijskij Gosudarstvennyj Archiv Social'no-Političeskoi Istorii (RGASPI), F. 696, Te. 7, L. 213.

28 Zapis' peregovorov s delegaciej ČSSR 4 maja 1968 goda, L. 144.

29 Vystoupení generála V. Prchlíka na tiskové konferencí, in: Obrana lidu, Prag, 16.7.1968, S. 1 f. Eine typische sowjetische Reaktion enthält: Komu ugoždaet general V. Prchlik, in: Krasnaja zvezda, Moskau, 23.7.1968, S. 2.

30 Pervomu sekretarju KPČ, t. Aleksandru Dubčeku (streng geheim) von Marshal I. Jakubovskij, Befehlshaber des Warschauer Pakts, 18.7.1968, Statní ústřední archiv (SÚA), Archiv Ústředního výboru Komunistické strany Československa (Arch. ÚV KSČ), F. 07/15.

31 Das tschechische Dokument mit dem Titel »Probleme mit der Politik zum Erhalt der inneren und äußeren Sicherheit des Staates, ihren gegenwärtigen Zustand und grundlegende Wege zu ihrer Lösung« ist zu finden in RGANI, F. 5, Op. 60, D. 310, Ll. 121–153, zusammen mit einer Notiz auf dem Deckblatt (gekennzeichnet als »streng geheim«) des sowjetischen Botschafters in der Tschechoslowakei, Stepan Červonenko, an Verteidigungsminister Grečko, Außenminister Gromyko und die beiden Funktionäre der KPdSU, die sich täglich mit dieser Krise auseinandersetzten, Konstantin Katušev und Konstantin Rusakov. Červonenko stellte fest, dass der Autor des Entwurfs der »berüchtigte General Prchlík« sei.

32 Dohoda ČSSR-ZSSR o vzájemných dodávkach výzbroje a voj. techniky v rr. 1963–1965, März 1963 (streng geheim), VHA, F. Sekretariát MNO, A.j. 26, 2.

33 Siehe Anm. 9.

34 Zu dieser Frage siehe Mark Kramer, The Prague Spring and the Soviet Invasion: New Interpretations, in: Cold War International History Project Bulletin, Herbst 1993, 3, v.a. S. 9–12.

35 Siehe das Interview mit Josef Smrkovský in: Nedokončený rozhovor: Mluví Josef Smrkovský, Listy: Časopis československé socialistické opozice, Rom, Bd. 4, Nr. 2, März 1975, S. 17; und das Interview mit Oldřich Černík, Bumerang ›Prazhskoi vesnoi‹, in: Izvestija, Moskau, 21.8.1990, S. 5. Sowohl Smrkovský als auch Černík waren 1968 Mitglieder des Präsidiums der KSČ. Smrkovský war außerdem Präsident der Nationalversammlung und ein führender Architekt des Prager Frühlings; Černík war Premierminister der Tschechoslowakei. Šelest beschreibt einen Zwischenfall in seinem Tagebuch (Dnevniki P.E. Shelesta, RGASPI, F. 666, Te. 7, L. 38), der darauf hinweist, dass die Angebote bei Smrkovský auf offene Ohren gestoßen sind, aber es gibt keine weitere Bestätigung des Zwischenfalls.

36 Niederschriften der ersten drei Sitzungen liegen jetzt aus deutschen, tschechischen und polnischen Archiven vor. Siehe Protokol der Treffen der Ersten Sekretäre der kommunistischen Parteien Bulgariens, der ČSSR, der DDR, Polens, der Sowjetunion und Ungarns, 23.3.1968 (streng geheim), Stiftung Archiv der Parteien und Massenorganisationen im Bundesarchiv (SAPMO-DDR), Zentrales Parteiarchiv (ZPA), IV 2/201/778; Stenografický záznam schůzky »pětky‹ k československé situaci 8. května 1968, 8.5.1968, SÚA, Archiv. ÚV KSČ, F. 07/15; Protokół ze spotkania przywódców partii i rządów krajów socjalistycznych – Bulgarii, NRD, Polski, Węgier i ZSRR – w Warszawie, 14–15 lipca 1968 r., Kopie Nr. 5 (streng geheim), 14./15.7.1968, AAN, Arch. KC PZPR, P. 193, T. 24, Dok. 4. Zahlreiche andere erst kürzlich freigegebene Dokumente und Berichte aus erster Hand geben weiteren Aufschluss über diese Treffen; siehe insbesondere das ausführliche Interview mit János Kádár: Yanosh Kádár o ›pražskoj vesne‹, in:

Kommunist, Moskau, Nr. 7, Mai 1990, S. 96 - 103, das alle drei Treffen behandelt, v.a. die beiden in Dresden und Warschau.

[37] Rabočaja zapis' zasedanija Politbjuro CK KPSS ot 3 ijulja 1968 g., 3.7.1968 (streng geheim), APRF, F. 3, Op. 45, L. 367.

[38] Central'nomu Komitetu Kommunističeskoj Partii Čechoslovakii, in: Pravda, Moskau, 18.7.1968, S. 1.

[39] Rabočaja zapis' zasedanija Politbjuro CK KPSS ot 19 ijulja 1968 g., 19.7.1968 (streng geheim), und Rabočaja zapis' zasedanija Politbjuro CK KPSS ot 22 ijulja 1968 g., 22.7.1968 (streng geheim), beide APRF, F. 3, Op. 45, D. 99, Ll. 417 - 426 bzw. Ll. 427 - 434.

[40] Rabočaja zapis' zasedanija Politbjuro CK KPSS ot 26/27 ijulja 1968 g., 27.7.1968 (streng geheim), APRF, F. 3, Op. 45, D. 99, Ll. 437 - 438.

[41] Siehe z.B. Informace z jednání v Č. n. Tisou, 1.8.1968 (streng geheim), VHA, F. Sekretariát MNO, 1968 - 1969, 161/282 und 162/283.

[42] Zajavlenie kommunističeskich i rabočich partii socialističeskich stran, in: Pravda, Moskau, 4.8.1968, S. 1 (Hervorhebung M.K.).

[43] Rabočaja zapis' zasedanija Politbjuro CK KPSS ot 6 avgusta 1968 g., 6.8.1968 (streng geheim), APRF, F. 3, Op. 45, D. 99, L. 462.

[44] Zu den Vorbereitungen siehe: Záznam z jednání sovětských generálů Tutarinova, Provalova a Maruščaka s náčelníkem generálního štábu MLA generálem Csémi o přípravě operace ›Dunaj‹, 27.7.1968 (streng geheim), ÚSD-SK, Materialien von J. Pataki, NHKI, 5/12/11; Depese čs. titularů z Berlina, Varšavy a Budapešti z 29.7. - 1.8.1968 o pohybu vojsk kolem hranic Československa, Juli - August 1968, Archiv Ministerstva zahraničních věcí, Prag, Depeše Nos. 7103, 7187, 7259 und 7269/1968; Setkání ministrů obrany, in: Mladá fronta, Prag, 17.8.1968, S. 2; Grečko v Polsku, in: Rudé právo, Prag, 18.8.1968, S. 2; Cvičeni v Maďarsku, in: Mladá fronta Prag, 17.8.1968, S. 2.

[45] Dnevniki P.E. Shelesta, RGASPI, F. 666, Te. 7, L. 92.

[46] Ein Bericht aus erster Hand über Brežnevs medizinische Probleme während der Krise ist in den Erinnerungen von Brežnevs Arzt zu finden: Evgenij Čazov, Zdorov'e i vlast': Vospominanija »kremlevskogo vrača«, Moskva 1992, S. 74 - 76.

[47] Zitiert in einem Interview mit Brežnevs engsten Beratern in Leonid Šinkarev, Avgustovskoe bezumie: K 25-letiju vvoda vojsk v Čechoslovakiju, in: Izvestija, Moskau, 21.8.1993, S. 10.

[48] Telefonický rozhovor L. Brežněva s A. Dubčekem, 9.8.1968 (streng geheim), ÚSD-SK, Z/S 8.

[49] Rozgovor tovarišča L.I. Brežneva s tovariščom A.S. Dubčekom, 13.8.1968 (streng geheim), APRF, F. 3, Op. 91, D. 120, Ll. 1 - 18.

[50] Vypiska iz protokola No. 94 zasedanija Politbjuro CK KPSS 13 avgusta 1968 g., No. P94/101 (streng geheim), APRF, Prot. Nr. 38.

[51] Vystoupení J. Kádára na zasedání ÚV MSDS a rady ministrů 23.8.1968 k madarsko-sovětskému jednání v Jaltě, 12. - 15.8.1968, ÚSD-SK, Z/M 19.

[52] Freigegebene Dokumente zeigen, dass sich Brežnev auf der Krim mehrfach mit Aleksej Kosygin, Nikolaj Podgornyj, Petro Šelest, Michail Suslov, Aleksandr Šelepin, Arvids Pel'še, Kirill Mazurov, Gennadij Voronov, Viktor Grišin, Dinmuchamed Kunaev, Pjotr Mašerov, Šaraf Rašidov, Vladimir Ščerbitskij und Konstantin Katušev traf.

[53] Für einen aufschlussreichen Bericht aus erster Hand siehe Petro Šelest, Dnevniki P.E. Shelesta, RGASPI, F. 666, Te. 7, Ll. 141 - 142. Offensichtlich wurde keine vollständige Niederschrift der Sitzungen erstellt.

54 Rabočaja zapis' zasedanija Politbjuro CK KPSS ot 16 avgusta 1968 g., 16.8.1968 (streng geheim), APRF, F. 3, Op. 45, D. 99, Ll. 469–471.

55 K voprosu o položenii v Čechoslovakii: Vypiska iz protokola No. 95 zasedanija Politbjuro CK ot 17 avgusta 1968 g., No. P95/1 (streng geheim), 17.8.1968, APRF, Prot. Nr. 38.

56 Stenogramma Soveščanija predstavitelej kommunističeskich i rabočich partij i pravitel'stv NRB, VNR, GDR, PNR i SSSR po voprosu o položenii v Čechoslovakii, 18.8.1968 (streng geheim), RGANI, F. 89, Op. 38, D. 57, Ll. 1–22.

57 Siehe das Interview mit dem Obersten Befehlshaber der Invasion, Armeegeneral Ivan Pavlovskij: Eto bylo v Prage, in: Izvestija, Moskau, 19.8.1968, S. 5.

58 Berichte aus erster Hand findet man in Nedokončený rozhovor (wie Anm. 35), S. 16–18; Zdeněk Mlynář, Nachtfrost: Erfahrungen auf dem Weg vom realen zum menschlichen Sozialismus, Köln 1978, S. 181–187; František August and David Rees, Red Star Over Prague, London 1984, S. 134–142; Dubček, Hope Dies Last (wie Anm. 21), S. 182–184; sowie Historický ústav ČSAV, Sedm pražských dnů, 21.–27. srpen 1968: Dokumentace, Praha 1968, S. 53–58. Zu Černíks Verhaftung siehe den Bericht aus erster Hand von Otomar Boček, Vorsitzender des Obersten Gerichts, an den 14. Parteitag in Vysočaný, abgedr. in: Tanky proti sjezdu: Protokol a dokumenty XIV. sjezdu KSČ, hrsg. von Jiří Pelikán, Wien 1970, S. 66–68.

59 Für einen soliden Überblick über den Zeitraum bis 1980 siehe Robert L. Hutchings, Soviet-East European Relations, 1968–1980: Consolidation and Conflict, Madison 1983. Siehe auch die Aufsätze in Soviet Policy in Eastern Europe, ed. by Sarah M. Terry, New Haven, CT 1984.

60 Siehe Z tajnych archiwów: Raport Komisji Kruczka, 2 st., in: Polytika, Nr. 32, Warschau, 11.8.1990, und Nr. 33, 18.8.1990, S. 1, 10–14. Siehe auch Edward Gierek, Edward Gierek: Przerwana Dekada, Warszawa 1990, S. 57.

61 List Biura Politycznego KC KPZR do Biura Politycznego do Biura Politycznego KC PZPR z 18 grudnia 1970 r., 18.12.1970, in: Tajne Dokumenty Biura Politycznego PRL-ZSRR, 1956–1970, hrsg. von Andrzej Paczkowski, London 1998, S. 661 f.

62 US Department of Defense, Soviet Military Power 1986, 5. ed., Washington, DC 1986, S. 59–91.

63 Für Erkenntnisse der US-Nachrichtendienste bezüglich des Volumens der für jede osteuropäische Armee gelieferten sowjetischen Waffen siehe US Central Intelligence Agency, Warsaw Pact Concepts and Capabilities for Going to War in Europe: Implications for NATO Warning of War, National Intelligence Estimate, NIE 4-1-78 (streng geheim), 20.4.1978.

64 Siehe Matthew J. Ouimet, The Rise and Fall of the Brezhnev Doctrine in Soviet Foreign Policy, Chapel Hill, NC 2003; Vojtech Mastny, The Soviet Non-Invasion of Poland, in: Europe-Asia Studies, 51 (1999), 2, S. 189–211; und Wilfried Loth, Moscow, Prague, and Warsaw: Overcoming the Brezhnev Doctrine, in: Cold War History, 1 (2001), 2, S. 103–118. Alle drei Beiträge, insbesondere die von Loth und Ouimet, zeigen, dass die Nichtbeachtung wichtiger Quellen zu voreiligen und äußerst unzulänglichen Schlussfolgerungen führen kann.

65 SSSR i bratskie socialističeskie strany Evropy v 70-e gody, hrsg. von A.L. Naročnickij, Moskva 1988, S. 120–183.

66 Siehe Jiří Valenta, Eurocommunism and Czechoslovakia, in: Eurocommunism Between East and West, ed. by Vernon V. Aspaturian et al., Bloomington 1980, S. 157–180. Die Desillusionierung spielte auch unter nichtkommunistischen Intellektuellen eine bedeutende Rolle, siehe etwa Konrad Jarausch, 1968 and 1989: Caesuras, Comparisons, and

Connections, abgedr. in: 1968: The World Transformed, ed. by Carole Fink, Philipp Gassert and Detlef Junker, New York 1998, S. 461–477.

[67] Edwina Moreton, East Germany and the Warsaw Alliance: The Politics of Détente, Boulder, CO 1978.

[68] Vertrag zwischen der Union der Sozialistischen Sowjetrepubliken und der Bundesrepublik Deutschland, 12.8.1970, in: Europa-Archiv, 25 (1970), S. 397 f.

[69] Einen lebendigen Bericht aus erster Hand über die langwierigen Verhandlungen, die zur Schlussakte von Helsinki führten, findet man in Ju.V. Dubinin, Ternistyj put' k Chel'sinki, 1975 g., in: Novaja i novejšaja istorija, 1994, 4–5, S. 177–194. Dubinin, Mitarbeiter des Außenministeriums, leitete die sowjetische Delegation. Bezüglich eines ähnlichen Berichts des amerikanischen Chefunterhändlers siehe John J. Maresca, To Helsinki: The Conference on Security and Cooperation in Europe, Durham, NC 1985.

[70] US Central Intelligence Agency, The Soviet View of the Dissident Problem Since Helsinki, RP 77–101000 (geheim), Mai 1977.

[71] Scînteia, Bukarest, 25.11.1978, S. 1 (Hervorhebung im Original).

[72] R.B. Samofal und V.V. Terechov, Vypolnenie socialističeskimi stranami internacional' nogo dolga v otnošenii stran i narodov, borjuščichsja za svobodu i nezavisimost', in: Voenno-političeskoe sotrudničestvo socialističeskich stran (wie Anm. 2), S. 248–280. Siehe auch Sovetskie vooružennye sily na straže mira i socializma, hrsg. von A.I. Sorokin, Moskva 1988, S. 272–275; Hans-Joachim Spanger, Die beiden deutschen Staaten in der Dritten Welt (I und II), in: Deutschland Archiv, 17 (1984), 1–2, S. 30–50 bzw. S. 150–165; Woodrow Kuhns, The German Democratic Republic in Africa, in: East European Quarterly, 19 (1985), 2, S. 219–240; und Melvin Croan, A New Afrika Korps?, in: The Washington Quarterly, 3 (1980), 3, S. 21–37.

[73] Eastern Europe and the Third World, ed. by Michael Radu, New York 1981; Edwina Moreton, The East Europeans and the Cubans in the Middle East: Surrogates or Allies?, in: The Soviet Union and the Middle East: Policies and Perspectives, ed. by Adeed Dawisha and Karen Dawisha, New York 1982, S. 172–185; und Andrzej Korbonski, Eastern Europe and the Third World, or ›Limited Regret Strategy‹ Revisited, in: The Soviet Union and the Third World: The Last Three Decades, ed. by Andrzej Korbonski and Francis Fukuyama, Ithaca, NY 1987, S. 94–122.

[74] Siehe East European Perspectives on European Security and Cooperation, ed. by Robert R. King and Robert W. Dean, New York 1974.

[75] Zu einer kleinen Ausnahme von dieser Aussage kam es im Jahre 1984, als die DDR engere Beziehungen zur Bundesrepublik anstrebte, obwohl die Sowjetunion Westdeutschland noch immer für ihre Akzeptanz der Pershing-II und Marschflugkörper »bestrafen« wollte. Letztlich gaben die Ostdeutschen ihre Bemühungen auf. Siehe Wilhelm Bruns, Die Außenpolitik der DDR, Berlin 1985, S. 273–285.

[76] General Ju.V. Votincev, einem leitenden Befehlshaber in den sowjetischen Luftverteidigungskräften, zufolge wurde die Entscheidung, die SS-12 B und SS-23 in die Tschechoslowakei und nach Ostdeutschland zu verlegen, Ende 1979 getroffen, etwa vier Jahre bevor die NATO mit der Stationierung ihrer neuen Flugkörper begann. Offenbar waren die tschechoslowakischen und die ostdeutschen Behörden zuvor nicht konsultiert worden. Als Leiter der strategischen Verteidigungskräfte der UdSSR war Votincev auf dem militärischen Treffen auf höchster Ebene anwesend, auf dem die Entscheidung getroffen wurde. Siehe Neizvestnye vojska isčeznuvšej sverchderžavy, in: Voenno-istoričeskij žurnal (VIŽ), 1993, 9, S. 34.

[77] Zasedanie Politbjuro CK KPSS, 31.5.1983 (streng geheim), RGANI, F. 89, Op. 42, D. 53, Ll. 2, 5. Rumänien wurde besonders kritisiert (obwohl alle Anwesenden darin über-

einstimmten, dass Ceauşescu zu einem Sondergipfel des Warschauer Paktes eingeladen werden sollte, um den Zusammenhalt des Bündnisses in der INF-Frage zu stärken), aber die Beschwerden galten auch für andere Staaten.

[78] In kampferfüllter Zeit setzen wir den bewährten Kurs des X. Parteitages für Frieden und Sozialismus erfolgreich fort: Aus der Diskussionsrede von Erich Honecker, Generalsekretär des Zentralkomitees der SED, in: Neues Deutschland, 26./27.11.1983, S. 3.

[79] Einen zuverlässigen und detaillierten Bericht über die Veränderungen in den Kommandostrukturen der Sowjetunion und des Warschauer Pakts findet man in Generaloberst M.S. Tereščenko, Na Zapadnom napravlenii: Kak sozdavalis' i dejstvovali glavnye komandovanija napravleniya, in: VIŽ, (1993), 5, S. 9–17. Tereščenko war von 1984 bis 1988 Chef des Stabes und Erster Stellvertretender Befehlshaber im Oberkommando Westlicher Kriegsschauplatz. Siehe auch Thomas Symonds, Soviet Theaters, High Commands and Commanders, Fort Meade, MD 1986; und John Erickson et al., Organizing for War, College Station, TX 1984.

[80] N.V. Ogarkov, Na straže mirnogo truda, in: Kommunist, Moskau, Nr. 10, Juli 1981, S. 86; N.V. Ogarkov, Vsegda v gotovnosti k zaščite otečestva, Moskva 1982, S. 35; und N.V. Ogarkov, Istorija učit bditel'nosti, Moskva 1985, S. 47.

[81] Grundsätze über die Vereinten Streitkräfte der Teilnehmerstaaten des Warschauer Vertrages und ihre Führungsorgane (für den Krieg), GVS-Nr. A 468 858 (streng geheim), 18.3.1980, BArch-MA, AZN 32584. Siehe auch das Interview mit Ryszard Kukliński, Wojna z narodem widziana od środka, in: Kultura, Nr. 4/475, Paris, April 1987, S. 53–56; und Tereščenko, Na zapadnom napravlenii (wie Anm. 79), S. 9–17.

[82] Jeffrey Simon, Cohesion and Dissension in Eastern Europe: Six Crises, New York 1983, S. 135–138.

[83] Vypiska iz protokola No. 210 zasedanija Politbjuro CK KPSS ot 25 avgusta 1980 goda: K voprosu o položenii v Pol'skoj Narodnoj Respublike, Nr. P210/II (streng geheim), 25.8.1980, F. 89, Op. 66, D. 1, L. 1.

[84] Informationen erhielt der Autor von Georgij Šachnazarov, dem leitenden Stabsanalytiker der Suslov-Kommission in den Jahren 1980 bis 1982, in einem Interview am 8.11.1997 für das polnische Periodikum »Jachranka«.

[85] O prazdnovanii pervogo maja i godovščiny so dnja prinjatija konstitutsii 3 maja (Političeskaja zapiska), Telegramm Nr. 68 (geheim), 4.5.1981, von N.P. Ponomarev, sowjetischer Generalkonsul in Szczecin, RGANI, F. 5, Op. 84, D. 597, Ll. 6–12; Vnešnjaja politika PNR na nynešnem etape (Politpis'mo), 9.7.1981, Telegramm Nr. 595 (streng geheim) von B.I. Aristov, sowjetischer Botschafter in Polen, RGANI, F. 5, Op. 84, D. 596, Ll. 21–34; und Ob idejno-političeskich kontsepcijach ›reformatorskogo kryla‹ v PORP (Spravka), Telegramm Nr. 531 (geheim), 22.6.1981, von V. Muckij, erster Berater an der sowjetischen Botschaft in Polen, RGANI, F. 5, Op. 84, D. 598, Ll. 116–121.

[86] Položenie v PORP posle IX S'ezda, Telegramm Nr. 596 (streng geheim), 4.11.1981, von B.I. Aristov, sowjetischer Botschafter in Polen, an Konstantin Rusakov, Leiter der Abteilung Blockinterne Angelegenheiten beim Zentralkomitee der KPdSU, RGANI, F. 5, Op. 84, D. 596, Ll. 35–53.

[87] Vypiska iz protokola No. 37 zasedanija Politbjuro CK KPSS ot 21 nojabrja 1981 goda: O prieme v SSSR partijno-gosudarstvennoj delegatsii PNR i ustnom poslanii t. Brežneva L.I. t. V. Jaruzel'skomu, Nr. P37/21 (streng geheim), 21.11.1981, RGANI, F. 89, Op. 42, D. 27, L. 3.

[88] Vnešnjaja politika PNR na nynešnem etape (Politpis'mo), Telegramm Nr. 595 (streng geheim), 9.7.1981, von B.I. Aristov, sowjetischer Botschafter in Polen, RGANI, F. 5, Op. 84, D. 596, Ll. 21–34.

[89]   Ebd., L. 27. Siehe auch Voprosy vnešnej politiki na IX S'ezde PORP (Informacija), Telegramm Nr. 652 (geheim), 10.8.1981, von Ju. Ivanov, Berater an der sowjetischen Botschaft in Polen, RGANI, F. 5, Op. 84, D. 598, Ll. 170-176.

[90]   Zit. nach Informacija o nekotorych vyskazanijach pol'skich graždan sovetskim turistam v PNR iz Vinnitskoj oblasti, Report Nr. 03/284 (streng geheim), 26.11.1980, von A.V. Merkulov, Leiter der Abteilung Auswärtige Beziehungen des ZK der Ukrainischen KP, Central'nyj Deržavnyj Archiv Hromads'kych Ob'ednan Ukrainy (CDAHOU), F. 1, Op. 25, Spr. 2138, Ll. 46-49.

[91]   Zit. nach Stenografische Niederschrift des Treffens führender Repräsentanten der Teilnehmerstaaten des Warschauer Vertrages am 5. Dezember 1980 in Moskau, 5.12.1980 (streng geheim), SAPMO-DDR, ZPA, J IV, 2/2 A-2368; abgedr. in: »Hart und kompromisslos durchgreifen«: Die SED contra Polen – Geheimakten der SED Führung über die Unterdrückung der polnischen Demokratiebewegung, hrsg. von Michael Kubina und Manfred Wilke, Berlin 1995, S. 150.

[92]   Siehe O političeskoj situatsii i nastroenijach v voevodstvach južnogo regiona PNR (Politpis'mo), Telegramm Nr. 179 (geheim), 12.11.1981, von G. Rudov, sowjetischer Generalkonsul in Kraków, RGANI, F. 5, Op. 84, D. 597, Ll. 13-22.

[93]   Zasedanie Politbjuro CK KPSS 29 oktjabrja 1980 goda: Materialy k družestvennomu rabočemu vizitu v SSSR pol'skich rukovoditelej, 29.10.1980 (streng geheim), RGANI, F. 89, Op. 42, D. 31, L. 3.

[94]   Vladimir Lomejko, Kto že dolbit dyry v pol'skoj lodke, in: Literaturnaja gazeta, Moskau, Nr. 3, 21.1.1981, S. 14.

[95]   Reč' tovarišča M.A. Suslova, in: Pravda, Moskau, 13.4.1981, S. 4.

[96]   Informacija o prebyvanii v GDR«, Memorandum Nr. 160-s (geheim), 17.7.1981, von V.P. Osnač, Vorsitzender des Präsidiums der Ukrainischen Freundschaftsgesellschaft, CDAHOU, F. 1, Op. 25, Spr. 2298, Ll. 15-18.

[97]   Niederschrift über das Treffen zwischen den Genossen L.I. Brežnev und E. Honecker am 3.8.1981 auf der Krim, Aufzeichnungen von Bruno Mahlow, stellvertretender Leiter der Abteilung Internationale Verbindungen des ZK der SED, 3.8.1981 (streng geheim), SAPMO-DDR, ZPA, J IV 2/2/A-2419, Bl. 336.

[98]   Bezpečnostní situace v Polsku, 3.9.1980, Archiv Ministerstva Vnitra (AMV) ČR, Kanice, F. KS SNB Hradec Králové, Sv. 15, A.j. 9.

[99]   Záznam o rozhovoru najvyšších predstaviteľov, súdruha G. Husáka a J. Kádára v Bratislave, Gesprächsnotizen (streng geheim), 12.11.1980, Národní Archiv České Republiky (NAČR), Archiv Ústředního výboru Komunistické strany Československa (Arch. ÚV KSČ), F. 02-1, Sv. 158, A.j. 155.

[100] Informační bulletin ÚV KSČ, Nr. 2/1981 (streng geheim), 9.1.1981, NAČR, Arch. ÚV KSČ, F. D-1, Sv. 11, VI 31, L. 5.

[101] Vermerk über das Treffen der Genossen Leonid Il'ič Brežnev, Erich Honecker und Gustáv Husák am 16.5.1981 im Kreml in Moskau, 18.5.1981 (streng geheim), SAPMO-DDR, ZPA, vorl. SED 41599, abgedr. in: »Hart und kompromisslos durchgreifen« (wie Anm. 91), S. 270-285, v.a. 282 f.

[102] K voprosu o t.n. ›nezavisimom profsojuze‹, Memorandum Nr. 655-L (geheim), 5.4.1978, von Ju.V. Andropov an das Politbüro der KPdSU, RGANI, F. 89, Op. 18, D. 73, L. 1. Der erste Versuch, im Januar 1978, wurde von einem langjährigen Aktivisten und Bergbauingenieur, Vladimir Klebanov, unternommen, dessen »Vereinigung der Freien Gewerkschaften der Werktätigen« weniger als zwei Wochen nach ihrer Gründung gewaltsam aufgelöst wurde. Den zweiten Versuch startete im April 1978 Vsevolod Kuvakin, der eine kurzlebige »Unabhängige Gewerkschaft der Werktätigen« gründete. Der dritte Ver-

such unter der Bezeichnung »Freie Interprofessionelle Vereinigung der Werktätigen« dauerte länger als die beiden anderen, von Oktober 1978 bis zu seiner Zerschlagung im Frühjahr 1980. Für weitere Einzelheiten siehe Betty Gidwitz, Labor Unrest in the Soviet Union, in: Problems of Communism, 31 (1982), 6, S. 25-42; The Independent Trade-Union Movement in the Soviet Union, in: Radio Liberty Research, RL 304/79, 11.10.1979; und Karl Schögel, Opposition sowjetischer Arbeiter heute, Köln 1981.

103 Ob otdel'nych negativnych projavlenijach, svjazannych s narušenijami uslovij organizacii i oplaty truda rabočich i služaščich, Memorandum Nr. 27833 (streng geheim), 15.10.1980, von I. Kapitonov und V. Dolgich an das Sekretariat der KPdSU, Anhang zu: Postanovlenie Sekretariata CK Kommunističeskoj Partii Sovetskogo Sojuza: O nekotorych negativnych projavlenijach, svjazannych s nedostatkami v organizacii i oplate truda rabočich i služaščich, St-233/8s (streng geheim), 24.10.1980, RGANI, F. 89, Op. 13, D. 37, Ll. 1-12.

104 Ebd., L. 9.

105 CK KPSS: Informatsija o rabote, provodimoj v Litovskoj SSR v svjazi s sobytijami v PNR, Memorandum Nr. 1074s (geheim), 1.10.1980, von P. Griškivicius, Erster Sekretär der KP Litauens, Lietuvos Visuomenės Organizacijų Archyvas (LVOA), F. 1771, Apy. 257, B. 193, La. 135.

106 Siehe z.B. die große Anzahl an Dokumenten in RGANI, F. 5, Op. 84, Dd. 76, 85 f., und Op. 77, Dd. 86, 105 f.

107 Postanovlenie Sekretariata CK Kommunističeskoj Partii Sovetskogo Sojuza: O nekotorych merach po uporjadočeniju rasprostranenija pol'skoj pečati v SSSR, St-231/8s (streng geheim), RGANI, F. 89, Op. 46, D. 81, L. 8.

108 Für eine aufschlussreiche Beschreibung, wie das KGB diese Maßnahmen in der Ukraine durchführte, siehe: O nekotorych merach po uporjadočeniju rasprostranenija pol'skoj periodičeskoj pečati i literatury v respublike, Memorandum Nr. 4339/42 (streng geheim), 25.10.1980, von I. Sokolov, V. Fedorčuk und Ja. Pogrebnjak, CDAHOU, F. 1, Op. 25, Spr. 2129, Ll. 60-61.

109 Vypiska iz protokola No. 242/61gs Sekretariata CK: O nekotorych dopolnitel'nych merach po kontrolju za rasprostraneniem pol'skoj pečati v SSSR, Nr. St-242/61gs (streng geheim), RGANI, F. 89, Op. 46, D. 81, Ll. 1-2.

110 O nekotorych dopolnitel'nych merach po kontrolju za rasprostraneniem pol'skoj pečati v SSSR, Memorandum Nr. 7D-199 (streng geheim), 5.12.1980, von L. Zamjatin, O. Rachmanin und E. Tjažel'nikov, Leiter der Abteilung Propaganda des ZK der KPdSU, RGANI, F. 89, Op. 46, D. 81, L. 6.

111 Zit. aus Informacija o nekotorych vyskazivanijach, imejuščich mesto so storony pol'skich graždan pri vstrečach s sovetskimi turistami, a takže vo vremja prebyvanija v Ukrainskoj SSR po linii Bjuro meždunarodnogo molodežnogo turizma ›Sputnik‹, Bericht Nr. 24-s (geheim), 3.9.1980, von G. Naumenko, Vorsitzender von »Sputnik«. Internationales Jugendreisebüro des Ukrainischen Komsomol, CDAHOU, F. 1, Op. 25, Spr. 2138, Ll. 138-142.

112 Postanovlenie Sekretariata CK Kommunističeskoj partii Sovetskogo Sojuza, Nr. St-239/ 36gs (streng geheim), 28.11.1980, RGANI, F. 89, Op. 46, D. 67, Ll. 1-8.

113 Siehe z.B., O vyskazivanijach inostrannych turistov po povodu sobytij v PNR, Memorandum Nr. 318-s (streng geheim), 26.8.1980, von Ju. Il'nyc'kyj, Erster Sekretär des Gebietskomitees Transkarpatien der Kommunistischen Partei der Ukraine, CDAHOU, F. 1, Op. 25, Spr. 2138, Ll. 51-53; sowie Il'nyc'kyjs Folgebericht: O prodolžajuščichsja vyskazivanijach inostrannych turistov po povodu sobytij v Pol'še, Memorandum Nr. 330-s (streng geheim), 5.9.1980, CDAHOU, F. 1, Op. 25, Spr. 2138, Ll. 60-63.

114 Zasedanie Politbjuro CK KPSS 2 aprelja 1981 goda, 2.4.1981 (streng geheim), RGANI, F. 89, Op. 42, D. 39, L. 3.

115 CK KPSS: Informatsija ob otklikach sekretarej partijnych komitetov Kompartij Litvy na itogi krymskich vstreč General'nogo sekretarja CK KPSS, Predsedatelja Prezidiuma Verchovnogo Soveta SSR tov. Brežnev L.I. s rukovoditeljami bratskich partij socialističeskich stran v 1980 godu, Memorandum Nr. 949s (geheim), 27.8.1980, LVOA, F. 1771, Apa. 257, B. 193, La. 113–117.

116 Ebd., La. 114.

117 E. Sokolov, Za klassovuju zorkost', in: Kommunist, Moskau, Nr. 4, April 1984, S. 31.

118 Siehe z.B., O provodimoj v Belorussii rabote v svjazi s sobytijami v PNR, Memorandum Nr. 01065 (geheim), 30.9.1980, von P. Mašerov, Erster Sekretär der KP Weißrusslands, RGANI, F. 5, Op. 77, D. 105, Ll. 20–27; und Informatsija o reagirovanii trudjaščichsja Ukrainskoj SSR na sobytija v Pol'še i rabote, provodimoj partijnymi organizacijami, Memorandum Nr. 3/73 (geheim), 2.10.1980, von I. Sokolov, Sekretär des ZK der KP der Ukraine, RGANI, F. 5, Op. 77, D. 105, Ll. 49–53.

119 Otčet o rabote Komiteta Gosudarstvennoj Bezopasnosti SSSR za 1981 god, Nr. 289-op (streng geheim/von besonderer Bedeutung/Sonderdossier), 13.4.1982, von Ju.V. Andropov an L.I. Brežnev, APRF, F. 81, Op. 3, D. 2556, Nr. 289-op, L. 3.

120 Spravka o faktach i pričinach političeski vrednych projavlenij so storony otdel'nych voennoslužaščich, prizvannych voenkomatami Litovskoj SSR, Memorandum Nr. 02670 (streng geheim), von Generalmajor Ja.L. Žuk, 7.8.1982, LVOA, F. 1771, Apy. 260, B. 182, La. 87–95.

121 Ebd., La. 92.

122 Siehe z.B., Dmitrij Ustinov, Protiv gonki vooruženij i ugrozy vojny, in: Pravda, Moskau, 25.7.1981, S. 4; Soveščanie sekretarej central'nych komitetov kommunističeskich i rabočich partij socialističeskich stran, in: ebd., 5.11.1981, S. 4; und Vysokoe prizvanie i otvetsvennost': Reč' tovarišča M.A. Suslova, in: ebd., 15.10.1981, S. 2.

123 Eine detaillierte Dokumentation über die geplante Operation »Lato-80« enthält Operacja »Lato-80«: Preludium stanu wojennego – Dokumenty MSW, 1980–1981, hrsg. von Peter Raina und Marcin Zbrożek, Pelplin 2003; Dokumente auch in Bogusław Kopko und Grzegorz Majchrzak, Stan wojenny w dokumentach Władz PRL (1980–1983), Warszawa 2001, S. 35–50; Przeciw Solidarności 1980–1989: Rzeszowska opozycja w tajnych archiwach Ministerstwa Spraw Wewnętrznych, hrsg. von Jan Draus und Zbigniew Nawrocki, Rzeszów 2000, S. 9–24. Einen kurzen Überblick über die Operation bietet Mark Kramer, Soviet Deliberations during the Polish Crisis, 1980–1981, Washington, DC 1999 (= CWIHP Special Working Papers, 1), S. 37 f.

124 Protokół Nr. 28 z posiedzenia Biura Politycznego KC PZPR 29 sierpnia 1980 r., 29.8.1980 (geheim), abgedr. in: Tajne Dokumenty Biura Politycznego: PZPR a »Solidarność« 1980–1981, hrsg. von Zbigniew Włodek, London 1992, S. 84–90.

125 Kramer, Soviet Deliberations during the Polish Crisis (wie Anm. 123), S. 46, 49, 56. Siehe auch das Interview mit Ryszard Kukliński, Wojna z narodem widziana od środka (wie Anm. 81), S. 6 f., 17–19. Oberst Kukliński war einer der wenigen hohen Offiziere im polnischen Generalstab, die die Pläne für das Kriegsrecht entwarfen. Er hatte seit Anfang der siebziger Jahre insgeheim für den amerikanischen Geheimdienst CIA gearbeitet.

126 Ausreichende Beweise aus erster Hand für diesen Druck enthält O nekotorych momentach po vnutripolitičeskoj i ekonomičeskoj obstanovke v Pil'skom voevodstve (Političeskaja zapiska), Telegramm Nr. 18 (streng geheim), 20.1.1981, von N.P. Ponomarev, sowjetischer Generalkonsul in Szczecin, RGANI, F. 5, Op. 84, D. 597, Ll. 1–5; Armeegeneral A.I. Gribkov, ›Doktrina Brežneva‹ i pol'skij krizis načala 80-ch godov, in:

VIŽ, 1992, 9, S. 46–57, insbes. S. 53–55; Tajne Dokumenty Biura Politycznego (wie Anm. 124), S. 102–107, 317 f., 451–454 und 497–511; sowie Stanisław Kania, Zatrzymac konfrontację, Warszawa 1991, insbes. S. 73–118, 231–243.

127 Vypiska iz protokola No. 37 zasedanija Politbjuro CK KPSS ot 21 nojabrja 1981 goda, L. 5.

128 Ebd., Ll. 5–6.

129 Zasedanie Politbjuro CK KPSS 9 aprelja 1981 goda: 3. Ob itogach vstreči t.t. Andropova Ju.V. i Ustinova, D.F. s pol'skimi druz'jami, 9.4.1981 (streng geheim), RGANI, F. 89, Op. 42, D. 40, Ll. 2–9.

130 Položenie v PORP posle IX S'ezda, Telegramm Nr. 857 (streng geheim), 4.11.1981, von B.I. Aristov, sowjetischer Botschafter in Polen, an Konstantin Rusakov vom Sekretariat der KPdSU, RGANI, F. 5, Op.žž 84, D. 596, Ll. 35–53.

131 Zasedanie Politbjuro CK KPSS 16 aprelja 1981 goda: 2. O besede tov. Brežneva L.I. s Pervym sekretarem CK PORP tov. S. Kanei (po telefonu), 16.4.1981 (streng geheim), RGANI, F. 89, Op. 42, D. 41, Ll. 2–3.

132 CK KPSS, Nr. 682-op (streng geheim/Sonderdossier), 28.8.1980, von Suslov, Gromyko, Andropov, Ustinov und Konstantin Černenko, APRF, F. 83-op, Op. 20, D. 5, L. 1.

133 Wesentlicher Inhalt der Meldung des Chefs des Militärbezirkes V, Generalmajor Gehmert, über die »Ergebnisse der Rekognoszierung auf dem Territorium der Volksrepublik Polen zur Durchführung der gemeinsamen Übung«, Bericht Nr. A-575-702 (streng geheim), 16.12.1980, von Generaloberst Fritz Streletz, Chef des Hauptstabes der Nationalen Volksarmee, BArch-MA, VA-01/40593, Bl. 23–27.

134 Stenografische Niederschrift des Treffens führender Repräsentanten der Teilnehmerstaaten des Warschauer Vertrages am 5. Dezember 1980 in Moskau, 5.12.1980 (streng geheim), SAPMO-DDR, ZPA, J IV, 2/2 A-2368; abgedr. in: »Hart und kompromisslos durchgreifen« (wie Anm. 91), S. 173.

135 Siehe z.B. Unüberwindliche Barriere gegen imperialistischen Feind, in: Neues Deutschland, 1.12.1980, S. 3; Walesa über Zusammenarbeit mit KOR, in: ebd., 27.11.1980, S. 5; Jan Lipavský, Konfrontace: Od našého varšavského zprávodaje, in: Rudé právo, Prag, 2.12.1980, S. 7; V boji o socialistický charakter obnovy zěme, in: ebd., 2.12.1980, S. 7; Strana se upevnuje v akcjí, in: ebd., 1.12.1980, S. 6.

136 Anlage Nr. 2, 26.11.1980 (geheim), SAPMO-DDR, ZPA, J IV 2/2–1868, Bl. 5.

137 Ivanovskij wurde am 4.12.1980 als Oberkommandierender der GSSD durch Armeegeneral Michail M. Zaicev abgelöst und zum Chef des Belorussischen Militärbezirks ernannt; er übernahm den Posten, den Zajcev zuvor innehatte. Siehe Verdienste um Bruderbund UdSSR-DDR gewürdigt: Herzliche Begegnung mit Armeegeneral Iwanowski und Armeegeneral Saizew im Staatsrat, in: Neues Deutschland, 5.12.1980, S. 1 f.

138 Siehe z.B. Einweisung, Anfang Dezember 1980 (streng geheim), BArch-MA, VA-01/40593, Bl. 16. Auf diesem Dokument ist kein Datum angegeben, aber der Inhalt weist darauf hin, dass es am 1. oder 2.12. erstellt wurde. Siehe auch Erläuterungen, Memorandum Nr. A: 265991 (streng geheim), Anfang Dezember 1980, BArch-MA, VA-01/40593, Bl. 7–18. Auch hier fehlt ein konkretes Datum; abgefasst vermutlich am 2.12. oder 3.12.1980 (oder möglicherweise am Abend des 1.12.).

139 US Central Intelligence Agency, National Foreign Assessment Center, »Polish Reaction to a Soviet Invasion«, 30.6.1981 (streng geheim), S. 1–5; und US Central Intelligence Agency, National Foreign Assessment Center, »Approaching the Brink: Moscow and the Polish Crisis, November–December 1980«, Nachrichtendienstliche Aktennotiz (streng geheim), Januar 1981, S. 5.

140 Mark Kramer, The Soviet Union and the 1956 Crises (wie Anm. 22).

141 US Defense Intelligence Agency, Soviet Estimates on Polish Intervention Forces, Telegramm Nr. 14933 (streng geheim), 8.11.1980, S. 2, National Security Archive, Flashpoints Collection, Defense HUMINT Service, Folder 34.

142 Stenografische Niederschrift des Treffens führender Repräsentanten der Teilnehmerstaaten des Warschauer Vertrages am 5. Dezember 1980 in Moskau, SAPMO-DDR, ZPA, J IV, 2/2 A-2368, S. 143.

143 Befehl Nr. 118/80 des Ministers für Nationale Verteidigung über die Vorbereitung und Durchführung einer gemeinsamen Ausbildungsmaßnahme der Vereinten Streitkräfte vom 6.12.1980, Nr. A-265-992 (streng geheim), 6.12.1980, von Armeegeneral Heinz Hoffmann, BArch-MA, VA-01/40593, Bl. 32-37; Anordnung Nr. 54/80 des Stellvertreters des Ministers und Chef des Hauptstabes zur Gewährleistung des Passierens der Staatsgrenze der DDR zur VR Polen mit Stäben und Truppen der Nationalen Volksarmee zur Teilnahme an einer auf dem Territorium der VR Polen stattfindenden gemeinsamen Truppenübung vom 6.12.1980, Nr. A-477-624 (streng geheim), 6.12.1980, von Generaloberst Fritz Streletz, BArch-MA, VA-01/40593, Bl. 38-41; Schreiben des Stellvertreters des Ministers und Chef des Hauptstabes, Generaloberst Streletz, an den Chef Verwaltung Aufklärung, Nr. A-575-704 (streng geheim), Dezember 1980, von Generaloberst Fritz Streletz, BArch-MA, VA-01/40593, Bl. 149; diese und zahlreiche andere Dokumente, abgedr. in: »Hart und kompromisslos durchgreifen« (wie Anm. 91), S. 197-208.

144 Siehe Přikaz Ministra národní obrany ČSSR armádního generála Martina Dzúra, Weisung Nr. 0022534/1 (streng geheim), vom Minister für Nationale Verteidigung der ČSSR, Martin Dzúr, an Generaloberst František Veselý, Chef des Westlichen Militärbezirks, 6.12.1980, in: Sbírka vyšetřovací komise Poslanecké sněmovny Parlamentu České Republiky pro vyšetření okolností souvisejících s akcemi ČSLA »Norbert, Zásah, Vlna« (im Folgenden: Sbírka komise), Sv. »Cvičení Krkonoše«.

145 Zpráva Náčelníka generálního štábu ČSLA, první zástupce ministra národní obrany ČSSR generálplukovníka Miroslava Blahníka, 3.12.1980, Bericht Nr. 3-3-31 (streng geheim) von Generaloberst Miroslav Blahník an den Minister für Nationale Verteidigung der ČSSR Martin Dzúr, 3.12.1980, Sbírka komise (wie Anm. 144), Sv. »Cvičení Krkonoše«.

146 Mysl przewodnia wprowadzenia na terytorium PRL stanu wojennego ze względu na bezpieczeństwo państwa, Centralny plan dzialania organów politycznych władzy i administracji państwowej na wypadek konieczności wprowadzenia w PRL stanu wojennego; und Ramowy plan dzialania sił zbrojnych, 27.3.1981 (streng geheim), CAW, 1813/92, Sygn. 2304/IV.

147 Für weitere Informationen siehe Kramer, Soviet Deliberations during the Polish Crisis (wie Anm. 123), S. 92 f.

148 Ebd.

149 Bericht über ein vertrauliches Gespräch mit dem Oberkommandierenden der Vereinten Streitkräfte der Teilnehmerstaaten des Warschauer Vertrages am 7.4.1981 in Legnica (VR Polen) nach der Auswertung der gemeinsamen operativ-strategischen Kommandostabsübung ›Sojus-81‹, Bericht Nr. A-142888 (streng geheim), 9.4.1981, BArch-MA, AZN 32642, Bl. 54.

150 Ebd.

151 Ebd., Bl. 55.

152 Zasedanie Politbjuro CK KPSS ot 9 aprelja 1981 goda, Protokoll (streng geheim), RGANI, F. 89, Op. 42, D. 40, Ll. 1-8. Separate, übereinstimmende Berichte aus erster Hand sind enthalten in Kania, Zatrzymać konfrontację (wie Anm. 126), S. 121 f.;

Wojciech Jaruzelski, Stan wojenny – dlaczego, Warszawa 1992, S. 95–101; und Gribkov, ›Doktrina Brežneva‹ (wie Anm. 126).

153 Zasedanie Politbjuro CK KPSS 16 aprelja 1981 goda: O razgovore tov. L.I. Brežneva s Pervym sekretarem CK PORP S. Kanei (po telefonu), RGANI, F. 89, Op. 42, D. 41, Ll. 1–2.

154 Zasedanie Politbjuro CK KPSS 30 aprelja 1981 goda: Ob itogach peregovorov meždu delegatsiej KPSS i rukovodstvom PORP, 30.4.1981 (streng geheim), RGANI, F. 89, Op. 42, D. 42, Ll. 1–4.

155 Ebd., L. 5.

156 Dieser Absatz beruht auf dem Vermerk über das Treffen der Genossen Leonid Il'ič Brežnev, Erich Honecker und Gustáv Husák am 16.5.1981 im Kreml in Moskau, SAPMO-DDR, ZPA, vorl. SED 41599, S. 270–285.

157 List Komitetu Centralnego KPZR do Komitetu Centralnego PZPR, in: Trybuna Ludu, Warschau, 6./7.6.1981, S. 1, 6.

158 Protokół Nr. 97 z posiedzenia Biura Politycznego KC PZPR 6 czerwca 1981 r., 6.6.1981 (streng geheim), abgedr. in: Tajne Dokumenty Biura Politycznego (wie Anm. 124), S. 381–396. Siehe auch rückblickende Berichte aus erster Hand von Kania und Jaruzelski in: Kania, Zatrzymać konfrontację (wie Anm. 126), S. 154–169; und Jaruzelski, Stan wojenny – dlaczego, S. 381–396.

159 Mehr dazu siehe Kramer, Soviet Deliberations during the Polish Crisis (wie Anm. 123), S. 120.

160 Notatka z 27 VIII 1981 r., (streng geheim), Centralne Archiwum Ministerstwa Spraw Wewnętrznych (CAMSW), Warschau, Sygn. 2304/IV.

161 Vermerk über das Treffen der Genossen Leonid Il'ič Brežnev, Erich Honecker und Gustáv Husák am 16.5.1981 im Kreml, SAPMO-DDR, ZPA, vorl. SED 41599 (wie Anm. 101), S. 281.

162 O razvitii obstanovki v Pol'še i nekotorych šagach s našej storony, 16.4.1981 (streng geheim/Sonderdossier), Anhang zu Vypiska protokola No. 7 zasedanija Politbjuro CK KPSS ot 23 aprelja 1981 goda, No. P7/VII, 23.4.1981, RGANI, F. 89, Op. 66, D. 3, L. 5.

163 Ebd., L. 6.

164 Gespräch des Generalsekretärs des ZK der SED und Vorsitzenden des Staatsrates der DDR, Genossen Erich Honecker, anlässlich seines Aufenthaltes in Kuba mit dem Ersten Sekretär des ZK der KP Kubas und Vorsitzenden des Staatsrates und des Ministerrates der Republik Kuba, Fidel Castro, am 13.9.1981 in Havanna, Aufzeichnungen von Joachim Hermann, 15.9.1981 (streng geheim), SAPMO-DDR, ZPA, J IV 2/2/A-2426.

165 Bezügl. der Sitzungsprotokolle und Dokumente des Kongresses siehe I Zjazd Delegatów Niezależnego Samorządnego Związku Zawodowego »Solidarność«, 5–9 wrzesień 1981 r., hrsg. von Maria Borowska, 2 Bde, Gdańsk 1981.

166 Posłanie do ludzi pracy w Europie Wschodniej, in: Tygodnik Solidarność, Warschau, Nr. 25, 18.9.1981, S. 6.

167 Zasedanie Politbjuro CK KPSS 10 sentjabrja 1981 goda: 2. Obmen mnenij po pol'skomu voprosu, 10.9.1981 (streng geheim), RGANI, F. 89, Op. 42, D 46, Ll. 1–2.

168 Einen vollständigen Bericht der KOK-Sitzung vom 13.9.1981 bieten die handschriftlichen Notizen von General Tadeusz Tuczapski, dem Sekretär des KOK, Protokół No. 002/81 posiedzenia Komitetu Obrony Kraju z dnia wrzesnia 1981 r., 13.9.1981, jetzt aufbewahrt in: CAW, Materialy z posiedzeń KOK, Teczka Sygn. 48. Eine englische Übersetzung dieses Dokuments findet sich als Anhang in: Andrzej Paczkowski and Andrzej Werblan, On The Decision To Introduce Martial Law In Poland In 1981: Two Historians Report to the Commission on Constitutional Oversight of the Sejm of the

Republic of Poland, Washington, DC 1997 (= CWIHP Working Papers, 21). Tuczapski durfte als Einziger auf der Sitzung Notizen machen. Vor der Freigabe seines zehnseitigen Berichts auf der Konferenz von Jachranka (bei Warschau) im November 1997 war im Allgemeinen davon ausgegangen worden, dass keine offiziellen Aufzeichnungen der Sitzung aufbewahrt worden seien. Die Bedeutung der KOK-Sitzung wurde zuerst von Oberst Ryszard Kukliński in seinem ausführlichen Interview Wojna z narodem widziana od środka (wie Anm. 81), S. 32 f. offenbart. Einige Jahre nach Veröffentlichung des Interviews erörterte Stanisław Kania die KOK-Sitzung kurz in seinen Memoiren. Siehe Kania, Zatrzymać konfrontację (wie Anm. 126), S. 110 f. Danach erschienen weitere Belege, die darauf hinweisen, dass Kukliński am 15.9.1981 – zwei Tage nach der KOK-Sitzung – ein langes Telegramm an die CIA schickte, worin er die Pläne für das Kriegsrecht umriss und warnte, dass die Operation »Wiosna« (Kodename für das Vorgehen im Rahmen des Kriegsrechts) bald folgen würde. Siehe Mark Kramer, Colonel Kukliński and the Polish Crisis of 1980–1981, in: Cold War International History Project Bulletin, Winter 1998, 11, S. 48–59.

[169] Plenum CK KPSS – Nojabr' 1981 g.: Zasedanie vtoroe, večernee, 16 nojabrja, 16.11.1981 (streng geheim), RGANI, F. 2, Op. 3, D. 568, L. 136.

[170] Ebd.

[171] Gribkov, ›Doktrina Brežneva‹ (wie Anm. 126), S. 49.

[172] Plenum CK KPSS – Nojabr' 1981 g.: Zasedanie vtoroe, 16.11.1981, RGANI, F. 2, Op. 3, D. 568, Ll. 125–145.

[173] Protokół Nr. 18 z posiedzenia Biura Politycznego KC PZPR 5 grudnia 1981 r., Tajne Dokumenty Biura Politycznego (wie Anm. 124), S. 568.

[174] Zasedanie Politbjuro CK KPSS 10 dekabrja 1981 goda: K voprosu o položenii v Pol'še, RGANI, F. 89, Op. 42, D. 6, L. 4.

[175] Dieser Beweis wird erbracht in Mark Kramer, Jaruzelski, the Soviet Union, and the Imposition of Martial Law in Poland: New Light on the Mystery of December 1981, in: Cold War International History Project Bulletin, Winter 1998, 11, S. 5–15.

[176] Interview des Autors mit Kania in Warschau, 6.9.1999. Kania äußerte sich in derselben Weise in einem Gespräch mit Thomas S. Blanton, dem Leiter des National Security Archive, in Jachranka, Polen, am 10.11.1997.

[177] Siehe v.a. die Bemerkungen von Rusakov und Andropov in Zasedanie Politbjuro CK KPSS 10 dekabrja 1981 goda: K voprosu o položenii v Pol'še, RGANI, F. 89, Op. 42, D. 6, Ll. 5, 7.

[178] Siehe Kramer, Jaruzelski (wie Anm. 175).

[179] In seiner Antwort auf meinen Artikel, veröffentlicht in derselben Ausgabe des Cold War International History Project Bulletin, Winter 1998, 11 (wie Anm. 175), behauptet Jaruzelski zwar, nicht er sei es gewesen, der diese Zeilen geäußert hat, er gibt aber auch keinen anderen Urheber an. Sein Dementi widerspricht dem, was im November 1997 sowohl Marschall Kulikov als auch General Anoškin mir gegenüber – in getrennten Gesprächen unter vier Augen – auf die Frage nach dem Urheber besagter Zeilen geantwortet haben, nämlich dass Jaruzelski die Worte gesprochen habe. Die Umstände belegen ihre Erinnerung voll und ganz. Die einzigen Teilnehmer der Gespräche am 11. Dezember waren Jaruzelski, Kulikov und Anoškin. Diese Zeilen Kulikov oder Anoškin zuzuschreiben, ergäbe keinen Sinn.

[180] Jaruzelski, Stan wojenny (wie Anm. 152), S. 379.

[181] Zit. nach Mark Kramer, The Anoshkin Notebook on the Polish Crisis, December 1981, in: Cold War International History Project Bulletin, Winter 1998, 11, S. 21.

182 Zasedanie Politbjuro CK KPSS 10 dekabrja 1981 goda: K voprosu o položenii v Pol'še, RGANI, F. 89, Op. 42, D. 6, L. 5.

183 Zit. nach Kramer, The Anoshkin Notebook (wie Anm. 181), S. 21 f.

184 Zasedanie Politbjuro CK KPSS 10 dekabrja 1981 goda: K voprosu o položenii v Pol'še, RGANI, F. 89, Op. 42, D. 6, L. 7.

185 Alle Zitate im Folgenden aus Kramer, The Anoshkin Notebook (wie Anm. 181), S. 21-24.

186 Ebd., S. 25.

187 Dieses Telefongespräch wurde von mehreren ehemaligen sowjetischen und polnischen Funktionären wiedergegeben, die aufgrund ihrer Stellung davon Kenntnis hatten und von den Berichten anderer nichts wussten, als sie ihren eigenen Bericht abgaben. Siehe z.B. Gorbaczow o stanie wojennym w Polsce: Generał Jaruzelski postąpił prawidłowo, Trybuna, Warschau, 9.11.1992, S. 1, 2; Generał Kiszczak mowi: Prawie wszystko, hrsg. von Witold Bereś und Jerzy Skoczyłas, Warszawa 1991, S. 129 f.; und Vitalii Pavlov, Byłem rezydentem KGB w Polsce, Warszawa 1994, S. 129 f. Die im Wesentlichen identischen Beschreibungen des Telefongesprächs in diesen verschiedenen Berichten geben einen guten Eindruck davon, was Jaruzelski und Suslov sagten.

188 Przemówienie gen. armii W. Jaruzelskiego, in: Trybuna Ludu, Warschau, 14.12.1981, S. 1.

189 Einen Bericht aus erster Hand über das harte Vorgehen bietet Andrzej Paczkowski, Droga do »mniejszego zła«: Strategia i taktyka obozu władzy, lipiec 1980-styczeń 1982, Kraków 2001, S. 272-309.

190 Das Interview ist abgedruckt in Novoe vremja, Moskau, Nr. 38, 21.9.1991, S. 26-30.

191 Jaruzelski, Stan wojenny (wie Anm. 152); und Wojciech Jaruzelski, Les chaines et le refuge, Paris 1992.

192 Siehe Ouimet, The Rise and Fall of the Brezhnev Doctrine (wie Anm. 64); Loth, Moscow, Prague, and Warsaw (wie Anm. 64); Mastny, The Soviet Non-Invasion of Poland (wie Anm. 64). Die Publikationen von Ouimet und Loth sind besonders fantasiereich.

193 Zum Charakter der Brežnev-Doktrin siehe Mark Kramer, The Czechoslovak Crisis and the Brezhnev Doctrine, in: 1968: The World Transformed (wie Anm. 66), S. 111-174; Karen Dawisha, The 1968 Invasion of Czechoslovakia: Causes, Consequences, and Lessons for the Future, in: Soviet-East European Dilemmas: Coercion, Competition, and Dissent, ed. by Karen Dawisha and Philip Hanson, London 1981, S. 9-25.

194 Kramer, The Czechoslovak Crisis (wie Anm. 193).

195 Zasedanie Politbjuro CK KPSS 10 dekabrja 1981 goda: K voprosu o položenii v Pol'še, RGANI, F. 89, Op. 42, D. 6.

196 Gespräch des Generalsekretärs (wie Anm. 164), Bl. 2.

197 Pavlov, Byłem rezydentem KGB w Polsce (wie Anm. 187), S. 219.

198 Gribkov, ›Doktrina Brežneva‹ (wie Anm. 126), S. 49.

199 Załącznik Nr. 2: Zamierzenia resortu spraw wewnętrznych, Anlage zu Ministerstwo Spraw Wewnętrznych, Ocena aktualnej sytuacji w kraju wg. stanu na dzien 25 listopada br., 25.11.1981 (geheim/Sonderdossier), CAMSW, Sygn. 228/1B, Karta 19.

200 Plenum CK KPSS – Nojabr' 1981 g.: Zasedanie vtoroe, večernee, 16 nojabrja, RGANI, F. 2, Op. 3, D. 568, Ll. 144-145.

Winfried Heinemann

Schlussbetrachtung

Es ist nicht leicht, eine so vielfältige Sammlung von Beiträgen zusammenzufassen. Und doch sind die in diesem Band versammelten Aufsätze mehr als eine Buchbindersynthese. Im Folgenden soll versucht werden, die Antworten auf die in der Einführung entwickelten Fragen systematisch zu gliedern und dadurch sichtbar werdende Forschungsdesiderate zu definieren. In einem ersten Schritt wird danach gefragt, in welchem Umfang der Pakt politischen Zielen diente (auch welchen), und in welchem Maße er von überwiegend militärischen oder doch militärstrategischen Zielsetzungen getragen war.

In einem zweiten Schritt sollen die zutage getretenen wirtschaftlichen Zielsetzungen und Auswirkungen der durch den Warschauer Pakt gesteuerten Rüstungsanstrengungen gebündelt präsentiert werden. Ein dritter Abschnitt wird danach fragen, wie sich multilaterales Handeln auf Paktebene zu bilateraler Außenpolitik zwischen der Sowjetunion und den anderen Staaten im Bündnis verhalten hat; leider nehmen die hier veröffentlichten Beiträge das bilaterale Agieren der Partner untereinander, also an der Sowjetunion vorbei, kaum in den Blick. Daraus den Schluss zu ziehen, dass es solches Handeln nicht gegeben hat, dass die Sowjetunion in alles außenpolitische Handeln zwischen den Staaten des sozialistischen Lagers immer eingebunden gewesen sei, erscheint gleichwohl verfrüht; weitere Forschungen sind hier noch nötig.

Politische und militärische Aspekte

Die Frage nach den Intentionen der Sowjets bei der Gründung des Warschauer Pakts erfährt in den hier vorliegenden Aufsätzen unterschiedliche Antworten. Politische Analysten der damaligen Zeit interpretierten den Pakt als die sowjetische Reaktion auf die Aufnahme der Bundesrepublik Deutschland in die NATO – eine Annahme, die Christian Nünlist infrage stellt[1]. Er sieht stattdessen eher die Absicht Chruščevs, die NATO politisch zu destabilisieren, und betont die Rolle des Warschauer Pakts als »bargaining chip[2]«. Danach sei es die Absicht des sowjetischen Parteichefs gewesen, nach Gründung des Warschauer

Paktes diesen gleich wieder zur Disposition zu stellen, indem er eine Auflösung beider »Militärbündnisse« forderte[3]. Folgt man dieser Argumentation, dann markiert der Warschauer Pakt von Anfang an ein Scheitern der sowjetischen Außenpolitik, da genau dieses Ziel nie erreicht wurde. Die wechselhafte sowjetische Außenpolitik in den fünfziger Jahren lässt erkennen, dass sich Moskau gerne Faustpfänder schuf, um sich alle Optionen in künftigen Verhandlungen offenzuhalten. Die schon existierende enge Bindung der osteuropäischen Staaten an die Sowjetunion über bilaterale Verträge sowie politische, wirtschaftliche und militärische Abhängigkeiten wirft aus heutiger Sicht die Frage auf, ob ein zusätzlicher multilateraler Pakt, zumal er erst zu Beginn der sechziger Jahre tatsächlich mit Leben gefüllt wurde, nicht entbehrlich war.

Csaba Békés verweist darauf, dass es spätestens seit 1954 Ziel der Sowjetunion gewesen sei, eine paneuropäische Sicherheitskonferenz einzuberufen; die Entstehung des Warschauer Pakts sei in diesen Kontext einzuordnen[4] – ein Verständnis, das sich teilweise mit dem Hinweis darauf deckt, dass der Warschauer Vertrag in gewisser Weise das Ende früher angelegter Entwicklungen darstellt[5]. In diesem Licht kann die Geschichte des Pakts zunächst als Erfolgsgeschichte präsentiert werden, denn, wie später noch näher zu betrachten sein wird, gelang es ja der sowjetisch konzertierten Diplomatie der Paktnationen, wenn auch unter erheblichen Zugeständnissen, diese Konferenz knapp 20 Jahre später ins Leben zu rufen.

Rüdiger Wenzke interpretiert die politischen und militärischen Machtstrukturen innerhalb des Paktes so, dass er eine »eindeutige sowjetische Dominanz und Kontrolle« zementieren sollte[6]. Ebenso versteht Wanda Jarząbek aus polnischer Sicht den Pakt als »eine Organisation, die vor allem der Vereinheitlichung der Politik der Ostblockländer auf militärischem und politischem Gebiet im Interesse der UdSSR dienen sollte«; beide führen damit zu traditionelleren Interpretationen zurück. Allerdings verweist Jarząbek auch darauf, dass auch die kommunistischen Regime der Bündnispartner ein eigenes Interesse an einer Mitgliedschaft hatten, weshalb es sich verbietet, ihren Beitritt als reine Zwangsmaßnahme darzustellen[7]. Dem entspricht die andernorts getroffene Feststellung, dass für die DDR etwa der Wert der Mitgliedschaft darin bestand, ihre Bündnisfähigkeit und damit ihre zumindest teilweise Souveränität zu demonstrieren, indem sie als gleichberechtigter Gründungspartner beteiligt wurde – und nicht etwa, wie die Bundesrepublik in der NATO, als später hinzugekommenes Mitglied[8]. Für Albanien etwa galt der Untersuchung von Ana Lalaj zufolge die Mitgliedschaft im Pakt in ähnlicher Weise zunächst als eine Frage des politischen Status und Ansehens[9].

So hatten in der Tat alle Bündnispartner von Anfang an ihre Eigeninteressen, die das reibungslose Funktionieren der Vertragsorganisation auch später noch nachhaltig stören sollten. Ob allerdings der Tatsache, dass der Vorschlag zur Gründung des Paktes nach außen hin nicht von sowjetischer, sondern von tschechoslowakischer Seite kam[10], Bedeutung beigemessen werden soll, oder ob dies nicht bereits ein Beispiel für die in den Beiträgen dieses Bandes konstatierte Koordination der Außenpolitik aller Partner durch Moskau darstellte[11], kann hier getrost offen und weiterer Forschung anheim gestellt bleiben.

Es besteht jedoch Einigkeit darüber, dass für die sowjetische Führung der Warschauer Pakt in seinen ersten Jahren nicht jene Bedeutung hatte, die ihm ab etwa Mitte der sechziger Jahre zugewachsen ist[12]. Damit lenken die Autoren des vorliegenden Bandes den Blick auch auf die in dieser Zeit vorgenommenen Strukturveränderungen im Bündnisapparat und auf die dabei erneut zutage tretenden desintegrativen Faktoren. Insbesondere die Sonderrolle Rumäniens, auf die später noch näher einzugehen ist, verhinderte Lösungen, die einzig auf militärische Effizienzsteigerung durch Zentralisierung ausgerichtet waren[13].

Das führt zu der Frage nach dem Verhältnis militärischer und ziviler Elemente. Mark Kramer leitet das zunehmende Gewicht der beiden Vertragsinstitutionen Politischer Beratender Ausschuss (PBA) und Vereintes Oberkommando (VOK) von der nach Ende der zweiten Berlin-Krise wachsenden Betonung der »Koalitionskriegführung« her[14]. Die Kuba-Krise offenbarte das Scheitern einer fast ausschließlich auf nukleare Waffen abgestützten Gesamtstrategie. Nun stellte sich im Osten ebenso wie im Westen das Problem der Finanzierung großer konventioneller Waffenarsenale, sodass die Sowjetunion einen Teil der Rüstungskosten auf ihre Partner abwälzte. Damit wuchs zum einen das militärische Gewicht der anderen Bündnisländer, zum anderen aber hielt dies der Sowjetunion den Rücken frei: sowohl für den Wettlauf mit den USA in der atomaren und Raketenrüstung als auch in ihrer Auseinandersetzung mit dem kommunistischen Rivalen China[15]. Zugleich stellte die Sowjetunion durch die auch gegen rumänischen Widerstand (und teilweise ohne rumänische Beteiligung) durchgesetzten Veränderungen in der Kommandostruktur des Paktes in den siebziger Jahren sicher, dass ihr die Kontrolle über die Satelliten nicht aus den Händen glitt[16]. Die Frage nach der bedingungslosen Unterstellung der »befreundeten« Streitkräfte unter sowjetischen Oberbefehl in Kriegszeiten ist hier von besonderer Wichtigkeit; für Polen etwa konstatiert Andrzej Paczkowski, dass nach Gründung des Paktes zunächst die sowjetische Kontrolle über das polnische Militär zurückzugehen schien, diese Entwicklung aber bald zu einem Ende kam[17].

Letztlich werden haltbare Aussagen über die Interdependenz sowjetischer und nichtsowjetischer Truppen und damit auch das relative politische Gewicht der jeweiligen Staaten erst möglich sein, wenn wir mehr über die Kriegsplanungen des Paktes wissen. Die ersten Veröffentlichungen zu diesem Thema kurz nach der Wende erwiesen sich in ihrer Reichweite als begrenzt und in ihrer Quellenbasis als schmal[18]. Quellengesättigte, multinational angelegte Untersuchungen der jüngeren Zeit haben hier bereits wichtige neue Erkenntnisse erbracht[19]. Gleichwohl wird für ein ausgewogenes Urteil abzuwarten sein, dass sich die russischen Archive weiter öffnen – oder zumindest bis eine vergleichende Auswertung der in den Archiven der ehemaligen Paktstaaten erhaltenen

Akten vorliegt, die das Fehlen der sowjetischen Dokumente teilweise aufhebt[20]. Das wird eine Kooperation von Historikern der beteiligten Nationen erfordern, zu der auch dieser Band und die ihm zugrunde liegende Konferenz einen Beitrag liefern wollen.

Bei Andrzej Paczkowski findet sich für die Zeit nach 1956 der Begriff der »Zivilisierung« der Beziehungen innerhalb der Allianz[21]. Christian Nünlist sieht dagegen für die sechziger Jahre eine »Militarisierung des Warschauer Pakts[22]«, wohingegen andere Autoren auch für diese Zeit auf die Intensivierung der politischen Kooperation und zugleich die Auseinandersetzung innerhalb des Bündnisses hinweisen[23]. Allerdings gibt es schon deutliche Anzeichen dafür, dass in den sechziger Jahren zumindest der PBA als Ort politischer Entscheidungen zunehmend an Gewicht gewann. Wanda Jarząbek berichtet darüber, wie Polen seine eigenen außenpolitischen Interessen auf dem Weg über den PBA und damit die Institutionen des Warschauer Paktes vertrat[24]. Allein die DDR, die anders als die anderen sozialistischen Staaten lange kein zur Paktmitgliedschaft analoges bilaterales Beziehungsgeflecht vorweisen konnte, war deshalb so sehr auf das Funktionieren der Paktstrukturen angewiesen, dass sie diese nur sehr zurückhaltend zur Durchsetzung ihrer eigenen außenpolitischen Ziele nutzte[25], obwohl die grundsätzlich geforderte Einstimmigkeit bei Beschlussfassungen auch der DDR-Führung formal ein Vetorecht einräumte. Angesichts der faktischen Machtverhältnisse stand dieses Vetorecht aber nur auf dem Papier.

Wie kein anderes Element war es die sowjetische Nuklearrüstung, die der Hegemonialmacht ein solch deutliches Übergewicht in ihrem Bündnis verschaffte. Undenkbar, dass analog zu Großbritannien und Frankreich in der NATO einzelne Mitgliedsstaaten des Warschauer Pakts eigenständige atomare Arsenale unterhalten hätten. Konsequent schirmte die Sowjetunion, da sind sich alle Autoren auch dieses Bandes einig, ihr Herrschaftswissen über Technologien, Nuklearstrategie und nukleare Einsatzverfahren gegen die Bündnispartner ab, auch und gerade dann, wenn solche Waffen auf dem Gebiet der Satellitenstaaten stationiert waren[26]. Die Teilnahme an Übungen des Bündnisses stellte so nicht nur eine Verpflichtung oder eine Belastung der Mitgliedsstaaten dar, sondern erlaubte des Weiteren wenigstens rudimentäre Erkenntnisse, wie die Sowjets ihre Militärdoktrin konkret umzusetzen gedachten[27].

Die relative Bedeutung von strategisch-nuklearen, taktisch-nuklearen und konventionellen Waffensystemen in der jeweiligen sowjetischen Kriegsplanung beeinflusste naturgemäß auch die militärstrategische Bedeutung der von den Verbündeten gestellten konventionellen Kontingente[28]. Das gilt insbesondere angesichts des Übergangs der NATO-Staaten zur »flexible response«. Insgesamt bleibt kein Zweifel daran, dass die Sowjetunion für sich allein in Europa ein durchgängiges und eindeutiges Übergewicht sowohl im konventionellen wie im nuklearen Bereich besaß[29].

Ihre konventionelle Überlegenheit besaß dabei immer eine Doppelfunktion, auf die Christopher Jones in seinem Beitrag ausführlich hinweist. Die sowjetischen Truppen waren zudem durchgängig dazu da, die innere Stabilität der Allianz wenn nötig gegen die Bevölkerung der Partnerstaaten zu »verteidigen«. Ihr Militär diente der innenpolitischen Stabilisierung der prosowjetischen Regierungen der Bündnispartner, weil aus einer Perspektive des Klassenkampfes eine Unterscheidung zwischen Feind im Inneren und äußerem Feind ideologisch gar nicht möglich war. Diese Bedrohungsperzeption betraf nicht nur Deutschland oder jene Staaten, die beinahe oder tatsächlich Opfer einer Intervention geworden waren wie Ungarn, die Tschechoslowakei und Polen, sondern alle Staaten des sozialistischen Lagers[30].

Auch hier war es die Parteiführung der DDR, die diese Abhängigkeit als erste und am nachhaltigsten erfahren hatte[31]; Moskau traf schon sehr bald nach der Gründung des Warschauer Pakts ein separates und bilaterales Abkommen mit Ost-Berlin über die Stationierung sowjetischer Truppen in der DDR, das ein solches Eingreifrecht expressis verbis vorsah[32], während der Warschauer Vertrag selbst ein Vorgehen der Bündnispartner gegen einen der Mitgliedsstaaten an dessen Einverständnis knüpfte[33].

Ob es sich, wie Jones unterstellt, bei der bündnisinternen Stabilisierungsfunktion des sowjetischen Militärs um eine gezielte Täuschung gehandelt hat, oder ob diese Funktion von den sich ihrer inneren Instabilität bewussten kommunistischen Regime nicht geradezu gefordert wurde, muss weiterer Detailforschung vorbehalten bleiben[34]. Immerhin hatten sich alle Mitgliedsstaaten für den Fall innerer Unruhen und Aufstände ein inneres Sicherheitssystem mit Polizei und paramilitärischen Organisationen geschaffen, in das ihre eigenen Streitkräfte selbstverständlich mit eingebunden waren. Oberstes Organ der DDR für die Koordinierung aller Kräfte von Staat und Gesellschaft im Kriegsfall, aber auch für die Unterdrückung innerer Unruhen war der 1960 gebildete Nationale Verteidigungsrat (NVR). In den anderen Paktstaaten harren ähnliche Institutionen der genaueren Untersuchung als Basis vergleichender Analysen[35].

Schließlich litten alle kommunistischen Regierungen im Pakt darunter, dass sie nicht durch wirklich freie Wahlen legitimiert waren und sich der Stabilität des von ihnen geschaffenen Systems nicht sicher sein konnten[36]. Jene Fälle, in denen die Autoren der hier versammelten Aufsätze über ein aktives, auf die sowjetische Politik Einfluss nehmendes politisches Handeln einzelner Mitgliedsstaaten des östlichen Bündnisses berichten, betreffen zumeist den Druck auf Moskau und seine Partner im Pakt, gegen ein anderes Allianzmitglied vorzugehen, weil die dort festzustellenden Ab- oder Aufweichungen den Machterhalt im eigenen Land gefährden könnten.

Erneut ist hier die DDR zu nennen, deren Parteichef Walter Ulbricht – im Verein mit seinem polnischen Kollegen Władysław Gomułka – 1968 Leonid Brežnev drängte, in der Tschechoslowakei militärisch zu intervenieren[37], wobei dann aber Ostdeutschland letztlich an der Militäroperation selbst nicht beteiligt wurde[38]. Mark Kramer stellt in seinem Beitrag sogar infrage, ob man die Niederschlagung des Prager Frühlings überhaupt als eine Operation des Bündnisses verstehen soll, oder vielmehr als eine sowjetische Operation mit Beteiligung einiger williger Bündnispartner[39]. Es ist allerdings zu berücksichtigen, dass, wie bereits dargelegt, alle operativen Planungen des Bündnisses auf ein solches Übergewicht der sowjetischen Militärführung ausgelegt waren.

Wie Ulbricht 1968 war es 1980/81 Ulbrichts Nachfolger Erich Honecker, der am nachdrücklichsten ein gewaltsames Vorgehen gegen das Nachbarland Polen forderte[40]. Immerhin war es nach wie vor die DDR, deren Bürger sich anders als die der anderen sozialistischen Staaten an der Bundesrepublik als einem unmittelbaren westlichen Gegenbild orientieren konnten, weshalb sie sich mehr als jede andere »Brudernation« durch innere Instabilität gefährdet sah.

Kramer und Jones führen gute Argumente dafür ins Feld, dass die sowjetische Führung auch während der Polenkrise zu Anfang der achtziger Jahre im Kern nicht von der Brežnev-Doktrin abgerückt sei, wenn auch nicht übersehen werden dürfe, dass die Voraussetzungen andere waren: Der Einmarsch in der Tschechoslowakei geschah gegen den ausdrücklichen Willen der Prager Staats- und Parteispitze und mit dem Ziel, diese zu stürzen; eine Intervention in Polen wäre wohl auf Verlangen der polnischen Parteiführung erfolgt mit dem Ziel, diese gegen innenpolitischen Druck zu stabilisieren[41]. Die wohl seit längerem geplante Großübung »Zapad-81« in unmittelbarer Nähe zur polnischen Grenze und vor der polnischen Küste diente zwar vordergründig der Erprobung einer neuen sowjetischen Führungsstruktur, aber dass sie am Tag vor dem in Danzig stattfindenden Kongress der Gewerkschaft Solidarność begann, war gewiss kein Zufall. Kramer weist darauf hin, dass die Arbeiterunruhen in Polen nicht nur in einem ideologischen Sinn anfingen bedrohlich zu werden, sondern sie aus sowjetischer Sicht auch geeignet waren, die rückwärtigen Verbindungen der in der DDR stationierten sowjetischen Truppen zu unterbrechen[42]. Wie es scheint, wurden manche die Wirtschaft der Partner in den Folgejahren belastenden Infrastrukturmaßnahmen aus geostrategischen Überlegungen und mit dem Ziel der Umgehung des polnischen Staatsgebietes angeordnet; das gilt etwa für den Ausbau der Fährverbindung zwischen Memel (Klaipeda) und Rügen. Ebenso musste der Sowjetunion an einer stabilen innenpolitischen Situation in der DDR gelegen sein, weil diese in Krise und Krieg das wichtigste Aufmarsch- und Operationsgebiet in Europa werden würde[43]. Auch hier zeigt sich, dass aus sowjetischer Sicht Funktionen der inneren und der äußeren Sicherheit nicht voneinander zu trennen waren.

Die sowjetische Sicherheitsgarantie nach innen hatte aufgehört zu bestehen. Der Niedergang der DDR 1989 ist auch auf die Unfähigkeit der überalterten SED-Führung zurückzuführen, dies zu erkennen. Dabei muss offen bleiben, ob – wie Jones argumentiert – die sowjetische Militärdoktrin der späten achtziger Jahre, indem sie von der Offensivplanung abrückte, den Krieg sofort auf das Territorium des »Klassenfeindes« zu tragen, nicht nur die DDR zum potenziellen Schlachtfeld werden ließ, sondern ihr damit zugleich die außenpolitische Existenzgarantie entzogen hatte.

Zusammenfassend ist zu sagen, dass der Warschauer Pakt sowohl politische als auch militärische Ziele verfolgte, wobei die Sicherung der sowjetischen Herrschaft über das mittel- und osteuropäische Glacis eindeutig im Vordergrund stand. Dies gilt sowohl in einem ideologischen Sinne, als Sicherung der »sozialistischen Staatengemeinschaft«, wie in einem geostrategischen Zusammenhang, wonach es Moskau um die Sicherung des Aufmarschraumes für einen Krieg in Mitteleuropa gegangen sei. Eine der Kernfragen in der Interpretation des Kalten Krieges, ob es sich um eine ideologische oder eine geostrategische Auseinandersetzung gehandelt habe[44], zeigt sich auch hier; ebenso wie sie insgesamt nicht abschließend beantwortet ist, lässt sich aus den hier zusammengetragenen Forschungsergebnissen ein abschließendes Urteil bilden. Dass die Mitgliedschaft in diesem Bündnis den kleineren Partnern in mancher Hinsicht verbesserte Möglichkeiten des Einflusses auf die sowjetische Politik bot, wird Moskau nicht von vornherein beabsichtigt haben; der Warschauer Pakt bietet hier reiches Anschauungsmaterial für politikwissenschaftliche Analysen.

Die wirtschaftliche Dimension

Charakteristisch für das sozialistische System und damit für alle Staaten des Warschauer Pakts ist deren axiomatische Auffassung, gesteigerte Aufwendungen für den Sicherheitsapparat würden die Sicherheit des politischen Systems nach innen wie nach außen steigern. Die Überlegung, ob die damit verbundenen Ausgaben, wirtschaftlichen Belastungen und Einschränkungen für den Lebensstandard der Bevölkerung letztlich geeignet waren, das System zu destabilisieren, scheint nicht – oder jedenfalls nicht vor Beginn der Reformen unter Michail Gorbačev – gestellt worden zu sein. Auch hier unterscheidet sich der Warschauer Pakt deutlich von der NATO, für deren Regierungen das Spannungsverhältnis zwischen Hochkonjunktur und Hochrüstung, zwischen *welfare state* und *warfare state* immer handlungsleitend gewesen ist[45]. Gleichwohl darf eine historische Analyse an dieser Frage nicht vorbeigehen[46].

Torsten Diedrich legt dar, dass es im Wesentlichen die massiven Kosten der ersten Aufrüstungswelle ab 1952 in der DDR waren, die im Juni 1953 zum Volksaufstand gegen das SED-Regime führten[47]; von daher hätte eine selbstkritische, ideologisch nicht verblendete Analyse den Zusammenhang zwischen wirtschaftlicher und innenpolitischer Stabilität schon sehr früh aufzeigen können, dazu aber war das Regime aus immanenten Gründen nicht in der Lage. Jordan Baev konstatiert, dass sich Bulgarien durch seine Paktzugehörigkeit erstmals gegenüber Griechenland und der Türkei sicher fühlen konnte, dass es diese Sicherheit aber mit deutlichen Einschränkungen im Lebensstandard erkaufen musste[48].

Petre Opriş und Jordan Baev beschreiben in ihren Beiträgen, wie die sowjetische Führung bereits unmittelbar nach Abschluss des Warschauer Vertrages auf die Verbündeten mit erheblichen Rüstungsforderungen zukam, die zum einen das militärische Gewicht der verbündeten Armeen stärken, zum anderen die Abhängigkeit der Partner von der sowjetischen Rüstungswirtschaft sichern sollten[49]. Imre Okváth stellt diese Anstrengungen in den Gesamtkontext der Außenpolitik Chruščevs und seines Versuchs, gesteigerte Rüstungsanstrengungen und eine Politik der friedlichen Koexistenz miteinander zu verknüpfen[50].

Noch Anfang der sechziger Jahre erwies sich diese Politik aus sowjetischer Sicht als erfolgreich. Okváth etwa berichtet, dass sich der PBA und mit ihm alle Bündnispartner den Moskauer Forderungen nach erhöhten Rüstungsanstrengungen im März 1961 widerspruchslos fügten[51]. Rumänien war dann Ende der sechziger Jahre der erste Verbündete, der versuchte, sich durch einen Verzicht auf eine noch weiter intensivierte Kooperation mit der Sowjetunion für wirtschaftliche Zusammenarbeit mit westlichen Staaten zu qualifizieren[52]. Dies führte zu wachsenden Dissonanzen zwischen Bukarest und Moskau, die erst in den siebziger Jahren ihre volle Wirkung entfalteten[53].

Für die DDR legt Torsten Diedrich dar, dass sie in den siebziger Jahren ihre Unfähigkeit eingestehen musste, die sowjetischen Rüstungsforderungen zu erfüllen. Zu sehr klafften militärischer Anspruch und wirtschaftliche Leistungsfähigkeit auseinander, und augenscheinlich ging es den anderen Bündnispartnern nicht anders. Die veränderte sowjetische Militärdoktrin aus der Ära Gorbačev als die Bankrotterklärung des »militarisierten Sozialismus« zu interpretieren, ist in diesem Sinne folgerichtig[54].

Dabei darf auch nicht übersehen werden, dass das Überwälzen erheblicher Rüstungsausgaben auf die Partner ein Teil der sowjetischen Strategie zur Machtsicherung nach innen war. Der Zwang zu überhöhten Rüstungsausgaben schwächte die sozialistischen Regime nach innen wie nach außen und machte sie so im Gegenzug noch abhängiger von den sowjetischen konventionellen und nuklearen Garantien[55]. Weitere Untersuchungen werden noch Klarheit darüber bringen müssen, ob das sowjetische Rüstungsmonopol und der intensive Waffenhandel volkswirtschaftlich für die Sowjetunion eher von Vorteil oder von Nachteil waren; man bedenke die Begrenztheit der wirtschaftlichen Ressourcen beispielsweise für die Konsumgüterproduktion oder die Forschung. Die Rüstungsausgaben erlaubten auch Waffenlieferungen an Länder, deren politische Entwicklung im kommunistischen Sinn gefördert werden sollte – ein massives Mittel des politischen Druckes und der Einflussnahme auf die Verteidigungsfähigkeit der importierenden Staaten waren sie allemal.

Im Blick behalten werden muss ferner, dass der Warschauer Pakt der Sowjetunion nicht nur ein geostrategisch wünschenswertes und ideologisch gleichgeschaltetes Glacis bot, sondern ihr auch einige der für ihre Rüstung benötigten Ressourcen sicherte. Hier sind insbesondere die im Grenzgebiet zwischen DDR und Tschechoslowakei vorhandenen Uranerzvorkommen zu nennen, die bis zur Entdeckung anderer und deutlich größerer Vorkommen auf dem Gebiet der Sowjetunion selbst von immenser Wichtigkeit waren[56].

Letztlich ließen sich die hypertrophen Aufwendungen für staatliche Sicherheit den von Mangelwirtschaft betroffenen Menschen gegenüber nur durch ein ebenso überzogenes Feindbild rechtfertigen, in dem die NATO, die USA und vor allem die Bundesrepublik eine zentrale Rolle spielten, und das sich von allen tatsächlichen Erkenntnissen der ostdeutschen und sowjetischen Nachrichtendienste über Stärke und Absichten des Westens längst losgelöst und verselbstständigt hatte. In diesem Sinne führten sogar die exzessiven Rüstungsausgaben zu einer Erhöhung der bündnisinternen Kohärenz und Stabilität[57].

Bilaterale und multilaterale Politik

Auch wenn es der tschechische Premierminister Viliam Siroky gewesen war, der öffentlich die Gründung eines östlichen Bündnisses angeregt hatte[58], so kann doch kein Zweifel daran bestehen, dass es sich um eine Aktion im sowjetischen Interesse sowie näherhin im Interesse des noch relativ neu im Amt befindlichen sowjetischen Parteichefs Chruščev handelte, der damit seine eigene Position im Inneren stärken wollte.

Für die sowjetische Führung war der PBA des Bündnisses ein willkommenes Forum, um die Außenpolitik der sozialistischen Staaten zu synchronisieren und sowjetischen Interessen dienstbar zu machen. Csaba Békés nennt das in seinem Beitrag eine »Dezentralisierungspolitik[59]« und führt auf, wie Moskau in diesem Rahmen die anderen sozialistischen Regierungen veranlasst hat, sich für die von der Sowjetunion seit langem geforderte gesamteuropäische Sicherheitskonferenz einzusetzen. Ana Lalaj belegt, dass die albanische Mitgliedschaft im Pakt aus Moskauer Sicht lediglich eine Funktion der sowjetischen Jugoslawienpolitik war; kaum hatte sich das Verhältnis zwischen Chruščev und Tito entspannt, sah sich Albanien – lange bevor es sich mit Peking solidarisierte – von der Moskauer Diplomatie an den Rand gedrängt; der PBA folgte der sowjetischen Linie im März 1961 ohne weitere Fragen[60].

Jordan Baev schildert, wie die geostrategisch und historisch begründete bulgarische Forderung, keine Nuklearwaffen auf griechischem oder türkischem Territorium aufzustellen, 1958 angesichts »höherrangiger« sowjetischer Ziele in der Politik zurückgestellt werden musste. Auch der polnische Außenminister Adam Rapacki, mit dessen Namen der entsprechende Plan einer atomwaffenfreien Zone verbunden ist, hat Baev zufolge nicht erkannt, wie sehr sich alle nationalen politischen Ziele der verbündeten Länder sowjetischen Vorgaben unterzuordnen hatten[61].

Insbesondere der sowjetisch-chinesische Konflikt führte dazu, dass die Sowjetunion eine weitere Intensivierung der Spannungen in Mitteleuropa vermeiden wollte, ohne dass beispielsweise die DDR-Führung erkannt hätte, welche Auswirkungen das für die sowjetische Politik Ost-Berlin gegenüber hatte[62]. Wanda Jarząbek erklärt, wie die sowjetische Politik Anfang der siebziger Jahre von den relativ starren Strukturen des Warschauer Pakts abrückte und es vorzog, ihre Politik der Entspannung in Europa den Partnern eher auf bilateralen Kanälen zu vermitteln[63].

Im September 1973 führte der Warschauer Pakt in Ungarn die Großübung »Vertes-73« durch und erprobte dabei die großräumige Luftverlegung einer beträchtlichen Anzahl an Truppen. Es sei das erste Mal gewesen, so Kramer, dass »der Warschauer Pakt zur Unterstützung sowjetischer Militäraktivitäten außerhalb des europäischen Kriegsschauplatzes einbezogen« worden sei[64]. In diesem Zusammenhang ist zu erwähnen, dass es zwar bereits einige Literatur zu den Aktivitäten einzelner Bündnispartner in der Dritten Welt gibt[65], aber deren Koordinierung entweder durch bilaterale Kontakte der Sowjets oder im Rahmen der Allianz bisher weitgehend im Dunkel liegt.

Wirkten sich die gemeinsamen Belastungen durch die erheblichen Rüstungsausgaben stabilisierend auf den Pakt aus, so führten sie andererseits in den siebziger Jahren auch zu einer gewissen Solidarisierung der Verbündeten gegen die überzogenen Forderungen der Hegemonialmacht[66].

Das Land, das man als erstes mit der Durchsetzung von Partikularinteressen im Rahmen des Warschauer Pakts assoziiert, ist Rumänien. Auch in den Beiträgen dieses Bandes nimmt die auf ein Mindestmaß an Eigenständigkeit gerichtete Politik des rumänischen Diktators Ceauşescu einigen Raum ein. Bereits die eigenmächtige Erhöhung der Gefechtsbereitschaft aller Warschauer-Pakt-Truppen durch sowjetische Befehlshaber während der Berlin-Krise hatte in Rumänien Widerspruch hervorgerufen[67]. Schon früh, so berichtet Petre Opriş, drängte die rumänische Führung auf klare rechtliche Regelungen für das Zusammenwirken im Bündnis, so etwa für die zeitweilige Stationierung fremder Truppen im Lande[68]. Dahinter stand der Versuch, die sowjetischen Handlungsmöglichkeiten wenigstens formal zu definieren (und damit letztlich auch zu begrenzen), aber nach 1968 wohl auch die Absicht, »Manöver« wie die Besetzung der Tschechoslowakei durch fremde Truppen rechtlich auszuschließen. Konsequent lehnte es Rumänien daher auch ab, dass bei gemeinsamen Übungen immer ein sowjetischer General als Oberbefehlshaber fungieren sollte[69].

Rumänien nutzte insbesondere die Bemühungen um eine Strukturreform des Bündnisses Mitte der sechziger Jahre, um seine Eigeninteressen ins Spiel zu bringen[70]. Wanda Jarząbeks Beitrag schildert aus polnischer Sicht, welche Verwerfungen diese Haltung für eine weitere Integration des Bündnisses hatte[71]. Carmen Rijnoveanu weist schließlich darauf hin, dass die gängige Interpretation, es habe sich dabei lediglich um eine Frage des persönlichen Ehrgeizes der rumänischen Parteiführer gehandelt, zu kurz greift[72]. Vielmehr handelte es sich um die Reaktion auf Moskaus hegemoniale Tendenzen, die durch die Invasion der Tschechoslowakei 1968 nachhaltig verstärkt wurden[73]. Bukarest war zwar weiterhin daran interessiert, den Warschauer Pakt als schlagkräftiges Instrument der kollektiven Verteidigung zu erhalten und womöglich noch auszubauen, ohne sich jedoch der sowjetischen Hegemonie über Osteuropa mehr als nötig zu unterwerfen. Rumänien bestand daher auch bei der Ausgestaltung des Organisationsrahmens auf der im Warschauer Vertrag von 1955 vorgesehenen Einstimmigkeit, also faktisch auf seinem eigenen Vetorecht[74]. Damit ergab sich für das Land eine außen- und sicherheitspolitische Sonderrolle, die bis zum Ende des Warschauer Pakts andauerte[75].

Rüdiger Wenzke zeigt auf, dass die DDR »neben der Volksrepublik Polen das einzige Land im Warschauer Pakt [war], das die Waffenbrüderschaft seiner Armee explizit in der Verfassung verankert hatte[76]«. Darin bestand die außenpolitische Grundschwäche des ostdeutschen Staates, zumindest bis zu den Verträgen der frühen siebziger Jahre, nämlich bis zum Ende seiner Existenz um seine Anerkennung als vollsouveräner Staat kämpfen zu müssen, was eine besondere Abhängigkeit von funktionierenden Paktstrukturen zur Folge hatte, zumal die DDR, wie bereits oben betont, zunächst nicht in die ansonsten für das sozialistische Lager typischen bilateralen Verträge eingebunden war[77]. Es kann daher auch nicht überraschen, wenn die DDR-Führung immer wieder die Sitzungen des PBA als Forum nutzte, um ihre eigenen politischen Vorstellungen zu vertreten[78]. So war nicht zufällig die PBA-Tagung im März 1961 der geeignete Ort für Ulbricht, die Forderung nach einer sofortigen Abschnürung West-Berlins zu erheben[79]. Gleiches galt sowohl für die Forderung nach Disziplinierung »abweichender« Bündnispartner als auch, und dies in besonderem Maße, für den Wunsch der DDR nach Formulierung einer bündniseinheitlichen Deutschlandpolitik.

Die Aufnahme der Bundesrepublik in die NATO war ein wesentlicher Anlass zur Gründung der Warschauer Vertragsorganisation gewesen. Dass die Deutschlandpolitik durchgängig ein zentraler Politikinhalt des östlichen Bündnisses blieb, ist daher nicht verwunderlich. Neben der DDR war es vor allem Polen, das wegen des aus seiner Sicht noch immer nicht befriedigend geklärten Status seiner Westgrenze auf eine gemeinschaftliche Politik gegenüber Deutschland, und das hieß vor allem gegenüber der Bundesrepublik, drängte[80]. Aus Warschauer Sicht war eine Annäherung zwischen Bonn und Moskau nicht wünschenswert, so lange Warschau auf die dabei ablaufenden Prozesse keinen Einfluss nehmen konnte. Bei aller ideologischer Verbundenheit mit der Sowjetunion wirkte das Trauma von 1939, noch einmal verstärkt durch den Adenauer-Besuch in Moskau 1955, deutlich nach. Auch das erklärt das polnische Interesse an einer bündnisgemeinsamen Außenpolitik[81]. Noch 1966 und 1967 hatte der Warschauer Pakt ganz offiziell der DDR ihre Solidarität ausgesprochen und die Aufnahme diplomatischer Beziehungen zu Bonn an die Anerkennung der DDR und der polnischen Westgrenze geknüpft[82]. Als dann im Rahmen der sich anbahnenden Entspannungspolitik Ende 1969 die neue bundesdeutsche Regierung Verhandlungen sowohl mit Moskau als auch mit Warschau aufnahm, führte dies wiederum zu einer nachhaltigen Verstimmung in Ost-Berlin. Die DDR-Regierung erreichte die Behandlung der deutschlandpolitischen Fragen auf einem Gipfeltreffen in Moskau Anfang Dezember 1969[83], ohne jedoch letztlich die Annäherung der Bündnispartner an den verhassten westdeutschen Kontrahenten verhindern zu können.

Schließlich hatte die Entspannungspolitik nicht nur eine deutschlandpolitische Dimension, sondern sie ermöglichte Moskau auch die Realisierung des seit langem gehegten Traumes von der europäischen Sicherheitskonferenz. Auf dem Weg dahin sollte dem Warschauer Pakt eine besondere Rolle zufallen. Csaba Békés stellt in seinem Beitrag die Faktoren zusammen, die es für die sowjetische Staats- und Parteispitze zweckmäßig erscheinen ließen, zunächst 1966 und dann Anfang 1969 erneut, im Rahmen der Budapester Tagung des PBA, einen Vorstoß in dieser Richtung zu unternehmen: Den zunehmenden Spannungen zwischen der Sowjetunion und China am Grenzfluss Ussuri stand das Angebot des neuen US-Präsidenten Richard Nixon gegenüber, direkte Kontakte aufzunehmen; hinzu kam die Perspektive einer Kanzlerschaft Willy Brandts, von der man sich eine aufgeschlossenere Politik gegenüber dem sozialistischen Lager erhoffen konnte[84].

Allerdings regte sich unter den Alliierten der Sowjetunion auch Widerstand gegen Planungen für eine Konferenz, die vor allem der Sowjetunion politische Vorteile bringen würde. Gestützt auf polnische Quellen, kommt Wanda Jarząbek zu dem Ergebnis, dass der Versuch Warschaus, unter Nutzung der Paktstrukturen solche Einseitigkeiten zu verhindern, zwar scheiterte, dass die polnische Führung auf dieses Scheitern jedoch mit einer Hinwendung zu bilateralen Kontakten mit einzelnen westlichen Nationen reagierte. Das erste Ergebnis dieser Politik war die Aufnahme von Gesprächen mit der Bundesrepublik im Februar 1970, die Ende desselben Jahres mit einem Vertragsabschluss erfolgreich endeten. Die Fokussierung der sowjetischen Außenpolitik auf den KSZE-Prozess ging dann Mitte der siebziger Jahre so weit, dass Moskau sich 1975 entschied, diesen nicht durch Feiern zum 20-jährigen Bestehen des Warschauer Pakts zu stören, sodass der Jahrestag fast unbemerkt blieb[85].

Gerade für die Erforschung der KSZE und ihrer Vorgeschichte im Rahmen des Ostblocks weisen die Beiträge dieses Bandes deutlich über das hinaus, was bisher in der deutschsprachigen Literatur bekannt war[86], und sie beschreiten diesbezüglich in großem Maße wissenschaftliches Neuland.

Bei den bisher im Rahmen des Schlusskapitels angeschnittenen Fragen wurden außen- und sicherheitspolitische, gelegentlich auch militärstrategische Aspekte berührt. Zur Realität des Paktes gehörten aber ebenso gemeinsame Übungen, sowohl als Stabsrahmenübungen als auch in der Form von Großmanövern mit multinationaler Beteiligung, sodann gemeinsame Ausbildungsvorhaben sowie, nicht zuletzt, geplante und gesteuerte Kontakte zwischen den Streitkräften der verbündeten Nationen. Das alles musste sich auf die Realität der zwischenstaatlichen Beziehungen auswirken. Allerdings konnten sich solche Kontakte eben nie spontan und ungezwungen entwickeln, sondern sie wurden immer argwöhnisch überwacht, wie Rüdiger Wenzke feststellt. So heftete diesen Kontakten immer eine gewisse Künstlichkeit an, sodass ihre tatsächlichen Auswirkungen schlecht zu bewerten sind. Zudem fanden die Spannungen zwischen den verbündeten Nationen ihren Ausdruck auch in gespannten zwischen- menschlichen Begegnungen, was etwa Kontakte zwischen deutschen und tsche- choslowakischen Soldaten nach 1968 ebenso erschwerte wie deutsch-polnische Gemeinschaftsveranstaltungen nach 1981, worauf Rüdiger Wenzke hinweist[87]. Analog stellt Andrzej Paczkowski die berechtigte Frage, ob die Teilnahme an Lehrgängen in verbündeten Ländern wirklich die erwünschte verbindende Wir- kung erzeugte, wenn auf ihnen die Leistungs- und Ausrüstungsunterschiede zwi- schen den Verbündeten so eklatant zum Vorschein kamen[88]. Für Rumänien be- schreibt Petre Opriş, wie die Weigerung der Bukarester Führung, im Rahmen von Übungen Truppen von Verbündeten durchmarschieren zu lassen (eine Weige- rung, die nach 1968 naturgemäß sehr realen Befürchtungen entsprang!), den geo- strategischen Zusammenhalt des Warschauer Paktes und insbesondere die im Kriegsfall zu erwartende militärische Unterstützung für Bulgarien infrage stellte[89].

In der Summe ist Wanda Jarząbek zuzustimmen, wenn sie die außenpoliti- sche Funktion der Warschauer Vertragsorganisation auf zwei Ebenen sieht: Zum einen diente er als Transmissionsriemen sowjetischer Forderungen und als Koordinationsinstrument einer bündnisgemeinsamen Außenpolitik, zum ande- ren aber – und das konnte Moskau weniger lieb sein – war er eben auch ein Forum, auf dem die Partner in wachsendem Maße für ihre eigenen Vorstellun- gen werben konnten. Insofern war die Allianz potenziell geeignet, die Hand- lungsfreiheit auch der Sowjets zu beschränken. Damit bewies der Warschauer Pakt genau die gleiche Dialektik, wie sie für die NATO und für Washington schon früher festgestellt worden ist[90].

Forschungsperspektiven

Bei der Frage nach vielversprechenden Forschungsansätzen ist zunächst der Beitrag von Klaus Bachmann zu erwähnen, der bisher kaum in den Blick getre- ten ist. Er verfolgt methodisch eine ganz andere Richtung als alle anderen hier versammelten Texte. Bachmann untersucht anhand einschlägigen, aber in dieser Form wohl nur für Polen erhaltenen Quellenmaterials das Ansehen des polni- schen Militärs in der breiten Öffentlichkeit. Er kommt zu dem Ergebnis, dass für sehr viele Polen ihre Streitkräfte unabhängig von ihrer Bündniseinbindung und von ihrer ideologischen Orientierung ein nationales Identifikationsobjekt darstellten, weshalb sich das polnische Militär eines durchweg ungebrochenen Prestiges in der polnischen Gesellschaft erfreuen konnte. Natürlich ließe sich auch dieser Befund in eine diplomatie- und strategiegeschichtliche Untersu- chung einbinden: War das polnische Militär aus Sicht seiner Verbündeten über- haupt vertrauenswürdig, wenn es seine gesellschaftliche Rückbindung und Wertschätzung nicht aus sozialistischer Ideologie, sondern aus nationaler Tradi- tion bezog? Viel interessanter jedoch wäre wohl eine vergleichende Untersu-

chung zum Sozialstatus des Militärs und des Offizierberufs in den anderen
sozialistischen Gesellschaften, besonders in der DDR. Dort nämlich war der
nationalstaatliche Bezugsrahmen angesichts der deutschen Teilung besonders
schwierig zu konstruieren, und in der Tat gibt es Hinweise, dass der Sozialstatus
des Offizierkorps geringer war als in allen anderen Warschauer-Pakt-Staaten[91].
Damit ist auch bei dieser wissenschaftlichen Fragestellung ein weites und offensichtlich ertragreiches Feld zukünftiger gemeinsamer Forschungsanstrengungen
abgesteckt.

Überhaupt verspräche eine Sozialgeschichte des Militärs, auch verstanden als
eine Binnengeschichte des Sozialsystems »Militär«, in vergleichender Betrachtung einigen Gewinn, wenn auch die Absicherung über vergleichbare Quellen-
bestände schwierig werden dürfte. Haben sich in den einzelnen Nationen militärische Funktionseliten etabliert, haben diese miteinander interagiert? Gab es
vergleichbare Entwicklungen in den sozialistischen Armeen hinsichtlich der
Bedeutung ideologischer Faktoren bei der Rekrutierung nachwachsender Füh-
rungs- und Funktionseliten?

Während die Quellenlage weitere Forschungen zu strategischen und nuklearen Fragen auch in absehbarer Zukunft nur sehr begrenzt zulassen dürfte, wäre
eine vergleichende und eine kooperierende wirtschaftshistorische Analyse von
Rüstungsaufwendungen und -lasten vermutlich ergiebig. Was Torsten Diedrich
im vorliegenden Band für die DDR exemplarisch untersucht hat, sollte auch für
die anderen beteiligten Nationen darstellbar sein. Der erhebliche methodische
Aufwand, die Ausgaben für die staatliche Sicherheitsvorsorge aus dem Gesamt-
volumen planwirtschaftlicher Ökonomie herauszufiltern, wird dabei keineswegs
verkannt; er erscheint angesichts des zu erwartenden Erkenntnisgewinns allerdings vertretbar. Auch hier sollte eine vergleichende Betrachtung Aussagen zu
den Spezifika der jeweiligen Nationen erlauben.

Unser Wissen über die operativen Planungen dürfte zunehmen, falls weitere
Staaten dem polnischen Beispiel folgen und die bei ihnen erhaltenen Akten
schrittweise zugänglich machen. Argumente der »nationalen Sicherheit« dürften
angesichts der völlig veränderten geostrategischen Situation und des Wechsels
der Bündniszugehörigkeit kaum noch eine Rolle spielen. Insbesondere die Frage, inwieweit das, was wir über die Übungslagen der beteiligten Armeen wissen,
direkte Rückschlüsse auf die »scharfe« Kriegsplanung zulässt[92], dürfte sich beantworten lassen, wenn erhaltene Planungen für den Ernstfall systematisch
neben vergleichbare Übungsunterlagen gestellt werden; das im MGFA verfolgte
Projekt zu den Angriffsplanungen gegen West-Berlin ist diesem Ansatz verpflichtet. Gerade in dem Bereich operativer Analyse dürfte aus einer multinationalen Kooperation besonderer Erkenntnisgewinn erwachsen.

Letztlich haben manche Überlegungen bereits in diesem Schlusskapitel gezeigt, dass einige Fragen sich besonders für einen Vergleich zwischen NATO
und Warschauer Pakt eignen. Die Frage nach nationaler Souveränität und Einbindung in die Allianz etwa stellt sich im Zeitalter der strategischen Nuklearwaf-

fen, des Überschalljets und der Interkontinentalraketen anders als noch im Zweiten Weltkrieg; das gilt für die westliche wie für die östliche Allianz gleichermaßen. Erst wenn die für die beiden Bündnisse gemeinsamen Faktoren herausgearbeitet sind, kann es gelingen, Eigenheiten von Ost und West aufzuzeigen. Auch hier wird die internationale Vernetzung von Forschung, für die dieses Buch ein Indiz sein will, weitere und bessere Ergebnisse erbringen.

Der vorliegende Band beantwortet eine Reihe von Detailfragen. Die Einzelaussagen aber erlauben in ihrer Zusammenschau mehr, nämlich ein vertieftes Verständnis des Warschauer Pakts, der einerseits mehr war als ein schlichtes Militärbündnis, der aber andererseits die hypertrophe Militarisierung des sicherheitspolitischen Denkens im sowjetischen Machtbereich reflektierte. Doch wie überall in der historischen Forschung: Jede beantwortete Frage lässt uns gewahr werden, wie viele weitere Fragen noch der Untersuchung harren.

Anmerkungen

[1] Nünlist, S. 14.

[2] So auch Frank Umbach, Das rote Bündnis. Entwicklung und Zerfall des Warschauer Paktes 1955–1991, Berlin 2005 (= Militärgeschichte der DDR, 10), S. 117; und Vojtech Mastny, The Warsaw Pact. An Alliance in Search of a Purpose, in: NATO and the Warsaw Pact. Intrabloc Conflicts, ed. by Mary Ann Heiss and S. Victor Papacosma, Kent, OH 2008, S. 141–160, hier S. 142 f.

[3] Nünlist, S. 23; zur Frage einer gezielten sowjetischen Politik zur Desintegration der NATO von innen siehe auch Winfried Heinemann, Vom Zusammenwachsen des Bündnisses. Die Funktionsweise der NATO in ausgewählten Krisenfällen 1951–1956, München 1998 (= Entstehung und Probleme des Atlantischen Bündnisses bis 1956, 1), S. 232.

[4] Békés, S. 225; ähnlich Umbach, Das rote Bündnis (wie Anm. 2), S. 122; und Gerhard Wettig, Vorgeschichte und Gründung des Warschauer Paktes, in: Militärgeschichtliche Zeitschrift (MGZ), 64 (2005), S. 151–176, hier S. 169–171.

[5] Baev, S. 45; Joachim Scholtyseck, Die Außenpolitik der DDR, München 2003 (= Enzyklopädie deutscher Geschichte, 69), S. 92, sieht Ähnliches für die DDR.

[6] Wenzke, S. 87.

[7] Jarząbek, S. 144.

[8] Scholtyseck, Die Außenpolitik der DDR (wie Anm. 5), S. 14; siehe hierzu jetzt auch Hermann Wentker, Außenpolitik in engen Grenzen. Die DDR im internationalen System, München 2007 (= Quellen und Darstellungen zur Zeitgeschichte, 72).

[9] Lalaj, S. 28.

[10] Scholtyseck, Die Außenpolitik der DDR (wie Anm. 5), S. 118.

[11] Békés, S. 231, berichtet einen ähnlichen Vorgang für die ungarische Diplomatie.

[12] So etwa Wenzke, S. 87; Kramer, S. 274; ähnlich auch Umbach, Das rote Bündnis (wie Anm. 2), S. 119; ähnlich Armin Wagner, Emanzipation durch Integration? Walter Ulbricht, Moskau und die Reform der Warschauer Vertragsorganisation 1965–1969, in: Deutschland Archiv. Zeitschrift für das vereinigte Deutschland, 35 (2002), S. 413–420, hier S. 414.

13 Rijnoveanu, S. 217; ähnlich Békés.

14 Kramer, S. 274.

15 Jarząbek, S. 134, Diedrich, S. 62; so auch Scholtyseck, Die Außenpolitik der DDR (wie Anm. 5), S. 22.

16 Kramer, S. 290.

17 Paczkowski, S. 123.

18 So etwa Bundesminister der Verteidigung, Militärische Planungen des Warschauer Paktes in Zentraleuropa. Eine Studie, Bonn 1992 (als Ms. gedruckt); Mark Kramer, Warsaw Pact Military Planning in Central Europe. Revelations From the East German Archives, in: Cold War International History Project Bulletin, Fall 1992, 2, S. 1, 13–19; zur Frage des Ersteinsatzes von Nuklearwaffen aber auch die quellenkritische Anmerkung von Gerhard Wettig, Warsaw Pact Planning in Central Europe. The Current Stage of Research, in: Cold War International History Project Bulletin, 1993, 3, S. 51.

19 Am bekanntesten A Cardboard Castle? An Inside History of the Warsaw Pact, ed. by Vojtech Mastny and Malcolm Byrne, Budapest 2005.

20 Heiner Bröckermann, Torsten Diedrich, Winfried Heinemann, Matthias Rogg und Rüdiger Wenzke, Die Zukunft der DDR-Militärgeschichte. Gedanken zu Stand und Perspektiven der Forschung, in: MGZ, 66 (2007), S. 71–99, hier S. 81 f.

21 Paczkowski, S. 124.

22 Nünlist, S. 23.

23 Békés, S. 226.

24 Jarząbek, S. 133.

25 Scholtyseck, Die Außenpolitik der DDR (wie Anm. 5), S. 73.

26 Jones, S. 246; Kramer, S. 275.

27 Opriş, S. 187; Thomas A. Kauffmann, Kontinuität und Wandel. Entwicklung der Militärdoktrin und Kriegsplanung des Warschauer Paktes im Verlauf der 80er Jahre unter Berücksichtigung der Landesverteidigung der DDR, Phil.Diss., München 2002, S. 5.

28 Diedrich, S. 62.

29 Umbach, Das rote Bündnis (wie Anm. 2), S. 117.

30 Jones, S. 245.

31 Diedrich, S. 60, der hier die Ergebnisse seiner früheren Forschungen zum 17. Juni 1953 kondensiert; zur besonderen Rolle der DDR auch Jones, S. 258.

32 Diedrich, S. 69.

33 Umbach, Das rote Bündnis (wie Anm. 2), S. 124.

34 Weiterführende Erkenntnisse erbrachte eine Tagung der Bundesbeauftragten für die Unterlagen des Staatssicherheitsdienstes der ehemaligen DDR (BStU) und des Militärgeschichtlichen Forschungsamtes: »The role of military and state security in the internal and external security concept of the participating states of the Warsaw Treaty Organization«, die Anfang Dezember 2007 in Potsdam stattfand und deren Ergebnisse ebenfalls in dieser Reihe veröffentlicht werden sollen.

35 Dazu siehe Otto Wenzel, Kriegsbereit. Der Nationale Verteidigungsrat der DDR 1960 bis 1989, Köln 1995; v.a. aber Armin Wagner, Walter Ulbricht und die geheime Sicherheitspolitik der SED. Der Nationale Verteidigungsrat der DDR und seine Vorgeschichte (1953–1971), Berlin 2002 (= Militärgeschichte der DDR, 4). Die Akten des Nationalen Verteidigungsrates der DDR sind inzwischen publiziert und finden sich auf folgender Website: <www.nationaler-verteidigungsrat.de> Siehe auf dieser Website auch die Beiträge zu den analogen Organen in den anderen Staaten des Warschauer Pakts.

36 Bröckermann u.a., Die Zukunft der DDR-Militärgeschichte (wie Anm. 20), S. 72 f.

[37] Kramer, S. 277; detaillierter neuerdings Manfred Wilke, Die DDR in der Interventions-
koalition gegen den »Sozialismus mit menschlichem Antlitz!«, in: Prager Frühling. Das
internationale Krisenjahr 1968. Beiträge, hrsg. von Stefan Karner u.a., 2 Bde, Graz 2008,
S. 421–446.

[38] Rüdiger Wenzke, Die NVA und der Prager Frühling 1968. Die Rolle Ulbrichts und der
DDR-Streitkräfte bei der Niederschlagung der tschechoslowakischen Reformbewegung,
Berlin 1995 (= Forschungen zur DDR-Geschichte, 5).

[39] Kramer, S. 285.

[40] Scholtyseck, Die Außenpolitik der DDR (wie Anm. 5), S. 37.

[41] Jones, S. 256; Kramer, S. 287.

[42] Kramer, S. 303.

[43] Diedrich, S. 67.

[44] John Lewis Gaddis, The Long Peace. Inquiries into the History of the Cold War, New
York 1987; Wilfried Loth, Langer Friede oder Fünfzigjähriger Krieg? Der Kalte Krieg in
historischer Perspektive, in: Militär, Staat und Gesellschaft in der DDR. Forschungsfelder, Ergebnisse, Perspektiven, hrsg. von Hans Ehlert und Matthias Rogg, Berlin 2004
(= Militärgeschichte der DDR, 8), S. 67–82.

[45] Aus der umfangreichen Literatur hierzu nur Helmut R. Hammerich, Jeder für sich und
Amerika gegen alle? Die Lastenteilung der NATO am Beispiel des Temporary Council
Committee 1949–1954, München 2003 (= Entstehung und Probleme des Atlantischen
Bündnisses bis 1956, 5); Saki Dockrill, Eisenhower's New-Look National Security Policy,
1953–61, Basingstoke 1996.

[46] Bröckermann u.a., Die Zukunft der DDR-Militärgeschichte (wie Anm. 20), S. 72, 97.

[47] Diedrich, S. 66.

[48] Baev, S. 56.

[49] Opriş, S. 186; Baev, S. 47.

[50] Okváth, S. 179.

[51] Ebd., S. 181.

[52] Opriş, S. 198.

[53] Kramer, S. 289.

[54] Diedrich, S. 78.

[55] Kramer, S. 275.

[56] Diedrich, S. 63.

[57] Ebd., S. 62.

[58] Umbach, Das rote Bündnis (wie Anm. 2), S. 118.

[59] Békés, S. 228.

[60] Lalaj, S. 36.

[61] Baev, S. 50.

[62] Scholtyseck, Die Außenpolitik der DDR (wie Anm. 5), S. 22.

[63] Jarząbek, S. 142.

[64] Kramer, S. 291.

[65] Am Militärgeschichtlichen Forschungsamt, Potsdam, bereitet Klaus Storkmann eine
Arbeit über die Beziehungen der NVA zur Dritten Welt vor.

[66] Kramer, S. 289.

[67] Opriş, S. 191.

[68] Zu den Besonderheiten in den bilateralen Vertragsbeziehungen Rumäniens mit den
anderen Partnern Umbach, Das rote Bündnis (wie Anm. 2), S. 123.

[69] Opriş, S. 192.

[70] Siehe hierzu neben dem Beitrag von Opriş in diesem Band auch Wagner, Emanzipation durch Integration? (wie Anm. 12).

[71] Jarząbek, S. 137.

[72] Rijnoveanu, S. 211.

[73] Ebd., S. 218.

[74] Ebd., S. 220.

[75] Opriş, S. 200.

[76] Wenzke, S. 85.

[77] Ebd., S. 88; Scholtyseck, Die Außenpolitik der DDR (wie Anm. 5), S. 135; Hans Ehlert und Armin Wagner, Äußere Sicherheit und innere Ordnung. Armee, Polizei und paramilitärische Organisationen im SED-Staat, in: Bilanz und Perspektiven der DDR-Forschung, hrsg. von Rainer Eppelmann, Bernd Faulenbach und Ulrich Mählert, Paderborn 2003, S. 141–150, hier S. 148.

[78] Siehe auch Békés, S. 232.

[79] Scholtyseck, Die Außenpolitik der DDR (wie Anm. 5), S. 20.

[80] Jarząbek, S. 146; siehe zu diesem Komplex jetzt auch Douglas Selvage, The Warsaw Pact and the German Question, 1955–1970. Conflict and Consensus, in: NATO and the Warsaw Pact. Intrabloc Conflicts, ed. by Mary Ann Heiss and S. Victor Papacosma, Kent, OH 2008, S. 178–192, hier S. 179 f.

[81] Jarząbek, S. 135.

[82] Scholtyseck, Die Außenpolitik der DDR (wie Anm. 5), S. 26.

[83] Békés, S. 237.

[84] Ebd., S. 230.

[85] Jarząbek, S. 141, 144.

[86] Bröckermann u.a., Die Zukunft der DDR-Militärgeschichte (wie Anm. 20), S. 86, beklagt hier noch erhebliche Forschungsdefizite.

[87] Wenzke, passim.

[88] Paczkowski, S. 126.

[89] Opriş, S. 194.

[90] Heinemann, Vom Zusammenwachsen (wie Anm. 3), S. 70.

[91] Stephan Fingerle, Waffen in Arbeiterhand? Die Rekrutierung des Offizierkorps der NVA und ihrer Vorläufer. Die »Arbeiter-und-Bauern-Armee« zwischen Anspruch und Wirklichkeit, Berlin 2001 (= Militärgeschichte der DDR, 2).

[92] Wettig, Warsaw Pact Planning (wie Anm. 18).

Abkürzungen

AA	Auswärtiges Amt, Berlin
AAN	Archivum Akt Nowych (Archiv für Neue Akten), Polen
ABC(-Waffen)	Atomare, biologische und chemische Waffen
a.D.	außer Dienst
AFCENT	Allied Forces Central Europe
AFNORTH	Allied Forces Northern Europe
AFSOUTH	Allied Forces South Europe
AK	Armia Krajowa (Heimatarmee), Polen
AL	Armia Ludowa (Volksarmee), Polen
AMBl.	Anordnungs- und Mitteilungsblatt
AMFA	Archiv des Außenministeriums, Albanien
AMR	Arhivele Militare Române (Rumänisches Militärarchiv)
AMSZ	Archivum Ministerstwa Spraw Zagranicznych (Archiv des Außenministeriums), Polen
AMV	Archiv Ministerstva Vnitra (Archiv des Innenministeriums), Tschechien
ANIC	Arhivele Naţionale Istorice Centrale (Nationales Historisches Zentralarchiv), Rumänien
ANZUS	Australia, New Zealand, United States Security Treaty
APRF	Archiv Prezidenta Rossijskoj Federacii (Archiv des Präsidenten der Russischen Föderation)
Arch. KC PZPR	Archiwum Komitetu Centralnego Polskiej Zjednoczonej Partii Rabotniczej (Archiv des ZK der PZPR)
Arch. ÚV KSČ	Archiv Ústředního výboru Komunistické strany Československa (Archiv des ZK der KSČ)
AWF	Ann Whitman File (Aktensignatur)
AZN	Archivzugangsnummer (Aktensignatur)
BArch	Bundesarchiv
BArch-MA	Bundesarchiv-Militärarchiv, Freiburg i.Br.
BdVP	Bezirksbehörde der Deutschen Volkspolizei
BKP	Balgarska Komunisticeska Partija (Bulgarische Kommunistische Partei)
BRD	Bundesrepublik Deutschland

BStU	Beauftragte für die Unterlagen des Staatssicherheitsdienstes der ehemaligen Deutschen Demokratischen Republik
BU	Biuro Udostępniania (Zugangsberechtigungsbüro), IPN, Polen
CA PPSh	Zentralarchiv der PPSh, Albanien
CAMO	Central'nyi archiv Ministerstva oborony (Zentralarchiv des Verteidigungsministeriums), Russland
CAMSW	Centralne Archiwum Ministerstwa Spraw Wewnętrznych (Zentralarchiv des Innenministeriums), Polen
CAW	Centralne Archiwum Wojskowe (Zentrales Militärarchiv), Polen
CBOS	Centrum Badań Opinii Społecznej (Zentrum zur Untersuchung der öffentlichen Meinung), Polen
CDAHOU	Central'nyj Deržavnyj Archiv Hromads'kych Ob'ednan Ukrainy (Zentrales Staatsarchiv für gesellschaftliche Gruppen der Ukraine)
CDF	Central Decimal Files (Aktensignatur)
CDSP	Current Digest of the Soviet Press
CENTO	Central Treaty Organization, auch Bagdad-Pakt
CF	Conference Files (Aktensignatur)
CIA	Central Intelligence Agency, USA
COMECON	Council for Mutual Economic Assistance
ČSAV	Československá akademie věd (Tschechoslowakische Akademie der Wissenschaften)
ČSFR	Česká a Slovenská Federativna Republika (Tschechisch-Slowakische Föderative Republik)
ČSLA	Československá Lidová Armáda (Tschechoslowakische Volksarmee)
ČSSR	Československá Socialistická Republika (Tschechoslowakische Sozialistische Republik)
DA	Diplomatisches Archiv, Bulgarien
DCER	Documents of Canadian External Relations
DDEL	Dwight D. Eisenhower Library
DDR	Deutsche Demokratische Republik
DHS	Diensthabendes System (des Warschauer Paktes)
DoS	Department of State (US-Außenministerium)
DRK	Deutsches Rotes Kreuz
DTSB	Deutscher Turn- und Sportbund
EVG	Europäische Verteidigungsgemeinschaft
FBIS	Foreign Broadcast Information Service, USA
FDGB	Freier Deutscher Gewerkschaftsbund

FDJ	Freie Deutsche Jugend
Fla.	Flugabwehr
FNÇ	Fronti Nacionalçlirimtar (Nationale Befreiungsfront), Albanien
FRUS	Foreign Relations of the United States
GBl.	Gesetzblatt
GDR	German Democratic Republic
GenSt UVA	Generalstab der Ungarischen Volksarmee
GL	Gwardia Ludowa (Volksgarde), Polen
GRU	Glavnoe razvedyvatel'noe upravlenie (Hauptverwaltung Aufklärung), UdSSR
GSSD	Gruppe der Sowjetischen Streitkräfte in Deutschland
GST	Gesellschaft für Sport und Technik
GSTD	Gruppe der Sowjetischen Truppen in Deutschland (= GSSD)
GVS	Grundsätze über die Vereinten Streitkräfte der Teilnehmerstaaten des Warschauer Vertrages
HUMINT	Human Intelligence
ICBM	Intercontinental Ballistic Missile
i.G.	im Generalstab, im Generalstabsdienst
INF	Intermediate Nuclear Forces
IPN	Instytut Pamięci Narodowej (Institut des Nationalen Gedenkens), Polen
ITM	International Trips and Meetings
JPRS	Joint Publications Research Service
KC	Komitet Centralny (Zentralkomitee)
KGB	Komitet gosudarstvennoj bezopasnosti (Komitee für Staatssicherheit), UdSSR
KKE	Kommounistikó Kómma Elládas (Kommunistische Partei Griechenlands)
KOK	Komitet Obrony Kraju (Landesverteidigungskomitee), Polen
Kominform	Informationsbüro der Kommunistischen und Arbeiterparteien
KOR	Komitet Obrony Robotników (Komitee zur Verteidigung der Arbeiter), Polen
KPdSU	Kommunistische Partei der Sowjetunion
KPSS	Kommunističeskaja partija Sovetskogo Sojuza (KPdSU)
KPZR	Komunistyczna Partia Związku Radzieckiego (KPdSU)
KSČ	Komunistická strana Československa (Kommunistische Partei der Tschechoslowakei)

KSZE	Konferenz für Sicherheit und Zusammenarbeit in Europa
KVP	Kasernierte Volkspolizei
LKP	Lietuvos komunistų partija (Kommunistische Partei Litauens)
LSK/LV	Luftstreitkräfte/Luftverteidigung
LVOA	Lietuvos Visuomenės Organizacijų Archyvas, Litauen
LWP	Ludowe Wojsko Polskie (Polnische Volksarmee)
MAE	Ministère des affaires étrangères, Frankreich
MB	Militärbezirk
MBFR	Mutual Balanced Force Reductions (Verhandlungen über die gegenseitige Verminderung von Streitkräften und Rüstungen und damit zusammenhängenden Maßnahmen in Europa)
MD	Ministry of Defence
MDP	Magyar Dolgozók Pártja (Partei der Ungarischen Werktätigen)
Mech.	mechanisiert
MfNV	Ministerium für Nationale Verteidigung
MfS	Ministerium für Staatssicherheit
MGFA	Militärgeschichtliches Forschungsamt, Potsdam
MGM	Militärgeschichtliche Mitteilungen
MGZ	Militärgeschichtliche Zeitschrift
Mio.	Million(en)
MLF	Multilateral Force
MN	Magyar Néphadsereg (Ungarische Volksarmee, UVA)
MNF	Multi-National Force
MNO	Ministerstva Národní Obrany (Ministerium für Nationale Verteidigung), Tschechoslowakei
Mob.	Mobilmachung(s-)
MOL	Magyar Országos Levéltár (Ungarisches Staatsarchiv)
Mot.	motorisiert
MSD	Motorisierte Schützendivision
MSW	Ministerstwa Spraw Wewnętrznych (Innenministerium), Polen
MSZMP	Magyar Szocialista Munkáspárt (Ungarische Sozialistische Arbeiterpartei)
MTA	Magyar Tudományos Akadémia (Ungarische Akademie der Wissenschaften)
MTW	Mannschaftstransportwagen
NA	NATO-Archiv, Brüssel
NAC	North Atlantic Council

NAČR	Národní Archiv České Republiky (Nationalarchiv der Tschechischen Republik)
NARA	National Archives Record Administration, USA
NATO	North Atlantic Treaty Organization
NAUK	The National Archives of the United Kingdom
NDAP	Naczelna Dyrekcja Archiwów Państwowych (Direktion der Polnischen Staatsarchive)
NF	Nationale Front
NIE	National Intelligence Estimate, USA
NL	Nachlass (Aktensignatur)
NORTHAG	Northern Army Group
NSC	National Security Council, USA
NVA	Nationale Volksarmee
NVR	Nationaler Verteidigungsrat
NYT	New York Times
o.Bl.	ohne Blattangabe
OBOP	Ośrodek Badania Opinii Publicznej (Zentrum zur Erforschung der öffentlichen Meinung), Polen
OEEC	Organisation for European Economic Cooperation
OG	Operational Group
OZNA	Organ Zaštite Naroda (Abteilung für Volksschutz, Geheimdienst Jugoslawiens)
PA	Politisches Archiv des Auswärtigen Amtes, Berlin
PAN	Polska Akademia Nauk (Polnische Akademien der Wissenschaften)
PBA	Politischer Beratender Ausschuss des Warschauer Paktes
PCC	Political Consultative Committee of the Warsaw Pact
PCR	Partidul Comunist Român (Kommunistische Partei Rumäniens)
PHP	Parallel History Project on Cooperative Security
PKWN	Polski Komitet Wyzwolenia Narodowego (Polnisches Komitee der Nationalen Befreiung)
PMR	Partidul Muncitoresc Român (Rumänische Arbeiterpartei)
PPR	Polska Partia Robotnicza (Polnische Arbeiterpartei)
PPSh	Partia e Punës e Shqipërisë (Partei der Arbeit Albaniens)
PRL	Polska Rzeczpospolita Ludowa (Volksrepublik Polen)
PSZ w ZSSR	Polskie Siły Zbrojne na Zachodzie w Związek Socjalistycznych Republik Radzieckich (Polnische Streitkräfte der UdSSR im Westen)
PVAP	Polnische Vereinigte Arbeiterpartei (PZPR)

PZPR	Polska Zjednoczona Partia Robotnicza (Polnische Vereinigte Arbeitpartei, PVAP)
RAND	Research and Development Corporation
RG	Record Group (Aktensignatur)
RGANI	Rossijiskij Gosudarstvennyj Archiv Noveišej Istorii (Russisches Staatsarchiv der Neuesten Geschichte)
RGASPI	Rossijskij Gosudarstvennyj Archiv Social'no-Političeskoi Istorii (Russisches Staatsarchiv für sozial-politische Geschichte)
RGW	Rat für gegenseitige Wirtschaftshilfe
RL	Radio Liberty
SAG Wismut	Sowjetische Aktiengesellschaft Wismut
SAPMO-DDR	Stiftung Archiv der Parteien und Massenorganisationen der DDR im Bundesarchiv
SBZ	Sowjetische Besatzungszone
SEATO	Southeast Asia Treaty Organization, auch Manila-Pakt
SED	Sozialistische Einheitspartei Deutschlands
SHAPE	Supreme Headquarters Allied Powers Europe
SIA	Serviciul Istoric al Armatei, Rumänien
SKJ	Savez Komunista Jugoslavije (Bund der Kommunisten Jugoslawiens)
SNIE	Special National Intelligence Estimate, USA
SPD	Sozialdemokratische Partei Deutschlands
SPW	Schützenpanzerwagen
SS	Staff Secretary (Aktensignatur)
SU	Sowjetunion
SÙA	Statní ústřední archiv (Staatliches Zentralarchiv), Tschechien
SVS WV	Stab der Vereinten Streitkräfte des Warschauer Vertrages
TASS	Telegrafnoje agentstwo Sowjetskogo Sojusa (Nachrichtenagentur der Sowjetunion)
TsDA	Centralen darzeven archiv na Republika Bulgarija (Zentrales Staatsarchiv der Republik Bulgarien)
TsVA	Zentrales Militärarchiv, Bulgarien
UAW	U-Boot-Abwehr
UBDA	Uprava državne bezbednosti (Staatsicherheitsdienst, Geheimpolizei Jugoslawiens)
U-Boot	Unterseeboot
UdSSR	Union der Sozialistischen Sowjetrepubliken
UKNA	The National Archives of the United Kingdom
UN	United Nations
UNO	United Nations Organization

US	United States
USA	United States of America
USAREUR	United States Army Europe
USNA	United States National Archives
USSR	Union of Soviet Socialist Republics
UVA	Ungarische Volksarmee
VHA	Vojenský Historický Archiv (Militärhistorisches Archiv), Tschechien
VOK	Vereintes Oberkommando der Vereinten Streitkräfte des Warschauer Paktes
VPKA	Volkspolizeikreisamt
VR	Volksrepublik
VRP	Volksrepublik Polen
VRR	Volksrepublik Rumänien
VSK	Vereinte Streitkräfte des Warschauer Paktes
WBK	Wehrbezirkskommando
WGT	Westgruppe der (sowjetischen) Truppen
WHA	War History Archives
WHO	White House Office
WIPG	War Industrial Planning Group
WKK	Wehrkreiskommando
WP	Warschauer Pakt
WRON	Wojskowa Rada Ocalenia Narodowego (Militärrat der Nationalen Errettung Polen)
WVO	Warschauer Vertragsorganisation
ZK	Zentralkomitee
ZPA	Zentrales Parteiarchiv
ZWZ	Związek Walki Zbrojnej (Bund für den bewaffneten Kampf), Polen

Personenregister

Autorinnen und Autoren

Prof. Dr. Klaus Bachmann; Professor für Politische Wissenschaft an der Warsaw School for Social Psychology

Prof. Dr. Jordan Baev; Associate Professor, National Security & Defense Faculty »G.S. Rakovsky Defense & Staff College«, Bulgarian Cold War Research Group, Sofia

Dr. Csaba Békés; Founding Director, Cold War History Research Center, Budapest

Dr. Torsten Diedrich; Wissenschaftlicher Oberrat am Militärgeschichtlichen Forschungsamt, Potsdam

Dr. Winfried Heinemann; Oberst und kommissarischer Leiter Abteilung Forschung am Militärgeschichtlichen Forschungsamt, Potsdam

Dr. Wanda Jarząbek; Institut für Politische Studien der Polnischen Akademie der Wissenschaften, Warschau

Prof. Dr.Christopher Jones; Associate Professor an der Henry M. Jackson School of International Studies am College of Arts and Sciences, University of Washington, Seattle, WA

Prof. Dr. Mark Kramer; Director of the Cold War Studies Program at Harvard University, Cambridge, MA

Prof. Dr. Ana Lalaj; Director of the Institute of History at the Albanian Academy of Sciences, Director of the Albanian Cold War Studies Center, Tirana

Dr. Christian Nünlist; Redakteur bei der Aargauer Zeitung, Baden und Aarau

Dr. Imre Okváth; Vorstand der Analysis Division of the Office of History, PhD an der Akademie der Wissenschaften, Budapest

Dr. Petre Opriş; Commissioned Superior Officer, The Service of Protection and Guard, Bukarest

Christian Friedrich Ostermann, Direktor des Cold War International History Project am Woodrow Wilson Center, Washington, DC

Prof. Dr. Andrzej Paczkowski; Institut für Politische Studien der Polnischen Akademie der Wissenschaften, Warschau

Dr. Carmen Rijnoveanu; Military History Working Group, Institute for Political Studies of Defense and Military History, Bukarest

Dr. Rüdiger Wenzke; Wissenschaftlicher Oberrat und kommissarischer Leiter des Fachbereichs »Militärgeschichte der DDR im Bündnis« am Militärgeschichtlichen Forschungsamt, Potsdam